Heidrun Brockmann
Ulrich Quack

Karibik - Kleine Antillen

IWANOWSKI'S REISEBUCHVERLAG

Im Internet:

www.iwanowski.de

Hier finden Sie aktuelle Infos zu allen Titeln, interessante Links – und vieles mehr!

Einfach anklicken!

Schreiben Sie uns, wenn sich etwas verändert hat. Wir sind bei der Aktualisierung unserer Bücher auf Ihre Mithilfe angewiesen.

info@iwanowski.de

7., aktualisierte und komplett neu gestaltete Auflage 2009

Salm-Reifferscheidt-Allee 37 • 41540 Dormagen
Telefon 0 21 33/26 03 11 • Fax 0 21 33/26 03 33
E-Mail: info@iwanowski.de
Internet: www.iwanowski.de

Titelbild: Dr. Volkmar Janicke, München
Alle anderen Abbildungen: Heidrun Brockmann, außer: s. Abbildungsverzeichnis S. 496
Redaktionelles Copyright, Konzeption und
dessen ständige Überarbeitung: Michael Iwanowski
Lektorat: Ulrike Burgi, Köln
Layout: Ulrich Gröne, Bielefeld
Karten und Reisekarte: Astrid Fischer-Leitl, München
Titelgestaltung sowie Layout-Konzeption: Studio Schübel, München

Gesamtherstellung: B.O.S.S Druck und Medien, Goch
Printed in Germany

ISBN-13: 978-3-933041-67-8

Inhaltsverzeichnis

Reiserouten

Außerdem weiterführende Informationen:

Karten und Grafiken

Karten im Umschlag:

Vordere Umschlagklappe: Übersichtskarte: Die Kleinen Antillen im Überblick

Hintere Umschlagklappe: Übersichtskarte: Die Kleinen Antillen mit Highlights

So geht's:

Das Buch ist so aufgebaut, dass dem Reiseteil ein ***Überblick in Geschichte und Kultur*** *sowie anderen Aspekten des Reiseziels vorausgehen (Kapitel 1). Dem Überblick folgen* ***Allgemeine Tipps von A–Z*** *zur Planung und Ausführung der Reise auf die Kleinen Antillen (Kapitel 2).*

In den ***Grünen Seiten*** *wird kurz aufgelistet, was Sie die Kleinen Antillen kosten.*
Im Anschluss folgt der ***Reiseteil*** *(Kapitel 3), in dem auf alle wichtigen und wesentlichen Sehenswürdigkeiten mit Routenvorschlägen auf jeder einzelnen Insel eingegangen wird. Reisepraktische Hinweise finden Sie jeweils im Anschluss an die Beschreibung der einzelnen Inseln und ihren Städten und Sehenswürdigkeiten. Ein ausführliches Register im* ***Anhang*** *gibt Ihnen die Möglichkeit, schnell und präzise den gesuchten Begriff zu finden (Kapitel 4).*

Legende

- Autobahn
- Hauptstraße
- Nebenstraße
- sonstige Straße
- Trail
- Fähre
- Großstadt
- Stadt
- Kleinstadt/Dorf
- *530 m* Berg
- Flughafen
- Bahnhof
- Bus/Busbahnhof
- Polizei
- Post
- Information
- Taxi
- Einkaufen
- Aussichtspunkt
- Strand
- Tauchen
- Wandern
- Golfplatz
- Kirche
- Schloss
- Kathedrale
- Synagoge
- Fort
- Markt
- Museum
- Bibliothek
- Hafen
- Höhle
- Essen
- Hotel
- Sehenswürdigkeit

Einleitung

Die Kleinen Antillen – Paradiese der karibischen Wunderwelt

Wohl kein Besucher der Kleinen Antillen kann sich dem Zauber der karibischen Wunder- und Inselwelt entziehen. Palmenstrände und Korallenriffe, tropische Vegetation und Vulkanberge, türkisfarbenes Meer und Mangrovenwälder – kaum ein Ort auf dieser Welt kommt der Vorstellung vom Paradies so nah. Eigentlich muss man das Wort „Paradies" sogar in den Plural setzen, denn keine Insel ist wie die andere, jede repräsentiert einen eigenen kleinen Kosmos mit seinen jeweiligen Besonderheiten und Sehenswürdigkeiten.

So bunt wie die Natur der Antillen ist deren Bevölkerung. Hervorgegangen aus einem Schmelztiegel, in dem indianische, europäische, afrikanische und asiatische Elemente aufgingen, findet man heute ein verwirrendes Gemisch der verschiedenen Bevölkerungsgruppen, bunte Vielfalt verschiedener Ethnien, Sprachen, Religionen und Lebensweisen vor. Merkmale dieser karibischen Kultur erlebt der Reisende tagtäglich auf den Märkten und Gassen der Inselstädte, genauso wie auf den farbenfrohen Festen, in der Architektur und auf dem Speisezettel der Antillen. Weltberühmt geworden sind der Calypso und die Musik der Steelbands, der Karneval von Trinidad und „rum punch" (Rum-Punsch).

Was den Besucher heute anzieht und zweifellos den Reiz des Inselbogens ausmacht, ist jedoch nicht das Resultat einer freiwilligen Entwicklung, sondern einer aufgezwungenen Geschichte: die Kehrseite des Paradieses. Das Auftreten der Weißen war der Beginn der Ausrottung der indianischen Ureinwohner. Es folgten die Leidensgeschichte der schwarzen Sklaven und das blutige Gemetzel in den Kolonialkriegen.

Relikte der wechselnden Geschichte sind allenthalben zu entdecken: jahrtausendealte Felszeichnungen der Urbevölkerung, Sklavenhütten, Landhäuser der Zuckerbarone, Festungen gegen Korsaren- und Piratenstützpunkte, dänische Bürgerhäuser, holländische Windmühlen, britische Forts, französische Kirchen.

In den vergangenen Jahren stieg die Zahl der Besucher, die sich nicht mehr nur auf die Erlebniswelt einer Insel konzentrieren und sie für Besichtigungstouren und Wassersportmöglichkeiten ausgiebig nutzen wollen, sondern mehrere Ziele miteinander verbinden möchten – sei es als individuelle „Inselhüpfer", sei es als Kreuzfahrttouristen oder sei es als Segler in einem der schönsten Reviere der Welt. Wie auch immer Sie Ihren Urlaub planen und einteilen, wir sind sicher, dass es Ihnen auf den Kleinen Antillen gefallen wird. Jede einzelne Insel ist auf ihre Art liebenswert – und schon Kolumbus meinte: „Ich habe keinen schöneren Ort je gesehen (...). Das ist die beste, die fruchtbarste, die reizendste Gegend auf der ganzen Welt."

Die Chancen stehen nicht schlecht, dass auch in Ihren Reiseerinnerungen dieser Satz geschrieben steht!

I. LAND UND LEUTE

Das „Crop-Over-Festival" auf Barbados

Die Kleinen Antillen auf einen Blick

Saint-Martin/Sint Maarten			
	Insgesamt	Saint-Martin	Sint Maarten
Fläche	87 km²	34 km²	53 km²
Einwohner	72.000	39.000	33.000
Hauptstadt		Philipsburg	Marigot
Wirtschaft	Tourismus		
Währung		Antillen-Gulden (NAf)	Euro (€)
Status		Niederländische Antillen	Französische Übersee-Gebietskörperschaft (Collectivité d'outre-mer = franz. Außengebiet)

Saba	
Fläche	13 km²
Einwohner	1.400
Hauptstadt	The Bottom
Währung	Antillen-Gulden (NAf)
Status	Niederländische Antillen

Antigua und Barbuda	
Fläche	443 km² (inklusive Redonda)
Einwohner	70.000
Hauptstadt	St. John's
Währung	East Caribbean Dollar (EC$)
Wirtschaft	Tourismus
Status	Parlamentarische Monarchie (im Commonwealth)

Montserrat	
Fläche	102 km²
Einwohner	6.400
Hauptstadt	Plymouth (1997 aufgegeben)
Währung	East Caribbean Dollar (EC$)
Status	Britisches Überseegebiet

Guadeloupe 	
Fläche	1628 km^2 (inklusive Marie-Galante 157 km^2; La Désirade 22 km^2; Îles des Saintes 13 km^2)
Einwohner	420.000 (inklusive der dazugehörigen Inseln)
Hauptstadt	Basse-Terre
Währung	Euro (€)
Status	Französisches Übersee-Departement
Dominica 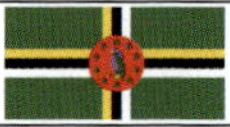	
Fläche	754 km^2
Einwohner	72.500
Hauptstadt	Roseau
Wirtschaft	Landwirtschaft, Tourismus
Währung	East Caribbean Dollar (EC$)
Status	Republik (im Commonwealth)
Martinique 	
Fläche	1.106 km^2
Einwohner	436.000
Hauptstadt	Fort-de-France
Wirtschaft	Tourismus, Landwirtschaft
Währung	Euro (€)
Status	Französisches Übersee-Departement
St. Lucia 	
Fläche	616 km^2
Einwohner	170.000
Hauptstadt	Castries
Wirtschaft	Tourismus, Landwirtschaft
Währung	East Caribbean Dollar (EC$)
Status	Parlamentarische Monarchie (im Commonwealth)

Barbados	
Fläche	431 km^2
Einwohner	280.000
Hauptstadt	Bridgetown
Wirtschaft	Tourismus
Währung	Barbados Dollar (BDS$)
Status	Parlamentarische Monarchie (im Commonwealth)
Grenada	
Fläche	344 km^2
Einwohner	90.000
Hauptstadt	St. George's
Wirtschaft	Tourismus, Landwirtschaft (Muskatnüsse)
Währung	East Caribbean Dollar (EC$)
Status	Parlamentarische Monarchie (im Commonwealth)
Trinidad and Tobago	
Fläche	5.128 km^2
Einwohner	1.050.000 (davon 50.000 auf Tobago)
Hauptstadt	Port-of-Spain
Sprachen	Englisch (Amtssprache), Hindi, Spanisch u. a.
Wirtschaft	Erdöl- und -gasförderung, Industrie, Tourismus
Währung	Trinidad and Tobago Dollar (TT$)
Status	Parlamentarische Demokratie (im Commonwealth)

Historischer Überblick

Zeittafel der Kleinen Antillen

ca. 5000-3500 v.Chr.	Die karibischen Inseln werden von den Vorfahren der Cibone von Venezuela aus besiedelt.
ca. 100-1100 n.Chr.	Die ackerbautreibenden Arawaken besiedeln den Raum von Venezuela aus und errichten die sogenannte Igneri- und Taino-Kultur.
ca. 1400-1500	Die kriegerischen Kariben drängen die Arawaken von den Kleinen Antillen nach Norden ab.
1492	*Christoph Kolumbus* entdeckt die Westindischen Inseln.
1492	Erste europäische Stadtgründung auf dem neuen Kontinent: Santo Domingo auf Hispaniola.
1499	Forschungsreise des *Amerigo Vespucci*, nach dem die Neue Welt benannt wird.
1524	Die ersten schwarzen Sklaven treffen in der Karibik ein.
1621	Die Holländisch-Westindische Kompanie wird gegründet.
1623	Die Engländer besetzen St. Kitts, es folgen Barbados (1625), Antigua (1636) und weitere Inseln.
1632	Die Niederländer besetzen Curaçao.
1635	Die Franzosen besetzen Martinique, Guadeloupe und weitere Inseln.
1671	Die Dänen besetzen St. Thomas.
17./18. Jh.	Erbitterte Kriege zwischen den europäischen Mächten im karibischen Raum; die meisten Inseln wechseln mehrmals den Besitzer, Piraten und Freibeuter unterstützen die kämpfenden Parteien.
1782	Französisch-englische Seeschlacht bei den Iles des Saintes, durch die die Briten ihre Vorherrschaft über die Antillen sichern.
1834	Aufhebung der Sklaverei auf den britisch besetzten Inseln.
1848	Auch Franzosen und Dänen verbieten die Sklaverei, es folgen die Niederländer (1863) und die Spanier (1886).
1902	Verheerender Ausbruch des Vulkans Mont Pelée auf Martinique, bei dem die Stadt Saint-Pierre völlig vernichtet wird.
1914	Eröffnung des Panama-Kanals.
1917	Die USA kaufen den Dänen die Virgin Islands ab.
1941-44	Der Zweite Weltkrieg bringt deutsche U-Boote in die Karibik; enorme wirtschaftliche Probleme aufgrund der Blockade der Französischen Antillen durch die Alliierten.
1962-83	Fast alle britischen Inseln der Antillen werden unabhängig, verbleiben aber zum größten Teil im Commonwealth: 1962 Trinidad und Tobago, 1966 Barbados, 1974 Grenada, 1978 Dominica, 1979 St. Lucia sowie St. Vincent und Grenadinen, 1981 Antigua, 1983 St. Kitts und Nevis.
1967	Die *West Associates States* (Antigua, Dominica, St. Lucia, Grena-

da, St. Vincent, St. Kitts) werden gegründet, ein Jahr später die Freihandelszone *Caribbean Free Trade Area* (CARIFTA).

1969 Unruhen auf Anguilla, Curaçao und den US Virgin Islands.

1973 Die Freihandelszone CARIFTA wird in den Gemeinsamen Karibischen Markt *Carribean Common Market* (CARICOM) umgewandelt.

1982 Die Organisation der englischsprachigen *East Caribbean States* (OECS) mit einer gemeinsamen Zentralbank und Währung (EC$) wird gegründet. Nach der Ermordung des von *Fidel Castro* unterstützten Premierministers *Maurice Bishop* Besetzung Grenadas durch Landungscorps unter Führung der USA; Sturz des sozialistischen Regimes „New Jewel“.

1986 Die Insel Aruba erhält den „Status Aparte“ und gehört damit nicht mehr zu dem Inselverbund der Niederländischen Antillen.

1989 Der Zyklon „Hugo“ verwüstet Guadeloupe und andere Inseln der Kleinen Antillen.

1989 Die islamischen Kräfte auf Trinidad scheitern mit ihrem Umsturzversuch. Vertreter von Reiseunternehmen und Fremdenverkehrsämtern schließen sich zur „Arbeitsgemeinschaft Karibische Inseln e.V.“ zusammen.

Starke Wirbelstürme verwüsten einen Großteil der karibischen Inselwelt. Besonders Saint Martin und Antigua haben durch den Hurrikan „Luis“ große Schäden zu beklagen.

1992 Literaturnobelpreis für den auf St. Lucia geborenen Schriftsteller *Derek Walcott*.

1994 Guadeloupe wird wegen extremer Wasserknappheit zum Katastrophengebiet erklärt; St. Lucia leidet hingegen unter Überschwemmungen.

1995 Trinidad erhält erstmals einen indischstämmigen Ministerpräsidenten.

1997 Auf Montserrat bricht der Vulkan Soufrière Hills aus und verschüttet die Inselhauptstadt Plymouth. Die Regierung von Großbritannien sichert den Bewohnern der von nun an *British Overseas Territories* genannten Staaten, d. h. den von ihnen abhängigen Territorien, einen britischen Pass und damit die britische Staatsangehörigkeit zu.

2000 Zur Stärkung des wirtschaftlich wichtigen Sektors Tourismus unterstützt die Europäische Union zahlreiche Projekte in der Karibik. Die Organisation für wirtschaftliche Zusammenarbeit und Entwicklung (OECD) wirft 35 Ländern vor – darunter Anguilla, Antigua und Barbuda, Aruba, Barbados, die britischen Jungferninseln, Dominica, Grenada, Montserrat, die Niederländischen Antillen, St. Kitts und Nevis, St. Lucia, St. Vincent und die Grenadinen sowie die US Virgin Islands – eine schädliche Steuerkonkurrenz auszuüben. Binnen zwölf Monaten sollen sich die Inseln entscheiden, ob sie mit der OECD zusammenarbeiten wollen, um z. B. anonyme Konten abzuschaffen und Bankinformationen in zivilen Steuerfällen zugänglich zu machen.

2001	Der aus Trinidad stammende Schriftsteller *V. S. Naipaul* erhält den Literaturnobelpreis.
2002	In den französischen Departements Martinique und Guadeloupe gilt der Euro als offizielles Zahlungsmittel.
	Der Tropensturm „Lili" beschädigt auf der Insel Barbados mehr als 100 Wohnhäuser. Auch über St. Lucia und St. Vincent zieht der Wirbelsturm mit 95 Stundenkilometern und heftigen Regenfällen hinweg.
	Die OECD verkündet, dass sich die US Virgin Islands, Anguilla, Montserrat, Dominica, St. Kitts und Nevis, St. Lucia, Grenada, St. Vincent und die Grenadinen, Antigua und Barbuda sowie Barbados verpflichten, mit der OECD zusammenzuarbeiten.
2004	Der Hurrikan „Ivan" der Kategorie 4 fegt über die Insel Grenada hinweg und richtet großen Schaden auf der Insel an.
2005	Montserrats neuer Flughafen ist fertig und nimmt regelmäßigen Flugbetrieb auf.
	Die östlichste Insel der Kleinen Antillen, Barbados, wird zum zweiten Mal in Folge mit dem World Travel Award als schönstes Urlaubsziel in der Karibik ausgezeichnet.
2006	Barbados ist Austragungsort der *World Golf Championships.*
2007	Die karibische Region ist der Ausrichter des *Cricket World Cup.* Der Wettbewerb steht in der Gunst der West Indians ganz oben – nur übertroffen von der Fußballweltmeisterschaft und den Olympischen Spielen.
	Der Vulkan Soufrière auf Montserrat zeigt zunehmende Aktivität.
	Das französische Saint-Martin sowie St. Barthélémy lösen sich aus dem Departement Guadeloupe heraus, das als gleichwertig zu den Departements des Festlands gezählt wird. Von nun an gelten sie als „französisches Außengebiet" (*Collectivité d'outre mer*).

Geschichte der Kleinen Antillen

Die Ureinwohner

Mit Kolumbus …

Als im Jahre 1429 der genuesische Seefahrer *Christoph Kolumbus* zum ersten Mal das vermeintliche Westindien sichtete, stieß er dort auf Menschen, die er als „schön und freundlich" beschrieb. Seinem historischen Irrtum ist es zu verdanken, dass wir heute diese Menschen **Indianer** nennen. Und die traurige Tatsache, dass die „schönen und freundlichen" Ureinwohner der Antillen fast ausnahmslos ausgerottet sind, ist ebenfalls ein Resultat der sogenannten Entdeckungsfahrt der Europäer. Die Vorfahren der Indianer waren es jedoch, die als erste und wahre Entdecker Amerikas in Erscheinung traten.

Auf der Suche nach Jagdgebieten brachen sie **vor ca. 30.000 Jahren** aus den kargen Steppen Asiens auf, überquerten die damalige Landbrücke der Bering-Straße und betraten jenen menschenleeren Doppelkontinent, der sich von den Gletschern der Arktis bis nach Feuerland erstreckt. In mehreren Schüben verteilten sie sich über Nord-, Mittel- und Südamerika und bauten voneinander unabhängige, z. T. überraschend hochstehende Zivilisationen auf. Doch ihr Siedlungsgebiet blieb nicht auf das Festland beschränkt. Von den Küsten Perus und Kolumbiens aus befuhren die Indianer als **kühne Seefahrer** den Pazifischen Ozean und stießen vermutlich auf die Oster- und die Galapagos-Inseln. Und von der Nordküste Südamerikas (dem heutigen Venezuela) aus führte sie ihr Weg **auf Einbäumen und Flößen** in das Karibische Meer, das durch einen weit geschwungenen Inselbogen vom Atlantik abgegrenzt wird.

... beginnt die Ausrottung ...

Mindestens 4.000, wenn nicht sogar **6.000 Jahre oder mehr vor *Kolumbus*** gelang es auf diese Weise den Indianern, einige karibische Inseln zu besiedeln. Fels- und Höhlenzeichnungen, Knochenfunde und Siedlungsspuren zeugen von dieser alt- und mittelsteinzeitlichen Kultur. Grabbeigaben der **Ciboney**, die ab etwa 2000 v. Chr. fast alle Antillen bis nach Kuba bevölkerten, zeigen eine nahe Verwandtschaft zu Funden, die man in Venezuela gemacht hat.

Felsmalereien der Ureinwohner (Guadeloupe)

Während die Ciboney noch Fischer und Sammler waren, brachte das Volk der **Arawaken**, das nach der Zeitenwende (zwischen dem 1. und 11. Jahrhundert n. Chr.) auf dem gleichen Weg nachfolgte und den gesamten Raum der Antillen besiedelte, bereits den Ackerbau (besonders Maniok) mit. Dieses friedliebende Volk bestand aus mehreren Stämmen, von denen die Igneri und Taino eine hoch stehende Gesellschaft mit einem komplizierten Sozialgefüge entwickelten. Gefundene Überreste ihrer Kultur sind Kultplätze, wunderschöne Keramiken (Töpfe, Krüge, Figuren, Schmuck) sowie Arbeitsgerät, Schmuck, Waffen und Musikinstrumente. Obwohl die Arawaken auf den Kleinen Antillen ausgerottet wurden, sind sie durch einige Vokabeln und Kulturtechniken, die in die westliche Zivilisation eingegangen sind, immer noch lebendig: beispielsweise durch die Hängematte (in der Taino-Sprache *hamaca* genannt, span.: *hamaca*, engl.: *hammock*), durch das Kanu (*canoa*), den Tabak (*tabaco*) oder das Barbecue (*barbacoa*). Auch das Wort Hurrikan leitet sich von der Taino-Sprache ab (*huracán*).

... der Ureinwohner

Bezüglich der **Namensgebung** der indianischen Stämme muss an dieser Stelle jedoch darauf hingewiesen werden, dass es sich bei den Ciboney, Arawaken, Igneri, Taino und vor allem *Kariben* nicht um authentische Namen handelt; die erwähnten Stämme oder Völker sind vielmehr von Nachgeborenen oder Europäern so getauft worden.

Heimat der Arawaken und…

Insgesamt war der karibische Raum in eine Vielzahl zwar verwandter, aber **kulturell sehr verschiedener Stämme** zersplittert. Nach der herkömmlichen Lesart fand *Kolumbus* auf den Bahamas und den Großen Antillen Angehörige der Arawaken vor, während diese auf den Kleinen Antillen von den kulturell weniger entwickelten, dafür aber kriegerischeren **Kariben** bereits mehr oder weniger verdrängt worden waren.

Auch brachen die Kariben von der Nordküste Südamerikas (Surinam, Guayana) auf und navigierten ihre hochseetüchtigen, großen Kanus in die Karibische See, wo sie ab dem frühen 14. Jahrhundert n. Chr. die Arawaken überfielen, deren Männer versklavten und ihre Frauen heirateten. Den Kariben mit ihren **überlegenen Waffen** hatten die einzelnen Arawaken-Stämme nichts entgegenzusetzen und ließen sich von diesen nach Norden abdrängen. Nur Trinidad und einige der Jungferninseln waren zu *Kolumbus'* Zeit noch von den Arawaken bewohnt.

… der kriegerischen Kariben

Durch mehrere Berichte ist bezeugt, dass es bei den Kariben zu (wahrscheinlich kultischem) Kannibalismus kam. Trotzdem ist die Gleichsetzung des Stammesnamens *Karibe* – der so viel bedeutet wie „Held" – mit *Menschenfresser* ein Produkt der **spanischen Gräuelpropaganda**. Diese erlaubte es den Konquistadoren, die gnadenlose Ausrottung der Indianer moralisch zu rechtfertigen. Sicher scheint hingegen zu sein, dass die kriegerische Natur jenen Stämmen, die man als Kariben bezeichnet, half, länger den Eroberern zu widerstehen. Mehrfach konnten die Europäer von einigen Inseln vertrieben werden, und oft bedurfte es der Anstrengung vereinigter europäischer Kampfverbände, diese Indianer zu besiegen.

Schon 1495 konnte der große **Eingeborenen-Aufstand** auf Hispaniola (Haiti und Dominikanische Republik) von den Spaniern nur mit Mühe und äußerster Brutalität unterdrückt werden, wobei etwa 100.000 Indianer ums Leben kamen. Auf Grenada stürzten sich die letzten Kariben vor den angreifenden Franzosen von einer Felsenklippe ins Meer. Auf anderen Inseln begingen die verzweifelten Indianer Selbstmord, indem sie rohe Maniokwurzeln aßen.

Die „Entdeckung" Amerikas – zeitgenössischer Holzschnitt

Nur auf Dominica und vor allem auf St. Vincent konnten sich einige Kariben bis in das 20. Jahrhundert halten, wo sie an den Hängen des Soufrière lebten. Ihr tragisches Schicksal wurde durch die Vulkanausbrüche von 1902 und 1912 besiegelt. Heute schätzt man die Zahl der reinrassigen Überlebenden des ehemals so mächtigen Volkes auf nur noch ca. 200 Personen.

Insgesamt hatte die Entdeckung Amerikas durch *Kolumbus* für die Ureinwohner der Antillen die schrecklichsten Folgen. Da die Europäer auf ihrem Weg nach Westen zuerst auf die karibischen Inseln stießen, waren die dort lebenden Indianer auch zuerst der Vernichtung ausgesetzt. Das Schicksal hieß Sklaverei, Zwangschristianisierung, Folter, Verstümmelung, Ermordung und Tod durch eingeschleppte Krankheiten.

Binnen weniger Generationen, in noch nicht einmal 100 Jahren, fielen schätzungsweise zwei Millionen Indianer der Entdeckung Amerikas zum Opfer. Vor diesem Hintergrund gab es im Kolumbus-Jahr 1992 wahrlich nichts zu feiern.

Die Entdecker

Dass *Kolumbus* nicht der erste Europäer in der Neuen Welt war, hat sich inzwischen herumgesprochen. Durch archäologische Ausgrabungen in Kanada sind z. B. die Fahrten der **Wikinger** nachgewiesen, die **um 1000 n.Chr.** für eine Zeit lang kleinere Kolonien gründeten und den Nordatlantik regelmäßig auf der **Route Island-Grönland-Amerika** befuhren. Aber die Indizienbeweise haben sich gemehrt, dass es auch vor und nach den Wikingern Kontakte zwischen den beiden Welten gab. Schon die sensationelle Atlantiküberquerung von *Thor Heyerdahl* auf seinem ägyptischen Papyrusboot „Ra II" bewies die technische Möglichkeit solcher Reisen in der Antike. Tatsächlich lassen Abertausende von Spuren in den altamerikanischen Kulturen – von der Tempelarchitektur über Kunst- und Gebrauchsgegenstände bis hin zu sprachlichen Parallelen – Rückschlüsse auf Besucher aus der Alten Welt zu.

Wikinger und Phönizier

Besonders die genialen Seefahrer des Altertums, die **Phönizier**, kommen deshalb als erste Entdecker Amerikas in der Zeit während des ersten vorchristlichen Jahrtausends oder noch früher in Betracht . Die sogenannten „Fernen Inseln" der Karthager, die weit im Westen liegen sollen, sind bereits in der Bibel erwähnt. Mit den Phöniziern mögen daneben auch **Kelten** den Atlantik überquert haben, worauf aufgefundene Steine mit keltischen Ogham-Inschriften (u. a. in Paraguay) schließen lassen.

Nach der Zeitenwende könnte zur Mitte des 6. Jahrhunderts der irische Mönch ***Brendan*** die nordamerikanische Küste und sogar die Großen Antillen erreicht haben. Weiter vermutet man mit guten Gründen, dass nach den Wikingern und vor *Kolumbus* (ab dem 14. Jahrhundert) **Seeleute aus der Bretagne** und **portugiesische Dorifischer** von den reichen Fischgründen bei Labrador und Neufundland profitierten. Schließlich ist bekannt, dass die sogenannte Toscanelli-Karte, die *Kolumbus* mit sich führte, schon 1474 ein *Antilia* jenseits des Atlantiks verzeichnete.

Seeleute aus der Bretagne und Portugal

Der im Atlantik herrschende **Kreisverkehr der Winde und Strömungen** macht es denn auch eher unwahrscheinlich, dass nicht schon längst einmal ein Seefahrer der Alten Welt zur Neuen Welt abgetrieben wurde. Bereits die Phönizier segelten von der Westküste Afrikas nicht entgegen der Strömung direkt nach Gibraltar und zurück, sondern zu den Kanarischen Inseln und weiter bis Madeira, von wo günstige Winde für den östlichen Kurs sorgten.

Wer allerdings auf Höhe der Kanaren abdriftete (und das wird im Lauf der Jahrhunderte mehr als einmal passiert sein), kam mit den **Passatwinden** und dem **Äquatorialstrom** zwangsläufig weiter in Richtung Westen, nämlich entweder zu den Antillen und von dort zur mittelamerikanischen Küste, oder weiter südlich nach Südamerika.

Bekanntestes „Opfer" dieses Kreisverkehrs war der Seefahrer ***Pedro Alvarez Cabral***, der im Jahre 1500 auf seiner Route von Portugal nach Indien (um die Süd-

Kolumbus' Schiffe verlassen Amerika – Stich von 1621

spitze Afrikas herum) bei den Kanarischen Inseln vom Kurs abkam – und Brasilien entdeckte! Von der Karibik aus bringt der Antillenstrom das warme Wasser zur Küste Floridas und der Golfstrom zurück nach Europa. Genau auf diese Wind- und Strömungsverhältnisse im Atlantik waren übrigens auch die Routen des sogenannten Dreieckshandels im 17. und 18. Jahrhundert abgestimmt.
All diese möglichen und zum Teil erwiesenen Atlantiküberquerungen ändern jedoch nichts an der Tatsache, dass die **geschriebene Geschichte Amerikas** mit den epochalen Fahrten des *Christoph Kolumbus* beginnt.

Ende des Mittelalters

Mit der Entdeckung Amerikas im Jahre **1492** wurde welthistorisch eine neue Epoche eingeläutet: Das Mittelalter ging seinem Ende entgegen, die Neuzeit hatte begonnen. Für Europa bedeutete dies in politischer, kultureller und wirtschaftlicher Hinsicht Umwälzungen allergrößten Ausmaßes – und für Amerika den Untergang der alten Kulturen. Es ist erstaunlich, wie schnell nach der ersten Fahrt des *Kolumbus* der Doppelkontinent erforscht und erobert werden konnte. Vorreiter der Entwicklung waren neben *Kolumbus* selbst seine Begleiter und nahen Verwandten, die allesamt in spanischen Diensten standen. Bereits 1496 konnte *Kolumbus*' Bruder *Bartolomé Colón* auf Hispaniola (= La Española, heute Haiti und Dominikanische Republik) die erste europäische Stadt auf dem neuen Kontinent gründen: **Santo Domingo**.

1499 war der Florentiner *Amerigo Vespucci* (1451-1512) zu seiner berühmten Forschungsreise aufgebrochen, die ihn an die Küste von **Guayana** führte. Da sich auf Grund dieser Fahrt die Gewissheit verbreitete, dass *Kolumbus* nicht den Westweg nach Indien, sondern einen völlig neuen Kontinent gefunden hatte, benannte 1504 zum ersten Mal der **deutsche Geograf *Martin Seewaldmüller*** die neue Welt nach *Vespuccis* Vornamen: Amerika.

Zeitalter der Entdeckungen

In Konkurrenz zu den Spaniern bemühten sich nun auch die **Portugiesen** um Kolonialgebiete, eingeleitet von der eher zufälligen Entdeckung Brasiliens durch *Pedro Alvarez Cabral* im Jahre 1500. Eine Lawine war losgetreten worden, die nahezu in jedem Jahr zu neuen Expeditionen, Entdeckungen und Kolonialisierungen in Amerika führte. So entdeckte 1503 der **Spanier** *Juan Bermudez* den nach ihm benannten **Bermuda-Archipel**, fünf Jahre später gründete *Juan Ponce de León*, der auch zu den Begleitern von *Kolumbus* gezählt hatte, eine Kolonie auf Puerto Rico. Kurze Zeit später entdeckte er Florida.

Nachdem 1536 der portugiesische Seefahrer ***Pedro a Campo*** schließlich **Barbados** gesichtet hatte, waren fast alle Kleinen Antillen dem europäischen Horizont erschlossen. Im Vergleich zu den riesigen Gebieten Mittel- und Südamerikas schienen sie jedoch **wirtschaftlich nur wenig attraktiv** und besaßen allenfalls strategische Bedeutung. Jene Gold- und Silberschätze, die sich schon *Kolumbus* erhofft hatte, gab es nicht hier, die gab es in den indianischen Hochkulturen, die die Spanier mit beispielloser Brutalität und Konsequenz vernichteten. Schon 1519 war *Hernándo Cortés* von Kuba aus in südwestlicher Richtung gesegelt und an der mexikanischen Küste gelandet.

Dort unterwarf er im Auftrag der spanischen Krone das blühende Reich der Azteken und gründete die **Kolonie Neuspanien**. 1534 hatte auch für das Inkareich in Peru die Stunde geschlagen, dessen Vernichtung in Gestalt eines *Francisco Pizarro* ihren Lauf nahm.

In dem Maße aber, in dem Portugal und Spanien ihre Aktivitäten auf das amerikanische Festland verlagerten, rückten die anderen europäischen Mächte nach – zunächst die **Engländer, Holländer** und **Franzosen**, später auch **Dänen, Deutsche** und **Schweden**. Sie waren es, die in der Folgezeit die Geschichte der Kleinen Antillen prägten.

INFO

Christoph Kolumbus

Der 1451 in Genua geborene Seefahrer *Kolumbus* (ital.: *Cristoforo Colombo;* span.: *Cristóbal Colón)* fasste, im Glauben an die **Kugelgestalt der Erde** schon in jungen Jahren Pläne, den Westweg nach Indien zu finden. Portugal, die größte europäische Seemacht der damaligen Zeit, gab ihm Gelegenheit, auf ausgedehnten Reisen bis nach Island im Norden, den atlantischen Inselgruppen im Westen und Afrika im Süden nautische Erfahrungen zu sammeln.

Weil er bei der portugiesischen Krone kein Gehör für seinen eigentlichen Traum fand, trat er in spanische Dienste. Doch auch hier dauerte es noch viele Jahre, bis er schließlich, nach vielem Hin und Her, die ***Königin Isabella*** auf seine Seite ziehen und für das Projekt gewinnen konnte. Am 3. August 1492 verließ *Kolumbus* als Großadmiral und zukünftiger Vizekönig aller neuentdeckten Gebiete die südspanische Atlantikküste in westlicher Richtung. Seine kleine Flotte umfasste die drei Karavellen „Santa Maria", „Pinta" und „Niña". Als er nach drei Monaten, am 12. Oktober 1492, endlich eine Insel sichtete, glaubte er, Indien erreicht zu haben. Deswegen nannte er die Inselgruppe auch „Westindische Inseln" und ihre Einwohner „Indianer" (Indios).

Christoph Kolumbus

Nach überwiegender Forschermeinung war das erste Eiland, das *Kolumbus* betrat und auf den Namen **„San Salvador"** taufte, die Insel **Guanahani** (= Watling's Island), die zu den Bahamas gehört. Neuerdings mehren sich aber die Stimmen, dass sich die Entdeckung Amerikas weiter südlich, im Bereich der Kleinen Antillen, abgespielt hat. Weitere Anlaufpunkte der „Santa Maria" waren Kuba und Hispaniola, bevor *Kolumbus* in die Heimat zurückkehrte.

INFO

Noch insgesamt dreimal sollte der Seefahrer später zum vermeintlichen Westindien den Atlantik aufbrechen:

Kolumbus und Ureinwohner auf Guanahani

2. Fahrt 1493-1496
Entdeckung der Kleinen Antillen – u.a. Dominica, Guadeloupe und Jungferninseln – sowie Puerto Ricos und Jamaikas.

3. Fahrt 1498-1500
Entdeckung von Trinidad und der Nordküste Südamerikas (Venezuela).

4. Fahrt 1502-1504
Entdeckung von Teilen der Küste Mittelamerikas (Honduras) und weitere Inseln der Kleinen Antillen (u. a. Martinique).

Persönlich konnte *Kolumbus* durch seine Fahrten nicht den erhofften Erfolg erzielen. Die entdeckten Inseln und Landstriche bargen **nur wenige Reichtümer,** Intrigen und Missgunst verhinderten eine steile Karriere. So starb er enttäuscht und unbeachtet im Jahre **1506 in Valladolid** – bis zum Schluss im Glauben, den Seeweg nach Indien gefunden zu haben und ohne die Tragweite seiner Entdeckungen zu ahnen.

Während der Doppelkontinent nach dem Italiener *Amerigo Vespucci* getauft wurde, lebt der Name *Kolumbus* u. a. in der kanadischen **Provinz Columbia,** im **Columbia River** und im **südamerikanischen Staat Kolumbien** weiter fort. Viele Inseln der Kleinen Antillen tragen heute noch den Namen, den ihnen *Kolumbus* bei seinen Entdeckungsfahrten gegeben hatte.

Sklaven auf den „Zuckerinseln"

Die **europäische Ausbeutung der karibischen Inselwelt** begann praktisch mit ihrer Entdeckung durch *Kolumbus*. Und da der Genuese bald merkte, dass die Antillen nicht über die erwarteten Edelmetalle verfügten, wurde er nach seinen Fahrten nicht müde, der Krone vom anderweitigen Wirtschaftsnutzen der Gebiete vorzuschwärmen. „*Gewürze, Baumwolle und Mastixharz*", so schreibt er, stünden im Übermaß zur Verfügung, selbst Rhabarber und Zimt glaubt er gefunden zu haben. Und schließlich seien da die Menschen selbst, die man versklaven und zur Arbeit nach Spanien schicken könne.

Gemeint hatte er damit die **Kariben**, die sich gegen die Europäer zur Wehr setzten und sich nicht scheuten, mit ihren Kanus sogar die Schiffe der Eroberer anzugreifen.

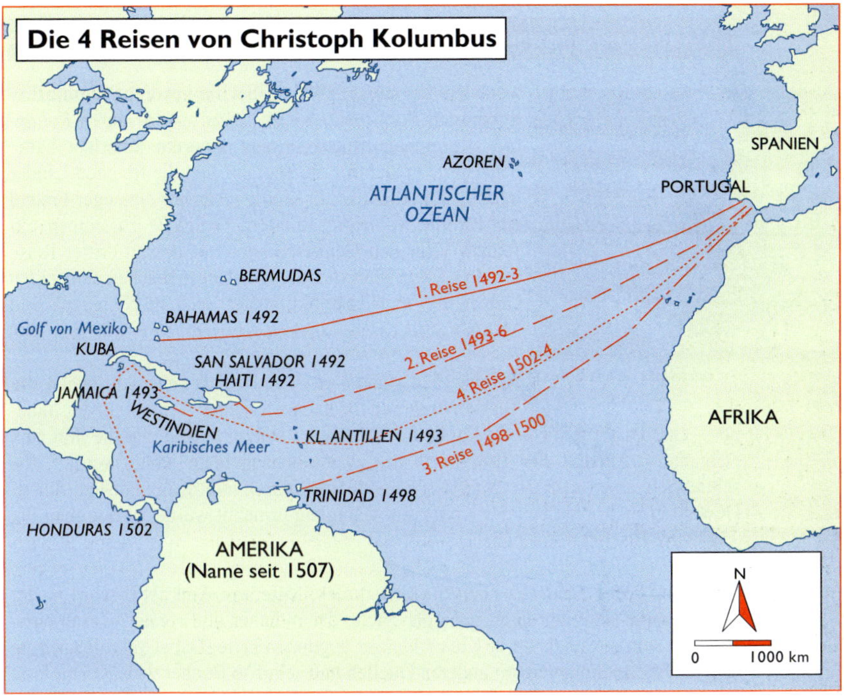

Folglich nahmen die Spanier alle Kariben gefangen, falls diese nicht im Kampf getötet wurden oder fliehen konnten. Dies war nach *Kolumbus*' Meinung auch moralisch gerechtfertigt; schließlich seien die Ureinwohner *„Wilde"* und *„Menschenfresser"* und würden die *„friedliche Besiedlung der Inseln"* verhindern.

Versklavung der Kariben

Kolumbus selbst beteiligte sich mehrfach an diesem ersten **transatlantischen Sklavenhandel**: Im Februar 1495 z. B. schickte er vier Schiffe nach Spanien mit 500 Sklaven im Alter zwischen zwölf und 35 Jahren an Bord, vier Monate später nochmals 300 Sklaven. Dem Klimawechsel und der anstrengenden Arbeit fielen alle Indianer innerhalb von fünf Jahren zum Opfer. Vielleicht war dies der Grund, dass man im Jahre 1500 die Verschiffung von Indianersklaven nach Spanien verbot.

Auf den Antillen jedoch blieb die **Indianersklaverei** erlaubt, wenn auch im Jahre 1542 durch Schutzgesetze eingeschränkt. Immerhin galten wegen der spanischen Inbesitznahme die Eingeborenen als freie Untertanen des Königs. Wer sich aber der Bekehrung widersetzte oder *„sonst als Wilder bekannt"* war, musste für die Spanier arbeiten. Obwohl selbst *Papst Julius I.* in einer Bulle 1513 erklärt hatte: *„Jawohl, die Indios sind Menschen (veri homines) und als solche zu behandeln"*, waren auch nach den sogenannten Schutzgesetzen **unvorstellbare Gräueltaten** an der Tagesordnung.

INFO

Wer war Bartolomé de Las Casas?

Bartolomé de Las Casas

Nachdem der junge, 1474 in Sevilla geborene **Dominikanermönch** *Bartolomé de Las Casas* mit 18 Jahren *Kolumbus'* triumphale Rückkehr aus Amerika miterlebt hatte, begeisterte er sich für die Seefahrt und die fremden Länder jenseits des Atlantiks. Er wurde nicht nur ein enger Freund der Familie *Kolumbus,* sondern begleitete zusammen mit seinem Vater den Genuesen auch auf dessen dritter Reise mit der „Santa Maria". Dabei blieb er in den neu entdeckten Gebieten – in Hispaniola, später auch in Nicaragua und Mexiko.

Bereits 1514 wandte er sich erstmals vehement **gegen die Versklavung** und die daraus folgende Ausrottung der Indianer – eine Position, die er im Laufe der Zeit immer stärker vertrat und die ihm zum Beinamen **„Apostel der Indianer"** und zu Audienzen beim König verhalf, die schließlich aber auch zu starken Anfeindungen durch die Kolonialisten führte. Obwohl er mehrmals von der Krone zur Mäßigung ermahnt wurde, weihte man ihn 1544 zum Bischof von Chiapas.

Drei Jahre später kehrte er nach Spanien zurück, legte sein Amt als Bischof nieder und widmete sich von da an ganz der Sache der Indianer und seinem **Geschichtswerk,** das er bereits davor in Klosterklausur begonnen hatte. Dabei vervollständigte er seine Aufzeichnungen mit anderen Quellen und schuf so Bücher wie „Kurzgefasster Bericht von der Verwüstung der westindischen Länder" oder „Allgemeine Geschichte der Westindischen Länder".

Ebenfalls von ihm stammt eine **Kopie des berühmten Logbuches** von *Kolumbus,* dessen Original heute nicht mehr existiert und das eine wichtige Geschichtsquelle wurde. Tragischerweise sollte seine Parteinahme für die Sache der Indianer zu ganz neuen und in ihrer Dimension noch schlimmeren Verbrechen gegen die Menschlichkeit führen. Denn die Dezimierung der Eingeborenen einerseits und die schließlich härter kontrollierten Schutzgesetze andererseits bewirkten in den Kolonien einen Mangel an Arbeitskräften, da die Spanier weder willens noch fähig waren, im tropischen Klima selbst zu arbeiten. Um den Bedarf zu decken, machten nun spanische und portugiesische Kaufleute mit ihren bewaffneten Gehilfen **Jagd auf Schwarze an der Westküste Afrikas,** die man als Sklaven nach Amerika verkaufte.

Es war der um die Indianer so besorgte *Las Casas* gewesen, der den *„Handel mit Negern"* anregte, da diese als widerstandsfähiger galten. Den **versklavten Afrikanern** half natürlich nicht, dass *Bartolomé de Las Casas* kurz vor seinem Tod 1566 in Madrid seinen **Irrtum** einsah und bedauerte. Er schrieb, dass er „nicht ahnen konnte, wie ungerecht die Europäer die Neger behandeln würden. Um nichts in der Welt würde er einen solchen Vorschlag ein weiteres Mal machen, denn es gelte dasselbe humane Recht für die Neger wie für die Indianer"

Kolumbus' paradiesisches Bild der Antillen wurde allerdings nur 50 Jahre später durch die Berichte des dominikanischen Geschichtschreibers ***Bartolomé de Las Casas*** in ein Szenario des Schreckens verwandelt: „*Sie (= die Spanier) drangen unter das Volk, schonten weder Kind noch Greis, weder Schwangere noch Entbundene, rissen ihnen die Leiber auf, und hieben alles in Stücke, nicht anders, als überfielen sie eine Herde Schafe. Sie wetteten miteinander, wer unter ihnen einen Menschen auf einen Schwertstreich mitten voneinander hauen könne ... Sie machten auch breite Galgen und hingen zu Ehren und zur Verherrlichung des Erlösers und der zwölf Apostel je 13 Indianer an jeden derselben, legten dann Holz und Feuer darunter, und verbrannten sie alle lebendig!*"

Terror der Spanier – zeitgenössische Darstellung

Schon 1524 wurden die **ersten schwarzen Sklaven** zu den Antillen transportiert. In einer Art Arbeitsteilung waren es zunächst hauptsächlich Portugiesen, die für die Sklavenjagd in Afrika und deren Verschiffung verantwortlich waren, und bald schon beteiligten sich auch Piraten, Strandräuber und Kaufleute anderer Nationalitäten am lukrativen Handel.

Afrikanische Sklaven

Über dieses düstere Kapitel der Menschheitsgeschichte ist viel geschrieben worden. Doch können Worte nicht wiedergeben, was an **bestialischen Grausamkeiten** zwischen dem 16. und 19. Jahrhundert diesseits und jenseits des Atlantiks zum Alltag gehörte. Angefangen mit dem Überfall auf afrikanische Dörfer, dem planmäßig kalkulierten Aufhetzen lokaler Stämme bzw. Häuptlinge gegeneinander bis hin zu regelrechten Sklavenkriegen; dann das Selektieren und Brandmarken im Heimatland sowie die Verschiffung der lebenden „Ware"; weiter die unsäglichen Verhältnisse an Bord der Sklavenschiffe, die für Unzählige mit Tod durch Erschöpfung, Krankheiten und Hunger, Selbstmord oder Kannibalismus endeten; schließlich der entwürdigende Verkauf am Zielort, die monotone Arbeit auf den Plantagen des Sklavenhalters, die drakonischen Strafen und ein Leben in Unfreiheit.

Die Schwarzen arbeiteten zunächst vorwiegend auf **Tabakplantagen**, bis 1639 der europäische Markt übersättigt war und die Preise ins Bodenlose fielen. Die Kolonialisten reagierten, indem sie auf den Antillen andere Kulturpflanzen anbauen ließen, wie etwa **Baumwolle und Indigo**.

Den größten Erfolg und die höchsten Preise erzielte man jedoch mit dem Anbau von **Zuckerrohr**, der im 17. Jahrhundert wiederum eine verstärkte Einfuhr von Sklaven notwendig machte.

Monokulturen

Wie auf mehreren Inseln im Indischen Ozean wurden Zucker und dessen **Nebenprodukte** (Melasse) zum wichtigsten **Kapital der Karibik**, das den Erwerb oder die Eroberung der Gebieten für alle seefahrenden europäischen Mächte lohnend machte. Auf den **„Zuckerinseln"**, wie man bald schon die Antillen nannte, wurde jene verhängnisvolle Monokultur installiert, die bis in unsere Tage Hemmschuh der wirt-

Zuckerfabrik auf den Französischen Antillen im 17. Jahrhundert

schaftlichen Entwicklung bleibt. Besonders betroffen waren und sind davon aber eher die Großen Antillen (vor allem Kuba), auf denen rund ein Viertel der Zucker-Weltproduktion aus Zuckerrohr anfällt.

Seit 1630 auf Barbados zum ersten Mal von einem aus Zuckerrohr hergestellten Schnaps die Rede war, wurde schließlich auch der **Rum** zu einem begehrten Exportartikel.

Absatzmarkt Europa

Die **Sklavenhändler** – neben **Franzosen, Briten** und **Niederländern** übrigens erstaunlich viele **Norddeutsche** bzw. **Dänen** – fanden heraus, dass sie nicht nur vom Leben und Tod der Afrikaner, sondern auch in anderer Hinsicht vom Sklavenhandel profitieren konnten: Sie folgten den Wind- und Strömungsverhältnissen im Atlantik und der Karibik. Nach dem Sklaventransport füllten sie ihre Schiffe mit den Produkten der Sklavenarbeit: **Tabak, Baumwolle, Indigo, Zucker und Rum**. Diese Waren brachte man zu den Absatzmärkten nach **Europa**, wo man all das einlud, was in den Handelsniederlassungen an der afrikanischen Küste gegen Sklaven getauscht werden konnte (u. a. **Alkohol, Schusswaffen, Manufakturprodukte**), woraufhin der Kreislauf von neuem begann.

Bis zu 100 Millionen versklavte und deportierte Menschen

Unter dem Stichwort **Dreieckshandel** ist jene koloniale Form der Weltwirtschaft des 17. und 18. Jahrhunderts in die Geschichte eingegangen, in der Europa die Konsumgüter lieferte, Afrika die Sklaven und die Karibik Zucker und andere Produkte. Obwohl die Schätzungen weit auseinandergehen, wie viele Menschen damals gefangen genommen, gefesselt, gebrandmarkt und wie Vieh verschickt wurden (zwischen 30 und 100 Millionen Menschen!), handelt es sich hier in jedem Fall um die gewaltigste Massendeportation in der Geschichte.

Für die Kleinen Antillen mag die folgende Tabelle veranschaulichen, wie viele Sklaven man im **18. Jahrhundert** auf einigen Inseln jährlich importierte und wie sich zur Mitte des Jahrhunderts die **Relation zwischen Weißen und Farbigen** darstellte. Ein ähnliches Wachstum fand auf fast allen Inseln statt, unabhängig von der jeweiligen Wirtschaftslage.

Die Zahlen machen deutlich, dass einer kleinen, im Luxus lebenden Schicht **weißer Großgrundbesitzer und Zuckerbarone** eine überwältigende Mehrheit von rechtlosen Sklaven gegenüberstand. Deren Behandlung richtete sich allein nach menschenverachtenden Grundsätzen der „**Wirtschaftlichkeit**“: nach fünf Jahren härtester Arbeit auf den Plantagen waren die meisten tot oder am Ende ihrer Kräfte, so dass billiger Nachschub aus Afrika die Lücken füllen musste.

Das „**Menschenmaterial**“ wurde nicht nur bei der Schufterei verschlissen, sondern durch drakonische Strafen, sadistische Quälereien weißer Aufseher und unsäg-

Bevölkerungsanteile			
	Durchschn. Einfuhr von Sklaven pro Jahr	Anzahl der Weißen	Anzahl der Farbigen
Antigua	1.362	2.590	37.808
Barbados	3.100	16.167	62.115
Dominica	2.742	1.236	14.967
Virgin Islands	214	1.200	9.000
Nevis	253	1.000	8.420
Montserrat	357	1.300	10.000
Quelle: Wolfgang Wimmer, Die Sklaven, Hamburg 1979			

liche Wohn- und hygienische Verhältnisse stark mißhandelt. In den **französischen Gebieten** nahmen selbst für **abgebrühte Kolonialbeamte** die Grausamkeiten so überhand, dass sie *Ludwig XV.* um ein Gesetzbuch baten, das den schlimmsten Missständen abhelfen sollte.

Todesstrafe bei Flucht

Dass dieser „**Code Noir**", der übrigens auch für Mauritius und La Réunion im Indischen Ozean galt, der Situation der Betroffenen zwar einen rechtmäßigen Rahmen gab, sie aber nicht wesentlich verbesserte, zeigt u. a. der Artikel 36, der die Fluchtversuche von Sklaven folgendermaßen bestrafte: Beim ersten Mal wurde ein Ohr abgeschnitten, beim zweiten Mal wurden die Beine an den Knien durchtrennt, beim dritten Mal wurde der Sklave umgebracht ...

Es ist einleuchtend, dass die Schwarzen angesichts dieser Zustände und ihrer zahlenmäßigen Überlegenheit entweder jede Möglichkeit zur Flucht wahrnahmen oder sich zusammen mit Leidensgenossen zur Wehr setzten.

Zusammenschluss der Leidgenossen

Die Chronik der **Sklavenaufstände** reicht bis ins 16. Jahrhundert zurück (Kuba, Jamaika) und erreichte ihren **Höhepunkt im 18./19. Jahrhundert**, als die Gedanken der Amerikanischen und Französischen Revolution auch in den karibischen Raum gelangten. Gemeint ist hier nicht nur der berühmte **Große Aufstand der haitianischen Sklaven gegen die Franzosen** ab 1791, der schließlich zur Installierung des Kaiserreiches von Haiti und damit zum zweiten unabhängigen Staat Amerikas (1803) führen sollte.

Auch auf den Kleinen Antillen regte sich **Widerstand**, vor allem auf **St. John** (1733); auf **Antigua** (1736), **St. Croix** (1759), ebenfalls auf **St. Vincent** (1795), im gleichen Jahr auf **Grenada**, auf **Tobago** (1801) und schließlich auf **Barbados** (1816).

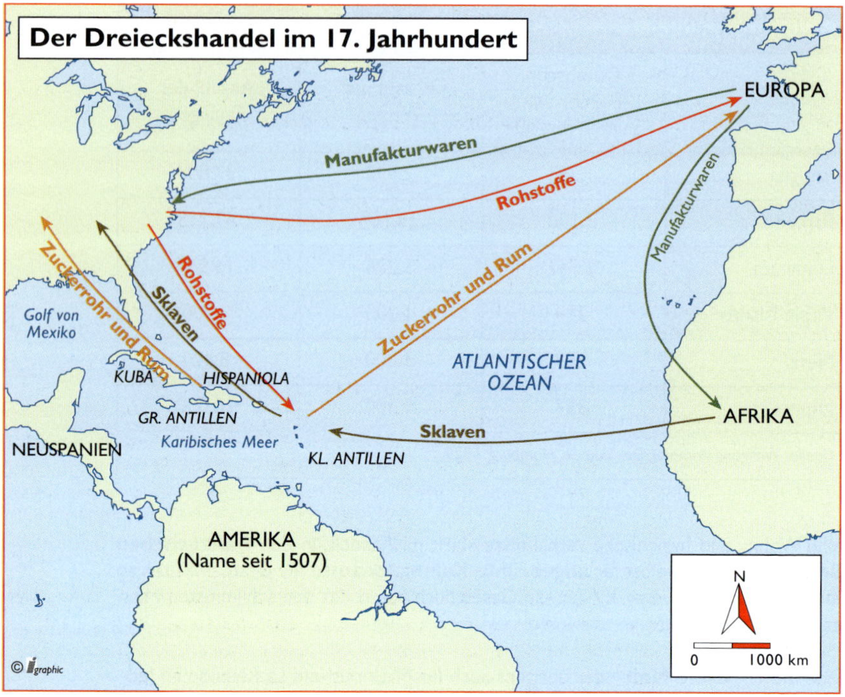

Aufhebung der Sklaverei

Aufgrund solcher Vorfälle, aber mehr noch wegen der scharfen **Kritik in den Kolonialstaaten** und wegen eines geänderten Bewusstseins, verboten im ersten Viertel des 19. Jahrhunderts die meisten Länder den Sklavenhandel. Zuerst Dänemark im Jahre 1803, dann Großbritannien (1807), Frankreich (1817), Holland (1818), Spanien (1820) und Schweden (1824). Eine Generation später wurde schließlich auch die Sklaverei in den Kolonien abgeschafft: 1834 auf den britisch besetzten Inseln, 1848 in den französischen und dänischen Kolonien, 1863 in den niederländischen und zum Schluss in den spanischen Gebieten (1886).

Mangel an Arbeitskräften

Für die **freigelassenen Sklaven** bedeutete dieser „Emancipation Act“ freilich nicht sofort eine Besserung ihrer sozialen Lage. Noch lange Zeit mussten sie – wie ja auch in den USA – in mehr oder weniger starken **Abhängigkeiten** von den ehemaligen Sklavenhaltern leben. Andererseits bedeutete die Aufhebung der Sklaverei erneut einen Mangel an billigen Arbeitskräften, der durch den „Import“ von Arbeitern aus China, Indien und dem Nahen Osten ausgeglichen wurde. Diese Menschen, deren Arbeitsbedingungen sich zunächst nur unwesentlich von denen der Sklaven unterschieden, haben erheblich zur ethnischen Vielfalt auf einigen Inseln beigetragen, insbesondere auf Trinidad.

Bukaniere und Filibuster – das Zeitalter der Piraten

Zumindest in seiner Jugend hat wohl jeder begeistert Seeräuber-Geschichten gelesen oder gebannt aufs Fernsehen geschaut, wenn *Sir Francis Drake*, der „Pirat der Königin“, **Abenteuer** zu bestehen hatte. Oder wenn von der „Schatzinsel“, von Freibeutertum und von waghalsigen Korsaren die Rede war.

Schauplatz Antillen

Die meisten dieser Geschichten hatten die **Antillen zum Schauplatz**, wo ab dem 16. Jahrhundert holländische, französische und britische Piraten in einer solchen Zahl auf den Plan traten, dass geradezu von einem **Zeitalter der Seeräuber** gesprochen werden kann. Dieses Zeitalter ist jedoch nicht von der **Epoche der Sklaverei oder der Kolonialkriege** zu trennen, sondern bezeichnet nur eine der vielen schillernden Seiten der Karibik in der frühen Neuzeit.

Den Grund für die **Piraterie** lieferten die reichen Gold- und Silberschätze, die die Spanier und Portugiesen bei der Ausplünderung der amerikanischen Hochkulturen einsammelten und nach Europa verschifften. Obwohl nach den ersten Überfällen im Konvoi gesegelt wurde und Kriegsschiffe die reiche Fracht begleiteten, stellten die bis zum Rand mit Kostbarkeiten gefüllten, unbeweglichen Frachter doch ein so verlockendes Ziel dar, dass sie Kaperattacken geradezu provozierten.

Im Auftrag Europas

Unterstützt wurde die Seeräuberei durch den Umstand, dass sich die **europäischen Mächte im permanenten Kriegszustand** befanden und Angriffe auf die spanische Handelsflotte daher von vornherein den Segen der anderen Nationen hatten. Als sogenannte „Freibeuter“, die bei den Engländern auch als Privatiere (*privateers*) und Bukaniere (*buccaneers*), bei den Franzosen Korsaren (*corsaires*) und bei den Holländern Filibuster (*filibustiere*) bezeichnet wurden, operierten die Piraten mit ihren wendigen Schaluppen teils auf eigene Rechnung, teils ganz offen mit Wissen und im Auftrag der heimatlichen Marine.

Insofern liefert das Phänomen der Freibeuterei nicht nur Stoff für Abenteuerromane, sondern ist auch von größerem historischem Interesse. In dem Moment nämlich, in dem das Aufbringen spanischer Schiffe zu einem lukrativen Geschäft wurde, entbrannte ein **Wettlauf um die günstigsten Piratenstützpunkte**. Aus diesen Schlupfwinkeln entwickelte sich kurze Zeit später nicht selten die Keimzelle der jeweiligen europäischen Kolonisation.

Wie viel Gold, Silber, Edelsteine und andere Pretiosen durch Piratenüberfälle an Land oder zur See für immer verloren gingen, weiß heute niemand mehr zu sagen. Da das gegenseitige **Misstrauen der Freibeuter** bekannt war, machten bald schon Geschichten über sagenhafte Schätze die Runde, die sorgfältig vergraben und auf geheimnisvollen Karten verzeichnet gewesen sein sollen.

Britischer Bukanier – Holzschnitt um 1700

Tatsache ist, dass noch heute viele Hobby-Archäologen und **professionelle Schatzsucher** mit Spaten, Metalldetektor und Tauchausrüstung nach dem Gold der Spanier fahnden und bisweilen auch erfolgreich sind.

Alle europäischen Freibeuter (besonders die britischen und französischen, aber auch die spanischen) bekämpften sich gegenseitig und jagten einander die Beute ab. Und als die Sklavenhalter begannen, ihr „schwarzes Gold" über den Atlantik zu transportieren, wurden schließlich auch deren Schiffe Ziel von Überfällen.

Piraten-Helden

So legendär wie das abenteuerliche Leben auf See und die rumgeschwängerte Atmosphäre in den Spelunken der Schlupfwinkel, so legendär wie der Stolz und der **Ehrenkodex der Piraten**, so legendär wurden schließlich auch ihre abenteuerlichsten Gestalten. Längst nicht alle davon starben im Pulverdampf einer Seeschlacht, sondern als begüterte und angesehene Mitglieder der Gesellschaft, die eine erstaunliche Karriere durchlaufen hatten, zu Nationalhelden aufgestiegen oder in die Geschichte der Seefahrt eingegangen waren.

Bei den Engländern war der berühmteste Seefahrer seiner Zeit der bereits erwähnte ***Sir Francis Drake***. 1539 in Crowndale bei Plymouth geboren, bereiste er als Freibeuter schon in jungen Jahren die Weltmeere auf der Suche nach Schätzen und Ruhm. Von der afrikanischen Küste führte ihn sein Weg ab 1567 dann nach Westindien, wo er den Spaniern unermessliche Verluste an Gold, Silber und Schiffen beibrachte. Ob er deren dickbäuchige, bis zum Rand mit Schätzen gefüllte Schiffe kaperte oder an Land ihre Maultierkarawanen, beladen mit Juwelen und Gold, überfiel – immer konnte er den wütenden Nachstellungen der Spanier entgehen. Und stets pflegte er die reiche Beute mit seiner Mannschaft gerecht zu teilen.

Drake wird in den Adelsstand ernannt

Schließlich machte eine ganze Armada **Jagd auf *Drake***, ohne ihn je fassen zu können. Stattdessen führte der Brite 1577-1580, nachdem er vor Cádiz die spanische Flotte in Brand gesetzt hatte, seine berühmte **Weltumsegelung** durch, woraufhin er von *Königin Elizabeth I.* zum „Sir" ernannt wurde. Seinen größten Triumph feierte der ehemalige Pirat im Jahre 1588, als er als Vizeadmiral am **Sieg über die spanische Armada** maßgeblich beteiligt war. *Sir Francis Drake* starb wohlhabend und als angesehenes Mitglied der Gesellschaft 1596 in England.

Seine Nachfolge trat der 1635 in Wales geborene ***Henry Morgan*** an, über den später genau so viele Geschichten und Legenden kursierten wie über *Drake*. Sein Betätigungsfeld war hauptsächlich die Karibik, wo er zusammen mit den Filibustern die spanischen Schiffe aufbrachte und 1671 sogar die gesamte neuspanische Stadt Panama erobern konnte, plünderte und anschließend zerstörte. Auch *Henry Morgan* wurde für seine „Verdienste" als „Sir" in den Adelsstand aufgenommen und 1674-1683 mit einem hohen Posten belohnt – als Vizegouverneur von Jamaika! Dort starb er nach einem Leben voller Abenteuer und Ausschweifungen im Jahre 1688 eines natürlichen Todes.

Eine ähnliche Berühmtheit erreichten ***Sam Lord***, dessen komfortables *Castle* eine Sehenswürdigkeit von Barbados ist, und auch die Seeräuber ***Blackbeard, Jackson, Cavendish, Hawkins*** und ***Kidd***.

Zu Ende ging das Zeitalter der Piraten in jenem Moment, als die Seemächte, die früher von der Seeräuberei gegen die Spanier profitiert hatten, immer häufiger selbst zur Zielscheibe von Freibeutern wurden. Einer der letzten Piraten, ***Woodes Rogers***, der durch die Eroberung von Guayaquil unermessliche Schätze angehäuft hatte, wurde schließlich von den Engländern als Feind gegen seinesgleichen gewonnen: Durch seine Ernennung zum Gouverneur der Bahamas gelang es, dem dort grassierenden Seeräuber-Unwesen ein für allemal ein Ende zu bereiten.

Ende der Piraterie

Auf französischer Seite wurde der Korsar ***François Le Clerc***, der Jagd auf spanische Schiffe unternommen und in seinem größten Coup die Stadt Cartagena schlimm geplündert hatte, von König *Heinrich II.* geadelt.

Und die Holländer besaßen in ***Pieter Schouten*** und ***Piet Heyn*** ihre verwegenen Seefahrer, die sich im karibischen Meer ebenfalls bei den spanischen Schätzen bedienten. Der 1577 bei Rotterdam geborene *Piet Heyn* (alias *Pieter Pierszoon*), der 1600 für zwei Jahre in spanische Gefangenschaft geriet, machte 1623 als Vizeadmiral der Niederländischen Westindischen Kompanie Karriere. Dass sich ein solcher Posten mit dem Freibeutertum ohne weiteres vertrug, beweist die Tatsache, dass er 1628 – ein Jahr vor seinem Tod – im kubanischen Golf von Matanzas die spanische Silberflotte aufbringen und dabei etwa zwölf Millionen Gulden erbeuten konnte.

Kolonialmächte und Kolonialkriege

Die Kleinen Antillen gerieten zunächst als **Schlupfwinkel für Freibeuter** – von denen aus der Kaperkrieg gegen Spanien zu führen war – in den Blickpunkt der europäischen Politik, dann als **Flottenstützpunkte** und schließlich als **Zucker-, Kaffee- und Gewürzinseln**.

Schlachtfeld Europas

Mit dem Verfall der spanischen und dem Aufstieg der anderen europäischen Mächte begann ein wahrer Wettlauf in die Karibik, bei dem die Inseln zu einem Spielball der wechselnden Koalitionen und andauernden Kriege wurden.

Währenddessen beuteten die neu gegründeten **Handelskompanien** ihre natürlichen Ressourcen aus und verschifften die Früchte der Sklavenarbeit nach Europa.

Es war das Zeitalter des Kolonialismus bzw. später Epoche des Imperialismus, das alle führenden Seemächte der Zeit zu den Antillen brachte, wo in sogenannten **Stellvertreterkriegen** europäische Zwistigkeiten ausgetragen wurden. Ob nun Holländer gegen Spanier, Spanier gegen Briten, Briten gegen Franzosen oder Franzosen gegen Holländer kämpften, ob der kriegerische Hauptschauplatz nun Amerika oder Europa war – die karibische Inselwelt war immer mit betroffen.

Spielball wechselnder Interessen

Deswegen ist es nahezu unmöglich, in diesem Raum das Territorium der einzelnen Kolonialmächte gegeneinander abzugrenzen, weil mit wenigen Ausnahmen alle Inseln einem häufigen Besitzerwechsel ausgesetzt waren und in schneller Abfolge erobert, verwüstet, verkauft, zurückerobert oder in Verträgen an andere abgetreten wurden.

Allein St. Lucia musste vor der Unabhängigkeit 14 Mal den „Besitzer" wechseln, St. Maarten 16 Mal und St. Eustatius und Tobago über 30 Mal.

Die Kolonisierung durch die Spanier

Seeschlacht vor Dominica

Obwohl sich Spanien recht schnell von den Kleinen Antillen zurückzog, besaß das Königreich noch bis weit ins 19. Jahrhundert hinein **große Kolonialgebiete in Nord-, Mittel- und Südamerika**. Innerhalb der Großen Antillen mussten die Spanier Jamaika schon 1655 und Haiti 1697 räumen, dafür war man aber auf Kuba von 1511 bis 1898 präsent, in Florida immerhin bis 1763, in Santo Domingo mit wenigen Unterbrechungen von 1492 bis 1863 und in Puerto Rico von 1509 bis 1898!

Im Kampf um die Kleinen Antillen könnten die Spanier als **die großen Verlierer** bezeichnet werden, allerdings bemühten sie sich nie ernsthaft um eine Wiedereroberung der als wenig lukrativ angesehenen Archipele. Und so überließen sie, mit Ausnahme von **Trinidad** (das 1498-1797 spanisch war), eine ehemalige Besitzung nach der anderen den Holländern, Engländern oder Franzosen. Trotzdem ist nicht nur in den Inselnamen, die oftmals noch auf *Kolumbus* zurückgehen, sondern auch in der **Kolonialarchitektur** und in **sprachlichen Eigenheiten** ein spanisches Element fast überall bis heute erhalten.

... durch die Engländer

Englands **Aufstieg zur See- und Kolonialmacht** begann, nachdem *Königin Elizabeth I.* die spanische Armada *Philipps II.* besiegt hatte. Noch unter ihrer Regentschaft erwarben die Engländer erste Kolonialgebiete in Nordamerika (im Jahre 1581 Virginia unter *Sir Walter Raleigh*), während Freibeuter vom Schlage eines *Francis Drake* und eines *John Hawkins* im Karibischen Meer den Boden für die spätere Kolonisation bereiteten. Im Jahre 1605 besetzten die Engländer St. Lucia, anschließend St. Kitts (1623), Barbados und Tobago (1625), Dominica (1627), Barbuda (1628), Antigua (1636) und weitere Inseln. In der zweiten Hälfte des 17. Jahrhunderts war fast der gesamte Ozean um die Kleinen Antillen in rein britischer Hand.

Britische Seeherrschaft

Ihren **schärfsten Widersacher** fanden die Briten im aufstrebenden **Frankreich**, mit dem sie verbittert um jede einzelne Insel rangen: Kaum ein Eiland im südkaribischen Raum, das nicht wenigstens für einige Jahrzehnte unter französischer Herrschaft war.

In der zweiten Hälfte des 18. Jahrhunderts, als sich die Franzosen kurzzeitig fast aller britischer Inseln bemächtigen konnten, war die Flottenbasis English Harbour auf **Antigua** der **wichtigste militärische Stützpunkt** der Engländer im karibischen

Raum. Im Jahre 1784 wurde Admiral *Horatio Nelson*, der spätere Seeheld von Trafalgar, deren Befehlshaber. In seine Zeit fällt auch jene entscheidende Seeschlacht bei den Iles des Saintes/Guadeloupe (1782), in der die Briten den Franzosen eine solche Niederlage beibrachten, dass ihre Vorherrschaft über die Antillen für die nächsten Jahrzehnte gesichert war.

Dadurch wurde der englische Einfluss bestimmend, was heute vor allem an der Bezeichnung der Wasserstraßen, der Orts- und topografischen Namen und der Einteilung in *Leeward and Windward Islands* ablesbar ist.

Bis auf den heutigen Tag sind **Montserrat** und die **British Virgin Islands** britisches Kolonialgebiet (mit Selbstverwaltung), während **Anguilla** ein assoziierter Staat der britischen Krone ist. Die anderen karibischen Kolonien entließen die Briten nach dem Zweiten Weltkrieg in die Unabhängigkeit.

Mitglieder des Commonwealth

Als **freie Mitglieder des Commonwealth** (wie z.B. auch Neuseeland) ist deren offizielles Staatsoberhaupt jedoch immer noch *Königin Elizabeth II.*, die wiederum einen General-Gouverneur (meist auf Vorschlag der einheimischen Regierung) bestimmt. Zu diesen Ländern gehören **Barbados, Grenada, Antigua** und **Barbuda** sowie **St. Kitts und Nevis**.

... durch die Holländer

Zu denjenigen Mächten, die vom Niedergang der spanisch-portugiesischen Macht profitierten, gehörten neben England vor allem die Freien Niederlande (Holland). Durch ihre Ost- und Westindischen Kompanien (1602 bzw. 1621 gegründet) schufen sie ein weit ausgedehntes Netz von Handelsstützpunkten – u. a. Molukken, Java, Ceylon, Südafrika, Neu-Amsterdam –, das die Welt mit Kolonialwaren versorgen und außerdem später in Kolonialbesitz umgemünzt werden konnte.

Aufstieg der Niederlande als Seemacht

Damit war auch der **Aufstieg von Amsterdam** zum ersten Handels- und Börsenplatz des Kontinents vorprogrammiert. In der Karibik führten die Holländer im frühen 17. Jahrhundert gegen Spanien Krieg, wobei eine Flotte aus 800 holländischen Kriegsschiffen 13 Jahre lang die Antillen durchstreifte und Portugiesen und Spaniern eine Beute im Wert von 30 Millionen Pfund abjagte. Feste Stützpunkte werden dabei zunächst die Jungferninseln, nämlich **St. Croix** (1625-45) und **Tortola** (1627-72). Anders als die Briten und Franzosen gaben sie später dem Handel den Vorzug vor landwirtschaftlicher Nutzung ihrer Kolonien, außerdem konzentrierten sie sich auf nur einige Inseln, die auch heute noch mehr oder weniger eng an die Niederlande angelehnt sind.

Den Anfang machte **St. Eustatius** (ab 1626), gefolgt von **Curaçao** (ab 1632), **Aruba** (ab 1634), **Bonaire** (ab 1635), **Saba** (ab 1640/1648) und **Sint Maarten** (ab 1641). Heute bilden Bonaire, Curaçao, Saba, St. Eustatius und Sint Maarten als „Niederländische Antillen" einen unabhängigen Verbund von Inseln innerhalb des Königreichs der Niederlande. 1986 hatte sich Aruba von diesem abgekoppelt und besitzt seitdem einen autonomen Sonderstatus.

... durch die Franzosen

Während und nachdem in Europa Frankreichs Machtstellung unter den Kardinälen ***Richelieu*** (ab 1624) und ***Mazarin*** (ab 1642) sowie vom „Sonnenkönig" ***Ludwig XIV.*** (ab 1661) ausgebaut wurde, bemühte sich das Königreich um überseeische Gebiete.

Kolonien als Rohstofflieferanten

Dies war umso dringender, als die merkantilistische Wirtschaftspolitik des Finanzministers *Colbert* darauf angewiesen war, fremde Rohstoffe (wozu auch Gewürze gehörten) zu importieren, ohne hohe Zölle zahlen zu müssen. Zu den Territorien, die sich Frankreich **in heftigen Kämpfen** gegen die spanische, niederländische und britische Konkurrenz aneignete, gehörten außer Nordamerika (Louisiana), Indochina und Madagaskar auch mehrere der westindischen Inseln.

Noch **im 17. Jahrhundert** konnten die Franzosen in schneller Folge in der Karibik Fuß fassen: 1625 in St. Kitts, 1635 in Guadeloupe, in Martinique, in La Désirade und in Marie-Galante, 1648 in St. Barthélémy und in St. Martin, 1650 in St. Croix, 1659 in Grenada und in St. Lucia, 1663 in Tobago sowie 1664 in Montserrat. Nach langem Streit mit Spanien wurde 1697 sogar das große St. Dominique den Franzosen zugesprochen, die 1719 ebenfalls St. Vincent und die Grenadinen erwarben.

Dafür, dass diese Herrschaftsverhältnisse nicht stabil blieben, sorgte der sogenannte **Spanische Erbfolgekrieg** (1701-1713/14), in dem sich England, Holland und andere Länder gegen Frankreich zusammenschlossen und der in Spanien, Oberitalien, Deutschland, den Niederlanden und in Amerika geführt wurde.

Eroberung Westindiens

Auch vor den Antillen verloren die Franzosen kurzzeitig viele Inseln, andere veräußerten sie aus **wirtschaftlichen Erwägungen** an Schweden und Dänemark. Trotzdem blieben sie die **bestimmende Großmacht** in Westindien, auch nachdem sie 1763 von den Briten endgültig aus Nordamerika vertrieben worden waren.

Zeitweilig sah es sogar so aus, als könnte Frankreich dem gesamten karibischen Raum seinen Stempel aufdrücken. Bis 1782 hatte das Königreich fast alle britischen Inseln eingenommen. Der letzte Schritt, um die Eroberung Westindiens zu vollenden, geriet den Franzosen dann zur Katastrophe: Trotz eines Aufgebotes von 35 Kriegs- und 150 Frachtschiffen waren sie 1782 in der entscheidenden Seeschlacht vor der Südküste von Guadeloupe den Truppen des gefürchteten Admirals ***George Rodney*** unterlegen. Außer dem **Verlust von 1.500 Menschenleben und allen Schiffen** hatte Frankreich die Rückgabe aller Inseln (mit Ausnahme Tobagos) an England zu beklagen.

Ende der französischen Großmacht

Kurze Zeit später veränderten die Ideen der **Französischen Revolution** das gesellschaftliche Gefüge auf den Antillen. Und fast gleichzeitig (1791-1803) brach der berüchtigte Aufstand der Haitianer gegen ihre Kolonialherren aus, der in der Etablierung des Kaiserreichs von Haiti und somit zum zweiten unabhängigen Staat Amerikas mündete. Damit war **Frankreichs Großmachtrolle endgültig gebrochen**, was nicht bedeutete, dass nun die Zeiten friedlicher wurden. Neue Kämpfe flammten auf, in denen einerseits die Franzosen Eroberungen machten, andererseits die Engländer Martinique und Guadeloupe einnehmen konnten. Heute nehmen sich die „Französischen Antillen" im Vergleich zum ehemaligen Besitz bescheiden aus, wenn auch Inseln wie Martinique und Guadeloupe zu den größten des Raumes gehören.

Ungebrochen ist der **französische Einfluss** in Sprache, Orts- und topografischen Namen, Religion und Gebräuchen in der gesamten Karibik. Von Trinidad im Süden bis hinaus nach St. Thomas haben sich französische Kulturgruppen erhalten, das **Patois** ist die übliche Umgangssprache, und die kreolische Kolonialarchitektur zeigt eindeutig französische Eleganz.

... durch die Dänen

Nordeuropäer in der Neuen Welt

Nur wenigen ist bekannt, dass in der frühen Neuzeit Dänemark zusammen mit Großbritannien und den Niederlanden eine der **wichtigsten europäischen Seefahrer-Nationen** war. Das enorm große Staatsgebiet des nordischen Königreichs umfasste im 17. und 18. Jahrhundert neben der Provinz Norwegen und nordatlantischen Ländern wie Island, Grönland und den Färöern auch ein tropisches Territorium, nachdem es 1655 **St. Thomas** und 1733 **St. Croix** erwerben konnte.

Zunächst im **Sklavenhandel** führend vertreten, verlegten sich die Dänen später durch ihre **Westindische Kompanie** auf den Handel mit Kolonialwaren, bis schließlich die Inseln direkt der Krone unterstellt wurden.

Mit einigen Unterbrechungen gehörten die **westlichen Jungferninseln** bis 1917 zu Dänemark, als man sie für 25 Millionen Dollar an die USA verkaufte. Das dänische Erbe ist vor allem in den Namen und der Kolonialarchitektur von Städten wie *Charlotte Amalie*, *Frederiksted* und *Christiansted* lebendig.

... durch die Schweden

Auch die Schweden, durch den 30-jährigen Krieg **für einige Zeit europäische Großmacht**, waren bestrebt, bei der Kolonisierung in der Neuen Welt mitzuspielen, wenngleich nur in bescheidenem Rahmen. In Nordamerika gelangten sie 1638 an die Delaware-Bucht, wo ihre Kolonie „Neuschweden" einen kurzen Bestand hatte.

Im karibischen Raum profitierten sie von den traditionell guten Beziehungen zu Frankreich, mit dem sie im Austausch für Ankerrechte oder Handelserleichterungen Inseln als Kolonialbesitz erhielten, so 1793 **Saint-Barthélémy**, das sie erst 1877 an die Franzosen zurückgaben. Heute noch kündet der schwedische Königsname der Hauptstadt „**Gustavia**" vom Engagement der Nordeuropäer.

... durch andere Europäer

Die bisher genannten europäischen Nationen waren nicht die einzigen, die Siedler und Soldaten auf die Antillen brachten. In jenen verworrenen Tagen kamen beispielsweise **katholische Schotten** mit den Franzosen in die Karibik, Tausende von **Iren** wurden unter Cromwell nach Barbados deportiert, **Norddeutsche** und **Norweger** taten Dienst auf den Besitzungen Dänemarks, und französische Hugenotten und Juden suchten Zuflucht in den holländischen Kolonien.

Selbst die **Malteserritter** unternahmen bescheidene Kolonisierungsversuche (auf St. Croix). Interessant ist in diesem Zusammenhang die Besiedlungsgeschichte von Tobago, wo die **Herzöge von Kurland** 1639-1693 die Kolonie *„Neu-Kurland"* mit der Hauptstadt Jakobus (lettisch: *Jaunkurzeme*) etablieren konnten. Dort lebten neben Deutschen und Letten auch Skandinavier, Holländer, Engländer, Franzosen, Juden, Kariben und Gambianer aus Afrika als freie Bürger zusammen und formten für gewisse Zeit ein funktionierendes multikulturelles Gemeinwesen.

Neu-Kurland

... durch die US-Amerikaner

Die USA konnten erst in dem Moment kolonisatorisch tätig werden, als sie selbst ihren kolonialen Status abgelegt und ihre Unabhängigkeit von Großbritannien erklärt hatten (1776): Als erster Staat der neuen Welt mischten sie sich dann jedoch sehr bald schon in die bis dato rein europäischen Auseinandersetzungen ein: Bereits 1776 versuchten sie, die Engländer von den Bahamas zu verdrängen. In der Folgezeit übernahmen die USA **schrittweise die Großmachtrolle** von den Europäern und betrachteten den gesamten karibischen Raum als ihr ureigenstes Interessengebiet.

Berühmt wurde die Erklärung des US-Präsidenten *James Monroe* vom Dezember 1823, in der es hieß: *„Jede europäische Einmischung in die Angelegenheiten unabhängiger amerikanischer Regierungen und umgekehrt ist zurückzuweisen, und die Vereinigten Staaten von Amerika sind als Schutzmacht der mittel- und südamerikanischen Staaten anzusehen."*

Monroe-Doktrin

Nach dieser sogenannten **„Monroe-Doktrin"** war es nur konsequent, wenn US-Streitkräfte im 19. und 20. Jahrhundert bei Unruhen oder politischen Problemen mehrfach auch auf den Großen Antillen intervenierten, u. a. in Puerto Rico, der Dominikanischen Republik, in Kuba und in Haiti. Ein solches militärisches Eingreifen wird von Historikern als **„Neo-Kolonialismus"** bezeichnet, obwohl das betreffende Land ja nicht in den direkten Besitz der USA überging, sondern nur ein ihr genehmes Regime eingesetzt wurde.

Außerdem griffen die USA nicht nur „lenkend" ein, sondern erwarben auch Territorien, wie z. B. auf den Großen Antillen Kuba (1898-1902) und Puerto Rico (ab 1898). Ihren Fuß setzten die Amerikaner dauerhaft auf die Kleinen Antillen erst im Jahre 1917, als sie die **westlichen Jungferninseln** Dänemark abkauften. Kulturell ist die nordamerikanische Präsenz überall zu spüren, wobei dem Tourismus eine wichtige Rolle zukommt. Und die Auseinandersetzungen um **Grenada** in den 1980er Jahren zeigten, dass sich die USA nach wie vor als politisch-militärische Schutzmacht der Karibik verstehen.

USA – Schutzmacht der Karibik

Das 20. Jahrhundert

Auch auf den Kleinen Antillen waren die Auswirkungen der beiden Weltkriege nicht nur zu spüren, zusätzlich erlebte und erlitt der Raum tief greifende Veränderungen. Die Emanzipation der Kolonien war begleitet von blutigen Unruhen und sozialer Verunsicherung, von Tendenzen gleichzeitigen politischen Auseinanderstrebens und wirtschaftlichen Zusammenwachsens. Politisch blieb bis zur Hälfte des Jahrhunderts fast alles beim Alten, wenn man davon absieht, dass sich 1917 die Dänen als Kolonialmacht verabschiedeten und die USA auf den Jungferninseln an deren Stelle traten. Wirtschaftlich hatte die **Eröffnung des Panama-Kanals** im Jahre **1914** für die Kleinen Antillen große Bedeutung. Dadurch geriet der Inselbogen wieder in den Gesichtskreis der internationalen Schifffahrtslinien. 1910 wurde auf Trinidad Erdöl entdeckt, was sich sehr schnell in der Eröffnung großer Raffinerien (u. a. auf Curaçao und Aruba) niederschlug. Da sich nun einige der lange vernachlässigten Eilande den großen Konzernen für Investitionen als Spekulationsobjekte anboten, wurde die südliche Karibik wirtschaftlich unterschieden in einen entwickelten, industrialisierten und verhältnismäßig wohlhabenden und in einen unterentwickelten Teil, dessen einzige Lebensgrundlage der Zuckerrohranbau bleiben musste.

Wirtschaftlicher Wandel

Langsam aber wurden die Kleinen Antillen auch als **tropisches Paradies für erholungsbedürftige Europäer und Amerikaner** entdeckt – die ersten touristischen Einrichtungen waren die Folge. Gesellschaftlich waren die Inseln selbst viele Jahrzehnte nach der Sklaverei noch vom überkommenen kolonialzeitlichen System geprägt, das der farbigen Mehrheit weder soziale Gleichberechtigung noch kulturelle Eigenständigkeit zugestand. Seitdem hat sich jedoch eine zwar kleine, aber politisch aktive Schicht farbiger Anwälte, Künstler und Intellektueller herausgebildet, die dafür sorgte, dass einiges in Bewegung geriet, die Farbigen ein **neues Selbst- und Klassenbewusstsein** bekamen und sich die Weißen immer häufiger von lieb gewonnenen und bequemen Verhaltensweisen verabschieden mussten.

Montserrat seit dem großen Vulkanausbruch

Stellvertretend für viele sei hier nur der Schriftsteller *Aimé Césaire* aus Martinique genannt, der in den 1930ern als Mitbegründer der sogenannten **Négritude-Bewegung** in Erscheinung trat. Dadurch angeregt, entstand zunächst in den karibischen Industriestandorten eine politische Arbeiterschicht. Und die Wut über die diskriminierenden Lebensumstände machte sich u.a. auf Barbados und Trinidad in blutigen Aufständen Luft. Schließlich sah man auf den Antillen die ersten politischen Parteien, auf deren Fahnen der Begriff „Unabhängigkeit" stand.

Politische Emanzipation

In dieser Umbruchzeit brachte der beginnende **Zweite Weltkrieg** eine Periode militärischer Gefährdung und wirtschaftlicher Schwierigkeiten. Die Niederlande, von den Deutschen besetzt, konnten sich nicht um ihre Außenbesitzungen kümmern, was das **Auftauchen deutscher U-Boote** in den Gewässern der ABC-Inseln (Aruba, Bonaire und Curaçâo) zur Folge hatte. Den Schutz der Inseln (und den des Panama-Kanals) übernahmen die USA. Ähnliches galt auch für die britischen Kolonien. Währenddessen wurden Guadeloupe und Martinique zu potenziellen Unruheherden, da ihr gemeinsamer Verwalter, Admiral *Georges Robert*, nach der Niederlage Frankreichs zur deutschfreundlichen Vichy-Regierung übergegangen war. Amerikaner und Briten befürchteten nun, die Deutschen würden nicht nur U-Boote in Fort-de-France stationieren, sondern die Französischen Antillen gleich als Operationsbasis besetzen. Die deshalb in die Wege geleitete **Blockade** traf die Inseln ganz empfindlich, vor allem natürlich die ärmere Bevölkerung. Eine Hungersnot größeren Ausmaßes konnte gerade noch abgewendet werden, indem *Robert* 1943 sein Amt niederlegte und die Gaullisten die Führung der Französischen Antillen übernahmen.

Während des Zweiten Weltkriegs

Dennoch sollte die **prekäre wirtschaftliche Situation,** die auch die Nachbarinseln betraf, bis weit nach dem Krieg anhalten. Neben den Versorgungsnöten der Antillen darf nicht vergessen werden, dass viele Einwohner zum **Militärdienst** innerhalb der jeweiligen Kolonialmacht herangezogen worden waren – auf den europäischen Schlachtfeldern floss auch karibisches Blut! Vielleicht lag es an den Erfahrungen der kolonialen Kriege, dass ab 1945 jene Stimmen sich mehrten, die eine völlige Loslösung von den herrschenden Mächten befürworteten. Da auch ein großer Teil der öffentlichen Meinung in Europa auf die Lage der Antilleninseln aufmerksam wurde und nach einer anderen Politik verlangte, wurde man vor allem in London aktiv und suchte nach neuen administrativen Strukturen. Dies war umso wichtiger, als die veränderte weltpolitische Lage nach dem Krieg inzwischen auch das **Interesse der Sowjetunion** für den karibischen Raum geweckt hatte. Denn nachdem auf Kuba die Revolutionstruppen *Fidel Castros* und *Che Guevaras* 1959 den Sieg über den verhassten Diktator *Batista* erringen konnten, war sozusagen ein sozialistischer Brückenkopf in der Region aufgebaut. Von nun an hatten alle Kolonien ein politisches Modell vor Augen, das zumindest in der Anfangsphase Gleichberechtigung versprach und sich zur Nachahmung empfahl. Der kubanische Sonderweg wurde zuletzt in Grenada vom charismatischen Führer *Maurice Bishop* kopiert, ein Experiment, das allerdings 1983 im Kugelhagel von Invasionstruppen unterging.

Vorbild Kuba

Für London ging es also darum, das Gefüge der englischsprachigen *Windward and Leeward-Inseln* politisch und wirtschaftlich neu zu strukturieren, ohne sie an den Sozialismus zu verlieren. Aus diesem Grund rief man 1958 die sogenannte **Westindische Föderation** ins Leben, gab den einzelnen Mitgliedstaaten z.T. eigene Verfassungen und bot ihnen insgesamt die Unabhängigkeit an. Die wirtschaftlich stärksten Mitglieder der Föderation – Jamaika einerseits und Trinidad und Tobago andererseits – waren jedoch nicht bereit, sich einer westindischen Zentralregierung und einem gemeinsamen Steuersystem zu unterwerfen, und erklärten 1962 einseitig ihre Souveränität. Nachdem solcherart die Idee der Föderation gestorben und 1966 auch das wirtschaftlich ebenfalls starke Barbados in die Unabhängigkeit abgesprungen war, blieb eine Gemeinschaft der „Kleinen Acht" übrig, die Großbritannien 1967 zu „assoziierten Staaten" (***West Indies Associated States***) machte – was eine autonome

Regelung der inneren Angelegenheiten bedeutete, während die Außen- und Verteidigungspolitik in London verblieb. Das Ziel blieb jedoch der endgültige Schritt in die volle Souveränität, vor dem sich zunächst noch manche einheimischen Politiker fürchteten, von anderen aber herbeigesehnt und gefordert wurde. Unabhängig wurde Grenada 1974, gefolgt von Dominica (1978), St. Lucia, St. Vincent und die Grenadinen (1979), Antigua (1981) und schließlich St. Kitts und Nevis (1983).

Von der Autonomie zur Souveränität

Innerhalb von wenigen Jahren war damit aus einem zusammenhängenden Kolonialgebiet ein System von Zwergstaaten geworden, deren politische Autonomie nichts mit wirtschaftlicher Lebensfähigkeit zu tun hatte. Deswegen gab es von Anfang an, neben den auseinanderdriftenden politischen Tendenzen, das Bestreben, den karibischen Raum wirtschaftlich zusammenzuschließen. Bereits ein Jahr nach der Etablierung der *West Indies Associated States* wurde von Antigua und Barbuda, Barbados, Guayana sowie Trinidad und Tobago 1968 die **Freihandelszone CARIFTA** (*Caribbean Free Trade Area*) gegründet, der sich später auch Anguilla, Belize, Dominica, Grenada, Jamaika, St. Kitts und Nevis, Montserrat, St. Lucia sowie St. Vincent und die Grenadien anschlossen.

Wirtschaftliche Zusammenschlüsse

1973 wandelte man die CARIFTA in den **Karibischen Gemeinsamen Markt CARICOM** (*Caribbean Common Market*) um. Weitere Schritte auf dem Weg zu stabiler Einheit war die Gründung der **Karibischen Entwicklungsbank CDB** (*Caribbean Development Bank*) im Jahre 1969 und vor allem die Einrichtung der **Organisation of East Caribbean States (OECS)** im Jahre 1982. Die OECS brachte die englischsprachigen Staaten Antigua und Barbuda, Dominica, Grenada, St. Kitts und Nevis, St. Lucia, St. Vincent und Grenadinen sowie die britische Kolonie Montserrat zusammen. Sie alle haben die gleiche Währung, den *East Caribbean Dollar* (EC$), und eine gemeinsame Zentralbank

Während aus dem ehemals britischen Raum nur Montserrat und die Jungferninseln ihren kolonialen Status (mit Selbstverwaltung) behalten haben, nahm die Geschichte der Niederländischen Antillen einen anderen Verlauf. Schon in der ersten Hälfte des Jahrhunderts war hier – vor allem durch die Shell-Ölraffinerien – ein Lebensstandard erreicht worden, der weit über dem karibischen Durchschnitt lag. Obwohl der materielle Wohlstand kaum wirtschaftliche Gründe für den Wunsch nach Unabhängigkeit entstehen ließ, konnten die Inselbewohner mit ihrem Status nicht zufrieden sein: Die farbige Mehrheit blieb diskriminiert, und selbst die Weißen waren, da sie z. B. nicht wählen durften, Staatsbürger zweiter Klasse.

Autonomie der Niederländischen Antillen

1954 schließlich erklärte Königin *Juliane* die volle administrative Selbstständigkeit der überseeischen Besitzungen. Auf den Inseln, die nun über ihre eigenen Angelegenheiten selbst bestimmen konnten und auch im Den Haager Parlament repräsentiert wurden, war die Herstellung sozialer Gerechtigkeit die dringlichste Aufgabe. Von den diesbezüglichen Missständen erfuhr die Weltöffentlichkeit durch jene Unruhen und blutigen Arbeiteraufstände, die 1969 Curaçao (Willemstad) erschütterten. Erst anschließend änderte sich die koloniale Einstellung der weißen Oberschicht und das *Papiemento*, die Verkehrssprache der Farbigen, trat gleichberechtigt neben das Niederländische. Eine völlige **Loslösung vom „Mutterland"** hat dieser Prozess aber weder erreicht noch intendiert, u.a. auch, weil man von den chaotischen Zuständen im ehemals niederländischen Guayana, das sich 1975 zur unabhängigen Republik Surinam erklärt hatte, abgeschreckt wurde.

Der **Verbund der Niederländischen Antillen**, der zwei 900 km voneinander entfernte Inselgruppen umfasste (im Süden Aruba, Bonaire, Curaçao, im Norden Saba, St. Eustatius und Sint Maarten), bestand in dieser Form bis zum Jahre 1986, als sich Aruba abkoppelte und einen autonomen Sonderstatus (*status aparte*) erhielt. Innerhalb des Königreichs der Niederlande stehen demnach die Niederlande, die Niederländischen Antillen und Aruba gleichberechtigt nebeneinander. Ähnliches gilt auch für die Französischen Antillen, deren Einwohner sich allerdings, trotz eines genauso hohen Anteils an Farbigen wie überall in der Karibik, als vollwertige Franzosen fühlen. Selbst zu Zeiten des Algerienkrieges gab es nie Loslösungsbestrebungen, die von einer breiten Schicht getragen worden wären. Zwar haben einige militante Gruppierungen dieses Ziel zum politischen Programm erhoben, aber diese scheinen doch eher in der Minderheit zu sein.

Französische Übersee-Departements

Seit 1946 sind Martinique und Guadeloupe durch den **Status eines Übersee-Departments** (*département d'outre-mer*) – genau wie die Insel La Réunion im Indischen Ozean oder jedes Departement in Frankreich – auch politisch gleichberechtigt: Ihre Bürger genießen alle französischen Bürgerrechte und sind in Paris mit Abgeordneten und Senatoren vertreten.

Die beiden Verwaltungseinheiten der Französischen Antillen haben freilich eine völlig unterschiedliche Struktur: Während das Département Martinique praktisch nur aus einer Insel besteht, umfasst das Département Guadeloupe einen ganzen Archipel, zu dem neben der Hauptinsel auch die Trabanten Les Saintes, Marie-Galante und La Désirade sowie das über 200 Kilometer weiter nördlich gelegene St. Barthélémy und St. Martin gehören.

US-amerikanische Inseln

Die US Virgin Islands schließlich sind seit dem überhastet durchgeführten und für die Bewohner schmerzlichen Verkauf durch Dänemark (1917) amerikanisches Territorium, ohne allerdings einen Bundesstaat zu bilden. Stattdessen unterstanden sie 1917-34 dem Marineministerium, von 1937 bis heute dem Innenministerium in Washington. Diese Art der kolonialen Verwaltung sowie soziale Gegensätze hatten 1969 Unruhen zur Folge. Obwohl im gleichen Jahr durch den *Elective Act* die Institution der von Washington eingesetzten Gouverneure durch direkt gewählte ersetzt wurde, sind viele „Virgin Islander" mit ihrem politischen Status unzufrieden. Dies wurde insbesondere im Jahre 1992 deutlich, als man auf dem *unincorporated territory* wieder einmal von den Präsidentenwahlen ausgeschlossen war. Außerdem beklagen die Bürger der englischsprachigen und völlig amerikanisierten Jungferninseln, dass man in der Frage, welcher der 51. Bundesstaat wird, in den USA dem zwar größeren, aber spanisch sprachigen Puerto Rico bessere Chancen einräumt.

Der historische Überblick zeigt, dass die paradiesische Landschaft der Kleinen Antillen nicht gleichbedeutend ist mit paradiesischen Verhältnissen. Die brutale Eroberung, die Versklavung von Millionen von Ureinwohnern, die Ausnutzung der Plantagenarbeiter, der schmerzhafte Weg der politischen und kulturellen Emanzipation – all das ist mehr als bloße Vergangenheit. Der europäische Besucher muss sich immer darüber klar sein, dass er für die meisten Einwohner allein schon wegen seiner Herkunft ein Teil ihrer kolonialen Geschichte ist. Heute fühlen sich die Antillenbewohner nicht mehr als Holländer, Briten oder Amerikaner, sondern nennen sich selbstbewusst nach ihrer Insel Bajan, Tobagian, Grenadian oder Virgin Islander. Der Tourist sollte dem Nationalstolz und neuen Selbstwertgefühl dieser freundlichen Menschen mit Sympathie gegenübertreten, sich nicht nur für ihre Natur, sondern auch für ihre Geschichte interessieren und tunlichst das hässliche Wort „**Bananenrepubliken**" vermeiden. Sicher ist der Fremdenverkehr für fast alle Inseln der Devisenbringer Nummer eins. Als Besucher daraus aber irgendwelche Privilegien ableiten zu wollen, hieße, den Werdegang des Gastlandes zu verkennen.

Wirtschaft und Gesellschaft

Aus der wirtschaftlichen Perspektive gesehen, haben die Antillen-Inseln enorme Probleme. Die politische Bedeutung der kleinen Karibik-Inseln ist jedoch zu gering, als dass dies Schlagzeilen machen würde.

Schlechte Wirtschaftslage

Oftmals ist der **Tourismus** zum wichtigsten Devisenbringer geworden und schwächt damit das Erscheinungsbild der **Strukturkrise** ab. Bei Inseln, die einen selbstständigen Staat bilden oder nicht so stark vom Tourismus profitieren, wie z. B. Dominica oder Montserrat, werden die wirtschaftlichen Probleme schnell deutlich. Sind sie hingegen Bestandteil europäischer Staaten oder der USA, werden ökonomische Schwachstellen vom Mutterland „gesteuert" und daher durch zahlreiche Sub-

Schiffsbauer auf Carriacou

ventionen überdeckt. Trotzdem besteht kaum Zweifel, dass es auch zu Beginn des 21. Jahrhunderts mit der Wirtschaft der Kleinen Antillen nicht zum Besten steht: Die entwickelten, industrialisierten Inseln haben unter **schwankenden Ölpreisen** zu leiden; die vorwiegend agrarischen Inseln dagegen kämpfen ebenfalls mit **fallenden Weltmarktpreisen**, den **Schranken des europäischen Binnenmarktes** und der **Ungunst ihres Naturraumes**.

Für Inselbesucher, die den Tag eher am Strand verbringen oder Exkursionen in die Natur machen, ist es oftmals nicht gleich ersichtlich, dass ein kleiner Staat wie etwa **Dominica** als ein **Entwicklungsland** eingestuft werden muss. Die Insel ist zwar nicht auffällig arm, gilt strukturell aber doch als ein Land der Dritten Welt mit allen dazugehörenden Problemen. Da sind zum Beispiel die **Abwanderung breiter Bevölkerungsschichten** in stärker entwickelte Gebiete zu nennen sowie die zunehmende Verschuldung bei den Industrienationen und die damit einhergehende Zinslast, die die Wirtschaft daran hindern, wieder auf die Beine zu kommen.

Wirtschaftliche Zusammenschlüsse

Ein Grund für die schlechte Wirtschaftslage ist sozusagen hausgemacht: sie lässt funktionierende Volkswirtschaften schon auf Grund räumlicher Gegebenheiten nicht zu. Es war bei weitsichtigen Politikern daher von Anfang an das Bestreben, bei aller politischen Selbstständigkeit, ökonomisch mit den Nachbarn zusammenzuarbeiten und einheitliche Wirtschaftsräume zu schaffen. Ein wichtiger Schritt wurde dazu 1968 mit der Gründung der CARIFTA (*Caribbean Free Trade Area*) getan, die den stufenweisen **Abbau der Zollschranken** untereinander betrieb.

Den Gründungsmitgliedern Antigua und Barbuda, Barbados, Guyana, Trinidad und Tobago haben sich später Anguilla, Belize, Dominica, Grenada, Jamaika, St. Kitts und Nevis, Montserrat, St. Lucia sowie St. Vincent und Grenadinen angeschlossen. Ein Jahr später nahm die **Entwicklungsbank** CDB (*Caribbean Development Bank*) mit Sitz auf Barbados ihre Arbeit auf. Zu ihren wichtigsten Mitgliedern zählen Barbados, Guyana, Kanada, Jamaika, Trinidad und Tobago, die USA und Venezuela. 1973 wandelte man nach dem Vorbild der EG die CARIFTA in den gemeinsamen Markt CCM (*Caribbean Common Market*) um.

1982 schließlich war das Gründungsjahr der **Organisation Ostkaribischer Staaten** (OECS). Sie brachte neun Staaten bzw. Überseegebiete zusammen. Dieser Zusammenschluss war – bedingt auch durch den „Bananen-Boom" in den 1980ern – sehr erfolgreich: Während andere karibische Ökonomien stagnierten oder zurückgingen, verzeichneten die OECS-Staaten ein Wirtschaftswachstum von 5,5 Prozent und der **East Carribean Dollar** wurde die stabile Währung dieser karibischer Staaten.

Landwirtschaft

Mit wenigen Ausnahmen überwiegen traditionell Ackerbau und Viehzucht auf jeder Antilleninsel. Hinsichtlich der Früchte, des Gemüses, des Fleisches und Geflügels sind die meisten Staaten **Selbstversorger** und erhalten durch den entsprechenden

Rumdestillerie auf Grenada

Export auch Deviseneinnahmen. Als „Zuckerinseln" kann man die Kleinen Antillen jedoch längst nicht mehr bezeichnen. Nach der Etablierung der nördlichen Zuckerrüben-Industrie, einer **weltweiten Überproduktion** und ins Bodenlose fallenden Weltmarktpreisen verschwand die einstige Monokultur sehr schnell. Von den OECS-Staaten ist St. Kitts das einzige Land, das Zucker in die EU exportiert. Eine nennenswerte Zuckerindustrie gibt es außerdem auf Guadeloupe (staatlich subventioniert) und auf Barbados, das aber ebenfalls unter Fabrikstilllegungen und Streiks zu leiden hat.

Landwirtschaftliche Produkte

Ein aktiver Posten ist hingegen die Destillation von Rum, die vielen Inseln ein Zubrot sichert. Ähnlich wie mit dem Zucker verhält es sich mit Produkten wie Kaffee, Kakao oder Gewürzen.

Einer der größten agrarischen Hoffnungsträger war die **Kultivierung von Bananen**, die häufig die des Zuckerrohrs ablöste. Insbesondere für die OECS-Staaten war dieser Wirtschaftszweig enorm wichtig. Dies ging gut, solange Großbritannien eine Abnahme-Garantie mit weit über dem Weltmarkt liegenden Preisen gegeben hatte, was für einen regelrechten „Bananen-Boom" sorgte. Die Folge war, dass der Hauptteil der Bananenproduktion für den Export in Plantagenbetrieben erbracht wurde. Insgesamt gingen 90 Prozent der Bananen in den Welthandel. Seitdem allerdings Großbritannien wirtschaftlich immer mehr mit Europa zusammenwächst, bereitet der Hauptabnehmer der Bananen den Staaten der Kleinen Antillen große Sorgen.

Frankreich wird überwiegend aus den eigenen Übersee-Departements Guadeloupe und Martinique versorgt, Spanien und Portugal von den Kanaren und Madeira. Die Deutschen sind zwar Europameister im Bananenverzehr, doch kaum eine Banane kommt aus der Karibik. Die überwiegende Menge stammt aus den süd- und mittelamerikanischen Ländern Ecuador, Kolumbien, Panama und Costa Rica. Weit über 80 Prozent aller Bananeneinfuhren entfielen um die Jahrtausendwende auf diese Länder, mit denen die OECS-Bananen nicht konkurrieren können. Sie wachsen in kleineren Plantagen, die Erträge sind viel geringer, die Anbauflächen wegen der gebirgigen Struktur schwer zu bestellen und die Lohnkosten höher. Die geringen Einfuhren von den Kleinen Antillen nach Deutschland kommen aus Martinique und Guadeloupe und damit aus der Europäischen Union.

Die Plantagenbesitzer kontrollieren trotz teilweise bestehender genossenschaftlicher Einrichtungen faktisch auch die Exportproduktion der Kleinbauern, da sie zumeist die gesamte Transportkette ab der Verpackungsstation beherrschen. Damit sind Kleinbauern von der Exportproduktion weitgehend ausgeschlossen. Ihre Produkte sind in der Regel für die Selbstversorgung bestimmt. Nur in Ausnahmefällen sind die großen Plantagenbesitzer auch Abnehmer kleiner Betriebe.

Die Folge ist u. a. die Entwicklung von Subsistenzwirtschaften. Kleinbauern tätigen einen Mischanbau aus Mais, Hirse, Bohnen, Kaffee und Kakao, um den Eigenbedarf zu decken. Nur zur Deckung des Geldbedarfs werden Güter an Großhändler oder auf den lokalen Märkten verkauft. Das Kapital der Bauern ist dabei ihr Landbesitz, das sogenannte *Family Land*. Dieses Land wird niemals verkauft und bleibt im gemeinsamen Besitz der Familie. Entscheidungen werden gemeinsam getroffen. Es spielt nicht nur für die soziale Identität der Kariben eine wichtige Rolle, sondern ist auch wirtschaftlich von großer Bedeutung. Oft kehren Kariben nach jahrelangem Aufenthalt im Ausland im Alter auf den Landbesitz zurück und bewirtschaften es.

Industrie und Bodenschätze

Da die Kleinen Antillen weder an Bodenschätzen reich sind noch einen lukrativen Binnenmarkt darstellen, sind die Versuche zur Industrialisierung bisher eher bescheiden ausgefallen. Eine Ausnahme bildet Trinidad, das mit seinen Erdölraffinerien, Asphalt- und Schwefelvorkommen 50 Prozent seines Bruttosozialproduktes erwirtschaftet.

Erdölindustrie

Die Erdölindustrie bestimmt oder bestimmte auch das Wirtschaftsleben von St. Croix und den ABC-Inseln zu großen Teilen. Zerstörungen durch den Hurrikan „Hugo“ (St. Croix), Stilllegungen und Rationalisierungen sorgten trotz Wiederaufbaus oder neuer Inbetriebnahme für einen starken Rückgang der Beschäftigungszahlen. Die Zukunft liegt auf den Antillen jedoch nicht in großindustriellen Anlagen, sondern in **mittelständischen Betrieben mit Leichtindustrie**. Dies zeigt das Beispiel der funktionierenden Industrieparks von Barbados.

Ihre elektrische Energie gewinnen die meisten Inseln in **Ölkraftwerken**. Da, wo es die Landstruktur und die Niederschlagsmenge zulassen, wie z. B. auf Dominica, entstehen immer häufiger Wasserkraftwerke. Erfreulich ist auch die Hinwendung zu sanften Energieträgern: Insbesondere auf den Niederländischen Antillen ist eine

Südlich des Hafens von Castries (St. Lucia) liegen große Ölterminals

Zunahme von Windgeneratoren und Sonnenkollektoren zu beobachten. Potenziell kann daneben auch die Erdwärme der vulkanischen Inseln genutzt werden, obwohl Versuche mit geothermischen Kraftwerken auf St. Lucia fehlgeschlagen sind.

Tourismus

Zweifellos wird zu Anfang des 21. Jahrhunderts der Fremdenverkehr auf allen karibischen Inseln, mit Ausnahme Trinidads, die größte ökonomische Rolle spielen. Schon lange ist er nicht mehr Spielbein, sondern Standbein der insularen Wirtschaft. Die Jungferninseln beispielsweise leben zu vier Fünfteln vom Tourismus.

Die Zahl der Touristen steigt

Während die Karibik bisher traditionell das bevorzugte Reiseziel von Touristen aus den USA und Kanada ist, steigt seit der zweiten Hälfte der 1980er Jahre die Zahl der europäischen Besucher unaufhaltsam an. Selbst der weltweite Schock nach dem 11. September 2001 und auch die verheerende Hurrikan-Saison 2004 konnten diesen Trend nicht aufhalten und der Fremdenverkehr auf den karibischen Inseln konnte weiter Erfolge verbuchen. Zu den Gewinnern zählen insbesondere die Reedereien und Anbieter von Kreuzfahrten.

Mehr als 15 Prozent der karibischen Bevölkerung lebt vom Tourismus, in manchen Ländern sind es sogar bis zu 50 Prozent. Tourismus wertet auch das Bruttosozialprodukt vieler kleiner Inselstaaten auf: So fallen 75 Prozent des Bruttoinlandprodukts (BIP) Antiguas auf den Wirtschaftszweig Fremdenverkehr. Ähnlich hoch liegt auch der

Anteil des Tourismus auf den British Virgin Islands. In zehn Inselstaaten macht Tourismus zwischen 25 und 50 Prozent des BIP aus, in vier zwischen 50 und 75 Prozent.

Trotz des „Blockbusters" von Wirbelstürmen im Jahre 2004 – insgesamt haben sechs schwere Hurrikans die Inseln getroffen und schwere Schäden auf Grenada, Jamaika, den Cayman Inseln, der Dominikanischen Republik, Haiti und den Bahamas verursacht – war selbst jenes Jahr für den Tourismus ein Erfolg. Nach Angaben der *Economic Commission for Latin America and the Caribbean*, einer UN-Agentur, beliefen sich die volkswirtschaftlichen Schäden auf rund 5,7 Mrd. Dollar. Bis zum großen Sportevent, dem World Cup Cricket im Jahre 2007, das auf verschiedenen karibischen Inseln stattfand, wurden jedoch nicht nur alle Schäden behoben, der Fremdenverkehr wurde sogar weiter ausgebaut.

Soziale Lage

Wer an einem beliebigen Tag einen Rundgang durch Antiguas Hauptstadt St. John's macht, wird die Diskrepanz deutlich sehen: Auf der einen Seite liegen die riesigen Kreuzfahrtschiffe, die jedes Gebäude der Stadt überragen und ein Pier mit **klimatisierten Duty-free-Läden** haben. Auf der anderen Seite hört nur ein paar Häuser weiter der Luxus auf, wirken die **Straßenzüge bald ärmlicher** und die Häuser werden kleiner. Ein ähnliches Bild ergibt sich in Roseau auf Dominica, wenn *Cruiseship day* ist.

Auf den Märkten wird das verkauft, was im Garten wächst (Cheapside, Barbados)

In anderen Gebieten, vor allem auf Trinidad oder auf den Niederländischen und Französischen Antillen, ist der Eindruck zwar zunächst ein anderer und wird nicht selten von Villen und Parabolantennen geprägt. Aber auch dort fallen starke soziale Gegensätze ins Auge. Hauptproblem ist die weit verbreitete **Arbeitslosigkeit**. Nur im industrialisierten Trinidad konnte sie von ehemals 17 Prozent zu Beginn des neuen Jahrtausends auf acht Prozent heruntergeschraubt werden.

Auch wenn der Tourismus der wichtigste Devisenbringer ist, kann er nur eine begrenzte Zahl von Arbeitsplätzen schaffen. Zudem fließt ein Großteil des erwirtschafteten Geldes entweder **zurück nach Europa oder Nordamerika**, wo die meist ausländischen Investoren sitzen. Von dem Rest müssen erneut teure Importwaren für den Fremdenverkehr gekauft werden.

Die wenigsten karibischen Staaten waren in der Vergangenheit in der Lage, ein **Sozialsystem** europäischen Zuschnitts zu errichten. Insofern wird Arbeitslosigkeit nicht durch staatliche Zuwendungen in der Wirkung abgeschwächt. Trotzdem hat man in der Karibik nur selten den Eindruck von Tristesse, wirklicher Armut, Hunger oder Verzweiflung. Tatsächlich scheinen für das alltägliche Leben statistische Angaben wie „30 Prozent Arbeitslosigkeit“ nicht so dramatisch wie hierzulande.

Fast alle Inseln bieten Fische, wild wachsendes Obst, Früchte und Gemüse zum Nulltarif. Und die Mehrzahl der Arbeitslosen leben auf dem Land, d. h. sie besitzen außer ihrem Häuschen ein kleines Grundstück, auf dem sie Gemüse anbauen können und manchmal einige Stück Vieh halten.

Landschaftlicher Überblick

Geologie und Landschaftsformen der Karibik

Unter dem Begriff „Karibik“ versteht man sowohl das sogenannte amerikanische Mittelmeer bzw. das Karibische Meer als auch jene Inselwelt, die dieses vom Atlantik abtrennt. Dabei ziehen sich die Karibischen Inseln als knapp 3.500 km langer, geschwungener Bogen von Kuba bis Aruba bzw. von Florida bis Venezuela hin. Im Gradnetz des Globus findet man den Inselbogen zwischen 60° und 85° westlicher Länge und zwischen 10° und 12° nördlicher Breite.

Inselreich der Karibik

Die **Landfläche aller Karibischen Inseln** zusammengenommen ist mit **234.000 km²** kleiner als die von Deutschland (355.872 km²). Während im engeren Sinn die Karibik am nördlichen Wendekreis (12° 27') endet, zählt man den nördlicher gelegenen Archipel der Bahamas noch zur geografischen Einheit „Westindien“ hinzu, die damit aus den Großen Antillen, den Kleinen Antillen und den Bahamas besteht. Demgegenüber gehört der atlantische Außenposten der Bermudas weder zur Karibik noch zu Westindien.

Was sind die Antillen?

Die Antillen, die ihren Namen nach dem sagenhaften Land *Antilla* bekommen haben, werden wie folgt getrennt:

Große …

- Die **Großen Antillen** (*Greater Antilles*), die in Ost-West-Richtung aneinandergereiht sind, umfassen Kuba, Jamaika, Hispaniola (Haiti und Dominikanische Republik) und Puerto Rico. Ihre Landfläche macht zusammen fast 90 Prozent der Fläche der Karibischen Inseln aus.
- Die **Kleinen Antillen** (*Lesser Antilles*), die einen hauptsächlich in Nord-Süd- Richtung verlaufenden Bogen beschreiben, umfassen die kleinen Eilande der Jungferninseln im Norden bis Trinidad im Süden und von Barbados im Osten bis Aruba im Westen.

… und Kleine Antillen

Die Einteilung in **Inseln *unter und über dem Wind*** entstammt dem Sprachgebrauch spanischer Seefahrer, die nach ihrer Atlantiküberquerung zuerst auf jene Inseln stießen, die voll dem Wind (dem kräftigen Nordostpassat) ausgesetzt sind. Demnach liegt am ehesten (da am östlichsten) Barbados *über dem Wind*, dahinter aber die gesamte Inselkette von den Jungferninseln bis nach Trinidad *unter dem Wind*. Völlig im vor den Winden geschützten Karibischen Meer liegen die zu Venezuela gehörenden Inseln sowie die ABC-Inseln (Aruba, Bonaire, Curaçao). Die Begriffe *Leeward Islands* und *Windward Islands*, die ja eigentlich lediglich die Lee- und Luvseiten meinen, sorgen für Verwirrung, da sie sich nicht an den Windverhältnissen, sondern an ehemaligen britischen Verwaltungseinheiten orientieren. Sie beziehen sich ausschließlich auf die *Inseln über dem Wind* und werden wie folgt unterteilt (jeweils von Norden nach Süden):

Inseln über dem Wind

- Zu den ***Leeward Islands*** gehören die Jungferninseln, Anguilla, St. Martin, St. Barth, Barbuda, Saba, St. Eustatius, St. Kitts, Antigua, Nevis, Montserrat und Guadeloupe.
- Zu den ***Windward Islands*** gehören Dominica, Martinique, St. Lucia, Barbados, St. Vincent, Grenadinen, Tobago und Trinidad.

Geologische Entwicklung

Der **erdgeschichtliche Entstehungsprozess** der Karibik ist teilweise sehr kompliziert, so dass auf alle Einzelheiten an dieser Stelle nicht eingegangen werden kann. Wichtig ist, dass die Antillen nicht alle gleich alt sind und nicht alle den gleichen Ursprung haben. Aus dieser Tatsache erklärt sich ihr unterschiedliches Erscheinungsbild, wenn man beispielsweise Bonaire, Dominica und Barbados miteinander vergleicht.

Die Geomorphologie der Inseln

Bekanntlich ist das heutige Aussehen der Erde nur ein temporärer Zustand, wobei die Zuordnung von Kontinenten und Ozeanen in der Vergangenheit völlig anders war und sich zukünftig weiter verändern wird. Die auf großen Krustenschollen treibenden Land- und Meerstücke bilden ein Mosaik, bei dem einzelne Bausteine aufeinander stoßen, zerreißen und weiter wandern.

An den Nahtstellen der Schollen kommt es in der Regel zu **vulkanischer Tätigkeit**. Von den heute auf der Erde existierenden zwölf Großplatten umgeben allein fünf die verhältnismäßig kleine **Karibische Platte,** die sich in einer langsamen Nordbewegung befindet (siehe Abb., S. 49). Dabei kollidiert sie entweder mit der nordamerikanischen oder der atlantischen Platte, die sich unter die karibische schiebt (Subduktion) und ins Erdinnere drückt. Das dort aufgeschmolzene Gestein steigt als Lava nach oben und bildet vulkanische Gebirgszüge, deren über das Wasser ragende Spitzen die Antillen bilden.

Davor liegen sehr tiefe Gräben, die bis zu 9.000 m hinab reichen. Weil dieser Prozess von Nordost nach Südwest fortschreitet, ist der **äußere Bogen der Inseln** über dem Winde (St. Martin, Barbuda, Antigua, Marie-Galante, Barbados) älter. Hier hat die vulkanische Tätigkeit aufgehört, die Erosion hat die Inseln abgeschliffen, und über den Inselkernen haben sich Korallenplateaus gebildet. Das bedeutet, dass diese Inseln nicht nur flacher sind und mit ihrer geringen Höhe weniger Niederschlag haben, son-

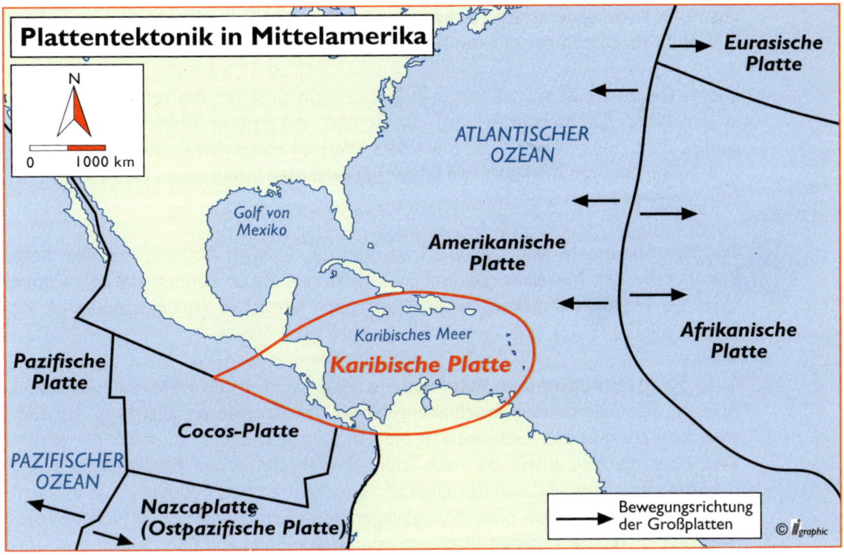

dern auch wegen des vorherrschenden Kalksteins mehr verkarsten und damit vegetationsärmer sind.

Der **innere Bogen** hingegen (St. Barth, St. Kitts, Montserrat, Dominica, Martinique, St. Lucia, St. Vincent, Grenada) ist das jüngste Produkt des Prozesses und damit vom Vulkanismus weit mehr betroffen. Aktiv ist dieser noch am *Mont Pelée* auf Martinique und an den *Soufrières* auf Guadeloupe, St. Vincent und Montserrat. Trotz der jüngsten Vulkanausbrüche auf Montserrat ist der bekannteste der des Mont Pelée im Jahre 1902, bei dem die Hauptstadt St. Pierre völlig vernichtet wurde und rund 30.000 Menschen in einer Glutwolke umkamen.

Fast gleichzeitig starben auf St. Vincent 1.600 Menschen durch einen **Ausbruch der *Soufrière*** und wurden auf Guadeloupe weite Landstriche durch den Namensvetter verschüttet, der 1958 erneut und 1978 zum dritten Mal aktiv war. 1979 mussten auf St. Vincent Tausende von Menschen vor der ausbrechenden *Soufrière* evakuiert werden, 1997 wurde die Stadt Plymouth auf Montserrat vollständig verschüttet. Vulkanismus

Aber auch das Landschaftsbild der anderen genannten Inseln ist durch den **reichen Formenschatz vulkanischer Tätigkeit** geprägt: durch Fumarolen, Vulkanruinen und eingestürzte Krater (*calderas*), Schwefelquellen (*sulphur springs*) und heißes Erdwasser (*boiling springs, boiling lakes*). Die Insel St. Eustatius ist ein perfekter Vulkankegel, und die zuckerhutförmigen *Pitons* auf St. Lucia – geradezu ein Wahrzeichen der Karibik – stellen Staukuppeln zäher Lava dar. Im Gegensatz zum flachen äußeren Bogen sind die Inseln des inneren Bogens steiler und höher (oft über 1.000 m) und deswegen auch niederschlagsreicher. Die abregnenden Wolken haben hier eine überquellende Vegetation mit dichten Regenwäldern entstehen lassen.

Dieser Gegensatz ist am schönsten in Guadeloupe zu sehen, das von der Grenzlinie in der Mitte durchschnitten wird: Ihr flacher, verkarsteter Ostteil (*Grande-Terre*) gehört dem äußeren, der dicht bewaldete Westteil (*Basse-Terre*) mit seinem hohen Vulkan dem inneren Bogen an. Die bisher unerwähnten Inseln haben eine andere Entstehungsgeschichte:

Die **Jungferninseln** sind kleinere Trabanten der Großen Antillen, und, wie diese, Bestandteile der mittelamerikanischen Kordilleren. Zwar können sie bei weitem nicht die Höhen der benachbarten Inselgruppe erreichen (auf Hispaniola im Pic Duarte mit 3.175 m!), sind aber durchweg gebirgiger Natur.

Auch die **Inseln *unter dem Wind*** und die beiden südlichsten *Windward Islands* sind Ableger des sogenannten Bruchfaltengebirges der Kordilleren, allerdings der südamerikanischen: Dieser Gebirgszweig biegt in Venezuela östlich ab und findet seinen Weg über die ABC-Inseln bis nach Trinidad. Während er auf Bonaire, Aruba und Curaçao verwittert und von Korallenkalk überdeckt ist (das bedeutet, dass es kaum Niederschläge, Savannen- oder Wüstenvegetation gibt), erreicht er im Norden Trinidads und im venezolanischen Margarita immerhin Höhen von über 900 m.

Überhaupt besitzen **Trinidad und Tobago** insofern eine eigene Genese, als sie nicht aus erloschenen Vulkanen oder Korallenriffen entstanden sind, sondern erst in jüngster Zeit (vor ca. 9.000 Jahren) durch die Überflutung der ehemaligen Landverbindungen vom südamerikanischen Festland abgelöst wurden. Dass aber auch das Bruchfaltengebirge der Kordilleren letztlich plattentektonischen Hebungen und damit vulkanischen Prozessen zuzuordnen ist, beweist nicht zuletzt der Asphaltsee (*Pitch Lake*) auf Trinidad.

Das Meer

Wie schon erwähnt, haben die **Inseln *über dem Wind*** zwei verschiedene Meerseiten, nämlich eine atlantische und eine karibische, wobei sich die atlantische dem Nordostpassat entgegenstellt und damit eher rauer, gefährlicher und einer höheren Brandung ausgesetzt ist.

Kariben- und Golfstrom

Die **ständigen Passatwinde** sind auch für die Strömungsverhältnisse im karibischen Raum verantwortlich, indem sie das ganze Jahr hindurch gewaltige Wassermassen vor sich hertreiben (Nordäquatorialstrom), die durch die Kanäle zwischen den Inseln in das Karibische Meer gepresst und dabei zusätzlich beschleunigt werden. Diese als Karibenstrom bekannte und etwa 2 bis 3 km/h schnelle Oberflächenströmung drängt an Kuba vorbei durch die Straße von Yucatán in den Golf von Mexiko und fließt dann, inzwischen 7 km/h schnell, an Florida vorbei in den Atlantik zurück, um als Golfstrom ein wenig des karibischen Warmwassers auch nach Europa zu bringen.

Das Karibische Meer bietet ideale Badevoraussetzungen (Grenada)

Als Ausnahmen von der Regel des allgemeinen Systems gibt es mehrere und nicht immer ungefährliche Strömungen, die unter lokalen Bedingungen entstehen. Vor allem auf der atlantischen Seite haben die Unterströmungen schon viele Opfer unter Schwimmern und Seglern gefordert.

Kaum spürbar sind in der Karibik hingegen ausgeprägte Gezeiten. Der Tidenhub, also die Differenz zwischen Ebbe und Flut, beträgt selten mehr als 30-40 cm. Die **Wassertemperaturen** um die Kleinen Antillen sind **äußerst angenehm** und fast gleichbleibend warm. Sie betragen an der Oberfläche bis zu 30° C im wärmsten und nie weniger als 25° C im kältesten Monat. Warme Gewässer

Dagegen sind die **Meerestiefen** im karibischen Raum äußerst unterschiedlich. Viele küstennahe Gebiete sind sehr flach, weil sie eigentlich noch zu den Inseln bzw. zum Festland gehören und erst nach der letzten Eiszeit vom ansteigenden Meeresniveau überflutet wurden. So ist z. B. der Golf von Paria zwischen Trinidad und Venezuela eine typische Flachsee, die die ehemalige Landverbindung überdeckt und kaum unter 40 m geht. Auf der anderen Seite ist die Karibische See insgesamt sehr tief und in mehrere 4.000-5.000 m tiefe Becken unterteilt. Der *Cayman-Graben* an der Südküste Kubas ist sogar 7.250 m tief. Eine noch größere Wassertiefe besitzen die Gräben an der Außenseite der Antillen, wo sich die atlantische Platte unter die karibische schiebt. Da z. B. im *Puerto-Rico-Graben* der Meeresbogen bis auf 9.540 m absinkt, ergeben sich insgesamt sehr große Höhendifferenzen zwischen höchster Landspitze und tiefstem Seepunkt (bis zu 12.000 m!). Dies trifft aber weit eher für die Großen als für die Kleinen Antillen zu. Tiefe See

Klima und Reisezeit

Das Thema „Wetter" in der Karibik ist – von den Wirbelstürmen einmal abgesehen – eines der erfreulichsten. Insgesamt stimmt nämlich das Klischee vom sonnigen, warmen und durch erfrischende Brisen nie zu heißen Urlaubsziel. Allerdings gibt es auch hier von Insel zu Insel Unterschiede, die durch die gebirgige oder flache Bodengestalt und die geografische Lage bestimmt sind.

Der Atlantik ist rau und meist zu gefährlich zum Baden

Gemeinsam ist allen Antillen, dass klar unterscheidbare **Jahreszeiten** wie bei uns fehlen. Die Temperaturdifferenz zwischen dem wärmsten und dem kältesten Monat beträgt durchschnittlich höchstens 3,5° C, anders ausgedrückt: Es ist tagsüber selten heißer als 30° C und selten kühler als 25° C, also rund ums Jahr angenehm. Da der Unterschied zwischen der mittleren Tages- und Nachttemperatur größer ist als der zwischen **Winter- und Sommertemperatur**, spricht man von einem Tageszeitklima. Über die Temperatur entscheidet natürlich auch die jeweilige Höhenlage, wobei sich etwa je 1.000 Höhenmeter die Durchschnittstemperatur um ca. 6° C verringert. Zwar kann es also beispielsweise auf dem *Morne Diablotin* auf Dominica oder der *Soufrière* auf Guadeloupe etwas kühler werden, aber selbst in einer winterlichen Nacht sinkt dort die Quecksilbersäule nicht unter 15° C oder gar unter den Gefrierpunkt.

Ganzjährig angenehme Temperaturen

Ein weiteres gemeinsames Charakteristikum der Antillen ist ihre **Tag-und-Nacht-Gleiche**, d. h. dass die Tage und die Nächte gleich oder fast gleich lang sind. Abweichungen vom Merksatz, dass die Sonne das ganze Jahr um ca. 6.00 Uhr auf und um ca. 18.00 Uhr untergeht, sind nur bis höchstens 30 Minuten möglich. Die Dämmerung ist, anders als bei uns, sehr kurz. Nachdem der rote Ball der Sonne im Meer versunken ist, dauert es oft nur 15 Minuten, bis aus einem phantastischen Farbenspiel tiefschwarze Nacht geworden ist.

Ungleich ist innerhalb der Karibik die Verteilung von **Wind, Sonnenschein und Regen**. Wie die Bezeichnung „Inseln unter und über dem Wind" schon aussagt, ist der Einfluss der Passatwinde mal mehr und mal weniger stark. Unter Passatwinden versteht man ganzjährig wirksame Luftbewegungen, die durch den Sog von subtropischen Hochdruckgebieten zu äquatorialen Tiefdruckgebieten entstehen. Eigentlich müssten die Passatwinde der nördlichen Halbkugel also ständig in Nord-Süd-Richtung wehen. Da die Luftströmung aber durch die Erdrotation nach Südost abgelenkt wird, weht der Wind von Nordosten her (deshalb: *Nordostpassat*).

Stetige Winde

Nicht alle der Kleinen Antillen sind den Passatwinden gleichermaßen ausgesetzt: Tri-

Klima im Bereich der Kleinen Antillen												
	J	F	M	A	M	J	J	A	S	O	N	D
Durchschnitts-temperaturen in Grad Celsius	23,5	23,5	24	24,9	25,9	26,7	26,7	26,7	26,6	25,9	25,3	24,7
Jahresdurchschnitt 25,3 Grad Celsius												
Regen in mm	98	55	64	119	156	130	193	206	246	230	221	128
Jahresdurchschnitt 846 Millimeter												
Anzahl der Regentage	20	16	16	17	19	21	25	22	23	22	22	23
Jahresdurchschnitt 24,6 Tage												
Relative Luftfeuchtigkeit in Prozent	80	70	76	77	79	79	80	81	82	84	84	81
Jahresdurchschnitt 80 Prozent												
Sonnenstunden	225	219	225	238	238	228	232	239	211	211	208	213
Jahresdurchschnitt 2.737 Stunden												

nidad z. B. liegt im Einzugsbereich des südamerikanischen Kontinentalklimas, das sich durch längere Perioden der Windstille auszeichnet. Aber auch auf die anderen Inseln über dem Wind haben die Passatwinde je nach Landschaftsprofil eine unterschiedliche Wirkung: Über die eher flachen Eilande (u. a. Barbados, Grenada, Barbuda und Nordost-Guadeloupe) ziehen die vom Passat angetriebenen atlantischen Wolken hinweg, während sie sich an den steileren Berghängen des inneren Bogens (u. a. Dominica, Martinique, St. Lucia, St. Vincent, Südwest-Guadeloupe) stauen und abregnen.

Womit wir beim **Thema Regen** wären! Allgemein kann bei den meisten Inseln von einer winterlichen Trocken- und einer sommerlichen Regenzeit gesprochen werden. Im Winter steht Ende Dezember die Sonne senkrecht (im Zenit) über dem südlichen Wendekreis, also südlich des Äquators und außerhalb unseres Reisegebietes. Dann ist dort Regenzeit, während in der Karibik trockenes Hochdruckwetter herrscht und der Nordostpassat stark und gleichmäßig bläst. Im Sommer hingegen ist auf den meisten Inseln Regenzeit. Verantwortlich für die Verteilung von Regen- und Trockenzeit ist der Zenitstand der Sonne, d. h. wann die Sonne senkrecht auf die Erde scheint. Dies ist in der Karibik im Hochsommer der Fall, und dann erwärmt sich hier auch die Erde am stärksten.

Viele Niederschläge im Sommer

Die nicht nur warme, sondern auch **sehr feuchte Luft** steigt hoch in die Atmosphäre auf und wird dabei abgekühlt. Kältere Luft aber kann nicht so viel Wasser speichern wie warme Luft. Die Folge: Im heißen Sommer (normalerweise von Mai/Juni bis Oktober/November) gehen immer wieder heftige Regenschauer nieder, die für z.T. sehr hohe Niederschlagsmengen sorgen. Der **tropische Regen** hat nichts mit unserem Dauer- und Nieselregen zu tun, und der manchmal benutzte Begriff „Regentage" mag missverständlich sein.

In der Regenzeit können die Wolken tief in den Bergen hängen (Trinidad)

Denn tatsächlich unterscheidet sich die **tägliche Sonnenscheindauer** der Regenzeit nur unwesentlich von der der Trockenzeit. Das bedeutet, dass der Niederschlag in ziemlich heftigen, aber auch kurzen Wolkenbrüchen niedergeht und dass es zwischendurch immer wieder aufklart. Durch diesen Wechsel bekommt die Regenzeit ihren eigenen Reiz. Niemand, der in dieser Zeit in der Karibik war und vielleicht mit kleinen Flugzeugen von Insel zu Insel geflogen ist, wird die phantastischen Wolkenformationen vergessen, die man nur im Sommer beobachten kann. Die Regenzeit bringt zwangsläufig eine erhöhte Luftfeuchtigkeit mit sich. Am Meer jedoch wird die Schwüle durch den Passatwind gemildert.

Unwetter

Natürlich gibt es auch hier Ausnahmen von der Regel. So können auch im November, also weder im Sommer noch in der Haupt-„Hurrikan-Saison", anhaltender Dauerregen und heftige Windböen Bäume umknicken und Erdrutsche verursachen und damit auch die Flugpläne der lokalen Fluggesellschaften durcheinander bringen.

Wassermangel

Die **ABC-Inseln** nehmen hinsichtlich der Niederschlagsmenge eine **Sonderrolle** ein. Auch hier weht der Wind, der allerdings kaum noch feuchte Luftmassen herantransportiert. Außerdem sind diese Inseln relativ flach, so dass auch kein Steigungsregen auftreten kann. Zwar ist deswegen das Problem des Wassermangels auf Aruba, Bonaire und Curaçao akut, dafür sind diese Inseln aber in anderer Hinsicht begünstigt: Die gefürchteten Hurrikans ziehen so gut wie immer an ihnen vorbei.

Wenn man die durchschnittliche Sonnenscheindauer pro Jahr vergleicht, wird deutlich, dass der Unterschied zwischen den gebirgigen und flacheren Inseln gar nicht so ausgeprägt ist. Barbados etwa, das in seiner Relation von Luftfeuchtigkeit, Niederschlag und Sonnenschein als ideal gilt und dem das gesündeste Klima in der gesamten Karibik zugesprochen wird, kommt auf 3.000 Sonnenscheinstunden, das sehr viel höhere und regenreichere Martinique hingegen auf immerhin noch **2.750 Sonnenscheinstunden** – weit mehr als in Deutschland jemals zu erwarten wären!

Sonne satt!

Hurrikans

Etwa **zehn bis zwanzig der gefürchteten Wirbelstürme** suchen jedes Jahr die Karibik heim, und zwar meist in den Monaten August bis Oktober. Wer die Bilder durch die Luft wirbelnder Autos, wegradierter Städte, umgestürzter Strommasten und weit aufs Land geworfener Schiffe gesehen hat, mag erahnen, welche Auswirkungen solch ein Hurrikan für die betroffene Bevölkerung hat. Die Bedeutung wirklich verstehen kann nur der, der einen Hurrikan mit Gefühlen von Ohnmacht und Todesangst erlebte.

Der Name „Hurrikan" stammt aus der Indianersprache der Arawaken und bedeutet so viel wie „**Windgott**" oder „**böser Geist des Windes**". Wirbelstürme sind aber ein Charakteristikum der Tropen allgemein und tragen je nach Region unterschiedliche Namen. In Ostasien wird ein solcher Wirbelsturm *Taifun*, in Australien *Willy-Willy* und im Indischen Ozean (wie auch im karibischen Raum) *Zyklon* genannt.

Um die Hurrikans eines Jahres zu unterscheiden, werden sie in alphabetischer Reihenfolge benannt. Meist stoßen sie im Südosten auf die Antillen und setzen ihren Weg – i. d. R. in einer schwer vorhersagbaren Zickzack-Linie – in nordwestlicher Richtung fort. Die meisten enden jenseits des Golfs von Mexiko im Süden der USA oder auch in Mexiko. Wenn sie, bis zu 20 m hohe Wassermassen einhertreibend, auf die karibischen Inseln treffen, spielen sich **unvorstellbare Szenen von Naturgewalten** ab, denen der Mensch nichts entgegenzusetzen weiß. Deshalb fürchten sich die Einwohner vor ihnen mehr als vor Vulkanausbrüchen und Erdbeben. Noch lange nach einem solchen schrecklichen Ereignis wird die Zeit eingeteilt in „vor" oder „nach dem großen Sturm", und immer noch gibt es alte Menschen, die ihrer Zuhörerschaft vom „Jahrhundertzyklon" des Jahres 1928 erzählen müssen.

Unvorstellbare Naturgewalt

Mit Ausnahme der ABC-Inseln und dem südlichen Trinidad hat jede Insel in unserem 21. Jahrhundert Bekanntschaft mit mindestens einem schrecklichen Hurrikan machen müssen, dessen Wunden noch nicht verheilt sind.

Dieses „Andenken" hinterließ ein Hurrikan auf Dominica

INFO

Wie entsteht ein Hurrikan?

Hurrikans entstehen über den tropischen Meeren, wenn das Oberflächenwasser eine Temperatur von mindestens 26° C hat und stark verdunstet. Dies ist in der heißesten Jahreszeit der Fall, über dem Atlantik in den Monaten August bis Oktober. Die warme, feuchtigkeitsgeladene Luft steigt rasch in große Höhen empor, wo sie abgekühlt wird. Dies wiederum führt zu gigantischen Quellwolken, die sich in heftigen Gewittern und heftig niedergehendem Regen entladen. All dies kreist um ein Tiefdruckgebiet (= Zyklon) in immer schneller werdenden Wirbeln, die ab einer Geschwindigkeit von 60 km/h „Tropensturm" genannt werden. Dieser orkanartige Wirbelsturm ist zunächst noch ein senkrecht stehendes System, das aber durch die Erdrotation in eine Schieflage gerät bzw. umkippt und sich vorwärts bewegt. Im Zentrum des Orkans sinkt der Luftdruck extrem ab.

Wenn sich die **geballten Luftmassen und Wolkentürme,** die im Durchmesser bis zu 800 km betragen können, mit mehr als 120 km/h um die eigene Achse drehen, spricht man von einem Hurrikan. Allerdings kann sich die Drehgeschwindigkeit bis 230 km/h steigern, während im Auge des Hurrikans Windstille herrscht. Dieses ganze System wandert mit einer Geschwindigkeit von 20-50 km/h über die Wasserflächen, aus denen es immer wieder mit feuchter Luft gespeist wird. Trifft der Hurrikan auf Land, zieht er mit seiner **verheerenden Kraft** eine Spur der Verwüstung, bis ihm schließlich „die Luft ausgeht". Allerdings sind die Landflächen der Antillen oder auch Floridas nicht groß genug, um eine ernsthafte Schwächung des Wirbelsturms herbeizuführen. Er zieht über sie hinweg und fällt in sich zusammen über dem offenen Meer.

Hurrikan-Saison

Die **Wahrscheinlichkeit eines Hurrikans** in der Karibik besteht selbst noch im November, am Ende der Hurrikan-Saison. Die meisten Stürme treten von August bis Oktober auf, aber wie im Jahr 2005 sind sie auch davor und danach möglich. Die Gefahr, von einem Hurrikan voll getroffen zu werden, ist zwar relativ gering, am sichersten ist es jedoch von Dezember bis Juni zu reisen.

Wenn nicht, dann können Sie sich schon **vor Reiseantritt informieren**, ob ein Hurrikan ihre Wunschinsel verwüstet hat. Dann kann es sein, dass Ihr Hotel und jegliche Infrastruktur zerstört wurden. Vor Ort bieten viele Hotels mittlerweile einen kostenlosen **Internetzugang**, über den man sich auch selbst erkundigen kann. Im Allgemeinen sind die Warnsysteme in der Karibik gut ausgebaut und die Einheimischen verfolgen täglich den **Wetterbericht**.

Falls es doch zum allerschlimmsten Fall kommen sollte und Sie in einen Hurrikan geraten, befolgen Sie auf jeden Fall die **Anweisungen** der lokalen Behörden. Und lassen Sie sich nicht durch die **Stille im Auge des Hurrikans** täuschen. Wenn der Sturm sehr plötzlich abflaut und möglicherweise sogar die Sonne zu sehen ist, dauert es manchmal ein bis zwei Stunden, bis das windschwache Auge durchgezogen ist und die Rückseite des Hurrikans dann mit urplötzlicher Gewalt hereinbricht.

Die **Gefahr, in einen Hurrikan zu geraten**, ist zwischen August und Oktober zwar gegeben, aber für den Einzelnen doch so gering, dass sich keiner davon abhalten lassen sollte, seinen Urlaub in diese Zeit zu legen. Als **Reisezeit** kommt also **das ganze Jahr** in Frage. Sicher: Die winterliche Trockenzeit sagt dem Besucher aus den gemäßigten Breiten vielleicht mehr zu als die Regenzeit, aber die Chancen, unangenehm schwüle oder total verregnete Ferien zu erleben, sind auch dann äußerst gering. Abgesehen davon ist die **ideale Reisezeit** nicht nur eine Frage des Wetters. Denn wenn es in unseren Breiten grau, kühl, regnerisch oder verschneit ist, locken die Kleinen Antillen mit ihrer Bilderbuchseite. Es ist leicht einzusehen, dass im europäischen und nordamerikanischen Winter und vor allem in den Weihnachtsferien daher die Preise enorm anziehen. Die Urlaubsdestination Karibik ist in dieser Zeit also nicht nur teuer, sondern auch ziemlich voll.

Hochsaison Weihnachten

Tipp

*Besuchen Sie die Kleinen Antillen, wenn Sie es zeitlich einrichten können, bevor der Trubel losgeht: **Ende November/Anfang Dezember**, oder wenn er wieder abgeflaut ist, im **Februar/März.** Das Wetter ist stabil, die Kosten vor Ort sind geringer und viele Reiseveranstalter locken mit Sonderpreisen.*

Flora und Fauna

Die Kleinen Antillen erwarten den Besucher mit einer manchmal kargen, meistens aber **überquellenden Vegetation**, die die Lebensgrundlage eines reichen Tierbestandes ist. Allgemein gilt: Blumen, Sträucher und Bäume wachsen auf den Antillen in einer **atemberaubenden Pracht**, und was dazwischen kreucht und fleucht, ist oft nicht minder exotisch, interessant und oft nur hier in freier Wildbahn anzutreffen. Allein das Kennenlernen der Flora und Fauna lohnt die Reise!

Artenreiche Tier- und Pflanzenwelt

So schön die **Pflanzen- und Tierwelt der Karibik ist**, so **gefährdet** ist sie auch. Der Tourismus spielt dabei eine nicht unerhebliche Rolle. Seit Jahrzehnten wird nicht nur von Wilderern Jagd auf die seltensten Arten gemacht, um die Nachfrage von Zoos und privaten „Liebhabern" in Europa und Nordamerika zu befriedigen. Viele Besucher betätigen sich selbst sogar in diesem Geschäft und versuchen, Pflanzen oder Tiere zu schmuggeln. Manchmal ist es nur reine Neugier oder Unachtsamkeit, die Taucher und Schnorchler veranlasst, farbenprächtige Korallen anzufassen und abzubrechen, manchmal aber auch ungebremster „Trophäen"-Sammeltrieb. Beides hat schon einige der schönsten Riffgebiete zu **Unterwasser-Brachlandschaften** verkommen lassen.

Schmuck aus Korallen, Schneckengehäusen und Muscheln wird vielerorts auch von fliegenden Händlern und auf Touristenmärkten angeboten. Durch diesen touristischen Ausverkauf stehen einige der seltenen Arten in karibischen Gewässern vor dem Aussterben. Man sollte daher **nicht bedenkenlos kaufen**, was angeboten wird.

Glauben Sie den Händlern nicht unbedingt, wenn sie behaupten, es handele sich um Import-Ware. Außerdem verweigert der deutsche Zoll die Einfuhr von Tieren oder Tierprodukten, die dem Artenschutzabkommen unterliegen. Davon betroffen sind u.a. Schildplatt-Gegenstände und Panzer von Seeschildkröten.

Gefährdetes Paradies

Hinweis

Dringende Bitte: *Nehmen Sie die Tatsache, dass Umweltschutz in vielen Inselstaaten noch kleingeschrieben wird, nicht zum Anlass, ebenfalls leichtfertig die Natur zu (zer-)stören, sondern gehen Sie mit gutem Beispiel voran. Nähern Sie sich nicht um eines schönen Fotos willen den Brut- und Nistplätzen gefährdeter Tierarten. Kaufen Sie keine Souvenirs, die aus gefährdeten Tier- und Pflanzenarten hergestellt sind, und erst recht keine lebenden Tiere. Verzichten Sie auf das Harpunieren von Fischen oder das Abbrechen von Korallen. Bitte helfen Sie mit, die Karibik als Paradies zu erhalten!*

Flora

Die Flora ist auf den Kleinen Antillen überall da gleich, wo gleiche oder ähnliche Bedingungen hinsichtlich der Niederschlagsmenge, der insularen Oberflächenstruktur und der Windverteilung herrschen. Vor allem der **innere Bogen** der *Inseln über dem Wind* **besitzt eine ähnliche Vegetation**. Hier haben sich auch Restbestände der tropischen Urwälder erhalten, aus denen vor der europäischen Kolonisierung die Pflanzenwelt hauptsächlich bestand. Die meisten der einst **berühmten Baumkönige** (Mahagoni-, Ebenholz-, Brasilholz-Bäume) sind wegen ihres Wertes als harte Nutz- und Farbhölzer **fast vollständig abgeholzt** worden. Wanderungen durch den Regenwald sind möglich, am schönsten auf Dominica, durch kleinere Bestände auch noch auf St. Vincent, Guadeloupe, Martinique, St. Lucia, Tobago und Trinidad. Hier kann man sich einen guten Eindruck vom **ursprünglichen Aussehen der Antillen** verschaffen. Ansonsten ist dieses mehr und mehr durch Kulturpflanzungen bestimmt, seit die ersten europäischen Siedler Saatgut mitbrachten und mit Erfolg anbauten.

Tropenhölzer

Große Artenvielfalt in der Pflanzenwelt auf Guadeloupe

Bleiben wir aber zunächst noch bei den Bäumen: Wenn es eine **Baumfamilie** gibt, die sofort mit der Karibik assoziiert wird, dann ist das natürlich **die Palme**. Tatsächlich ist diese Familie mit etlichen Arten in Westindien vertreten, von denen aber nicht alle einheimischen Ursprungs sind. Auch ist mancher

Der „Baum der Reisenden"

Besucher, der ausschließlich palmengesäumte Strände erwartet, vom **ebenso häufigen Vorkommen** von **Kasuarinen** überrascht. Nicht eingeführt, sondern auf den Antillen heimisch, ist die bis zu 25 m hohe **Königspalme** (*royal palm*), die besonders gut auf Kuba gedeiht. Man erkennt sie an ihrem in der Mitte verdickten Stamm und den bis zu 8 m langen Wedeln.

Noch höher, nämlich bis zu 45 m, kann die **Kohlpalme** (*cabbage palm*) werden. Mit ihrer verdickten Basis schmückt sie oft die Alleen der alten Plantagenhäuser. Sie ist vielseitig nutzbar (u. a. für Korbflechter) und liefert einen nahrhaften Kohl.

In dichten Büschen kommt die **Rotstielpalme** vor, während die kleine **Betelnusspalme** eine Einzelgängerin ist. Natürlich darf die Kokosnuss-Palme *(coconut palm)* nicht fehlen, die häufig in Hotelgärten und am Strandsaum zu finden ist. Sie stammt allerdings nicht aus der Karibik, sondern kommt aus Südostasien, von wo sie sich durch übers Meer treibende Früchte oder mit menschlicher Hilfe verbreitet hat.

Auch der herrliche **Baum der Reisenden** (*travellers tree, ravenal*) ist ein Import-Gewächs. Dieser aus Madagaskar stammende Baum bekam seinen Namen, weil sich durstige Reisende an dem in seinen Blättern gespeicherten Wasser laben können. Bisweilen kann man auch die in Afrika beheimateten Affenbrotbäume entdecken. Wie allerdings deren größtes Exemplar – ein knorriges und schätzungsweise 1000 Jahre altes Ungetüm von 18 m Umfang – nach Barbados geraten ist, bleibt ein botanisches Rätsel.

Bekannt hingegen ist die Geschichte des **Brotfruchtbaums** (*breadfruit tree*), dem wohl sagenumwobensten Gewächs, das die britische Kolonialmacht einführte. Er fand seine Verbreitung über Westindien, nachdem ihn der berüchtigte Kapitän Blight von Tahiti nach St. Vincent brachte. Die grünen, kugelartigen Brotfrüchte – eigentlich eher eine auf Bäumen wachsende Gemüseart – waren für die Lebensmittelversorgung der Sklaven von ausschlaggebender Bedeutung.

Handballgroße Früchte: der Affenbrotbaum

Nicht aus der Südsee, sondern aus der alten Welt wurden der

Mangroven am Indian River auf Dominica

Flammenbaum (*flamboyant*) und aus Afrika der afrikanische **Tulpenbaum** eingeführt.

Bei den einheimischen Bäumen haben wir den **Pagodenbaum** (*frangipani*), ein phantastisch blühender, etwa 10 m hoher Tropenbaum mit einem betörenden Duft, oder den von goldgelben, glockenförmigen Blüten übersäten **Goldbaum** (*golden trumpet tree*). Das harte Holz dieses bis zu 15 m hohen Begoniengewächses wird für stabile Konstruktionen benutzt und sein gelber Farbstoff für Medizin verwendet. Zu gigantischen Bäumen mit Luftwurzeln wachsen auch mehrere **Feigenbaum-Arten** (z.B. *ficus benjamin*) heran, die bei uns mit viel Mühe höchstens Wohnzimmerhöhe erreichen. Der Insel Barbados haben die Luftwurzeln, die wie Bärte (sp.: *barbado, bärtig*) aussehen, sogar den Namen eingebracht.

Schön ist dagegen der **Kanonenkugelbaum** (*canonball tree*), ein mittelgroßer, schwer duftender Laubbaum mit 8 kg schweren kugeligen Früchten und schönen Blüten. Der **Palisander oder Jacaranda** ist allein mit 40 Arten auf den Antillen vertreten. Sein dunkelrotes und **angenehm duftendes Holz** wird gern für Schnitzarbeiten verwendet. Es ist unmöglich, auch nur ansatzweise die wichtigsten und schönsten Exemplare der tropischen Pflanzenwelt zu nennen. Botanisch Interessierte werden begeistert sein, vielleicht sogar ein wenig neidisch: das, was hierzulande nur unter aufopferungsvoller Pflege zu bescheidener Größe gelangt, wächst dort in überquellender Fülle und wuchernden Dimensionen. Der **Weihnachtsstern** (*Pointsetia*) etwa wird auf Nevis, Grenada und anderswo bis zu 4 m hoch, ähnlich der Regen- oder Schirmbaum mit seinen orangefarbenen Blüten, etliche Gewürzbäume und -sträucher, Bambusarten, Drachenbäume, Philodendren und Baumfarne.

Überquellende Vegetation

Ein Strauch (Familie der Johannisbrotbaumgewächse) – aber einer, der bis zu 6 m hoch wird – ist auch die **Zwerg-Poinciane**, deren englischer Name *Pride of Barbados* schon eines ihrer Hauptverbreitungsgebiete nennt. Mit ihren flammend roten Blütenständen gilt sie bei Kennern zu Recht als der schönste Strauch der Tropen. In

Hinweis

Weniger angenehm hingegen ist der ***Manzanillo-Baum*** *(auch: Manzinella-Baum, manchineel appletree), ein hochgiftiges Wolfsmilchgewächs, dessen Früchte schon die ersten Konquistadoren „Apfel des Todes" nannten. Aber nicht nur die Früchte, die tatsächlich wie kleine grüne Äpfel aussehen, sind gefährlich (von Verätzungen der Haut bis hin zu Lebensgefahr!), sondern auch die Rinde und die Blätter. Sogar Regentropfen, die von seinen Blättern fallen, können noch Verbrennungen hervorrufen. Deswegen hat man auf vielen Inseln versucht, den meist am Strand vorkommenden Manzanillo-Baum auszurotten oder wenigstens auf seine Gefährlichkeit hinzuweisen.*

ihrer Farbenpracht stehen dem allerdings die einheimischen Orchideenarten, Heliconien, die Königin der Nacht, Hibiskus, Flamingo-Blumen sowie importierte Oleander oder Bougainvilleen kaum nach.

Tropische Früchte frisch vom Baum

Eine der **eigenartigsten Vegetationsformen** der Tropen stellen die **Mangroven** dar. Als Pioniere unter den Bäumen ist es ihnen gelungen, im Einflussbereich von Salzwasser zu gedeihen, wo sie mit ihren Stelzwurzeln in Flussmündungen oder Lagunen undurchdringliche Dickichte bilden. In dieser schwer zu besiedelnden Zone zwischen Meer und Festland mussten die Mangroven eine spezifische Strategie des Überlebens und der Fortpflanzung entwickeln: Da der Samen bereits an der Mutterpflanze keimt, spricht man hier von einer „Lebendgeburt" (*Viviparie*). Gegen Überdosen an Salz schützen sie sich durch Wasser speichernde Blätter (*Succulenten*), die im Bedarfsfall Süßwasser an die Zellen abgeben.

Bäume im Salzwasser

Die durch Mangroven gebildeten Biotope zeichnen sich durch einen großen **Artenreichtum tierischen Lebens** aus, wobei viele Kreaturen (u. a. verschiedene Krabbenarten und Schlammspringer) eine ähnliche amphibische Überlebenskunst an den Tag legen. Mangrovensümpfe sind längst nicht auf allen Inseln der Kleinen Antillen anzutreffen. Die größten Areale gibt es auf Trinidad, aber auch auf Guadeloupe, Martinique, Dominica und St. Vincent.

Eine völlig **andere Vegetationsform bilden die Kakteen**, die in trockenen (*ariden*) Gebieten durchaus auch Baumhöhe erreichen können. Sie kommen vor allem auf den *Inseln unter dem Wind* vor, deren Wüsten- und Savannenklima nur Dornbüsche zulässt, und wo sie zwischen Agaven und vielen Kakteenarten als Kugel-, Säulen- und Kandelaberkakteen wachsen.

Von eingeführten Nutzpflanzen wie dem Brotfruchtbaum war schon die Rede. Doch gab und gibt es auch **heimische Nutzpflanzen**, die bereits lange vor der Zeit der Europäer von den westindischen Ureinwohnern kultiviert wurden. Dazu gehören Maniok, Ananas, Guave, Cashewnuss, Paprika, Peperoni und natürlich Tabak. Nicht vergessen werden dürfen die vielen Gewächse, die man medizinisch nutzen konnte. Viele davon sind noch heute Bestandteile pharmazeutischer oder kosmetischer Artikel, wie z. B. Aloe Vera.

Früchte und Obst

Aus der Alten Welt eingeführt wurden u. a. Zitrusfrüchte, Muskat, Kaffee, Kakao, Vanille, Nelken, Piment und Zimt, die auf vielen Antilleninseln ideale Wachstumsbedingungen fanden. Reis baut man mit Erfolg in Trinidad an.

Unter den importierten Nutzpflanzen verdienen die Banane und das Zuckerrohr eine besondere Erwähnung.

Die Banane

In der Karibik gibt es **mehrere Obst-, Gemüse- und Zierbananen**, von denen aber keine Einzige heimisch ist. Nach dem Ende des Zuckerbooms – vor allem in den 1970er und 1980er Jahren – wurden Bananen oft als Ersatzpflanzen angebaut, obwohl sie viel empfindlicher sind und ganze Plantagen regelmäßig Hurrikans zum Opfer fallen. Die Volkswirtschaft mehrerer Zwergstaaten ist inzwischen existentiell mit der Kultivierung von Bananen verknüpft. Auf St. Lucia machten Ende der 90er Jahre des 20. Jahrhunderts Bananen innerhalb der landwirtschaftlichen Exporte 91 Prozent aus. Man erkennt die Staudenpflanzen an ihren meterhohen Blättern (die leicht einreißen können) und den violett-roten Blütenspitzen. Neben diesen bildet sich der Fruchtstand in Form eines Bündels aus.

Exportartikel Bananen …

INFO

Der blaue Sack

Dem Besucher der Antillen werden zwangsläufig beim Vorbeifahren an sattgrünen Bananenplantagen blaue Plastiktüten auffallen, die über die Bananenstauden gestülpt sind. Diese sind keineswegs bereits die Verpackung für die Verschiffung nach Übersee. Vielmehr sollen die blauen, durchsichtigen Plastiksäcke über den Stauden Parasiten abhalten und das Sonnenlicht abschwächen. Sie sorgen für eine gleichmäßige Temperatur, damit nicht schon die äußeren Früchte zur vollen Größe heranreifen, während die inneren noch in der Wachstumsphase sind. Zunächst wurde versucht, mit durchsichtigen Tüten die Stauden vor Parasiten zu schützen, doch damit wurde die Sonneneinstrahlung verstärkt und die Bananen „verbrannten" regelrecht. So wurden die blauen Säcke eingeführt, die den Pflanzen zu ihrer richtigen Reife verhelfen.

Das Zuckerrohr

Keine andere Nutzpflanze hat die meisten Antilleninseln bis auf den heutigen Tag so geprägt wie **Zuckerrohr**. Was die Pflanze in der Vergangenheit so wichtig machte, war die Tatsache, dass sie **sehr biegsam und widerstandsfähig** ist und es schon eines sehr schlimmen Hurrikans bedurfte, um sie ernsthaft zu gefährden. Sie blüht ab den frühen Wintermonaten, wenn man überall die zierlichen, silbergrauen Federbüschel über dem kräftigen Grün sieht.

… und Zucker

Die bis zu **5 m hohen Pflanzen** werden ab Dezember geerntet, d.h. die Halme werden abgeschlagen und von den Blättern befreit. Diese Prozedur hat sich bis heute nur wenig verändert: Immer noch müssen bis zu 70 Prozent der Blätter in Handarbeit abgetrennt werden – abenteuerliche Gestalten mit Macheten sind ein alltäglicher Anblick in der Karibik. Nach der Ernte erfordert die Zuckerkultur keine neue Aussaat, denn über den abgeschlagenen Halmen wachsen die neuen sofort wieder nach. Dieses System funktioniert drei Jahre lang. Dadurch sind insgesamt **vier Ernten aus einer Pflanze möglich**. Dann ist der Boden ausgelaugt, das Feld muss umgepflügt und mit Mineralien angereichert werden. Für ein Jahr wird der Boden für eine andere Pflanzenart genutzt, bevor der Prozess wieder von vorn beginnen kann. Dazu setzt man die ca. 20-30 cm langen Ableger in die frisch umgepflügten Felder ein, wo sie nach 15-17 Monaten erntereif sind. Das abgeerntete Zuckerrohr wird zu den Fabriken transportiert, was früher von Sklaven sowie von Ochsen- und Eselsgespannen (auf Barbados sogar von Kamelkarawanen) besorgt wurde und später mit eigens angelegten Eisenbahnen. Heute verrichten Traktoren und Lastwagen diese Arbeit. **In den Fabriken** wird das Rohr so lange durch verschiedene Walzen und Pressen geschickt, bis es keinen Saft mehr abgibt. Das ausgepresste Zuckerrohr wird dann getrocknet, damit es als Brennmaterial für die Öfen dienen kann, in denen der Saft aufgekocht wird. Früher wurde der Sirup auf 500° C erhitzt, bis er kristallisierte.

Heute wird der Vorgang beschleunigt, indem man den **eingedickten Zuckersaft** zentrifugiert, wobei die braunen Zuckerkristalle an den Rändern kleben bleiben, während unten das letzte Abfallprodukt des Prozesses herausläuft: die Melasse. Diese kann in einem weiteren Arbeitsgang zu Rum destilliert werden.

Fauna

Auf Grund ihrer Insellage besitzen die Kleinen Antillen naturgemäß eine nicht so vielfältige Tierwelt wie das Festland. Trotzdem ist auch die Fauna – u. a. weil sich viele Arten spezialisiert haben und nur auf bestimmten Inseln anzutreffen (endemisch) sind – genau wie die Flora interessant und sorgt für manch seltene Überraschung.

Säugetiere hatten kaum eine Chance, die **isoliert liegende Inselwelt** zu bevölkern, wenn sie nicht schwimmen oder fliegen konnten. Letzteres konnten die Fledermäuse, die deshalb als artenreichste unter den Säugetieren in der ursprünglichen Fauna vorkommen. Einfacher war es im Fall von Trinidad und Tobago, da die beiden Inseln noch vor 9.000 Jahren durch eine Landbrücke mit dem südamerikanischen Kontinent verbunden waren und sich deshalb auch dessen Tierwelt teilten – einschließlich Affen, Jaguare, Ozelots, Fischottern, Moschusschweinen und Gürteltieren. Diese Tiere freilich sind heutzutage von den Menschen ausgerottet. Und auch die noch existierenden Ameisenbären, Tigerkatzen, Waschbären und Brüllaffen sind akut vom Aussterben bedroht. Häufiger sieht man das Pflanzen fressende Nagetier Aguti sowie Ferkelratten und Baumratten.

In den Sümpfen Guadeloupes wehrt sich der **putzige Waschbär** (*raccoon*), der sich von Fischen, Krebsen und Schnecken ernährt, hartnäckig gegen seine Vernichtung, hoffentlich mit Erfolg, denn immerhin ist er das größte Säugetier der Insel.

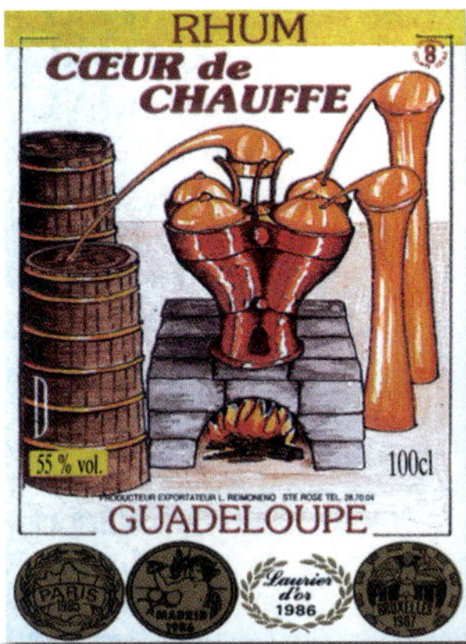

Für jeden Rum ein eigenes Label

Waschbär auf Guadeloupe

Die meisten Säugetiere sind jedoch – aus unterschiedlichen Gründen – importiert worden. **Schweine** beispielsweise wurden schon früh auf den Schiffen **als lebender Proviant** mitgeführt und auf den kleinen Eilanden ausgesetzt, wo sie bei nächster Gelegenheit leicht eingefangen werden konnten. Diese Frischfleisch-Lieferanten vermehrten sich teilweise prächtig. Als die Engländer zum ersten Mal nach Barbados kamen, fanden sie die Insel voller verwilderter Schweine – allesamt Nachkommen jener wenigen Rüsseltiere, die die Portugiesen dort ausgesetzt hatten. Auch heute begegnet man auf vielen Inseln etlichen **halb wild lebenden Schweinen**, etwa auf St. John (US Virgin Islands). Ähnlich verhält es sich mit den Ziegen, deren Fleisch gerne gegessen wurde und die heute besonders häufig auf Trinidad und Tobago und den ABC-Inseln vorkommen. Trotz einer Ähnlichkeit haben die Schwarzbauchschafe (*blackbelly sheep*) nichts mit Ziegen zu tun, sondern sind eine ursprünglich aus Afrika stammende Schafart. Diese Rasse hat keine Wolle und wurde nur zur Fleischgewinnung gezüchtet, sie ist nicht nur ideal für das Tropenklima, sondern zudem sehr widerstandsfähig, genügsam und vermehrungsfreudig. Auch andere Nutztiere wurden mit solchem Erfolg angesiedelt, dass **einige Inseln Selbstversorger** für Rind-, Schweine- und Hühnerfleisch sind. So hat sich auch das indische Buckelrind (*Zebu*) an die neue karibische Umgebung gewöhnt und ist seinerseits dafür verantwortlich, dass sich der Kuhreiher (*Ibis*) auf den Antillen niederließ.

Nutztiere und Schädlinge

Affen, von den einheimischen Arten auf Trinidad und Tobago einmal abgesehen, kamen an Bord der Sklavenschiffe aus Afrika oder Südeuropa. Vor allem auf Barbados hatten sich zeitweilig die **Kapuzineräffchen** (*cebus capucinus*) stark vermehrt, weil sie in den Frucht- und Obstplantagen reichhaltig Nahrung fanden.

Auf manchen Inseln trifft man auch die asiatische **Schleichkatze**, den **Mungo** (engl.: mongoose; lat.: herpestis griseus) an. Er wurde importiert, um die giftigen Schlangen in den Zuckerrohrplantagen zu bekämpfen, was auch bis zu deren Ausrottung gelang. Anschließend, bis heute, machten die Mungos Jagd auf Ratten, richten aber auch unter Geflügel Schaden an. Hühner, Enten und Gänse brachte man als Fleisch-, Feder- und Eierlieferanten in die Karibik, wobei auf den Herrenhöfen von Barbados die Gänse auch die Funktion von Wachhunden erfüllten.

Reptilien und Lurche

Zahlreicher als die Säugetiere sind Reptilien und Amphibien mit einheimischen Arten vertreten. Dazu zählen verschiedene Leguan-, Schildkröten-, Schlangen-, Eidechsen-

und Geckoarten, während Krokodile oder Kaimane auf den Kleinen Antillen nicht vorkommen. Die kleinen, grünen Anolis-Eidechsen sieht man überall, besonders häufig aber auf dem trockenen Kalkboden der ABC-Inseln. Hier ist auch der große, grüne Leguan zu Hause, dessen Bestand allerdings immer mehr abnimmt, da er als wohlschmeckender Bestandteil einer lokalen Suppe in die Kochtöpfe wandert.

Endemische Arten

Meeresschildkröte auf Dominica

Einige der karibischen Inseln sind völlig schlangenfrei, auf anderen gibt es mehrere, aber fast immer harmlose und ungiftige Schlangenarten. Beträchtliche Größe erreicht die *Boa Constrictor*, die u.a. auf Trinidad stark präsent ist. In Acht nehmen muss man sich jedoch auf Aruba vor der **einheimischen Klapperschlange** (*cascabel*) und auf Martinique und St. Lucia vor den sehr giftigen Lanzenottern.

Besondere Erwähnung verdienen die **Pfeiffrösche**, die mit nur 2,5 cm Länge zwar schwer zu sehen, dafür aber unüberhörbar sind. Mit Einbruch der Dunkelheit beginnt ihr **allabendliches Konzert**, das als „große Nachtmusik" so manchen Hotelgast zur Verzweiflung bringt. Die kleinen Frösche quaken nicht, sondern pfeifen, um Insekten anzulocken.

Zoologische Besonderheit

Als zoologische Besonderheit muss sich der ***Whistling Frog*** (engl.: whistle = pfeifen) nicht erst über den Umweg der Kaulquappe entwickeln, sondern schlüpft bereits voll ausgebildet aus dem Ei. So klein der Pfeiffrosch ist, so groß ist sein artverwandter Kollege, das sogenannte ***Mountain Chicken***. Diese auf Dominica vorkommende Großfroschart erreicht eine Größe von 20 cm, wobei die langen Sprungbeine noch nicht einmal mitgerechnet sind. Wie der Name (*Berghühnchen*) andeutet, leben die *Mountain Chicken* im gebirgigen Inselinneren und werden als Delikatesse geschätzt.

Leguan auf Guadeloupe

Vögel

Die Vogelwelt präsentiert sich in der Karibik mit einer **großen und bunten Artenvielfalt**. Die Vögel hatten keine Schwierigkeit, selbst die entlegensten Außenposten

Kolibri auf Tobago (amazilia tobaci)

der Inselwelt zu erreichen, sich hier heimisch zu machen und z.T. neue, endemische Arten zu entwickeln. Außerdem werden die **idealen Überwinterungsmöglichkeiten** von einer großen Zahl an Zugvögeln aus Nordamerika genutzt. Der Fauna der Neuen Welt zuzuordnen sind Kolibris (*hummingbirds*) und Papageien (*parrots*), die es in mehreren, ebenfalls z.T. endemischen Arten gibt. Greifvögel kommen wegen des Mangels an Beutetieren kaum vor, allerdings sind auf Trinidad die Truthahngeier (*turkey vulture*) und andere Geier heimisch. Auf den Feldern sieht man sehr häufig Kuhreiher (*cattle egrets*), die Wasserbüffel und Rinder von Ungeziefer befreien.

Bunte Vogelpracht auf Guadeloupe

Ganz massiv treten auf Grund der Insellage natürlich **Wasservögel** auf. Wo es Mangrovenwälder mit ihrem typischen Wurzelgeflecht gibt, haben zahlreiche Arten wie z. B. Reiher oder Krabbenfischer, Strandläufer und Enten **ideale Nistplätze** gefunden. Im seichten Wasser anzutreffen ist der Rotreiher (*reddish egret*), ein Stelzvogel mit kobaltblauen Beinen und rosa Schnabel. Während Pelikane auf vielen Inseln gesehen werden können, ist der Rotschnabel-Tropenvogel (*redbilled tropic bird*) weitaus seltener. Den wunderschönen Seevogel erkennt man an den ungewöhnlich langen Schwanzfedern, die ihn lange Zeit zur begehrten Jagdbeute des Menschen machte.

Farbenprächtige Vögel

Ebenfalls recht selten, in größeren Beständen aber auf Barbuda vertreten, ist der Prachtfregattvogel (*magnificent man-o'war-bird*), der mit seinen schmalen, weit ausladenden Flügeln (Spannweite bis 2,20 m) ein herrliches Bild abgibt. Als „Schmarotzer" verfolgt er gerne andere Seevögel, um ihnen die Beute abzujagen. Deswegen haben die Prachtfregattvögel ihre Brutstätten gerne in der Nähe von Tölpelkolonien. Einige der **einheimischen Vögel sind zu Symboltieren** ihres Landes geworden, wobei der Scharlachibis auf Trinidad und der Rote Flamingo auf Bonaire relativ häufig vorkommen, während der Bestand der Grenada-Taube nur noch auf 60 Exemplare geschätzt wird. Auch der goldbraune St. Vincent-Papagei ist wie sein Artgenosse auf Dominica (*Dominica-Amazone*) akut vom Aussterben bedroht.

Insekten

Ein wahres **Eldorado** ist die Tropenwelt **für alle möglichen Formen von Insekten**, die hier nicht nur in großer Zahl, sondern auch erstaunlich dimensioniert auftauchen. Obwohl mancher Tourist angesichts äußerst großer Spinnen, Käfer und Kakerlaken erschrecken mag, sind diese Tiere meist ganz harmlos. Staaten bildende

Insekten kommen auch außerhalb der Regenwälder vor, und Ameisenstraßen oder Termitennester sieht man überall. Unangenehm können Moskitos und *sandflies* werden. Moskitos belästigen die Menschen in der Dämmerung und nach Einbruch der Dunkelheit, weshalb fast alle Hotelzimmer Mückengitter in den Fenstern haben. Grund zur Freude und eine **wahre Augenweide** sind demgegenüber die großen, bunten **Schmetterlinge**.

Jede Menge Insekten

Unterwasserwelt

Für Schnorchler und Taucher, für Angler und Hochseefischer sind sicher die Abermillionen von kleinen und großen, farbenprächtigen und unscheinbaren, gefährlichen und harmlosen Geschöpfen in der **Welt unter Wasser** am interessantesten:
Ein äußerst interessantes und artenreiches Biotop stellen dabei die Mangrovendickichte dar, deren Brackwasser voller Jungfische und Larven ist. Neben dem merkwürdigen Schlammspringer wachsen hier auch Krabben und Langusten heran, bevor sie an Land krabbeln oder ins Riff übersiedeln. Auch eine wohlschmeckende Auster (franz.: *les palétuviers*), die nur auf den Antillen heimisch ist, siedelt ebenfalls an den Mangrovenwurzeln.

Hirnkoralle

Oft sind dem Ufersaum in der Karibik Korallenriffe vorgelagert, die die hohen Brecher des Ozeans (und mit ihnen gefährliche Raubfische) abhalten und die Küstengewässer in seichte, warme Lagunen verwandeln. Da auch die **Koralle** ein Kleintier ist, gehört diesem Bereich sogar ein charakteristischer und landschaftsbildender Teil der Antillen an: Nur mit Staunen kann der Tourist bei Tauchgängen oder vom Glasbodenboot aus dieses **Wunderwerk der Natur** betrachten und sehen, welch phantastische Formenvielfalt Korallen bilden können. Ähnlich wie die Seeanemonen sind sie sehr einfach strukturierte, schlauchartige Lebewesen. Ihre Hauptbestandteile sind Außen- und Innenhaut, der Schlund und der Darm. Sie ernähren sich von Kleinstlebewesen, die durch Berührung mit ihrem Schlund (*Tentakel*) gelähmt werden. Durch das Ausscheiden von Kalk bilden diese Tiere eine Art Skelett, mit dem sie auf dem Meeresboden bzw. Riff aufsitzen, das gleichzeitig die Basis für andere Korallen darstellt. Wenn Millionen und Abermillionen von abgestorbenen Korallen sich Schicht um Schicht aufgebaut haben, ist ein Korallenriff entstanden. An dessen Aufbau sind jedoch auch Schwämme, Röhrenwürmer und Seeanemonen beteiligt, die das ganze System zusammenhalten.

Korallen: Kleintiere und Biotop

Die Voraussetzung für das Entstehen einer Korallenkolonie sind sauerstoff- und nährstoffreiches sowie mindestens 20° C warmes Wasser, eine geringe Meerestiefe mit ausreichend Licht, eine vorbeiziehende Strömung und klares Wasser mit mehr als 2,5

Briefmarkenmotiv auf Dominica

Prozent Salzgehalt. Dieses **hochempfindliche System** wird zerstört, wenn eine der genannten Voraussetzungen nicht mehr gegeben ist. Und mit der Koralle verschwindet dann auch der Lebensraum für die vielen, häufig farbenprächtigen Fische, die bei ihnen Schutz vor Feinden suchen oder sich von ihnen ernähren. Zu den bizarrsten Fischen gehören Gaukler, Doktorfisch, Igelfisch, Königsdrücker, Trompetenfisch, Kugelfisch und Papageifisch. Außer den Fischschwärmen bevölkern Seeigel, Einsiedlerkrebse, Schnecken, Muscheln, Langusten und Muränen diese **phantastische Unterwasserwelt**. Außerhalb der Riffe beginnt das offene Meer, wo etliche Arten an Großfischen und Säugetieren beheimatet sind. Dort ist das Revier der Barakudas, Haie, Walhaie, Marline und Thunfische, von denen aber für den Badegast keine Gefahr ausgeht. Selbst Wale und Tümmler fühlen sich in den karibischen Gewässern wohl.

Fischreiche Gewässer

Häufiger sieht man **Fliegende Fische**, die zu einem **Symboltier für Barbados** geworden sind. Auch die **Meeresschildkröte** ist noch nicht völlig ausgerottet und legt ihre Eier u.a. auf den Sandstränden von Tobago ab. Bei diesem Fischreichtum ist klar, dass Hochseeangeln zu einem beliebten Sport wurde. In der Karibik (besonders im Bereich der Jungferninseln) wurden beim sogenannten „Big Game Fishing“ die meisten Weltrekorde aufgestellt – u.a. der Fang eines Blauen Marlins von 580 kg!

Geangelt und verspeist werden übrigens auch *dolphins*, womit jedoch nicht Delphine, sondern die Fischart gemeint ist (deswegen der freundliche Hinweis auf einigen Speisekarten: „It's not a Flipper“).

Für Hochseeangler: Welchen Fisch Sie wo finden

Fischart	Meeresgegend	Saison	Beste Fangzeit
Blauer Marlin	180 m tief, in Ufernähe	ganzjährig	Juli-Oktober (Die Fische sind im Sommer größer)
Weißer Marlin	180 m tief, in Ufernähe	ganzjährig	Frühjahr
Fächerfisch	von der Küste entfernt	Oktober-April	Dezember und Februar
Wahoo	von der Küste entfernt	ganzjährig	Herbst und Winter
Allison-Thunfisch	von der Küste entfernt	ganzjährig	Herbst und Winter
Dolphin	von der Küste entfernt	März-Dezember	Frühjahr
Königsdorsch	an Riffen	ganzjährig	Frühjahr
Tarpon	an der Küste	ganzjährig	Frühjahr

Karibisches Kaleidoskop – Gesellschaft, Kunst und Kultur

Die Bevölkerung

Die indianischen Ureinwohner waren gegen Ende des 16. Jahrhunderts durch Kämpfe mit den Europäern, durch Zwangsarbeit, Deportation und eingeschleppte Krankheiten mit wenigen Ausnahmen **ausgerottet**. Gering ist ebenfalls die Anzahl von Mischlingen (Mestizen), die auf die Verbindung weißer Männer mit indianischen Sklavinnen bzw. Vergewaltigungsopfern zurückzuführen sind. Dass das niederländische Aruba einen vergleichsweise hohen Mestizen-Anteil hat, ist auf die spätere Einwanderung von katholischen Indianern aus Venezuela zurückzuführen.

Auch Inder wanderten ein (Trinidad)

Aber auch die Spanier, die ersten europäischen Kolonisatoren, haben kaum Spuren im Erscheinungsbild der Inselbewohner hinterlassen. Die wenigen als spanisch zu bezeichnenden ethnischen und kulturellen Merkmale auf den ABC-Inseln und Trinidad lassen sich nicht vergleichen mit dem viel größeren Bevölkerungsanteil altspanischer Abstammung auf den Großen Antillen (vor allem Kuba und Puerto Rico). Das portugiesische Element ist ebenfalls äußerst gering und hauptsächlich in den sephardischen Juden vertreten, die von Brasilien zu den *Inseln über dem Wind* flohen.

Stattdessen ist die **Gesamtbevölkerung** der Kleinen Antillen **mehrheitlich auf den Sklavenhandel zurückzuführen**, der ab 1524 einsetzte. So wie spätestens ab der zweiten Hälfte des 17. Jahrhunderts die Anzahl der Sklaven die der Sklavenhalter bei weitem überstieg, stellen heute die Nachkommen der Sklaven, die sogenannten **Afrokariben**, den überwiegenden Teil der karibischen Bevölkerung dar. Dabei gibt es aber große Unterschiede im „Vermischungsgrad" zwischen Schwarzen und Weißen – Unterschiede, die auf die spezifische koloniale Vergangenheit zurückzuführen sind. Auf den britisch beeinflussten Inseln ist der Anteil rein schwarzer oder sehr dunkelhäutiger Einwohner ausgesprochen hoch (80-90 Prozent).

Nachfahren der Sklaven

Dies hängt damit zusammen, dass die Engländer weniger häufig eine Verbindung mit Sklaven eingingen und Mischlinge daher kaum vorkamen. Auf den französischen Inseln waren die Barrieren zwischen den Ethnien (nicht zwischen den Schichten) sehr viel

Kinder in Schuluniform

durchlässiger, vor allem nach der Aufhebung der Sklaverei. Deswegen ist hier der Anteil der Kreolen bzw. Mulatten höher, so dass die Departements nur sehr wenige weiße und schwarze Afrokariben aufweisen, dafür aber umso mehr Menschen in allen Hauttönungen. Die Inseln mit Plantagenwirtschaft benötigten nach der Sklavenbefreiung dringend billige Arbeitskräfte, die vor allem aus Indien geholt wurden. Deswegen gibt es einen gewissen Prozentsatz an Indern (hauptsächlich Tamilen), der auf allen Antillen durchschnittlich etwa zwei Prozent betragen mag, im bevölkerungsreichen Land Trinidad aber immerhin 40 Prozent ausmacht.

Weiße Minderheit

Weiße Bewohner sind auf fast jeder Insel der Kleinen Antillen **in der absoluten Minderheit**. Zahlenmäßig noch kleiner ist die Bevölkerungsgruppe, die sich direkt von den Familien der Zuckerbarone ableiten kann. Diese macht höchstens ein Prozent der Gesamtbevölkerung aus, besitzt z.T. aber noch sehr viel Macht und Grundbesitz. Interessant ist die historische Situation auf den Französischen Antillen: Auf Martinique blieb die weiße Bourgeoisie während der Französischen Revolution erhalten, auf Guadeloupe hingegen starben viele unter der Guillotine.
Ausnahmen stellen auch jene Eilande dar, die keine oder kaum Sklaverei gekannt haben. So kann man z. B. auf St. Barth oder den Saintes-Inseln überproportional viele Weiße (oft rothaarig und sommersprossig) antreffen, die von bretonischen und normannischen Seefahrern abstammen.

Auf diesen und allen anderen Inseln, die noch offiziell zu einem europäischen Mutterland gehören oder damit assoziiert sind, macht die **Gruppe der Weißen** etwa zehn Prozent der Gesamtbevölkerung aus; viele davon sind aber nicht auf den Inseln geboren und bleiben außerdem als Beamte oder Firmenbeauftragte nur temporär. Auf einigen britischen Inseln (besonders Montserrat) und den US-Virgin-Islands machen inzwischen auch „Rotbeine“ (*red legs*) oder „pensionierte Hummer“ (*retired lobsters*) einen gewissen Prozentsatz aus. So nennt man spöttisch die an ihrem Sonnenbrand erkennbaren amerikanischen, englischen oder irischen Rentiers, die ihren Lebensabend im angenehmen tropischen Klima verbringen möchten.

Eine weitere Gruppe von Zuwanderern sind die **Chinesen**, die u. a. auf Trinidad, Curaçao und Guadeloupe kleinere Gemeinden bilden, und Immigranten aus dem Nahen Osten, wie Libanesen oder Syrer. Dazu kommt eine Vielzahl von Einwanderern aus zahlreichen Ländern, die aus den unterschiedlichsten Gründen in der Karibik blieben, so dass das viel bemühte Wort vom „**Schmelztiegel der Nationen**“ für die Kleinen Antillen in ganz besonderem Maße zutrifft. Oft wird behauptet, dass sich hinsichtlich ihrer Mentalität die Afrokariben in den französischen Gebieten von denen der britisch beeinflussten Inseln deutlich unterscheiden. Jedoch wird heute das Selbstwertgefühl und die Psychologie der Farbigen eher weniger von der kolonialen Vergangenheit als vielmehr von der amerikanischen Mediengesellschaft bestimmt. Gerade die Jugendlichen haben ihre Vorbilder in den erfolgreichen farbigen Sportlern und Musikern, fühlen sich nicht als „Onkel Toms Erben“, sondern als die von Peter Tosh, Bob Marley und Michael Jackson.

Weitere Einwanderer

Offiziell gibt es in Westindien heute nirgendwo mehr Rassendiskriminierung. Das soll nicht heißen, dass es nicht noch Rassendünkel gäbe – und zwar von beiden Seiten! Immer noch halten sich einige Holländer, Franzosen, Briten und US-Amerikaner auf Grund ihrer hellen Hautfarbe für „besser“. Und immer noch reagieren manche Farbige darauf durch eine unterwürfige Nachahmung der weißen Gesellschaft oder im Gegenteil durch deren strikte Ablehnung im Gefolge der Black-Power-Bewegung. **Vorherrschend jedoch ist die Akzeptanz** des jeweils anderen innerhalb einer multikulturellen Gesellschaft, in die auch der Tourist aus Europa eingeschlossen ist. An diesem liegt es, die Akzeptanz des jeweils anderen zu erwidern – und niemals einen farbigen Kellner als “Boy“ zu bezeichnen!

Schulkinder bei der Morgengymnastik auf Carriacou

Hinsichtlich der **Bevölkerungsgröße und -dichte** ergibt sich kein einheitliches Bild. Insgesamt leben in der Karibik etwa 30 Millionen Menschen, was einer Verteilung von nur 125 Einw./km² entspricht. Nicht mitgerechnet sind hierbei diejenigen, die in der Karibik geboren wurden und ausgewandert sind – 2002 lebten allein in Großbritannien knapp 550.000 Westinder. Auf den Kleinen Antillen sind allerdings viele der Zwergstaaten, vor allem die *Inseln über dem Wind,* außerordentlich dicht besiedelt, allen voran Barbados mit mehr als 640 Einw./km².

Dichte Besiedlung

Wenn Inseln wie St. Vincent oder Dominica unter dem karibischen Durchschnitt liegen, so ist hierbei zu bedenken, dass sich dort wegen der gebirgigen Struktur nur fünf Prozent der Landesfläche zur Besiedlung eignen – mit anderen Worten: Überall da, wo Menschen bauen und leben können, tun sie es auch, und zwar in ziemlich beengten Verhältnissen. Sicher gibt es auch andere Beispiele – etwa Bonaire, das mit 10.000 Einwohnern nahezu menschenleer ist, oder, noch deutlicher, St. John's mit insgesamt 3.000 und Virgin Gorda mit 1.500 Einwohnern. Trotzdem ist es berechtigt, hinsichtlich der Zahl der Gesamtbevölkerung von einem **gewissen Grad an Überbevölkerung** zu sprechen. Wegen der hohen Geburtenrate wird die relativ hohe Bevölkerungsdichte möglicherweise zu einem ernsten Problem werden.

Kinderreiche Gesellschaft

Allgemein liegt das **Bevölkerungswachstum** bei über 1,5 Prozent, auf St. Lucia sogar bei 2,7 Prozent, ein viel zu hoher Wert für einen Ministaat ohne industrielle Arbeitsplätze. Oft ist mehr als die Hälfte der Bevölkerung unter 20 Jahre alt. Sozialer Sprengstoff liegt auch darin, dass die meisten neugeborenen Kinder außerehelich zur Welt kommen – je nach Insel 50-80 Prozent. Wieder einmal liefert die Geschichte nicht den einzigen, aber einen wichtigen Grund für diese Tatsache: Die weißen Kolonialherren untersagten den Sklaven enge Bindungen und zerstörten ihren Familiensinn. Gleichzeitig jedoch waren sie an zahlreichen Neugeborenen (und damit zukünftigen Sklaven) interessiert...

Religionen auf den Antillen

Mit der Ausrottung der indianischen Ureinwohner verschwand auch deren **Mythologie und Religion** von den Antillen. Jeder heute anzutreffende Glaube ist also ein „importierter", der im Normalfall dem afrikanischen und indischen, aber auch dem europäischen Kulturraum entstammt. Da ganz Westindien in jahrhundertelangen Kriegen zwischen den Kolonialmächten zerrissen wurde, konnte sich ein einheitliches religiöses Gefüge nur schwer herausbilden. Ein religiöses Bekenntnis hat sich nur dann etabliert, wenn eine europäische Nation über einen langen Zeitraum hinweg oberste und einzige Einflussinstanz war – etwa auf Barbados.

Christentum

Doch auch dort ist beispielsweise die anglikanische Kirche nicht so stark vertreten, wie man annehmen könnte, denn besiedelt wurde die Insel u. a. mit irischen Strafgefangenen, also mit Katholiken. Ähnliches gilt für die gesamte Region. So stimmt zwar die Faustregel, dass Inseln mit einer französischen oder spanischen Vergangenheit eher **katholisch** geprägt sind und solche mit einer britischen, niederländischen oder dänischen Vergangenheit eher **protestantisch**, aber die Ausnahmen von der Regel sind signifikant: Im niederländischen Aruba z. B. gehören 90 Prozent der römisch-katholischen Kirche an. Zudem fanden viele religiös verfolgte Europäer in der Karibik Zuflucht und andere wiederum kamen aus **missionarischem Eifer** hierher.

Auf diese Weise wurde das **Bild der Religionszugehörigkeiten** zu einem **Mosaik**, das sich aus vielen Steinchen zusammensetzt. Auf die lange Geschichte der Juden verweisen beispielsweise die Synagogen in Willemstad und Bridgetown, die älter sind als alle anderen in der Neuen Welt. Auch **Hugenotten**, **Quäker**, **Moravianer**

(*Mährische Brüder*), **Zeugen Jehovas**, **Methodisten**, **Pietisten**, **Baptisten** usw. kamen bereits sehr früh auf die Kleinen Antillen.

Die Mohammed-Ali-Jinnah-Moschee auf Trinidad

Allein auf Barbados sind schätzungsweise nicht weniger als 90 Glaubensbekenntnisse versammelt. Darin eingeschlossen sind auch Kulte, die die Sklaven aus ihrer afrikanischen Heimat mitbrachten und im Laufe der Zeit mit anderen Glaubensinhalten vermengten. Bekannt ist der **Voodoo-Kult**, der auf Haiti stark verbreitet ist, aber auch auf Dominica noch angetroffen werden kann. So wie das Wort „vodun" (*Gott oder Geist*) aus Westafrika stammt, sind dabei afrikanische Ur-Götter mit christlichen Vorstellungen verwoben worden. Geisterglaube, Tänze bis zur Ekstase und Trance, Opferzeremonien, aber auch ernst zu nehmende Verfahren der Naturheilkunde sind Bestandteile dieser Religiosität.

Viele Gemeinsamkeiten mit dem Voodoo weist der **Shango-(Xango-)Kult** auf, der vor allem auf Trinidad, aber auch auf Grenada und St. Lucia und sogar noch in der Dominikanischen Republik praktiziert wird. Im Shango wurden westafrikanische Riten mit katholischen, protestantischen und selbst hinduistischen Vorstellungen vermischt. Der als Wahrsager, Heiler und Hexer angerufene Hauptgott Shango offenbart sich durch Blitz und Donner. Wie Apostel stehen ihm zwölf Diener (*obas*) zur Seite, die der Priester (*teacher*) während der Zeremonie um Hilfe bittet.

Kulte mit afrikanischen Wurzeln

Geheimnisvolle Riten und übernatürliche Kräfte sind aber kein Privileg der Voodoo- oder Shango-Anhänger. Auch Farbige, die sich als tiefgläubige Katholiken oder Protestanten bezeichnen, glauben nicht selten an Dämonen, Geister, Wiedergeborene, Hexen, böse Omen oder das Zweite Gesicht.

Im 20. Jahrhundert wurden nicht zuletzt die **Reggae-Musik** und die quasi-religiöse **Rasta-Bewegung** über alle Antillen verbreitet. Die Rastafaris, die meist leicht an ihren langen Haarzöpfen und Bärten zu erkennen sind, bekennen sich zum **christlich-orthodoxen Glauben** äthiopischer Prägung, wobei sie dem verstorbenen Kaiser *Haile Selassie* die Funktion eines Messias zusprechen, der sie in ihre afrikanische Heimat zurückführen wird. Rasta-Bewegung und Reggae-Musik sind jedoch weit eher wegen ihrer soziokulturellen und politischen als wegen ihrer religiösen Bedeutung ein Thema.

Starke religiöse Differenzierung

Nicht nur die schwarzen Sklaven brachten die Religion ihrer Vorfahren in die Karibik, sondern auch die indischen Vertragsarbeiter, die nach der Sklavenbefreiung auf den Plantagen schufteten. Je nach Herkunft in Indien waren diese entweder **Hindus oder Moslems**. Auf Trinidad, wo der größte indische Bevölkerungsanteil lebt, sind dementsprechend auch diese Religionsgruppen am stärksten vertreten.

Mit seiner spanischen und britischen Kolonialgeschichte gibt daher Trinidad ein besonders gutes Beispiel für die religiöse Differenziertheit des karibischen Raumes ab: 36 Prozent sind Katholiken, 25 Prozent Hindus, 19 Prozent Anglikaner, sechs Prozent Moslems, vier Prozent Presbytianer. Auf die restlichen zehn Prozent verteilen sich die Mitglieder von mehreren Dutzend Sekten, Shango-Anhänger und Nichtgläubige.

Sprachenvielfalt und Sprachverwirrung

Offizielle und inoffizielle Landessprachen

Wer vor dem Urlaub auf den Kleinen Antillen noch mal seine englischen oder französischen Sprachkenntnisse aufgefrischt hat, wird vielleicht überrascht feststellen, dass ihm das im Zielgebiet nicht viel nützt. Denn auch wenn als offizielle Landessprache Englisch oder Französisch angegeben ist, kann man in Gesprächsversuchen mit Einheimischen doch häufig nur erahnen, welche ehemalige Kolonialsprache sich hinter den Lauten verbirgt. Tatsache ist, dass dabei nicht nur Deutsche, sondern selbst Briten oder Franzosen oft an die Grenzen der Kommunikation stoßen. Noch schwieriger wird es, wenn man unvermittelt mit reinen Papiemento- oder Trinibagianesisch-Sprechern konfrontiert wird. Folgenden Sprachen wird man auf den Kleinen Antillen am häufigsten begegnen:

Englisch und Patois

Englisch ist die **offizielle Sprache der Jungferninseln** sowie auf Anguilla, Antigua und Barbuda, Barbados, Dominica, Grenada, Montserrat, St. Kitts und Nevis, St. Lucia, St. Vincent und Grenadinen und auf Trinidad und Tobago. Auf reines Oxford-Englisch wird man auf diesen Inseln aber allenfalls bei einigen englischen Hotelmanagern oder Verwaltungsbeamten treffen. Die überwiegende Mehrheit spricht eine Umgangssprache (*local talk*), die nicht nur in ihrer Intonation, sondern auch in Satzstellung, Grammatik und Vokabular von unserem Schulenglisch abweicht. Wer immer schon Probleme mit dem „th" gehabt hat, kann sich freuen: auch auf den Antillen wird nicht "gelispelt" – stattdessen sagt man einfach „d". Der Vokal „a" wird nicht zum Umlaut (statt [män] [man]), während man das „r" wie im Bayrischen rollt. Endsilben lässt man der Einfachheit halber gleich ganz weg. Fast jede englischsprachige Insel hat ihre Eigenheiten, die mal mehr, mal weniger von der Hochsprache abweichen.

Dialekte und Mischsprachen

Da die meisten *Inseln über dem Wind* für eine beträchtlich lange Zeit französisch gewesen sind, tritt neben den jeweiligen englischen Dialekt außerdem eine Mischsprache auf, die man als ***Patois*** bezeichnet. Wenn auch in der Literatur *Patois* häufig mit ***Créole*** gleichgesetzt wird, besteht der Unterschied doch darin, dass das *Patois* eine große Anzahl englischer Vokabeln enthält. Ansonsten ist das sprachliche Grundmuster – tatsächlich wie im *Créole* – aus französischen und afrikanischen Elementen zusammengesetzt.

Französisch und Créole

Französisch ist Landessprache in den Departements Martinique und Guadeloupe, ebenso wie in dem 6-Millionen-Staat Haiti. Mehr noch als auf den englischen Inseln wird diese offizielle Sprache nur in den Chefetagen von Wirtschaft, Handel und Politik benutzt, während sich die lokale Bevölkerung im sogenannten *Créole* unterhält. Viele halten das *Créole* für eine Art primitives Französisch, das in einigen abgelegenen Orten dieser Welt von wenigen Menschen gesprochen wird und irgendwann einmal aussterben wird. Das ist falsch! *Créole* ist eine durchaus gebräuchliche Umgangssprache nicht nur in der Karibik, sondern auch auf den Inseln des Indischen Ozeans. Insgesamt sind es wohl **sieben bis zehn Millionen Menschen**, die *Créole* reden, viele davon **sprechen** es als einzige Sprache.

Der historische Hintergrund des *Créole* ist die französische Kolonialzeit, als die aus allen Teilen Afrikas in die Karibik verfrachteten Sklaven nur eine Möglichkeit hatten, sich mit ihren Herren oder untereinander zu verständigen: das Erlernen eines Grundbestandes an Französisch. Dabei flossen allerdings nicht nur viele afrikanische Elemente mit ein, sondern das Französische wurde auch im Vokabular, in der Aussprache und in der Grammatik abgeändert (zumeist vereinfacht). Außerdem kamen **im Lauf der Zeit neue Ausdrücke** aus anderen Sprachen hinzu (Spanisch, Englisch), oder das kreolische Wort blieb bestehen, während sich das französische Vorbild veränderte. Da sich zudem Artikel, Pronomen, Pluralformen und Satzstellung vom Französischen erheblich unterscheiden, muss man sagen, dass das *Créole* kein Dialekt, sondern **eine eigenständige Sprache** ist. Interessanterweise können sich Kreolen aus Guadeloupe mit Kreolen aus Mauritius, La Réunion und den Seychellen im Indischen Ozean unterhalten, obwohl beide Sprachen unabhängig voneinander entstanden und unterschiedlichen Einflüssen ausgesetzt waren.

Viel gesprochenes Créole

Niederländisch und Papiemento

Die **Amtssprache** auf den Niederländischen Antillen ist zwar **Niederländisch**, doch ist die allgemeine Umgangssprache die **interessante Mischform des Papiemento**. Anders als bei *Patois* und *Créole* kann man hier die Sprache der ehemaligen Kolonialherren kaum noch heraushören, Spanisch und Portugiesisch haben dominierenden Einfluss. Die holländischen Elemente stehen etwa gleichwertig neben französischen, englischen, indianischen und afrikanischen.

Merkwürdige Mixtur

Der Name **Papiemento** leitet sich vom Verb „papia" ab, was „sprechen" bedeutet. Seit dem 17. Jahrhundert ist aus diesen unterschiedlichen Vorbildern eine wirkliche **Muttersprache der *Inseln unter dem Wind*** geworden, die sich nach langer Zeit der Diskriminierung inzwischen emanzipiert hat und auf dem besten Wege ist, als Unterrichtssprache eingeführt zu werden. Den romanischen Hintergrund erkennt man am besten an den Zahlwörtern (von null bis zehn) und bei den Begrüßungsformeln. Eindeutig holländisch-deutschen Ursprungs ist hingegen das Wort für Danke: „danki" („Vielen Dank" = „masha danki").

Trinibagianesisch

Auf Trinidad mit seiner spezifischen Bevölkerungs-Zusammensetzung (40 Prozent Inder) ist wiederum eine völlig andere Sprache entstanden: das *Trinibagianesisch*. In dieser Sprache werden Grammatik und Vokabular des Englischen, Spanischen und des Hindi miteinander vermengt.

Literatur

Es ist erstaunlich, dass die Kleinen Antillen trotz ihrer geringen Größe und nur kurzen literarischen Tradition nicht nur eine **Vielzahl begabter Autoren**, sondern auch mehrere Literaturnobelpreisträger hervorgebracht haben. Und sie konnten nicht nur in ihren Heimatländern Erfolge aufweisen, sondern wurden auch in mehrere Sprachen, u. a. ins Deutsche, übersetzt.

Die Antillen als literarische Landschaft

Dabei wurden nach dem Untergang der indianischen Kultur auf dem Gebiet der Literatur, Architektur oder Malerei zunächst nur europäische Vorbilder kopiert. Im Lauf der Zeit vermengten sich jedoch die unterschiedlichsten Einflüsse und bildeten teilweise eine **eigenständige Formensprache**.

Kaum eins der literarischen Talente lebt allerdings noch auf den Inseln der Kleinen Antillen. Bereits in jungen Jahren zog es die Schriftsteller in die großen Metropolen, auf der Suche nach Arbeit und Anerkennung: So auch der auf Guadeloupe geborene ***Saint-John Perse*** (1887-1975), der bereits mit zwölf Jahren fortging, um in Paris, Peking und ab 1940 in den USA zu leben. Dass sich *Perse,* der eigentlich Lyriker war, mit seiner Heimat dennoch verbunden fühlte, beweisen seine epischen „Eloges" (1910), mit denen er der Karibik ein **literarisches Denkmal** setzte: Er erhielt 1960 den **Nobelpreis für Literatur**.

Nach diesen Anfängen erlebten die Inseln **ab den 1930er Jahren** einen regelrechten **Schreibrausch**. Die junge antillianische Literatur entstand mit der sogenannte „**Négritude-Bewegung**". Deren Begründer war der 1913 auf Martinique geborene *Aimé Césaire*, zusammen mit *Léon-Gontran Damas* (Guayana) und *Léopold Senghor* (Senegal). Ihr Programm, das sie während gemeinsamer Jahre in Paris ausarbeiteten, war die Rückbesinnung auf die afrikanische Kultur und die kritische Auseinandersetzung mit Kolonialismus und Neokolonialismus. Anders als *Perse*, ging der mehrfach preisgekrönte *Césaire* später nach Martinique zurück, wo er als Bürgermeister von Fort-de-France und Präsident der *Parti Progressiste Martiniquais* eine wichtige politische Aufgabe übernahm. Sein besonderes Interesse an Geschichte und Zeitgeschichte kommt in Werktiteln wie „Zurück ins Land der Geburt" und „Über den Kolonialismus" zum Ausdruck.

Ebenfalls **internationale Bekanntheit** erlangten *George Lamming* aus Barbados, *Owen Campbell* aus St. Vincent und *Jean Rhys* aus Dominica. Die 1890 in Roseau geborene *Rhys* war mit 16 Jahren nach England gegangen, weshalb ihre Geschichten hauptsächlich auf ihren Kindheitserinnerungen auf Dominica beruhen. Ihr berühmtestes Werk, die in Jamaika spielende Novelle „Wide Saragossa Sea", wurde 1993 verfilmt.

Die **jüngeren Autoren** nehmen häufig *Césaire* oder lateinamerikanische Schriftsteller (besonders *García Márquez*) zum Vorbild, um politisch ambitioniert und literarisch erfolgreich Stellung zu beziehen. Populär wurde vor allem *Joseph Zobel* aus Martinique mit seinem Roman „Die Straße der Negerhütten" (*La Rue Cases-Nègres*). Das 1950 erschienene Werk schildert die **Lebensverhältnisse auf seiner Heimatinsel** während der 1930er Jahre; dem deutschen Publikum wurde es hauptsächlich durch jene Verfilmung nahegebracht, die 1983 in Venedig mit dem Silbernen Löwen ausgezeichnet wurde.

Der bedeutendste Literat der Gegenwart ist immer noch ***Derek Walcott***. Der 1930 auf St. Lucia geborene Schriftsteller bekam 1992 den **Nobelpreis für Literatur** nach der Veröffentlichung seines Gedichtbandes „Omeros" (1990): Damit hatten die Kleinen Antillen ihren zweiten Nobelpreisträger. Stationen seines Lebenswegs waren das Studium in Jamaika sowie Journalistentätigkeit und Gründung eines Theaters auf Trinidad. Nach großen Erfolgen mit Theaterstücken und Gedichtbänden, die ihm in der englischsprachigen Welt den **Beinamen „karibischer Homer**" einbrachten, ging *Walcott* in die USA, wo er an der Universität von Boston Dramaturgie lehrt.

Literaturnobelpreisträger der Inseln

Die Kleinen Antillen können sich auch rühmen, den ersten Literatur-Nobelpreisträger des 21. Jahrhunderts hervorgebracht zu haben. Der aus Trinidad stammende *V. S. Naipaul* zählt mittlerweile zum britischen Kultur- Establishment. Die Königliche Schwedische Akademie würdigte den englischsprachigen Schriftsteller 2001 als „literarischen Weltumsegler", dessen Werke die „Gegenwart verdrängter Geschichte" sichtbar machen. Getrieben von der Suche nach den Wurzeln des modernen Menschen, führten ihn seine Reisen in die indische Heimat seiner Eltern, nach Afrika, Südamerika, auf die Antillen und in den Orient. Der literarische Durchbruch gelang *Naipaul* 1971, als er für „Sag mir, wer mein Feind ist" den renommierten britischen Booker-Preis erhielt. Der 1990 zum Ritter geschlagene *Naipaul* verarbeitete in „Ein Haus für Mr. Biswas" (1961) die schmerzvollen Erfahrungen der postkolonialen Geschichte. Das langsame Zusammenbrechen der alten kolonialen Herrschaftskultur bei gleichzeitiger fortschreitender Europäisierung beschreibt er in das „Das Rätsel der Ankunft" (1987).

Architektur

Angesichts der viel beschriebenen Hurrikans und Kolonialkriege könnte man meinen, die Kleinen Antillen böten keine besonderen architektonischen Attraktionen. Jedoch: Alle, die diesbezüglich Interesse haben, werden **ein Eldorado** finden und eine gute Ausbeute an Fotos von ästhetischen und liebevoll gepflegten Bauwerken mit nach Hause nehmen.

Kolonialarchitektur der Briten

Die **Briten** waren zusammen mit den **Franzosen die großen Baumeister** von Festungsanlagen. Die von ihnen errichtete Zitadelle von Brimstone Hill auf St. Kitts stellt die sehenswerteste Festung der Kleinen Antillen dar und wird zu Recht das „Gibraltar der Karibik" genannt. Aber auch jede Hauptstadt der englischsprachigen Leeward Islands hat mindestens ein hoch gelegenes Fort (St. George's auf Grenada sogar vier), das Stadt und Hafen beschützte und heute immer für einen phantastischen Panoramablick gut ist. Gleiches gilt für das imponierende Fort George oberhalb von Port of Spain (Trinidad) und die gleichnamige Festung in Scarborough (Toba-

Europäische Baumeister

Die St. John's Cathetral (Antigua)

go). Das recht einsam zwischen Dschungel und Meer gelegene Fort Shirley im Norden von Dominica hat seinen ganz eigenen Reiz.

Unter den vielen befestigten Häfen hinterlässt der English Harbour auf Antigua den größten Eindruck. Die Sakralarchitektur stellt sich mit offenen Dachstühlen aus Holz und georgianischen oder neugotischen Stilmerkmalen überall als typisch britisch dar. Gute Beispiele dafür findet man u. a. in den elf Gemeindekirchen von Barbados, auf St. Vincent, Grenada und Antigua (St. John's Cathedral in St. John's; St. Peter in Parham).

Koloniale Sakral- und Profanarchitektur

Ebenso wie die Kirchen, sind die repräsentativen öffentlichen Bauten meist im **georgianischen**, **viktorianischen** oder **neugotischen Baustil** gehalten. Zwei Parlamentsgebäude können das verdeutlichen: das „Red House" in Port of Spain (Trinidad) als bestes Beispiel für den georgianischen Klassizismus, und die „Houses of Parliament" in Bridgetown (Barbados) für die Neogotik. Die einfachen Wohnhäuser der englischen Kolonialarchitektur sind oft weiß oder pinkfarben gestrichene Holzbauten auf einem Steinsockel. Weitgehend erhaltene Stadtbilder findet man in Basseterre (St. Kitts) und St. George's (Grenada). Aufwändig gestaltete Bürger- und Landhäuser (*great houses*) findet man im gesamten britischen Einflussbereich, wobei die Gebäude rund um die „Savannah" in Port of Spain (Trinidad) die Stilunsicherheit des 19. Jahrhunderts repräsentieren, während in den Plantagenhäusern auf Barbados am besten die **Wohnkultur der Zuckerbarone** erhalten ist.

... der Franzosen

Kreolische Baukunst

Auch Frankreich hat sein Schutzbedürfnis und seinen Machtanspruch in **imponierenden Festungsbauten** dargestellt, von denen viele freilich später von den Briten übernommen und umgebaut worden sind. Der wichtigste Beitrag der Franzosen zur antillianischen Baukunst ist jedoch die Entwicklung der kreolischen Architektur. Ihre schönsten Beispiele sind in den Plantagenhäusern, Villen und reichen Bürgerhäusern zu finden, sie beeinflusste aber genauso die Bauweise der übrigen Bevölkerung. **Charakteristisch ist das Material**, nämlich weiß oder bunt gestrichenes (Edel-)Holz und eine verschwenderische Vielfalt in der ornamentalen Dekoration. So sieht man auf den Dachfirsten verzierte Leisten, filigrane Dachreiter und hölzerne Gitterwerke, das Gleiche unterhalb der Dächer, an Türen und an Fenstern. Die größeren Plantagenhäuser der alten Zuckerbarone haben fast alle eine herrliche, oft zweistöckige Veranda, baldachinverzierte Fenster und Freitreppen mit schmiedeeisernen Brüstungen. Viele sind außerdem von einem schönen Park umgeben.

Das Saint-John-Perse-Museum in Point-à-Pitre

Die **offen gehaltenen Abdachungen** schützen gleichermaßen vor Sonne und Regen und gestatten daneben eine ungehinderte Luftzufuhr. Diese „kreolische Architektur" hat Einzug auf fast allen Inseln gehalten, auch auf den britisch beeinflussten. Kirchen und repräsentative öffentliche Gebäude (Präfekturen, Justizpaläste, *Mairies*) sprechen meistens die Sprache des Empire und der Neogotik.

... der Holländer

Vor allem den *Inseln unter dem Wind* haben die Niederländer unverkennbar ihren architektonischen Stempel aufgedrückt. Ganze **Stadtviertel und Straßenzüge von** Curaçaos Hauptstadt **Willemstad** können als ein in die Karibik verpflanztes **Klein- Amsterdam** gelten. Mit ihren Festungen, Sakralbauten und den schmalen Treppengiebel-Häusern besitzt Willemstad einige der größten Bauschätze der Neuen Welt. Im Inselinnern beeindrucken auf Curaçao die 70 hoch gelegenen Landhäuser aus dem 17./18. Jahrhundert.

Holländische Akzente

Im Gegensatz zu dieser hochherrschaftlichen Architektur stehen die kleinen, aus Lehm gebauten ***Cunucu*-Häuschen**, die durch ihre geschickt in den Wind gestellte Bauweise eine Art natürliche Klimaanlage besitzen. Noch kleiner sind die **weiß gekalkten Sklavenhäuschen** an den Salinen von Bonaire, die gleichzeitig wichtige zeithistorische Bauten sind. Die holländische Architektur wird seit den 1970er Jahren wieder nachgeahmt (besonders in Oranjestad auf Aruba), ohne aber an die Qualität des 17. bis 19. Jahrhunderts anknüpfen zu können.

... und der Dänen

Dänische Architektur in Christiansted

So wie die Holländer den *Inseln unter dem Wind*, haben die Dänen den heutigen US Virgin Islands architektonische Schmuckstücke hinterlassen. Dies betrifft sowohl die **Festungsbauten** als auch die **sakrale und zivile Bauweise** mit ihren behäbigen Kaufmannshöfen. Die gelb getünchten Backstein-Fassaden, roten Ziegeldächer und Schatten spendenden Arkaden sind unverkennbar in subtropischer Umgebung. Von besonderem Reiz ist Christiansted auf St. Croix, wo sich die besten Beispiele des dänischen Barock und Klassizismus befinden.

Bildende Kunst

Die beeindruckende originär karibische Kunst findet man in den **Steinritzungen** (*Petroglyphen*) **oder Felsmalereien**, die die verschiedenen prähistorischen Indianerstämme hinterlassen haben. Das Spektrum der Darstellungen reicht von bloßen Ornamenten und geometrischen Anordnungen über fratzenähnliche Gestalten, die Götter darstellen könnten. Ohne dass man ihr genaues Alter bestimmen könnte, überzeugen sie auch heute noch durch Klarheit der Umrisse, sichere Wahl der Farben und durchdachte Kompositionen. Beispiele dafür kann man auf den meisten Inseln antreffen, oft allerdings versteckt und nicht touristisch erschlossen. Die größten und leicht erreichbaren Komplexe findet man auf Anguilla, Aruba, Guadeloupe, St. Kitts und St. Vincent. Darüber hinaus besitzen etliche Museen Originale oder wenigstens Fotodokumente dieser Kunstform

Wenig Originelles

In der Kolonialzeit schmückten einige Künstler Kirchen und Herrensitze mit Skulpturen, Reliefs und Malereien aus, die dem Zeitgeschmack entsprachen und sich an europäischen Vorbildern orientierten. Zumeist wurde Kunst jedoch **direkt aus den Mutterländern** importiert. Auch heutzutage ist von Originalität in der Bildenden Kunst nicht viel zu bemerken. Zwar gibt es – gerade in den touristischen Hochburgen – eine Vielzahl von Galerien, wo aber hauptsächlich Landschaftsmalereien, karibische Portraits, selten auch Dekorativ-Abstraktes gezeigt werden. Einflussinstanzen sind sowohl *Paul Gauguin*, der sich 1887 für fünf Monate auf Martinique aufhielt, als auch der französische Impressionist *Camille Pissarro*, der auf St. Thomas (Charlotte Amalie) geboren wurde. Nicht zu verkennen ist ebenfalls der Einfluss der **naiven Malerei**, wie sie vor allem aus Haiti bekannt ist.

Musik – Calypso, Karneval und Steelbands

Wenn von einem „**karibischen Kaleidoskop**" die Rede ist, gehören die Themen Musik und Karneval wie selbstverständlich dazu – sind sie es doch, die das landläufige Bild vom überschwänglichen Lebensrhythmus der Antillen geprägt haben. Wer **Musikalität** und **karnevalistische Lebensfreude** auf den Inseln erwartet, wird nicht enttäuscht werden – vielleicht aber wird er außerhalb der Hotels eine andere Art von Musik und Tanz erleben, als sie immer noch als inoffizielles Wahrzeichen der Karibik gilt. Sicher, der Calypso wird noch gesungen, die Steelbands treten noch auf, und Limbo-Tänzer gibt es allenthalben zu sehen. Den Musikgeschmack der jungen Leute trifft diese Art von Folklore aber längst nicht mehr.

Reggae, **Rap** und vor allem **Soca sind die Trends**, denen eine ganze Generation anhängt. Während Reggae aus Jamaika stammt und, zusammen mit der Rasta-Bewegung, auch auf den Kleinen Antillen Einzug in alle Bevölkerungsschichten und Altersgruppen gehalten hat, ist der Sprechgesang des Rap eine US-amerikanische Richtung, die aus den schwarzen Ghettos der Millionenstädte heraus ihren Siegeszug antrat. Beiden gemeinsam sind der Ursprung aus einer unterprivilegierten Schicht und eine Botschaft, die viel mit sozialer Anklage und schwarzem Selbstbewusstsein zu tun hat.

Festival der Einheit auf den British Virgin Island

Originär karibisch hingegen ist Soca. Wie viele andere musikalische Stilrichtungen, nahm Soca in Trinidad seinen Ausgang und hat sich schnell über Barbados bis nach Jamaika verbreitet. Soca ist die Abkürzung für „Soul Calypso", also eine modifizierte, modernere Form des alten Calypso, dessen Melodie durch Schlagzeug, Bläsersätze und E-Gitarren bestimmt wird, und dessen Texte sehr direkt oder wenigstens sehr zweideutig sein können. Die unbestrittenen Großmeister des Soca sind die Bandmitglieder der **Gruppe „Kassav"**, die seit Anfang der 1980er Jahre die Musikrichtung auch in Amerika und Europa populär gemacht haben. Allerdings verkörpern sie wiederum eine eigene Art des Soca, nämlich den „Zouk", der im französisch-karibischen Dialekt des *Créole* oder *Patois* gesungen wird. Heutzutage gibt es jedenfalls keine Party, keine Disko und keinen Musiksender auf den Antillen, der nicht wenigstens einige Stücke im englischen Soca oder kreolischen Zouk spielt. Letzten Endes ist aber auch Soca nur eine – wenn auch besonders moderne – **Form einer karibischen Volksmusik**, deren Wurzeln in der Zeit der Sklaverei zu suchen sind und die aus dem Zusammentreffen der rhythmischen afrikanischen Chorgesänge mit der Musikauffassung der europäischen Sklavenhalter (Briten, Holländer, Franzosen, Dänen, Schweden) entstand. Während in Nordamerika eine ähnliche Konstellation zum Jazz und weiter zum Blues, Rock 'n' Roll und zum modernen Rock führte, entstand in Westindien eine ganz eigene musikalische Ausdrucksweise, die eine ebenso vielfältige Entwicklung nahm und unterschiedliche Stilarten hervorbrachte wie jene, außerdem auch immer wieder vom Jazz, Blues, Rock usw. zusätzlich befruchtet wurde. Dazu fand diese Musik – weit mehr als alle anderen Formen karibischer Kunst und Kultur – **relativ schnell Verbreitung** über die räumlichen Grenzen Westindiens hinaus.

Neuere Musikrichtungen

Für die Sklaven waren Musik und Tanz die einzige Möglichkeit, ihre Traditionen zu bewahren und ihrer Religiosität Ausdruck zu verleihen. Die weißen Herren versuchten zwar, alles Heidnische daran auszurotten, bildeten ihrerseits aber Sklavenorchester, die zur Freude und Belustigung kolonialer Gesellschaften zum Tanz aufspielen mussten. Auf diese Weise kamen afrikanische und europäische Ideen zusammen, und eine neue Musik entstand, die besonders nach der Sklavenbefreiung in ihrer Kreativität und Ausdrucksstärke geradezu explodierte: **Der Calypso war geboren**.

Typisch karibisch: Calypso

Das Wesen des Calypso sind **improvisierte Gesänge in kreolischer Sprache**, die Ereignisse oder Situationen zum Inhalt haben und diese in spöttischer Weise darstellen. Bei der Sklavenarbeit verhöhnten Gruppen von Zuckerrohrschneidern mit einem Vorsänger die Bemühungen der konkurrierenden Gruppen oder machten sich

Den Calypso-Song gibt es nicht nur zu Karneval

über ihre Herren lustig. Ähnlich verfuhr man später bei den Karnevalsumzügen, als Politiker, Geistliche, lokale Berühmtheiten oder aktuelle Geschehnisse durch die Dichtung aus dem Stegreif des Calypso kommentiert wurden. Auf diese Weise hatte der Gesang auch eine **kommunikative Funktion**, indem sich alle Zuhörer (die im Normalfall nicht lesen konnten oder keine Zeitungen besaßen) über das Zeitgeschehen informieren konnten.

Eine Veränderung trat ein, als **1899** auf Trinidad **erstmals ein Calypso auf Englisch** gesungen wurde und die Trommeln, die den Gesang anfänglich nur begleiteten, von den Briten verboten wurden und durch andere Instrumente ersetzt werden mussten. Der durch Gitarren, Rasseln, Rhythmusstöcke und Xylophone melodischer gewordene Calypso erregte nun auch die Aufmerksamkeit der Weißen. Vor allem nach dem Ersten Weltkrieg kam eine echte **Calypso-Welle auf Nordamerika** zu, in den USA u. a. gefördert von *Bing Crosby* und ermöglicht durch die neuen Medien Rundfunk und Schallplatte. 1944 brachten die *Andrew Sisters* ihr „Rum and Coca Cola" heraus, und kaum zehn Jahre später betrat *Harry Belafonte* („Dayoh-Day-Oh") die Bühne. Mit ihm kam der ganz große **internationale Durchbruch der Calypso-Musik,** und im Zuge dieses Booms gelang es auch vielen anderen karibischen Gruppen, populär zu werden und Hits zu landen.

Heutzutage hat Calypso noch seine Bedeutung, nicht zuletzt beim Karneval, ist allerdings mehr und mehr zur Radiomusik und zur Touristenunterhaltung geworden. Besonders häufig auf Trinidad, manchmal jedoch auch auf anderen Inseln, wird es Ihnen sicher passieren, dass sich Ihnen ein Gitarrenspieler nähert, Ihnen einige belanglose Fragen stellt und dann spontan ein Lied über Sie, Ihr Aussehen, Ihre Herkunft oder Ihren Charakter anstimmt. Anders als früher soll damit der Adressat aber nicht kritisiert oder lächerlich gemacht, sondern nur unterhalten werden – in Erwartung eines angemessenen Trinkgeldes natürlich!

Sänger …

Untrennbar mit der Geschichte des Calypso verbunden sind die **Steelbands**, die ihren Ursprung ebenfalls in Trinidad haben. Eben wurde schon erwähnt, dass die Briten, denen der ungezügelte Charakter und der sozialkritische Grundton der neuen Musik langsam zu viel wurde, einfach die Trommeln als deren wichtigste Begleitinstrumente verboten. Auf der Suche nach einem Ersatz kam Ende der 1930er Jahre ein findiger Kopf namens *Ellie Manette* auf die Idee, die überall herumliegenden **ausrangierten Ölfässer** in unterschiedliche Längen zu zersägen. In die Deckelflächen trieb er dann eine Anzahl von Feldern, die von der Kreismitte aus angeordnet sind

… und Steelbands

und die beim Schlagen mit einem Stock verschiedene Töne ergeben. Mit Hammer und Meißel konnten die Ölfässer – **sogenannte *pans*** – sogar gestimmt werden. Diese Idee verbreitete sich von Trinidad aus in Windeseile über die ganze Karibik und wurde technisch immer vollkommener. Heute stellen die *pans* sehr weit entwickelte Musikinstrumente dar. Es gibt „bass pans" mit drei oder vier Tönen, „cello pans" mit fünf oder sechs, „guitar pans" mit 14 und „tenor" oder „ping pong pans" mit 26 bis 32 Noten. Im Zusammenspiel wird dabei ein **herrlich voller, tiefer und melodischer Klang** erzeugt, mit dem praktisch alle Melodien (selbst klassische Musik) spielbar sind.

Die Steelbands sind unterschiedlich mit den einzelnen *pans* ausgestattet. In den Hotels spielen zur Unterhaltung der Touristen meist weniger als zehn Musiker, aber selbst diese verstehen es, einen Klangzauber zu erzeugen, dem sich keiner entziehen kann.

Karneval: pure Lebensfreude

Auf Dorf- und Straßenfesten treten i. d. R. **mehr als 20 Musiker** auf, und bei besonders großen Orchestern schlagen bisweilen 30 Musiker allein jeder zwei *tenor pans*, wozu noch je zehn Musiker für die *bass*, *cello* und *guitar pans* kommen – also ein äußerst stattliches Aufgebot von 60 Musikern mit 90 Fässern. In fast jedem größeren Hotel wird abends zu den Klängen einer Steelband eine Art weiteres „karibisches Wahrzeichen" aufgeführt: **der Limbo**. Darunter versteht man eine Mischung aus Tanz und Artistik, bei der ein Tänzer immer wieder unter einer tiefer und tiefer gehängten Holzlatte hindurch balanciert, ohne sie oder den Boden zu berühren. Häufig wird der Stab auch noch angezündet, wenn er auf der untersten Sprosse angelangt ist.

Die Karnevalstermine auf den Kleinen Antillen

Weiberfastnacht bis Aschermittwoch *(wie in Europa): Aruba, Bonaire, Curaçao, Dominica, Guadeloupe, St. Lucia, Martinique, Sint Maarten, St. Barthélémy, Tobago, Trinidad*
Ende Juli/August: *Anguilla, Antigua, Barbados, Grenada, britische Jungferninseln, Saba, St. Eustatius, St. John's, St. Vincent*
Ende Dezember/Anfang Januar: *Montserrat, St. Croix, St. Kitts*
Andere Termine: *St. Thomas (nach Ostern), Barbuda (Juni)*

Wie Musik und Tanz, ist auch der Karneval ein **Resultat historischer Prozesse**, bei denen die Sklaverei eine große Rolle spielte – und beide, **Musik und Karneval**, sind nicht voneinander zu trennen. Der Karneval selbst kam auf die Antillen durch katholische Europäer, die vor der Fastenzeit noch einmal ausgiebig feiern wollten. Die afrikanischen Sklaven wiederum kannten Umzüge und Masken ebenso aus eigenen religiösen Riten. Nach der Sklavenbefreiung verwandelte die schwarze Bevölkerung den Karneval von einem europäisch-vornehmen Bankett-Geschehen in ein **brodelndes Straßenfest**, das in zynischer oder ironischer Weise die Mächtigen verspottete, ebenso gut aber allgemein menschliche Schwächen und den Kampf der Geschlechter zum Thema nahm.

Dass solche Straßenfeste nicht nur dem Tanz und den Calypso-King-Wettbewerben gewidmet waren, sondern auch als Ventil für den Unmut über soziale Ungerechtigkeiten dienten, beweist die Tatsache, dass es dabei nicht selten zu Ausschreitungen bewaffneter Banden kam. Auch der Termin hat nicht mehr überall etwas mit dem europäischen Ursprung zu tun: Häufig findet der Karneval Ende Juli/Anfang August statt, mit dem festen Datum des ***August Monday*** – dem Montag, an dem die Sklaven auf den Jungferninseln befreit wurden (**1. August 1834**). Auf anderen Inseln ist hingegen nach wie vor der Bezug zu Ostern gegeben, auf wieder anderen feiert man Karneval Ende Dezember (zwischen Weihnachten und Neujahr). Schließlich gibt es Inseln, die aus verschiedenen Gründen einen ganz eigenen Termin haben. Das bekannteste Fest ist ohne Zweifel das von Trinidad, das manchmal schon mit dem Karneval in Rio verglichen wurde.

Essen und Trinken auf den Antillen

Kulinarische Quellen

Wer möchte, kann sich in den touristischen Zentren natürlich mit Pizzen, Sandwiches und Hamburgern durchschlagen oder Restaurants mit internationaler Küche bevorzugen. Das wäre jedoch mehr als schade, denn gerade auf kulinarischem Gebiet haben die Kleinen Antillen einiges zu bieten. Eigentlich ist das auch nicht weiter verwunderlich, denn wenn man die Geschichte kennt und weiß, aus welchen Ecken der Erde die karibische Bevölkerung ursprünglich kommt, dann liegt die Schlussfolgerung nahe, dass **Einflüsse** wie u. a. aus Afrika, Frankreich, Indien, Spanien und China für **schmackhafte Bereicherungen** sorgen. Es ist berechtigt, die Karibik als „**kulinarischen Schmelztiegel**" zu bezeichnen, wobei jede Insel allerdings ihre eigenen Vorlieben und Spezialitäten kennt. Die „karibische Küche" kann es daher kaum geben – weder beim Essen noch beim Trinken.

Tipp

Suchen Sie, wann immer es geht, die einheimischen Restaurants auf, in denen lokale Gerichte angeboten werden. Das müssen keine Gourmet-Paläste sein, oft ist schon die kleine Gaststätte um die Ecke gerade richtig. Denn genau wie die Strände des Urlaubszieles bietet diese etwas Besonderes, das man zu Hause lange und oft vergeblich sucht.

Speisen

Das Verführerische an den nationalen Gerichten kann man beim samstäglichen Bummel über einen beliebigen **Markt der Kleinen Antillen** mit Händen greifen, sehen und riechen: Da steigen einem prickelnd die Aromen der Würzmischungen in die Nase, da sieht man **Fische und Meeresfrüchte** aller Größen und Farben, da sind **bekannte und unbekannte Früchte oder Gemüsesorten** zu regelrechten Pyramiden aufgetürmt. Gewürzt wird in der Karibik – wie überall in heißen Ländern – recht ordentlich: mit Muskat, Anis, Thymian, Zimt, Nelken, Pfeffer, Knoblauch, Chili, Piment oder Ingwer. Dabei wird das Essen aber nie so scharf wie in Süd- oder Südostasien zubereitet.

Da die Antillen ein Inselparadies sind, müssen **Fische und Meeresfrüchte als kulinarische Spezialitäten** an erster Stelle genannt werden. Ob Fliegender Fisch auf Barbados, Red Snapper auf Dominica, Hummer auf Barbuda, Krabben auf Grenada oder Garnelen auf St. Croix – immer darf man sich auf fangfrische und exquisite Gaumenfreuden einstellen. Eine weit verbreitete Spezialität ist die Meeres- bzw. Trompetenschnecke, die im Spanischen *concha*, im Englischen *conch* und im Créole *lambi* genannt wird.

Hummer-Gericht im „Coconut Grove" auf Antigua

Hinsichtlich Wild-, Geflügel-, Ziegen-, Schweine- und Rindfleisch sind viele Inseln Selbstversorger und haben somit eine lange Tradition in der Zubereitung. Geradezu legendär ist der **karibische Pepperpot**, ein Eintopfgericht aus Schweinefleisch bzw. Cornedbeef, Zwiebeln, verschiedenen Gemüsen, Pfeffer und Tomaten, für das jeder Ort und jede Köchin eigene Rezepte besitzen. Auf einigen Inseln über dem Wind liefert der Regenwald hierzulande völlig unbekannte Gerichte – etwa den Riesenfrosch (*mountain chicken*) auf Dominica.

Auf den ABC-Inseln wiederum findet sich nicht selten ein Grüner Leguan in der Suppe. Natürlich muss man nicht alles ausprobieren und sollte es auch genau dann nicht tun, wenn zu den persönlich-geschmacklichen Gründen solche des Artenschutzes treten – etwa beim Angebot von Schildkrötensuppe oder -fleisch (besonders auf den Französischen Antillen).
Als Beilagen werden gerne Reis (ein Erbe der spanischen und indischen Küche), Süßkartoffeln (*batata* oder *kassava*) und Gemüse serviert – z. B. Kochbananen, Brotfrucht, Okra und das spinatähnliche Callaloo. Letzteres ist ebenso Beilage wie Grundlage verschiedener Gerichte, z. B. der speziellen Callaloo-Quiche und Callaloo-Suppe. Als Dessert und erfrischende Strandkost bietet die unglaubliche Vielfalt an Früchten und Obst für jeden Geschmack mehr als genug.

Getränke

Die vielen karibischen Früchte sind es auch, die den Cocktails, Obstsäften und anderen nicht-alkoholischen Getränken Frische und vollen Geschmack verleihen. Oft wird Ihnen am Strand kalte **Kokosnuss-Milch** (*coco frio*) oder ein **frisch gepresster Orangensaft** angeboten. Selbst normales Wasser ist auf einigen Inseln eine Köstlichkeit, etwa auf Barbados, durch dessen kalkhaltigen Boden der Regen bis zur völligen Reinheit gefiltert wird. Weitere wohlschmeckende Durstlöscher sind **Eistee** oder **Ingwerbier** (*maubi*), die verschiedentlich angeboten werden. Daneben gibt es natürlich alle international bekannten Namen an Soft-Drinks.

INFO

Wie entsteht Rum?

Rum ist ein Destillat der bitter schmeckenden Melasse, die als Abfallprodukt beim Auspressen des Zuckerrohrs entsteht. Die zähflüssige Melasse wird von den Zuckerfabriken in großen Tankwagen zu den Destillerien gefahren und dort mit einer Gärhefe versehen und in große offene Becken gegossen. Bereits nach wenigen Tagen setzt die Gärung ein und ein Alkoholgehalt von fünf bis sechs Prozent ist erreicht.

Diese immer noch dicke Flüssigkeit wird nun mit Wasser verdünnt (= je besser das Wasser, desto besser später die Rum-Qualität) und destilliert. Das Produkt ist der junge, noch weiße Rum, der z. T. schon in Flaschen abgefüllt wird und später beim *Planters Punch* Verwendung findet. Der Rest des weißen Rums wird in Eichenfässern gelagert. Da diese innen ausgebrannt sind und Zusatzstoffe hinzugefügt werden (z. B. Karamel), bekommt das Getränk im Lauf der Zeit sein volles Aroma und seine bräunliche Färbung. Nach einer Lagerzeit von mindestens zwei Jahren kann der braune Rum erstmals auf Flaschen gezogen werden. Ein guter Rum braucht jedoch schon fünf Jahre und ein ausgezeichneter **mehr als zehn Jahre** – erst dann erhält er das Gütesiegel VSOR *(very special old rum)*. Dieses Getränk ist natürlich für Cocktails zu schade, es sollte ausschließlich pur genossen werden.

Die Antillen haben viele Rumsorten

Selbstverständlich wird Rum nicht nur auf Barbados und Grenada produziert, sondern mit ansprechenden Resultaten überall da, wo es die Kultivierung des Zuckerrohrs gab oder noch gibt. Guadeloupe etwa hat u. a. seinen *Montebello Rhum,* Antigua seinen *Cavalier* und die amerikanischen Jungferninseln ihren *Couzan.*

Für den **fruchtig-wohlschmeckenden** *Planter's Punch* nimmt man möglichst weißen Rum und mixt ihn mit Lime Juice und Zuckersirup. Nach einem anderen Rezept nimmt man Ananas- und Orangensaft plus ein wenig Pampelmuse, wobei die Fruchtsäfte mindestens die doppelte Menge des Rums ausmachen sollten. Dazu kommen noch viel gestoßenes Eis (oder Eiswürfel), ein Spritzer Angostura-Bitter, eine Prise Muskatnuss (oder Zimt) und vielleicht auch eine Maraschino-Kirsche oder Bananen- bzw. Orangenstücke.

Zu den Mahlzeiten, nach Feierabend oder auf Festen trinkt man in der gesamten Karibik jedoch hauptsächlich Bier – und das nicht zu knapp! Wer auch hier lieber den internationalen Markennamen vertraut, bekommt in den besseren Hotels und Restaurants alle gängigen Sorten deutscher, niederländischer und dänischer Herkunft, auf den US Virgin Islands auch das unvermeidliche Budweiser. Man sollte aber durchaus auch die jeweils **lokalen Biere probieren** – sie brauchen sich geschmacklich nicht zu verstecken und sind sämtlich mehrfach ausgezeichnet worden. Häufig wird auf den Kleinen Antillen **in Lizenz gebraut**: Auf Grenada etwa ist Guinness mit dem deutschen Satzenbrau vertreten, auf St. Vincent ebenfalls Guinness mit seinem Stout und Kulmbacher mit EKU, Carlsberg hat einige Brauereien in der Region, und auf den Niederländischen Antillen ist Heineken zu Hause. Dort können Sie übrigens das einzige Bier probieren, das aus entsalztem Meerwasser hergestellt wird (manche sagen, deshalb schmecke es sogar besser als das Original-Heineken!). **Daneben hat jede Insel ihre eigene Marke**: *Hairoun* auf St. Vincent, *Carib* und *Stag* auf Trinidad, *Corsaire* und *Lorrain* auf den Französischen Antillen, *Piton* auf St. Lucia, *Banks* auf Barbados und *Carib* auf Grenada.

Bier, Wein und Rum

Wer dagegen **Wein** den Vorzug gibt, kommt in den besseren Hotels und Restaurants auf seine Kosten, die italienischen, französischen und kalifornischen Wein importieren. Letzterer ist bei einem guten Essen auf den US Virgin Islands ein Muss, während die Französischen Antillen immer für einen guten Tropfen gut sind, der selbstverständlich aus Frankreich eingeflogen wird.

Bei den hochprozentigen Getränken sind **Angostura Bitter** aus Trinidad und der **Curaçao-Likör** (natürlich aus Curaçao) weltweit bekannte Namen. Das Nationalgetränk der Karibik ist jedoch der **Rum**, den man pur, mit Früchten oder als berühmten *Planter's Punch* (bzw. *Planteur*) genießt.

Rum ist auf den Antillen an jeder Straßenecke zu kaufen und außerordentlich beliebt, so dass man in Abwandlung eines Sprichworts durchaus behaupten kann: „Rum ist in der kleinsten Hütte“. Für Touristen eignen sich die besseren Marken (besonders: *Mount Gay)* gut als Mitbringsel, zumal sie recht preiswert sind. Auf Barbados tauchte das Getränk im 17. Jahrhundert als „**rumbullion**“ zum ersten Mal auf. Während die Insel für sich in Anspruch nimmt, nicht nur den ersten, sondern bis heute auch den besten Rum zu destillieren, haben die Norddeutschen offensichtlich immer schon der grenadinischen Konkurrenz den Vorzug gegeben – wie sonst ist es zu erklären, dass die Abkürzung des Namens „Great Rum of Grenada“ ausgerechnet dort als G.R.O.G. (*Grog*) zu Ehren kam?

2. DIE KLEINEN ANTILLEN ALS REISEZIEL

Das „Tropical Mansion Suites“ ist das neueste Hotel auf Montserrat

Allgemeine Reisetipps von A-Z

Hinweis

*In den **Allgemeinen Reisetipps** für die Kleinen Antillen finden Sie – alphabetisch geordnet – allgemeine reisepraktische Hinweise für die Vorbereitung Ihrer Reise auf die Kleinen Antillen. Die **Reisepraktischen Informationen** zu den einzelnen Inseln finden Sie ab S. 127 im Anschluss an die jeweiligen Inselbeschreibungen. Dort finden Sie dann detaillierte Auskunft über Infostellen, Sehenswürdigkeiten, Adressen und Öffnungszeiten, Unterkunft, Essen und Trinken auf der entsprechenden Insel.*

A

Anreise

Per Flugzeug

Viele Inselstaaten der Kleinen Antillen haben ihre Flughäfen auf internationalen Standard gebracht. Sie werden von Fluggesellschaften direkt von Europa aus angeflogen und sind ihrerseits **Drehscheiben für den innerkaribischen Luftverkehr**. Im Bereich der Kleinen Antillen sind das vor allem Antigua, Barbados, Grenada, Guadeloupe, Martinique, Sint Maarten und Trinidad. Auch fast alle anderen Inseln der Kleinen Antillen verfügen über einen Flugplatz, der die Landung mindestens einer kleinen Chartermaschine ermöglicht. Eine Ausnahme bildete einige Jahre die Insel Montserrat, die wegen des Vulkanausbruchs (1997) nur per Helikopter aus der Luft erreichbar war. Die Lava hatte den alten Flughafen zerstört. Mittlerweile wurde aber auch hier ein neuer Flughafen im Nordteil der Insel errichtet.

Von Deutschland (Flughafen FFM) aus gibt es je nach Saison **Direktflüge** nach Barbados, St. Lucia, Grenada und Tobago. Ansonsten geht es aus Europa von London, Paris oder Amsterdam an die karibischen Strände. **British Airways** (Antigua, Barbados, St. Lucia und Grenada), **Air France** (Guadeloupe, Martinique) und **KLM** (Saint Martin) sind die großen Fluggesellschaften, die regelmäßige Flüge in die karibische Inselwelt anbieten. Die **Preise** der Flüge variieren stark je nach Saison. Preisgünstiger als mit Linienflügen gelangen Sie mit Charterflügen wie z. B. der Condor auf die Kleinen Antillen. Allerdings werden hier Flüge in der Regel nur in der Hochsaison angeboten.

Wer in seinem Karibikurlaub möglichst viele Inseln der Kleinen Antillen sehen möchte, sollte die Variante, des Inselhüpfens (*s. Inselhüpfen,.S. 100*) wählen. Der Blick aus der Vogelperspektive auf das Mosaik der vielen unterschiedlichen Inseln erfolgt aus Mini-Propellermaschinen. Auch wenn die Flüge nur sehr kurz sind, lohnt sich ein Flug meist schon allein wegen der phantastischen Sicht und den oftmals spektakulären Landungen auf verhältnismäßig kurzen Landebahnen. Zu beachten ist, dass bei fast allen Destinationen eine **Flughafen- und Sicherheitsgebühr** (Airport Tax) zu zahlen ist, und zwar in örtlicher Währung oder US-Dollar. Die ungefähre Höhe der Flughafengebühr ist für die einzelnen Inseln bei den **Reisepraktischen Informationen** der jeweiligen Insel angegeben (s. S. 126). Erkundigen Sie sich aber auf jeden Fall schon bei der Landung, in welcher Höhe sich die aktuelle Airport Tax beläuft, da sie sich häufig ändert und oftmals bar bezahlt werden muss.

Die Internet-Adressen der wichtigsten Fluggesellschaften:

Air France:	*www.airfrance.com; www.airfrance.de*
American Airlines:	*www.americanairlines.com, www.aa.com*
American Eagle:	*www.ae.com*
British Airways:	*www.britishairways.com*
Condor:	*www.condor.com*
Continental Airlines:	*www.continental.com*
Delta Airlines:	*www.delta.com*
KLM:	*www.klm.com*
Lufthansa:	*www.lufthansa.com*
Martinair:	*www.martinair.com*

Regionale Fluggesellschaften

Air Antilles	(Sitz: Guadeloupe)	*www.airantilles.com*
Air Caraibes	(Sitz: Guadeloupe, St. Barths)	*www.aircaraibes.com*
BonairExel	(Sitz: Curaçao N.A.)	*www.bonairexel.com*
Caribbean Airlines	(Sitz: Trinidad and Tobago)	*www.bwee.com*
Caribbean Star	(Sitz: Antigua)	*www.flycaribbeanstar.com*
Caribbean Sun	(Sitz: Puerto Rico)	*www.flycsa.com*
St. Barth Commuter	(Sitz: St. Barthélémy)	*www.stbarthcommuter.com*
Winair	(Sitz: Sint Maarten)	*www.fly-winair.com*

Flugzeug und Schiff

Es besteht auch die Möglichkeit, die Hin- bzw. Rückreise wahlweise mit Flugzeug oder Schiff anzutreten. Oder Sie buchen Hin- und Rückflug nach Miami und fahren von dort aus weiter mit einem Kreuzfahrtschiff. Miami ist die internationale Drehscheibe für Kreuzfahrtschiffe. Von hier aus gibt es regelmäßige Verbindungen in die Karibik. Von den Kleinen Antillen werden jedoch von Miami aus vor allem die nördlichen Inseln angelaufen *(s. Kreuzfahrten, S. 104)*

Per Frachtschiff

Wer Zeit, Lust und einen Hauch Pioniergeist hat, kann auch heute noch mit dem Frachtschiff oder den einst so legendären „Bananendampfern" den Atlantik in Richtung Karibik überqueren. Dabei muss man auf Kabinenkomfort keineswegs verzichten. Die wenigen Kabinenplätze sind jedoch oftmals schon weit im Voraus ausgebucht. Auch sind „Rundreisen" eher zu bekommen als *One-way*-Passagen.

Auskunft

Informationsmaterial vor der Abreise –u. a. über Unterkünfte, Flüge etc. – erhalten Sie außer von den Fremdenverkehrsämtern der einzelnen Zielgebiete auch über die Arbeitsgemeinschaft Karibik e.V., Friedberger Anlage 21, 60316 Frankfurt/M., ☏ 069-40593777, 🖷 069-40593776, www.karibik.de.

Fremdenverkehrsbüros in Deutschland und anderen europäischen Ländern (in alphabetischer Reihenfolge):

Antigua und Barbuda: Antigua and Barbuda Department of Tourism, Thomasstraße 11, 61348 Bad Homburg, ☏ 06172-21504, 🖷 06172-21513, www.karibik.de/antigua-barbuda
Barbados: Fremdenverkehrsamt Barbados, Neue Mainzer Str. 22, 60311 Frankfurt/M., ☏ 069-24269630, 🖷 069-230077, www.barbados.org
Dominica: Für Deutschland, Österreich und die Schweiz: Fremdenverkehrsbüro von Dominica (Kontakt: Kirsten Boucard), Postfach 140223, 70072 Stuttgart, ☏ 0711-26346624, 🖷 -5053534, www.avirtualdominica.com
Grenada: Grenada Board of Tourism, Schenkendorfstraße 1, 65187 Wiesbaden, ☏ 0611-2676720, www.grenadagrenadines.com
Guadeloupe: Die Inseln von Guadeloupe – Fremdenverkehrsbüro, Kontakt: Philippe Boucard, Postfach 140212, 70072 Stuttgart, ☏ 0711-5053511, 🖷 0711-5053512 und www.lesilesdeguadeloupe.com, www.guadeloupe-inseln.de, www.karibik.de/guadeloupe
Maison de La France Deutschland (Französisches Fremdenverkehrsamt), Zeppelinallee 37,

Auch auf den Kleinen Antillen gibt es hohe Wellen und gute Surfbedingungen (Barbados)

60325 Frankfurt/Main, ☏ 069-97580136, 🖷 069-745556, Postfach 100128, 60001 Frankfurt/Main, ☏ 0900-15725, 🖷 0900-1599061 (gebührenpflichtig), www.franceguide.com
Für Österreich: Maison de la France, Lugeck 1/1/7 A-1010 Wien, ☏ +43-(0)1-530289218, 🖷 +43-(0)1-5032872, www.franceguide.com
Martinique: Maison de la France, Zeppelinallee 37, 60325 Frankfurt/M., ☏ 09001-570025*, 🖷 09001-599061*(*0,49 Euro/Min.), www.insel-martinique.de, www.franceguide.com/de und in Paris: Comité Martiniquais du Tourisme, 2 rue des Moulins, 75001 Paris, ☏ +33-(0)1-44778600, 🖷 +33-(0)1-44778625
Montserrat: Montserrat Tourist Board, Bahnhofplatz 4, 55116 Mainz, ☏ 06131-99332, 🖷 06131-99331, www.vititmontserrat.com
Saba: Kabinet van de Gevolmachtigde Minister van de Nederlanse Antillen (Antillenhuis), Badhuisweg 173-175, 2597 JP's-Gravenhagen, Holland, ☏ +31-(0)70-306-6111, 🖷 +31-(0)70-306-6110, www.sabatourism.com
Saint Lucia: St. Lucia Tourist Board, c/o A.R.T Marketing, Eckenheimer Landstraße 483, 60435 Frankfurt/M., ☏ 069-89009081, 🖷 069-89009082, info@stlucia.org, www.stlucia.org
Saint Martin: Saint Martin selbst hat kein deutsches Touristenbüro. Da die Insel aber zu Frankreich und dort zum Departement Guadeloupe gehört, kann das Fremdenverkehrsbüro von Guadeloupe weiterhelfen. Der Ansprechpartner ist der sehr engagierte M. Philippe Boucard, der auch der Vorsitzende der Arbeitsgemeinschaft Karibik ist. Die Postadresse lautet: Die Inseln von Guadeloupe – Fremdenverkehrsbüro, Postfach 140212, 70072 Stuttgart, ☏ 0711-5053511, 🖷 0711-5053512, www.lesilesdeguadeloupe.com. Wer des Französischen mächtig ist, kann sich auch direkt beim Office de Tourisme de Saint-Martin in 75002 Paris melden: 30, rue St. Marc, ☏ +33-(0)1-53299999, 🖷 +33-(0)1-42961516, www.st-martin.org.

Sint Maarten: Kabinet van de Gevolmachtigde Minister van de Nederlanse Antillen, Badhuisweg 173-175, 2597 JP's-Gravenhagen, Holland, ☏ +31-(0)70-306-6111, 🖷 +31-(0)70-306-6110, www.st-maarten.com
Trinidad und Tobago: Fremdenverkehrsamt von Trinidad und Tobago für Deutschland, Schweiz, Österreich, Frankfurter Str. 175, 63263 Neu-Isenburg, ☏ 06102-202998, 🖷 06102-207947 und Trinidad & Tobago Tourist Office, Bahnhofsplatz 4, 55116 Mainz, ☏ 06131-73337, 🖷 06131-73307, www.visittnt.de, www.gotrinidatandtobago.com

➤ Informationen vor Ort:
Die Öffnungszeiten der **lokalen Touristenbüros sind** von Insel zu Insel unterschiedlich und können sich auch spontan ändern. Es ist tatsächlich so, dass Zeit auf vielen Antilleninseln eine andere Bedeutung hat als in Deutschland – zum Glück, denn dieser Teil der karibischen Lebensweise wirkt nach kurzer Zeit sehr entspannend. Wenn man also genügend Zeit einplant, freut man sich, wenn Öffnungszeiten in den Kernzeiten der allgemeinen Geschäftszeiten eingehalten werden. Die Telefonnummern und Adressen finden Sie bei den Routenbeschreibungen der jeweiligen Inseln bei den **Reisepraktischen Informationen**.

Ausreise

Wenn Sie keine Zoll- oder Drogenbestimmungen überschritten haben, unterliegt die Ausfuhr keinen besonderen Auflagen. Bei der Aus- und Weiterreise innerhalb der Kleinen Antillen müssen Sie Ihr **Rückflugticket nach Europa** bereithalten. Die meisten Staaten verlangen zudem **vor der Ausreise** die Bezahlung einer Gebühr (vgl. dazu Stichwort „Zoll" und in den jeweiligen **Reisepraktischen Informationen** die Stichworte „Flughafen", „Ausreisegebühren" und „Departure Tax/Airport Tax".

Rückbestätigungen des transatlantischen Rückfluges sind heute in der Regel nicht mehr erforderlich. Dennoch sollten Sie sich vorher im Reisebüro erkundigen, wie Ihre Airline diesen Punkt handhabt. Bei Pauschalflügen erledigt die Reiseagentur dies normalerweise automatisch. Innerhalb der Karibik sollten Sie sich beim Ticket-Kauf vor Ort nach der Handhabung des jeweiligen Inselstaates erkundigen.

Autofahren

siehe Stichwort „Verkehrsmittel", S. 116

Behinderte

Flugzeuge und Kreuzfahrtschiffe sind zum größten Teil auf die Bedürfnisse der Behinderten eingestellt. Somit gibt es auf dem Transportweg bis zu den Kleinen Antillen normalerweise keine Probleme. Vor Ort wird es hingegen schon schwieriger. Es gibt nur wenige Hotels, die behindertengerecht ausgestattet sind. Zudem sind für Rollstuhlfahrer in den Orten kaum Gehwege vorhanden oder mit sehr hohen Bordsteinkanten versehen. Allerdings besteht eine sehr große Hilfsbereitschaft der Menschen auf den Inseln, die Behinderten hilfreich zu unterstützen.

D

Diplomatische Vertretungen

Hinweis

Die Französischen und Niederländischen Antillen sowie die britischen Inseln werden in der Regel über die Botschaften ihrer Mutterländer repräsentiert. Einige Inseln unterhalten jedoch eigene Honorarkonsulate in Deutschland.
Die aktuellen Adressen und Telefonnummern der nächsten Vertretung für Deutschland finden Sie auch unter www.auswaertigesamt.de.

In Deutschland

Botschaft von Frankreich mit Konsularabteilung, Pariser Platz 5, 10969 Berlin, ☏ 030-590039000, 🖷 030-590039171, www.botschaft-frankreich.de
Botschaft von Großbritannien, Wilhelmstr. 70-71, 10117 Berlin, ☏ 030-20457-0, 🖷 030-20457-579, www.britischebotschaft.de
Botschaft des Königsreichs der Niederlande, Klosterstraße 50, 10179 Berlin, ☏ 030-20956-0, 🖷 030-20956-441, www.dutchembassy.de

In Österreich

Botschaft von Frankreich, Siebensterngasse 21, 1070 Wien, ☏ 01-533261670, 🖷 01-533261685, www.ambafrance-at.org
Botschaft von Großbritannien, Schenkenstraße 4, 1010 Wien, ☏ 01-5332616, 🖷 01-533261685, www.britishcouncil.org/de/austria/
Botschaft der Niederlande, Opernring 5, 1010 Wien, ☏ 01-58939, 🖷 01-58939-265; Postfach 190, A-1015 Wien, www.netherlands-embassy.at

In der Schweiz

Botschaft von Frankreich, Schosshaldenstr. 46, 3006 Bern, ☏ 031-3592111, 🖷 031-3592191, www.ambafrance-ch.org
Botschaft von Großbritannien, P. O. Box 532 Sennweg 2, 3000 Bern 11, ☏ 031-3011473; www.britishcouncil.org/switzerland
Botschaft der Niederlande, Kollerweg 11, 3006 Bern, ☏ 031-3508700, 🖷 031-3508710

Vertretungen einzelner Inseln in Deutschland/Europa

Konsulat von Antigua und Barbuda, Van-der-Smissen-Str. 2, 22767 Hamburg, ☏ 040-389989, 🖷 040-3046209
Honorarkonsulat von Barbados, Am Karlsbad 11, 10785 Berlin, ☏ 030-25467258 , 🖷 030-25467300 und die auch für den deutschsprachigen Raum zuständige Botschaft von Barbados in Brüssel: Embassy of Barbados, Avenue Franklin D. Roosevelt 100, 1050 Brüssel, ☏ +32-2-7321737 / 7321867, 🖷 +32-2-7323266, www.foreign.gov.bb

Botschaft von Dominica, 1 Collingham Garden, London SW5 OHW, ☏ +44-207-3-705194, 🖷 +44-207-3-738743
Botschaft von Grenada, 24, Avenue de la Toison d'Or, 1050 Brüssel, ☏ +32- (0)-5141242, 🖷 +32- (0)-5138724; Honorarkonsulat: Stierstr. 10, 12159 Berlin, ☏ 030-8522202, 🖷 030-8532354
Honorarkonsulat von St. Lucia, Weidebornweg 21, 61348 Bad Homburg, ☏ 06172-302324, 🖷 06172-305314
Honorarkonsulate der Republik Trinidad und Tobago:
Raboisen 3, 20097 Hamburg, ☏ 040-2200396, 🖷 040-2206756
Zollstockgürtel 7, 50969 Köln, ☏ 0221-93640213, 🖷 0221-3604566
Leipzigerstraße 16, 82008 Unterhaching, ☏ 089-61566636/7, 🖷 089-61566630

Einkaufen

Die Einkaufsmöglichkeiten sind aufgrund der Vielfalt der einzelnen Inseln sehr unterschiedlich. Sie finden bei den **Regionalen Reisetipps** die spezifischen Informationen.

Einreise

Für die Einreise benötigen Sie einen **Reisepass**, der je nach Zielgebiet noch mindestens drei bzw. sechs Monate gültig ist. Für die Einreise auf die Französischen Antillen genügt ein Personalausweis. Generell müssen Sie ein Rück- oder Weiterreise-Ticket vorweisen. Manchmal wird überprüft, ob über ausreichende Geldmittel verfügt wird. Das Einreiseformular, das Ihnen i. d. R. im Heimatflughafen oder im Flugzeug ausgehändigt wird, muss korrekt und auf Englisch ausgefüllt sein.

Der Ablauf im Zielflughafen ist bei manchen Destinationen eine äußerst langwierige und penible Prozedur. Oft hat man den Eindruck, dass gerade die Ministaaten durch übertriebene Bürokratie „weltgewandter" wirken wollen. Überall muss man Schlange stehen und auf **stichprobenartige Kontrollen des Reisegepäcks** gefasst sein. Manchmal wird sogar der gesamte Kofferinhalt ausgeleert. Aber auch wenn Sie nach dem langen Anflug leicht reizbar sind: Lautstarkes Protestieren oder gar beleidigendes Verhalten den Beamten gegenüber hilft niemals weiter.

Inselhopper seien darauf hingewiesen, dass fast alle Flüge zwischen den Inseln der Kleinen Antillen internationale Flüge sind. Durch die international geltenden Sicherheitsbestimmungen müssen Sie sich bei jedem Flug auf eine **intensive Sicherheitskontrolle** gefasst machen. Denken Sie besonders auch beim Packen für den Rückflug nach Europa daran, dass auch die in letzter Minute noch gekauften Souvenirs wie spitze Muscheln nicht ins Handgepäck gehören.

Es versteht sich von selbst, dass die internationalen Zollvorschriften einzuhalten sind (siehe Stichwort „Zoll", S. 119). Allergisch reagiert man in der Karibik auf den Versuch, Drogen (auch für den eigenen Gebrauch) zu schmuggeln. Die Strafen können drakonisch sein!

Essen und Trinken

Internationale, kreolische, chinesische, taiwanesische, indische, afrikanische oder französische Gerichte – die Küche der Kleinen Antillen bietet fast für jede Geschmacksrichtung etwas. Ob ehemalige Kolonialherren oder seit Generationen in der Karibik lebende Einwanderer, gastronomisch haben alle ihre Spuren auf den Inseln hinterlassen. Besonders auf Trinidad wird dies deutlich, wo Sie, kulinarisch gesehen, eine kleine Weltreise veranstalten können.

Auf den Französischen Antillen macht sich der Einfluss des Mutterlandes ausgesprochen stark bemerkbar. Heimische Inselspezialitäten sind dort vor allem Meeresfrüchte und Fisch wie z. B. der Taschenkrebs (*Crabes farcis*), das Haifischragout (*Ragout de Requin*) und in scharfer Soße eingelegter Fisch (*Blackened Fish*).

Essen

Jede Insel hat ihre eigenen Spezialitäten, doch „Pepper Pots" und „Callalous", die scharf gewürzten Fleischeintöpfe mit Gemüse, stehen auf den meisten Inseln auf dem Speiseplan genauso wie frittierte Fischbällchen mit scharfer Sauce (*Accras*), Garnelen oder der klassische Hummer (*Lobster*). Die zahlreichen Snack-Bars bieten zudem die Möglichkeit, karibische Gerichte wie z. B. Huhn oder Lamm in Kokosnusssoße mit Ingwer und Zitronengras relativ preiswert zu kosten.

Auf Barbados sind ein günstiger Mittagstisch der *Flying Fish* oder der gebratene Schweinerücken mit gebackenen Süßkartoffeln (*Jerked Pork*). Der Clou des ehemals aus Jamaika stammenden Gerichts ist die aus zahlreichen Zutaten bestehende Soße – mindestens aus Pfeffer, Peperoni, Knoblauch, Muskatnuss, Zimt und Ingwer – und das *Jerk* genannte Garen im Ofen bei schwacher Hitze.

Das Preisniveau entspricht dem einer europäischen Großstadt. Die Gerichte sind, je nach Lokalität, zwischen preisgünstig (Snack-Bar) und moderat (Pizzeria, Taverne, Restaurant/ Bar, Fastfood) bis hin zu teuer und sehr teuer (z. B. exquisite Restaurants von Sterne-Hotels). In einem gehobenen Restaurant kostet ein Hauptgericht 20 bis 30 US$, in einem mittleren 12 bis 25 US$ und in einem einfachen 8 bis 15 US$.

Da sich auf den Kleinen Antillen immer mehr Hotels mit Pauschalangeboten inklusive Vollpension bzw. Halbpension etablieren, verfügen die meisten Anlagen über gute Restaurants. Eigenständige Gastronomieszenen fern der Hotelanlagen können sich dadurch auf den Kleinen Antillen nur schwer durchsetzen. Auch das Nachtleben findet überwiegend in den Hotelanlagen oder in Kasino-Komplexen statt.

Getränke

Rum ist das Nationalgetränk jeder Insel. Dabei gibt es Hunderte verschiedener Sorten in der gesamten Karibik. Martinique und Barbados gehören zu den Hauptproduzenten, aber auch die anderen Inseln und vor allem Grenada stellen hochwertige Produkte her. Für Cocktails wird hauptsächlich der noch junge, weiße Rum verwendet, während alter, dunkler Rum wie ein guter Whisky getrunken wird.

Feste und Feiertage

Die besonderen regionalen Feste und Feiertage der einzelnen Inseln finden Sie in den **„Reisepraktischen Informationen"** der jeweiligen Insel.
Allgemein werden auf allen Inseln folgende Tage gefeiert:

Neujahr (New Year´s Day); ***Karfreitag*** (Good Friday); ***Ostermontag*** (Easter Monday); ***Pfingstmontag*** (Whit Monday); ***Fronleichnam*** (Corpus Christi); ***Weihnachten*** (Christmas Day: 25.12., Boxing Day: 26.12.)

Fotografieren und Filmen

An guten Motiven für eine reiche Foto- oder Filmausbeute herrscht auf den Antilleninseln kein Mangel! Umso wichtiger ist es, eine funktionierende Kameraausrüstung (Spiegelreflex-, Kleinbild- oder Digitalkamera) und **genügend Filmmaterial**, Batterien, Akkus, Speicherkarten, Aufladekabel dabeizuhaben. Ein Nachkauf ist nicht immer möglich. Diafilme z. B. sind wesentlich schwieriger als Speicherkarten für die Digitalkamera zu bekommen.

Viele Motive für das fotografische Auge

Wegen der starken Sonnenstrahlung sollte ein **UV-Filter** nicht in Ihrer Ausrüstung fehlen. Denken Sie auch an einen **Adapter** für Ihre Videokamera, das Blitzlichtgerät oder die Digitalkamera, da die bei uns üblichen Steckdosen und Stromspannungen meist nicht vorhanden sind.

Trotz oder gerade wegen der vielen Sonnenstunden in den Tropen gibt es dort weniger günstige Momente für Filmaufnahmen als in Mitteleuropa. Die kurze Morgen- und Abenddämmerung von nur 15 bis 20 Minuten lassen die Sonne sehr früh am Tag und sehr lange steil und senkrecht am Himmel stehen. Dadurch fehlt den Motiven eine gute seitliche **Beleuchtung**. Es lohnt sich demnach durchaus, schon früh morgens einen Großteil seiner Fotos zu verschießen.

Wer aber immer schon mit dem Gedanken gespielt hat, sich eine **Unterwasserkamera** zu kaufen, der sollte vor dem Karibik-Urlaub nicht länger zögern: Klares Wasser, in allen Farben schimmernde Korallen und bunt durcheinander gewürfelte Fischbestände warten in der Unterwasserwelt. Sie bieten Motive für einzigartige Aufnahmen.

Schien die Gefahr der Beschädigung für unbelichtete und belichtete Filme durch neue Röntgen-Apparate zumindest auf europäischen Flughäfen gebannt, so warnen Flughafenbetreiber neuerdings wieder im Hinblick darauf vor den neuesten Geräten. Lassen Sie demnach nicht nur in den karibischen Staaten – oftmals veraltete Technik – sondern auch in Europa Ihre Filme von Hand kontrollieren oder legen Sie sie von vornherein in einen **Filmsafe-Beutel** (erhältlich im Foto-Fachhandel).

Zum Fotografieren im Gastland beachten Sie bitte auch die Hinweise unter dem Stichwort „Verhalten im Alltag", S. 114.

G

Gesundheit

Infektionskrankheiten

Weltweit treten immer häufiger Infektionskrankheiten auf, die Kleinen Antillen bilden da leider keine Ausnahme. Dennoch: Die Chancen, an Gelbsucht, Wundstarrkrampf; Typhus oder Diphtherie zu erkranken, sind geringer als auf den Großen Antillen oder in vielen anderen tropischen Ländern. (Für empfohlene Impfungen vgl. Stichwort *„Impfungen"*; S. 100)

HIV-Infektion

Da Prostitution und Drogenkonsum (noch) nicht die Ausmaße etwa von Haiti, Jamaika oder der Dominikanischen Republik erreicht haben, ist die Gefahr einer Ansteckung auf den Kleinen Antillen geringer. Dennoch ist sie natürlich genau wie in Europa beim Intimkontakt mit Einheimischen oder Urlaubsgästen gegeben. Wie auch zu Hause, sollte Safer Sex zur Selbstverständlichkeit gehören.

Klimaumstellung

Um Ihren Urlaub richtig genießen zu können, sollten Sie Ihrem Körper **Zeit** geben, sich an das neue Klima mit **bis zu 40 Grad Temperaturunterschied** zu unserem Winter anzupassen. Legen Sie am besten erst einmal zu Beginn der Reise einen Ruhetag ein und halten sich nicht nur in klimatisierten Räumen auf. Der Wechsel von schweißtreibender Außentemperatur und „polarer Kaltluft" in Hotels, Restaurants und Büros führt leicht zu einer hartnäckigen Erkältung, die einen dann oft die ganzen Ferien über belästigt. Gott sei Dank sind viele Hotels so geschickt gebaut, dass der **Nordostpassat** eine *Air Condition* überflüssig macht – die dann als „Extra" in der Hotelbeschreibung (auch von Luxusherbergen) fehlt.

Sonne

An der häufigsten Erkrankung sind Urlauber selbst schuld. Gemeint ist der **Sonnenbrand**, der durch die sehr intensive UV-Strahlung in den tropischen Breitengraden schnell eintreten kann – selbst bei bewölktem Himmel oder im Schatten. Also seien Sie bitte vorsichtig beim Sonnenbaden und halten sich für den Anfang an einfache Regeln:

- Schützen Sie sich durch Sonnencreme mit einem hohen Lichtschutzfaktor (mind. LV 30).
- Sonnenbaden (mit Schutzcreme) am ersten Tag mittags höchstens 20 min, nach 17 Uhr 40 min; am zweiten Tag mittags 40 min, nach 17 Uhr 60 min.

• Meiden Sie stark parfümierte Kosmetika oder Rasierwasser, da diese die UV-Strahlung potenzieren können.
• Tragen Sie beim Segeln oder am Strand eine Kopfbedeckung, evtl. sogar dünne Handschuhe und geschlossene Segelschuhe gegen Sonnenbrände auf dem Hand- und Fußrücken.
• Ziehen Sie beim Schnorcheln ein T-Shirt an und tragen Sie wasserfeste (!) Sonnencreme auf.

Pflanzen

Ebenfalls von oben droht eine Gefahr der ganz besonderen Art: **bei Kokosnusspalmen!**
Sie sehen in der Regel am Strand zwar phantastisch aus, sich direkt darunter zu legen kann allerdings für eine böse Überraschung sorgen. Die Früchte neigen zu unangekündigten Flügen senkrecht nach unten. Wegen der beträchtlichen Höhe, aus der die Kokosnüsse fallen, können gerade spielende Kinder regelrecht erschlagen werden. Auf gar keinen Fall sollten Sie Ihren Kinderwagen unter diesen Pflanzen abstellen.
Weit gefährlicher (glücklicherweise aber auch seltener) ist der **Manzanillo-Baum**. Diese „Apfelbäume" kommen auf einigen Inseln in Strandnähe vor, wo sie oft durch einen roten Farbanstrich oder ein Giftsymbol markiert sind. Die Berührung irgendeines Pflanzenteils (Rinde, Blätter, Früchte) kann zu Verätzungen der Haut, Blindheit oder sogar zum Tod führen.

Palmen können für eine Überraschung von oben sorgen (Antigua)

Mücken

Fast überall in der Karibik sind unter den Tieren die Mücken (Moskitos) die ärgsten Urlaubsverderber. Sie belästigen einen in der Dämmerung und nach Einbruch der Dunkelheit. Allerdings brauchen Sie keine Angst vor den Mückenstichen zu haben, da die Moskitos auf den Kleinen Antillen **keine Malaria-Erreger** in sich tragen. Eine Malaria-Prophylaxe ist daher nicht notwendig. Zum Schutz vor den Plagegeistern helfen beim abendlichen Bummel lange Kleidung, entsprechende Cremes oder Sprays. Für die Innenräume bieten Hotels oftmals Rauchspiralen (bzw. deren elektrische Varianten) an. Die natürlichste Mückenbekämpfung sind allerdings Moskitos verspeisende Tiere wie Geckos – verjagen Sie sie nicht aus Ihrem Zimmer. Unter dem Aspekt ertragen Sie vielleicht auch eher die Quakkonzerte der Frösche vor Ihrem Fenster.

Sandflöhe und andere Tiere

Unangenehm sind auch Bisse von den häufig am Strand vorkommenden Sandflöhen (*sandflies*), die vor allem am Nachmittag und abends besonders aktiv sind. Neben speziellen Schutzmitteln hilft oft auch schon der Wechsel vom Sand auf einen Liegestuhl. Auch nasse Haut mögen die Sandflöhe nicht. Im Inselinnern gibt es oftmals einige Furcht erregend aussehende Spinnen, die allerdings meist harmlos sind. Da es mitunter aber auch giftige Artgenossen gibt, halten Sie am besten generell Abstand. Gleiches gilt für die Schlangen, die man zu Gesicht bekommen kann – sie sind i. d. R. ungiftig und vom Typ der Würgeschlange.
Im Meer ist die Begegnung mit Haien äußerst selten, da sie meist von Korallenriffen abge-

halten werden und sich nur selten in die flachen Küstengewässer verirren. Der Vorzug der Korallen ist gleichzeitig jedoch auch eine Verletzungsquelle für Schwimmer und Schnorchler. Die scharfen Ecken und Kanten der Korallenbänke und -riffe führen oft zu schlimmen Schnittwunden oder Schürfverletzungen. Weit verbreitet sind Seeigel, deren glasartige, scharfe Stacheln schmerzhafte Wunden hervorrufen und nicht leicht zu entfernen sind (im Zweifelsfall Badeschuhe tragen). **Taucher sollten sich vor Attacken von Muränen in Acht nehmen**!

H

Heiraten

Paradiesische Kulisse, garantiert warmes Wetter und Sonnenschein, die Braut ist in ihrem Kleid keinem deutschen Sturm oder Nieselregen ausgesetzt, die Frisur bleibt heil. Ideale Voraussetzungen, um auf einer der Inseln der Kleinen Antillen den Bund fürs Leben zu besiegeln. Zudem bieten alle Inseln und viele Hotels spezielle Arrangements für Heiratswillige an. Mit dem nötigen Kleingeld sind Sie dabei!

I

Impfungen

Für die Kleinen Antillen gibt es für aus Europa kommende Touristen keine Impfpflicht. Das **Zentrum für Impfmedizin und Infektionsepidemiologie** (Beltgens Garten 2, 20537 Hamburg, ☏ 040-42854-4420, www.hygiene-institut-hamburg.de) empfiehlt jedoch, sich gegen Tetanus (Wundstarrkrampf), Diphtherie (Infektionskrankheit) und Hepatitis A/B (Lebererkrankungen) impfen zu lassen. Vor allem, wenn Sie sich nicht nur in der unmittelbaren Umgebung Ihres Hotels aufhalten, sondern auf z. B. Wanderungen Land und Leute näher kennen lernen möchten.
Mehr Infos zu den einzelnen Impfungen erhalten Sie auch beim **Bernhard-Nocht-Institut für Tropenmedizin**, Bernhard-Nocht-Str. 74, 20359 Hamburg, ☏ 040-42818-400, www.bni-hamburg.de.

Inselhüpfen

Wer wirklich individuell reisen und seine Flugroute selbst bestimmen möchte, hat die Möglichkeit, auf den Internetseiten regionaler Fluggesellschaften recht unkompliziert die innerkaribischen Flüge zu buchen. Gute Erfahrungen haben wir mit den Fluggesellschaften Caribbean Airlines und Liat gemacht, wobei Liat weitaus günstigere Flüge anbietet.

Denken Sie daran, dass auf einer individuellen Hüpfer-Tour eine Reihe zusätzliche Kosten hinzukommen:
• Jeder Abflug bedeutet zumeist das Zahlen einer Airport Tax. Bei einem Durchschnittswert von 30 US$ pro Destination erhöht sich der wahre Flugpreis damit erheblich.
• Individualtouristen müssen vor Ort weit höhere Hotelpreise zahlen, als dies Pauschal-

urlauber tun. Billige Pensionen sind längst nicht überall vorhanden. Und Ziele wie Antigua, Martinique oder die Virgin Islands zählen zu den teuersten der Karibik!

Die Alternative zum individuell zusammengestellten Inselhüpfen sind so genannte „Karibik-Kombinationen" von europäischen Reiseveranstaltern. Dabei sind die Hotels sowie Transatlantik- und innerkaribischen Flüge im Pauschalpreis enthalten, der weit günstiger ist als bei einer jeweiligen Einzelbuchung der gleichen Leistungen. Meier's Weltreisen (www.meiers-weltreisen.de) hat z. B. mehrere Inselkombinationen im Programm. Reizvoll an diesen Karibik-Paketen ist die Möglichkeit, verschiedene Inseln unterschiedlichen Klimas und unterschiedlicher Landschaft, Sprache und Nationalität kombinieren zu können.

Hinweis

Beachten Sie bitte, dass fast jede Flugreise und damit auch eine Tagestour innerhalb der Karibik in der Regel eine internationale Strecke ist. Das bedeutet, dass die üblichen Zollbestimmungen befolgt werden müssen, der Reisepass ins Handgepäck gehört, rechtzeitiges Erscheinen am Flughafen verlangt wird und evtl. auch die Flüge rückbestätigt werden müssen. Außerdem ist jedes Mal eine Flughafen-Gebühr fällig und die Einreise bzw. erneute Einreise mit Zoll- und Passkontrollen verbunden.

Internetadressen

Allgemeine Informationen zu den Kleinen Antillen:
www.auswaertigesamt.de, www.karibik.de, www.karibik.de/antigua-barbuda, www.barbados.org, www.avirtualdominica.com, www.grenadagrenadines.com, www.lesilesdeguadeloupe.com, www.guadeloupe-inseln.de, www.karibik.de/guadeloupe, www.franceguide.com, www.franceguide.com/de, www.insel-martinique.de, www.sabatourism.com, www.stlucia.org, www.st-martin.org, www.st-maarten.com, www.visittnt.de, www.gotrinidatandtobago.com,

Gesundheit: Infektionsepidemiologie, *www.hygiene-institut-hamburg.de*

Bernhard-Nocht-Institut für Tropenmedizin, www.bni-hamburg.de.

Fluggesellschaften:
Air France: *www.airfrance.com/de*, American Airlines: *www.americanairlines.com, www.aa.com*
American Eagle: *www.ae.com*, British Airways: *www.britishairways.com*,
Condor: *www.condor.com*, Continental Airlines: *www.continental.com*,
Delta Airlines: *www.delta.com*, KLM: *www.klm.com*, Lufthansa: *www.lufthansa.com*
Martinair: *www.martinair.com*

Regionale Fluggesellschaften:
Air Antilles: *www.airantilles.com*, Air Caraïbes: *www.aircaraibes.com*,
BonairExel: *www.bonairexel.com*, Caribbean Airlines: *www.bwee.com*,
Caribbean Star: *www.flycaribbeanstar.com*, Caribbean Sun: *www.flycsa.com*,
St Barth Commuter: *www.stbarthcommuter.com*, Winair: *www.fly-winair.com*

➤ **Kartenmaterial**: www.geocenter.de.

➤ **Übernachtungen**:
www.caribbeantravel.com, www.caribbeanhotelassociation.com, www.dieschoenstenresorts.de, www.expedia.de

➤ **Währungsrechner**: *www.oanda.com*

Internetcafés

Es gibt einige Internetcafés auf den Kleinen Antillen. Da die Anbieter und Lokalitäten jedoch oftmals genauso schnell wieder verschwinden wie sie gekommen sind, erkundigen Sie sich nach einem Internet-Zugang am besten bei der Touristeninformation. Oftmals stellen die Verkehrsämter auch selbst einen Computer zur Internet-Recherche oder zum Abschicken einer E-Mail zur Verfügung. Mittlerweile verfügen auch die meisten Hotels und Gästehäuser über Computer und Internetflatrates für ihre Gäste. Bei manchen Häusern muss man am Hotel-eigenen PC eine Gebühr bezahlen, kann aber mit einem Laptop und WLAN kostenlos ins Netz.

K

Kartenmaterial

Da das Reisegebiet vor allem aus kleineren Inseln mit relativ übersichtlichen Straßensystemen besteht, reichen die in diesem Reisehandbuch abgebildeten Landkarten und Stadtpläne zusammen mit den Broschüren und Karten der Fremdenverkehrsämter für den üblichen Inselbesuch völlig aus.

Wer allerdings auf eigene Faust, etwa als Wanderer oder Segler, die Karibik bereist, braucht genauere See- und Detailkarten. Das umfangreichste Angebot hat in Deutschland das Internationale Landkartenhaus/Geo Center Touristik Medienservice, Schockenriedstr. 44, 70508 Stuttgart, ☏ 0711-7889340, 🖷 0711-781946-54, www.geocenter.de.

Kinder

Was Krankheiten angeht – es gibt weder Malaria noch andere in tropischen bzw. Entwicklungsländern vorkommende Krankheiten – sind die Kleinen Antillen **für Kinder unbedenklich**. Auch was die Flugzeit von acht bis zehn Stunden und die Zeitumstellung betrifft, verkraften die Kleinen das in der Regel ohne weiteres. Insgesamt sind die karibischen Inseln sehr kinderfreundlich. Es gibt nur wenige Hotels (z. B. Unterkünfte nur für Paare der Sandals-Gruppe), die ausdrücklich keine Kinder als Gäste wünschen, bzw. mit leichten Einschränkungen in der Hochsaison. Meist werden jedoch extra Einrichtungen wie Kinderbett, -stühle, Spielzeug, Kinderclubs etc. angeboten.
Die Verständigung ist für Kinder trotz des oftmals vorherrschenden Sprachgewirrs kein Problem. Obwohl Deutsch nur in seltenen Fällen gesprochen wird, kommen die Kleinen in der

Achtung!

Lassen Sie Ihre Kinder an der Atlantikseite wegen oftmals gefährlicher Unterströmung nicht ins Wasser gehen und auch an der Karibikseite nur unter Aufsicht!

Regel schnell auf Grund ihrer Mimik, mit Handzeichen oder gemeinsamen Aktivitäten klar. Die größeren Kinder können spielend, je nach Insel, ihr Schulenglisch oder -französisch aufbessern.

Wegen der oft abwechslungsreichen Landschaft gibt es für Kinder auch während der Autofahrt immer etwas zu schauen, und die Strände sind geradezu ideal zum Spielen.

Kinder nähern sich spielend (Guadeloupe)

Da Kinder sensibler auf Bakterien reagieren, sollten Sie Ihnen am besten nur in Flaschen abgefülltes Wasser zu trinken geben und darauf achten, dass Sie billige Hotels und Restaurants meiden. Wegen des feuchtschwülen Klimas brauchen die Kleinen mindestens zwei Liter Flüssigkeit am Tag. Zudem sollten Sonnenschutzmittel und **Kopfbedeckung eine Selbstverständlichkeit** sein. Auch bei bedecktem Himmel ist die Sonnenintensität sehr hoch. Wenn Sie ein Babyphone mitnehmen, denken Sie an einen Adapter, da die Hotels zwar oftmals über welche verfügen, diese aber vergriffen sein können, wenn mehrere Deutsche bzw. Europäer im gleichen Haus übernachten.

Kleidung

Dicke Pullover und Jacken wie für einen Strandurlaub in heimischen Regionen können Sie für den normalen Strandurlaub auf den Kleinen Antillen getrost zu Hause lassen. Dagegen gehören **legere, lockere Kleidung aus Naturfasern, T-Shirts, Shorts und Sonnenhut** ins Gepäck. Für den Aufenthalt in einem exklusiven Resort/Hotel sollten Sie Abendgarderobe einpacken. Wer sein Glück in Spielcasinos versuchen möchte oder abends gerne ausgeht, darf Jackett und Krawatte bzw. Cocktailkleid nicht vergessen. Ansonsten sind für den Abend lange Hosen und Hemden mit langen Ärmeln nützlich, weil sie u. a. ein guter Insektenschutz sind. Wer allerdings vorhat, in einem der Nationalparks eine Wanderung durch den Regenwald zu machen, sollte vor allem in der Regenzeit einen Pullover und Regenkleidung mitnehmen. Tropische Regenschauer und schattige Wege können plötzlich einen Temperatursturz verursachen.

Für „Inselhüpfer" empfiehlt sich eine separate Tasche mit Kulturbeutel und Ersatzkleidung, um unabhängig vom Gepäcktransport per Flugzeug zu sein – es klappt unter Umständen nicht immer so, wie Sie es vielleicht gewohnt sind.

Kreuzfahrten

So vielfältig wie die Eindrücke auf einer Kreuzfahrt sind, so umfangreich sind auch die Angebote der Veranstalter: Auf dem nahezu unüberschaubaren Markt tummeln sich die größten Passagierschiffe der Welt neben kleinen, luxuriösen Yachten. Schiffe, auf denen vor allem Amüsements und Glücksspiele betrieben werden, teilen sich die Hafenplätze mit sogenannten „Studien"-Kreuzfahrtschiffen. Schließlich sind in der Karibik auch Großsegler anzutreffen. Die Windjammer bieten, ausgerüstet mit modernster, computergesteuerter Technik, unter voll aufgereckten Segeln einen spektakulären Anblick.

Die Startpunkte einer Karibik-Kreuzfahrt sind i. d. R. nordamerikanische oder karibische Häfen. Wer aus Europa kommt, muss daher auf **Fly-and-Cruise-Arrangements** zurückgreifen. Die Transatlantik-Passage wird per Flugzeug zurückgelegt. Im Rahmen einer Rund-um-die-Welt-Kreuzfahrt kann man auch von Europa aus mit dem Schiff anreisen. Im Herbst, wenn viele Reedereien ihre Schiffe aus den Kreuzfahrtgebieten der Alten Welt abziehen und in die der Neuen Welt überführen, bieten sich auch günstigere Überfahrtmöglichkeiten.

Das absolute Zentrum des internationalen Kreuzfahrttourismus ist **Miami** in Florida, es wird am häufigsten als Ausgangspunkt genommen. Hier haben die größten Reedereien (z. B. Carnival Cruises, 3655 NW, 87th Ave Miami Fl.33178/USA, ☏ 305-599-2600, www.carnivalcruises.com) ihren Sitz oder wenigstens eine Dependance, da hier die Infrastruktur voll auf die Seefahrt abgestimmt ist. Zubringerdienste der Fluggesellschaften bringen die Kreuzfahrer vom Flughafen direkt zum Miami Seaport. Ein Nachteil des Startpunktes Miami ist zwar die relativ große Entfernung zu den Kleinen Antillen, dafür gibt es aber die Möglichkeit, vor oder nach der Kreuzfahrt noch ein paar Tage Urlaub in Florida machen zu können. Gleiches gilt auch für Fort Lauderdale, von wo aus ebenfalls eine Reihe von Seereisen startet. Das von Florida am häufigsten angelaufene Ziel ist jedoch der Archipel der Bahamas, wobei ein Großteil der amerikanischen Kreuzfahrer Kurztrips von Miami nach Nassau/Freeport und zurück bucht.

Die Großen und Kleinen Antillen werden häufig vom **Startpunkt San Juan** (Puerto Rico) aus angelaufen, der dritten großen Drehscheibe, zu der das Zielgebiet natürlich näher liegt. Bei Kreuzfahrten mit einer Dauer von mehr als einer Woche sind einige der schönsten Inseln der Kleinen Antillen im Programm, oft liegen sogar die *Inseln unter dem Wind,* die venezolanische Küste und das mexikanische Yukatan auf der Route. Seereisen nur zu den Kleinen Antillen sind relativ selten, wobei dann als Ausgangspunkte Pointe-à-Pitre auf Guadeloupe, Bridgetown auf Barbados und Willemstad auf Curaçao am ehesten in Frage kommen.

Bei der Durchsicht von Kreuzfahrt-Katalogen werden Sie feststellen, dass die Kreuzfahrtschiffe trotz unterschiedlichster Routen immer wieder die gleichen Häfen anlaufen. Dort hat sich eine Infrastruktur für Touristen aus z. B. Duty-Free-Shops gebildet. Dadurch ergibt sich jedoch auch das skurrile Bild, dass sich manchmal bis zu fünf, sechs Riesenschiffe in den kleinen Häfen drängen. Der Individual-Tourist, der ein festes Quartier auf einer Insel gebucht hat, sollte an den sogenannten *Cruiseship days* lieber auf einen Stadtbesuch und einen Trip zu den touristischen Sehenswürdigkeiten verzichten. Dann sind die Orte durch Tausende Tagestouristen von den Kreuzfahrtschiffen überlaufen, Taxis und Kleinbusse verstopfen die Straßen in Hafennähe und Taxifahrer verlangen teilweise auch eine höhere

INFO

Von der einstigen Pionierfahrt ins Paradies bis zum Wirtschaftszweig Kreuzfahrt

Samuel Cunard kann getrost als der Pionier der modernen Kreuzfahrtschiffe bezeichnet werden. Als er mit seinem Segelschiff „Britania" am 4. Juli 1840 Liverpool in Richtung Boston verließ, befanden sich außer der Post und Auswanderergruppen zum ersten Mal auch Passagiere an Bord, die nichts weiter wollten, als den Luxus ihres „schwimmenden Hotels" genießen und ihren Horizont erweitern. Aus diesen bescheidenen Anfängen ist einer der am stärksten wachsenden Zweige des Fremdenverkehrs geworden. Und die Karibik ist am weltweiten Geschäft mit weit über 50 Prozent beteiligt – zumindest, was die Passagierzahlen, das Anlaufen von Hafenstädten und die Frequentierung der Gewässer angeht. Im Vergleich zu der Zahl der Kreuzfahrtpassagiere ist die Zahl der Flugreisenden und Hotelgäste zwar höher und wirtschaftlich interessanter für die Region. Aber der Unterschied ist nicht überwältigend groß. Eine ganze Industrie hat inzwischen auf dem Kreuzfahrtschiffsektor des Tourismus aufgebaut, der auch für die Geschäfte, Straßenhändler, Casinos, Taxifahrer und Fremdenführer der Kleinen Antillen von elementarer Bedeutung ist. Immerhin gibt jeder Kreuzfahrttourist pro Hafen durchschnittlich fast US$ 80 aus.

Während früher die Kreuzfahrten im karibischen Raum eine Domäne ausschließlich der Nordamerikaner waren, entdeckten ab den 1970er Jahren immer mehr Europäer die Reize der „Karibik auf See". Denn wie die klassischen europäischen Kreuzfahrtziele – das Mittelmeer, die Ostsee und die norwegische Küste – liegen auch im Karibischen Meer die größten Reize in der Vielfalt der geografischen Einheit: Einerseits hat man es mit einem mehr oder weniger geschlossenen Raum zu tun, andererseits kann man als Kreuzfahrer jeden Tag ein anderes Land, eine andere Kultur, eine andere landschaftliche Umgebung kennen lernen. Darin liegt eines der wirtschaftlichen Potenziale der Karibik.

Gebühr. Fragen Sie einfach an der Rezeption Ihres Hotels, wann die Kreuzfahrtschiffe einlaufen. Aber auch in vielen Tages- und Touristenzeitungen sind die geplanten Schiffsanläufe angegeben.

Welche Tour auf welchem Schiff? Die Antwort auf diese Frage hängt mindestens genauso vom Geldbeutel wie vom Temperament und vom Interesse an den Zielhäfen ab. Die Kosten einer Karibik-Kreuzfahrt hängen von vielen Faktoren ab: Dauer und Termin der Reise, gewählte Kabinen-Kategorie, Kategorie des Schiffes, Trinkgelder, Flug oder Anschlussprogramm usw. Am preiswertesten sind die „Fun"-Schiffe (z. B. der „Carnival Cruises"). Zum Vergleich: Mindestens das Zehnfache kostet etwa eine gleich lange Kreuzfahrt mit der „Sea Goddess I". Die aktuellen Preise, Routen-Pläne, Fahrtzeiten etc. erfragen Sie in Ihrem Reisebüro. In der Regel haben die meisten mehrere Schiffe verschiedener Reedereien in ihrem Programm.

Tipp

Einen guten Überblick über das Angebot an Kreuzfahrtschiffen bietet die Internetseite **www.cruise2.com**. *Durch die Möglichkeit, unter dieser Adresse nach Schiffsnamen, Reederei, Zielgebiet, Preis und Bewertung zu suchen, sparen Sie sich die mühsame Suche in unzähligen Katalogen.*
Besonders hilfreich: Die Seite bietet zu jedem Schiff eine Bewertung der Klientel inklusive des Durchschnittsalters. Besonders die Rubrik „Best Cruises" lohnt den Mausklick. Hier werden z. B. „Die besten Kurztrips für Paare", „Die besten Kreuzfahrten für Senioren" oder „Die beste Reise für Anfänger" vorgestellt. Einen kritischen Blick auf Angebot und Preise hat sich auch der „Cruise Report" zur Aufgabe gemacht: **www.cruise-report.com**.

Auch kleinere Schiffe bieten schöne Fahrten an (Tobago)

Der neueste Clou sind **große Segelschiffe**, die Seefahrtromantik vergangener Tage mit modernstem Hightech verknüpfen. Fast lautlos kreuzen so seit einigen Jahren Großyachten mit klangvollen Namen wie die „Polynesia" (Französische Antillen), die „Legacy" (USI/BVI), die „Flying Cloud" (BVI), die „Yankee Clipper" (Grenadines) oder auch die „Mandala" (Leeward und Windward Inseln) durch das Karibische Meer und prägen das Landschaftsbild. Die Windjammer Barefoot Cruise (www.windjammer.com) bietet zudem spezielle Themen-Fahrten an, z. B. für Singles, Schwule, Golfer oder für Jazz-Liebhaber zu diversen Festivals.

Kriminalität

Die Kleinen Antillen können im Vergleich zu den Großen Antillen sowie Mittel- und Südamerika als verhältnismäßig sicher gelten. Trotzdem haben der enorm gestiegene Drogenkonsum und soziale Ungleichheiten auch hier zu einem sprunghaften Anstieg der Diebstahl-Delikte geführt.

In der Öffentlichkeit sollte man keinen übertriebenen Schmuck tragen, die Zimmer- oder Hotelsafes nutzen, den Mietwagen abschließen und Wertgegenstände nicht offen oder unbeaufsichtigt herumliegen lassen. Werden diese Punkte berücksichtigt, kann man sich sehr wohl fühlen (*vgl. auch Stichwort „Verhalten im Alltag", S. 114*).

INFO

Das Kreuzfahrtschiff als schwimmende Kleinstadt

Eigentlich gibt es kaum einen Grund, die „schwimmenden Kleinstädte" zu verlassen, in denen es an nichts mangelt. Glatt könnte man vergessen, dass sich rundherum eine wunderschöne Inselwelt befindet.

Die „Carnival Destiny" (Carnival Cruise) bietet z. B. mit 101.353 BRT, 270 m Länge und 35 m Breite 2.642 Passagieren Platz. 1.000 internationale Besatzungsmitglieder kümmern sich auf zwölf Decks um das Wohlergehen der Gäste, achten auf die Wünsche in den 1.321 Kabinen, von denen 418 einen Balkon und 740 zumindest ein Fenster haben. Für das leibliche Wohl sorgt eine riesige Küchen-Crew, die in mehreren Speisesälen die unterschiedlichsten Geschmäcker zu bedienen sucht. 18 Aufzüge garantieren die Bewegungsfreiheit auf dem riesigen Schiff. Zwei Aufenthaltsräume, drei Swimmingpools, ein Kino, Sporthallen, eine Bücherei, Sauna, Kinderspielplätze, Kasinos, Spielautomaten und Massageräume bieten den Gästen rund um die Uhr Vergnügungs- und Entspannungsmöglichkeiten. Und wer wirklich die „schwimmende Kleinstadt" verlassen will, kann auf ein umfangreiches Exkursionsprogramm zurückgreifen.

M

Mietwagen

Viele lokale und internationale Firmen bieten **Mietwagen, Jeeps und Mopeds** an. Fast alle Anbieter haben Büros an den Flughäfen oder in den größeren Hotels. Die Preise variieren je nach Wagengröße und Mietdauer. Je länger Sie von vornherein den Mietwagen buchen, desto billiger wird er. Bei einer Verlängerung schlägt dann wieder der Tarif für die neue Mietdauer zu Buche.

N

Nachtleben

Auf den Kleinen Antillen gibt es eine große Anzahl von **Nachtclubs**, **Pianobars** und **Diskotheken**, die sich jedoch meistens in oder in der Nähe der Hotel- und Kasinoanlagen befinden. Das Nachtleben auf Saint Martin/Sint Maarten, Martinique, Grenada, Barbados und Trinidad und Tobago ist aktiver als auf den anderen Antillen-Inseln. Ob Beach-Party oder Disco-Night, immer klingen Steelpan-Klänge, die zum Tanz bis in den Morgen einladen. In der Hochsaison finden Sie fast überall gute Entertainment-Shows einheimischer und ausländischer Künstler.

Notruf

Die Telefonnummer für einen Notruf (Polizei, Krankenwagen, Feuerwehr) ist von Insel zu Insel unterschiedich. Siehe dazu **„Wichtige Telefonnummern auf einen Blick"** ab S. 127 bei den Inselbeschreibungen der Favoriten der K.A.

O

Öffnungszeiten

Da die Öffnungszeiten von Insel zu Insel stark variieren, finden sich die ausführlichen Informationen bei den Reisepraktischen Informationen ab S. 127 der einzelnen Inseln.

P

Post

An die Daheimgebliebenen eine Karte aus der Karibik zu schicken, lohnt sich nicht nur wegen der schönen Postkartenmotive. Auch die **Briefmarken sind absolut sehenswert.** Mit wunderschönen Motiven der vielfältigen Fauna und Flora der Karibik warten die Postämter der einzelnen Inseln auf.

Um sicherzugehen, dass Ihre Post in die Karibik ankommt, sollten Sie hinter den Inselnamen „W. I." für West Indies schreiben. Besonders bei Dominica treten sonst häufig Verwechslungen mit der Dominikanischen Republik auf.

Eines der vielen Postkartenmotive von St. Lucia

R

Reisezeit

Die Gefahr, in einen Hurrikan zu geraten, ist zwischen August und Oktober zwar gegeben, aber für den einzelnen doch so gering, dass sich keiner davon abhalten lassen sollte, seinen Urlaub in diese Zeit zu legen. Daraus ergibt sich, dass als **Reisezeit das ganze Jahr** in Frage kommt. Dabei ist es im Winter klimatisch für Europäer angenehmer, da das Klima trocken und warm ist und nicht so feucht wie zu den anderen Jahreszeiten. Doch auch in der Regenzeit ist die Chance, durchgängig feuchtschwüle oder verregnete Ferien zu erleben, äußerst gering. Die ideale Reisezeit ist jedoch nicht nur eine Frage des Wetters. Denn wenn es in unseren Breiten grau, kalt und unangenehm feucht wird, locken die Antillen mit ihrer Bilderbuchseite. Aus

Tipp

Wenn Sie es zeitlich einrichten können, besuchen Sie die Kleinen Antillen, bevor der Trubel beginnt, also Ende November/Anfang Dezember, oder wenn die Besucherwelle wieder ab Anfang Februar/März abflaut. Das Wetter ist dann immer noch stabil, die Kosten vor Ort sind aber geringer. Viele Reiseveranstalter locken zu diesem Zeitpunkt zudem mit Sonderangeboten.

diesem Grund sind um Weihnachten herum und im Januar nicht nur die Preise am höchsten, sondern auch die Inseln am vollsten.

Segeln

Die Karibik das „**schönste Segelrevier der Welt**" zu nennen, ist mit Sicherheit nicht übertrieben. Das ganzjährig gute Klima, zauberhafte Landschaften, türkisblaues Wasser, die kulturellen Eindrücke und der ständig wehende Nordostpassat lassen nicht nur die Seglerherzen höher schlagen. Vor allem zwischen Antigua und St. Lucia zeigt sich die Karibik von ihrer schönsten Seite. Nicht zuletzt die mit Yachten jeder Größe gefüllten Marinas auf den Kleinen Antillen zeigen, dass der Zauber dieser karibischen Inselwelt auf die Skipper ungebrochen wirkt.

Wenn in der Alten Welt die Bäume anfangen, ihre Blätter zu verlieren, brechen jedes Jahr Hunderte von Segelbooten auf und steuern zunächst Barbados an. Nachdem dort Weihnachten und Neujahr gefeiert wurde, werden die Schiffe für Regatten wie z. B. die Internationale Segelwoche von Antigua klargemacht, die Ende April/Anfang Mai stattfindet. Viele dieser Segelschiffe sind Charter-Boote, d. h. sie können gemietet werden – mit oder ohne Besatzung. Wer sich aber selbst hinter das Steuerruder stellen will, muss sehr gute nautische Fähigkeiten und den entsprechenden Segelschein besitzen. Denn obwohl man beispielsweise im Bereich der Jungferninseln oder der Grenadinen immer das nächste Ziel vor Augen hat, ist die **Karibische See nicht ohne Gefahren**. Auch ohne die hohe Brandung des Atlantiks kann die Dünung zur Herausforderung werden, auf eine plötzliche Änderung der Windverhältnisse oder – im schlimmsten Fall – auf einen Hurrikan muss man vorbereitet sein. Eine Auswahl von Charter-Booten bietet eines der größten amerikanischen Yacht-Charter-Unternehmen, das auch in Deutschland vertreten ist: Moorings Deutschland GmbH, Kontakt: Peter Fritz, Candidplatz 9, 81543 München, ☏ 089-693508-10, 🖷 089-693508-17, www.moorings.com.

➤ Achtung!!
Verhältnismäßig gering, aber nie auszuschließen ist die Gefahr, vor der süd- oder mittelamerikanischen Küste Piraten bzw. Drogenschmugglern zu begegnen. Beides bedeutet eine lebensgefährliche Situation! Falls Sie in diese Situation geraten sollten, spielen Sie nicht den Helden, sondern gehen, wenn möglich, auf evtl. Geldforderungen ein.

Wer eine Erkundungsfahrt auf See ohne organisierten „Rummel" machen will, kann vor Ort an den Marinas kleinere **Segelboote mit oder ohne Besatzung** mieten. Oder Sie sprechen einfach einen vertrauenswürdigen Skipper an und fragen, ob er Sie gegen Entgelt mitnimmt. Der Vorteil ist, dass Sie dann keinen Segelschein benötigen.

Hinweis

In den „Reisepraktische Informationen" finden Sie bei den einzelnen Inseln jeweils eine Auswahl der besten Yachthäfen und Ankerplätze.

INFO

Unter Segeln durchs Karibische Meer

Wer ein Schiff chartern will, sollte dies möglichst frühzeitig und vom Heimatland aus arrangieren. Gute Möglichkeiten, mit entsprechenden Anbietern in Kontakt zu kommen, sind Fachzeitschriften. Auf den großen Segel-Messen wie die „boot" in Düsseldorf oder die „Hanseboot" in Hamburg sind die Veranstalter sogar meistens selbst vertreten. Weitere Auskünfte gibt auch der **Verein Deutscher Charterunternehmer** (VDC e.V.), Unter Käster 1, 50667 Köln, ☏ 0221-1207409, 🖷 0221-1207413, www.vdc.de.

Doch keine Angst, auch wenn Sie nicht selbst segeln können, müssen Sie nicht auf das Segelvergnügen verzichten. Sie können auch einfach mitsegeln, indem Sie ein Boot mit Crew chartern. Oder Sie packen gleich selbst an Bord als zahlendes Crew-Mitglied mit an.

Die Kosten variieren je nach Kojenplatz, Schiffstyp und Anzahl der Crew (Anreise und Bordkassenanteil für Essen, Hafengebühren, Treibstoff etc. sind bei den Preisen meist nicht mitgerechnet). Auch hier sollten entsprechende Arrangements möglichst weit im Voraus getroffen werden.
Buchen können Sie bei der **Agentur für Mitsegler**, Kreuzhofstraße 10, 81476 München, ☏ 089-74576262, 🖷 089-74576263.

Völlig problemlos und vor Ort zu buchen ist die Teilnahme an einem **touristischen Segeltörn** (etwa von Jolly Rogers, Bridgetown Port, Bridgetown, Barbados, W. I., ☏ 436-6424 🖷 430-0901, www.tallshipscruises.com). Hier lauert die größte Gefahr allerdings in der Vergnügungsecke. Der Rum-Punch fließt bereits in Strömen, wenn die Sonne noch hoch am Himmel steht.

Sport

Die Sportmöglichkeiten auf den Inseln sind sehr vielfältig und werden von Jahr zu Jahr umfangreicher. Sowohl für Anfänger wie auch Fortgeschrittene oder sogar für Extremsportler wird ein breites Spektrum geboten. Neben Tennis, Reiten, Wasserski, Schnorcheln, Kanu- und Kajakfahren, Surfen, Schwimmen, Golf, Cricket, Boule-Spielen, Pferderennen, Hochseeangeln, Fahrradfahren bzw. Mountainbiken werden vor allem die Sportarten Tauchen und Segeln auf den Inseln großgeschrieben. Die Unterwasserwelten von Saba, Guadeloupe, St. Lucia und Tobago bieten sowohl für Anfänger wie auch für Fortgeschrittene ebenfalls faszinierende Erlebnisse. Und obwohl das Revier der Antilleninseln insgesamt für Segler eines der attraktivsten Ziele darstellt, sind vor allem die Gewässer um Antigua weltweit in Seglerkreisen für hervorragende Winde bekannt. Hier treffen sich im April/Mai die Segler aus aller Welt zur Internationalen Segelwoche, dem Höhepunkt der zahlreichen Regatten.

Für Adressen und Telefonnummern siehe in den „Reisepraktischen Informationen" der jeweiligen Inseln unter den Stichworten „Sport", „Exkursionen", „Tauchen", „Segeln" und „Veranstaltungen".

Sprache

Bis auf die Französischen Antillen (Guadeloupe, Martinique, St. Bart, Saint Martin), wo Französisch die Inselsprache ist, und Sint Maarten und Saba, wo Niederländisch gesprochen wird, ist überall die offizielle Sprache Englisch. Auf Trinidad und Tobago können Sie sich ferner auf Spanisch verständigen. Auf jeder Insel gibt es zudem das sogenannte *Patois*, die jeweils inselspezifische Sprache, in der sich die Einheimischen untereinander verständigen.

Strom

Auf den Inseln der Kleinen Antillen gibt es 110 Volt bzw. 220/240 Volt Wechselstrom. Das bedeutet, dass es in der Regel keine Probleme für neue europäische Elektro-Geräte geben dürfte, die heute weitgehend auf beide Stromspannungen ausgerichtet sind. Sie sollten die Stromversorgung Ihrer Geräte jedoch auf jeden Fall überprüfen. Um sicherzugehen, dass auch die Steckverbindungen von Gerät und Steckdose passen, sollten Sie auf jeden Fall einen internationalen Adapter bzw. ein Adapter-Set für verschiedene Stecker mitnehmen. Große Hotels verfügen zum Teil auch über ein gewisses Kontingent an Adaptern, bei kleineren kann man sich jedoch nicht darauf verlassen.

Telefonieren

Wegen der Staatenvielfalt der Kleinen Antillen müssen Sie bei Telefonaten von Deutschland aus in die Region besonders auf die Vorwahl achten: Nahezu jede Insel hat ihre eigene Insel- bzw. Landesvorwahl. Die internationalen und nationalen Vorwahlnummern finden Sie in den „Reisepraktischen Informationen" der jeweiligen Inseln. Nach Deutschland wählen Sie die 011-49, nach Österreich 011-43 und in die Schweiz 011-41, anschließend die Vorwahl ohne die erste Null und die private Rufnummer.

Beachten Sie bitte, dass in der Karibik teilweise eine Gebühr schon nach dem dritten Klingelton berechnet wird, auch wenn keine Verbindung zu Stande gekommen ist. Informieren Sie sich vorher unbedingt an der Hotelrezeption, da die Telefonbeschreibungen in den Zimmern nicht immer eindeutig Auskunft darüber geben.

Das Telefonieren in der Karibik ist heutzutage mit einem modernen **Handy** kein Problem, allerdings natürlich sehr teuer.

Trinkgeld

Normalerweise ist überall auf den Kleinen Antillen eine „service charge" von 10-15 Prozent im Preis enthalten, trotzdem ist es üblich aufzurunden. Zimmerpersonal bekommt in der Regel einen US-Dollar bzw. den Gegenwert in örtlicher Währung pro Tag, Gepäckträger das Gleiche pro Gepäckstück.

Trinkwasser

Bitte beachten Sie, dass **Leitungswasser kein Trinkwasser** ist. Zum Zähneputzen ist es jedoch bedenkenlos geeignet. In den Hotels steht meistens eine Thermoskanne zum Trinken bereit. Für unterwegs sollten Sie abgefüllte Flaschen im Supermarkt kaufen.

U

Unterkunft

Spätestens wenn Sie Ihre Übernachtungen auf den Kleinen Antillen buchen wollen, werden Sie feststellen, dass die Kleinen Antillen **kein billiges Vergnügen** sind. Hier einen preisgünstigen Urlaub zu machen, ist so gut wie ausgeschlossen. Selbst für Rucksackreisende, die bereit sind, weitgehend auf Komfort zu verzichten, gibt es kaum günstige Unterkünfte bzw. Jugendherbergen. Hinzu kommt noch, dass diese Urlauber gar nicht gern gesehen sind. Zeltplätze gibt es quasi gar nicht auf den Antillen-Inseln. Das Bild auf den Kleinen Antillen wird vor allem von guten oder weniger guten **Mittelklasse-**, von **First-Class-** und von **Luxus-Hotels** und **-Resorts** bestimmt. Günstigere **Selbstverpflegerunterkünfte** gibt es, sind aber zumeist auf sehr lange Sicht ausgebucht und für Inselhopper aus Europa wegen kurzer Aufenthaltsdauer auf den einzelnen Inseln, fehlender Fortbewegungsmitteln und damit schlechter Erreichbarkeit von Restaurants oder Einkaufsläden nicht lohnenswert. Eine gute Alternative können **Guesthouses** mit Halbpension sein. Diese haben jedoch oft keine Klimaanlage und sind in der Qualität sehr unterschiedlich.

Weitgehend durchgesetzt hat sich auf den Inseln die **amerikanische „Resort"-Idee**, mit komfortablen und teuren Herbergen, die über Zimmer mit allen Annehmlichkeiten, Swimmingpools, Sportstätten, Strände, Restaurants, Bars und zum Teil auch über eigene Casinos, Marinas und Golfplätze verfügen.

Allgemein ist die **Hotellerie der meisten Inseln auf einem sehr hohen Niveau**. Die Zimmer sind meist großzügig und nicht selten auch mit einer Küche/Küchenecke (*kitchenette*) ausgestattet. Ein eigenes TV oder auch nur Aircondition (AC) sind jedoch selbst bei Drei-Sterne-Hotels nicht selbstverständlich. Das Preisgefüge ist auf den einzelnen Inseln sehr unterschiedlich, eine einheitliche Klassifizierung daher kaum möglich. Insgesamt gilt, dass Sie für feine, kleine Hotels mit individueller Betreuung in der Regel weit mehr ausgeben müssen, als für große Hotels, in denen vor allem Pauschaltouristen Urlaub machen.

Es gibt Zielgebiete, deren Namen allein schon eine gewisse Exklusivität garantieren (etwa Barbuda oder St. Barth), die sich natürlich auf den Zimmerpreis niederschlägt. Zur ersten Orientierung wird deshalb bei den einzelnen Inseln (*siehe unter „Reisepraktische Informationen" zu den einzelnen Inseln ab S. 127*) eine kurze Einschätzung des Preisniveaus angegeben. Auf fast allen Inseln gibt es zusätzlich zu den reinen Hotelpreisen einen Aufschlag in Form von Steuern, die das Bedienungsgeld (*service charge*), die Hotelsteuer (*room tax*) oder andere Abgaben (z. B. *government tax*) beinhalten und mit maximal 20 Prozent zu Buche schlagen.

Wenn Sie sich durch gelegentliche Regentage bzw. Regenschauer nicht stören lassen, sollten Sie im europäischen Sommer bzw. Herbst in die Karibik reisen und die Hauptsaison im

Übernachtungsmöglichkeiten auf einen Blick

Die in diesem Reise-Handbuch genannten Übernachtungsmöglichkeiten sind überwiegend Unterkünfte der Mittelklasse bis Luxus-Klasse. Die Auswahl der Übernachtungsmöglichkeiten ist nach persönlichen Recherchen vor Ort erstellt worden und erhebt keinen Anspruch auf Vollständigkeit. Ebenfalls soll mit ihr nicht die Meinung ausgedrückt werden, andere Hotels seien nicht akzeptabel. Die dabei verwendete Klassifizierung durch $-Zeichen bzw. €-Zeichen (für Guadeloupe und Martinique) orientiert sich am ***offiziellen Preis für das Doppelzimmer*** *(ohne Steuern, sonstige Abgaben, Frühstück oder weitere Mahlzeiten – sofern nicht anders angegeben). Abweichungen zum tatsächlichen Zimmerpreis können sich durch die jeweilige Saison, Pauschalangebote oder eine veränderte Preispolitik des Leistungsträgers ergeben. Die Angaben dienen also nur als Richtlinie.*

Übernachtungskategorien für ein Doppelzimmer pro Tag

$$$$$	*über US$ 160*
$$$$	*von ca. US$ 120 bis ca. 160*
$$$	*von US$ 90 bis ca. 120*
$$	*von US$ 60 bis ca. 90*
$	*unter US$ 60*

Resorts

Luxuriöse Hotelanlagen, in denen Sie eine große Anzahl an Freizeitangeboten und Sportmöglichkeiten wie eigene Tennis- und Golfanlagen vorfinden; Fitnesszentren, Tauch- und Windsurfschulen, Reitställe und diverse Wassersporteinrichtungen.

Touristenhotels gehobener Klasse

Hier finden Sie den internationalen Standard einer modernen Anlage mit entsprechender Ausstattung. Vielfach verfügen die an der Küste gelegenen Hotels über Privatstrände oder separate Strandzugänge. Die Zimmer sind mit Bad, WC und Klimaanlage versehen. Bar, Restaurant, Swimmingpool, Tennisplätze, diverse Sporteinrichtungen zu Wasser und Land, Diskotheken, Tresore für Wertsachen, Animation und Security-Dienst gehören in der Regel zum Standard. Sie können Doppelzimmer und Suiten oder Studios mit mehreren Zimmern mieten.

All-Inclusive-Hotels

Für einen „Rundum-sorglos"-Urlaub steht diese Art von Hotel. Neben einem günstigen Pauschalpreis für Flug, Übernachtung und Verpflegung ist vor Ort zudem alles organisiert. Während des Urlaubs fallen kaum noch Kosten an, wenn Sie in der Hotel-Anlage bleiben. Mit einem farbigen Plastikarmband ist Ihnen freier Zugang zu Buffets, Spezial-Restaurants und sämtlichen Getränken gewährt. Kostenlos sind außerdem sämtliche Aktivitäten des Sport- und Animationsprogramms. Um Land und Leute der jeweiligen Antilleninsel kennen zu lernen, ist diese Art Unterkunft jedoch nicht geeignet. Zu leicht kann man der Versuchung erliegen, den ganzen Urlaub am Pool oder Strand der Hotel-Anlage zu verbringen.

Winter und insbesondere die Zeit um Weihnachten herum meiden. Dann schnellen die Preise nämlich Schwindel erregend in die Höhe. **Im Frühsommer, Sommer und Herbst hingegen gibt es Preisnachlässe von bis zu 30 Prozent**. Zu der Übernachtung wird in der Regel noch mindestens eine Mahlzeit im Hotel gebucht.

Im amerikanischen und internationalen Sprachgebrauch sind dabei folgende Abkürzungen üblich:
EP (= European Plan): Übernachtung ohne Mahlzeiten
CP (= Continental Plan): Übernachtung mit Frühstück
MAP (= Modified American Plan): Halbpension, d. h. Frühstück und Abendessen
AP (= American Plan): Vollpension, d. h. drei Mahlzeiten am Tag
All Inclusive: Im Zimmerpreis enthalten sind alle Mahlzeiten und Getränke, die Benutzung der Sport- und Freizeiteinrichtungen und oft auch Trinkgelder und Ausflugsangebote.

Wer sich vorab über die Zimmeranzahl, Ausstattung und Preise der verschiedenen Hotels des Urlaubsziels unterrichten möchte, sollte sich rechtzeitig bei Reisebüros und Spezialveranstaltern beraten lassen.

Generelle Informationen enthält das halbjährlich erscheinende „Caribbean Gold Book" (zu bestellen bei der Caribbean Hotel Association, c/o Caribbean Publishing Company, Box 688, Cayman Islands, W. I. oder unter *www.caribbeantravel.com*).

Zudem besitzen die meisten Hotels auch ihre eigene Internetseite. Die jeweilige Adresse finden Sie unter den *„Reisepraktischen Informationen" der einzelnen Inseln ab S. 127.*

V

Verhalten im Alltag

Die Gewohnheiten und das Verhalten der Einwohner auf den Kleinen Antillen stehen ganz im Zeichen des karibischen Lebensgefühls. Dieser gewisse Gleichmut und die Entspanntheit zum Beispiel empfindet der urlaubsreife Reisegast oft als angenehm anders zu seiner sonstigen Arbeitswelt. Allerdings ändert sich diese Atmosphäre auch dann nicht, wenn man es plötzlich eilig hat. Daher akzeptieren Sie einfach von vornherein, dass Pünktlichkeit nicht als eine Tugend auf den Kleinen Antillen angesehen wird. Ärgern Sie sich nicht, wenn es nicht nach Ihrem gewohnten Tempo geht, der Hotelmanager nicht erscheint oder der Taxifahrer nicht wartet. Lassen Sie sich auf den **Rhythmus der Insel-Bewohner** ein und glauben Sie daran, dass zu guter Letzt doch eine ganze Menge klappt.

Allzu oft neigen Touristen zu der Erwartung, dass sich die Einheimischen auf jeden Fall über ihr Erscheinen freuen und zudem noch dankbar sein müssen, dass sie Devisen bringen. Die großen sozialen Unterschiede zur westlichen Freizeitgesellschaft führen aber stattdessen oft zu Frustration bei den Insulanern – manchmal sogar zu Aggression! Deshalb sollten die Besucher durch unauffälliges und respektvolles Verhalten unangenehme Situationen schon im Vorfeld entschärfen. Und oftmals hilft ein Lächeln und ein nettes „Bonjour" in Guadeloupe, ein „Bonbini" in Sint Maarten oder ein „Hello" auf Barbados. Und auch Humor oder ein Lächeln können Wunder wirken – selbst beim abweisenden Flughafenbeamten und beim mürrischsten Kellner!

➤ **Kleidung**: Bei gleich bleibend angenehmer Wärme bietet es sich an, von morgens bis nachts in Badesachen herumzulaufen. Dennoch gelten auch auf den Kleinen Antillen

Grüntöne in allen Schattierungen (Martinique)

Anstandsregeln, die Sie **unbedingt beachten** sollten. Gerade hier legen die Menschen, und mögen sie noch so arm sein, großen Wert auf angemessene Kleidung – egal ob zu Hause, in ihren Siedlungen oder beim Kirchgang. Nehmen Sie darauf Rücksicht und tragen Sie ihre Strandmode nur dort, wofür sie gemacht wurde: am Strand.

➤ **Baden**: Wer gerne hüllenlos braun wird, ist auf vielen Inseln fehl am Platz! **FKK ist nur selten erlaubt**. „Topless" am Strand zu liegen wird zunehmend toleriert, zumeist jedoch nur an besonders dafür vorgesehenen oder hoteleigenen Stränden.

➤ **Fotografieren und Filmen**: Karibik ohne einen Fotoapparat ist wie Baden ohne Wasser! Hier können Sie traumhafte Strandfotos machen, Sonnenuntergänge festhalten und die verschiedensten Grüntöne des Regenwaldes auf Fotopapier bannen.

Wenn Sie allerdings Fotos von Einheimischen machen wollen, sollten Sie immer **vorher um Erlaubnis fragen**! Viele Inselbewohner haben z. B. aus religiösen Gründen grundsätzlich etwas gegen eine Aufnahme. Andere möchten nicht wie „Tiere im Zoo" abgelichtet werden. Auch Menschen, die z. B. an Bächen und Flüssen ihre Wäsche waschen, fühlen sich oftmals in ihrer Privatsphäre gestört. Und auch sonst sollten Pietät und Respekt beim Filmen und Fotografieren eine Selbstverständlichkeit sein. Auf den „Schnappschuss" durchs geöffnete Wohnungsfenster, beim Gottesdienst oder während einer Beerdigung sollten Sie verzichten, auch wenn keiner dagegen protestiert! Und wenn Sie gefragt werden, ob Sie der abgelichteten Person nicht einen Abzug schicken können, überlegen Sie gut, ob Sie Ihr Versprechen halten können. Ansonsten freuen sich die Einheimischen wochenlang darauf und werden arg enttäuscht, wenn sie dann doch keine Post aus Germany bekommen.

Verkehrsmittel

Busse garantieren spannende Erlebnisse (Barbados)

Generell ist der Bus das billigste Fortbewegungsmittel auf allen Inseln der Kleinen Antillen, trotz unterschiedlich ausgebauter und funktionierender Verkehrssysteme. Hier bekommen Sie zudem **garantiert und gratis viel Lokalkolorit**. Auch ein Hauch Abenteuer schwingt mit, denn der Fahrplan ist oftmals ein Geheimnis und die Regeln, nach denen auf den Kleinen Antillen gefahren wird, liegen im Verborgenen. Unter einem „Bus" dürfen Sie sich übrigens keine modernen oder gar klimatisierten Personentransporter europäischen Standards vorstellen, sondern meist handelt es sich um Minibusse oder andere, mittelgroße Vehikel älteren Datums.
Taxis sind ebenfalls auf allen Inseln zu Hause und haben häufig festgelegte Fahrpreise. Bei halbwegs moderaten Tarifen kann man mit ihnen Inselrundfahrten durchführen, wobei der **Taxifahrer als Fremdenführer** fungiert. Als Routentaxis bezeichnet man Minibusse, die nach einer bestimmten Route fahren und – soweit noch Platz ist – nach entsprechenden Handzeichen Fahrgäste aufnehmen. Die Fahrer dieser häufig gedrängt vollen Vehikel kennen vielleicht die Strecke, nicht aber irgendwelche Verkehrsregeln, und rasen zum Teil mit abenteuerlicher Geschwindigkeit und „Mut zum Risiko" übers Land. Dazu dröhnt aus den Verstärkerboxen Reggae- oder Rap-Musik – oft schon zu hören, bevor das Routentaxi in Sichtweite ist.

Wer es sich zutraut (auf vielen Inseln herrscht Linksverkehr!), kann fast überall auch einen **Mietwagen** bekommen. Zum Mieten brauchen Sie aber unbedingt einen **internationalen Führerschein und eine Kreditkarte**, von der die Kaution abgebucht wird. Wenn keine Mängel aufgetreten sind und die Transaktion geklappt hat, erscheint am Schluss die Summe wieder als Guthaben auf Ihrem Konto. Teilweise ist zudem noch eine örtliche Fahrerlaubnis notwendig. Diese erhalten Sie entweder direkt bei der Mietwagenfirma oder bei der Polizei vor Ort.

Verkehrsunfall

Sie können noch so vorsichtig sein, ein Unfall kann immer passieren. Unabhängig davon, ob Sie Schuld haben oder nicht, sollten Sie folgende Regeln beachten:

- Ruhe bewahren und einen klaren Kopf behalten: Atmen Sie erst einmal tief durch!
- Bleiben Sie höflich – auch wenn der Ärger groß ist

INFO

Fahrbahnwechsel und andere Tücken des Verkehrs

Je nach historischer Prägung gibt es entweder Rechts- oder Linksverkehr auf den Inseln der Kleinen Antillen. Bei einer Reise durch die Inselwelt mit dem Auto können Sie schon mal durcheinander kommen. Wenn Sie z. B. von Antigua nach Guadeloupe und weiter über Dominica nach Martinique reisen, wechseln Sie – links, rechts, links, rechts – viermal die Straßenseite. Erschwerend kommt hinzu, dass die geltenden internationalen Verkehrsregeln von der einheimischen Bevölkerung äußerst flexibel ausgelegt werden.

Immer gut aufpassen im Straßenverkehr! (Barbados)

Besonders in der Dunkelheit, wenn Mopeds, Fahrradfahrer und Fußgänger auf den unbeleuchteten Straßen unterwegs sind, ist Vorsicht geboten! Doch auch tagsüber müssen Sie auf plötzlich auf die Fahrbahn laufende Kinder und Tiere jederzeit gefasst sein. Besonders tückisch sind die Schlaglöcher auf Grund abgesackter Asphaltplatten: Je ärmer die Insel, desto tiefer!

Vorsicht sollten Sie auch an Ortseinfahrten walten lassen. Nach amerikanischem Vorbild gibt es auf fast allen Inseln Bodenschwellen (*bumper*), um die Autofahrer in Ortschaften oder an gefährlichen Stellen abzubremsen. Manchmal sind diese Beton- oder Metallschwellen aber selbst gefährlich – zumindest für den unerfahrenen Europäer, der seinen Mietwagen damit demoliert oder plötzliche Bremsmanöver vollführt.

Tipp

Bei Anmietung eines Autos sollten Sie unbedingt auf die Funktionstüchtigkeit Ihrer Hupe achten. Die Einheimischen bedienen sie nicht nur zur Warnung bei Überholvorgängen und vor scharfen Kurven, sondern auch zum Gruß von Nachbarn und Freunden oder einfach aus purer Lebensfreude.

- Sichern Sie die Unfallstelle weiträumig ab, damit nicht noch mehr passiert. Warnblinklichter einschalten und Warndreieck in entsprechendem Abstand zur Unfallstelle aufstellen!
- Um Verletzte kümmern
- Telefon suchen und evtl. Krankenwagen und Polizei benachrichtigen!
- Von Unfallbeteiligten Name, Anschrift, Kennzeichen und Fabrikat des Fahrzeugs notieren
- Unfallort und -zeit festhalten
- Auf keinen Fall ein Schuldeingeständnis unterschreiben

Versicherung

Prüfen Sie Ihre bereits abgeschlossenen Versicherungen, ob diese auch für das Reisegebiet gelten. Auf jeden Fall ist der **Abschluss einer Gepäck- und Reisekrankenversicherung** zu empfehlen, die im Ernstfall auch den Rücktransport einschließt.

Oftmals können Sie im Reisebüro sogenannte „Rundum-sorglos-Pakete" abschließen. Allerdings sind diese Pakete in der Regel auf einige Wochen begrenzt. Bei längerem Aufenthalt sollten Sie Einzelversicherungen abschließen, die jedoch teuer sind. Der Abschluss einer Reiserücktrittsversicherung für den Krankheitsfall ist auf Grund der relativ teuren Reise zu empfehlen.

W

Währung/Geld

Bereisen Sie alle Inseln der Kleinen Antillen, müssen Sie sich mit **sieben verschiedenen Währungen** auseinandersetzen. Noch nicht mitgerechnet ist der US-Dollar, der fast überall zusätzlich angenommen wird. Das Wechselgeld erhalten Sie dann meist in einheimischer Währung. Empfehlenswert ist die Mitnahme von US$-Reiseschecks und US$-Noten (in kleiner Stückelung, keine 100-Dollar-Scheine) sowie von Kreditkarten (z. B. Visa, Mastercard – wichtig, um ein Auto zu mieten). Der Euro wird zu einem schlechteren Kurs als der US-Dollar umgetauscht. Auf den Französischen Antillen können Sie sogar mit der EC-Karte bezahlen und am Geldautomaten Geld abheben, denn Sie befinden sich in Frankreich!

In einer ganzen Reihe von Banken und auch auf den Flughäfen können Sie die örtliche Währung eintauschen. Hier bekommt man zwar einen günstigeren Kurs als in den Hotels, die Prozedur ist allerdings oft äußerst langwierig. Die aktuellen Kurse können Sie im Internet unter www.oanda.com abrufen.

Anguilla, Antigua, Dominica, Grenada, Montserrat, St. Kitts, St. Lucia, St. Vincent: Alle diese Zwergstaaten haben als Landeswährung den East Caribbean Dollar (EC$), der durch seine Koppelung an den US-Dollar den üblichen Kursschwankungen unterworfen ist.

Barbados: Die Landeswährung ist der Barbados-Dollar (BDS$), der im Verhältnis 2:1 zur amerikanischen Währung steht.

Französische Antillen: Die offizielle Währung ist der Euro (€). Auf Saint Martin und St. Barths kann man auch mit US-Dollar bezahlen, allerdings mit Währungsverlust. Die Akzeptanz von Kreditkarten ist allgemein sehr hoch.

Niederländische Antillen: Die Landeswährung ist der Niederländisch-Antillianische Florin (Gulden/Guilder) (1 NAf = 100 Cent), der an den US-Dollar gekoppelt ist. Aruba hat mit dem Aruba-Florin (1 AF = 100 Cent), auch Gulden oder Guilder genannt, seine eigene Währung, die nur dort umgetauscht wird und auf den anderen niederländischen Inseln nicht als Zahlungsmittel gilt.

Trinidad und Tobago: Die Landeswährung ist der Trinidad-and-Tobago-Dollar (1 TT$ = 100 Cent), der an die amerikanische Währung gekoppelt ist. US$-Noten werden offiziell nicht als Zahlungsmittel akzeptiert. Einige Hotels, Restaurants und Geschäfte machen aber Ausnahmen. Die Ein- und Ausfuhr der einheimischen Währung ist zzt. auf 200 TT$ beschränkt.

Zeit

Allgemein gilt auf den Kleinen Antillen die **Atlantic Standard Time**, d. h. MEZ minus fünf Stunden (12 Uhr mittags in Frankfurt entspricht 7 Uhr morgens in Fort-de-France) bzw. minus sechs Stunden für die europäischen Länder mit Sommerzeit. Eine Ausnahme bildet der Inselstaat Trinidad and Tobago mit der **Eastern Standard Time**: MEZ minus sechs Stunden (während der Sommerzeit minus sieben Stunden).

Zoll

Die karibischen Staaten gestatten in der Regel die zollfreie Einfuhr von Gegenständen des persönlichen Bedarfs: 200 Zigaretten, 50 Zigarren, 250 g Tabak, 250 g Kaffee, eine Flasche (ein Liter) alkoholischer Getränke und eine „angemessene“ Menge (ca. 50 g) Parfum. Davon ausgeschlossen sind die französischen Übersee-Departements und die Niederländischen Antillen.

IWANOWSKI'S
Das kosten Sie die Kleinen Antillen

News im Web: www.iwanowski.de

– Stand: September 2008 –

Auf den „Grünen Seiten" geben wir Ihnen Preisbeispiele für Ihren Karibik-Urlaub, damit Sie sich ein ungefähres Bild über die Kosten Ihrer Reise machen können. Natürlich können die Angaben nicht mehr sein als eine vage Richtschnur. Außerdem sind die Preisunterschiede innerhalb der einzelnen Destinationen enorm. Deshalb finden Sie in den „Reisepraktischen Informationen" zu den einzelnen Inseln jeweils kurze Angaben zum Preisniveau des entsprechenden Urlaubszieles. Für die Französischen Antillen gilt, dass es um die Preisrelation von Waren und Dienstleistungen ähnlich wie im Mutterland Frankreich bestellt ist, dass das Preisgefüge insgesamt jedoch ca. zehn Prozent über dem allgemein-französischen liegt – und die Restaurant-Preise rund 15 Prozent darüber!

Wechselkurse Euro – Lokale Währungen *(Stand: September 2008)*

Antigua/Anguilla/St. Lucia/Grenada/Dominica (East Caribbean Dollar = XCD o. EC):	1 € = 3.872 EC 1 EC = 0.257 €
Aruba (Aruba-Florin):	1 € = 2.654 Aruba Florin (AWG) 1 AWG = 0.376 €
Barbados (Barbados Dollar):	1 € = 2.959 Barbados-Dollar (BBD) 1 BBD = 0.338 €
Bonaire/Curaçao/St. Maarten/Saba (Antillen Gulden):	1 € = 2.634 Antillen-Gulden (NAf) 1 NAf = 0.379 €
Trinidad und Tobago (Trinidad und Tobago Dollar):	1 € = 9.051 Trinidad and Tobago-Dollar (TTD) 1 TTD = 0.110 €

Auf Guadeloupe und Martinique ist die lokale Währung der Euro (€).
Aktueller Wechselkurs unter www.xe.com.

Anreise

➤ Flug

Transatlantik-Direktflüge (Hin- und Rückflug): Wer auf Sonderangebote achtet oder den Flug zusammen mit anderen touristischen Leistungen als Paket bucht, kann oft deutlich unter dem offiziellen Tarif fliegen.

Einige „offizielle" Preisbeispiele für Ziele verschiedener Fluggesellschaften für September 2008 (in € p. P., inkl. Einreise-, Ausreise- und Flugsicherheitsgebühren, Steuern, ab Frankfurt/Main Flughafen):

Condor	*nach Barbados/Tobago*	ab € 1.039 / ab € 947
	nach Grenada	ab € 899
British Airways	*nach Antigua/Barbados*	ab € 990 / ab € 1.104
	nach Grenada	ab € 1.240
	nach Tobago	ab € 1.038
KLM	*nach St. Maarten*	ab € 2.500
Air France	*nach Guadeloupe*	ab € 721
	nach Martinique	ab € 811

Kinder unter zwei Jahren zahlen je nach Fluggesellschaft 90-100 Prozent, Kinder im Alter von 2-11 Jahren je nach Fluggesellschaft 25-50 Prozent. Bei **KLM** kann man durch einen längeren Aufenthalt oder das Einbeziehen eines Wochenendes den Flugpreis eventuell verringern. Bei einer Buchung mit **Air France** müssen Sie beachten, dass Sie in Paris einen Flughafenwechsel vornehmen müssen. Zwischen den Flughäfen Paris-Charles de Gaulle und Paris-Orly steht Ihnen dabei ein kostenloser Transfer mit den Air France-Bussen zur Verfügung. Bitte nehmen Sie bei Ihrer Ankunft Ihr Gepäck in Empfang und melden sich anschließend bei dem Air France Schalter, wo Ihnen eine Fahrkarte ausgehändigt wird.

➤ **Inselhüpfen** (Preise ohne jeweilige Abflugsteuern):
Caribbean Airlines, die Nachfolgerin der BWIA, bietet keinen sogenannten Airpass mehr an. Einzelflüge kosten:
Barbados-Tobago: US$ 195, Togabo-Trinidad: US$ 24, Trinidad-St. Maarten: US$ 246

British Airways: Wer mit BA fliegt, kann die Stoppover-Möglichkeiten bei den Destinationen Grenada, Tobago, Antigua und St. Lucia zu einer interessanten Inselkombination nutzen – z. B.:
Hinflug nach Antigua, eine Woche Aufenthalt, Flug nach St. Lucia, 1 Woche Aufenthalt, Rückflug. Diese Inselkombination kostete im September 2008 € 1.089,
zum Vergleich: Hin- und Rückflug Frankfurt a. M. – Antigua: € 1.086,
Hin- und Rückflug Frankfurt a. M. – St. Lucia: €1.046.

Liat bietet das umfangreichste Flugangebot und die günstigsten Flüge in der Region an:

Antigua-Dominica:	US$ 46	Antigua-St. Maarten:	US$ 49
Barbados- St Lucia:	US$ 40	Barbados-Grenada:	US$ 60
Barbados-Tobago:	US$ 62	Grenada-Trinidad:	US$ 39
St Lucia-Antigua:	US$ 64	St. Lucia-Martinique:	US$ 63

➤ **Airport Tax und Ausreisegebühr** (p. P. für Erwachsene; Auswahl)
Anguilla: EC$ 55; Antigua: EC$ 55; Barbados: BD$ 30; Dominica: EC$ 65 (Tagesbesucher EC$ 10); Grenada: EC$ 55; Saba: US$ 25; St. Lucia: EC$ 42 für innerkaribische und EC$ 55 für andere internationale Ziele; St. Maarten: US$ 25 bzw. US$ 11 für Ziele innerhalb der Niederländischen Antillen; Trinidad & Tobago: TT$ 90 plus TT$ 20 Sicherheitsgebühr.
Einige Fährgesellschaften erheben ebenfalls eine Ausreisegebühr, die aber meistens im Fährpreis inbegriffen ist.

Fährtarife

(Ausgewählte innerkaribische Fähren, Preise p. P. von 2008)

Trinidad – Tobago – Trinidad	ab € 7,50,	Guadeloupe – Marie Galante	€ 24,15
Guadeloupe – Dominica	€ 66,50,	Guadeloupe – Martinique	€ 65,50
Martinique – St. Lucia	€ 66,50		

Mietwagen

Für einen Mittelklasse-Wagen muss man auf Trinidad mit ca. 64 US$, auf Martinique mit ab ca.55 € und auf St. Lucia mit ca. 65 US$ pro Tag ab/bis Mietstation rechnen, inkl. Teilkasko mit Selbstbeteiligung, unbegrenzte km, Insassenversicherung und alle Steuern (bei Vorausbuchung und einer Mietdauer von vier bis sechs Tagen; höhere Preise bei Tagesmiete, bei einer Mietdauer ab sieben Tage sind Preisnachlässe üblich).

Achtung!

Auf verschiedenen Antilleninseln ist der Erwerb einer zeitlich begrenzten, lokalen Fahrerlaubnis (Local Driving License) notwendig; eine solche kostet zzt. auf Antigua ca. US$ 30, auf Grenada und Montserrat ca. EC$ 35 und auf St. Lucia ca. EC$ 80.

Aufenthalt

Exkursionen (Auswahl)

Antigua

Inselrundfahrt ca. US$ 65 • Katamaranfahrt zu Bird Island ca. US$ 70 • Katamaranfahrt um die Insel ca. US$ 80 • Helikopter-Rundflüge über die Insel, 15 Minuten US$ 100; 0,5 Stunde US$ 150 • Halbtagesausflug zum Montserrat-Vulkan US$ 220 • Charter einer Yacht bzw. eines Tiefsee-Fischerbootes für 4 Std. ca. US$ 350; für 6 Std. ca. US$ 500.

Barbados

Inselrundfahrt ca. US$ 70 • Fahrt mit dem Unterseeboot Atlantis inkl. Transfers ca. US$ 85 • Busexkursion zur Tropfsteinhöhle und dem Botanischen Garten ca. US$ 50 • 4-Stunden-Törn mit dem Partyschiff von „Jolly Roger" inkl. Abendessen ca. US$ 60.

Grenada

Inselrundfahrt ca. US$ 56 • geführte Wanderung durch den Regenwald ca. US$ 37 • halbtägige Bootstour zum Whale-Watching, mit Transfers, ca. US$ 60.

St. Lucia

Inselrundfahrt ca. US$ 62 • ganztägiger Segeltörn mit der „Unicorn" ca. US$ 85 • Inselrundflug ca. 10 Minuten, US$ 60 • zweitägige intensive Inselerkundung „Plantation Tour" mit Verpflegung und Übernachtung auf einer Plantage, ca. US$ 410 • zweitägige Flugexkursion nach Dominica inkl. Unterkunft, Verpflegung und Rundfahrten ca. US$ 380.

Tobago

Stadtrundfahrt Scarborough ca. US$ 50 • Regenwald-Tour mit Wanderung ca. US$ 50 •

Der Saft einer Kokosnuss ist äußerst erfrischend

Inselrundfahrt ca. US$ 85 • eintägige Flugexkursion nach Trinidad mit Rundfahrten ca. US$ 200.

Kreuzfahrten

In den Programmen der großen Touristik-Unternehmen und der Spezial-Reiseveranstalter finden sich etliche Karibik-Kreuzfahrten, bei denen auch die Kleinen Antillen im Mittelpunkt stehen. Hier zwei Beispiele für unterschiedliche Kreuzfahrten aus der Saison 2008/2009:

Royal Clipper Der komfortable Windjammer startet 2008 und 2009 an mehreren Terminen zu Kreuzfahrten durch die Kleinen Antillen. Sieben Übernachtungen in einer Außenkabine mit VP kosten in der Nebensaison ab/bis den Kleinen Antillen ab € 1.630 p. P.
Die Route der Kreuzfahrt „Windward Islands“: Barbados – St. Lucia – Dominica – Antigua – St. Kitts – Ils des Saintes – Martinique – Barbados
Die Route der Kreuzfahrt „Grenadine Islands“: Barbados – Grenadinen – Grenada – Tobago Cays – St. Vincent, Bequia – Martinique – St. Lucia – Barbados

MS Noordam Das Kreuzfahrtschiff legt auf seiner Reise „Südliche Karibik“ folgende Route zurück, die so oder ähnlich auch von anderen Schiffen der renommierten Holland-

Zeitgenössische Maskenkunst auf St. Lucia

America-Line bedient wird. Auf der Route Fort Lauderdale (Florida, USA) – Britische Jungferninseln – St. Lucia – Barbados – Martinique – St. Kitts, St. Kitts und Nevis – Bahamas – Fort Lauderdale kostet eine Fahrt mit zehn Übernachtungen in einer Zwei-Bett-Außenkabine ab € 1.288.

Tauchen

In den Programmen großer Reisegesellschaften bzw. Spezialveranstalter findet man eine Vielzahl von Angeboten für Freunde des Tauchsports, oft in Zusammenhang mit einer Tauchschule, die einem bestimmten Hotel angeschlossen ist.

Hier einige Preisbeispiele von den schönsten Tauchplätzen der Karibik aus dem Jahre 2008:

Dominica	sechs Tauchgänge (zwei Tauchgänge pro Tag)	€ 205,–
Saba	zehn Tauchgänge (inkl. Boot, Flasche, Blei, Führer)	€ 250,–
Tobago	sechs Tage Tauchen (inkl. Boot, Flasche, Blei)	€ 419,–

Unterkunft

Insgesamt sind die Kleinen Antillen eine hochpreisige Destination, nicht zuletzt bei den Unterkünften! Andererseits wird für die hohen Übernachtungskosten auch extrem viel geboten. Diese kleine Liste soll die Preisspannen verdeutlichen, die die Hotel-Kategorien auf den einzelnen Inseln umfassen. Die sind den Programmen renommierter Reiseveranstalter aus dem Jahre 2008 entnommen, sie verstehen sich als Richtschnur für eine Person im DZ (Ü = Übernachtung, ÜF = Übernachtung/Frühstück; AI = All inclusive) und können je nach Buchungsdatum, -dauer und Reiseveranstalter davon abweichen.

Insel	Anlage	Unterkunftsart	Preis
Antigua	Jumby Bay	Luxus-Hotel, AI	ab € 527 (o. Steuern)
	Siboney Beach	Mittelklasse-Hotel, ÜF	ab € 240 (inkl. Steuern)
Barbados	Turtle Beach Resort	First-Class- Hotel, AI	ab € 357 (inkl. Steuern)
	Coconut Court	Mittelklasse-Hotel, Ü	ab € 61 (o. Steuern)
Grenada	Blue Horizon Garden Bay	Resort-Hotel, Ü	ab € 116 (inkl. Steuern)
	Spice Island Beach Resort	First-Class-Hotel, AI	ab € 483 (inkl. Steuern)
Guadeloupe	La Creole Beach Hotel	Luxus-Hotel, ÜF	ab € 142 (o. Steuern)
	Le Golf Marine	Mittelklasse-Hotel, ÜF	ab € 81 (o. Steuern)
Martinique	Village de Ste Luce	Luxus-Hotel, Ü	ab € 78 (inkl. Steuern)
	Sofitel Bakoua Martinique	First-Class-Hotel, Ü	ab € 325 (o. Steuern)
St. Lucia	Stonefield Estate	Luxus-Hotel, Ü	ab € 225 (o. Steuern)
	Bay Gardens Beach Resort	Luxus-Hotel, Ü	ab € 101 (inkl. Steuern)
St. Maarten	Oyster Bay Beach Resort	Luxus-Hotel, Ü	ab € 129 (o. Steuern)
	Orient Bay Hotel	Mittelklasse-Hotel, Ü	ab € 90 (o. Steuern)
Tobago	Manta Lodge	Mittelklasse-Hotel, Ü	ab € 71 (inkl. Steuern)
	Blue Haven Hotel	Luxus-Hotel, Ü	ab € 134 (o. Steuern)

3. UNTERWEGS AUF DEN KLEINEN ANTILLEN

Straßenzug in St. George's auf Grenada

Steckbrief: Die US und British Virgin Islands

Die Jungferninseln bieten **paradiesische Landschaften**, eine **sehr gute touristische Infrastruktur** und **zahlreiche kulturelle Sehenswürdigkeiten**. Sie zählen zudem wegen der relativen Sturmsicherheit zu den **besten Segelrevieren** der Welt. Dabei prägt das Inselinnere eine grün bewachsene, hügelige Landschaft, mit dem höchsten Punkt auf über 521 m ü. d. M. auf dem **Mount Sage** auf Tortola. An der Küste locken unzählige weiße Strände und vorgelagerte Korallenriffe.

Am nördlichen Punkt der Kleinen Antillen, zwischen Puerto Rico im Westen und Anguilla im Osten gelegen, markieren die Jungferninseln den **Anfang der *„Inseln über dem Wind“*** und erstrecken sich in einem weiten Bogen bis nach Trinidad und Tobago. Politisch und historisch ist der Archipel zweigeteilt: Die westlichen Inseln gehören zu den Vereinigten Staaten von Amerika, der Osten ist britisch.

Die BV-Inseln gelten als Paradies für Segler

Die Geschichte der Virgin Islands ist außerordentlich interessant, weil zu den karibiküblichen Prägungen der ersten Ureinwohner, den **Arawaken** und **Kariben**, der Entdeckung durch **Kolumbus**, die wechselnde Herrschaft der **Spanier**, **Engländer** und **Franzosen** im 17. Jahrhundert auch die **Dänen** auf den Plan traten, die als Handelsmacht ebenfalls in der Neuen Welt Fuß fassen wollten. Sie besetzten 1666 kurzerhand St. Thomas und St. John und etablierten dort einen der blühendsten **Sklavenmärkte**. 1733 kaufte Dänemark zusätzlich St. Croix, wonach das „Dreigestirn“ fast 200 Jahre als „Juwel in der dänischen Krone“ verbleiben sollte – während der napoleonischen Kriege nur kurzzeitig von den Engländern besetzt. Für einen Großteil der Bevölkerung war es ein Schock, als am 31. März 1917 der *Danebrog* eingeholt und die „Stars and Stripes“ gehisst wurden: Deutsche U-Boote im Ersten Weltkrieg schienen den Bau des Panamakanals zu gefährden, so dass die Amerikaner aus strategischen Gründen für 25 Millionen Dollar den dänischen Besitz erwarben.

Die US Virgin Islands

Mit den drei größten Inseln der amerikanischen Jungferninseln: **St. Croix, St. John** und **St. Thomas** sowie Dutzenden kleinerer Eilande liegt der östlichste Landesteil der USA in der Karibik. Die 108.000 Bewohner auf den insgesamt 344 km² leben von **Landwirtschaft, Erdöl** und **Aluminium und** vor allem vom **Tourismus**.

Viele Buchten und Stände

St. Thomas – mit 20 km Länge und 5 km Breite die zweitgrößte der US Virgin Islands – wird von einer hoch entwickelten Tourismusindustrie à la Amerika sowie einem **zollfreien Einkaufsparadies** dominiert. Landschaftliche Höhepunkte sind die vielen Buchten mit ihren weißen Sandstränden vor einem saftgrünen Gebirgszug, der die ganze Insel durchzieht und bis auf 460 m ansteigt. Kulturell ist die historisch bedingte **spanisch-niederländisch-britisch-dänisch-amerikanische Mixtur** von höchstem Interesse, die besonders in der Hauptstadt Charlotte Amalie sichtbar wird. Am exotischsten ist in dieser Region jedoch der dänische Einfluss. Außer in der Architektur und im Stadtnamen selbst wird er auch in den Straßenbezeichnungen deutlich: Dronningens Gade (= Königinstraße), Kronprindsens Gade (= Kronprinzenstraße).

St. Thomas ist ein beliebtes Ziel für Kreuzfahrt- und Segelschiffe

„Smaragd der Karibik" wird **St. John** (52 km²) wegen seiner Unberührtheit auch genannt. Hier zeugen noch alte Plantagenhäuser vom Zuckerrohranbau der Dänen. Der Multimillionär und Philanthrop *Lawrence S. Rockefeller* verliebte sich so sehr in die Insel, dass er mehr als die Hälfte aufkaufte, um sie vor einer zu starken Besiedlung und kommerziellen Nutzung zu schützen. 1956 erklärte Präsident *Eisenhower* zwei Drittel von St. John zum **Virgin Islands National Park**.

Relikte der Zuckerindustrie

Im Gegensatz zu den beiden kleineren Schwesterinseln ist **St. Croix** (213 km²) überwiegend flach. Anstatt der tropischen Wälder breiten sich Zuckerrohrfelder mit unzähligen Relikten alter Fabriken (127 Zuckermühlen) sowie ein großes Industrieareal mit Ölraffinerie und Aluminiumfabrik direkt neben dem Airport aus. Doch auf den zweiten Blick erschließen sich auch auf St. Croix die versteckten Schönheiten. Der gemächliche Gang der Inselbewohner und die ursprüngliche karibische Atmosphäre sind hier noch besonders zu spüren. Da während der Kolonialzeit St. Croix und nicht St. Thomas die Hauptinsel war, sind hier die **dänischen Baudenkmäler** außerordentlich stark vertreten. Die schönsten Strände liegen auf der nördlichen Seite der Insel. Sie sind zusammen mit den beiden dänisch geprägten Städten **Frederiksted** und **Christiansted** die Attraktionen der Insel.

Die British Virgin Islands

Der höchste Berg der Insel, der 521 m hohe **Mount Sage** auf Tortola, und die gebirgige Landschaft zeigen, dass auch die insgesamt 153 km² der britischen Jungferninseln vulkanischen Ursprungs sind. Auf diese Weise entstanden vor 25 Millionen Jahren **mehr als 60 Eilande**, von denen 15 von über 16.000 Menschen bewohnt werden, allerdings allein auf Tortola leben 13.000. Das britische Protektorat liegt zu beiden Seiten des *Sir Francis Drake Channel* in der nördlichen Karibik, 100 km östlich von Puerto Rico und nur wenige Meilen von den amerikanischen Jungferninseln entfernt.

Nach Abholzung der Regenwälder ist das **Klima trockener als auf den Nachbarinseln**; Flüsse oder Bäche existieren nicht, und mitunter kann das Trinkwasser knapp werden. Wirtschaftlich lebt die Inselgruppe vor allem vom **Fremdenverkehr** und von der **Landwirtschaft**. Die Vegetation ist von Büschen und niedrigen Bäumen geprägt. Eine Ausnahme bildet das weiter nördlich gelegene **Anegada,** das praktisch nur aus einer sehr flachen Korallen- und Kalksteinbank besteht.

Riffe und Schiffwracks

Tortola ist mit 54 km² die größte Insel der British Virgin Islands. Die Spanier gaben ihr den Namen wegen der großen Anzahl von Turteltauben. Vor allem im Westteil bietet sich die Insel mit dem höchsten Berg des Archipels und dem **Mount Sage Nationalpark** zum Wandern an. Die Nordküste wird von feinen Sandstränden dominiert sowie von Riffen und Schiffswracks – ein **ideales Tauchrevier**. In **Road Town,** dem Verwaltungssitz der British Virgin Islands – dort leben über ein Drittel aller Bewohner des britischen Protektorats –, gibt es Diskotheken, Restaurants und charmante Holzhäuschen auf Steinsockeln.

Am berühmtesten ist **Virgin Gorda**, deren Name „Fette Frau" auf die Phantasie der Spanier zurückgeht, die sich durch die Insel-Silhouette an eine auf dem Rücken liegende Frau erinnert fühlten. Die Insel-Historie unterscheidet sich von der ihrer Nachbarn durch die Gruppe spanischer Siedler aus Puerto Rico, die sich hier im 17. Jahrhundert niederließ, heute erinnert noch der Stadtname **Spanish Town** daran.

Später in britischen Besitz übergegangen, hatte der **wirtschaftliche Niedergang** eine Welle der Emigration vieler Insulaner zur Folge: Um 1700 lebten dort noch 8.000 Einwohner, heute sind es nur noch 2.500 Menschen, die meisten leben in The Valley bzw. Spanish Town. Eine Erholung fand erst statt, als 1964 das von *Lawrence Rockefeller* gegründete Luxushotel „Little Dix" eine touristische Infrastruktur inklusive Kreuzfahrtzentrum nach sich zog.

Einzigartige Sandstrände

Die lang gestreckte Insel ist durch einen Isthmus in einen **gebirgigen Nord- und einen flachen Südteil** getrennt. Von den 16 schönen Sandstränden sind die „Baths" im Süden selbst für karibische Verhältnisse einzigartig. Daneben locken **ausgezeichnete Tauchgründe** und die **Gebirgslandschaft im Norden** der Insel.

Ausschließlich aus Korallenkalk besteht die mit maximal 8,5 m Höhe extrem flache Insel **Anegada**. Die mit 34 km² zweitgrößte Insel der British Virgin Islands liegt isoliert im Nordosten. Das „ertrunkene Land", so der spanische Name, besteht im Inneren aus Salzseen und Lagunen, in denen Flamingo-Kolonien leben. Rings um das Eiland liegt ein Kranz von phantastischen Korallenriffen. Trotz eines kleinen Flughafens, Fährverbindungen und eines Hotels kann von touristischer Erschließung noch keine Rede sein, dazu fehlen einfach geeignete Unterkünfte. Deshalb leben die rund 300 Inselbewohner hauptsächlich von der Fischerei. Taucher und Schnorchler werden von der Farbenvielfalt der Korallenriffe, den reichen Fischbeständen und den 138 registrierten Schiffswracks begeistert sein. Zum Baden eignen sich etliche fast **unberührte Strände an der West- und Nordküste**. Das 18 km lange Hufeisen-Riff (*Horseshoe Reef*), das drittgrößte weltweit, erstreckt sich vor einem der längsten Strände der gesamten Karibik. Am bekanntesten ist der Loo-Lolly Bay Beach mit seinem puderfeinen, weißen Sand.

Farbenpracht der Korallen

Sint Maarten / Saint-Martin

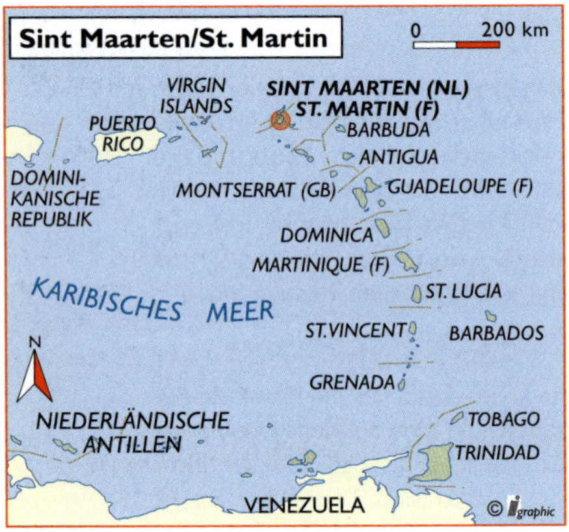

Wichtige Telefonnummern auf einen Blick

Telefonvorwahl:
☎ 599-5 (NL) / 0590 (F)
Internationale Vorwahl:
☎ 00-599-5 (NL) / 00-590-590 (F)
Polizei/Notruf: 911 (NL) / 17 (F),
Grand Case ☎ 0590-871976 (F),
Marigot 0590-8788330590 (F)
Krankenhaus: ☎ 5422111- oder 130 (NL) / 0590-522525 (F)
Ambulanz/Notruf: 911 / 0590-15 (F)
Deutsche Botschaft:
☎ 0059-99-4613870 (NL; Curaçao),
0590-385099 (F; Guadeloupe)
Touristeninformation:
☎ 422337 (NL); 875721 (F)

Inselbeschreibung: Die niederländischen und französischen Inseln über dem Wind

Sehr unterschiedliche Inseln

Zusammen mit **Sint Maarten** bilden die Inseln **Saba** und **Sint Eustatius** (Statia) die nördliche Gruppe der Niederländischen Antillen (zu denen im Süden in 900 km Entfernung noch Bonaire und Curaçao gehören). Die drei Inseln liegen südöstlich der Virgin Islands *über dem Wind* (niederl.: *Bovenvindse Eilanden*) im äußeren Antillenbogen, sind also relativ trocken. Hinsichtlich ihres geologischen Aufbaus und ihrer touristischen Nutzung sind sie äußerst verschieden: **Sint Maarten** (S. 138), von dem sich nur der südliche Teil in niederländischem Besitz befindet, ist **stark zerklüftet** und **relativ flach**. Die vielen Sandstrände und der Freihandels-Status haben sie zu einem internationalen Touristenzentrum mit Spielcasinos, Duty-Free-Geschäften und zu einem Hauptanlaufhafen für Kreuzfahrtschiffe gemacht.

Südwestlich von Sint Maarten umfasst das kompakte **Sint Eustatius** (S. 163) mit 21 km² weniger als ein Viertel von dessen Inselfläche. Es besteht fast zur Gänze aus dem 601 m hohen **Vulkankegel Quill Hill**.

In der Nähe liegt als kleinste der Niederländischen Antillen das 13 km² große Eiland **Saba** (S. 154), das ebenfalls wie ein Vulkan (**Mt. Scenery**, 887 m hoch) steil aus dem Meer aufsteigt.

Die beiden letztgenannten Inseln sind erst in der jüngeren Vergangenheit mit den Segnungen der modernen Zeit in Berührung gekommen und spielen sowohl wirtschaftlich als auch touristisch noch eine geringe Rolle. Die Chancen stehen jedoch nicht schlecht, dass sich dies in Zukunft ändern könnte. Denn der Trend geht offensichtlich weg vom Trubel à la St. Maarten oder einem reinen Strandurlaub und hin zu Destinationen, die eine unberührte und abwechslungsreiche Natur zu bieten haben. Damit können Sint Eustatius und Saba ebenso aufwarten wie mit ursprünglichem insularen Leben, netten Ortschaften und schönen Beispielen von Kolonial- oder Festungsarchitektur.

Redaktionstipps

- Einen Tag am Strand liegen. Am besten am **Orient Beach** (S. 146), einem der schönsten Strände der Insel mit feinem Sand, warmem Wasser und Wassersportmöglichkeiten.
- **Shoppen** in den zahlreichen Geschäften und Duty-Free- Shops von Sint Maarten. Ein Schnäppchen lässt sich besonders kurz vor der Hurrikan-Saison machen, wenn viele Läden für eine Weile schließen und mit Niedrigpreisen locken (S. 146).
- **Wanderung** zum Pic du Paradis und im Wald die zahlreichen Vögel beobachten. Unbedingt ein Fernglas mitnehmen! (S. 147).
- Die köstlichen **Beerenliköre** probieren, die auf Saint-Martin hergestellt werden, z. B. aus Guavaberries und Rum. Im Guavaberries Shop in Philipsburg gibt es eine reiche Auswahl (S. 146).
- Great Bay: **Zum Wrack** der vor rund 200 Jahren gesunkenen H.M.S. Proselty tauchen (S. 141).
- Einmal sich betten wie einst die königliche Familie, wenn sie auf der Insel zu Besuch war: Das **Pasanggrahan Royal Guest House,** das älteste Hotel der Insel, diente früher als Wohnsitz des Gouverneurs (S. 146).

Die zu den nördlichen Leewards zählende Insel Saint Martin liegt auf halbem Weg zwischen Guadeloupe und Puerto Rico, ca. zehn Flugminuten von St. Barth entfernt. Historisch stellt das nur 96 km² kleine Fleckchen Erde insofern ein besonderes Kuriosum dar, als dass es zu zwei Nationen gehört: Zu **Frankreich** gehört der etwas größere Nordteil mit der Hauptstadt Marigot, zu **den Niederlanden** der Süden mit der Hauptstadt Philipsburg und dem Flughafen. Auf Grund ihrer geringen Höhe (maximal 424 m) ist das **Klima der Insel relativ trocken** (30 Prozent weniger Niederschläge als auf Guadeloupe), die Vegetation ist dementsprechend nicht allzu üppig. Leuchtende Akzente in der Landschaft setzen im Februar/März die Strohblumen und im Frühsommer die Flamboyants.

Eine Insel, zwei Nationen

Obwohl eine Zeit lang Zuckerrohr und Baumwolle angepflanzt werden konnten, sind die landwirtschaftlichen Bedingungen wenig ideal. Für die Wirtschaft sind deshalb der stark ausgebaute Tourismus und der Handel das wichtigste und fast einzige Standbein.

Auch diese Insel ist durch *Kolumbus* zu ihrem Namen gekommen, der sie im Jahre 1493 entdeckte und auf den *Heiligen Martin* taufte. Anschließend war sie – obwohl

Auch die Kirchen auf Sint Maarten erinnern an die Niederlande

offiziell zu Spanien gehörig – lange Zeit ein Niemandsland, das seit **1638 französischen Piraten als Schlupfwinkel** diente. 1640 besetzten sie die Spanier mit 9.000 Soldaten und brachten ihre holländischen und französischen Gefangenen hierher. Eroberungsversuche der Niederländer unter *Peter Stuyvesant* (1644) schlugen fehl. Dann aber zog sich die spanische Streitkraft zurück, weil sie Sint Maarten für strategisch nutzlos hielt. Da jedoch einige Angehörige beider Nationen, der Franzosen und der Niederländer, auf der Insel geblieben waren, wurde diese daraufhin sowohl von Holland als auch von Frankreich beansprucht.

Anders als sonst gab es hier nun **1648** eine **friedliche Teilung**. Der Legende nach sollen dabei ein Franzose und ein Holländer von einem gemeinsamen Punkt aus in entgegengesetzter Richtung die Küste entlanggelaufen sein. Wo sie wieder aufeinandertrafen, wurde die Grenze gezogen – freilich bis heute nur auf Landkarten. *„Auf dass die Franzosen und Holländer, die aus Saint-Martin stammen, wie Freunde und Verbündete miteinander leben, ohne einander lästig zu fallen..."* – so lautete ein Passus jenes Vertrages, der am 23. März 1648 auf dem **Mont des Accords** geschlossen wurde. Als diese Teilung stattfand, waren sich beide Parteien einig, dass die Gesamtinsel ein Freihafen für alle Waren sein solle und **ohne Zoll- und Steuerpflicht** Handel getrieben werden könne. Der Vertrag hatte keine allzu großen Auswirkungen auf die politische Realität, und mehr als einmal wechselte die Insel ihre Besitzer (Franzosen, Briten, Niederländer).

Friedliches Nebeneinander

Seit 1816 jedoch leben die Bewohner der beiden Inselteile tatsächlich friedlich und freundschaftlich nebeneinander – was sich für den Besucher auf einer Inselrundfahrt natürlich vorteilhaft auswirkt. Denn obwohl Verwaltung, Polizei und andere Institutionen in doppelter Ausgabe vorhanden sind, obwohl es verschiedene Stromspannungen, Währungen und Sprachen gibt: Grenzkontrollen finden nicht statt, und häufig merkt man erst an den Straßen- und Ortsnamen, dass man sich plötzlich auf dem anderen Inselteil befindet. Auch der Freihandels-Status hat sich bis in unsere Zeit erhalten und aus der Insel **einen der beliebtesten Kreuzfahrt-Häfen** der Karibik gemacht. Der enorme touristische Aufschwung hat jedoch nicht nur Vorteile, sondern auch seine Schattenseiten. Dazu gehört der ungehemmte Bauboom, der vor lauter Hotels, Resorts, Casinos, Geschäften und Marinas von unberührter Natur herzlich wenig übrig gelassen hat.

Allgemeine Reisepraktische Informationen zu Sint Maarten/Saint-Martin

Achtung

Obwohl die beiden Inselteile Sint Maarten und Saint-Martin zu zwei Staaten (den Niederlanden und Frankreich) gehören, verstehen wir die Insel aus reisepraktischen Gründen als Einheit. Aus diesem Grund finden Sie an dieser Stelle alle wichtigen Informationen zu beiden Inselteilen und nur die detaillierten Beschreibungen der Unterkünfte und Restaurants sowie die Adressen der Informationsstellen und der diplomatischen Vertretungen in dem jeweiligen Landesteil. Wenn also keine Extra-Angaben gemacht wurden, dann gelten die folgenden Infos für beide Inselteile.

➤ Unterkunft

In den 60er Jahren wurde die Insel in Amerika noch als „verborgenes Juwel" und damit als Geheimtipp angepriesen. Dies brachte nicht nur immer mehr Besucher hierher, sondern aufgrund der Nähe zu den Vereinigten Staaten auch viele **amerikanische Investoren**. Infolgedessen kann über ein halbes Jahrhundert später von „paradiesischer Ursprünglichkeit" nicht mehr die Rede sein.

Dafür müssen die Besucher nicht mehr um die Zimmer in dem damals einzigen Hotel konkurrieren, sondern haben heute die breite Auswahl – die geschäftige Insel bietet rund 10 000 Betten. Es ist allerdings nicht garantiert, dass bei mehr Geld für ein Hotelzimmer das Zimmer auch tatsächlich gut, sauber und der Service erstklassig ist. Leider gibt es kaum günstige Alternativen, bei denen man sich weniger ärgert.

Für Saint-Martin/Sint Maarten raten wir daher auf jeden Fall sich bei einem längeren Aufenthalt eine **Unterkunft im französischen Teil** zu suchen. Wer nur ein oder zwei Nächte bleiben und hauptsächlich am Hotelstrand liegen möchte, der kann sich auch direkt am **Maho Beach** einquartieren und am Mittag die sich spektakulär dicht vor dem Strand zur Landung absenkenden Maschinen von Air France und Co. beobachten. Das klingt für europäische Ohren erst einmal sehr unattraktiv, hat aber im tropischen Klima mit weißem Sand unter den Füßen und türkisblauem Wasser vor Augen wirklich einen ganz speziellen Reiz.

Im französischen Teil bekommt man davon nicht so viel mit. Dort ist es wesentlich ruhiger, weniger amerikanisiert als in Philipsburg, wo täglich außer samstags Tausende von Kreuzfahrttouristen die Straßen füllen. Die beiden besten Hotels liegen in Grand Case (Zimmer allerdings ab 250 US$). Auch für **Selbstversorger** empfehlen wir den französischen Teil. Hier gibt es Gästezimmer/Apartments für rund 100 € am Tag und zum Teil für vier Personen, buchbar über: www.ouloger.com, www.vacances-location.net/. Einige Selbstversorger-Apartments kann man auch unter www.mediaferienportal.com finden. Allerdings ist die Qualität hier nur schwer zu überprüfen.

In der Nebensaison kann man in einem **Mittelklasse-Hotelzimmer** schon mal ein Zimmer ab 50 US$ pro Nacht bekommen. In der Hauptsaison gehen die günstigsten Preise *beim doppelten Betrag los. Beide Inselteile bedienen bei den Unterkünften vor allem die teuren Preisniveaus. Das Preis-Leistungs-Verhältnis muss deswegen allerdings nicht unbedingt stimmen. Das beste Preis-Leistungs-Verhältnis gibt es bei einer* **All-inclusive-Unterkunft**, *bei der auch alle Mahlzeiten im Preis inbegriffen sind.*

➤ Essen & Trinken

Der Bauboom der Hotelbranche und der fortdauernde Besucherandrang haben dazu geführt, dass sich mittlerweile über 200 Restaurants auf der Insel etabliert haben. Trotz dieser großen Anzahl scheinen die Geschäfte prächtig zu laufen, denn mit ausgesprochener Freundlichkeit wirbt kaum ein Restaurant um seine Kundschaft. Die guten Restaurants werden vor allem von wohlhabenden Amerikanern besucht, was die Preise noch einmal kräftig anziehen lässt. In den Restaurants des französischen Teils, wie in **Grand Case**, *wo ein Restaurant neben dem anderen steht, zahlt man noch mehr, bekommt dafür aber exquisites Essen. Einen* **Burger** *plus Getränk kann man hingegen schon für zehn US-Dollar in einer Fastfoodkette bekommen. Für Fine-Dining muss man hingegen mindestens das Zehnfache einkalkulieren und die Getränkekosten noch hinzurechnen. Unter 100 US-Dollar gibt man daher kaum für ein Abendessen für zwei Personen aus.*

➤ Einkaufen

Von den Duty-Free-Angeboten (Schmuck, Alkohol, Tabak) abgesehen, sind die Preise allgemein hoch. Dennoch hat die Insel ihren Ruf als **zollfreies Einkaufsparadies**, *in dem internationale (Luxus)-Waren „preisgünstig" zu bekommen sind. Uns erschienen die Waren immer noch recht teuer und richtig originelle Souvernirs sind hier kaum zu bekommen. Vor allem wohlhabende Amerikaner kann man an der Front Street und Back Street in* **Philipsburg** *treffen, wo sich die Boutiquen, Juweliere und Alkohol-, Zigaretten-, Elektronik-, Kosmetik- und Schmuckläden aneinanderreihen. Auch* **Marigot** *hat ein breites Duty-Free-Angebot. Die besten Einkaufsmöglichkeiten gibt es hier auf der Rue de la Liberté, Rue de la République, Rue Général de Gaulle und in der Marina Port Royal.*

➤ Anreise

Per Flugzeug

Direktflüge von Europa zum Juliana Airport ***(www.pjiae.com)*** *bieten* **Air France** *von Paris/Charles de Gaulle und* **KLM** *von Amsterdam an. Auch die Verbindungen aus den USA (Delta Airlines, American Airlines) sind gut; von New York und Miami gibt es nach Philipsburg Direktflüge. Eine große Anzahl von Gesellschaften bringt die Transatlantik-Fluggäste zu anderen innerkaribischen Zielen, so fliegt* **Winair** *mehrmals täglich nach St. Barth;* **Liat, Air Martinique, Crown Air** *und* **ALM** *(Antillean Airways) fliegen zu weiteren Destinationen. wobei* **Air Antilles, Air Caraïbes , Air Guyane** *und* **St Barth Commuter** *vom* **Flughafen de L'Esperance/Grand Case** *(☏ 0590-590447) starten (z. B. Flüge nach Pointe-à-Pitre, Fort-de-France, St. Barth).*

Per Schiff

Ankunft in der Regel auf der niederländischen Seite im Hafen von Philipsburg. Weitere Häfen gibt es auf der französischen Seite in Marigot und Grand Case. Mehrmals täglich verkehren Fähren nach St. Barth und mehrmals wöchentlich fährt eine Fähre von und nach Saba. Kreuzfahrtschiffe legen in der Saison täglich außer samstags in Philipsburg an. Hafen-Information: ☏ 590-878777. ***Siehe auch unter dem Stichwort „Verkehrsmittel", S. 137.***

➤ Flughäfen

Eine der Hauptdrehscheiben des karibischen Flugverkehrs ist der große **Princess Juliana International Airport** *(P. O. Box 2027, Sint Maarten, Netherlands Antilles, Auskunft: ☏ 5995-454211). Er liegt im holländischen Teil auf der schmalen Landzunge zwischen Simson Bay (Südküste) und der Simson-Bay-Lagune, etwa 8 km von Marigot und Philipsburg entfernt, und verfügt über alle üblichen Einrichtungen und einen großen Duty-Free-Komplex, in dem es wie auf einem Basar zugeht.*

Der Flughafen **L'Espérance** *liegt im französischen Teil,* **7 km nördlich von Marigot** *(Grand Case, ☏ 590-875303), hat aber für den internationalen Luftverkehr kaum Bedeutung (nur Maschinen bis 20 Sitzplätze).*

➤ Ausreise/Airport Tax und Hotelgebühren

*Bei der Ausreise via Juliana Airport muss eine Flughafensteuer (***Airport Tax***) bezahlt werden: 10 US$ für Ziele innerhalb der Niederländischen Antillen, 30 US$ für alle anderen Destinationen. US-Dollar und Kreditkarten werden in der Regel akzeptiert. Kinder unter zwei Jahren sind frei. Die Fluggesellschaften Air France und American Airlines haben die Airport Tax in der Regel bereits in den Flugticketpreis integriert. Flugtickets, die vom* **Aéroport de L'Espérance** *ausgestellt sind, enthalten bereits sämtliche Flughafensteuern. Am* **Fährterminal** *in Marigot für eine Fährfahrt nach Anguilla kostet die Ausreisegebühr 2 US$. Hotels schlagen eine Gebühr von zehn Prozent auf den Zimmerpreis auf. Die Servicecharge in den meisten Hotels und Restaurants beträgt zwischen zehn und 15 Prozent. Wenn diese nicht automatisch erhoben wird, ist ein Trinkgeld in der gleichen Größenordnung üblich.*

➤ Grenze

Die Grenzüberquerung von der französischen auf die niederländische Seite und umgekehrt ist komplikationslos und ohne Formalitäten. In der Regel müssen die Fahrzeuge nicht anhalten, sondern werden durchgewunken. Im Prinzip merkt man den Grenzübergang nur an einem Schild mit der Aufschrift „Bienvenue Partie Française" bzw. „Welcome to Sint Maarten".

➤ Öffnungszeiten

Banken: *Die Öffnungszeiten variieren je nach Bank. In der Regel gilt: Mo-Fr 8.30-11.30 und 13.30-16.30 Uhr. Manche Banken haben sogar am Samstag auf. Bankautomaten gibt es überall auf der Insel.*
Geschäfte: *Mo-Sa 9-18 Uhr (einige Geschäfte machen zwischen 13 und 14 Uhr eine Mittagspause).*

➤ Post

Es gibt ein **Hauptpostamt in Philipsburg** *(im Zentrum). Öffnungszeiten: Mo-Do 7.30-17 Uhr, Fr 7.30-16.30 Uhr, ☏ 599-5422298. In* **Marigot** *(Rue de la Liberté) hat die Post Mo-Fr 7.30-16.45 Uhr und Sa 7.30-11.30 Uhr geöffnet, ☏ 590-875314. Zweigstellen sind in jedem größeren Ort und im Juliana-Flughafen. Bei der postalischen Anschrift trägt Sint Maarten den Zusatz NA und Saint-Martin die Postleitzahl F-97150.*

➤ Sport

Sport wird auf Sint Maarten/Saint-Martin groß geschrieben, wobei die Möglichkeiten auf der holländischen Seite etwas größer sind. Der Hauptakzent liegt natürlich auf **Wasser-**

Sint Maarten lebt vom Tourismus wegen ihrer schönen Strände

sport, *wobei in den Hotels, Marinas und von privaten Firmen Wasserski, Paragliding, Segelboote, Jetboote, Hobie Cat, Windsurfing etc. angeboten werden. Am* **Orient Beach** *gibt es die renommierte Windsurfschule* **Wind Adventures**, *☏ 0590-294157,* ***www.wind-adventures.com***. **Tropical Wave,** *Baie de L'Embouchure, ☏ 0590-873725,* ***www.best-stmartin.com***. *Informationen über Surfveranstaltungen bietet die* **Saint-Martin Windsurfing Association,** *☏ 0590-879902, Baie Nettlé. Auch für Taucher und Schnorchler gibt es ausgezeichnete Bedingungen. Zu empfehlen ist die* **Tauchschule Blue Ocean**, *Baie Nettlé, ☏ 0590-878973, 🖷 0590-872636. An Land bieten alle größeren Strandhotels* **Tennis** *an (drei Dutzend gute Plätze).* **Golfern** *steht der 18-Loch-Platz des* **Mullet Bay Resorts** *zur Verfügung. Im Inselinnern und an der Küste gibt es darüber hinaus ausgezeichnete Wanderwege; Verband der Wanderführer: ☏ 0590-292020.*

➤ Sprache

Die offiziellen Amtssprachen sind je nach Inselteil **Niederländisch** *und* **Französisch**. *Mit Englisch kann man sich jedoch fast überall verständigen, sogar auf Saint-Martin. Daneben werden auf der Insel verschiedene Dialekte des* **Créole** *und* **Papiemento** *gesprochen – insgesamt nicht weniger als elf Sprachen!*

➤ Strände

Rund um die Insel gibt es eine Ansammlung von **über 30 Sandstränden**, *die meist über kleine Stichstraßen mehr oder weniger gut zu erreichen sind. Im französischen Teil sind die schönsten auf der Atlantikseite in der* **Baie Orientale** *(mit FKK) und zur Karibischen See hin bei* **Grand Case** *zu finden, im niederländischen Teil in den Nachbarbuchten* **Maho Bay** *und* **Mullet Bay**.

➤ Strom
Niederländische Seite: 110 V, 60 Hz, Flachstecker (Adapter notwendig), Französische Seite: 220 V, 50 Hz (Adapter nicht notwendig).

➤ Telefonieren
Die **internationale Vorwahl für Sint Maarten** *ist* **00-599-5**, *für* **Saint-Martin 00-590**. *Wer von der niederländischen Seite eine Nummer im französischen Teil anrufen möchte, führt ein Ferngespräch (das auch als solches abgerechnet wird). Aus dem Grund haben viele Einheimische zwei Handys. Ins Festnetz wählt man von französischer Seite die Vorwahl 00599 54 vor der Durchwahl und 00599 55 vor Handy-Nummern. Im umgekehrten Fall, also wer vom niederländischen eine Nummer im französischen Teil anrufen möchte, der wählt vor der Durchwahl 00590-590 und für Handy-Nummern 00-590-690.*

➤ Veranstaltungen
Wie überall in der Karibik wird auch hier Karneval großgeschrieben. Auf der niederländischen Seite beginnt er am Ostermontag und dauert bis zum Ende des Monats an. Auf der französischen Seite findet er wie bei uns von Weiberfastnacht (Donnerstag) bis Aschermittwoch statt. Das Fest des „Nationalheiligen" der Insel – Sankt Martin – wird auf beiden Seiten festlich begangen, wobei die Hauptfeierlichkeiten (Paraden, Umzüge) im jährlichen Wechsel entweder in Marigot oder in Philipsburg zu sehen sind.

➤ Yachthäfen und Ankerplätze (Auswahl)
• Marigot • Anse Marcel • Oyster Pond • Philipsburg • Simson Lagoon

➤ Verkehrsmittel
Die **Straßenverhältnisse** *sind zum größten Teil gut, die Verkehrsregeln entsprechen internationalem Standard und auf beiden Inselteilen herrscht* **Rechtsverkehr**. *Ärgerlich sind die zu kleinen Ortswegweiser, die man zwischen den gleich großen Hinweisschildern zu Hotels o. Ä. nur schwer erkennen kann. Das* **Mieten eines Wagens** *oder eines Mopeds bietet die beste Möglichkeit, die Insel kennen zu lernen und zu den einzelnen Stränden zu kommen. Es reicht der nationale Führerschein. Die Preise sind relativ günstig. Mieten können Sie vom Motorroller bis zum Geländewagen alle Transportmittel, z. B. am Juliana-Flughafen – direkt rechts neben der Ankunftshalle des Flughafens befinden sich die Stände der Mietautofirmen – und in fast allen Hotels und Ortschaften.*

Busse *sind eine preiswerte Alternative zum Mietwagen, da sie die meisten Orte regelmäßig anfahren – allerdings nicht die Strände. Zwischen den beiden Hauptstädten verkehren tagsüber Busse über* **Mullet Bay, Simpson Bay, Cole Bay** *und* **Grand Case** *im halbstündlichen Rhythmus.*

Am Flughafen und in den beiden Hauptstädten steht eine ausreichende Anzahl von **Taxis** *zur Verfügung. Engpässe gibt es allerdings, wenn mehrere Kreuzfahrtschiffe zur gleichen Zeit einlaufen. Die Taxis haben keinen Taxameter, die Preise sind von der Regierung festgelegt und angeschlagen, z. B.* **Flughafen Juliana – Philipsburg** *US$ 20 (immer auf der Basis von zwei Personen, jede zusätzliche Person bedeutet einen Aufschlag von ein paar US$).*

Von Marigot gibt es eine regelmäßige **Fährverbindung** *(alle 30 Minuten) mit* **Link Ferry** *nach* **Anguilla** *(**Blowing Point**). Preis: 12 US$ plus 3 US$ Departure Tax. Eine Fahrt dauert 20 Minuten. Da die Zentrale auf Anguilla sitzt, muss, wer sich telefonisch erkundigen möchte, auf der Nachbarinsel anrufen unter ☏ 264-497-2231/3290 oder www.link.ai. Eine Reservierung ist jedoch nicht erforderlich. Nach Saba und St. Barth bietet* **Aqua Mania Adventures** *(☏ 599-544-2640) mehrmals pro Woche ein Fahrt per Schnellfähre von der Pelican Marina in Simpson Bay an. Kreuzfahrtschiffe legen hauptsächlich im Südosten von Philipsburg an. Hafen-Information: ☏ 590-878777.*
Weitere Schifffahrtsgesellschaften und ihre Routen und Schiffe:
Voyager I/II, Start/Ziel: St Martin (Marigot, Oyster Pond)/ST Barth/Saba, ☏ 0590-291233, www.voyager-saint-barths.com
Gustavia Express, Start/Ziel: St Martin (Anse Marcel), St Barth, ☏ 0590-275465
Rapid explorer Sint Maarten (Philipsburg)/St Barth, ☏ 0590-293599, www.rapidexplorer.com

➤ Währung

Auf der niederländischen Seite ist die Währung der **Netherlands Antilles Guilder** *oder* **Guilder (NAf)**. *Die Preise sind jedoch in der Regel in US-Dollar ausgezeichnet. Ein US-Dollar entspricht ungefähr 1.82 NAf. Auf der französischen Seite ist der Euro die lokale Währung. Man kann aber auch meistens – nicht überall! – in US-Dollar bezahlen. In Philipsburg bietet der Bankautomat von RBTT am Ende der Front Street US-Dollar und Naf. Bei den BFC-Filialen auf der französischen Seite kann man Euro und US-Dollar abheben. Kreditkarten werden in der Regel überall akzeptiert.*

Sint Maarten: der holländische Inselteil – westlich des Juliana Aiports

Wer schon beim Anflug einen Blick aus dem Fenster werfen konnte, wird wohl wegen der **vielen Wasserflächen** Orientierungsschwierigkeiten haben, was noch Lagunen sind und wo bereits der Ozean anfängt. Auf dem flachen Gelände stehend, wird die Unterscheidung noch schwieriger.

Wassersport in Lagunen

Also: Wer den Terminal hinter sich und die Straße vor sich hat, schaut auf die **Simson Bay Lagoon**, eine **riesige Binnenlagune** mit zwei schmalen Durchgängen zum Meer. Die Lagune erklärt die große Flotte an Freizeitbooten und Yachten; außerdem kann man dort in aller Sicherheit Wasserski oder auch Kanu fahren.

Falls Sie die Inselrundfahrt in umgekehrter Reihenfolge durchführen möchten, halten Sie sich (vom Flughafen aus gesehen) nach links und fahren am westlichen Ende des Airports über die ausgebuchtete Landzunge auf die **Halbinsel Terres-Basses** zu. Dabei können Sie sofort hinter der Landebahn links zur **Maho Bay** abzweigen, deren Sandboden und türkisfarbenes Wasser an ein riesiges Schwimmbad denken lassen.

Von hier bis zur Grenze führt die Straße durch ein touristisch sehr entwickeltes und **amerikanisch anmutendes Gebiet**, praktisch mitten durch das Gelände der einzelnen Resorts und des Golfplatzes sowie an Zäunen, Geschäften, Casinos und Hotels vorbei (wegen der vielen Bodenschwellen ist oft nur Schritttempo möglich). Am Wochenende finden hier regelmäßig **Strandpartys** mit **Steelband-Musik** statt.

Entertainment

Während sich zur Lagune hin **Yachthäfen und Wassersportagenturen** konzentrieren, breitet sich zum Meer die **Mullet Bay** mit einem großen, feinsandigen und

Das Boundary Monument: Der Obelisk erinnert an 300 Jahre Koexistenz

an Wochenenden stark besuchten Strand aus (ideal zum Baden und zur Beobachtung des Sonnenuntergangs). Hier können Sie auch **Sonnenschirme mieten**. Wenig später wird die Grenze angezeigt, und man hat Anschluss an die unter dem Stichwort „Saint-Martin" beschriebene Route, S. 146.

Vom Juliana-Airport aus gen Osten in **Richtung Philipsburg** kommt man am Ende des Flughafens über den engen Kanal, der die Lagune mit der **Simson Bay** verbindet. Die gleichnamige Ortschaft Simson Bay (niederl.: *Simsonbaai*) stellt sich durch Restaurants, Supermärkte, Tankstellen und Hotels als betriebsamer Touristenort dar, hat aber auch einige schöne Häuser aufzuweisen. Kurz hinter der Brücke geht rechts eine schmale Straße zur **Lay Bay** mit hübschem Sandstrand ab. Anschließend erreicht man das aufgeräumt und modern wirkende Städtchen **Cole Bay** (niederl.: *Koolbaai*), das auf der Lagunenseite eine große Marina besitzt und zum Meer hin einen beliebten Strand. An der großen Ampelanlage führt rechts die **Browers Road nach Philipsburg** und in den Norden die **Union Road direkt nach Marigot**.

Der Direktweg vom Juliana Airport (niederländischer Teil) nach Marigot (französischer Inselteil)

Friedliche Koexistenz

Die Strecke vom Juliana Airport bis nach Coale Bay fahren Sie wie oben beschrieben und kommen dann auf die Hauptstraße durch die lang gestreckte **Coale Bay** und sehen dann linker Hand das **Boundary Monument** – ein kleiner, in den 1960er Jahren aufgestellter Obelisk, der mit einer englisch/französischen Inschrift an die 300-jährige Koexistenz der beiden Bevölkerungsgruppen erinnert. Sofort dahinter beginnt der französische Inselteil. Auf der nun N-7 genannten Straße gelangen Sie in wenigen Minuten nach **Marigot** (siehe S. 147).

Von Cole Bay weiter nach Philipsburg (niederländischer Teil)

Nach Philipsburg windet sich hinter der Abzweigung die Browers Road in einigen Serpentinen hinauf auf den **Cay Bay Hill**, der in den letzten Jahren leider mehreren großen Bränden ausgesetzt war. Hier hat man eine sehr **schöne Aussicht** auf und über die zurückliegende Lagune und zum Süden hin auf die Cay Bay, in der *Peter Stuyvesant* 1644 vergeblich die Eroberung der spanischen Insel versuchte – und dabei eine schlimme Verletzung durch eine Kanonenkugel erlitt. Anschließend geht es in mehreren Kehren wieder hinab und auf den Salzsee **Great Bay Salt Pond** zu.

Rechter Hand kann man über eine Stichstraße dem Sandstrand der **Little Bay** (*Klein Baai*) einen Besuch abstatten. 150 m weiter führt links die Bush Road nach **Cul de Sac**, wo früher Tabak und Zuckerrohr angebaut wurden. Nördlich von Cul de Sac (gemeint ist natürlich der holländische Ort, ein gleichnamiger befindet sich im Norden auf der französischen Seite) gibt es einige **schöne Wanderwege**, u. a. hinauf auf jenen Grat, der die Grenze zwischen den beiden Inselteilen bildet (*Sentier des crêtes*). Bald darauf kann man vor einer weiteren, schmalen Lagune rechts nach Philipsburg abfahren. Bleibt man auf der Hauptstraße, kommt man an einer weiteren Abzweigung zur Hauptstadt vorbei und schließlich **bei Belleplaine in den französischen Teil**.

Holländische Festungen

Vor Philipsburg führt sofort hinter der Brücke rechts ein Weg zu jener **Landzunge** ab, der die **Great Bay** von der **Little Bay** trennt. Diese Straße führt unterhalb der spärlichen Ruinen des Fort William auf das besser erhaltene **Fort Amsterdam** zu, der ersten holländischen Festung der Insel (17. Jahrhundert). Allerdings sind die Mauern inzwischen von einer Hotel- und Apartment-Anlage „okkupiert", und der Sicherheitsbeamte gestattet an der Schranke (ca. 300 m vor dem Fort) nur noch Hotelgästen die Weiterfahrt. Ins Zentrum von Philipsburg kommen Sie über eine der Parallelstraßen: **Front Street, Back Street** oder **Ring Street**. Wer es eilig hat, sollte die linke Alternative (*Ring Street*) wählen, da der Verkehr auf den Haupteinkaufsstraßen regelmäßig zum Erliegen kommt.

Philipsburg

Das 1763 gegründete Philipsburg (Karte s. S. 142) füllt den gesamten Platz der schmalen, 1,5 km langen Landzunge aus, die den Salzsee **Great Bay Salt Pond** von der **Groot Baai** trennt. Der vorherrschende Eindruck der Stadt ist der eines turbulenten, amerikanischen Basars. In dieser Hinsicht ähnelt der Ansturm von kauflustigen Kreuzfahrttouristen und Kasinobesuchern dem Gedränge in Charlotte Amalie auf den US Virgin Islands.

Spaziergang über die Frontstreet

Vor allem die zum Meer gelegene **Front Street** (*Voorstraat*) beherbergt eine fast ununterbrochene Reihe von Casinos, Juwelierläden, Modeboutiquen, Restaurants und Hotels.

Innerhalb dieses rein kommerziellen Ambientes fallen die **holländischen Bürgerhäuser** kaum auf. Kommt man von Westen in die Stadt, ist da rechter Hand neben dem Sea Palace zunächst das 1989 eröffnete und in einem Innenhof etwas versteckt platzierte **Historische Museum (1)**. Dieses bietet viele Exponate zur indianischen Vergangenheit, der Sklaverei und der besonderen Geschichte der Insel sowie eine große Sammlung historischer See- und Landkarten.
Historisches Museum, *Front St, Wathey Square, ☏ 599-5424917, Öffnungszeiten: Mo-Fr 10-16 Uhr, Sa 10-13 Uhr.*

An der **Methodistenkirche** vorbei kommt man etwas weiter zu einem rechteckigen Platz (Wathey Square oder De Ruyterplein): ein **quirliges Zentrum** mit Taxis, Minibussen, Verkaufsständen und einer Pier, von der aus Bootsausflüge zu den nahe gelegenen Inseln starten. Nördlich des Platzes ist das 1793 erbaute und 1825 nach

einem Hurrikan restaurierte **Courthouse** (**2**) das auffälligste Gebäude, das heute die Hauptpost beherbergt.

Im weiteren Verlauf der Front Street stellen die **katholische Kirche**, das **West Indian House** und das **Pasanggrahan-Hotel** gute **Beispiele kolonialer Architektur** dar. Hinter der dichten Bebauung kann die Front Street übrigens mit einem zwar schmalen, doch feinen Strand aufwarten – dem einzigen wirklichen Stadtstrand der Kleinen Antillen, an dem das Baden gefahrlos möglich ist.

Landgewinnung am Salzsee

Auf der anderen Seite verläuft parallel dazu die **Back Street** (*Achterstraat*), die mit der Front Street durch **kleine Gässchen** (*Steegjes*) verbunden ist. Hier sind die Geschäfte nicht so zahlreich und nicht so vornehm (mehr Textilien, weniger Goldschmuck), weshalb der Touristenandrang auch nicht ganz so stark ist. An der Back Street liegen einige Schulen, die einzige **Bushaltestelle**, die **Polizeistation** und die **Baptistenkirche**. Noch weiter nördlich verläuft die Ringstraat (*Walter Nisbeth Road*) direkt am Ufer des Great Salt Pond, der früher zur Salzproduktion diente und der heute teilweise zur Gewinnung neuen Baulandes zugeschüttet wird. Dort befindet sich auch das großzügige **Government Building** (**3**), der Regierungssitz der Niederländischen Antillen *über dem Winde*.

Am östlichen Ende der Stadt münden alle Parallelwege in jene Nord-Süd-Straße, die am Ostufer des Great Salt Ponds vorbei in Richtung „französische Grenze" führen. In der anderen Richtung geht es nach **Pointe Blanche** und zur gleichnamigen Bucht. Auf dem Weg dorthin passiert man an der Einmündung der Front Street den **Yacht-**

hafen **Bobby's Marina**, um den sich mit einigen Restaurants, Pubs und der Greenhouse-Diskothek ein **turbulentes Nachtleben** entwickelt hat.

Kurz dahinter kann man nach links zur **Pointe Blanche Bay** abbiegen, einem kleinen Strand mit Eigentumshäusern. Wer von der Straße aus der Mountain Dove Road nach oben folgt, gelangt zum Inselgefängnis und zu den markanten Wassertanks. Hier hat man eine **schöne Aussicht**, muss aber die gleiche Strecke wieder zurückfahren. Etwa einen Kilometer weiter südlich kommt man zum **Main Pier, an dem die Kreuzfahrtschiffe anlegen** (diese laufen übrigens viel häufiger die holländische Seite an, weswegen der Name „Sint Maarten" öfter in den Prospekten und Programmen auftaucht als derjenige von Saint-Martin).

In diesem Gästehaus übernachtete schon die königliche Familie

Von Philipsburg in den Norden der Insel

Wieder zurück in Philipsburg, setzt man nun den Weg in den Norden fort. Wer einen **Abstecher zur Küste** unternehmen möchte, richtet sich rechts hinter der Shell-Tankstelle nach dem kleinen Hinweisschild zur **Guana Bay**. Auf einer asphaltierten, aber sehr schlechten Straße kommt man an einem „Security Check" vorbei zu einer hübschen Bucht, in der man herrlich im Atlantik schwimmen kann. Vom Parkplatz auf der rechten Seite geht man nur ca. 50 m durch ein Gebüsch mit Hunderten von Schmetterlingen und steht dann an einem weiteren (leider ein wenig ungepflegten) Strand. Wegen der manchmal hohen Brandung kann die Bucht für Schwimmer gefährlich werden, andererseits ist sie deshalb für Surfer gerade attraktiv. Auch den Leuten, die hier schmucke Villen gebaut haben, gefällt der Platz – wie das Straßenschild „Almost Heaven" beweist.

Hohe Brandung

Oyster Pond

Zurück auf der Hauptstraße, geht es weiter gen Norden und nach 1,5 km wieder nach rechts zum **Oyster Pond**. Die Straße ist zum Teil nicht asphaltiert, doch Lohn für die Mühen sind der spektakuläre, fast **kreisrunde Hafen** mit Dutzenden von Yachten und einem weiten Blick bis hin zu den Britischen Jungferninseln. Der Sandstrand des **Dawn Beach** und der Naturhafen mit **Marina** haben einige **Hotels der gehobenen Kategorie** an diese schö-

Die Guana Bay liegt auf niederländischer Seite am Atlantik

Vom Oyster Pond aus kann man bis zu den British Virgin Islands blicken

ne Stelle gelockt. Mitten durch die Bucht verläuft die Grenze, und fast unbemerkt befindet man sich plötzlich im nördlichen, französischen Inselteil.

Reisepraktische Informationen zu Sint Maarten

Information

St. Maarten Tourist Bureau, *Vineyard Office Park, WG Buncamper Road 33, Philipsburg, ☎ 599-542-2337, 🖷 599-542-2734 und Julian Airport: Infostelle neben der Gepäckausgabe mit vielen Broschüren und Kartenmaterial.*

➤ Diplomatische Vertretung

Die zuständige deutsche Vertretung für **Sint Maarten,** *ein Honorarkonsulat der Bundesrepublik Deutschland, sitzt auf* **Curaçao**, *eine weitere Insel der niederländischen Antillen: Kja Kooijman 48, Willemstad, ☎ 0059-99-4613870, 🖷 0059-99-4615086. Für Österreicher und Schweizer ist die Botschaft der Bundesrepublik Deutschland in den Niederlanden zuständig. Groot Hertoginnelaan 18-20, 2517 NL-Den Haag, ☎ 0031-70-3420600, 🖷 0031-70-3420666, 0031-70-3651957, www.duitse-ambassade.nl.*

Unterkunft (s. Karte S. 139)

Philipsburg

Holland House Beach Hotel $$$, *(1), Frontstreet 43, Philipsburg, ☎ 599/542-2572, www.hhbh.com. Modernes Stadthotel der Mittelklasse im quirligen Zentrum, 54 gut ausgestattete Zimmer, Restaurant, kleine Terrasse am Stadtstrand. Die meisten Zimmer haben eine kleine Kochecke und einen Kühlschrank.*

Pasanggrahan Royal Guest House $$-$$$, *(2), Front Street, Philipsburg, ☎ 599-542-2572, 🖷 599-542-4673, www.pasanhotel.com. Charmantes, kleines Hotel mit kreolischer Architektur und großer Vergangenheit. Als Residenz des Gouverneurs beherbergte das Pasanggrahan (indonesisch für „Gästehaus") auch königliche und andere berühmte Besucher, worauf das Porträt der Königin Wilhelmina hinweist. Es gibt eine Bar und eine schöne Gartenterrasse am Strand mit gutem Restaurant, 30 schlichte, aber ausreichend bequeme Zimmer, vom Balkon herrlicher Blick auf Strand, Meer und Sonnenuntergang.*

Im Westen

Maho Beach Resort und Kasino $$-$$$, *(3), Maho Bay, ☎ 599-545-2115. Perfekte Verwirklichung der amerikanischen Resort-Idee mit 600 Zimmern, neun Restaurants, eigener Diskothek und Kasino in einer riesigen Anlage zwischen Meer (Strand) und Lagune, 18-Loch-Golfplatz, der einzige auf der Insel, 14 Tennisplätzen, Shops, Bank, eigener Klinik und täglich Entertainment.*

Summit Resort $$$-$$$$, *(4), Simpson's Bay Lagoon, ☎ 599-545-2150, www.thesummitresort.com. Die Aussicht über die gesamte Lagune ist verblüffend und daher sind die 40 Cottages bei Insel-Besuchern sehr beliebt. Es gibt ein Restaurant, Bar, Tennisplatz sowie kostenlosen Shuttle-Service zum Mullet und Cupecoy Beach.*

Im Osten

Oyster Bay Beach Resort, Oyster Pond $$$$-$$$$$, *(5), ☎ 599-543-6040, 🖷 599-543-6695, www.oysterbaybeachresort.com. Das große Resort erstreckt sich über das Gebiet an der Nordspitze des wunderschönen Dawn Beach. Die Anlage ist wie ein geschlossenes Ortszentrum in maurischen Stil gebaut und vermittelt Club-Atmosphäre. Die Zimmer sind sehr angenehm und geräumig und es gibt einen großen Swimmingpool, Kasino und Gourmet-Restaurant. Die Preise sind sehr hoch, es gibt allerdings die Möglichkeit, vorab gute Pauschalpreise zu bekommen.*

Essen & Trinken

Philipsburg

Chesterfield's, *☎ 599-542-3484. Das typische Restaurant eines Yachtclubs. Zu empfehlen ist das Frühstück. Und es gibt eine ausführliche Seafood-Karte.*

The Greenhouse, *☎ 599-542-6088. Tagsüber lässt es sich hier gut von einer Einkaufstour erholen – wer etwas länger bleibt, kann gleich noch von der Happy Hour um 16.30 Uhr profitieren. Dann haben die Kreuzfahrtschiffe wieder Kurs auf eine der anderen Inseln genommen und es kehrt etwas Ruhe ein.*

Kangaroo Court, *☎ 599-542-4278. Guter Ort, um mit einem Frühstück oder Mittagessen den Stadtrundgang in Philipsburg zu beginnen. Es gibt leckeren Kaffee und schmackhafte Muffins und Sandwiches.*

Im Westen

Sunset Beach Bar, *Maho Bay, ☎ 599-545-3998. Hier tummeln sich spätestens kurz vor Sonnenuntergang die Besucher, um rechtzeitig den "Sundowner", d. h. das Begleitgetränk zum Sonnenuntergang in der Hand zu halten. Hier gibt es auch recht günstig Bier und eine Auswahl an Pizzen, Burgers und Sandwiches. Mi, Fr und Sa gibt es Livemusik. Ein Tipp ist, für den Rück- bzw. Weiterflug früh einzuchecken und den Landeanflug seines Fliegers von hier beim letzten Drink auf der Insel zu beobachten.*

Im Osten

Buby's, *Oyster Bay, ☏ 599-542-3484. An der Meeresseite gleich neben der Marina werden Fleisch- und Fischgerichte sowie Pasta serviert. Hier dürfte also jeder ein Gericht finden. Sogar Hummer gibt es, der vor dem Wurf in den Kochtopf selbst aus dem Wasserbecken gefischt werden darf.*

Saint-Martin: der französische Inselteil

Die Streckenbeschreibung knüpft an diejenige unter dem Stichwort „Sint Maarten" an, also am Oyster Pond, dessen nördlicher Teil bereits zum französischen Sektor gehört (s. S. 143). Hier und an der unweit gelegenen **Baie Lucas** hat sich auf dieser Seite eine touristische Infrastruktur mit kleineren Hotels, Restaurants, Tauchschulen und Reitställen angesiedelt.

Die kleine, kurvenreiche und teilweise nicht asphaltierte Straße führt anschließend durch eine nur karg bewachsene, aber wunderschöne Natur (einige Kokospalmen, ansonsten Heide, Kakteen und Divi-Divi-Bäume) und gibt bald den Blick auf den **Etang aux Poissons** frei. In dieser Bilderbuchlandschaft wird das Blau des fischreichen Sees zum Osten hin von Mangroven und einer Landzunge mit weißem Sandstrand begrenzt, dahinter wiederum öffnet sich die **Baie de l´Embouchure**, der einige Korallenbänke vorgelagert sind.

Buchten und Hügel

Der Weg geht zunächst am südlichen Ufer des Etang aux Poissons vorbei und trifft dann bei der Ortschaft **Quartier d'Orléans** auf die insulare Hauptstraße, die im französischen Teil die Nummer **N-7** trägt. Tatsächlich gibt es nur diese Nationalstraße, die Nummern 1-6 fehlen. Die N-7 verläuft schnurgerade nach Nordosten, wobei linker Hand Wanderpfade in die **Montagne France (402 m)** oder zum Pic Paradis (424 m) abgehen und rechts eine Stichstraße das Nordufer des Etang aux Poissons sowie die sandige Halbinsel vor der Baie de l´Embouchure erschließt. Dann steigt die Straße in einer Linkskurve an, und man kann vom Parkplatz aus auf dem Hope Hill links neben der Straße (*Hinweis: „Panorama Point"*) sehr schön die zurückgelegte Strecke verfolgen. An gleicher Stelle gibt es auch eine kleine Touristeninformation und den „Love Stone", der bei Berührung die ewige Liebe verspricht.

Schöner Strand

Kurz darauf lohnt es sich, nach rechts zur **Baie Orientale** (Oriental Beach) abzufahren. Dieser vielleicht schönste Strand der Insel ist zwar als Nudistenparadies bekannt, aber der FKK-Bereich nimmt nicht den gesamten Strand ein. Einige Hotels, nette Strandcafés und ein vielfältiges Wassersportangebot tragen zur Popularität der Bucht vor allem beim französischen Publikum bei. Westlich des Etangs aux Poissons lohnt sich früh morgens ein Abstecher zur **Ferme aux Papillons,** wenn die Bewohner der Schmetterlingsfarm besonders aktiv sind.
Ferme aux Papillons/Butterfly Farm, *Rte. de Le Galion, Quartier d'Orléans, ☏ 590-87-31-21, Öffnungszeiten: täglich 9-15 Uhr).*

An der nächsten Weggabelung kann man nach rechts die N-7 verlassen und weiter in den Norden fahren. Nach 1,5 km kommt man zur kleinen Ansiedlung **Cul de Sac** mit ihrem beliebten Yachthafen und hübschen Strand. Davor erheben sich die Inseln **Ile Pinel** und die etwas größere **Ile Tintamarre** aus dem Atlantik. Diese Eilande verfügen ebenfalls über gute Strandabschnitte und können mit Booten erreicht werden. Die umgebenden **Gewässer sind naturgeschützt**. Auf der karibischen Seite ist die landschaftlich überaus reizvolle **Anse Marcel** ein lohnendes Ziel. Die wie ein Angelhaken geformte Bucht hat einen privaten Yachthafen und ist von einem puderweißen Sandstrand umgeben. Dorthin kommt man mit dem Wagen in 1,5 km ab Cul de Sac oder auf einer herrlichen 3-km-Wanderung entlang der Küste. Zurück auf der N-7 passiert man kurz hinter der Weggabelung den Flughafen von Grand Case und gelangt dann zur Westküste.

Yachthafen

Das Städtchen Grand Case liegt **auf einer Landzunge** zwischen dem guten Sandstrand und einem ehemaligen Salzsee. Ab hier verläuft die Straße wieder südwärts und ein Stück weit durchs Inselinnere, wobei man immer wieder auf kurzen Stichstraßen zur Küste gelangen kann (lohnend: **Anse Heureuse, Friar's Bay**). Bei Rimbaud ist es aber auch möglich, über ein schmales Sträßchen bis auf den 424 m hohen **Pic Paradis** zu gelangen. In diesem noch ungestörten Wald der höchsten Erhebung der Insel mit weiter Aussicht können Sie so manchen Vogel beobachten. Einen Kilometer hinter Rimbaud erreicht man die französische Inselhauptstadt.

Marigot

Mit seinen **Häusern im Kolonialstil**, oft in Weiß und mit rosaroten oder grünen Fensterläden, einem hübschen Marktplatz, zwei Kirchen, dem Sitz der Unterpräfektur, dem Hafen und vielen Gassen und (Einbahn-)Sträßchen strahlt Marigot *(Karte s. S. 147)* den **Charme einer französischen Provinzstadt, gepaart mit kreolischer Lebensart**, aus. Zur Lagune hin gibt es den Yachthafen (**Marina Port La Royale**), am Boulevard de France – zwischen Marktplatz und Festung – den eigentlichen Hafen.

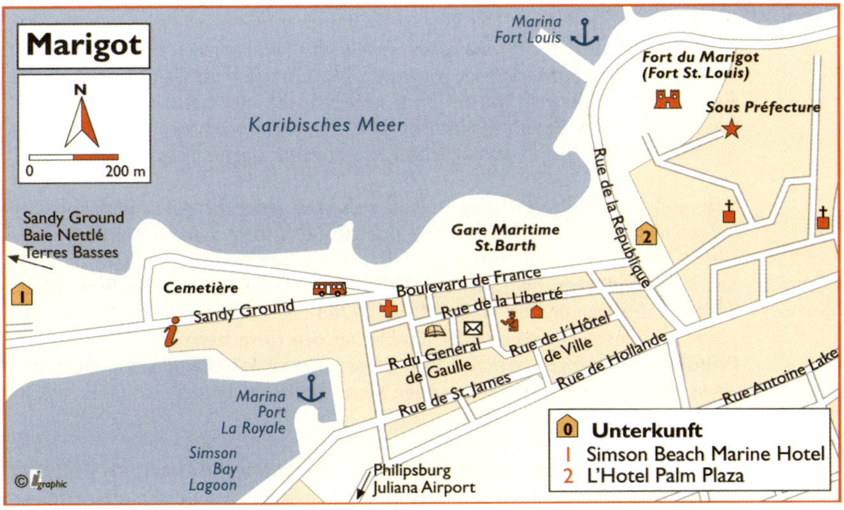

Der Weg zum Fort du Marigot lohnt allein wegen der Aussicht

Empfehlenswert ist außer einem Stadtbummel der kurze Spaziergang hinauf zum **Fort du Marigot** (Fort St. Louis) aus dem 17. Jahrhundert, dessen Überreste eigentlich nur aus wenigen, niedrigen Mauern und einigen Kanonen bestehen. Trotzdem lohnt sich der Weg wegen der phantastischen Aussicht über die Dächer der Stadt und bis weit zum Horizont zu den Bergen der Jungferninseln.

Vom Parkplatz an der **Sous Préfecture** aus gelangt man auf einem Pfad (am großen Kruzifix vorbei) zum **Fort**. Der Weg ist nicht anstrengend, aber trotzdem sollte man möglichst frühmorgens oder am späten Nachmittag hinaufgehen – allein schon wegen der besseren Lichtverhältnisse für Fotografen. Nach Einbruch der Dunkelheit macht das angestrahlte Fort übrigens von der Stadt aus einen weit imposanteren Eindruck. Überhaupt lohnt sich der Besuch von Marigot gerade am Abend, wenn man in **Straßencafés am Hafen** sitzen oder in **vorzüglichen Restaurants** elegant dinieren kann.

Kleinstadt mit französischem Flair

Während Philipsburg geschäftig ist und manchmal unter zu lauten Begleiterscheinungen leidet, versprüht Marigot eine lockere, südfranzösische Atmosphäre.
Die N-7 bringt einen von Marigot vorbei am Boundary Monument schnell zurück in den niederländischen Teil (Flughafen; Philipsburg). Interessanter ist es, dem Umriss der Insel zu folgen und die Stadt auf der **D-208** über die schmale Landbrücke zwischen der Simson-Lagune und der Karibischen See zu verlassen. Direkt hinter dem **Friedhof** von Marigot beginnen hier einige hübsche Sandstrände, vor allem aber, wenn man die schmale Brücke über den Kanal zur Lagune passiert hat (Achtung: Die Brücke wird nachts geschlossen!).

In der Ortschaft **Sandy Ground** pulsiert in Restaurants und Hotels ein vielfältiges touristisches Leben, das von dem ausgezeichneten Sandstrand der **Baie Nettlé** und den idealen Wassersportbedingungen in der Lagune profitiert. Am westlichen Ende der Bucht (Anse des Sables) gibt es einen Fahrweg zur schmalen, weit vorspringenden Landzunge, deren Ende das Kap Pointe du Bluff markiert. Südwestlich davon liegen um das „Höllenloch" (**Trou du Diable**) gute Tauch- und Schnorchelgründe. Weitere Möglichkeiten zu Abstechern hat man kurz darauf hinter der Baie Rouge (schöner, beliebter Sandstrand), wo sich die große Halbinsel Terres Basses als „westlicher Knollen" der Insel in die Karibische See vorschiebt.

Ideal für Wassersport

Die nur z. T. asphaltierten Seitenwege führen allerdings selten direkt zum Ufer. Meistens muss man auf sandigen Wegen abbiegen, die wie Privatstraßen aussehen und oft auch Gatter haben (tagsüber geöffnet). Wegen der schlechten Ausschilderung muss man sich hier auf seinen Instinkt verlassen. Und selbstverständlich sind Schilder mit der Aufschrift „*Propriété privée*" oder „*Access interdit*" zu respektieren. Die gesamte Halbinsel ist nämlich ein bevorzugtes **Wohngebiet der High Society**, die hier auf enorm großen Grundstücken ihre prächtigen und gut versteckten Villenanlagen hat. Falls Sie sich aber immer möglichst rechts halten, fahren Sie stets an der Küstenlinie entlang und sollten vom Parkplatz vor der **Pointe Plum** aus dem sehr schönen, palmenumsäumten Sandstrand einen Besuch abstatten.

Hinweis

Hier wie überall auf der Insel gilt: Keine Wertsachen im Wagen lassen!

Nachdem Sie anschließend nahe am Westkap **Pointe du Canonnier** vorbeigekommen sind, passieren Sie die **Baie Longue**, in deren Rücken der See **Grand Etang** liegt. Kurz bevor Sie wieder auf die Hauptstraße stoßen und direkt dahinter die Grenze zum niederländischen Teil überqueren, fahren Sie nahe am **Samanna-Hotel** vorbei, einer luxuriösen und berühmten Nobelherberge. Auf holländischer Seite sind es nur noch wenige Fahrminuten bis zum Juliana-Flughafen.

Fahrt über die „Grenze"

Reisepraktische Informationen zu Saint-Martin

Information

Saint-Martin

Office de Tourisme de Saint-Martin, *Port de Marigot, Route de Sandy Ground, ☎ 590-590875721, 🖷 590-590875643, www.st-martin.org.*

➤ Diplomatische Vertretung

Für deutsche Urlauber auf Saint-Martin *ist das deutsche Honorarkonsulat von* Guadeloupe*/Frankreich zuständig: Immeuble entre Deux Mers, Zac Moudong Sud, 97122 Baie-Mahault ☎ 00590-590-385099 🖷 00590-590-268316. Oder die Zweigstelle auf* Martinique*: Centre Acajou, Z.I. Les Mangles, 97232 Lamentin, ☎ 00596-596-396 427921, 🖷 00596 -596-509894. Dort befindet sich auch das Schweizer Konsulat, ZI de la Jambette, 97232 le Lamentin, ☎ 00596-590-501243. Wer von französischem Gebiet anruft,* *lässt die ersten fünf Ziffern weg und wählt die 0 davor. Österreicher müssen ihre Botschaft in Paris kontaktieren: Ambassade d'Autriche, 6 Rue Fabert, 75007 Paris, ☎ 0033-1-40633063.*

Unterkunft (s. Karte S. 139)

Marigot

Simson Beach Marine Hotel $$$, *Baie Nettlé, Box 172, ☎ 590-875454, 🖷 590-879211. Gutes Mittelklasse-Hotel mit 165 Zimmern in fünf niedrigen Gebäuden, Strand, Pool mit kostenlosen Tauch-Instruktionen, Wassersportangebote, Restaurant und Bar mit Blick auf die Lagune.*

L'Hotel Palm Plaza $$, *(6), Rue de la République, Marigot, ☎ 590-875196. Einfaches Hotel in Stadtmitte mit 90 Zimmern, familiäre Atmosphäre, schöne Architektur.*

Grand Case

Hevea $$, *(7), 163 Boulevard de Grand Case, ☎ 590-75685, 🖷 590-878388. Direkt gegenüber der Grand Case Bucht gelegen verbreitet das kleine, weiße Gästehaus mit gestreiften Markisen karibische Atmosphäre; kleine, aber geschmackvolle Zimmer mit Garten- und Strandblick, teilweise Kochecken, Restaurant.*

Nordosten

Le Méridien l'Habitation $$$$$, *(8), Anse Marcel, ☎ 590-876700, 🖷 590-873038, www.lemeridien-hotels.com. 6 ha Resort-Hotel der Luxusklasse an einem der schönsten Strände des Inselteils, an der Anse Marcel, 251 komfortable Zimmer unterschiedlicher Größe, sechs Tennisplätze, schöner runder Pool, umfangreiches Sportangebot (u. a. Hochsee-angeln), drei Restaurants, eigene Marina mit 100 Liegeplätzen.*

Hotel Marquis Resort & Spa $$$$$, *(9), Anse Marcel, ☎ 590-294230, 🖷 590-874633, www.hotel-marquis.com. Wer sich etwas richtig Schönes gönnen möchte und bereit ist, dafür ordentlich Geld auszugeben, der ist hier genau richtig. Geschmackvoll in wunderschöner Lage oberhalb der Anse Marcel angesiedelt. Großer Swimmingpool, King-Size- oder Queen-Size-Betten, Marmorbadezimmer, Wassersportmöglichkeiten, Spa-Bereich, kostenloser Shuttle zum hoteleigenen Strand und zu den Restaurants am Meer.*

Nordwesten

La Samanna $$$$$, *(10), Baie Longue, ☎ 800-875122, 800-854-2252, 🖷 800-878786. Die „große alte Dame" der hiesigen Hotellerie, ein absolutes Luxushotel mit 83 Zimmern, die in mehreren Pavillons im weißen maurischen Stil untergebracht sind, Pool, Tennisplätze, Gourmet-Restaurant, alle Annehmlichkeiten, perfekter Service, phantastischer weißer Sandstrand hinter kleiner Kalkklippe – ein exklusives Haus, das seinen Preis hat.*

Mercure Simson Beach $$$, *(11), Baie Nettlé, Tel 590-875454, 🖷 590-590879211, www.accorvacances.com. Das familienfreundliche Hotel mit 175 Betten und kreolischer Architektur liegt direkt am feinen Sandstrand an der Lagune und unweit der schönen Baie Rouge. Die Zimmer verfügen über Klimaanlage, Telefon, TV, Kühlschrank. Manche Zimmer haben eine kleine Küchenecke mit Kochplatten. Swimmingpool mit Kinderbereich, Tennis-plätze, Tauchzentrum, Katamaranverleih etc.*

Oyster Pond

Captain Oliver's Resort $$$-$$$$, *(12), Oyster Pond, ☎ 590-874026, 🖷 590-874084, www.captainolivers.com. Hübsches Resort direkt an der Marina mit Boutiquen,*

Bars und Restaurants in unmittelbarer Nähe. Wer nicht unbedingt aufs Meer blicken möchte, sondern sich auch mit der Marina zufrieden gibt, kann beim Zimmerpreis ein wenig sparen.

Les Balcons d'Oyster Pond $, *(**13**), Oyster Pond, 23 avenue du lagon, ☏ 590-294339, 🖷 590-294339, www.lesbalcons.com. Als Guest-House oberhalb der Marina gelegen, bieten 15 separate Selbstversorger-Bungalows mit gemeinschaftlichem Swimmingpool und privater Terrasse einen wundervollen Blick auf die Marina von Oyster Bay. Voll ausgestattet mit kleiner Küche, Badezimmer, TV und Klimaanlage. Ruhige und familiäre Atmosphäre.*

Essen & Trinken

Marigot

Le Bar de la Mer, *Marigot, ☏ 590-878179. Hier, gleich neben dem Hafen, geht es recht unkompliziert zu und die Preise sind vernünftig. Die Speisekarte reicht vom gegrillten Fisch und Hummer bis zur Pizza und Salat als Vorspeise.*

La Belle Epoque, *Marigot, ☏ 590-878770. Südfranzösische Atmosphäre verströmt das Bistro in der Marina Port la Royale. Die Gerichte sind recht schmackhaft und wer Salate mit Meeresfrüchten, Hummer oder geräucherte Entenbrust mag, ist hier genau richtig. Selbst die Pizza ist sehr gut.*

La Vie en Rose, *Boulevard de France, Marigot, ☏ 590-875442. Gutes und relativ teures Restaurant im Herzen der Stadt, schöne Sicht auf das Marktplatztreiben von der ersten Etage aus. Französische Küche, gute Desserts.*

Le Poisson d'Or, *Rue d´Anguille, Marigot, ☏ 590-877245. Schöne Lokalität in einem restaurierten Lagerhaus direkt am Wasser, hervorragende und teure Küche mit Seafood-Spezialitäten.*

Sandy Ground

Mario's Bistro, *Sandy Ground, ☏ 590-870636. Für Locals und Besucher gilt gleichermaßen, dass das einer der romantischsten Plätzchen für das Dinner am Wasser ist. Wer die breite Auswahl an exzellentem Seafood nicht mag, der kann sich vielleicht an gerösteter Ente oder einem Steak erfreuen. Reservierung unbedingt erforderlich!*

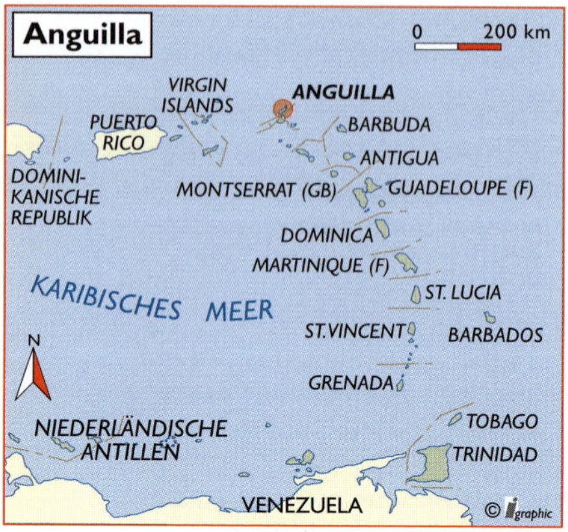

Steckbrief: Anguilla

An einem Tag drei Nationen, drei Sprachen, drei Staatsgrenzen erleben, das können Sie mit einem Trip vom holländischen Sint Maarten über das französische Saint-Martin und der Fahrt mit der Schnellbootfähre nach Anguilla – wo Sie **britisches Terrain** erreichen. Mit ihren langen Sandstränden und exquisiten Hotels ist die Koralleninsel der Ort für optimale Entspannung. Die noch luxuriösere Variante des Müßigganges bietet für einen Tagesausflug die als

Hinweis

Mehr zur Geschichte sowie politischen und geografischen Zuordnung erfahren Sie unter „Die Geschichte von Antigua und Barbuda, Anguilla, Montserrat sowie St. Kitts und Nevis" S. 215.

Sehr hohes Preisniveau

Refugium für Reiche und Schöne bekannte Insel **St. Barthélémy**. Das paradiesische Fleckchen Erde – kurz St. Barth genannt – sorgt mit atemberaubend hohen Preisen jedoch dafür, dass die **Haute-Volée** größtenteils unter sich bleibt. Dennoch lohnt ihre karibische Schönheit mit den **kalkweißen Korallen-Stränden** mindestens einen Besuch.

Ein stetig wehender Nordostpassat macht die Hitze angenehm auf der nördlichsten Leeward Insel Anguilla, die nur 66 m **hoch** und leicht hügelig aus dem Wasser schaut.

Das exklusive Cap Juluca in Anguilla, benannt nach dem Regenbogengott der Arawaken

Das **26 km lang** gezogene, buchtenreiche und **an der breitesten Stelle gerade mal fünf Kilometer** messende Eiland liegt ca. acht km nördlich von Sint Maarten. Seine Umrisse gibt der Inselname wieder: *Kolumbus* nannte das Eiland „Aal" (= span.: *anguila*), weil es sich lang und schmal in ostwestlicher Richtung erstreckt. Anders als auf den meisten *Inseln über dem Wind* gibt es kaum wirkliche Erhöhungen und deswegen sehr **wenig Niederschlag** (unter 900 mm im jährlichen Durchschnitt). Die Küste ist weiß von zermahlenem Korallenkalk. Daraus besteht auch das Grundmaterial der Insel in nur 55 m unter dem Wasserspiegel. Die flache Topografie und ganzjährige Trockenheit haben aus der Insel eine eintönige Buschlandschaft gemacht. Umso verlockender sind die ausgedehnten Sandstrände, Grotten, Kliffs sowie die Korallenriffe mit ihren Tauchgründen bis hin zu den zahlreichen vorgelagerten Inseln.

Trotz der **Spezialisierung auf Fischerei und Bootsbau** hatte Anguilla nie mehr als bloß lokale Bedeutung. Deswegen mag überraschen, dass die Insel 1967-69 plötzlich in den internationalen Schlagzeilen auftauchte. Der Grund dafür war, dass die Briten ihre **Kolonie** zusammen mit St. Kitts und Nevis zu einem gemeinsamen assoziierten Staat machen wollten.

Das rief auf Seiten der Insulaner **heftige Proteste** hervor, da ihr Verhältnis zu den „Kittianern" mehr als schlecht war und diese auch keine Bereitschaft erkennen ließen, Anguilla als gleichberechtigten Partner zu behandeln. Auf Anguilla konnte die Losung nur heißen: „Zurück nach England!", was auf allgemeines Unverständnis stieß.

Militärische Invasion der Briten

Also entschied man, sich von St. Kitts – das inzwischen die anguillanische Wirtschaft boykottierte und den Postverkehr eingestellt hatte – zu trennen, deren Vertreter von der Insel zu jagen und **die Unabhängigkeit zu proklamieren**. Die Briten wiederum hielten „Snake Island", wie sie Anguilla nennen, in einer völlig falschen Einschätzung der Lage für einen potenziellen Unruheherd in der Karibik. Sie starteten mit großem Aufwand im März 1969 eine **Invasion**. London entsandte ein ganzes Bataillon schwer bewaffneter Soldaten und setzte die Elite-Fallschirmjäger der „Red Devils" ein. Das Erstaunen war groß, als die britische **Invasionsarmee von strahlenden Insulanern begrüßt** wurde, denn diese hatten ihr Ziel erreicht: Anguilla kehrte in den Schoß Großbritanniens zurück. Bei dieser viel belachten Aktion fiel nicht ein einziger Schuss. Die einzige „Kriegsverletzung" erlitt ein englischer Soldat, der von einer Farbigen gebissen worden war.

Wer nach Anguilla kommt, kann die **Seele einfach baumeln lassen**. Besichtigungsstress von kulturellen oder natürlichen Sehenswürdigkeiten entfällt mangels Angebot – die Insel selbst ist die Attraktion. Einzig, um von einer in die nächste schöne Badebucht zu gelangen, muss der Standort gewechselt werden. Wer dennoch unbedingt wissen will, was es sonst noch auf der Insel gibt, kann sich mit der **Erlebnisarchitektur einiger Hotels** (allen voran das „Cap Juluca") befassen. Zudem gibt es sehenswerte ältere Plantagengebäude, die kleinen, buntbemalten Holzschindel-Häuschen der farbigen Anguillaner sowie die zum Nationalpark erklärte Höhle The Fountain.

Spuren der Arawaken

Doch auch ein Bummel durch **The Valley** – der verschlafenen „Hauptstadt" der Insel – oder die **Hafenorte** verschafft Abwechslung. Die Höhle The Fountain beherbergt neben der einzigen Süßwasserquelle der Insel und Tropfsteinformationen ein gutes Dutzend alter **Felszeichnungen der Arawaken**. In einer solchen Fülle und mystischen Atmosphäre sind sie im karibischen Raum einzigartig. Eines der Bildnisse soll mehr als 2.000 Jahre alt sein und die Arawaken-Gottheit *Jocahu* darstellen. Mehr als die anderen 18 Fundorte indianischer Vorgeschichte hat The Fountain Historiker zu der Überzeugung gebracht, dass Anguilla eine präkolumbische „heilige Insel" gewesen sein muss, auf der Stämme benachbarter Inseln ihre Riten und Zeremonien abhielten.

Saba

Wichtige Telefonnummern auf einen Blick

Telefonvorwahl	☏ 599
Internationale Vorwahl	☏ 00-599
Deutsche Botschaft	☏ 0059-99-4613870 (Curaçao)
Polizei	☏ 4163237
Ambulanz des A.M. Edwards Medical Center	☏ 4163239, 4163288, 4163289
Touristeninformation	☏ 4162231

Hinweis

Wer in die Karibik reist, um vom feinen Sand ins warme Wasser zu springen, der muss auf Saba umdenken. Hier sind Wandern und Tauchen die absoluten Highlights, Strände fehlen auf der Insel mit ausschließlich steil abfallenden Felsküsten gänzlich.

Redaktionstipps

- Die steilen, aber gut ausgebauten 1.064 Treppenstufen hinauf zum **Mount Scenery**, dem höchsten Berg der Niederlande (!), steigen oder durch den Nationalpark oberhalb der Ladder Bay wandern – besonders schön bei Sonnenuntergang (S. 156).
- Sabas **Unterwasserwelt im Marine Park** der steil abfallenden Insel erkunden. Der breite Ufer- und Meeresstreifen rund um die Insel bietet eine äußerst artenreiche Flora und Fauna. In den dortigen Höhlen, Kliffs und Korallenriffen wimmelt es nur so von tropischen Fischen, Tümmlern und Meeresschildkröten (S. 158).
- Die Inselspezialität probieren: **Dessertschnaps** z. B. aus Rum, braunem Zucker, Fenchel, Gewürznelken und verschiedenen anderen Gewürzen.
- Vom **höchsten Hotel der Niederlande**, dem „Willards of Saba", bei einem *Rum punch* den Blick auf umliegende Inseln genießen (S. 159).

Aus der Ferne sieht die **72 km südlich von Sint Maarten** gelegene Insel aus wie ein einziger grüner Kegel. Tatsächlich besteht das fast runde und **13 km² kleine** Saba hauptsächlich aus dem **erloschenen Vulkan Mt. Scenery**, der seinen höchsten Punkt 887 m über dem Meeresspiegel hat und unter der Wasseroberfläche noch 600 m tief hinabreicht. Das Landschaftsbild ist also überwiegend steil, weswegen es auch nur abfallende Felsküsten gibt und Saba die einzige Insel der Karibik ist, auf der Strände gänzlich fehlen. Obwohl eine Erschließung wegen der natürlichen Bedingungen äußerst schwierig war, erlebte Saba eine turbulente Geschichte, in der sich nach den Kariben Spanier, Holländer, Engländer, Schotten, Iren und Franzosen ansiedelten bzw. die Insel eroberten.

Allein zwischen 1781 und 1816 wechselte sie achtmal den Besitzer, bis sie schließlich **am 21. Februar 1816 endgültig an die Niederländer** fiel. Diese waren es auch, die in den Tälern und auf kleinen Terrassen an steil abfallenden Felswänden Wohnraum für zurzeit gut 1.400 Einwohner schufen. Viele Familien leben schon seit etlichen Generationen auf Saba, weswegen nur weni-

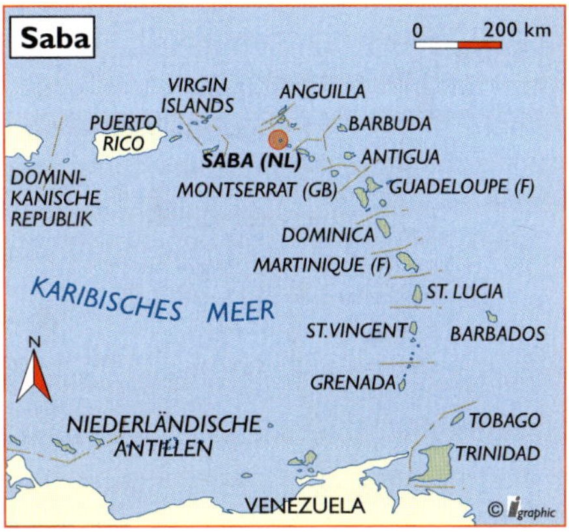

ge Nachnamen vorkommen (besonders häufig: „Hassel“ und „Johnsson“).

Während heute ein **kleiner Hafen** und eine **Landebahn** für Kleinflugzeuge den Zugang leicht machen, stand einer wirklich modernen Infrastruktur lange Zeit die gebirgige Inselwelt im Wege. Durch mühselig in den Stein geschlagene Stufenwege wurden die vier Ortschaften **The Bottom**, **Windwardside**, der kleine **Hafen Fort Bay** und **St. John's** miteinander sowie mit dem Ufer verbunden. Erst in den 1940ern konnte eine Straße (**The Road**), ebenfalls in Handarbeit, angelegt werden. So ist Saba das Schicksal einer touristischen „Invasion“ erspart geblieben und – mangels Stränden – auch für die Zukunft nicht zu erwarten. Dennoch besuchen die Insel jährlich rund 24.000 Touristen, zumeist im Rahmen einer **Tagesexkursion**. Wanderer und Taucher, die kein Highlife erwarten, werden sich hier sehr wohl fühlen. Und auch **Architekturinteressierten** hat die Insel mit ihren kleinen Holzhäuschen, von denen 30-40 über 100 Jahre alt sind, etwas zu bieten (ein gutes Beispiel ist das **Saba-Museum)**. Kurzum: die richtige **Insel für Individualisten**, die in Ruhe und entspannt die „andere Seite der Karibik“ kennen lernen möchten und weniger Wert auf Sandstrände und Nachtleben legen.

Sie können Saba mehrmals wöchentlich per Fähre von Sint Maarten/Saint-Martin aus erreichen oder mit dem Flugzeug. Da die meisten Besucher den Weg per Flugzeug wählen, wird im Folgenden zunächst der (einzige) Weg, der einfachheithalber „The Road“ genannt, vom Juancho E. Yrausquin Airport über die Ortschaften Windwardside und The Bottom bis zum Hafen beschrieben. Nachdem man sich vom **spektakulären Anflug** (Landebahn nur 400 m) erholt hat, bringt einen das Taxi in vielen Kurven bergauf zur kleinen Siedlung **Lower Hell's Gate**. Von hier aus kann man über einen schönen Pfad (*Old Sulphur Mine Walk*) wieder zur Nordküste hinunter wandern, wo es noch **55° C heiße Quellen** gibt. Durch das Upper Hell's Gate und an Bananenpflanzungen vorbei erreichen Sie Windwardside, das wirtschaftliche Zentrum von Saba.

Heiße Quellen

Windwardside

Der **550 m hoch** gelegene und **zweitgrößte Ort** der Insel bezaubert durch seine **weiß gestrichenen Holzhäuschen** mit roten Ziegeldächern, die Kirche und seine vorzügliche Lage. Mit dem **Touristenbüro am Lambee's Place**, einigen Gasthäusern und Tauchshops – hier können Sie die geringe Gebühr für den Marine Park bezahlen – sowie einem Laden für örtliches Kunsthandwerk, einer Bank, der Post und einer Café-Bar gibt es sogar eine bescheidene touristische Infrastruktur.

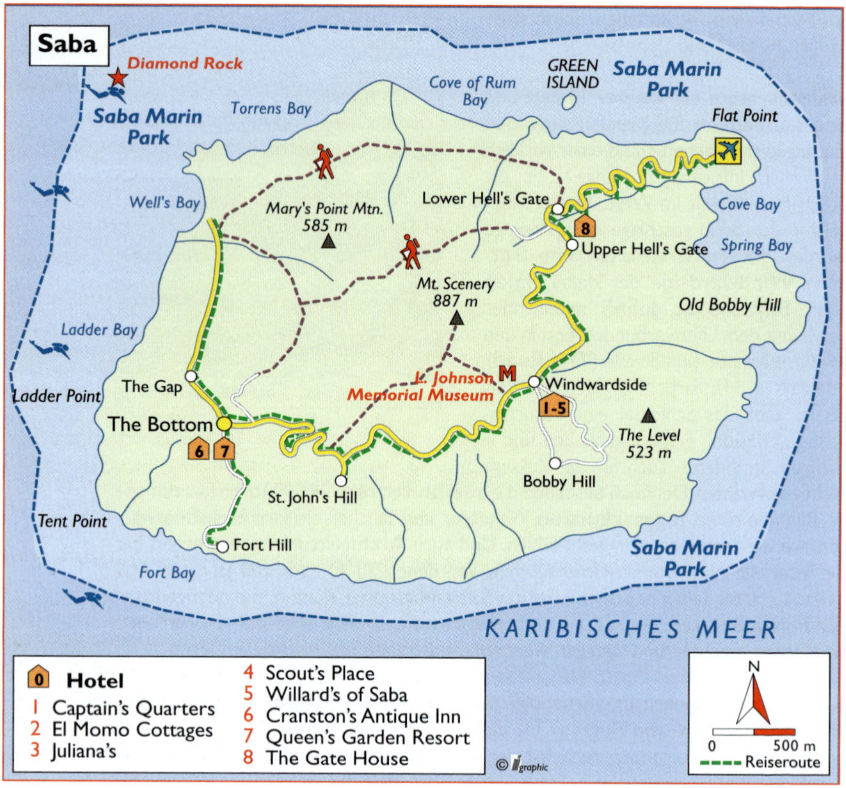

Hochgelegenes Dörfchen

Sehenswert sind die präkolumbischen Artefakte des **Harry L. Johnson Memorial-Museums**, einem kleinen, einstöckigen Bau in der typischen weiß-roten Farbgebung. Benannt wurde er nach einem Ex-Polizisten und Maler, der sich sehr um die Lokalgeschichte verdient gemacht hat. Mit Fotos und Dokumenten wird an die berühmten Kapitäne erinnert, die Saba hervorbrachte. Außer dem Gebäude selbst lohnt der kleine Garten den Besuch.
Harry L. Johnson Memorial-Museums, *Öffnungszeiten: Mo-Fr 10-12 Uhr und 14-15 Uhr.*

Nicht weit vom Museum befindet sich ein **restauriertes ehemaliges Kapitänshaus**, das heute das Hotel „Captain's Quarters" beherbergt. Von Windwardside aus sollten Sie unbedingt die Wanderschuhe anziehen und mindestens eine Wanderung unternehmen: Es geht über genau 1.064 aus dem Fels geschlagenen Treppenstufen zum Gipfel des Vulkans **Mount Scenery**, der mit **887 m über dem Meeresspiegel** eine prachtvolle Aussicht bietet – allerdings nur, wenn er nicht gerade mit Wolken verhangen ist, was leider in der Regenzeit recht häufig vorkommt. Ein Weg dauert ca. 1,5 Stunden. Ein Teil der Strecke kann auch mit dem Auto gefahren werden. Dort oben befinden Sie sich auf dem höchsten Berg der Niederlande!

INFO

Holländisches Leben in der Karibik

Fast schon 400 Jahre ist es her, dass holländische Kaufleute, Soldaten und Siedler ihren Fuss auf einige karibische Inseln setzten, die bis heute mehr oder weniger eng mit den Niederlanden verbunden blieben: **St. Eustatius** (ab 1626), **Curaçao** (ab 1632), **Aruba** (ab 1634), **Bonaire** (ab 1635), **Saba** (ab 1640/48) und **Sint Maarten** (ab 1641). Diese „Niederländischen Antillen" bilden nicht nur einen **unabhängigen Verbund von Inseln innerhalb des Königreichs der Niederlande** (seit 1986 hat sich **Aruba** von diesem abgekoppelt und besitzt einen Sonderstatus), sondern beleben das Bild der Karibik auch mit einem unübersehbaren holländischen Akzent.

Dies betrifft z.B. das Stadtbild und die Architektur von Willemstad auf Curaçao, das verschiedentlich schon als **„Klein-Amsterdam"** bezeichnet wurde. Doch auch die beiden Oranjestads (auf Aruba und Sint Eustatius) oder Kralendijk auf Bonaire präsentieren sich nicht nur vom Namen her als eindeutig niederländisch. In den Bars, Kneipen und Diskos werden, was Ausstattung, Mode und Musik betrifft, die Trends des fernen Mutterlandes nachgeahmt und das überwiegend jugendliche Publikum, das von niederländischen Chartermaschinen in die Karibik gebracht wurde, trinkt wie zu Hause Bier der Marken Heineken und Amstel.

Durch den hohen Anteil niederländischer Touristen scheint auch **das Holländische als Verkehrssprache** zumindest auf absehbare Zeit gesichert – trotz der einheimischen Papiemento-Sprecher und des Englischen, das teils durch die insulare Geschichte, teils durch den Fremdenverkehr allgegenwärtig ist. Während auf Saba und Sint Maarten die meisten Orts-, Flur- und Straßennamen eindeutig englisch sind, bestimmt auf den anderen niederländischen Antillen das Holländische zumindest die Land- und Stadtkarten, auf denen Straße *straat* heißt, Platz *plein*, Kirche *kerk*, Rathaus *stadhuis*, Gasse *steegje* und Bucht *baai*. Und noch etwas erinnert in der Karibik unübersehbar an holländisches Leben: Zwar gilt im Mutterland längst schon die Einheitswährung Euro, doch die Bovenvindse Eilanden halten treu an ihrem **Niederländisch-Antillianischen Gulden** (NAf) bzw. Aruba-Gulden (Af) fest.

Wenn Sie, oben angelangt, noch nicht genug gewandert sind, können Sie ca. fünf Stunden auf einem **„Eco-Trail"** die Fauna und Flora rund um den Mount Scenery erkunden. Des Weiteren bietet der Saba Botanik Trail, der unterhalb der Weaver's Cottages beginnt, einen umfassenden Eindruck von der insularen Pflanzenwelt. Hinter Windwardside bringt Sie The Road in westlicher Richtung an Kate's Hill, Peter Simon's Hill und Big Rendezvous vorbei über St. John's (schöner Blick nach Statia) hinunter zur „Hauptstadt" **The Bottom**.

The Bottom

Idyllisches Hauptstädchen

Mit 250 m liegt das etwa 400 Einwohner zählende Städtchen nicht wie der Name vermuten lässt „am Boden", sondern in aussichtsreicher Lage in einer Talsenke. Auch hier ist die **Architektur der flachen weißen Holzhäuschen mit roten Dächern** (teilweise mit Kaminen) sowohl hübsch als auch – angesichts der tropischen Umgebung – befremdlich. Seit in jüngster Zeit in dem kleinen Ort eine **medizinische Fakultät** eingerichtet wurde, zieht es regelmäßig junge Studenten auf die kleine Insel.

In The Bottom lohnt es sich, auf dem **Treppenpfad „The Ladder"** zur gleichnamigen Bucht zu wandern (besonders schön bei Sonnenuntergang). Die ca. 800 am Fels angelegten Stufen stellten vor dem Straßenbau (1940) den üblichen Weg für alle Personen und Waren dar, die zur „Hauptstadt" oder besser gesagt, dem Hauptstädtchen, gelangen wollten.

Beeindruckende Steilküste

Am Hell's Gate können Sie zur Sulphur Mine abbiegen. Nach ca. 30 Minuten erreichen Sie die alten Schwefelminen. Wenn Sie weiter die Nordküste entlangwandern wollen – mit ihrer beeindruckenden, aber auch nicht ungefährlichen Steilküste und der wilden Landschaft – empfiehlt die Saba Conservation Foundation, nicht ohne Führer zu wandern, da der Hurrikan „Lenny" im Jahre 1998 teilweise Wanderwege verschüttet hat. Zu Fuß, aber auch bequemer per Auto können Sie auf der Inselstraße The Road weiter südlich zum erst 1972 angelegten Inselhafen **Fort Bay** gelangen, von dem aus die Schiffspassagiere der mehrmals wöchentlich verkehrenden **Fähre** mit **Minibussen** zu einem Inselbesuch starten können.

Eine faszinierende Unterwasserwelt bietet der Saba Marine Park

Der Saba Marine Park

Die neben dem Vulkankegel **größte Attraktion** Sabas **liegt unter Wasser**. Gemeint ist der Saba Marine Park, zu dem ein breiter Ufer- und Meeresstreifen rund um die Insel bis zu einer Tiefe von rund 66 m gehört und in dem eine äußerst artenreiche Flora und Fauna beheimatet ist. In den dortigen Höhlen, Kliffs und Korallenriffen wimmelt es nur so von tropischen Fischen, Tümmlern und Meeresschildkröten. In 15 m Tiefe können Sie Ihre Hände in den Sand der Hot Springs stecken. Gelbes Gestein zeugt von **ehemaligen Schwefelquellen**. Die interessantesten Stellen, zu denen **Big Rock Market**, **Diamond Rock**, **Torrens Point** und **Well's Bay Point** sowie die **Korallenriffe Tent Reef** und **Custom's House Reef** gehören, sowie auch alle anderen Tauchspots, sind nur mit dem Boot zu erreichen. Röhren- und Fass-Schwämme, eine über Jahrtausende gewachsene Korallensäule, einen unterirdischen Vulkan, Ammenhaie, Amerikanische Stachelrochen, Hirn- und Weichkorallen sowie Elchhornkorallen, aber auch Delphine und riesige bunte Fischschwärme können Sie hier entdecken.

Tauchtouren werden u. a. von Fort Bay und Windwardside aus arrangiert. Wegen der Einschränkungen beim Tauchen und Schnorcheln im Naturschutzgebiet sollten Sie sich vorher beim Fremdenverkehrsamt oder beim Büro des Saba Marine Park informieren (s. S. 162).

Reisepraktische Informationen zu Saba

Information

Saba Tourist Office, *Windwardside, ☎ 599-416-2231/2322, 🖷 599-416-2350, www.sabatourism.com, Öffnungszeiten: Mo-Fr 8-17 Uhr.*

Unterkunft

Trotz der geringen Größe Sabas gibt es über die Insel verteilt eine gute Mischung aus teuren und mittelpreisigen guten Unterkünften und sogar einige einfache und verhältnismäßig günstige Herbergen. Die meisten Unterkünfte gibt es in Windwardside. Da es hier auch die meisten Verpflegungsmöglichkeiten, Touristeninformation und Restaurants gibt und auch zum Wandern der Ort eine gute Ausgangsbasis ist, empfehlen wir, die Unterkunft hier zu buchen. Denn wer schon immer einmal in den Niederlanden Bergsteigen wollte, der ist hier genau richtig. Auf dem Gipfel des Mount Scenery bietet sich in einer Höhe von über 800 m mit 270 Grad Sichtfreiheit fast ein Rundumblick auf das Karibische Meer und den Atlantik vom höchsten Punkt des niederländischen Königreiches. Und wer nicht wandern mag, der hat in Windwardside die Chance auf eine wundervolle Aussicht auf Berg und Meer.

***Windwardside** (s. Karte S. 156)*

Captain's Quarters $$$, *(1), Windwardside, ☎ 599-416-62201, 🖷 599-416-62377, www.ehi.com/travel/carib/eustatius/caribbean-saba-hotels-captain's-quarters.htm. Sehr gemütliches und wohl auch das bekannteste Hotel im restaurierten Kapitänshaus (19. Jh.), das hoch auf den Hügeln Sabas liegt und einen herrlichen Blick über den Ozean bietet. Kleiner Pool, zwölf Zimmer mit Balkon, sehr gutes Außenrestaurant in tropischem Garten (September geschlossen).*

El Momo Cottages $$, *(2), Windwardside, ☎ 599-416-3888, www.ecolodge-saba.com. Die elf individuell und liebevoll gestalteten Holzhütten sind wohl die günstigsten und schönsten einfachen Unterkünfte auf Saba. Inmitten des Regenwaldes gelegen, bietet sich aus den Hängematten von den hütteneigenen Terrassen eine wundervolle Aussicht auf stimmungsvolle Sonnenuntergangsszenerien. Teilweise gibt es Herdmatten und Badezimmer.*

Juliana's $$-$$$, *(3), Windwardside, ☎ 599-416-2269, 🖷 599-416-2389, www.julianas-hotel.com. Neun Zimmer, ein Appartment und zwei Cottages, alle mit Balkon, TV und Badezimmer bietet das helle und freundliche kleine Hotel mit einem kleinen Pool mit Aussichten auf Mount Scenery und Ozean.*

Scout's Place $$, *(4), Windwardside, ☎ 599-416-2740, 🖷 599-416-2741, www.sabadivers.com/. Das Hotel unter deutscher Leitung ist eine Mischung aus karibischen und europäischen Einflüssen. Das vor allem auf die Bedürfnisse von Tauchern und Naturliebhabern eingestellte Hotel bietet eine gemütliche Unterkunft, Zimmer mit TV, Telefon, Internet, Kühlschrank, Ventilator, eigenes Bad mit WC und Dusche. Alle 13 Zimmer verfügen über einen wunderbaren Blick aufs Meer sowie auf den Ort Windwardside und den Mount Scenery.*

Willard's of Saba $$$$$, *(5), Boby Hill/Windwardside, ☎ 599-41-62498, 🖷 599-41-62482, www.willardsofsaba.com. Eine Handvoll Zimmer mit Ozean-, Garten- und Sonnenuntergangsblick, Tennisplatz (beeindruckend am Hang), Swimmingpool, Bar, TV und Restaurant bietet Sabas luxuriöses und höchst gelegenes Hotel, das an den Hängen des Boby Hill oberhalb von Windwardside liegt.*

The Bottom

Cranston's Antique Inn $$$, *(***6***), The Bottom,* ☏ *599-63203,* 🖷 *599-63469, www.ehi.com. Schönes, altes Haus (in dem schon einmal Königin Juliana ihren Urlaub verlebte) mit guter Küche und Outdoor-Bar und nur fünf mit Antiquitäten ausgestattete, einfache Zimmer. Nur ein Zimmer hat ein eigenes Bad. Hoteleigenes Restaurant. Vom Haus aus gibt es einen schönen Fußweg zur Ladder Bay.*

Queen's Garden Resort $$$$, *(***7***), The Bottom,* ☏ *599-4163494,* 🖷 *599-54163495, www.queensaba.com. Ein Kilometer östlich des Ortes, recht einsam und oben am steilen Berg gelegen, bietet das stilvolle Hotel viele Antiquitäten, Swimmingpool und Jacuzzis. Alle Zimmer verfügen über einen Ausblick über das Anwesen auf die Karibische See. Einige haben eine kleine Küche und Klimaanlage. Es gibt auch private Villen – sehr schön, aber auch sehr teuer.*

Hell's Gate

The Gate's House $$, *(***8***), Hell's Gate* ☏ *599-4162416,* 🖷 *599-4162550, www.sabagatehouse.com. Gästehaus mit fünf geräumigen Doppelzimmern, davon zwei mit einer Kochecke, einem Cottage für drei Personen und einer Luxusvilla für zehn Personen, zwei Swimmingpools, Restaurant. Spektakulärer Blick auf das Meer und benachbarte Inseln.*

Essen und Trinken

Das gastronomische Angebot ist für die Größe der Insel überraschend vielfältig und umfangreich. Die meisten Restaurants befinden sich in Windwardside sowie in fast jedem Hotel. Natürlich finden sich auf jeder Karte eine große Auswahl an Fischgerichten. Wer nicht zuvor reserviert, sollte nicht zu spät zum Lunch oder Dinner erscheinen, da in der Regel die Küche mittags um 15 Uhr und abends um 21 Uhr geschlossen wird.

Windwardside

Brigadoon, *Windwardside,* ☏ *599-4162380. Nur ein paar Gehminuten von den Hotels in Windwardside entfernt befindet sich das Restaurant in einem Haus aus dem 18. Jh. Neben europäischer Küche und amerikanischem Fastfood gibt es hier täglich frischen Fisch. Besonders zu empfehlen sind die hausgemachten Desserts.*

Rainforest Restaurant, ☏ *599-4163888. Die Speisekarte zeichnet sich durch täglich wechselnde Gerichte aus. In den Kochtopf kommt, was der Garten gerade so hergibt. Frische absolut garantiert! Schöner Ort zum Entspannen und um Kolibris im Garten beim Blütennektarsaugen zu beobachten.*

Scout's Place, ☏ *599-4162205. Das Restaurant gehört mit zu den populärsten der Insel, und die Bar, ein beliebter Treffpunkt der Einheimischen, wird besonders voll, wenn abends die Taucher nach ihren Exkursionen eintreffen. Wer hier kein Drei-Gänge-Menü bestellen will, sollte sich an die Burger und Rotis halten.*

Hell's Gate

The Gate House Café, *Hell's Gate,* ☏ *599-4162416. Hausgemachte kreolische und französische Küche mit allem, was die Karibik an frischen Zutaten hergibt. Der Fisch wird direkt von den Fischern der Inseln gekauft. Es gibt sogar eine umfangreiche Weinkarte.*

Fort Bay

In Two Deep, ☏ *599-4163438. Hier treffen sich viele Taucher nach einem Tauchgang zum Mittagessen mit Blick aufs Meer und den kleinen Hafen. Es gibt recht günstige Sandwiches und Burger.*

➤ Anreise

Per Flugzeug

Alle Flüge nach Saba zum Flughafen Juancho E.Yrausquin *führen über die Insel Sint Maarten (Flugdauer von dort: zwölf Minuten), die täglich von Nordamerika, Europa und Südamerika angeflogen wird. Während der Wintersaison gibt es auch zahlreiche Charterflüge. Die Windward Islands Airways, kurz* Winair *(☏ 011-599-54-5-4230 (St. Maarten), www.fly-winair.com.) fliegt mehrmals täglich nach Saba und St. Eustatius. Für rund 110 US$ gibt es einen Rundflug St. Maarten-Saba-St.Maarten.*

Per Schiff

Mit dem Schiff wird der kleine Insel-Hafen Fort Bay mehrmals in der Woche von Sint Maarten (Philipsburg) aus angesteuert:

- *Von der auf Saba ansässigen Fährgesellschaft Saba C-Transport mit der Fähre „Dawn II" (www.sabactransport.cabanova.com/).*
- *Es verkehren die Touroperators Aqua Mania Adventures mit den Hochgeschwindigkeitsfähren „The Edge I/II" von Sint Maarten, Simpson Bay/Pelican Marina, ☏ 599-544-2640, 🖷 599-544-2476, www.stmaarten-activities.com*
- *Von The Voyager von der Marina in Marigot/Saint-Martin aus, ☏ 590-871068 (franz. Seite), ☏ 599-542-4096 (niederl. Seite), www.voyager-st-barths.com/us/saba_us.php*

➤ Ausreisegebühren/Airport Tax

Die Flughafengebühr beträgt für Ziele der Niederländischen Antillen 5 US$ und zu anderen Zielen 20 US$ pro Person.

➤ Feiertage/Feste

Die offiziellen Feiertage sind die gleichen wie in Sint Maarten. Zusätzlich findet in Saba der Karneval im Juni *statt. Das bedeutet, eine Woche lang werden Karnevalparaden gefeiert, finden Steelband-Wettbewerbe statt und die ganze Insel steht Kopf. Etwas kürzer, aber nicht weniger intensiv wird während der* Saba Days *Anfang Dezember gefeiert. Auch beim „Mini Winter Carnival" dominieren Wettbewerbe der Karnevalsaison, Sportereignisse, Steelbands und Tanzwettbewerbe.*

➤ Medien

Ein Blick in die regionale Presse lohnt sich wegen aktueller Veranstaltungen, lokaler Telefonnummern und eines tieferen Einblicks in das Inselleben. Sie erhalten niederländische Tageszeitungen und die Lokalzeitung von Sint Maarten „The Daily Herald". In den Hotels empfangen Sie via Satellit zumeist TV-Sender der USA und der Niederlande.

➤ Öffnungszeiten

Geschäfte: *Mo-Fr 9-12 Uhr und dann wieder ab 13/14 oder 14.30 geöffnet und ab 17 Uhr bzw.18 Uhr wieder geschlossen. Sa in der Regel bis mittags geöffnet.*
Banken: *siehe unter dem Stichwort „Währung,* *S. 163.*
Post: *Mo-Fr 8-12 Uhr und 13-17 Uhr*

➤ Post und Telekommunikation

Briefe brauchen per Luftpost ca. zwei Wochen in die USA und nach Europa. Telefone sind in fast allen Hotels mit direkter Duchwahl vorhanden. Zusätzlich gibt es öffentliche Fernsprecher in Windwardside und The Bottom.

➤ Sport

Die Insel eignet sich besonders für **Taucher, Schnorchler** *und* **Wanderer.**

Für Taucher bieten die vielen Wracks und eine noch intakte Unterwasserwelt eines der schönsten Reviere der Karibik. Besonders spektakulär ist der Küstenteil von der Tent Bay bis zur Ladder Bay und das Gebiet um den Diamond Rock. Alle Tauchspots sind nur per Boot zu erreichen. Vor Ihrem Tauchgang sollten Sie sich jedoch wegen der Verhaltensregeln im – unter Naturschutz stehenden – Marine Park beim Touristenbüro in Windwardside oder beim Büro des **Saba Conservation Foundation** *in Fort Bay erkundigen: ☏ 599-416-3295 🖷 599-416-3435, www.sabapark.org.*

Tauchschulen

Saba Deep Dive Center, *Windwardside/Fort Bay, ☏ 599-416-3347, 🖷 599-416-3397, www.sabadeep.com*

Saba Divers, *Windwardside/Fort Bay, ☏ 599-416-2740, 🖷 599-416-2741, www.sabadivers.com*

Saba Deep, *Fort Bay, ☏ 599-416-2246, 🖷 599-416-2362, www.sabadeep.com*

Wandern

Es ist noch gar nicht so lange her, dass ausschließlich Fußmärsche und das Reiten mit dem Maulesel die üblichen Fortbewegungsarten auf Saba waren. Nur so gelangte man auf den **schmalen und oftmals sehr steilen Wegen von Dorf zu Dorf.** *Heute sind diese Wege die Basis für das auf Saba hervorragende Wanderwegesystem, das die Saba Conservation Foundation (***Kontakt siehe oben unter „Sport"***) pflegt und weiter ausbaut. Die Naturschutzorganisation hat einen kleinen* **Wanderführer** *herausgegeben. Allerdings sollten Wanderwillige sich erkundigen, ob wirklich alle Wanderwege begehbar sind. Die Schäden des Hurrikan „Lenny" (1998) sind zwar so gut wie nicht mehr sichtbar, doch wurden einige Wege damals verschüttet und zum Teil lange Zeit nicht wieder eröffnet. Korrekturen auf den Wanderkarten gab es allerdings nicht. Auch sind einige Wege nur mit Führer zu empfehlen. Von daher sollten Sie sich nicht nur die Wanderkarten bei der Naturschutzorganisation besorgen, sondern auch die aktuellen Informationen.*

Besonders schön ist die **eineinhalbstündige Wanderung zum Mount Scenery:** *1.064 Stufen müssen überwunden werden, bevor einen der einmalige Blick über die Insel und auf das Karibische Meer und den Atlantik belohnt. Der* **Nationalpark** *oberhalb der* **Ladder Bay** *weitet das gepflegte System der Wanderwege aus. Wenn Sie jedoch vom Nationalpark weiter an die Nordküste wandern möchten, sollten Sie einen Führer zu Rate ziehen. Auskunft unter: ☏ 599-416-3281 oder 599-416-3307.*

➤ Strom

US-Standard, 110 Volt, Adapter ist notwendig.

➤ Trinkgeld

Es gibt eine Government-Room-Tax von fünf Prozent, die automatisch auf die Zimmerrechnung gesetzt wird. Das Trinkgeld beträgt zehn bis 15 Prozent und wird zur Rechnung addiert. Taxifahrer und Inselführer sollten nach ihrer Leistung ein angemessenes Trinkgeld bekommen.

➤ Verkehrsmittel

Einen öffentlichen Nahverkehr mit Bussen gibt es nicht. Auch an Mietwagen steht nur ein sehr begrenztes Kontingent zur Verfügung. Auf Saba bewegt man sich am besten mit Taxis weiter oder wandert. Taxis haben jeweils festgelegte Fahrpreise. Sie können auch für eine Inselrundfahrt gebucht werden.

➤ Währung

Offizielle Währung ist der Antillen-Gulden (NAf). Daneben werden Travellerschecks und US$ weithin angenommen; bei Kreditkarten ist die Akzeptanz nicht besonders groß. Travellers Cheques, US-Dollar und die meisten Kreditkarten werden fast überall akzeptiert.

Banken *(in Windwardside und The Bottom gibt es auch Geldautomaten):*

- *RBTT Bank (Royal Bank of Trinidad and Tobago), Windwardside, ☏ 599-416-454/2453, 🖷 599-416-2452, geöffnet von 8:30-15.30 Uhr.*
- *First Caribbean International Bank, Windwardside, ☏ 599-416-2216, 🖷 599-416-2475, geöffnet von 8:30-15.30 Uhr.*
- *Windward Island Bank, The Bottom, ☏ 599-416-3900, 🖷 599-416-3901, Mo-Do 15-17Uhr, Fr 13.30-15-30 Uhr.*

Steckbrief: Sint Eustatius

Die Silhouette der Insel bestimmt der erloschene und 601 m hohe **Vulkan Quill**, an dessen Hängen sich ein **dichter Regenwald** ausbreitet. Und damit ist fast auch schon gut die Hälfte der gerade mal **21 km²** großen und nur wenig mehr als Saba messenden Insel Sint Eustatius ausgefüllt. Den Rest teilen sich **kleinere Hügel im Norden** (Boven mit 289 m, Signal Hill mit 228 m) und die „Hauptstadt" **Oranjestad**, der **Flughafen** und die **Landwirtschaft** auf der in der Mitte liegenden Senke. Zur Küste hin fällt die Insel mit Kalksteinplateaus oder grauen bzw. beigefarbenen Stränden ab.

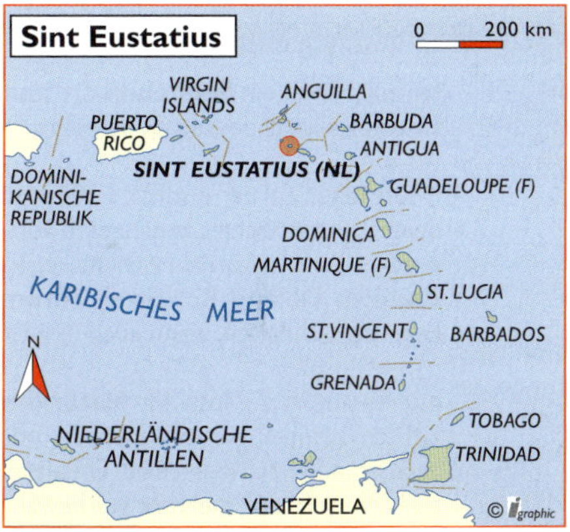

Die Geschichte von **„Statia"**, wie das Eiland kurz genannt wird, ist noch turbulenter als die Sabas. Gemeinsam ist beiden die Entdeckung durch Kolumbus (1493) und eine **lange Reihe von Eroberungen und Rückeroberungen** durch Briten, Holländer und Franzosen. Nicht weniger als 22-mal wechselte die Insel den Besitzer, bis sie **1816 endgültig unter die niederländische Flagge** kam. Anders als Saba jedoch liegt Sint Eustatius, das zudem über einen eigenen Hafen verfügt, an wichtigen Seefahrtsrouten – und wurde berühmt und wohlhabend.

Ständige Besitzerwechsel

Einsame Sandstrände mit feinem Korallensand auf Sint Eustatius

Nicht ohne Grund wurde Statia, das im 19. Jahrhundert fast 20.000 Einwohner zählte, damals **„Golden Rock"** genannt. Als holländischer **Warenumschlagplatz** (Zucker, Tabak, Rum, Sklaven) war das Eiland von enormer Bedeutung und eine der reichsten Inseln der Karibik. Im amerikanischen Unabhängigkeitskrieg wurden die 13 aufständischen Kolonien von hier aus mit Waren versorgt. Es war auch Statia, wo 1776 zum ersten Mal für ein Schiff mit amerikanischer Flagge (die „Andrea Doria") Salut geschossen und damit von einer ausländischen Macht anerkannt wurde. Mit der Abschaffung des Sklavenhandels, der Nutzung neuer Schifffahrtsrouten und dem Rückgang des holländischen Westindienhandels wurde dieser wirtschaftlichen Blüte Statias der Boden entzogen. Zudem bestrafte der englische *Admiral Rodney* 1781 die Insel für ihre Unterstützung der USA und plünderte das damals immerhin 4.000 Einwohner zählende Oranjestad. Und zu guter Letzt zerstörte wenige Jahre später auch noch ein **Seebeben** die Stadt. Die frühere Ausdehnung ist heute nur noch an den zahlreichen Ruinen ablesbar.

Heute leben auf der Insel ca. 1.500 Menschen, und zwar, neben Fischfang und bescheidener Landwirtschaft, zunehmend vom Tourismus. Durch den **Tiefseehafen**, der das Anlegen von Kreuzfahrtschiffen möglich macht, den guten Yachthafen und den **Franklin Delano Roosevelt Airport** ist Statia gut am karibischen Fremdenverkehr angeschlossen, wenn auch in weit geringeren Ausmaßen als etwa Sint Maarten.

Archäologische Funde

Interessant ist die Insel für **Naturliebhaber**, die Ruhe suchen, auf Nachtleben verzichten können, gerne **wandern** oder **tauchen** und auch mit kleineren, grauen Sandstränden zufrieden sind. Ebenfalls kommen Kulturreisende auf ihre Kosten: Statia kann nicht nur mehrere gut bewahrte Baudenkmäler bzw. Ruinen aufweisen, sondern besitzt auch eine **historische Gesellschaft**, die archäologische Ausgrabungen leitet. Mit finanzieller Unterstützung von *Königin Beatrix* erwarb sie zudem das De-Graaf-Huis und baute dort ein Museum auf. Das Haus gehörte einem reichen Händler und stammt aus dem Jahre 1750. Besonders stolz ist die Insel auf die **präkolumbischen Artefakte**, die ein archäologisches Team der Universität Leiden auf Anregung der Gesellschaft bei Ausgrabungen freilegte.

Antigua und Barbuda

Wichtige Telefonnummern auf einen Blick

Telefonvorwahl	☏ 268
Internationale Vorwahl	☏ 001-268
Diplomatische Vertretung	☏ 462-3174
Krankenhaus (Holberton Hospital)	☏ 462-0251
Polizei	☏ 462-0360
Touristeninformation	☏ 462-0480

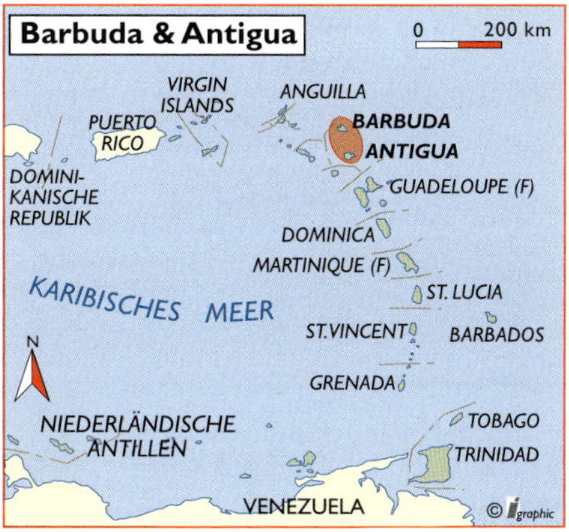

Inselbeschreibung: Antigua

Der selbstständige Inselstaat Antigua (ausgesprochen: *Än-tih-ga*) besteht aus der Hauptinsel, den kleineren Schwestern Barbuda und Redonda sowie einem ganzen Kranz kleinerer Trabanten. Mit 18°5' nördlicher Breite liegt er nördlich von Guadeloupe *über dem Wind*.

Das Landschaftsbild der Hauptinsel ist **hügelig**, aber nicht sehr hoch, wobei sich die niedrigen Berge rund um eine zentrale Ebene gruppieren. Der Untergrund ist hauptsächlich **Korallenkalk**, im Südwesten jedoch vulkanisches Gestein, das im Boggy Peak mit 405 m seinen höchsten Punkt erreicht. Die alte vulkanische Tätigkeit macht sich hin und wieder durch Erdbeben bemerkbar. So wurde u. a. 1843 St. John's schwer in Mitleidenschaft gezogen. Das ehemalige grüne Waldkleid der Insel fiel in den letzten 300 Jahren den Zuckerplantagen zum Opfer; nur entlang des Fig Tree Drive sind **kleinere Regenwald-Bestände** erhalten.

Ein Strand für jeden Tag des Jahres

Durch die Abholzung gingen die ohnehin nicht starken Niederschläge zurück, so dass auch der Zuckerrohranbau immer wieder von Dürreperioden beeinträchtigt wurde. Heute versucht man, durch Aufforstung und Wasserrückhaltebecken der Landwirtschaft eine neue Grundlage zu geben. Der **größte natürliche Schatz** Antiguas ist seine **außerordentlich reich gegliederte Küste** mit natürlichen Häfen, tiefen Einschnitten, **sichelförmigen Buchten** und vorgelagerten Inselchen sowie ausgedehnten Korallenriffen. Die **vielen feinen Sandstrände** – 365 sollen es sein – prädestinierten die Insel für den Aufbau des Fremdenverkehrs.

Hinweis

Mehr zur Geschichte sowie politischen und geografischen Zuordnung erfahren Sie unter „Die Geschichte von Antigua und Barbuda, Anguilla, Montserrat sowie St. Kitts und Nevis“ *S. 215.*

Reisepraktische Informationen zu Antigua und Barbuda

Information

Es gibt nur eine Touristeninformation und die befindet sich in St. John's auf Antigua: **Antigua and Barbuda Department of Tourism,** *Government Complex, St. Johns, Queen Elizabeth Highway, ☏ 268-462-0480, 🖷 268-462-2483, www.antigua-barbuda.org.*

Unterkunft

Die Unterkunftsangebote (insgesamt ca. 3.300 Zimmer) reichen von einfachen Pensionen bis zu luxuriösen Anlagen. Es besteht zwar keine Hotelklassifizierung, doch kann man sagen, dass mehr als die Hälfte der Hotels der 4- bis 5-Sterne-Kategorie zugeordnet werden können. Das bedeutet allerdings auch, dass die meisten Unterkünfte auf den Inseln, die fast alle am Strand oder in unmittelbarer Strandnähe liegen, sehr teuer sind. Dafür bieten alle Anlagen ein umfangreiches Sport- und Unterhaltungsangebot. Wer bereit ist, außerhalb der Hauptsaison von Weihnachten bis Ostern zu buchen, der kann entschieden günstigere Hotelzimmer ergattern. Auf Barbuda existieren derzeit neben den drei Luxushotels nur einige wenige Privatunterkünfte. Das „günstigste" ist das „Beach House" in Palmetto Point. Dort sind Sie schon ab ca. 560 US$ für eine Nacht dabei. Gute Internetseiten für die Buchung von Unterkünften sind: www.antiguahotels.org, www.antigua-vip.org, www.barbudaful.net.

Redaktionstipps

- Tee trinken im ehemaligen Pech- und Teerlager in der historischen Schiffswerft **Nelson's Dockyard** (S. 185).
- **Panoramablick** auf die Insel vom **Lookout Point der Shirley Heights** genießen, Cocktails schlürfen und Live-Musik hören (samstags) (S. 186).
- Frühstückskorb packen und **Sonnenaufgang an der Half Moon Bay Beach** erleben (S.187).
- Atmosphäre der international beliebten und wegen der starken Winde berüchtigten **Segelwoche** Ende April in sich aufnehmen und ordentlich mit Rum mitfeiern – und zwar vor, nach und während der fünf Wettfahrten!
- Freitags oder samstags am bunten, lauten und **typisch karibischen Markttag** frische exotische Früchte und Gemüse einkaufen.

Barbuda

- Auf Barbuda relaxen und sich entweder am kilometerlangen, **rosa schimmernden Strand zwischen Palmetto und Coco Point** legen oder von Codrington aus mit kleinem Motorboot auf die **Codrington Lagoon** zu den riesigen Mangrovenwäldern des Vogelschutzgebietes **Frigat Bird Sanctuary** tuckern (S. 192).

Essen und Trinken

Neben internationaler Küche in den meisten großen Hotels gibt es viele einheimische Spezialitäten und Gerichte auf den Speisekarten der Restaurants in St. John's. Achten Sie auf den **Pepper Pot,** *die kulinarische Besonderheit von Antigua und Barbuda. Dieser kreolische, herb-süße Fleischeintopf wird mit Okraschoten und Kartoffeln gekocht und mit Funghi, eine Art Polenta aus Maisbrei und Salzfisch gereicht. Daneben gehören Meeresfrüchte und mariniertes und gegrilltes Geflügel zu den Inselspezialitäten. Desserts werden gerne mit Kokosnuss, Mango oder Papaya zubereitet. Berühmt ist Antigua für die schwarze Ananas, die frisch geerntet auf dem Wochenmarkt in St. John's angeboten wird. Die „black pineapple" ist süßlicher als die, die wir in Europa kennen, und ist für den Zwei-Insel-Staat so charakteristisch, dass sie sogar ins Inselwappen aufgenommen wurde. In den Bars sollten Sie einen Cocktail mit einer der auf Antigua produzierten Rum-*

sorten probieren. Das sind „Cavalier" und „English Harbour" – auch pur **on the rocks** *zu trinken. Wer lieber Bier mag, für den gibt es das antiguanische „Wadadli", dessen Name die ursprüngliche indianische Bezeichnung für Antigua ist. Es wird aus Meerwasser gebraut und eiskalt getrunken.*

➤ Anreise

Per Flugzeug

Antigua ist gut an das internationale und innerkaribische Flugsystem angebunden. Von Deutschland aus fliegt **Condor** *einmal wöchentlich ab Frankfurt den Zwei-Insel-Staat an (Flugzeit ca. 9,5 Stunden). Zudem fliegt British Airways von London nach Antigua. Es gibt auch Direktflüge aus den USA oder Anschlussflüge von Nordamerika via Saint-Martin. Auch innerkaribisch sind die Verbindungen von und nach Antigua gut. Die regionalen Fluggesellschaften* **Liat, Caribbean Airlines** *und* **WinAir** *steuern täglich mehr als 20 Inseln, vor allem in der Ostkaribik, an.*

Ausreisegebühr/ Airport Tax

Bei der Ausreise wird eine Gebühr fällig, die 20 US$ oder 50 EC$ beträgt.

Per Schiff

Der Anleger für die zahlreichen Kreuzfahrtschiffe ist der Heritage Quai im **Hafen von St. John's.** *Ansonsten ist Antigua übers Wasser nur per Segel- oder Motorschiff zu erreichen,* **Fähren verkehren nicht.** *Darüber hinaus bieten allerdings eine Vielzahl von Charteragenturen die Möglichkeit, privat mit dem Schiff anzureisen. Die Großsegler „Sea Cloud" und „Sea Cloud II" nutzen St. John's als Heimathafen im Winterhalbjahr und legen jeweils montags zu ihren Törns durch die karibischen Gewässer ab. Die Zoll- und Einwanderungsbehörden befinden sich in St. John's Harbour, Crabbs Marina, English und Jolly Harbour.* **Auf Antigua** *selbst können Sie im Hafen von St. John's Segel- und Motorboote chartern, mit und ohne Besatzung, ebenso an der Westküste in English Harbour, in St. James im Süden oder in Crabbs Marina im Nordosten.*

Zwischen St. John's und Barbuda *verkehrt der* **Barbuda Express** *an fünf Tagen in der Woche. Die Überfahrt dauert 90 Minuten. Unter* **www.antiguaferries.com** *werden auch Tagestouren angeboten.*

Charteragenturen vor Ort

- Nicholson's Yacht Charters, ☏ *617-661-0554, www.nicholsonyachts.com*
- Sun Yacht Charters, ☏ *207-236-9611, www.saltyseas.com/sun.html*
- Nicholson Yacht Charters Inc., ☏ *617-661-0555,* 📠 *617-661-0554, www.yachtvacations.com*

➤ Diplomatische Vertretung

Honorarkonsulat der Bundesrepublik Deutschland, *Ocean View, Hodges Bay, Antigua,* ☏ *268-462-3174,* 📠 *268-462-3496.*

➤ Exkursionen

Antigua ist im wahrsten Sinn des Wortes relativ überschaubar, da die Insel **keine höheren Berge** *besitzt, sondern verhältnismäßig eben ist. Aber auch sonst ist die Insel nicht kompliziert zu erkunden, so dass eine geführte* **Inselrundfahrt** *nicht unbedingt notwendig ist. Den-*

noch gibt sie einen ersten Überblick. Der Vorteil einer geführten Inseltour ist zudem, dass Sie z. B. bei einem Tagesbesuch Zeit sparen. Handeln Sie auf jeden Fall den Preis für eine solche Tour mit dem Taxifahrer vorher aus. Die Küste und vorgelagerten Inseln lohnen sich auf jeden Fall während eines gemütlichen **Segeltörns**, *einer Tour mit einem Katamaran oder mit Jolly Roger's „Piratenschiff" zu erkunden. Von besonderem Reiz ist es natürlich, die Außenposten* **Barbuda** *und* **Redonda** *zu besuchen.*

Fast täglich werden auch **eintägige Flugreisen** *zu den benachbarten Inseln* **Montserrat, Nevis und St. Kitts** *oder* **Guadeloupe** *angeboten. Besonders empfehlenswert ist eine*

Tagestour nach Montserrat und seinem Vulkan Soufrière, der 1997 einen großen Teil der Insel unter Schutt und Asche begrub.

Touren nach Montserrat *inklusive, Inselbesichtigung mit Blick auf den Vulkan, (Vulkantour seit 2007 nicht mehr möglich), Mittagessen und Transport bieten an:*
Carib Travel World, *Woods Centre, St. John's, Antigua, ☏ 268-480-2999*
Davis International Trading & Tours, *Cassada Gardens, Antigua, ☏ 268-770-5687/561-1081*
D&J Forwardes & Tours, *St. John's Antigua, ☏ 268-773-9766/728-0073/726-9133*

365 Strände, für jeden Tag im Jahr einen anderen

Katamaran-Touren *bieten an:*
Wadadli Cats, *☏ 268-462-4792, 📠 268-462-3661, www.wadadlicats.com: moderner und schneller Mega-Kat „Spirit of Antigua", Touren rund um die Insel.*
Treasure Island Cruises, *☏ 268-461-8675, 📠 268-461-8698, www.treasureislandcruises.ag. Inselrundfahrten, Entertainment, Barbecue- und Picknick-Touren.*
Kokomo Cat Cruise Ltd., *☏ 268-462-7245, 📠 268-462-5336: Inselrundfahrt, Vogelnationalpark, Schnorcheltouren.*

➤ Flughafen

Der V. C. Bird International Airport liegt im Norden der Insel, etwa 6 km von St. John's und 20 km von English Harbour entfernt. Er verfügt über alle üblichen Einrichtungen wie Taxi-Stand, Mietwagen-Counter, Bank, Post, Restaurant und Duty-Free-Shops.

➤ Medien

Die Medienlandschaft zeichnet sich auf Antigua nicht gerade durch ihre Vielfalt aus. Internationale Zeitungen sind nur sehr schwer zu bekommen, wenn es sie gibt, sind sie sehr schnell vergriffen. Die örtliche Presse besteht aus der regierungsfreundlichen „Antigua Sun" und dem eher kritisch eingestellten „Daily Observer". Für Touristen dient zur ersten Orientierung die in Hotels ausliegende Broschüre „Adventure".

➤ Öffnungszeiten

Geschäfte: *Es gibt keine einheitliche Regelung bei den Öffnungszeiten der Geschäfte auf den Inseln. Die Kernzeit liegt Mo- Fr von 8.30-16 Uhr, wobei viele zwischen 12 und 13 Uhr eine Mittagspause einlegen und am Donnerstagnachmittag geschlossen sind. Lebens-*

mittelläden, Souvenirshops u. a. machen oft keine Mittagspause.
Banken: *Mo-Do 8-14 Uhr, Fr 8-16 Uhr*
Post: *Mo-Do 8-16.30 Uhr, Fr bis 15 Uhr*

➤ Post
Die Hauptpost befindet sich in St. John's am Ende der **Long Street**, *weitere Poststellen befinden sich am* **Flughafen** *und in* **Nelson's Dockyard**.

➤ Preisniveau
Für karibische Verhältnisse sind Antiguas Preise teuer bis ziemlich teuer. Barbuda ist außerhalb der Luxusresorts moderat. Ein Zimmer in den Hotelanlagen ist für einen Normal-Urlauber allerdings nicht bezahlbar.

Feiertage

- *Neujahrstag (1. Januar)*
- *Karfreitag*
- *Ostermontag*
- *Tag der Arbeit (erster Montag nach dem 1. Mai)*
- *Pfingstmontag*
- *Caricom Tag (erster Montag im Juli)*
- *Queen's Birthday (zweiter Samstag im Juni)*
- *Karneval (erster Montag und erster Dienstag im August)*
- *Unabhängigkeitstag (1. November)*
- *V.C. Bird Day (9. Dezember)*
- *Weihnachten (25./26. Dezember)*

➤ Reiseagenturen
Einige Reisebüros und -agenturen bieten Inselrundfahrten, Exkursionen zu Wasser und Ausflüge zu den Nachbarinseln an. Als besonders zuverlässig hat sich erwiesen:
Antours, *Corner Long & Thames Street, St. John's, ☏ 268-462-4788, 🖷 268-462-4799 und am Flughafen: 268-460-7374 🖷 268-462-4799.*

➤ Souvenirs
Auf Antigua brauchen Sie sich keine Sorgen um Souvenirs zu machen – die Souvenirs kommen zu Ihnen! Jeder von Touristen besuchte Strand ist gleichzeitig Betätigungsfeld für etliche „fliegende Händler" mit den üblichen Mitbringseln im Angebot. Augen auf: Teilweise sind wirklich sehr schöne T-Shirts oder **Stoffe** *etc. darunter. Ansonsten hat die Hauptstadt St. John's ein breit gefächertes Angebot, hauptsächlich in den Einkaufsstraßen St. Mary's Street, Long Street und High Street.*

Beliebte Mitbringsel sind **Stroh- und Sisalartikel**, *die örtliche* **Rummarke** *Cavalier,* **Pfeffersaucen**, **Tonwaren** *(besonders die auf der Insel zum Grillen benutzten Gefäße),* **Batik- und Siebdruckstoffe**, *Schmuck, englisches Porzellan und Parfums. Oder wie wäre es mit einem originellen* **Warri-Brett**, *auf dem eine komplizierte Art von antiguanischem Backgammon gespielt wird?*

Zusätzliche Einkaufsmöglichkeiten bieten Heritage Quay und Redcliffe Bay an. Duty-Free-Shopping-Center vorwiegend mit Kreuzfahrt-Kundschaft am Heritage Quay. Hier können auch Inselurlauber gegen Vorlage des Flugtickets in über 40 Geschäften lokale und interna-

Hinweis

Denken Sie daran, auch kurz vor der Abreise gekaufte Flüssigkeiten wie Saucen, Parfums, Alkoholika etc. aus dem Handgepäck zu nehmen, sonst sind Sie die Souvenirs schnell wieder los. Auch spitze Andenken wie z. B. Muscheln landen beim Security Check im Flughafen gnadenlos im Papierkorb.

Ab und zu tut eine Pause vom Einkaufen gut

tionale Waren einkaufen. Ganz in der Nähe ist Redcliffe Bay, ein ähnliches, jedoch kleineres Einkaufszentrum. Das modernste ist das Wood Center in St. John´s mit Postschalter, Supermarkt und zahlreichen Geschäften.

➤ Sport

Antigua und Barbuda sind untrennbar mit dem Wassersport verbunden. Das breit gefächerte Angebot erstreckt sich vom Schwimmen an den (öffentlichen) Stränden übers Tauchen und Schnorcheln bis hin zu sämtlichen Segel- und sonstigen Bootssportarten wie Wasserski, Hochseefischen, Windsurfen und Kite-Surfen, das sich immer größerer Beliebtheit erfreut.

Tauchen

Rund um die Insel locken **Korallenriffe** *und phantastische Spots wie* **Cades Reef** *(Südküste Antiguas, vier Kilometer langes Riff über extrem fischreichem Gewässer). Aber auch Sandy Island Reef, Horseshoe Reef, Barracuda Alley und Little Bird Island sowie die Deep Bay mit einigen Schiffswracks sind für Anfänger und Fortgeschrittene traumhafte Tauchspots. Die Süd- und Ostküste Antiguas und fast die gesamte Küste Barbudas sind durch Sand- und Felsbänke geschützt und bieten bei geringer Strömung ideale Voraussetzungen für das Tauchen und Schnorcheln im 26-28°C warmen Wasser.*

Es gibt viele **hoteleigene Tauchschulen** *für Anfänger und Fortgeschrittene, u. a.:*

Jolly Dive, *Jolly Harbour, ☏ 268-462-8305, 🖷 268-462-8305, www.jollydive.com*
Dive Antigua, *c/o Rex Halcyon Cove Resort, ☏ 268-464-3483, www.diveantigua.com*
Dockyard Divers, *☏ 268-460-1178, www.dockyard-divers.com*
Sandals Antigua Watersportsscuba diving charter, *☏ 268-462-0267*
Octopus Divers, *☏ 268-460-6286, www.octopusdivers.com*
Antigua Scuba Centre, *Antigua Yacht Club Marina, English Harbour, ☏ 268-729-4698, www.antiguascuba.com*

Segeln

Wer gerne segelt, wird sicher auf seine Kosten kommen. Entweder nehmen Sie an einer **Katamaran-Tour** *rund um die Insel teil oder Sie* **chartern sich ein Segelboot**: *Vom hundert Jahre alten Schoner bis zur luxuriösen Großyacht steht alles im Programm. Das umfangreichste Angebot (mehr als 80 Segelboote und Yachten) hat* **Nicholson Yacht Charters** *Inc. Die Kontaktadresse befindet sich allerdings in den USA in Massachusetts: 29 Sherman St. 1, Cambridge, MA 02138, ☏ 617-661-0555, 🖷 617-661-0554, www.yachtvacations.com. Höhepunkte für Segler sind die Antigua Sailing Week und die Antigua Classic Yacht Regatta.*

Hochseeangeln

Dieser Sport ist in den antiguanischen Gewässern sehr beliebt und ganzjährig möglich. Über einige Agenturen und Hotels, darunter Blue Waters Beach, Runaway und St. James's

Club, kommen Sie an entsprechende Boote. Charterboote bieten an:
Nightwing, *eine ca. 35 Fuß lange Yacht, die vom Falmouth Habour ablegt,* ☎ *268-460-5337, www.fishantigua.com. Kosten: ca. 350 US$ für vier Stunden, ca. 500 US$ für fünf Stunden, Trinkgeld nicht inbegriffen.*
Overdraft, *ca. 40 Fuß langes Tiefseefischerboot,* ☎ *268-464-4954, www.antiguafishing.com, Kosten: ca. 400 US$ für vier Stunden, ca. 500 US$ für 6 Stunden. Weiterhin werden für Wassersportbegeisterte Wasserski, Windsurfen (für Fortgeschrittene ist die Atlantikseite ideal) und Paragliding angeboten.*

Golf

Für Golffreunde gibt es **zwei 18-Loch-Golfplätze**, *einen im* ***Cedar Valley Golf Club,*** ☎ *268-462-161, und in* ***Jolly Habour Golf Course****. Im November finden die Antigua Open im Cedar Valley Golf Club sowie die Eastern Caribbean Golf Championships statt. Barbuda verfügt über einen 9-Loch-Golfplatz im Hotel K-Club.*

Tennis

Schon wegen der internationalen Turniere wird Tennis auf Antigua groß geschrieben, und alle größeren Hotels haben eigene Plätze – zumeist auch mit Flutlichtanlage. Ansonsten gibt es einen öffentlichen und modernen Court mit Flutlicht im **Temo Sports Complex**, *Falmouth Bay.*

Sonstiges

Auch **Squash** *und* **Reiten** *stehen auf dem Programm.* **Fahrräder** *vermieten einige Hotels und Cycle Crazy in der St. Mary's Street in St. John's,* ☎ *268-462-9253. Für Zuschauer eignen sich Fußballspiele, Pferderennen und Triathlon-Meisterschaften. Bei den Einheimischen ist der* **Volkssport Cricket** *am beliebtesten. Für die Cricket-Weltmeisterschaften im Jahre 2007 wurden in der gesamten karibischen Region viele Stadien dafür extra neu gebaut. Auch das Stadion im Recreation Ground in St. Johns's wurde dafür extra hergerichtet. Für aktuelle Veranstaltungen schauen Sie vor Ort in die Broschüren, die in den Hotels ausliegen.*

➤ Sprache

Englisch ist die offizielle Landessprache, wird aber mit einem strengen Dialekt gesprochen. Darüber hinaus verständigt sich die Bevölkerung in Patois.

➤ Strände

Mit offiziell 365 Stränden – einen für jeden Tag im Jahr – haben Touristen die Qual der Wahl. Unter Dutzenden herrlicher Sandstrände sticht die Carlisle Bay mit ihrem langen, weißsandigen Strand heraus, vor der das Karibische Meer und der Atlantik zusammentreffen. Auch die Half Moon Bay, südöstlich von Freetown an der Atlantikseite, ist einen Ihrer ersten Strandbesuche wert. Die unterschiedlichen Strände am Hawksbill Hotel (Five Islands) sind ebenfalls wunderschön. Einer der Strände ist für FKK vorgesehen.

➤ Strom

Die Stromspannung beträgt 110 oder 220 V Wechselstrom. Üblich sind Flachstecker (Zweistiftstecker) amerikanischer Bauart. Es empfiehlt sich, einen Adapter mitzubringen.

➤ Telefonieren

Bei Ferngesprächen **von Antigua nach Deutschland** *wählen Sie 011-49, von Antigua*

nach Österreich 011-43 und von Antigua in die Schweiz 011-41, anschließend die Ortskennzahl jeweils ohne die erste Null.
Für **Anrufe nach Antigua** *lautet die internationale Vorwahl: 001-268, anschließend die siebenstellige Rufnummer. Ferngespräche können direkt von den meisten Telefonapparaten getätigt werden. Auch vom Büro der Telefongesellschaft Cable and Wireless in der St. Mary Street sind Ferngespräche möglich. Öffentliche Telefone sind landesweit Kartentelefone.*

➤ Veranstaltungen

Antigua ist reich an sportlichen, folkloristischen oder kulturellen Veranstaltungen, die in der Regel überschwänglich gefeiert werden.

• ***Januar/April***
Der erste Monat des Jahres ist vor allem durch die Amateur- und Profiturniere im Rahmen der Tennis-Wochen der Herren geprägt. Die Damen ziehen dann im April nach.

• ***Ende April/Anfang Mai***
Einer der beiden Höhepunkte des Festtagskalenders und des Segelkalenders, der zahlreiche **Regatten** *enthält, ist die* **Internationale Segelwoche,** *die* ***Stanford Antigua Sailing Week*** *(Info: ☏ 268-462-8872, www.sailingweek.com), die als eines der zehn Top-Rennen auf der Welt gilt. Yachten verschiedenster Klassen kommen von weit her, um am Wettkampf teilzunehmen. Inzwischen ist für viele Antiguaner die Segelwoche Anlass für einen ersten Karneval im Jahr. Am Ufer liefern sich Steelbands und Rockgruppen musikalische Duelle, und Stegreif-Calypsolieder werden auf die Bootsnamen getextet. An der Dickenson Bay und in English Harbour gibt es nach jedem Rennen Partys bis in den frühen Morgen sowie tagelang Spaß und Spiele mit einigen zweideutigen Wettbewerben („Wet-T-Shirt-Contest"). Das Sportereignis endet mit dem ziemlich formellen Finale des „Lord Nelson Ball".*

• ***Ende Juli/Anfang August***
Der farbenprächtige Höhepunkt des Jahres ist der Mittsommer-Karneval (Summer Carnival, www.antiguacarnival.com): Zehn Tage Musik, Tanzen ohne Pause, kostümierte Umzüge, Wahl der Karnevals-Königin, Calypso-Shows und Musikparaden bestimmen das öffentliche Leben; Banken und Geschäfte sind in dieser Zeit nur bedingt geöffnet. Wer den Karneval verpasst, weil er zu früh auf Antigua Urlaub macht, hat vielleicht auf Barbuda Glück: Dort findet der Karneval im Juni statt.

• ***Oktober***
Jazzfestival

• ***November***
Am 1. November eines jeden Jahres erinnern Festlichkeiten an die am 1. November 1981 erlangte Unabhängigkeit des Zwei-Insel-Staates von Großbritannien.

• ***Dezember***
Mit der Antigua-Yacht-Show, der Fachmesse für Yachtbauer, klingt in der ersten Dezemberwoche das Kalenderjahr langsam aus. Allerdings nicht nur für Schönwetter-Segler zählt dieser Monat wegen der Hurrikan-freien Zeit zu den Höhepunkten des Jahres.

➤ Verkehrsmittel

Auf Antigua stehen gut 1.000 Straßenkilometer zur Verfügung, wovon allerdings nur rund 200 Kilometer asphaltiert und die wiederum in ziemlich schlechtem Zustand sind. Wenn Sie auf eigene Faust eine Tour unternehmen, müssen Sie sich auf eine kaum vorhandene Beschilderung und eine manchmal halsbrecherische Fahrweise der Einheimischen gefasst machen. Für Pisten abseits der asphaltierten Straßen sollten Sie sich einen Geländewagen mieten. Auf Antigua und Barbuda herrscht Linksverkehr.

Am Flughafen und in St. John's stehen ausreichend Taxis zur Verfügung, die man am Buchstaben „H" (= hire) auf dem Nummernschild erkennt. Die Preise sind festgelegt, trotzdem sollten Sie sie vor Fahrtantritt vom Fahrer bestätigen lassen. Die offizielle Preisliste erhalten Sie am Flughafen oder der Fahrer trägt sie bei sich. Handeln ist jedoch immer einen Versuch wert.

Die Alternative zum dürftig ausgebauten Bussystem (es gibt keine Busverbindung zum Airport bzw. in den Norden insgesamt) bieten sogenannte Minitaxis, das sind zum Taxi umfunktionierte, zumeist japanische Kleinbusse. Damit gelangen Sie von der zentralen Sammelstelle am Bahnhof von St. John's bis nach Old Road. Die Taxifahrer betätigen sich dabei auch als Reiseführer und erzählen gerne die eine oder andere lokale Geschichte. Außerdem werden Sie feststellen, dass Ihr Fahrer so ziemlich jeden auf der Insel kennt und gerne mal die Hupe zum Grüßen betätigt.

Sie brauchen zum Mieten eines Autos *eine Local Driving Licence, d. h. eine lokale, zeitlich begrenzte Fahrerlaubnis. Diese kostet rund 20 US$ und wird gegen Vorlage des nationalen oder internationalen Führerscheins von den Verleihstationen oder der Polizei ausgestellt.*

Auf Antigua werden von mehreren Agenturen PKWs, Mopeds, Fahrräder und Jeeps verliehen. Ein japanischer Mittelklasse-Wagen ist ab US$ 60 am Tag erhältlich. Falls Sie über keine Kreditkarte verfügen, verlangt die Mietwagenfirma eine Kaution von mehreren Hundert US-Dollar. Mietwagen verleihen:
• Budget, ☏ 268-462-3009 und 268-462-6702 (Barrymore Beach Branch), 🖷 268-460-9177 • Hertz, All Saints Road St. John's, ☏ 268-81-4440, 🖷 268-481-4460, Airport ☏ 268-481-4455, Royal Antiguan ☏ 268-481-4457, Jolly Harbour ☏ 268-2481-4456 • Oakland, VC. Bird International Airport Coolidge, ☏ 268-462-3021

➤ Währung

Die offizielle Währung ist der Eastern Caribbean Dollar = EC$, der an den US-Dollar mit dem Kurs 1 US$ = 2,65 EC$ gekoppelt ist. US-Dollars, Traveller Checks und Kreditkarten (die gängigsten sind American Express, Dinners, Mastercard und Visa) werden fast überall akzeptiert. In St. John's gibt es zahlreiche Banken.

➤ Yachthäfen und Ankerplätze *(Auswahl)*

Antigua
• Carlisle Bay • English Harbour • Five Islands Harbour • Falmouth Harbour • Mamora Bay • Mosquito Cove • Nonsuch Bay • Parham Harbour • St. John's Harbour • Willoughby Bay

Barbuda
• Coco Point • Spanish Point

Die Hauptstadt St. John's

Die etwa 40.000 Einwohner zählende Hauptstadt des Inselstaates liegt am Ende der tief ins Land reichenden Bucht **Deep Bay**, die wegen ihres **Naturhafens** schon früh die Begehrlichkeiten der Engländer auf sich lenkte. So wurde **St. John's einer der ältesten Handelsorte der Karibik**, beschützt von **zwei Forts**, deren Überreste noch zu sehen sind. Trotz mancher Naturkatastrophen (Erdbeben 1843 und 1974, Hurrikan „Erika" 1997, der eine Wolke vulkanischer Asche vom Vulkan Soufrière Hills auf der Nachbarinsel Montserrat nach Antigua mitbrachte, „George" 1998, „Lenny" und „Jose" 1999 ist nicht nur das **koloniale Verkehrsnetz** mit seinem geradwinkligen Straßenraster, sondern auch noch viel der ursprünglichen Bausubstanz erhalten. Diese Gebäude sind es auch, die die Stadt mindestens für einen Halbtagesausflug empfehlen.

Alter Handelsplatz

Daneben locken der bunte und laute **Markt** (besonders am Samstagvormittag), während abends die Lichter der Kasinos glänzen. St. John's ist eine relativ sichere, aber keine reiche Stadt. Die einfachen Wellblechhütten und offenen Abwasserkanäle stehen in einem merkwürdigen Kontrast zur Shoppingmall am Hafen, hinter der die Konturen der riesigen Kreuzfahrtschiffe jedes Haus der Stadt überragen.

Bei einem Besuch sollten Sie sich mit Bus oder Taxi zum Hafen bringen lassen, von wo Sie problemlos zu den zentralen Sehenswürdigkeiten spazieren können. In etlichen Restaurants können Sie sich vom Stadtbummel erholen.

Sehenswürdigkeiten im Zentrum

Hafen

Im turbulenten Hafengebiet mischen sich Jung und Alt, Einheimische und Touristen. Einerseits bietet hier der Markt (südliches Ende der Market Street) mit Verkaufsständen, Straßenhändlern und hupenden Taxis ein lebhaftes und buntes Bild, andererseits sind da die klimatisierten Räume verschiedener Banken und vor allem der **Heritage Quay** mit seinem markanten, hohen Glockenturm.

Lebhafte Straßenszenen

In diesem **Geschäfts- und Unterhaltungskomplex** kann man in dutzenden Geschäften teilweise zollfrei einkaufen, es gibt Restaurants, das mondäne „Heritage Hotel", ein Freilufttheater und ein Spielkasino. Und dahinter liegen, von Security Guards bewacht, die enorm großen Kreuzfahrtschiffe.

Besonders sehenswert sind die Produkte aus Stroh in der **All Saint's Road**, die Blinde der „Industrial School for the Blinds" herstellen. Hier gibt es eine große Auswahl an Hüten, Taschen etc.

Wenn man an der zentralen Plaza nach links (in südlicher Richtung) geht, kommt man an einer kleinen Grünanlage zum Yachthafen der **Redcliffe Marina** und zu einem weiteren Einkaufskomplex, dem **Redcliffe Quay**. Im Gegensatz zum Heritage Quay besteht dieser aber nicht aus Neubauten, sondern aus schönen und sorgfältig restaurierten Häusern der Kolonialepoche. Restaurants, viele Läden, ein Nightclub und

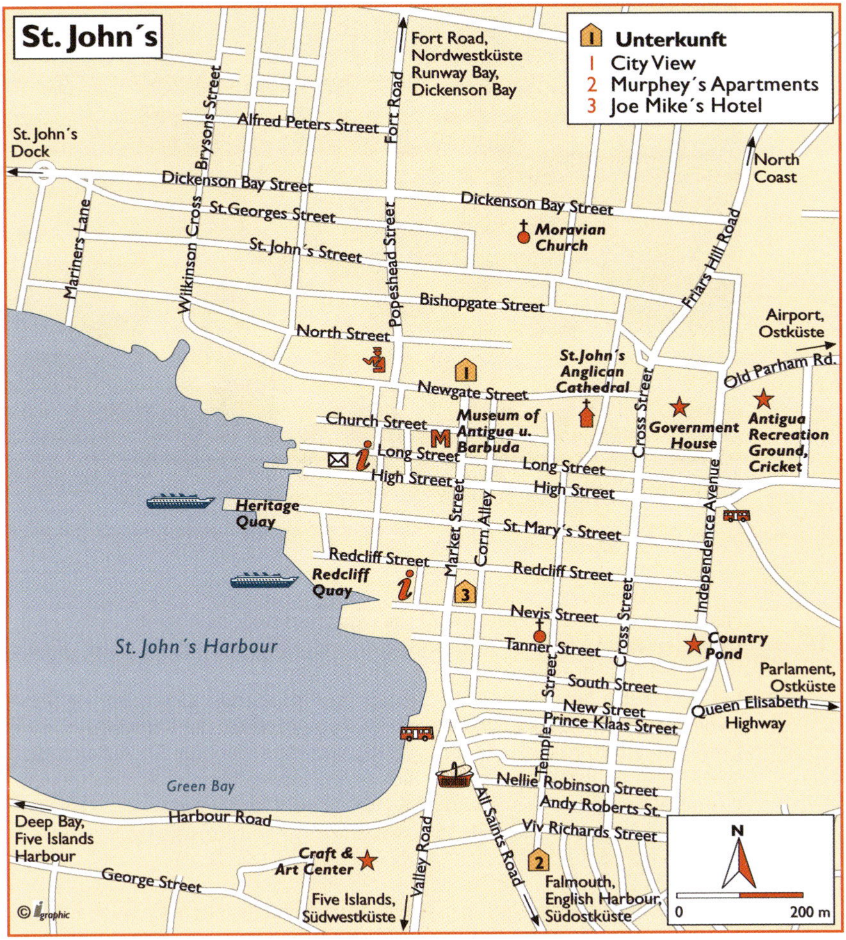

verschiedene Büros sind hier untergebracht. Auf der anderen (nördlichen) Seite des Heritage Quay finden Sie das **Postamt** und die meisten **Banken**.

Vom Hafen aus führen die Parallelstraßen **Redcliffe St.**, **St. Mary St.**, **High St**, **Long St.** und **Church St.** leicht bergauf, an vielen Geschäften und Restaurants vorbei. Wenn Sie der Long Street folgen, kommen Sie an der Kreuzung mit der Market Street zum **Court House**.

Die Church Street hinauf

Das alte **Gerichtshaus von 1759** in der Long Street ist sicher das bemerkenswerteste Profangebäude der Stadt. 1843 und 1974 durch Erdbeben beschädigt, ist das

Schülerinnen auf dem Weg zum Sportunterricht in St. John's

Haus inzwischen mit internationaler Hilfe restauriert worden. Während es früher als Gerichtsgebäude, Sitz des Inselparlaments und für repräsentative Bälle genutzt wurde, beherbergt es heute das Historische Museum.
Gezeigt werden Ausstellungen zur Geologie, zur indianischen Urbevölkerung (Ausgrabungsfunde der Ciboney und Arawaken) und zu Aspekten der Kolonialgeschichte. Die *Historical and Archaeological Society* (HAS) hat zudem hier ihren Sitz. Außer zusätzlichen Wechselausstellungen gibt es auch einen Museumsshop, in dem man Reproduktionen alter Karten, Literatur und Kunsthandwerk kaufen kann.
Museum of Antigua and Barbuda, *Long Street, ☎ 268-462-1469, Öffnungszeiten: Mo-Do 8.30-16 Uhr, Fr 8.30-15 Uhr, Sa 10-14 Uhr. An Feiertagen geschlossen.*

Gedenken an die Opfer

Weiter geradeaus gelangt man zum **Government House,** einem Gebäude aus dem 17. Jahrhundert, das später im georgianischem Stil zu einer repräsentativen Residenz umgebaut wurde. Zwei Blocks weiter überquert man die stark befahrene **Independence Avenue**, hinter der einige Sportplätze und öffentliche Gebäude sowie die **Botanischen Gärten** liegen. Ein Denkmal an der Einmündung der High Street, der sogenannte „Cenotaph", erinnert an die antiguanischen Gefallenen während der beiden Weltkriege. Weiter nördlich, vom Hafen über die Church Street direkt zu erreichen, erhebt sich die Doppelturmfassade der **Kathedrale**.

Das anglikanische Gotteshaus **St. John's Cathedral** ist eines der beeindruckendsten in Westindien. Bereits 1682 bauten hier die Briten eine kleine Holzkirche, die aber 1716 zerfiel und durch einen größeren Bau, an dem man bis 1789 arbeitete, ersetzt wurde. Dieser wiederum wurde durch das Erdbeben von 1843 vernichtet. 1845-47 wurde die jetzige Kathedrale als dreischiffige Basilika mit zwei kuppelbekrönten Westtürmen errichtet. Sie ist trotz inzwischen eingetretener Schäden ein schönes Beispiel für den **georgianischen Baustil**. Der schönste Eingang führt vom Süden auf die Kirche zu, unter dem Kirchhofsportal mit den Heiligen-Statuen (Johannes der Evangelist und Johannes der Täufer) hindurch. Angeblich wurden sie von einem französischen Schiff erbeutet. Dann geht man über den Friedhof mit seinen hohen Grabmonumenten, zwischen denen manchmal Ziegen nach Futter suchen. Eingänge zum Gotteshaus befinden sich im Süden, Westen und Norden. Der Innenraum samt Querschiff wirkt durch das Kiefernholz und die Emporen gleichzeitig warm und niedrig, während die alten Fahnen der Kathedrale historische Würde verleihen.

Beeindruckendes anglikanisches Gotteshaus

Nördlich der St. John's Cathedral leiten Hinweisschilder zum ca. zehn Minuten entfernten **Museum of Marine and Living Art**, einem urigen, kleinen Holzhaus gegenüber der Princess Margaret School, das einige ganz interessante Schaustücke zur Seefahrtsgeschichte sowie Muscheln, Korallen, Wrackstücke und andere maritime Objekte zeigt. Daneben ist ein kleines, einfaches Restaurant.

Reisepraktische Informationen zu St. John's

Unterkunft (Karte s. S. 177)

City View $$, *(1), Newgate Street, St. John's, ☎ 268-562-0256, 🖷 268-562-0242. Mitten in der Stadt gelegenes Hotel mit 38 Zimmern, AC, TV, Telefon, Küchenzeile, Kühlschrank.*

Murphey's Apartments $, *(2), All Saints Road, ☎ 268-461-1183.*
Preisgünstige Alternative zu den teuren Strandhotels; mitten im Trubel von St. John's gelegen; schöner Garten, schlichte, modernisierte Zimmer.

Joe Mike´s Hotel $, *(3), Nevis Street, ☎ 268-462-1142, 🖷 268-462-1699.*
Einfache, saubere Zimmer ohne Balkon, leider nur schlecht funktionierende Klimaanlage, Einkaufsmöglichkeiten, Restaurants und Snack-Bars in der Nähe.

Westlich von St. John's

Galley Bay $$$, *(4), Galley Bay, ☎ 268-462-0302, 🖷 268-462-4551, www.antigua-resorts.com.*
Auch wenn viele der Ansicht sind, dass das ein Widerspruch in sich ist, diese All-inclusive-Anlage ist wirklich schön. Versteckt in der Gallery Bay gelegen, mit 70 Zimmern, die z. T. in strohgedeckten Hütten direkt am Strand stehen; umrahmt von einer breiten und meilenlangen Sandbucht und einer Lagune im Hinterland (Vogelschutzgebiet). Restaurant und Bar in der Anlage. Kostenlos sind Fahrradausleihe, Wein des Hauses zu den Mahlzeiten sowie mehrere Wassersportarten.

Hawksbill Beach Hotel $$$, *(5), Five Islands, ☎ 268-462-0301, 🖷 268-462-1515, www.hawksbill.com. Mittelklasse-Hotel in herrlicher Umgebung. In der dazugehörenden alten Zuckermühle befindet sich eine Boutique. Vier Sandstrände, davon ein FFK-Strand, mehrere Wohnblocks und Bungalows mit 111 Zimmern, Restaurant, Bar und Swimmingpool sowie kostenloses Angebot mehrerer Wassersportarten und Tennis.*

St. John's: volle Restaurants zur Lunch-Zeit

Sehenswürdigkeiten in der Umgebung

Die wichtigsten Sehenswürdigkeiten in St. John's unmittelbarer Umgebung sind die beiden **Forts**, die vor allem im 17. Jahrhundert den Naturhafen der Hauptstadt bewachen sollten.

Fort James

Diese Festung wurde 1675 an der nördlichen Einfahrt zum Hafen errichtet, allerdings stammen die heute sichtbaren Reste überwiegend aus dem Jahre 1749. Während der Amerikanischen Revolution standen hier 36 große Kanonen (von denen noch zehn übrig geblieben sind), und 70 Soldaten waren ständig stationiert. Allerdings hat das Fort James nie eine Feuertaufe erhalten.

Fort Barrington

Auf der gegenüberliegenden Seite, am Ende der Deep Bay, liegen auf dem Hügel Goat Hill die Ruinen des noch älteren Fort Barrington, das eine bedeutende historische Rolle gespielt hat. 1652 erbaut, wurde es 1666 von den Franzosen im Sturm genommen. Mit dessen Rückeroberung ein Jahr später, kamen die Engländer erneut in den Besitz Antiguas. Die heute sichtbaren Teile stammen aus dem Jahre 1779, als die Seefestung umgebaut und nach *Lord Barrington* benannt wurde, der ein Jahr zuvor bei St. Lucia eine große Seeschlacht gegen die Franzosen gewonnen hatte. Bis 1960 diente es als Signalstation, seit dieser Zeit ist es verlassen und als Gebäude relativ unattraktiv. Imponierend ist jedoch der Blick über die Deep Bay und die umgebenden Strände.

Die Engländer kommen zurück

Antigua: der nördliche Teil

Dieser Teil der Küstenstrecke folgt ab St. John's dem nördlichen Ufer, geht an der **Dickenson Bay** mit ihren vielen Hotels vorbei, passiert den **Flughafen** sowie **Long Island, Guiana Island** und andere Inseln, bis sie schließlich an der **Devil's Bridge** im Osten endet.

Startpunkt ist St. John's, das Sie über die *Fort Road* oder *Dickenson Bay Street* nördlich verlassen. Die Hauptstraße verläuft landeinwärts, aber es ist interessanter, auf engen Straßen an den Stränden und Hotels des Nordwestens entlangzufahren, die sich auf einem schmalen Streifen zwischen Meer und einem System von Seen befinden.

Hotels, Casinos und ein Pier

Die erste Bucht, noch an der Peripherie der Hauptstadt gelegen, ist die **Runaway Bay**. Sie ist mit Hotelbauten, Restaurants und Kneipen ebenso gut erschlossen wie die sich nördlich anschließende **Dickenson Bay**. Diese wird von der Hotel- und Casino-Anlage *Halcyon Cove* dominiert, die sich vom Strand bis zu den Hügeln (mit

Die Inselwelt der Nordküste ist ideal für Kanutouren

herrlicher Aussicht) hinaufzieht, während der weiße **Warri Pier** als Pfahlbau ins Meer ragt. In der Dunkelheit, wenn Kreuzfahrt- und andere Touristen die Dickinson Bay aufsuchen, um im Kasino zu spielen oder festlich zu dinieren, ist der Pier mit Lichtgirlanden wie ein Kreuzfahrtschiff illuminiert.

Mit kleinen Booten kann man auch zur **Bird Island** übersetzen, das – dem Namen entsprechend – über eine artenreiche Vogelwelt verfügt. Am letzten Restaurant der Dickenson Bay, dem exquisiten und sehr exotisch anmutenden „Sandals", ist der Endpunkt der Straße erreicht, von der man wieder landeinwärts und dann in östlicher Richtung fahren muss. Gleich hinter dem Hotel *Trade Winds* kann man jedoch erneut auf schmalen Wegen zum Ufer gelangen, und zwar zur Nordspitze der Insel, **Boon´s Point**.

Hier liegen einige Hotel-Anlagen und schöne Strände; das vor der Küste **1917 untergegangene Dampfschiff** „Jettias" wartet hier auf Taucher und Schnorchler. An weiteren Hotels vorbei geht es zum **Jabberwock Beach** und in südlicher Richtung auf den Flughafen zu. Biegen Sie aber vorher von der Hauptstraße links ab und bleiben Sie in Küstennähe, so können Sie den **V. C. Bird Airport** östlich umfahren und haben Gelegenheit, sich die Strände und Strandresorts anzuschauen. Außerdem kommen Sie im weiteren Verlauf der Strecke auch an einer sehenswerten Kirche vorbei, der **St. George's Anglican Church**. Ihr Bau datiert auf das Jahr 1867, allerdings bekam sie 50 Jahre später ein völlig neues Gesicht. Das Schönste an dem Gotteshaus ist seine Lage, die durch eine herrliche Aussicht auf die **Fitches Creek Bay** auf der einen und den Ort Parham auf der anderen Seite besticht. Zu Ihrer Linken breitet sich das weit verzweigte Wassersystem des **Parham Harbour** aus, das zur offenen See in drei Kilometer Entfernung durch die beiden **Inseln Long Island** und **Maiden Island** abgeschlossen wird.

Mit einem Bootsservice können Gäste dort zur **Jumby Bay** gelangen, auf der eine ganz besondere „Sehenswürdigkeit der Hotellerie" liegt: Der Jumby Bay befindet sich auf der vier Quadratkilometer großen **Insel Long Island**, die sonst nur noch ein paar Dutzend Schafen, Palmen, tropischen Blumen und viel Sand Heimat bietet. Ein Drittel der 300 ha. großen Insel nimmt das Luxusresort in Anspruch, das zur Rosewood-Hotel-Kette gehört. Lichtdurchflutete 50 Suiten und Villen ohne Radio und TV, ein Naturhafen, lange weißsandige Strände, eingebettet in Golf-, Cricket- und Tennisplätze, umrahmt von tropischen Gärten, um die sich zwölf Gärtner kümmern – dies ist der ideale Ort für Urlauber, die sich Luxus leisten möchten. Zentralpunkt der

Exklusives Feriendomizil

Mit 365 Stränden wirbt Antigua um seine Besucher

Anlage ist das 230 Jahre alte Herrenhaus, in dem nicht nur der *afternoon tea*, sondern auch die Spezialmarke „Jumby Bay Rum“ serviert wird.

Parham

Dieses Dorf erreichen Sie bei der Weiterfahrt entlang der Küste am Endpunkt des tiefen Naturhafens. Parham, **eine der ersten britischen Siedlungen**,erhielt seinen Namen nach dem ersten Gouverneur der Insel, *Lord Willoughby of Parham*. Sehenswert ist dort besonders die **St. Peter's Church**, die ursprünglich 1755 gebaut wurde, aber nach einem schweren Brand im 20. Jahrhundert vom englischen Architekten *Thomas Weekes* völlig neu konzipiert wurde. Ihr ungewöhnlicher achteckiger Grundriss und georgianische Stilmerkmale machen sie, wie es in lokalen Broschüren heißt, zur „*finest church in the West Indies*“, die trotz der Schäden durch das 1843er Erdbeben unbedingt eine Besichtigung lohnt.

Östlich von Parham können Sie auf einer Stichstraße noch ein ganzes Stück die **Crabbs Peninsula** hinauffahren, die sowohl zum **Parham Harbour** als auch zur Meeresstraße North Sound von einem ganzen Kranz kleinerer Inseln umgeben ist. Die größte davon, Guiana Island, liegt östlich der Halbinsel. Sie befindet sich jedoch in Privatbesitz und ist nicht öffentlich zugänglich.

Relikt der Zuckerindustrie

Ab Parham gibt es keine Straße mehr entlang der Küste, stattdessen muss man zunächst nach Süden (auf die Ortschaft Freeman's zu) und dann auf gerader Strecke gen Osten fahren. Hinter der Ortschaft Parem liegt die ehemalige Plantage **Betty's Hope.** Angesichts der kargen Landschaft ist es schwer vorstellbar, dass das 1650 erbaute Anwesen der Familie *Codrington* von 1674-1944 ein Leben im Wohlstand bescherte. Damals führte *Christopher Codrington* die Zuckerindustrie auf der Insel ein. Heute befindet sich hier ein Museum mit den einzigen noch intakten Windmühlen aus dem 18. Jahrhundert im karibischen Raum. Die nah beieinander stehenden Mühlen, sogenannte **„Zwillingsmühlen“**, werden für Besucher auch noch in Gang gesetzt.

Betty's Hope, *Öffnungszeiten des Visitor's Center mit einer Ausstellung über das Plantagenleben (Sklavenhaltung, Landwirtschaft): Di-Sa 10-16 Uhr. Geführte Touren werden über das Antigua Museum organisiert: ☎ 268-462-1469, www.antiguamuseums.org/BettysHopeHome.htm*

Wenn Sie von Betty's Hope weiterfahren, sehen Sie linker Hand nach einer Weile die anglikanische **Stephen's Church**, sofort dahinter führt eine Stichstraße hinauf nach

Seatons am Mercers Creek. Auch diese Bucht ist tief eingeschnitten, weit verzweigt und zum Meer durch einige Inselchen wie Crump Island und Pelican Island begrenzt. Auf der Hauptstraße hinter der St. Stephen's Church kommen Sie anschließend zur **Ortschaft Wilikies** und sind damit schon auf der nordöstlichen Halbinsel, die Grotten, Strände, Hotel-Anlagen und einige Sehenswürdigkeiten bietet. Zum Schwimmen und für Wassersport ist die **Long Bay** mit ihrem schönen, weißen Sandstrand am besten geeignet, aber auch die felsige **Dian Bay** hat ihren ganz eigenen Reiz. Frühaufsteher können hier phantastische Sonnenaufgänge erleben. Am Ende der Straße zur Long Bay liegt die Devil's Bridge.

Devil's Bridge

Am **Endpunkt der Halbinsel** gibt es eine ganze Reihe kultureller Erinnerungen und natürlicher Attraktionen, so dass die Gegend inzwischen zu einem **Nationalpark** erklärt wurde. Besonders reichhaltig sind die Funde von Zeugnissen aus der indianischen Vergangenheit (deswegen auch der Beiname „**Indian Town**"), die von einer Arawaken-Siedlung stammen. Sichtbarer und deswegen eindrucksvoller ist jedoch die „**Brücke des Teufels**", eine natürliche Felsenbrücke, die die Atlantik-Brecher in jahrtausendelanger Arbeit aus dem Kalkstein herausmodelliert haben.

Fotogene Naturbrücke

Auf dem Rückweg von Devil's Bridge fahren Sie hinter Glanvilles links und kommen auf dem Weg in Richtung Süden zur Hauptstraße am – als Trinkwasser-Reservoir aufgestauten – See Collins Lake und der Gilbert's Church vorbei. Links geht es u. a. zur **Half Moon Bay** oder zur **Nonsuch Bay**, wo auf der Plantage **Harmony Hall** heimische kunsthandwerkliche Produkte angeboten werden. In die andere Richtung, von der Hauptstraße aus, geht es zum English Harbour und zur Südküste.

Antigua: der südliche Teil

Diese Route, an der **Antiguas größte Sehenswürdigkeiten** liegen, beginnt in der Hauptstadt St. John's, die Sie in südlicher Richtung über die All Saints Road verlassen. Wenn Sie der weit ins Meer reichenden westlichen **Halbinsel Five Islands** mit ihren vielen Stränden und Hotels oder dem Fort Barrington einen Besuch abstatten möchten, biegen Sie südlich des Hafens rechts ab.

Während der Segelwoche tummeln sich hier Hunderte Boote

Nach diesem Abstecher benutzen Sie die südliche Ausfallstraße von St. John's und fahren in gehörigem Abstand zur Küste, wobei man Ortschaften wie *Golden Grove* und *Jennings* passiert. In der Nähe von Jennings liegt auch der Greencastle Hill, auf dem sich einige merkwürdige, wie von Menschenhand aufgestellte Steine befinden. Ob es sich bei diesen **Megalithen** wirklich um Zeugnisse einer indiani-

In Nelson's Dockyard sind noch die alten Bootsschuppensäulen zu sehen

schen Kultstätte handelt oder ob die Natur für die Formation verantwortlich ist, ist ungeklärt.

Zur anderen Seite führt bei Jennings eine Stichstraße zur westlich gelegenen Halbinsel, die den Five Islands Harbour begrenzt. Den besten Ausblick hat man am Ende der Straße vom **Pearns Point**. Wenige Kilometer weiter südlich kann man bei der Ortschaft *Bolans* über eine 2 km lange Stichstraße der Westküste einen Besuch abstatten, die nicht nur durch ihre vorzüglichen Strände (**Jolly Beach**) und Tauchgründe, sondern auch durch die **Lagunenlandschaft** der **Lignum Vitae Bay** reizvoll ist. Dass so viel Wasser auch lästige Tiere anziehen kann, beweist der Name „Mosquito Cove". Hinter *Valley Church* nähert sich die Straße wieder der Küste, die auf mehreren kurzen Abstechern erreichbar ist.

Die schönen Strände von **Dark Wood Beach** und **Johnsons Point** sind die letzten der Westküste, anschließend biegt der Uferverlauf südöstlich ab. Nun geht es weiter an der Südwestküste entlang, die zur Landseite von verhältnismäßig hohen Bergen begrenzt wird. Hinter der Ortschaft *Urlings* kann man auf einem schmalen Weg nach links durch ein Tal auf den **Boggy Peak** zufahren, der mit 405 m die höchste Erhebung auf Antigua ist. Auf den Gipfel führt ein Wanderweg. Ein vorläufiges Ende der Küstenstraße stellt kurze Zeit später die wunderschöne Carlisle Bay dar, die für ihren guten Badestrand bekannt ist. An ihr liegt die Ortschaft Old Road, von hier aus gelangen Sie in nördlicher Richtung zur landschaftlich schönsten Straße: The Fig Tree Drive.

Hinauf auf den „Gipfel"

Fig Tree Drive

Ab Old Road beginnt der *scenic drive*, Antiguas landschaftlich reizvollste Strecke im Inselinneren: der **Fig Tree Drive**. In vielen Kurven (und über viele Schlaglöcher) geht es bergauf und bergab an den Hängen der bewaldeten Hügel **Sage Hill** und **Signal Hill** entlang, an einigen der schönsten Landkirchen (z. B. St. Mary's Church und Church of Our Lady of Perpetual Help) vorbei und vor allem durch eine üppige Vegetation. Fikusbäume und Bananenplantagen, viele ehemalige Zuckermühlen und eine vom alten Vulkanismus geprägte Szenerie machen den Fig Tree Drive zum Erlebnis.

An der **Tyrell's Church** gabelt sich die Hauptstraße: linker Hand geht es über die Ortschaft All Saints (Töpferwerkstätten) nach Parham an der Nordküste oder zurück nach St. John's und rechts über das Dorf **Liberta** wieder an die Südküste. Der Ortsname *Liberta* verweist darauf, dass der Ursprung dieser Siedlung auf die ersten freigelassenen Sklaven zurückgeht. Sehenswert ist die Gemeindekirche St. Barnabas. Südlich davon liegen auf dem Monk's Hill die Ruinen des **Fort George**, das 1669 zur Verteidigung von *Falmouth* errichtet wurde. Zu sehen sind noch einige gut erhaltene, grün überwucherte Mauern, Zisternen, Kasernen und drei Munitionsmagazine für die ehemals 32 großen Kanonen.

Antiguas schönste Straße

Für normale Wagen ist der Weg auf den Monk's Hill nicht geeignet (nur 4W-Jeeps), aber ab dem Dorf **Table Hill Gordon** (links der Straße) sind es nur 1,5 km zu gehen. Außer dem Fort ist der phantastische Blick auf Falmouth die Mühe wert!

Wenige Minuten später gelangt man zur Ortschaft **Falmouth**, eine der ältesten britischen Siedlungen der Insel. Von der Seeseite aus wurde sie vom Fort Charles auf **Blake Island** bewacht (1672). Dieses Inselchen liegt in der fast kreisrunden Bucht des Falmouth Harbour, in dem ständig die unterschiedlichsten Boote zu sehen sind.

Nur ein kleiner Isthmus trennt den Falmouth Harbour von der größten historischen Sehenswürdigkeit Antiguas, dem Nationalpark „English Harbour". Dorthin kommen Sie, wenn Sie hinter der **St. Paul's Church** von der Hauptstraße rechts abbiegen.

Nationalpark English Harbour

Dass die tief landeinwärts reichende und weit verzweigte Bucht früh das militärische Interesse der Engländer weckte, liegt nicht nur am guten Naturhafen, sondern auch an der Sicherheit desselben vor Hurrikans. Den tiefen und vom Meer nicht einsehbaren Hafen bauten die Briten ab 1704 zu ihrer **bedeutendsten Flottenbasis Westindiens** aus, die auch niemals von einer fremden Macht eingenommen wurde. Den Anfang machte 1704 **Fort Berkeley** im Westen, das zweimal erweitert wurde, gefolgt vom sogenannten **Nelson's Dock Yard** im Jahre 1743. Die weitläufigen, z.T. ins Wasser gebauten Magazine, Wohngebäude und Kasernen sind heutzutage das **schön restaurierte Zentrum** von English Harbour, dessen früherer Hafenpier nun als Anlegestelle für Segelyachten aus aller Welt dient. Während der Gesamtkomplex früher die militärische Überlegenheit der Engländer garantierte, ihren Handelsschiffen das größte Warenlager der Antillen bot und insgesamt die wichtigen Zucker-Transportwege von hier aus gesichert wurden, ist er heute mit seinen Boutiquen, Hotels und Restaurants ein quirliges Fremdenverkehrszentrum in historischen Gemäuern.

Geschichtsträchtige Flottenbasis

Das elegante, zweistöckige Admiral's House beherbergt das **Dockyard Museum,** und im Admiral's Inn sowie im Copper and Lumber Store sind Hotels und Gaststätten untergebracht. Außer den kulturellen gibt es viele natürliche Schönheiten, u.a. die Sandsteinformation **„Säulen des Herkules"** (*pillars of Hercules*). Den Namen „Nelson's Dockyard" erhielt das Areal natürlich nach *Admiral Nelson,* dem Sieger in der Schlacht von Trafalgar (1805).
Dockyard Museum, *Öffnungszeiten: Mo-Sa 8-17 Uhr, So und Feiertage geschlossen, ☏ 268-460-1379, www.antiguamuseums.org/dockyardmuseum.htm*

Das „Copper and Lumber Store"-Hotel diente früher als Kupfer- und Holzlager

Gegenüber liegt auf einem Hügel das sehenswerte **Clarence House**, das im Stil eines englischen Great House 1787 für den späteren *König William IV.* erbaut wurde. Dieser hielt sich damals als Kapitän eines Schiffes hier auf. Später wurde das Clarence House die offizielle Residenz des General-Gouverneurs, eine Funktion, die es bis heute behalten hat. Außerdem ist es das Domizil für das englische Königshaus bei dessen Besuchen auf Antigua. Bei Abwesenheit des General-Gouverneurs ist das elegante Gebäude für Besichtigungen freigegeben und vermittelt einen guten Eindruck in die koloniale Wohnkultur.

In nächster Nähe zum English Harbour – eigentlich noch als dazugehörig zu sehen – gibt es weitere Attraktionen: Da sind zunächst die Überreste der Kanonenstellung **Horseshoe Battery**. Weiter ist der Hügel **Dow's Hill** (an der medizinischen Fachhochschule) einen Besuch wert, wo es das **Interpretation Centre** (*täglich geöffnet von 9-17 Uhr*) in einer ehemaligen NASA-Beobachtungsstation gibt: Hier können Sie an Vorträgen über die Geschichte teilnehmen, die besonders die Zeit vor den Engländern zum Thema haben. Tatsächlich sind gerade hier Funde der Arawaken-Kultur gemacht worden, dazu gibt es viele Ausstellungen. Auf einer geführten Wanderung vom Dow Hill aus erschließt sich Ihnen die Fledermaus-Höhle (*Bat Cave*), die einer lokalen Legende zufolge einen Gang besitzen soll, der unter dem Meer bis nach Guadeloupe reicht und von Sklaven zur Flucht genutzt wurde.

Shirley Heights

Wenn Sie die kurvenreiche Straße hinter dem Clarence House in Richtung **Galleon Beach** hinauffahren, gelangen Sie zu einem Plateau oberhalb von English Harbour, das einen **Panoramablick** auf die Insel und den Nationalpark ermöglicht. Dort befinden sich die Überreste des **Fort Shirley** (1781), benannt nach *Sir Thomas Shirley*, dem damaligen Gouverneur der Leeward Islands. Zunächst sehen Sie die Gebäude der alten **Royal Artillery Quarters**.

Seefestung mit Panoramablick

Weiter geht es über einen Grat, der einen weiten **Blick bis zur Manora Bay** bietet. An der Weggabelung mit der halben Kanone halten Sie sich links und kommen dann zum hoch gelegenen **Cape Shirley**, aus dessen Baracken, Magazinen, Zisternen und einer Kanonenplattform der ehemalige Aussichtsposten **The Blockhouse** herausragt, von dem aus Sie den herrlichen Blick auf English Harbour genießen können. Fahren Sie an der Weggabelung nach rechts, erreichen Sie das eigentliche **Fort Shirley**, wiederum bestehend aus etlichen alten Gemäuern und Kanonen. In einem

INFO

Horatio Nelson und English Harbour

Neben den *Admiralen Rodney* und *Hood* war *Horatio Nelson* die wichtigste historische Gestalt, die English Harbour als **Operationsbasis für Kriegszüge** gegen die Franzosen und für Eroberungen nutzte. Allerdings war er in der Zeit seines Aufenthaltes (1784-87) noch nicht der berühmte Mann, der als **Seeheld von Trafalgar** (Sieg der britischen über die französisch-spanische Flotte) in die Annalen eingehen sollte. Der Admiral hatte 1779 die Festung Fort Charles auf Jamaika kommandiert und wurde im Zuge der französisch-britischen Auseinandersetzungen als **Befehlshaber der Flottenbasis** English Harbour nach Antigua geschickt.

Diese – heutzutage touristisch wohlgenutzte – Zeit hat in *Nelsons* Erinnerungen allerdings nur wenig Positives: ein „Höllenloch" nannte er die Seefestung. Immerhin war er militärisch erfolgreich: Seine Flotte mit ihren 2.000 Soldaten versenkte etliche von Napoleons Kriegsschiffen, und English Harbour wurde eine uneinnehmbare Bastion.

Ein anekdotisches Kapitel in der Seefahrtsgeschichte schrieb *Lord Nelson*, indem er eine **Flasche Rum pro Woche** als Zugabe zur Heuer als Privileg der Navy einführte (das es bis heute in England gibt). Der Hintergrund war das seit 1666 grassierende Gelbfieber, gegen das Rum als simple Medizin eine erstaunliche Wirkung zeigte. Privates Glück erfuhr der Admiral nicht auf Antigua, sondern auf der Nachbarinsel Nevis, wo er 1787 die **schöne Witwe** *Frances Nisbet* heiratete.

restaurierten Gebäude des 18. Jahrhunderts befindet sich einer der populärsten Treffpunkte der Insel: der **Shirley Height's Lookout**, inklusive eines Restaurants mit Bar. Am Wochenende wird hier oftmals Livemusik gespielt. Von hier aus lohnt sich auch ein Abstecher zur Galleon Beach für eine kleine Badepause.

Bei der Weiterfahrt von English Harbour in östlicher Richtung kommen Sie an eine Weggabelung, die Sie rechter Hand hinunter zur wunderschönen **Manora Bay** führt. Diese Bucht bietet gleich zwei gute Badestrände, die durch eine Landzunge getrennt sind, und ein Luxusresort.

Gute Badestrände

Fährt man an der erwähnten Weggabelung in die andere Richtung, passiert man die Ortschaft **Bethesda** an der Willoughby Bay und kommt, wenn man sich zweimal rechts hält, zur nicht minder schönen **Half Moon Bay**, die einige sogar für die schönste der Insel halten. Auch hier gibt es ein Resort der Luxusklasse mit fünf Tennisplätzen und Golfplatz.

Einen letzten Abstecher können Sie einige Kilometer zurück an der Ortschaft **Freetown** machen, wo eine Stichstraße hoch zur **Nonsuch Bay** mit der **Harmony Hall** führt. Dabei handelt es sich um eine schöne, 1843 und 1968 restaurierte Zuckermühle mit angeschlossenen Gebäuden, um die u. a. um ein Hotel herum ein Restaurant und eine Kunstgalerie errichtet wurden. Außerdem kann man von der Harmo-

Restaurierte Zuckermühle

ny Hall aus Segeltouren zum Green Island unternehmen. Auf dem Rückweg von der Half Moon Bay/Freetown nach St. John's empfiehlt sich die Straße durch das Inselinnere zu nehmen, zwischen den beiden Stauseen Collins Lake und Potworks Dam hindurch.

Reisepraktische Informationen zu Antigua

Unterkunft (s. Karte S. 169)

Der Nordwesten

Rex Halcyon Cove Beach Resort $$$-$$$$$, *(**6**), Dickenson Bay, ☏ 268-462-0256, www.rexcaribbean.com. Im Norden der wunderschönen Dickenson Bay gelegenes, unpersönliches Resort mit drei Wohnblocks und 210 schön dekorierten Zimmern mit Balkon, davon 17 Suiten, TV, Kühlschrank, sehr schöne Gartenanlagen, Swimmingpool und vier Tennisplätze (mit Flutlicht). Kostenloses Angebot vieler Wassersportarten, Tauchshop, mehrere z. T. hoch gelegene Restaurants und Bars mit Blick auf die Bucht, die man per Shuttle-Service erreicht; auch All-inclusive-Resort.*

Siboney Beach Club $$$$, *(**7**), Dickenson Bay, ☏ 268-462-0806, 🖷 268-462-3356, www.turq.com. Kleines, romantisches Hotel, das geschützt am südlichen Ende der wunderschönen Dickenson Bay liegt und einen eigenen kleinen vorgelagerten Palmenstrand hat. zwölf Suiten mit Kochecke, Schlafzimmer mit AC, Telefon und mit Blick in den wunderschönen tropischen Garten. sechs Zimmer zusätzlich mit Meerblick und nur wenige Meter vom Wasser entfernt. Unter Palmen liegt auch das sehr gute, preisgekrönte und gemütliche „Coconut Grove"-Restaurant mit hervorragenden Fischgerichten und exzellenter karibischer Küche (allerdings nicht ganz billig). Swimmingpool; Wassersportmöglichkeiten, Golf und Tennis in der Nähe; sehr freundliches Personal. Die rote Telefonzelle am Eingang ließ der Besitzer Mr. Johnson in Gedenken an sein Heimatland aus Großbritannien einfliegen.*

Trade Winds Hotel $$$-$$$$, *(**8**), Dickenson Bay, ☏ 268-462-1223, www.antiguatradewindshotel.com. Wunderschön in den Hügeln südlich der Bucht gelegen, bietet das Hotel große, komfortable Zimmer mit Klimaanlage, Swimmingpool und eine große Veranda, von der man auf das karibische Meer blicken kann. Ein Shuttle-Service bringt die Gäste zum einen Kilometer entfernten Strand.*

Der Nordosten

Long Bay Hotel $$$$$, *(**9**), Long Bay, ☏ 268-463-2005, www.longbay-antigua.com. Ein gutes Beispiel für eine der teuren All-inclusive-Anlagen, die ihren Preis u.a. mit den nur 20 Zimmern begründen, die an einer kleinen Bucht mit türkisfarbenem Wasser liegen. Überhaupt ist hier alles freundlich und auf die Gäste zugeschnitten, egal ob es das Wassersportangebot, der Tennisplatz, die Bibliothek oder der Service ist. Aber eben alles für einen hohen Preis.*

Banana Cove $$$, *(**10**), Long Bay, ☏ 268-463-2003, 🖷 268-463-2425. Die familiäre Anlage mit 32 Zimmern liegt oberhalb des kleinen, felsigen Strandes der Dian Bay, den man über Treppen erreicht (der Strand von Long Beach ist ca. 20 Gehminuten entfernt). Das Apartment-Hotel ist ideal für Selbstversorger; es gibt einen Swimmingpool mit Sonnenterrasse, ein gutes Restaurant und einen kleinen Supermarkt.*

Amaryllis $-$$, *(**11**), Airport Road, ☏ 268-462-8690, 🖷 268-560-0375, www.amaryllis-hotel.com. Etwas versteckt im Hinterland der Nordostküste (in Flughafennähe) gelegenes,* *gemütliches kleines Hotel mit 22 Zimmern, teilweise mit Klimaanlage. Swimmingpool, Transport zum Strand, Supermarkt, Golfclub in der Nähe, gutes Restaurant/Bar mit freundlicher Atmosphäre und schönem Garten.*

The Airport Hotel $-$$, *(12), wie der Name sagt, direkt am Flughafen gelegen, ☏ 268-462-1191, 🖷 268-462-1534. Freundlicher Service, einfache Zimmer, Restaurant, Bar. Gut geeignet, wenn Sie z.B. abends ankommen und am nächsten Tag nach Montserrat weiterfliegen wollen.*

Der englische Einfluss ist überall sichtbar

Der Süden

Copper & Lumber Store Hotel $$$$, *(13), Nelson's Dockyard, English Harbour, ☏ 268-460-1058, 🖷 268-460-1529, www.copperandlumberhotel.com. Historisches und sehr „britisches" Hotel direkt am Yachthafen von English Harbour mit schönem, mediterran anmutendem Innenhof, durch den ständig ein angenehmer Wind weht. Einzigartige Atmosphäre, allein schon durch die alten Gemäuer von Nelsons einstigem Warenlager (1782), in dem die 13 Zimmer (z. T. dunkel getäfelt und mit Antiquitäten ausgestattet) eingerichtet wurden. Zwei Restaurants und Bars.*

Admiral's Inn $$$-$$$$, *(14), Nelson's Dockyard, English Harbour, ☏ 268-460-1027, 🖷 268-460-1534, www.admirlsantigua.com. Wer koloniale Atmosphäre und ein Hauch von Geschichte mag, der ist in dem 1788 gebauten ehemaligen Lager- und Bürohaus auf dem alten Werftgelände genau richtig. Sicherlich eine der bemerkenswertesten Unterkünfte auf der gesamten Insel und absolut romantisch. 14 einfache, aber geschmackvolle Zimmer mit Kochgelegenheit und Blick auf den Hafen, Bootsservice zum Strand der nahe gelegenen Freeman´s Bay.*

St. James Club Antigua $$$$, *(15), Shirley Heights, ☏ 268-460-5000, 🖷 268-460-3015, www.stjamesclubantigua.com. Exklusives und herrlich gelegenes First-Class-Hotel, tropische Gärten, mehrere Restaurants, Bars, Diskothek, Geschäfte. Die 100-Acre-Anlage mit 162 Zimmern und 13 Suiten (AC), die alle Blick auf das Meer haben, liegt auf einer grünen Halbinsel, die nur für Hotelgäste zugänglich ist. Sie teilt die Mamora und die Willoughby-Bucht, die jeweils ihre eigenen Palmenstrände haben. Sehr britische Atmosphäre. Drei Swimmingpools, sieben Tennisplätze, Kasino, Wellness, Marina, Wassersportmöglichkeiten, Reiten.*

The Catamaran Hotel's Location $$, *(16), Falmouth Harbour, ☏ 268-460-1036, 🖷 268-460-1339, www.catamaran-antigua.com. Kleines sympathisches Hotel mit 14 Zimmern, ruhig inmitten von Palmen und direkt am Strand nahe dem historischen Falmouth Hafen und neben der Marina gelegen. Das Haus verfügt über Swimmingpool, Bar, Restaurant (außer im Dezember nur abends geöffnet), Strandliegen. Umfangreiches Sportangebot. Supermarkt in der Nähe. Die Zimmer sind mit Dusche/WC, Balkon oder Terrasse, Küchenzeile, Klimaanlage, TV, Ventilator. Sehr schöne, große Juniorsuite mit Himmelbett und*

Wohnbereich im 2. Stock. Wer hier während der zahlreichen Segelregatten ein Zimmer haben möchte, muss mindestens ein Jahr im Voraus buchen.
Falmouth Beach Apartments $$, (**17**), *Falmouth Harbour* ☏ *268-460-1027,* 🖷 *268-460-1534, www.antigua-villa-rentals.com. In unmittelbarer Nähe des Admiral's-Inn- und des Nelson's-Dockyard-Gebietes mit Handwerksläden, Restaurants und English Harbour gelegen. 14 Apartments mit voll ausgestatteter Küchenzeile und Balkon sowie Meer- bzw. Bergsicht; Strandnähe.*
Curtain Bluff $$$$, *Old Road,* ☏ *268-462-8400,* 🖷 *268-462-8409, www.curtainbluff.com. Sehr vornehmes All-inclusive- Resort, das sich architektonisch schön vom Strand auf ein Felsenkap hochzieht, 63 Zimmer mit Meerblick, gutes Restaurant mit anspruchsvoller Weinliste, wegen der vier modernen Tennisplätze und guter Betreuung ideal für Tennisliebhaber/-anfänger oder sonstwie Sportbegeisterte (Fitness-Center).*
The Blue Heron Beach Hotel $$-$$$, (**18**), *Johnson´s Point,* ☏ *268-462-8564,* 🖷 *268-462-800, www.hotel-caribbean.com/hotel/antigua/RBH/blue_heron_by_rex_resorts.html. Einsam an der Westküste direkt am Sandstrand gelegene Anlage mit familiärer Atmosphäre, 64 Zimmer, teilweise mit Balkon, Restaurant, Bar, verschiedene Wassersportarten (Windsurfen, Schnorcheln) sind kostenlos.*

Essen und Trinken

Snack-Bars und Take-Aways gibt es über die ganze Insel verteilt. Zudem bieten die meisten Hotel-Anlagen gute Restaurants und eine Rundum-Verpflegung. Dennoch sollten Sie auch außerhalb der Hotelanlage die heimische Küche, auch wenn sie nicht ganz billig ist, probieren. Ein „Muss" ist der Genuss eines original karibischen Cocktails bei Sonnenuntergang, z. B. eines Daiquiri-Punsch – weißer Rum mit roter Kirsche. Und begabte Cocktail-Mixer gibt es genug auf Antigua. Wegen der saisonabhängigen Öffnungszeiten vorher in Bars und Restaurants informieren.

St. John's

Hemingway's, *St. Mary's Street,* ☏ *268-462-2763. Gegenüber dem Heritage Quai gelegenes Lokal mit Veranda im Obergeschoss, Mo-Sa mittags Snacks, aber besonders zu empfehlen wegen der Atmosphäre, abends westindische Seafood-Spezialitäten.*
The Redcliffe Taverne, *Big Banana, Redcliffe Quai,* ☏ *268-480-6985, Sa geschlossen. Überraschend gute Pizzen und Local Food à la Antigua, die besonders die Einheimischen zu schätzen wissen; local meeting spot.*
Big Banana – Pizzas in Paradise, *Redcliffe Quai,* ☏ *268-480-6985, So geschlossen. Pub-ähnliches Restaurant, das immer ziemlich gut besucht ist. Da die Preise für Pizzen, Salate und Ofenkartoffeln stimmen und man die auch noch draußen unter Bäumen essen kann, ist der Ort absolut empfehlenswert.*
Le Bistro, *Hodge Bay,* ☏ *268-462-3881. Etabliertes Lokal mit hervorragender französischer Küche, Di-Sa abends geöffnet, Reservierung erwünscht.*
Le Gourmet, *Fort Road,* ☏ *268-462-2977. Das unter Schweizer Leitung stehende Restaurant ist eines der besten der Insel, Schweizer Spezialitäten und frischer Fisch (aus eigenem Tank), geöffnet Di-Sa ab 19 Uhr (die Bar ab 17 Uhr).*
The Lemon Tree, *Long Street,* ☏ *268-462-1969. Schönes Lokal amerikanischen Stils, abends Live-Musik und Nachtclub-Atmosphäre, geöffnet Mo-Fr für Lunch und Dinner, Sa nur Dinner, Hauptgerichte.*

Dickenson Bay
Coconut Grove, ☏ *462-3356. Das Strandrestaurant gehört zum Siboney Beach Club. Unter Palmen, nur wenige Meter neben dem plätscherndem Meer werden Frühstück, Mittagessen oder Dinner (bei Kerzenschein) serviert. Beliebter Lunch-Treffpunkt bei Seglern; vorzüglicher Fisch und Barbuda-Lobster. Tägl. 8.15-23 Uhr geöffnet.*
Spinnakers, *Dickenson Bay, in der Nähe von Sandals,* ☏ *462-4158. Innerhalb der Hotelanlage The Village und direkt am Strand gelegenes Restaurant mit französisch-karibischer Küche. Täglich zum Lunch und Dinner geöffnet. Vorzügliche Gerichte mit Meeresfrüchten und Fisch (besonders Red Snapper). Die Spezialität sind gegrillte Rippchen mit flambierten Bananen in Karamel-Orangen-Sauce. Probieren Sie den Irish Coffee zum Dessert!*
Bay House, *Tel 462-1223. Das Restaurant liegt oberhalb der Dickenson Bay. Von hier aus hat man beim romantischen Dinner einen schönen Blick auf die Lichter der abendlichen Bucht und den vorangegangenen Sonnenuntergang. Erstklassiges Essen. Täglich geöffnet von 7-23 Uhr.*

Süden der Insel
The Inn, *English Harbour,* ☏ *462-1014. Gaststätte direkt am Wasser mit einem schönen Blick auf das turbulente Treiben im Hafen. Mittags bekommt man Sandwiches und Hamburger, abends u.a. guten Fisch. In der Hauptsaison tägl. geöffnet.*
The Lookout, *Shirley Heights,* ☏ *460-1785, täglich geöffnet von 10-24 Uhr. Mit dem weiten Panoramablick (atemberaubende Sonnenuntergänge!), dem gepflegten Essen (Spezialitäten: frischer Hummer und Fisch), aber auch einfachen Gerichten ab 5US$ und der Volksfest-Stimmung an Wochenenden hat das Restaurant viel zu bieten. Sonntags gibt es zu Barbecue-Gerichten von 15-21 Uhr ein Nonstop-Programm mit Steelbands, Reggae-Gruppen und ausgelassener Stimmung; Andenken hält der Souvenirladen bereit.*
Harmony Hall Restaurant, *Brown's Baymill, Nonsuch Bay,* ☏ *460-4120; täglich außer Mo 10-18 Uhr geöffnet (Dinner nur nach Reservierung), schöne Bar auf der Mühlenspitze mit wunderbarem Rundumblick (auch Mo geöffnet).*

Inselbeschreibung: Barbuda

Barbuda – mit über 160 km² zwar die „kleinere Schwester" Antiguas, aber für karibische Verhältnisse keine kleine Insel – ist ein wirklicher **Inseltraum für alle Robinson-Fans**. Nur 40 km nördlich von Antigua gelegen, unterscheidet sich die Insel doch sehr von ihrer größeren Schwester. Berge fehlen hier völlig – **Barbuda ist flach und trocken**. Der Untergrund besteht aus Korallenkalk, der nur im Südwesten Höhen von 60 m über dem Meeresspiegel erreicht. Da es keine wirklichen Erhebungen gibt und Barbuda völlig mit mannshohem Buschwerk überwuchert ist, fällt es bisweilen schwer, sich zu orientieren.

Antiguas kleine Schwester

Auf der Insel gibt es zudem kaum Menschen, die man nach dem Weg fragen könnte, denn mit nur 1.500 Einwohnern, von denen außerdem noch zwei Drittel im **Hauptort Codrington** wohnen, ist die Insel geradezu entvölkert. Andererseits gibt es **kaum Straßen** – im Wesentlichen sind es nur zwei – so dass kein Besucher

INFO

Frigat Bird Sanctuary

Es ist ein unvergessliches Erlebnis, von Barbuda aus mit kleinen Motorbooten auf die Codrington Lagoon zu tuckern, in deren riesigen Mangrovenwäldern das **Vogelschutzgebiet** *Frigat Bird Sanctuary* liegt. Dort leben einige tausend Exemplare der seltenen Prachtfregattvögel (lat.: *Fregata magnificens,* engl.: *man-o'war-bird).* Ihren Nestern, die sich knapp oberhalb des Wassers befinden, kann man recht nahe kommen, da die Tiere von Natur aus nicht sehr scheu sind. Prachtfregattvögel werden ca. 1,5 kg schwer, bis 1,10 m lang und erreichen eine Flügelspannweite von bis zu 2,30 m. Sie ernähren sich von Fischen und weiteren Meerestieren (u.a. Schildkrötenjunge), die sie als Schmarotzer anderen Vögeln abjagen, indem sie sie so penetrant verfolgen, bis diese ihre Beute fallen lassen. Sind schon die eleganten Flugmanöver der schwarz gefiederten Vögel interessant, so ist es ihr Balztanz erst recht, bei dem sich das Männchen mit aufgeblähtem, tiefrotem Kehlsack dem Weibchen nähert. Auch bei der Abwehr von Feinden kann man dieses Schauspiel beobachten. Dem Balztanz folgt alle zwei Jahre, jeweils im August, die Paarung, nach der die Ablage eines Eis erfolgt. Die Küken schlüpfen im Oktober/November und sind nach zehn Monaten geschlechtsreif.

verloren gehen kann. Irgendwann kommt man sowieso an einem der **herrlichen, menschenleeren Strände** heraus, die die Insel fast vollständig umsäumen.

Mangrovenwälder mit reichem Vogelleben

Einer davon im Süden, ebenso kilometerlang wie die anderen Strände, besteht aus winzigen, rötlichen Muscheln und wirkt daher wie ein rosafarbenes Band. Und direkt vor dem Ufer locken grandiose **Korallenriffe**, **reiche Fischbestände** und über **100 Schiffswracks** Taucher und Schnorchler an. Außer den Stränden ist für Touristen das **Vogelschutzgebiet** interessant, das im Nordwesten innerhalb einer sehr großen Lagune liegt und vor allem wegen der **Prachtfregattvögel** aufgesucht wird. Auch das Innere der Insel ist sehr wildreich und daher ein beliebtes Jagdgebiet. Für Flieger und Bootstouristen ist Codrington mit **Airstrip** und **Anlegestelle** die erste Adresse, meist aber auch nur Durchgangsstation.

Zum Westen hin wird die Codrington Lagoon durch eine Sandbank von der **Low Bay** getrennt. Wer einen kilometerlangen, palmengesäumten Strand ganz für sich alleine haben will, kann sich mit dem Boot über die Lagune dorthin bringen lassen. Vergessen Sie nicht, Sonnenschutz und Lebensmittel mitzunehmen sowie dem Bootspersonal genau mitzuteilen, wann und wo Sie wieder abgeholt werden möchten.

Für **Exkursionen auf dem Landweg** stehen nur zwei Wege und damit zwei Richtungen offen: Die eine Straße führt in weitem Bogen durch die **Buschlandschaft** des Inselinneren in ein Gebiet, das zwar **„The Highlands"** heißt, aber noch nicht einmal 20 m hoch ist. Wenn Sie bei der ersten Gelegenheit an der Ostküste zum Ufer gehen, betreten Sie die **Two Feet Bay**, deren Name ebenfalls ungeklärt ist. Der Sand ist traumhaft weiß und die von Korallen eingerahmte Lagune nicht minder schön. Ansonsten ist die Ostküste steiniger als die des Westens und Südens, und der Atlantik führt höhere Wellen gegen Barbuda.

Der Weg in den Süden führt von Codrington aus einige Kilometer fast geradeaus über das flache Land bis zur Küste. Dort liegt, gleich rechts neben der Straße, der **Martello Tower**, ein Befestigungsturm des frühen 19. Jahrhunderts. Ein schöner Strand und Schnorchel-Möglichkeiten im kristallklaren Wasser warten auf Besucher nur wenige Hundert Meter weiter. Hier biegt die Straße südöstlich ab und führt zu den drei einzigen Hotelanlagen von Barbuda, die allerdings für den Normaltouristen nicht erschwinglich sind.

Traumhafte Strände

Wenn man den Golfplatz des „K-Club" umfahren hat, kommt man wieder am Strand entlang bis hinunter zum **Coco Point**. Dessen Attraktionen sind der kilometerlange, weiße Sandstrand, auf dem sich die Gäste der „Coco Point Lodge" verlieren, und das glasklare Wasser, durch das vielfarbige Korallenbänke schimmern. Weiter westlich können die Gäste des „Palmetto Beach Hotel" das türkisblaue Meer fast ganz für sich allein genießen. Die südlichste Stelle der Insel liegt auf der nächsten Halbinsel (The Castle) und heißt **Spanish Point**. Auch dort locken weite, unberührte Strände.

Reisepraktische Informationen zu Barbuda

Unterkunft

Nedd's Guesthouse $-$$, *Codrington, ☏ 268-460-0059, www.barbudaful.net/guesthouses.html. Das Gästehaus verfügt bietet vier Doppelzimmer an. Ideal für Selbstversorger, da die Zimmer über eine Küche verfügen und sich ein kleiner Laden gleich unten im Haus befindet. Die Besitzer holen einen direkt vom Flughafen ab, so dass man sich die Taxi-Kosten sparen kann.*

Carriage House $-$$, *Codrington, www.barbudaful.net/guesthouses.html. Ähnlich günstig wie Nedd's Guesthouse, allerdings nur mit zwei Zimmern. Da es kein Telefon gibt, funktioniert die Kontaktaufnahme nur per E-Mail: lnedd@hotmail.co.uk. Wenn auf die E-Mail keiner antwortet, kann man auch bei Nedd nachfragen.*

Essen und Trinken

Das Restaurant- und Bar-Angebot ist auf Barbuda recht überschaubar.

Palm Tree Restaurant, *☏ 268-560-2723. Lokale Gerichte inklusive Muscheln, Hummer, Fisch und Huhn, aber auch einfache und bezahlbare Burger und Fritten.*

Green Door Tavern, *☏ 268-562-3134. Sympathischer Platz, der täglich von 7 Uhr morgens bis Mitternacht lokale Gerichte serviert.*

➤ Anreise

Per Flugzeug

Durch die Luft geht es ab Antigua nach Codrington zweimal täglich mit Carib Aviation (☏ 268-462-3147). Die Flüge starten um 8 Uhr morgens und um 17 Uhr und dauern 20 Minuten.

Per Fähre

Mit der Fähre benötigt man 90 Minuten von Insel zu Insel. Das Schiff startet Mi, Do, Sa und So um 8.30 Uhr am Heritage Quai in St. John's und legt am River Dock in Barbuda an. Zurück geht es jeweils am gleichen Tag um 15.15 Uhr. Do und Fr geht es ab Antigua um 16.45 Uhr und zurück am nächsten Tag um 6.30 Uhr. Reservierungen unter ☏ 268-464-9453.

➤ Verkehrsmittel

Auf der Insel bewegt man sich am besten zu Fuß oder mit dem Taxi. Taxis können über Bryon Askie (☏ 268-460-0164) oder Lynton Thomas (☏ 268-460-0081) organisiert werden und kosten ca. 50 US$ pro Tag.

Wer zum Frigat Bird Sanctuary möchte, sollte eine **Tagestour** *nach Barbuda unternehmen und kann bei D&J Forwarders (☏ 268 -773-9766) oder bei Jenny's Tour (☏ 268-461-9361) eine Tagestour mit Flug, Jeep-Tour auf der Insel, Mittagessen und eine Bootstour zum Vogelschutzgebiet buchen.*

Steckbrief: St. Kitts und Nevis

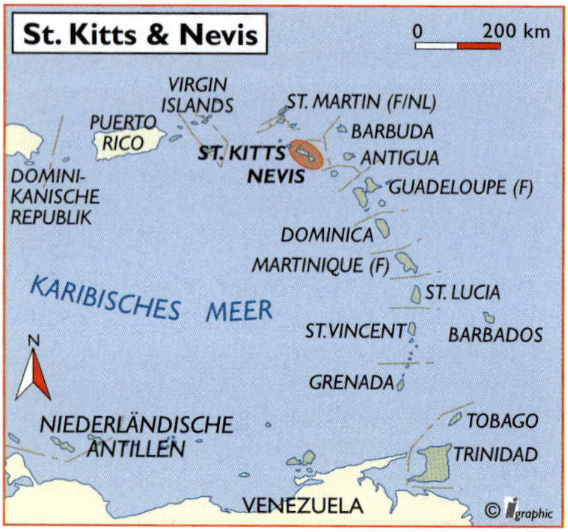

Hinweis

Mehr zur Geschichte sowie politischen und geografischen Zuordnung erfahren Sie unter „Die Geschichte von Antigua und Barbuda, Anguilla, Montserrat sowie St. Kitts und Nevis“ auf S. 215.

Die **Karibikinsel St. Kitts** – offizieller Name *St. Christopher* – eignet sich hervorragend für einen Abstecher von Antigua oder St. Martin. Historische **Plantagenhotels**, der **Regenwald** der zentral gelegenen Bergkette (**Mount Liamuiga**, 1.156 m; **Monkey Hill** 900 m), reichlich Geschichten und Zeugen der Vergangenheit bieten Gelegenheit für einen interessanten Tagesausflug.

Ehemals französisch

Die Hauptstadt **Basseterre** – das verrät der Name schon – lag ursprünglich im ehemals französischen Teil der Insel. Dennoch ist der **vorherrschende Eindruck „rein britisch“**: Viktorianische Holzhäuser, rote Telefonzellen, geradlinige Straßenzüge im Rastersystem. Den Grund dafür lieferte ein großes Feuer, das 1867 die französische Bausubstanz zu 90 Prozent vernichtete. Auch später blieb der 15.000-Einwohner-Stadt wenig erspart, sie musste **etliche Naturkatastrophen** hinnehmen (ein Erdbeben 1974 und Hurrikans 1979, 1980 und 1988). Die dabei verursachten Schäden sind größtenteils behoben, und wegen des halb provinziellen, halb geschäftigen Charmes und einiger älterer Baudenkmäler lohnt sich ein Stadtbummel.

Etwas außerhalb empfehlen sich Besuche der St. Kitts **Sugar Factory**, in der das gesamte Zuckerrohr von St. Kitts und Nevis gemahlen wird, und des Fountain Estate, wo *Philippe de Lonvilliers de Poincy*, der despotische Gouverneur der Französischen Antillen, seine Residenz hatte. Diese wurde bereits 1655 vom Zeitgenossen *César de Rochefort* wegen ihres Gartens, der Freitreppe und des quadratischen Mittelturms literarisch verewigt und beschrieben: *„...fünf Fenster auf jeder Seite, drei Stockwerke hoch...“*. Gleich neben Basseterre befindet sich die **Frigate Bay** mit schönen Sandstränden sowohl an der atlantischen als auch an der karibischen Seite.

Größte Festung der Antillen

Eine der Hauptattraktionen der Insel ist die Ortschaft **Half Way Tree** mit der mächtigen **Festung auf dem Brimstone Hill**. Die größte militärische Anlage auf den Kleinen Antillen überhaupt liegt auf einem ca. 250 m hohen, ehemaligen Vulkanstumpf. Sie geht auf das Jahr 1690 zurück, als die Engländer die damals von den Franzosen besetzte Insel zurückeroberten und den strategischen Wert dieses Hügels erkannten. Mit Bastionen, fast drei Meter dicken Mauern, Magazinen, Kasernen und einem Hospital sowie mit mehreren Dutzend Kanonen bestückt machten sie Brimstone Hill zum „Gibraltar der Karibik“, das niemals mehr in feindliche Hände fallen sollte.

1782 versuchten die **Franzosen** mit 31 Kriegsschiffen und 8.000 Soldaten die Festung zu erobern, doch mussten sie eine verheerende Niederlage und den Verlust fast aller Schiffe hinnehmen. Nach dem **Friedensschluss von 1783** wurde die Festung nochmals ausgebaut und an höchster Stelle mit einem zusätzlichen Fort versehen. Doch da war die Zeit der großen Schlachten schon vorbei, und von Brimstone Hill sollte künftig kein Schuss mehr fallen. Von der Beobachtungsplattform kann man heute den herrlichen **Blick über das Meer bis nach Montserrat und Saba** genießen.

Weiter entlang der Küste hat man immer wieder auf der einen Seite den Vulkan und auf der anderen Seite das blaue Meer im Blick. Kurz vor dem Mount Liamuiga erscheinen an der Küste die bizarren Black Rocks, Überreste eines Lavastromes, der sich einmal vom Vulkan ins Meer ergoss. Hinter den hübschen Ortschaften Tabernacle und Cayon führt ein Weg zu einem weiteren Vulkan, dem **Monkey Hill**, einem 900 m hohen Berg der South East Ranges. Er bekam seinen Namen nach den Samtaffen, die einst die Franzosen hier ausgesetzt hatten. Noch immer können einige Exemplare in freier Wildbahn beobachtet werden.

Blick bis nach Nevis

Wanderer können über Pisten noch weiter in den Süden zum **Great Salt Pond** vordringen. Er wurde früher zur Salzgewinnung genutzt, und zwar von Briten und Franzosen gleichermaßen, selbst in Zeiten erbittertster Kämpfe. Belohnt wird die Wanderung durch einen wunderschönen Blick auf die Insel St. Kitts. Sie können vom

Horse Shoe Point auch den Blick über die drei Kilometer breite Meeresstraße auf die Nachbarinsel Nevis genießen.

Die **fast kreisrunde Insel Nevis** hat als Zentrum den kleinen Hafen der 1660 gegründeten **Hauptstadt Charlestown**, wo die Fährschiffe aus Basseterre und Fischerboote anlegen. Darüber hinaus gibt es noch einen Marktplatz und die Main Street mit vielen Geschäften und Läden in verwitterten aber hübsch restaurierten kreolischen Holzhäuschen. Das kleine, verschlafene und rund 2.500 Einwohner zählende Nest erwacht nur samstagvormittags zum Markttag und zum Wochenende, wenn sich die Inseljugend bei Musik, Tanz und Alkohol vergnügt. Die Hauptattraktion der Insel ist demnach die **schöne Landschaft im wechselnden Farbspiel** des blauen Meeres, der grünen, überquellenden Vegetation und der grauen oder weißen Strände.

Pittoresk kleben die Hütten an den Hängen

All das liegt vor der prächtigen Kulisse des 990 m hohen **Nevis Peak**, der hinter Zuckerrohrplantagen und Feldern – auf denen die begehrte **Sea-Island-Baumwolle** angebaut wird – hinter Gebüsch, Gummibäumen und Orchideen, zwischen denen sich Kolibris tummeln, hervorragt. An dessen Hängen scheinen die kleinen Holzhäuschen der Inselbewohner gleichsam zu kleben. Ein Höhepunkt der Regenzeit ist es, wenn sich für einen Moment die Wolkenhaube lichtet und der Gipfel des Schichtvulkans in seiner ganzen Pracht erscheint. Bei Morning Star erinnert das **Nelson Museum** an den Aufenthalt des später als „Seeheld von Trafalgar“ in die Geschichte eingegangenen *Admirals Nelson* und seiner Frau. Als Kommandant der Flottenbasis English Harbour auf Antigua heiratete er die Nichte des Insel-Gouverneurs von Nevis, die schöne, junge und reiche Witwe *Frances Nisbet*. Sie starb verlassen und vereinsamt auf ihrer Heimatinsel, da der spätere Admiral als Oberbefehlshaber der britischen Flotte im Mittelmeer sich von ihr trennte und 1798/99 in Neapel *Lady Emma Hamilton* heiratete.

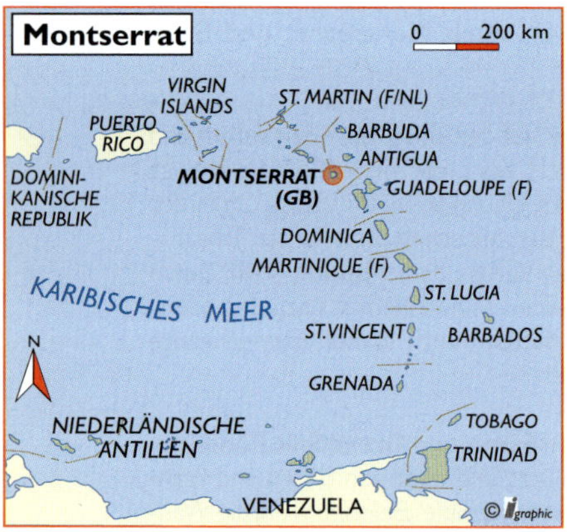

Montserrat

Wichtige Telefonnummern auf einen Blick

Telefonvorwahl	☏ 664
Internationale Vorwahl	☏ 001-664
Touristeninformation	☏ 491-2230/ 8730
Diplomatische Vertretung (Antigua)	☏ 268-462-3174
Glendon Hospital (St. John's)	☏ 491-2552/ 7404
Feuerwehr	☏ 911
Polizei	☏ 999
Telefonauskunft	☏ 411

Hinweis

Mehr zur Geschichte sowie politischen und geografischen Zuordnung erfahren Sie unter „Die Geschichte von Antigua und Barbuda, Anguilla, Montserrat sowie St. Kitts und Nevis“ S. 215.

Redaktionstipps

- **Plymouth**. Die ehemalige Hauptstadt, die unter meterdicker Asche begraben wurde, ist ein sehr anschauliches Beispiel für die zerstörerische Kraft des Vulkans Soufrière (S.210).
- So zerstörerisch der Vulkanausbruch auf Montserrat auch war, so faszinierend sind die Bilder des Ausbruchs und die Erklärungen der Wissenschaftler im **Montserrat Volcano Observatory** (S. 205).
- Auf den **Center Hills hiking trails** bieten sich phantastische Ausblicke über die Insel – Lohn für zum Teil sehr anstrengende Wanderpassagen (S. 200, 211).
- **Tauchen** ist eines des Highlights auf Montserrat, dazu muss man sich allerdings **unterhalb der Felsen** an der Küste bewegen, um feinste Riffe und eine reichhaltige Tierwelt entdecken zu können (S. 212).

Die von den karibischen Ureinwohnern **„Alliouagana“** (= Insel der Aloë) genannte Insel wurde von *Kolumbus* auf seiner zweiten Reise 1493 entdeckt. Angeblich erinnerte ihn die Landschaft an die Gegend um Barcelona, weshalb er sie nach einer dortigen Abtei benannte: *Santa Maria de Montserrat.* Diese „Entdeckung“ blieb für die europäische Siedlungsgeschichte 150 Jahre folgenlos.

Erst 1632 kamen unter der Führung von *Sir Thomas Warner* einige britische und irische Katholiken nach Montserrat, die vor den streng anglikanischen Verhältnissen auf St. Kitts auf der Flucht waren. Schnell war Montserrat als Zufluchtsstätte auch bei den Katholiken auf Barbados, in Virginia und selbst in Irland bekannt, und schon 1648 lebten etwa 1.000 **irische Familien** auf der Insel. Ihren religiösen Freiraum verloren die Iren durch englische Gouverneure, die alle Katholiken von zivilen und politischen Ämtern ausschlossen. Und das zunächst rein irisch geprägte Bevölkerungsbild verschwand mit der Einführung des Zuckerrohranbaus und dem Import einer Vielzahl schwarzer Sklaven. Deren Zahl betrug im 18. Jahrhundert 10.000 – im Verhältnis zu etwa 1.300 Weißen.

Irische Einwanderer

Zu Anfang des 19. Jahrhunderts wurden innerhalb von vier Jahren dann zunächst die Rechte der Iren wieder hergestellt und anschließend die Sklaven befreit. Im 20. Jahrhundert hatte das wirtschaftlich schwache Montserrat, im Gegensatz zu den englischen Nachbarinseln, kein Interesse an der staatlichen Unabhängigkeit. Seit 1967 trägt es den Status einer britischen Kronkolonie mit innerer Autonomie (British Dependency). Das Staatsoberhaupt ist Königin **Elizabeth II.**, die durch einen von London entsandten Gouverneur vertreten wird.

Inselleben trotz Naturkatastrophen

Nachdem gerade die enormen Schäden beseitigt waren, die 1989 der **Hurrikan „Hugo“** in der Landwirtschaft angerichtet hatte, machte mit der Zerstörung der südlichen Inselhälfte durch den **Ausbruch des Vulkans Soufrière** im Jahre 1997 eine erneute Naturkatastrophe die Existenz vieler Inselbewohner zunichte. Ende der

Montserrat
Hotel/Gästehaus
1 Vue Pointe
2 Tropical Mansion Suites
3 Erindell Villa Guesthouse
4 Grand View Bed & Breakfast
5 Montserrat Moments Inn & The old Sugar Mill
6 Bachee's
7 Gingerbread Hill
North West Bluff
Hell's Gate
Silver Hill 1000 m
Pinnacle Rock
Rendevouz Bay
Little Bay
Carr's Bay
Gerald's
Gerald's Airport
Lookout Cliffs
KARIBISCHES MEER
ATLANTISCHER OZEAN
St. John's
Brades
Statue Rock
St. Peter's
Bunkum Bay
Baker Hill
Jack Boy Hill
(verschüttet)
Katy Hill 741 m
Woodlands Beach
Woodlands
Farm Bay
SICHERES GEBIET
Salem
Olveston
Centre Hills
Old Road Estate
Monserrat Volcano Observarory
Old Towne
Old Road Beach
Cork Hill
Soufrière Hills Volcano
Richmond Hill
St. George's Hill
Foxes Bay
Plymouth (verschüttet)
EXCLUSION ZONE
South Soufrière Hills
Landing Bay
MARITIME EXCLUSION ZONE
Old Fort Point
N
0
2 km
© igraphic

Laden mit Produkten aus Sea-Island-Baumwolle in Salem

1980er Jahre bedeutete der Wirbelsturm nach 67 sturmfreien Jahren die größte vorstellbare Katastrophe des Jahrhunderts, deren Schockwirkung tief saß. Die Schäden beliefen sich auf eine Höhe von 250 Millionen US-Dollar. Über 90 Prozent aller Gebäude waren zerstört oder beschädigt, 400 Jahre alte Urwaldriesen umgeknickt, die Stromversorgung unterbrochen und die Hafenpier vernichtet.

Verheerende Zerstörungen

Dass dieses Ereignis nur acht Jahre später durch den Vulkanausbruch übertroffen werden würde, vermochte sich damals niemand vorzustellen. Die **Verschüttung vieler Weideflächen mit Aschestaub und Geröll** gefährdete gar die Selbstversorgung mit Gemüse, Fleisch und Milch. Der viel versprechende Versuch, auf der Insel **Sea-Island-Baumwolle** anzupflanzen, die auf der Insel zu qualitätvoller Ware verarbeitet wird, konnte wegen der geringen verfügbaren Insel-Fläche nicht weiter ausgebaut werden. Über 7.000 Menschen verließen schlagartig die Insel, nur wenige Evakuierte aus dem gefährdeten Südteil zogen in den sicheren Norden. 1998 lebten nur noch 2.850 Menschen auf der Insel. Wirtschaftlich sind die Auswirkungen bis heute zu spüren: die Hauptstadt Plymouth, die einzig größere Stadt mit wirtschaftlichem Zentrum, liegt nach wie vor unter einer meterdicken Ascheschicht begraben, ein Großteil der Infrastruktur ist zerstört. Die Hoffnung, dass **Plymouth** jemals wieder der Inselmittelpunkt werden wird, schwindet immer mehr. Umso mehr, da fast zehn Jahre nach dessen Zerstörung die Aktivität des Vulkans zugenommen hat.

Der Fremdenverkehr war vor dem Vulkanausbruch und nach Beseitigung der Wirbelsturmschäden der größte wirtschaftliche Hoffnungsträger. Ähnlich wie auf Dominica setzte man auf den **„sanften Tourismus"**, der von der herrlichen Natur, dem Regenwald und den vorzüglichen Wandermöglichkeiten profitiert. Andere Gründe

INFO

Montserrat – die „Grüne Insel"

Irische Einflüsse sind bis heute vielschichtig wahrnehmbar, trotz der andauernden englischen Herrschaft:
- Wie Irland wird Montserrat als „Grüne Insel" bezeichnet.
- Das inoffizielle Emblem ist das irische Kleeblatt (Irish Shamrock), das zusammen mit der Palme u. a. das Government House schmückt oder Besuchern in den Pass gestempelt wird.
- Während die Flagge der „Union Jack" ist, trägt das offizielle Wappen die Darstellung der Muttergottes mit der Harfe.
- Montserrat ist die einzige Insel der Karibik, auf der der St. Patrick's Day (17. März) als Feiertag begangen wird.
- Irische Volkstänze (*Heel and toe*), Nationalgerichte (*Goatwater*) und Volksmärchen sind – auch bei der schwarzen Bevölkerung – lebendig.
- Die Orts- und Flurnamen sowie Familiennamen sind mehrheitlich irisch.

Trotz der irischen Familiennamen besteht die Bevölkerung zum Großteil aus Schwarzen oder Mulatten, also Nachfahren der Sklaven. Schon vor dem Vulkanausbruch des Soufrière Hills war die Insel mit knapp 13.000 Einwohnern nur sehr schwach besiedelt. Der Grund dafür waren die ökonomischen Schwierigkeiten, die im 20. Jahrhundert viele Arbeitskräfte zur Abwanderung auf die bessergestellten Nachbarinseln zwangen. Denn um die Wirtschaft des Eilandes war es nicht gut bestellt, da man nach dem Verfall der Zuckerpreise lange Zeit kaum Exportartikel besaß, aber viel importieren musste.

lockten zudem Berühmtheiten wie *Stevie Wonder, Sting, Paul McCartney, Phil Collins, Elton John* oder *Boney M.* nach Montserrat. Sie nahmen in den High-Tech-Tonstudios (Air Studios), die der ehemalige Beatles-Manager *George Martin* eingerichtet hat, Platten auf.

Neuer Flughafen

Heute steht die Entwicklung der Tourismusindustrie von Montserrrat an einem Scheideweg. Während sich die größeren Touristikunternehmen von der Insel schnell zurückgezogen hatten, gründeten die Inselbewohner selbst kleine Unternehmen, organisieren Touren zur *Exclusion Zone* und Wanderungen im Regenwald mit Blick auf den Vulkan. Trotz der schweren Schicksalsschläge sind die Menschen auf Montserrat optimistisch. Sie arbeiten daran, im hügeligen Nordteil eine neue Infrastruktur aufzubauen; Häuser, Straßen und jüngst der neue **Gerald's Airport** wurden gebaut.

Unterwegs auf Montserrat

Eine Inselrundfahrt auf Montserrat ist aufgrund der Zerstörung der Südhälfte der Insel nicht mehr möglich. Dennoch bietet die als „The Emerald Isle" bekannte Insel genug Möglichkeiten, mindestens einen interessanten Tagesausflug zu verleben. Die Insel besteht hauptsächlich aus **drei Gebirgszügen**: dem **Silver Hill** im Norden der Insel, den **Central Hills** und den **Soufrière Hills** mit dem Chances Peak.

INFO

Quakende „mountain chicken"

Die meisten Lebensmittel werden importiert, und selbst der Fisch- und Fleischbedarf der Insel kann nicht autark gedeckt werden. Dennoch gibt es zwei kulinarische Spezialitäten auf Montserrat. Zum einen ist das ein Eintopf, der mit Ziegenmilch verfeinert wird, und zum anderen ein Gericht mit Berghühnchen, das sogenannte *mountain chicken*. Bei diesen handelt es sich jedoch keineswegs um wild lebende Hühnchen. Hinter dem Namen verbergen sich große Frösche, die schon zu Zeiten der Arawaken, der Ureinwohner der Insel, als Delikatesse galten. Leider gehören die *mountain chicken* mittlerweile zu einer vom Aussterben bedrohten Froschart.

Wegen des **Vulkanausbruchs in den Soufrière Hills** können nur noch der Silver Hill und das Zentralgebirge bestiegen bzw. durchwandert werden. Das Gebirge und die Naturattraktionen um die Soufrière Hills sind aus Sicherheitsgründen nicht mehr zugänglich. Aus dem Vulkan heraus ist ein neuer Berg gewachsen, der mittlerweile alle anderen überragt. Der jüngste Berg der Insel wird so lange weiter wachsen, wie der Vulkan das heiße Magma nach außen schiebt.

Die Soufrière Hills umgeben von Wolken

Zu der **Exclusion Zone**, die kurz hinter dem kleinen Ort Salem und den Lawyer's Mountains anfängt, ist der Zugang verboten. Sie nimmt rund zwei Drittel der Insel ein. Dafür sind der Vulkan selbst sowie die Schäden, die er verursacht hat, zur Touristenattraktion Nummer eins auf der Insel geworden. Vom Garibaldi Hill aus, der im westlichen Teil der *Exclusion Zone* liegt und tagsüber betreten werden darf, gibt es eine hervorragende Sicht auf die Soufrière Hills. Nördlich des Garibaldi Hills liegt die **Old Road Bay**, an der sich wahrscheinlich die ersten europäischen Siedler niederließen. Vermutet wird dies, weil „Old Road" ein Ortsname auf St. Kitts ist und die Besiedlung Montserrats von St. Kitts aus ihren Weg nahm.

Das Geröll- und Aschefeld kurz vor der Exclusion Zone

Früher waren die Strände der Old Road Bay und der Isles Bay zusammen mit dem grünen Belham Valley, seinem Golfplatz und einer ganzen Reihe von Villensiedlungen, Pensionärskolonien, Restaurants, Hotels und Freizeiteinrichtungen nach Plymouth die zweitgrößte touristisch erschlossene Gegend. Am Strand tummelten sich Windsurfer, Hobbysegler und Schnorchler. Wasser-

Montserrats Flagge mit Union Jack vor Montserrats Touristenbüro

ski, Tretboote und Möglichkeiten zum Hochseeangeln sowie Bootsausflüge zur Rendezvous Beach wurden angeboten. Heute erinnern noch die grünen Hänge an den Seiten des Belham-River-Tals daran, dass sich hier einst ein idyllisches grünes Tal bis ans Meer erstreckte.

Taucher begeben sich in der Old Road Bay heute auf die Suche nach vulkanischem Bimsgestein und anderen geologisch interessanten Hinterlassenschaften des Vulkanausbruchs. Von der *Exclusion Zone* kommend, können Sie kurz hinter Salem links nach Olveston zum Büro des National Trust abbiegen. In Salem selbst hat sich der britische Gouverneur sein neues – und für die bescheidenen Inselverhältnisse recht imposantes – Büro-Haus errichten lassen.

Montserrat National Trust

Das **National History Center** des Montserrat National Trust finden Sie in Olveston. Mit historischem Zentrum, Botanischem Garten, Vulkan-Dokumentationszentrum sowie Museum mit angeschlossenem Shop trägt der National Trust zur Sicherung der historischen und natürlichen Vorkommen der Insel bei. Gleich nebenan befindet sich das **Montserrat Tourist Board**. Die Öffnungszeiten richten sich in der Regel nach den allgemeinen Geschäftszeiten. Um sicherzugehen, sollten Sie vorher anrufen oder Ihren Taxifahrer fragen.
National History Center, *Olveston, North Main Road, ☎ 664-491-3086, 🖷 664-491-3046.*

In dem kleinen Ort erinnert die Kirche an die Zeit unmittelbar nach dem Vulkanausbruch, als viele Menschen nach der Evakuierung von Plymouth und den umliegenden Dörfern hier eine erste Zuflucht fanden. Hinter St. Peter‘s, in Cudjoehead, gabelt sich die neue Hauptstraße und biegt nach Osten in Richtung Westküste und nach St. John's ab. Die andere Straße führt zur **Carr's Bay** mit Relikten aus einer weniger friedlichen Zeit (es gibt Kanonen zu besichtigen). Weiter geht es nach **Little Bay**, wo das Nachtleben der Insel am Strand stattfindet. Beide Buchten bieten beliebte Badestrände und gute Schnorchelbedingungen. Von der Little Bay kann man

INFO

Der Ausbruch des Vulkans Soufrière Hills

Seit Mitte 1995 ist das Leben für die ehemals 13.000 Inselbewohner von Montserrat nicht mehr so wie vorher. Nach fast 400 Jahren Ruhe meldete sich der Vulkan Soufrière Hills mit heftigem Rumoren wieder zu Wort. 1997 schließlich kollabierten die Lavadome, heftigste Explosionen spuckten Lava, Geröll und Asche aus. Der Südteil der Insel wurde unbewohnbar, die Hauptstadt Plymouth liegt seitdem unter Schutt und Asche begraben. Bis heute ist der Vulkan nicht zur Ruhe gekommen.

Die Little Bay mit Anlegestelle für Schiffe

in einer halbstündigen Wanderung bis zur Rendezvous Bay vordringen, die den weißesten Sandstrand der Insel besitzt und ansonsten nur per Boot zu erreichen ist.

Wem mehr am Wandern liegt als am Badespaß, hat mit dem 403 m hohen, erloschenen Vulkan Silver Hill ein lohnendes Ziel: Der höchste Punkt des Nordens bietet natürlich auch die beste Aussicht. Weitere Wanderpfade führen bis zur Nordspitze (North West Bluff) und entlang der Klippen um sie herum bis zur bizarren Felsformation Hell's Gate.

INFO

Chronologie der Ereignisse

Januar 1992 · Erste Erdbebenschwärme werden im Volcano Observatory registriert. Dadurch entstehen höchstwahrscheinlich Risse in tiefen Erdschichten, und heißes Material steigt aus der Tiefe in die Magmakammer auf.
Juli 1995 · Erste Explosion durch Wasserdampf, der sich einen Weg aus dem Inneren des Vulkans nach draußen sucht.
August 1995 · Weitere Wasserdampfexplosionen folgen: Grundwasser wird durch heißes Magma erhitzt.
21. August 1995 · Eine weitere Explosion spuckt eine große Menge Asche aus und macht den Tag zur Nacht. Die Hauptstadt Plymouth wird mit einer Ascheschicht überzogen. Erste Evakuierungen werden vorgenommen.
September 1995 · Ein neuer Dom entsteht, erstmals zeigt sich frische Lava.
März/April 1996 · Der Lavadom wächst schnell steil in die Höhe. Die Wände können dem Druck der aufsteigenden Lava nicht mehr standhalten, sie beginnen einzubrechen und kollabieren schließlich. Zunächst nur schleppend, dann stetig fließen

INFO

sogenannte pyroklastische Ströme durch die Täler den Berg hinunter. Je nach Größe des Doms, der sich permanent verändert, haben die Explosionen bei einem Domkollaps unterschiedliche Ausmaße. Teilweise erreichen die pyroklastischen Ströme das Meer. Sekundäre Dampfexplosionen sind die Folge. Geröll und Asche füllen nach und nach die Täler auf, so können die Lavaströme immer größere Gebiete der Insel erreichen. Evakuierungen sind nun im vollen Gange.

25. Juli 1997 · Die Explosionen erreichen an diesem Tag gegen Mittag einen absoluten Höhepunkt. Rund 150 Häuser werden durch pyroklastische Ströme und heiße Aschewolken zerstört. Auch der Flughafen wird erstmals direkt von den Lavamassen bedroht. Mitarbeiter des Volcano Observatory können sich gerade noch rechtzeitig – nur wenige Minuten vor Eintreffen der glühenden Aschewolken – von ihren Beobachtungsstationen am Flughafen, in Plymouth und an weiteren Stellen des südlichen Inselteils zurückziehen. Neun Menschen, die sich zu dem Zeitpunkt in der Gefahrenzone aufhielten, können nur noch tot geborgen werden, 14 weitere gelten als vermisst, fünf kommen mit schweren Verbrennungen davon. Der Vulkanausbruch geht mit unverminderter Stärke auch nach dem 25. Juli weiter.

Die Old Road Bay war früher ein Golfer-Paradies

August 1997 · Bimssteine von bis zu acht Zentimeter Durchmesser prasseln am 4. August auf das Volcano Observatory in der Hauptstadt. Pyroklastische Ströme erreichen bei Plymouth das Meer, die Stadt liegt unter einer dicken Ascheschicht. Es erfolgt die Anordnung, dass die Bewohner des Nordteils der Insel Helme und einen Mundschutz tragen müssen, um die Lungen vor den sich in der Luft befindenden scharfkantigen, vulkanischen Glasteilchen zu schützen. Der in St. Peter's lebende Kameramann David Lea berichtet von einem Geräusch wie von einem landenden Düsenjet, als der Soufrière explodiert. Am 8. August steht Plymouth in Flammen.

21. September 1997 · Der Flughafen an der Ostküste wird vollständig durch die Lavamassen zerstört.

22.-28. Oktober 1997 · Ein neuer, 80 m hoher Lavadom bildet sich und wächst mit ungeheurer Geschwindigkeit; Erdaktivitäten weisen auf erneute Ausbrüche hin.

26. Dezember 1997 · Der Dom von Soufrière Hills kollabiert, die pyroklastischen Ströme laufen den White River herunter; die Asche- und Rauchfahne steigt 11.000 Meter in die Höhe.

1998-2000 · Immer wieder neue Domkollapse, Aschewolken bis zu einer Höhe von fast 13 Kilometern; Wissenschaftler berichten jedoch erstmals von einer leichten Abkühlung des Doms und prognostizieren eine ruhigere Phase.

INFO

Juli 2002 · Der Vulkan verstärkt seine Aktivität und stößt immer wieder Steine, Gas und Asche aus. Der Lava-Dom im Inneren des Kraters wächst deutlich. Seismographen messen wieder eine anschwellende Erdbebenintensität.
Januar 2007 · Nach einer Zeit der Ruhe werden wieder vermehrt Aktivitäten des Vulkans gemessen. In den anliegenden Gebieten der *Exclusion Zone* herrscht Alarmbereitschaft.

Quelle: Montserrat Volcano Observatory

Die Wissenschaftler des **Montserrat Volcano Observatory** (MVO) beobachten den Vulkan rund um die Uhr. Von verschiedenen Messstationen werten sie die via Fernübertragung ins Observatorium übermittelten seismischen Daten sofort aus. Über 60.000 gemessene, kleinere lokale Erdbeben im Zeitraum von 1992 bis Anfang 1997 deuteten auf den Vulkanausbruch hin. Im März/April 1997 hatte sich die Lavamasse bereits über drei Kilometer abwärts zu den ehemaligen Sehenswürdigkeiten **Great Alp Waterfalls** und **Galways Soufrière** vorgearbeitet. Die Galways Wall brach zum Teil zusammen, und Geröll und Lava gelangten in das Tal River Valley.

Eine riesige Aschewolke bildete sich nach den heftigen Explosionen

Nur kurze Zeit später kam es zu einer **ersten riesigen Explosion**, die glühende Lavamassen, Geröll und Asche mit einer Geschwindigkeit von bis zu 300 km/h aus dem Berg schleuderte. Eine riesige Aschewolke schoss fast zehn Kilometer hoch über dem Vulkanherd in die Luft. Plymouth versank in einem glühenden Feuermeer. 600 m weit hat sich die Lavamasse und Asche an Plymouth vorbei ins Meer geschoben. Trotz Evakuierungen starben neun Menschen bei diesem Ausbruch. Sieben Dörfer wurden komplett ausradiert, Hunderte Insulaner im Norden des Vulkans verloren ihr Hab und Gut.

Touristenattraktion Vulkan

Mit modernsten Geräten – satellitengestützten globalen Ortungssystemen – wird der Vulkan an festgesetzten Punkten regelmäßig vermessen. Dadurch können Geländeverformungen im Millimeterbereich und Vermutungen über die Bewegung des Magmas innerhalb des Vulkans festgestellt werden. Bei guten Sichtverhältnissen, wenn die Aschewolke es zulässt, wird zudem vom Hubschrauber aus das Volumen des Doms bis zu einer 90-prozentigen Genauigkeit ermittelt. Ein Gasspektrometer misst die Schwefeldioxid-Konzentrationen über der Insel, um die Aktivität des Vulkans einordnen zu können.

Zum Schutz der Bevölkerung vor den indirekten Auswirkungen des Vulkans werden regelmäßig Asche- sowie Regenwasserproben genommen und auf ihre chemische Zusammensetzung untersucht. Zwar kennen die Wissenschaftler den Vulkan inzwischen recht gut, verlässliche Prognosen, wie er sich in Zukunft verhält, sind jedoch nicht zu machen. Die anhaltenden Aktivitäten machen Vorhersagen über Verlauf und Ende der Krise unmöglich.

Rege Bautätigkeit verändert das Erscheinungsbild des Nordens

Auf dem Weg zur oder von der Little Bay ist es für Philatelisten ein Muss, einen Schlenker nach Brades zum Hauptpostamt bzw. in die Philatelie zu machen. Die **Briefmarkenausgaben von Montserrat** ist für ihre interessanten Motive bei Briefmarkensammlern weithin bekannt. Besonders interessant ist die Ausgabe, die den Vulkanausbruch motivisch verarbeitet.

Kurvenreich verläuft die Straße, der **Scenic Drive** von Cudjoehead, quer über die Insel an den Ausläufern des Lawyer's Mountain vorbei nach St. John's, dem neuen Mittelpunkt der Insel. Kurz hinter St. John's vereinigt sich der Scenic Drive wieder mit der Straße, die von der Little Bay hoch in die Mitte des nördlichen Inselteils führt. Fünf Kilometer von der Küste entfernt, im hügeligen Inselinneren gelegen, hat man von hier aus einen weiten Blick auf das Karibische Meer.

Neues Inselleben im Norden

Die letzten Jahre bestimmte eine rege Bautätigkeit **St. John's**. Während der Ort und seine Umgebung bisher eher einen sehr dünn besiedelten Charakter hatten, gibt es hier mittlerweile ein Hotel und die Rundfunkstation der Insel. Bezahlbare Grundstücke sind seitdem allerdings rar geworden.

Südlich von St. John's ist der Hauptanziehungspunkt für Touristen das Montserrat Volcano Observatory. Hier werden die vulkanischen Aktivitäten von Wissenschaftlern aus der ganzen Welt überwacht. Universitäten schicken ihre Studierenden hierher, um Forschungen vor Ort zu betreiben.

Montserrat Volcano Visitor's Center

Regelmäßige Berichte über den Zustand des Vulkans veröffentlicht das Montserrat Volcano Observatory. Videos vom Vulkanausbruch, Erläuterung zur Chronologie des Vulkanausbruchs, Führungen durch das Observatorium gibt es im **Montserrat Volcano Visitor's Center**. Bei starken Aktivitäten ist das Visitor's Center geschlossen.
Montserrat Volcano Visitor's Center, *Mongo Hill, ☏ 664-491-5647, 🖷 664-491-2423, www.mvo.ms, unter www.geo.mtu.edu. Öffnungszeiten: Mo-Fr, 15.30-16 Uhr.*

Nordöstlich von St. John's geht es vorbei am neuen **Gerald's Airport** und an den **Gerald's Lookout Cliffs**, die einen wunderbaren Blick bieten, weiter durch die um das Blake Estate herum gelegene Moorlandschaft und durch das **Bunkum-River-Tal** mit seinen Baumfarnschluchten in den östlichen Teil der Insel. In vielen Kurven windet sich der Weg bis zur fast menschenleeren Ostküste, die mit ihrer spärlichen Vegetation und windzerzausten Landschaft an Irland erinnert.

Blick über die Rundhütten vom „Vue Pointe" auf den Vulkan

Vor dem noch kurz vor dem Vulkanausbruch vollständig modernisierten und schließlich zerstörten Bramble-Flughafen ist die Fahrt an der nordöstlichen Grenze der *Exclusion Zone* zu Ende. Von dieser nordöstlichen und sicheren Seite der Insel ist ein Abstecher zum **Jack Boy Hill**, dem besten Aussichtspunkt auf den Soufrière Hills Vulkan, ein absolut lohnenswerter Ausflug. Er bietet den spektakulärsten Blick auf den im Inneren brodelnden Vulkan.

Immer wieder Ascheregen

Von diesem Punkt aus können Sie die Spuren der Lavamassen verfolgen, die wie Geröllabgänge an einer graubraunen Felsenwand aussehen. Rechts und links davon setzt sich teilweise bereits wieder grüne Vegetation durch. Bei klarem Wetter, wenn die graue Aschewolke den Vulkan freigibt, ist sogar mit bloßem Auge der neu entstandene Berg, der aus dem Vulkaninneren herauswächst, zu sehen.

Reisepraktische Informationen zu Montserrat

Information

Montserrat Tourist Board, *7 Farara Plaza, Buildings B&C, Brades, ☏ 664-491-2230, 🖷 664-491-7430, www.visitmontserrat.com*

Unterkunft

Das Hotel-Angebot *auf Montserrat ist sehr überschaubar, denn es gibt nur zwei! Und von den beiden ist eines das alteingesessene „Vue Pointe" mit Blick auf die Soufrière Hills und den dampfenden Vulkan. Da es allerdings direkt neben der Old Road Bay liegt und damit unmittelbar an der Grenze des Sperrgebiets, ist die Zukunft des Hotels ungewiss. 2008 wurde es aufgrund vermehrter Aktivität des Vulkans aus Sicherheitsgründen geschlossen. Im sicheren Norden liegt hingegen das recht neue „Tropical Mansion Suites". Wer unbedingt im Hotel übernachten will, muss hier gehobene Preise in Kauf nehmen. Zum individuellen Charakter der Insel passt hingegen viel besser die Übernachtung in einem der* Gästehäuser und B&Bs. *Und für die absoluten Individualisten gibt es ein paar* Apartments und Villen *zu mieten.*

➤ Hotels (s. Karte S. 198)

Vue Pointe $$$$ *(1), Old Road Bay, Westküste, ☏ 664-491-5210, 🖷 664-491-4813, www.vuepointe.com. Leider ist das an der Old Road Bay auf einem Hügel oberhalb des Strandes gelegene familiäre Hotel zurzeit wegen Vulkanaktivitäten geschlossen. Falls es jemals wieder eröffnet werden sollte, bieten die Terrassen der zwölf Cottages für jeweils zwei Personen den direkten und spektakulären Blick auf den rauchenden Vulkan und aufs Meer. Zudem gibt es Kochgelegenheit, TV, Telefon und Ventilator. Eine kleine Beach Bar bietet dann den Mittagssnack, Tennisplatz, Swimmingpool und Restaurant sind am Haus. Im Jahre 2001, vier Jahre nach der Zerstörung der Hauptstadt Plymouth durch den heftigsten Vulkanausbruch des Soufrière seit 1995, war das Hotel komplett renoviert wieder eröffnet worden und für Wanderer, Vogelbeobachter und Vulkan-Interessierte ein wunderbarer Aufenthaltsort.*

Tropical Mansion Suites $$$-$$$$ *(2), Sweeny's, St. John's, ☏ 664-491-8767, 🖷 664-491-827, www.tropicalmansion.com. Weit weniger spektakulär als das „Vue Pointe", dafür umso sicherer liegt im Inselinneren des Nordteils das nach dem Untergang der Inselhauptstadt neu errichtete Hotel. Es gibt 18 Zimmer mit Balkon, TV, Telefon, teilweise Kochecke, Swimmingpool, Bar, Restaurant mit karibischer Küche und sehr freundlicher Bedienung.*

➤ Gästehäuser

Erindell Villa Guesthouse $$ *(3), Gros Michel Drive, Woodlands nahe der Bücherei, ☏ 664-491-3655, www.erindellvilla.com. Zwei einfache, ordentliche Zimmer mit eigenem Bad/WC und privaten Eingängen für Selbstverpfleger. Die Zimmer sind durch eine überdachte Terrasse (praktisch in der Regenzeit) mit dem Haupthaus verbunden. TV, Internet, Swimmingpool. Der Name „Erindell" (Irisches Tal) erinnert an die irische Vergangenheit der Besitzer* ***Shirley*** *und* ***Lou Spycalla****.*

Grand View Bed & Breakfast $$-$$$ *(4), Cudjoe Head, St. Peter, ☏/🖷 664-491-2284, www.grandviewmni.com. Sieben einfache Zimmer, davon eine teurere Suite mit Kochecke und Balkon. Vollverpflegung möglich, Preis inklusive Frühstück, TV, Bar, Internetzugang und, wie der Name schon sagt, großartiger Blick vom Balkon!*

Montserrat Moments Inn & The old Sugar Mill $$-$$$ *(5), Manjack Heights, ☏ 664-491-7707/492-1743. Bed & Breakfast nahe Brades im Norden der Insel mit Blick bis zur Little Bay. Die alte Zuckermühle dominiert den tropischen Garten mit vier ordentlichen Zimmern. Preise inkl. Frühstück, TV, Internetzugang, A/C, Kühlschrank, Kaffeekocher.*

Bachee's $$ *(6), Olveston, ☏ 664-491-7509. Wer seine Ruhe haben möchte, der ist hier genau richtig. Hier gibt es nur zwei Zimmer – einsam gelegen inmitten tropischer Vegetation*

Gingerbread Hill $-$$$ *(7), St. Peter's, ☏ 664-491-5812, www.volcano-island.com. Die Unterkünfte reichen in Ausstattung und Preis von Villa mit Panorama-Blick-Terrasse auf die tropische Bergwelt sowie auf den Ozean bis hin zum einfachen Backpacker-Zimmer. Sehr zu empfehlen ist das Tree House! Mit einer kleinen Fußbrücke ist es mit dem Haupthaus verbunden. Wunderschöner Blick von der Veranda auf den Ozean über Bananen- und Papaya-Bäume hinweg. Doch auch die Backpacker-Unterkunft bietet mit Kühlschrank, Wasserkocher und Mikrowelle die lebensnotwendigen Gerätschaften.*

Hinweis

Tagsüber können Sie sich gut bei den Imbissbuden (Snackettes & Takeaways) verpflegen.

Essen und Trinken

Das Jumpin Jack's Restaurant liegt in der Nähe der Exclusion Zone

Vor dem Vulkanausbruch gab es einige Restaurants auf Montserrat. Nach dem Vulkanausbruch 1997 kann man mit viel gutem Willen wieder von einer „Restaurant-Szene" sprechen. Mit den beiden Hotels bzw. dem einen zurzeit geöffneten Hotel auf der Insel bieten rund ein Dutzend Restaurants karibische und internationale Küche an. Inselspezialitäten sind **goat water** *– eine Suppe, die mit* **Irish stew,** *also einem irischen Eintopf zu vergleichen ist – und* **mountain chicken**, *womit die Beine einer Froschart gemeint sind, die nur auf Montserrat und Dominica vorkommen. Desweiteren gibt es wie überall einige Fischgerichte mit einheimischem Obst und Gemüse. An Getränken gibt es nur importierte Alkoholika wie Bier, Schnaps und Wein. Das lokale Getränk läuft unter dem Namen* **Montserrat Rum Punch**.

Tropical Mansion Sweet Restaurant, *Sweeneys, ☏ 664-491-8767. Das Restaurant rühmt sich für karibische Küche mit internationalem Flair. Es werden Frühstück, Mittagessen und Abendessen serviert. Mittwochmittags wird ein Buffet angeboten. In der Bar gibt es freitags Live-Entertainment und Happy Hour.*
The Attic Restaurant, *Olveston Estate Drive, ☏ 664-491-2008. Frühstück und Mittagessen (z. B. gegrillte Hähnchen und Quesadilla, d.h. salzige Pfannkuchen mit Füllung).*
Jumpin Jack's Restaurant and Bar, *Old Road Bay, Old Town, ☏ 664-491-5645. American Food, Fischgerichte. Mi und Sa sind Reservierungen erforderlich.*
Good Life Restaurant and Bar, *Little Bay, ☏ 664-491-4576. Neues Gebäude in Hanglage mit Blick auf die Little Bay, Disko am Wochenende, verhältnismäßig teuer.*
Gourmet Gardens, *Olveston, ☏ 664-491-7859. Das Restaurant hat eine schöne Veranda.*
Ponts „Beach View", *Little Bay, ☏ 664-496-7994/491-5025. Steaks, Fisch und Huhn direkt vom Grill. Bekannt für selbst hergestellte Barbecuesoße und Kokosnusschips.*
Tina's Restaurant, *☏ 491-3538, Brades Main Road. Gutes Lokal für Huhn- und Fischgerichte, aber auch für Kürbissuppe, Meeresfrüchte, Burger.*
Windsor Restaurant, *Cudjoe Head, ☏ 664-491-2900. Karibische und internationale Küche.*
Ziggy's Restaurant, *Mahagony Loop, Woodlands, ☏ 664-491-8282, www.ziggysrestaurant.com: internationale Küche. Dinner nur auf Bestellung.*

➤ Anreise

Nach der Zerstörung des alten Flughafens durch den Ausbruch des Vulkans Soufrière im Jahre 1997 war die Insel lange Jahre nur per Helikoper und Fähre zu erreichen. Seit der Fertigstellung des neuen **Gerald's Airport** *im Norden der Insel verfügt Montserrat wieder über einen regelmäßigen Flugverkehr. Der Fährverkehr ist allerdings eingestellt worden. Auf dem Seeweg ist daher die Insel nur noch mit dem eigenen oder einem Charterboot zu erreichen.*

Der neue Gerald's Airport

Feiertage

- *Neujahr*
- *17. März: St. Patrick's Day, der eine Woche lang ausgiebig gefeiert wird*
- *Karfreitag*
- *Ostermontag*
- *1. Mo im Mai: Tag der Arbeit*
- *Pfingstmontag*
- *2. Sa im Juni: Queen's Birthday*
- *1. Mo im August: Unabhängigkeitstag*
- *23. November: Liberation Day*
- *25. Dezember: Weihnachten*
- *31. Dezember: Festival Day*

Per Flugzeug

Es gibt täglich Flüge mit Winair von Antigua nach Montserrat. Antigua wird ab Frankfurt einmal die Woche von Condor angeflogen.

Winair: *Kontakt auf* **Montserrat** *über den Airport Service des Gerald's Airport, ☏ 491-6988/6030, auf* **Antigua** *über den Airport Service des V. C. Bird International Airport, ☏ 268-462-2523 und www.fly-winair.com.*

Charterflüge *nach Montserrat können über Antigua organisiert werden mit Carib Aviation, VC Bird International Airport, ☏ 268-481-2401/2404 und www.candoo.com/carib und über Carib World Travel, Woods Centre, St. John's, ☏ 268-480-2999.*

➤ Ausreisegebühren/ Airport Tax

Die Ausreisegebühr am Flughafen beträgt 55 EC$ bzw. 21 US$.

Per Helikopter

Montserrat per Hubschrauber von Antigua anzusteuern ist einer der besten Wege, die Insel mit ihrem Furcht erregenden Vulkan aus sicherer Entfernung aus der Luft zu beobachten. Per Charterflug von Antigua ist dies einfach zu arrangieren. Der Hubschrauber fasst acht Personen. Interessant, wenn auch nicht ganz billig – der 45-Minuten-Flug kostet 220 US$ pro Person – ist der Rundflug Antigua-Montserrat-Antigua, der vor allem das Inselinnere und den verschütteten Süden der Insel überfliegt. Alle anderen Touren kann man mit der Charterfirma individuell arrangieren.

Caribbean Helicopters, *Jolly Harbour, Antigua, ☏ 268-460-5900, 🖷 268-460-5901, www.caribbeanhelicopters.net.*

➤ Tagesausflüge

Eine Reihe von Veranstaltern organisiert Tagestouren nach Montserrat von Antigua aus, inklusive Inselbesichtigung, Mittagessen und Transport. Eine Vulkantour ist seit Anfang 2007 nicht mehr möglich, da auf Grund erneuter Vulkantätigkeit das Sperrgebiet für Besucher geschlossen wurde.

Carib Travel World, *Woods Centre, St. John's, Antigua, ☎ 268-480-2999*
Davis International Trading & Tours, *Cassada Gardens, Antigua, ☎ 268-770-5687/561-1081*
D&J Forwardes & Tours, *St. John's, Antigua, ☎ 268-773-9766/728-0073/726-9133*

Ein Tagesausflug mit einem Helikopter ist sehr zu empfehlen

➤ Diplomatische Vertretung
Honorarkonsulat der Bundesrepublik Deutschland, Ocean View, Hodges Bay, Antigua, ☎ 268-462-3174, 🖷 268-462-3496

➤ Exkursionen
Eine Inselrundfahrt ist auf Grund der **Exclusion Zone** *rund um den Vulkan nicht mehr möglich, dennoch gibt es einiges zu erkunden auf Montserrat. Hauptattraktion ist der immer noch* **aktive Vulkan** *in den Soufrière Hills. Nach einer starken Eruption wurde wieder eine Zunahme der Aktivität des Vulkans gemessen und ein größerer Ausbruch wird befürchtet. Aber auch* **Wanderungen** *im Nordteil der Insel sind lohnenswert. Infos zu den Natursehenswürdigkeiten der Insel gibt u. a. der* **Montserrat National Trust**. *Mit seinem neuen* **National History Center**, *Museum etc. ist er die erste Anlaufstelle für Naturinteressierte. Der neue Sitz ist in Olveston, North Main Road, ☎ 664-491-3086, 🖷 664-491-3046.*

➤ Yacht- und Ankerplatz
Little Bay. Bevor Sie hier vor Anker gehen, müssen Sie die Montserrat Port Authority auf Kanal 16 kontaktieren.

➤ Medien
Zeitungen
Einmal wöchentlich erscheinen die Zeitungen „Montserrat Reporter", www.themontserratreporter.com, sowie „Montserrat News", www.einnews.com/latin-america/newsfeed-montserrat.

Radio
Besonders wichtig ist die Radiostation der Insel mit rund 14 Mitarbeitern, die im direkten Kontakt mit dem **Volcano Observatory** *steht und die Bevölkerung über die Aktivitäten des Vulkans auf dem Laufenden hält. Zudem werden morgens auf den Kanälen 91.9, 95.5 und 88.3 Mhz die News der BBC und eines amerikanischen Nachrichtensenders gebracht.*

Die Radiostation informiert regelmäßig über den Zustand des Vulkans

➤ Medizinische Versorgung

Das Inselkrankenhaus **Glendon Hospital** *befindet sich in St. John's,* ☏ *664-491-2552/7404 und ist für die meisten Routine- und Notfälle ausgestattet. Bei Unfällen/Notfällen rufen Sie die* **Polizei (999)** *oder die* **Feuerwehr (911)**. *Bei ernsthaften Erkrankungen oder Verletzungen werden die Patienten per Hubschrauber nach Antigua oder Guadeloupe transportiert.*

➤ Öffnungszeiten

Geschäfte: *Mo-Sa 8-12 und 13-17 Uhr, Mi und Sa nachmittags geschlossen außer Lebensmittelläden, die zumeist auch am So einige Stunden geöffnet haben.*
Bank: *Mo-Do 8-14 Uhr und Fr 8-15 Uhr*
Post: *Mo-Fr von 8.15-16 Uhr*
Behörden: *Mo-Fr 8-16 Uhr*

➤ Post

Das Hauptpostamt (General Post Office) und das Philatelic Bureau befinden sich im Regierungsgebäude in Brades, im Nordwestteil der Insel.

➤ Preisniveau

Hinsichtlich des Preis-Leistungs-Verhältnisses kann Montserrat als für die karibische Region verhältnismäßig günstig bis teuer eingestuft werden – je nach Unterkunftsart und Reisezeit.

➤ Reiseagenturen

Folgende Agenturen organisieren Exkursionen oder Inselbesichtigungen, die fast alle einen Besuch des zerstörten Flughafens und des ***Volcano Observatory*** *beinhalten sowie einen Blick vom nächstmöglichen Punkt auf den noch aktiven Vulkan. Ein Blick auf die verschüttete Hauptstadt Plymouth ist von Land zurzeit wegen der jüngsten Aktivitäten des Vulkans nicht mehr möglich.*
Monair Travel Services Ltd., *Brades,* ☏ *664-491-2533/2362,* 🖷 *664-491-7186*
Runaway Travel, Ltd. IATA, *Sweeneys,* ☏ *664-491-2776/2800*
Travel World International, *Davy Hill,* ☏ *664-491-2713/2714*

➤ Souvenirs

Beliebte Mitbringsel sind Erzeugnisse aus heimischer Baumwolle und geflochtene Waren (Hüte, Matten, Textilien etc.), Gewürze, lokales Kunsthandwerk und die qualitätvollen Briefmarken bzw. Phonecards. Leider sind die wirklich schönen Dinge auch recht teuer.

➤ Sport

Auf und im Wasser
Hier geht es auf Montserrat im Vergleich zu den anderen Karibikinseln eher ruhig zu. Ein Paradies ist die Insel sicherlich für Taucher und Schnorchler, die hier eine unberührte und faszinierende Unterwasserwelt erleben möchten. Es gibt zwei Tauchschulen:
Die ältere ist **Sea Wolf Diving School**, ☏ *664-496-7807/6859,* 🖷 *664-496-3599, www.seawolfdivingschool.com.*
In Little Bay gibt es:
The Green Monkey Inn & Dive Shop, ☏ *664-496-2960 od. 664-491-2969, www.divemontserrat.com.*

Die beliebtesten Tauchspots sind **Rendezvous Beach, Woodlands Beach, Lime Kiln Beach, Littel Redonda** *und* **Old Bluff Road**. *Die Ostküste ist von einer starken Brandung geprägt und nur etwas für geübte Taucher. Die Westküste ist wesentlich ruhiger und bietet flache Riffe von drei bis zehn Metern Tiefe, aber auch in spektakulären 18 bis 21 Metern Tiefe.*

Zu Lande

Der ehemalige 18-Loch-Platz am Belham River ist in den Aschemassen untergegangen. Allerdings bietet der **Montserrat Golf Course** *(☏ 664-496-5220) einen 11-Loch-Kurs an. Ansonsten sind die Bedingungen ideal, die Berge, Wasserfälle, Strände und den Vulkan auf ausgedehnten Wanderungen kennen zu lernen (Auskünfte über Wanderwege erteilt die Touristeninformation).*

➤ Sprache

Die Landessprache ist Englisch, das allerdings meist mit einem starken „Montserratian"-Akzent versetzt ist.

➤ Strände

Wegen der vulkanischen Beschaffenheit der Insel sind die meisten Strände schwarz- oder dunkelsandig. Einer der schönsten Strände, die **Little Bay**, *wurde nach der Verschüttung von Plymouth zum neuen Hafen umfunktioniert. Dafür können Sie hier nun ein bescheidenes Nachtleben erleben. Der ehemals schöne Strand an der* **Old Road Bay** *gleicht seit dem Vulkanausbruch eher einer Brachlandschaft und liegt im Sperrgebiet. Er ist allerdings bei „Souvenirjägern" beliebt, die nach Vulkangestein tauchen. Einen hellen Sandstrand finden Sie in der schwer zugänglichen (nur per Boot)* **Rendezvous Bay** *im Nordwesten der Insel.*

➤ Strom

Die Stromspannung beträgt 110/220 V, 60 Hz. Ein Adapter ist notwendig.

➤ Telefonieren

Der Ländercode für Montserrat ist **001-664**. *Anschließend wählen Sie die Vorwahl 664. Montserrat verfügt über ein voll digitalisiertes Telefonsystem. Telefonkarten für öffentliche Fernsprecher können Sie in den meisten Bars und Hotels kaufen.*

➤ Veranstaltungen

Das größte Inselfest, das farbenfroh und „unbritisch ausgelassen" gefeiert wird, ist der **Karneval**, *der von Mitte Dezember bis zum 1. Januar andauert. Fast noch bedeutender für viele Inselbewohner der Emerald Isle ist jedoch der* **St. Patrick's Day**. *Der* **nationale Feiertag** *wird am 17. März mit Maskeraden, Konzerten und viel Alkohol gefeiert.*

➤ Verkehrsmittel

Montserrat hat etwa 180 Kilometer meist kurvige und schmale Straßen. Es herrscht Linksverkehr; die Verkehrsregeln und -zeichen entsprechen internationalen Standards, die Fahrweise ist jedoch sehr forsch. Falls Sie sich ein Auto mieten, um die Insel selbst zu erkunden, sollten Sie vor den Kurven unbedingt die Hupe benutzen. Die Einheimischen haben auf ihrer Insel nicht viele Möglichkeiten, ihr Auto auszufahren und nutzen daher jeden Meter, um voll auf das Gaspedal zu treten.

Nur Schulbusse verkehren regelmäßig auf der Insel

Bis auf Schulbusse gibt es **keine regelmäßig verkehrenden Verkehrsmittel** *auf Montserrat. Erkundigen Sie sich am besten gleich am Flughafen oder bei der Polizeistation in Brades nach einem Taxi oder nach Minibussen, die als Sammeltaxen zwischen den wichtigsten Orten verkehren. Sie können ein Taxi auch ganz- oder halbtagsweise mieten; zudem kann der Taxifahrer Ihnen sicherlich einiges über die Insel erzählen. Den Preis müssen Sie im Vorhinein aushandeln und bezahlen.*

Mietwagen

Die früher am Flughafen ansässigen großen, international bekannten Mietwagenfirmen haben die Insel alle verlassen. An ihre Stelle sind eine ganze Reihe kleiner lokaler Mietwagenverleihe getreten, die oft aus Ein-Mann-Unternehmen bestehen. Zum Mieten benötigen ausländische Fahrer eine **driving licence**, *d. h. eine lokale, zeitlich begrenzte Fahrerlaubnis. Sie kostet ca. EC$ 50. Diese erhalten Sie bei der Polizei in Brades.*

Be-Beep's Car Rentals, *Olveston, ☏ 664-491-3787*
Ethelyne's Car Rental, *Olveston, ☏ 664-491-2855*
Equipment & Supplies Ltd., *Olveston, ☏ 664-491-2402*
Grant Enterprises & Trading, *Olveston, ☏ 664-491-9654*
KC's Car Rentals, *Olveston, ☏ 664-491-5756*
Neville Bradshaw Agencies, *Olveston, ☏ 664-491-5270, -2070*
Montserrat Enterprises Ltd., *Old Towne, ☏ 664-491-2431/2*
M. S. Osborne Ltd., *Brades, ☏ 664-491-2494/5/3288*
Pickett Van Rentals, *Salem, ☏ 664-491-5513*
Zeekies Rentals, *Baker Hill, ☏ 664-491-4515*

➤ Währung

Die offizielle Währung ist der Eastern Caribbean Dollar (EC$), der an den US-Dollar gekoppelt ist. US-Dollars werden jedoch auch überall akzeptiert.
Der Umtauschkurs beträgt 1 US-Dollar = ca. 2,65 EC$ (den aktuellen Umtauschkurs zum Euro unter www.gocurrency.com). Kreditkarten werden nicht immer akzeptiert. Geld umtauschen können Sie während der Bankzeiten in einer der beiden Banken:
Royal Bank of Canada, *Olveston, ☏ 664-491-2426/7/8, 🖷 664-491-3391, Telex 5713 ROYBANKMK*
Bank of Montserrat, *St. Peter's, ☏ 664-491-3843, 🖷 664-491-3163, Telex 5740 BANKMON*

Die gemeinsame Geschichte von Antigua und Barbuda, Anguilla, Montserrat sowie St. Kitts und Nevis

*Von den Virgin Islands bis nach Guadeloupe gehören alle Inseln zu den **Leeward Islands**. Historisch und politisch gesehen, ist die Zuteilung der Inseln jedoch nicht so einfach. So gehören auf der einen Seite jeweils die niederländischen und französischen Gebiete sowie der Archipel der Jungferninseln zusammen, auf der anderen Seite bleiben ziemlich unsortiert Antigua und Barbuda, Anguilla, Montserrat sowie St. Kitts und Nevis samt zugehörigen Eilanden übrig.*

Geschichtlich gesehen haben diese Inseln allerdings einiges gemeinsam:

- *Zunächst – wenig überraschend – wurden sie alle von **Kolumbus** auf seiner zweiten Amerika-Fahrt entdeckt und benannt. Später blieben sie jedoch von den Spaniern als „unbrauchbare Inseln" unbeachtet.*
- *Dennoch ließen die Ersten europäischen Siedler nicht lange auf sich warten. **Engländer** und **Iren** waren die ersten, wobei sie St. Kitts die Rolle einer „Mutterkolonie" zudachten. Trotz des französischen Einflusses (Patois) waren alle Inseln stets „englischsprachig" und sind es bis auf den heutigen Tag geblieben.*
- *Alle sechs Inseln hatten, besonders im 17. und 18. Jahrhundert, unter den **kriegerischen Auseinandersetzungen mit Frankreich** zu leiden, an die am deutlichsten riesige Festungsbauwerke wie Brimstone Hill (St. Kitts) und English Harbour (Antigua) erinnern. Erst nach dem Vertrag von Versailles 1783, als alle Inseln unter englische Oberhoheit kamen, flauten die Kämpfe ab.*
- *Ebenfalls gemeinsam ist ihnen die wirtschaftliche Vergangenheit als sogenannte **Pflanzerinseln**. Das bedeutete den frühen Anbau einer Monokultur, nämlich Zuckerrohr, verbunden mit der Etablierung des Plantagensystems und der Sklaverei.*
- *Schließlich gingen sie bis in die jüngste Zeit den gleichen politisch-administrativen Weg, der von der gemeinsamen **Kolonie** (zusammen mit den britischen Jungferninseln) über die 1871 ins Leben gerufene Leeward Islands Federation bis zur 1958 installierten **West Indies Federation** führte.*

*In den 1980er Jahren trennten sich ihre Wege. Während **Anguilla** und **Montserrat** – z.T. von London ungeliebt und ungewollt – als Kronkolonien und dann Dependencies (mit beschränkter Selbstverwaltung) noch direkt unter britischer Herrschaft stehen, haben Antigua und Barbuda 1981 sowie St. Kitts und Nevis 1983 ihre volle staatliche Souveränität erlangt. Obwohl nah beieinanderliegend, sind das landschaftliche Profil, die Verteilung der Niederschläge, die Bevölkerungsdichte, der Grad der Entwicklung und der Stellenwert des Tourismus doch jeweils **sehr unterschiedlich**. Die zum nördlichen äußeren Antillenbogen gehörenden Inseln **Anguilla** und **Barbuda** sind sehr flach (maximal 80 m ü. d. M.) und sehr trocken. Ähnliches gilt für Antigua, obwohl es ein leicht hügeliges Profil hat und an der höchsten Stelle immerhin 402 m ü. d. M. aufragt.*

*Ganz anders die drei zum inneren, vulkanischen Antillenbogen zählenden Eilande. **Montserrat** mit 915, **Nevis** mit 985 und **St. Kitts** sogar mit 1.156 m sind schroffe, steil aus der Karibischen See aufragende Inseln, die hohe Niederschläge aufweisen und z.T. von Regenwald bedeckt sind. Ihre Wirtschaft ist noch zum großen Teil vom Bananen- und Zuckerrohranbau abhängig, während etwa **Antigua**, von der Natur mit angeblich 365 Stränden ausgestattet, sich voll auf den Tourismus verlassen kann.*

Redaktionstipps

- Ein Stück durch den **Regenwald** auf der *Grande Route* oder auf dem ehemaligem Schmugglerweg wandern
- An den vielen Destillerien vorbeifahren und ins **Rum-Museum** gehen (S. 251).
- Tagesausflug zu den **umliegenden Inseln** unternehmen und z.B. auf Les Saintes entspannen (S. 256ff).
- Kaffeebohnen im **Café-Museum** für zu Hause kaufen (S. 249).
- Den **botanischen Garten** in Deshaies besuchen und den Blick von der Restaurant-Terrasse genießen (S. 251).
- Mit einem Kajak durch die **Mangroven** von Grand Cul-de-Sac Marin paddeln (S. 223, 234).
- Die **Librairie Générale** besuchen und in den heimatkundlichen Büchern stöbern, um mehr über die Inseln zu erfahren.
- Kurz vor Sonnenuntergang zum Kreuz der **Pointe des Chateaux** wandern und den Blick bis nach Basse-Terre in der Abenddämmerung genießen. (S. 242).
- Im **Marine Park** einmal die Unterwasserwelt sehen, wie durch die Kamera eines *Jacques-Yves Cousteau* (S. 250).
- Mittagspause an der **Lagoon de la Porte d'Enfer** machen (S. 239f).

Guadeloupe

Wichtige Telefonnummern auf einen Blick

Telefonvorwahl	☏ 0590
Internationale Vorwahl	☏ 0033-590
Diplomatische Vertretung	☏ 82373
Hospital (Pointe-à-Pitre)	☏ 891010
Ambulanz/ Krankenwagen (SAMU)	☏ 891010/891120/876543
Polizei (Notruf/ Gendarmerie)	17 oder ☏ 820089
Feuerwehr	19
See-Notdienst	☏ 719292
Hafen	☏ 916313
Touristen-information	☏ 820930 (Pointe-à-Pitre), 812483 (Basse-Terre)
Flughafen – Abflug/Ankunft	☏ 903434/903232

Guadeloupe liegt 120 km nördlich von Martinique und Dominica. Alle drei Inseln gelten als die **landschaftlich abwechslungsreichsten** der Kleinen Antillen.

Der oft gezogene Vergleich von Guadeloupes Umrissen mit einem Schmetterling hat seine Berechtigung: auf natürliche Weise zerfällt die Insel in **zwei deutlich voneinander unterscheidbare Hälften**.

Der nordöstliche Flügel des „Schmetterlings"

Der nordöstliche Flügel heißt **Grande-Terre** (590 km²) und ist mit 40-130 m über dem Meeresspiegel relativ flach und trocken. Er besteht aus verkarstetem Kalkgestein, das im Inselinnern stark gewellt ist und in einigen Senken unter den Meeresspiegel abfällt.
Das Landschaftsbild von Grande-Terre wird von den **Zuckerrohrplantagen** bestimmt, deren Ernteertrag neben Bananen und Tourismus die wichtigste Einnahmequelle der Insel darstellt.

Zur Küste hin erstrecken sich lange, weiße Sandstrände, während an anderen Stellen entweder das Kalkplateau in spektakulär zerklüfteten Steilwänden zum Meer abfällt oder Sümpfen mit Mangrovenbestand Platz bietet.

An der Nahtstelle zur anderen Inselhälfte breitet sich um das **Handelszentrum Pointe-à-Pitre** das größte städtische Ballungsgebiet aus, das inzwischen bis zum beliebten Seebad Le Gosier reicht.

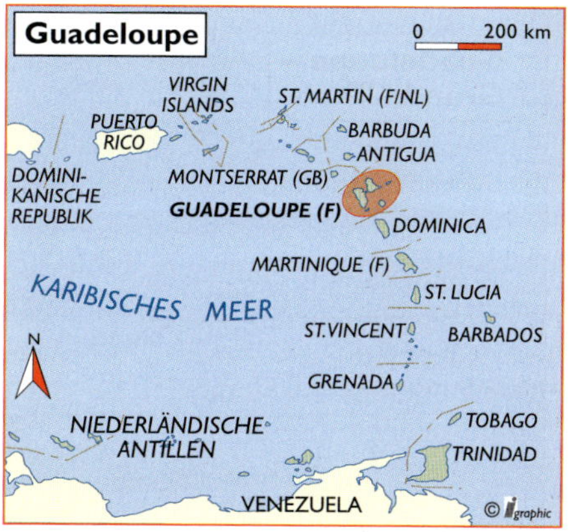

Der südwestliche Flügel des „Schmetterlings“

Der südwestliche Flügel heißt offiziell **Basse-Terre** (848 km^2), obwohl viele Einheimische ihn einfach Guadeloupe nennen, allein schon, um Verwechslungen mit der **Hauptstadt Basse-Terre** auszuschließen.
Im Gegensatz zu Grande-Terre ist dieser Landesteil **gebirgig und äußerst vielgestaltig**. Die wichtigsten natürlichen Sehenswürdigkeiten sind der 30.000 ha umfassende Nationalpark **Parc Naturel** mit dichten Beständen ursprünglichen Regenwaldes und dem knapp 1.500 m hohen Vulkan **La Soufrière** mit seinen Fumarolen und aus dem Boden quellenden Dämpfen. Landwirtschaftlich wird Basse-Terre hauptsächlich durch Bananenplantagen – besonders im Südosten – genutzt. Die Küste bietet meist schwarz- oder goldsandige Strände, der schönste liegt in der Grande Anse im Westen.

Zwischen beiden Inselteilen liegt der vier Kilometer lange und schmale Meeresarm **Rivière Salée**, so dass man bei Guadeloupe von zwei Inseln sprechen müsste. Diese von **Mangrovensümpfen** flankierte Wasserstraße verbindet die Buchten Grand Cul-de-Sac Marin im Norden mit der Petit Cul-de-Sac (*cul-de-sac* heißt Sackgasse) im Süden, die beide von zahlreichen Korallenriffen durchsetzt sind.

Einladende Landschaft auf Guadeloupe

Guadeloupe – Grande-Terre
Pte. de la Grande Vigie
Anse de la Pte. Nord
Pte. Petite Savane
Pte. du Pitton
Falaise Bois Chandelle
Lagon de la Porte d'Enfer
Trou Madame Coco
Anse Laborde
Pte. de la Petite Vigie
Hippodrome
Trou du Souffleur
Anse-Bertrand
La Grande Falaise
Massioux
Anse Fontaine
Grande Pointe
Anse à la Barque
Pte. Petit Nègre
Haut de la Montagne
Campêche
Pte. d'Antigues
Pte. du Petit François
Anse du Souffleur
Port-Louis
Beauport
Chapelle Ste-Anne
Pte. Bellacaty
Anse des Corps
Gros Cap
Anse de la Guérite
Anse Maurice
Hindu Tempel
Ste-Amélie
Les Mangles
Anse Ste-Marguerite
Anse du Canal
Sainte-Marguerite
Petit-Canal
Bazin
Pte. à Retz
Sainte-Marguerite
ÎLET À FAJOU
ÎLET MACOU
Pte. Macou
Anse Babin
Vieux Bourg
Canal de Retours
Morne-à-l'Eau
Rosette
Grand Cul-de-Sac Marin
Jabrun-St-Cyr
Bosredon
Château-Gaillard
Jabrun
Pte. de la Grande Rivière
Rousseau
ÎLET À CHRISTOPHE
David
Dubisquet
La Manche à l'Eau
Les Abymes
Quatre Chemins
Lamentin
Baie Mahaut
La Rivière Salée
Baie-Mahault
Bauzon
Belle Place
Grands-Fonds
Douville
Dupuy
Caraque
Les Grands Fonds
Morne L'Escale
Pointe-à-Pitre
Deshauteurs
Fouché
Plaisance
La Retraite
Jarry
Tombeau
Ste-Anne
ÎLET Á BOISSARD
Versailles
ÎLET Á COCHONS
Grande-Ravine
Pte. la Cul
Petit-Cul-de-Sac Marin
La Grande Baie
Le Gosier
Pte. de la Saline
ÎLET DU GOSIER
Pte. Canot
Petit-Bourg
2-6
11-13

Hotel
1 Anchorage Hôtel Le Saint John Perse
2 La Créole Beach Hôtel
3 Auberge de la Vieille Tour
4 Salako Beach Resort
5 Formule Economique
6 Îlet de la Plage
7 Hôtel Anchorage Anse des Roches
8 Kayé La
9 Hôtel Résidence Port Marina
10 Le Kali
11 La Toubana
12 Auberge du Grand Large
13 Alizés Bungalows
N
0
4 km
Reiseroute
Baie du Nord-Ouest
Plage de l'Autre Bord
Pte. de la Couronne Conchou
Anse Salabouëlle
Pte. Morne
Porte d'Enfer
Le Moule
Portland
Maison coloniale
Anse de l'Eau
Zévallos
Zévallos-Haus
116
N5
GRANDE-TERRE
Anse à la Baie
Chapelle de la Baie Olive
Chemin de la Croix
Plaine de la Simonière
102
Anse à la Gourde
Anse à Plume
Châteaubrun
N4
St.-François
7-10
118
Pte. Tarare
Pte. des Châteaux
Pte. des Colibris
Pte. la Chaise
Poirier
Gros Sabie
Plage de Bois Jolan
Plage des Raisins Clairs
Anse du Mancenillier
Anse du Belley
La Désirade
© graphic

Guadeloupe – Basse-Terre
Hotel
14 Les Relais bleus de la Soufrière
15 Auberge de la Distillerie
16 La Colline verte
17 Archipel Location Bungalows
ÎLET Á KAHOUANNE
Pte. Allègre
Plage de Clugny
Pte. Nogent
Anse de la Perle
ÎLET DE CARÉNAGE
Ste-Rose
Pinaud
Duzer
Rifflet
La Grande Anse
Desbonnes
LA BICHE
ÎLET À FAJOU
611 m
Le Dos d'Ane
Ste. Marie
Montplaisir
Grande Cul-de-Sac Marin
Deshaies
Ziotte
Musée du Rhum
Morne Rouge
Pte. de la Grande Rivière
Sofaia
ÎLET À CHRISTOPHE
La Coque
La Boucan
Lamentin
Baie Mahaut
Déstillerie du Domaine de Séverin
Cacao
Castel
Baie-Mahault
Ferry
Beausoleil
Dupuy
Trou Caverne
Duportail
Bagatelle
Pointe-à-Pitre
Maison du Bois
Morne Jeanneton 745 m
Pointe Noire
Les Plaines
La Retraite
Versailles
Anse Guyonneau
Acomat
Fontarabie
ÎLET À COCHONS
Petit-Cul-de-Sac Marin
Anse Caraïbe
Cascade Acomat
Barbotteau
Le Gosier
Pte. Mahaut
632 m
Morne à Louis
Hauteurs-Lézarde
Petit-Bourg
Mahaut
ÎLET FREGATE DE HAUT
Vernou
Montebello
Pte. de Roujol
ÎLETS DE PIGEON
Melandure
Maison de la Forêt
Cascade aux Ecrevisses
Bois Malher
Blonzac
ÎLET FORTUNE
Pte. à l'Abbé
Pigeon
Domaine de Valombreuse
Plage naturiste
Parc National de la Guadeloupe
Anse à Douville
Pte. à Lézard
Goyave
Bouillante
1090 m
Pte. de la Rivière à Goyaves
Morne Rouge
1120 m
Anse de Sable
Village
Bonfils
1115 m
1085 m
Ste-Marie
Matéliane
Landungsstelle Christoph Kolumbus
Grand-Sans-Toucher 1355 m
1298 m
Petit Anse
Plage de Roseau
Marigot
1135 m
Hindu Tempel
Carangaise
Maison du Café
1265 m
Vieux-Habitants
Plage naturiste
Schœlcher
Morne du Col
Grande Découverte
Pte. de la Capesterre
Musée du Café
Grd. Croix
Roches Caraïbes
Chutes du Carbet
Capesterre-Belle-Eau
Matouba
Madeleine
Allée Dumanoir
Pte. de la Madeleine
Maison du Volcan
St-Claude
La Madeleine 970 m
Baillif
Anse St. Sauveur
St. Sauveur
Gourbeyre
Basse-Terre
La Regrettée
Bananier
Savane
Maison du Volcan
Trois Rivières
Anse Grande Ravine
Grande Pointe
Anse Turlet
Delgrès
Parc Archéologique des Roches Gravées
Pte. de la Grande Anse
La Grande Anse
N
Vieux-Fort
Pte. du Vieux-Fort
0
4 km
Reiseroute
Les Saintes (Terre-de-haut)
© igraphic

Allgemeine Reisepraktische Informationen zu Guadeloupe

➤ Information

Die Hauptstelle des Fremdenverkehrsamtes in Guadeloupe befindet sich in Pointe-à-Pitre am Place Victoire.
Office Départemental du Tourisme de la Guadeloupe, *5, Square de la Banque, B. P. 422, 97163 Pointe-à-Pitre Cedex, 97110 Pointe-à-Pitre, ☏ 0590-820930, 🖷 0590-838922, www.lesilesdeguadeloupe.com*
Office du Tourisme de la Basse-Terre *(direkt am Marktplatz der Inselhauptstadt gelegen), im Maison du Port, ☏ 0590-812483*
Weitere Büros des Fremdenverkehrsamtes, die **Syndicats d'Initiative**, *gibt es im Flughafen (☏ 0590-211177) und in jedem größeren Ort.*

➤ Unterkunft

Hotels gibt es auf Guadeloupe reichlich, die meisten sind in **Le Gosier** *angesiedelt. Der Preis für ein normales Doppelzimmer inklusive Frühstück ist in der oberen Mittelklasse einzustufen. Die günstigere Alternative sind Ferienwohnungen bzw. -häuser (Bungalows) und Gastzimmer, die sogenannten „Gîtes ruraux" und „Chambres d'hôtes" von* **Gîtes de France**, *die sehr gut im Internet zu buchen sind: Gîtes de France, La Guadeloupe, Place de La Victoire, B. P. 759, 97171 Pointe à Pitre, ☏ 0590-916433, 🖷: 0590-914540, www.gites-de-france.com.*
Die Postadresse in Frankreich ist: La Maison des Gîtes de France et du Tourisme Vert, 59 rue Saint-Lazare, 75 439 PARIS Cedex 09, ☏ 0033-(0)1-49707575, 🖷 0033-(0)1-42812853. Gute Selbstverpfleger-Häuser, teilweise auch mit Frühstück, kann man unter **Location de Hamac,** *http://le-hamac.com finden (Seite auch auf Deutsch).*

Der Regenwald ist ein Nationalpark

➤ Essen und Trinken

Die Restaurants auf Guadeloupe bieten eine **große Auswahl kreolischer Gerichte** *an. Auf Grund der französischen und afrikanischen Einflüsse basieren die Gerichte größtenteils auf frischen heimischen Zutaten: Fisch, Meeresfrüchte, tropische Früchte und Gemüse, scharfe Gewürze, Huhn, Lamm etc. Darüber hinaus gibt es auch viele Lokalitäten, die gehobene französische Küche bzw. die internationale Nouvelle Cuisine auf ihrer Speisekarte haben und dafür auch entsprechend höhere Preise nehmen. Am preiswertesten sind am Abend* **Menus** *bzw. tagsüber die* ***Plats du jour*** *(Tagesgerichte);* ***à la carte*** *zu bestellen ist am teuersten. Außerdem gibt es auch in fast jedem Hotel die Möglichkeit, im eigenen Restaurant zu speisen.*

➤ Anreise

Per Flugzeug

Von **Paris** *(Flughafen Orly) aus fliegt Air France täglich nach Guadeloupe (Flugdauer: acht Stunden). Von Deutschland aus muss man für den Zwischenstopp in Paris mindestens drei Stunden und 15 Euro für den Bustransfer vom Flughafen Charles-de-Gaulle nach Paris-Orly einrechnen. Ab Paris fliegen täglich auch Air Caraïbes und Corsair. Die Flüge von Frankreich nach Guadeloupe/Martinique sind Inlandsflüge, bieten also keine zollfreie Einkaufsmöglichkeit. Dafür benötigen Sie aber auch nur einen Personalausweis für die Einreise. Die regionale Fluggesellschaft Air Caraïbes bietet von Guadeloupe und Martinique Verbindungen nach Martinique, Guadeloupe, St. Martin, St. Barthélémy, Marie Galante, Les Saintes und La Désirade an.*

Die wichtigsten Fluggesellschaften und ihre Telefonnummern:
Air Caraïbes , ☏ *0590-824747,* 🖷 *0590-824749, www.aircaraibes.com*
Corsair *(Paris),* ☏ *0033-(0)1-45687060,* 🖷 *0590-47345572, www.corsair.fr*
Air France, *www.airfrance.com*
Darüber hinaus gibt es zahlreiche Charterflüge. Regelmäßige Flug- und Schiffsverbindungen verbinden Pointe-à-Pitre mit den anderen Inseln der Inselgruppen und zahlreichen anderen karibischen Inseln:
Air Antilles Express, *www.airantilles.com*

Per Schiff

Neben zahlreichen Kreuzfahrtschiffen steuert die Fährlinie **L'Express des Iles** *regelmäßig Guadeloupe und die Nachbarinseln an. Es gibt Verbindungen von und nach Martinique, Dominica und St. Lucia. Informationen bei:*
L'Express des Iles, *Gare Maritime, Quai Gatine, Pointe-à-Pitre,* ☏ *0590-831245,* 🖷 *0590-911105, www.express-des-iles.com*
Zudem gibt es:
Brudery Frères, ☏ *0590-916087, www.brudery-freres.fr*
Le Colibri, ☏ *0590-212373*
Comatrile *(Iguana Beach),* ☏ *0590-222631*
CTM Deher, ☏ *0590-920639*

➤ Ausreisegebühren/Airport Tax

Auf dem internationalen **Aéroport du Raizet** *bei Pointe-à-Pitre landeten bereits in den 1960er Jahren Boeings 707 und seit 1970 auch Jumbojets. Damit war Le Raizet nach Orly/Paris der zweite französische Flughafen überhaupt, auf dem diese Maschinen landen* *konnten. Der Flughafen wurde 1996 zum Charter-Terminal. Gleichzeitig wurde der* **Aérogare Guadeloupe Pôle Caraïbes** *als internationaler Flughafen eingeweiht. Er verfügt über alle üblichen Einrichtungen einschließlich eines großen Mietwagen-Counters und etlichen Duty-Free-Läden. Flugzeiten erfahren Sie unter www.guadeloupe.aeroport.fr.*

Eine Gebühr bei Ausreise mit dem Flugzeug ist mit Ausnahme von Saint-Martin (Juliane Airport) nirgendwo im Departement Guadeloupe zu zahlen, die Gebühren sind bereits im Flugpreis enthalten. Bei der Ausreise mit der Fähre kann allerdings eine Gebühr anfallen. Hier sollten Sie sich rechtzeitig erkundigen, ob diese bereits im Ticketpreis enthalten ist.

Feiertage

- *1. Januar – Neujahr*
- *Karfreitag*
- *Ostermontag*
- *1. Mai – Tag der Arbeit*
- *Pfingstmontag*
- *27. Mai – Abschaffung der Sklaverei*
- *14. Juli – Nationalfeiertag (Fête Nationale)*
- *21. Juli – Victor-Schœlcher-Tag (Jour de Schœlcher)*
- *1. November – Allerheiligen (Toussaint)*
- *11. November – Armistice*
- *25. Dezember – Weihnachten*

➤ Diplomatische Vertretungen

Guadeloupe wird von den französischen Botschaften vertreten. Ein deutsches Honorarkonsulat befindet sich in Petit Péron, BP 637, 97139 Les Abymes, ☎ 0590-823737, 🖷 0590-830429. Schweizer und Österreicher werden durch die Botschaften in Paris vertreten.

➤ Exkursionen

Einige Veranstalter bieten organisierte und (oft nur französisch) geführte Ausflüge zu den Hauptsehenswürdigkeiten per Bus oder kombinierte Bus-/Segeltouren an. Solche Sightseeing-Reisen sind aber nur für Kreuzfahrttouristen oder Tagesbesucher sinnvoll. Angesichts der Entfernungen und des gut ausgebauten Straßensystems ist ein Mietwagen für eine eigene Inselexkursion empfehlenswerter. Auch das Bussystem funktioniert gut.

*Es lohnt sich, Zeit für eine Wanderung einzuplanen. Der Nationalpark Guadeloupe, der mit „Ti-Racoon" (Waschbär) wirbt, bietet an die 300 Kilometer markierte Wanderwege (***traces***) durch die tropische Fauna und Flora auf Basse-Terre. Auf Grande-Terre gibt es Wandertouren durch den Mangrovenwald oder entlang der Atlantikküste. Mehr Infos siehe unter dem Stichwort „Wandern", S. 228.*

Empfehlen möchten wir besonders eine **Kajak-Tagestour** *in der Lagune zwischen Sainte-Rose und Morne Rouge (zehn Kilometer, Dauer: 8.30-17 Uhr). Die Führung ist auf Französisch, mit Grundkenntnissen ist der freundliche und langsam sprechende Führer Monsieur Christian jedoch gut zu verstehen. Besucht werden die verschiedenen Ökosysteme wie die Mangrovensumpflandschaft und die Korallenriffe vor der winzigen Insel La Biche. Auf der Insel, auf der nur eine kleine Hütte steht, kochen zwei kreolische Köche für die Reisegruppe ein komplettes Menu. Der Veranstalter ist:* **Rando Passion**, *Port de pêche de Morne Rouge, Sainte-Rose, ☎ 0590-289873 und mobil 0690-498377, 🖷 0590-684777.*

➤ Medien

Wenn auch mit einigen Tagen Verspätung sind ab und zu internationale Zeitungen sowie einige internationale Magazine in Pointe-à-Pitre und am Flughafen zu bekommen. Die lokale Tageszeitung ist die **„France-Antilles"**. *Es gibt zahlreiche lokale Radiosender, die* *auch internationale Nachrichten bringen. Einige senden ihr Programm temporär in Patois. Vielerorts werden französische Infosender wie z. B. FranceInter mit Interesse gehört – mit halbstündlichen Staumeldungen aus Paris oder Marseille. Das TV-Programm wird via Satellit mit süd- und nordamerikanischen Sendern, aber auch mit französischen Sendern versorgt.*

➤ Medizinische Versorgung

Wie auf den französischen Antilleninseln insgesamt, entspricht auch auf Guadeloupe die medizinische Versorgung europäischem Standard. Es gibt auf der Insel mehrere Krankenhäuser und ambulante Dienste. Die Verständigung ist in der Regel auf Englisch möglich. Fragen Sie in Ihrem Hotel nach der nächstgelegenen Arztpraxis oder einem Krankenhaus in Ihrer Nähe. Das Krankenhaus von Pointe-à-Pitre erreichen Sie unter ☏ 0590-891010, Notarzt (SAMU) unter 0590-891120/876543.

➤ Öffnungszeiten

Banken: *Mo-Fr 8-12 und 14-16 Uhr, manchmal auch Sa-Vormittag geöffnet. In den Sommerferien durchgehend von 8-15 Uhr.*
Postämter: *Mo-Fr 7-18 Uhr und Sa 7-12 Uhr*
Die Kernzeiten der **Geschäfte** *sind von Mo-Fr von 9 Uhr bis 12.30 Uhr und von 14.30-18 Uhr, Sa bis 13 Uhr geöffnet. Die Supermärkte und Einkaufszentren sind, außer So, bis 20 Uhr geöffnet.*

➤ Post

Die Postleitzahl für Pointe-à-Pitre lautet 97110, für Basse-Terre 97100. Postämter sind in jedem größeren Ort vorhanden. Die beiden Hauptpoststellen befinden sich in Pointe-à-Pitre (Boulevard Hanne) und Basse-Terre (Rue Baudot).

➤ Preisniveau

Auf den Französischen Antillen liegen in der Hotellerie und Gastronomie die Preise generell über dem europäischen Durchschnitt. Für ein Mittelklasse-Hotel müssen Sie mit 90 € pro Tag und Person rechnen. Nur für Früchte, Fisch, Rum und andere örtliche Produkte, die auf dem Markt angeboten werden, sind die Preise moderat. Der Durchschnittspreis für eine Tasse Kaffee, ein Bier oder eine Cola beträgt 3 €.

➤ Reiseagenturen

Etliche Agenturen bieten Transfer-Arrangements, Sightseeing-Touren u. Ä. an; die größten sind:
Caribjet, *Aéroport du Raizet, ☏ 0590-822644*
Agence Marie-Gabrielle, *21 Rue Alexandre Isaac, Pointe-à-Pitre, ☏ 0590-820538/831561*
Meier's Weltreisen, *☏ 0049-(0)211-9078-51, www.meiers-weltreisen.de*
Pierre & Vacances, *☏ 0049-(0)721-9319-50, www.pierre-et-vacances.de*
Besonders empfehlen können wir für individuelle Buchungen von Übernachtungen, Mietwagen und Flügen inklusive fernmündlicher Betreuung vor Ort die deutschsprachige Reiseagentur **Tropical Reisen** *(Inhaberin: Kirsten Boucard, Mittlerer Bauernwaldweg 60, 70195 Stuttgart, ☏ 1949-(0)711-5053531, 🖷 1949-(0)711-5053532, www.tropicalreisen.de.*

➤ Souvenirs

An lokalen Souvenirs bieten sich besonders Flechtwaren, Textilien, Gemälde sowie Kunst-

handwerk aus Holz und Metall an. Auch Rum, Kaffee, Vanille und Gewürze sind beliebte Mitbringsel.

Daneben verstehen sich die Französischen Antillen als „Schaufenster Europas in der Karibik", so dass man teilweise relativ günstig französische Markenartikel kaufen kann, wie Kosmetika und Parfum, Seidentücher, Kristall, Porzellan, Tabak und Spirituosen (Cognac, Champagner). Viele Geschäfte sind in Pointe-à-Pitre am Hafen und um die Place de la Victoire konzentriert.

Verfallene Windmühle auf Grande-Terre

➤ Sport

Zwar ist Guadeloupe auf sportlichem Gebiet (noch) nicht so entwickelt wie Martinique, doch bestehen auch hier alle Möglichkeiten. Ob Sie nun in St. François windsurfen, in Le Moule wellenreiten oder in Malendure tauchen möchten, über die großen Hotels oder Spezialanbieter können Sie auch hier **Wassersport** *nach Lust und Laune treiben. Ein umfassendes Sportangebot hat das Hotel „Le Méridien". Das Hotel „UCPA Hotel Club" in St. François bietet gute Surfkurse an, ☏ 0590-886480, 🖷 0590-884350. Surfbretter verleiht dort auch die Sport Away Ecole Nathalie Simon, ☏/🖷 0590-887204. LCS, Sainte-Anne, ☏ 0590-881517, 🖷 0590-881521; Comité Guadeloupéen de Surf im Karukera Surf Club, Le Moule, ☏ 0590-237589.*

Segeln

Segelboote *können Sie bei M. Le Captaine Lemaire in Pointe-à-Pitre, Route du Le Gosier für rund 100 US-Dollar pro Tag inklusive Drei-Personen-Crew, chartern. Tagesausflüge mit Segelboot oder Wasser-Scooter bietet King Papyrus an, Marina Bas du Fort, Le Gosier, ☏ 0590-909298, 🖷 0590-907171 (u. a. Mangroven-Tour); La Compagnie des Bateaux Verts, Marina Bas du Fort (auch Glasbodenboote), ☏ 0590-907717, 🖷 0590-907920; Falling Star, Katamaran-Touren nach Petite-Terre, ☏ 0590-885396, 🖷 0590-887794.*

Tauchen

Eines der schönsten **Tauchgebiete** *ist sicherlich die* **Ilets de Pigeon** *(westlich von Basse-Terre, nahe von Malendure), wo* ***Jacques Cousteau*** *Teile seines Films „Die Welt der Stille" gedreht hat. Für Schnorchler gibt es die Möglichkeit, von Malendure aus das Glasbodenboot zu nehmen und zum Tauchgebiet hinauszufahren. Allerdings ist die Sicht wegen der verhältnismäßig großen Tiefe nicht so gut. Oftmals ist das Boot auch durch Kreuzfahrttouristen ausgebucht. Dennoch lohnt es sich, mit dem Schiff hinauszufahren, allein schon wegen der schönen Sicht vom Meer auf die Insel.* **Tauchschulen** *gibt es entlang der Küste um die Ilets de Pigeon herum. Für Anfänger eignet sich besonders die Tauchschule Chez Guy et Christian, Plaisir Plongée Caraïbes, ☏ 0590-988243, 🖷 0590-988284, gute Ausrüstung, Unterkunftsmöglichkeiten; Les Heures Saines, Rocher de Malendure,*

☏ 0590-988663. An Land haben **Golfer** *die besten Möglichkeiten auf dem internationalen 18-Loch-Golfplatz in St. François.*

Wandern

Ganz besonders eignet sich die Insel jedoch zum **Wandern**, *sei es durch den Regenwald des Nationalparks oder hinauf zum bzw. rund um den Vulkan Soufrière. Mit mehr als einem Dutzend längerer und etlichen kürzeren ausgeschilderten Wanderwegen (ca. 300 Kilometer) hat Guadeloupe das beste Wanderrevier der Antillen. Mehr Infos dazu unter dem Stichwort „Wandern", S. 228.*

➤ Sprache

Ohne wenigstens ein paar Brocken Französisch ist eine Unterhaltung auf Guadeloupe sehr schwierig, da nur selten Englisch und schon gar kein Deutsch, sondern fast ausschließlich Französisch und Patois von den Insulanern gesprochen wird. Wenn Sie jedoch ein paar Sätze Französisch sprechen und sich bemühen, auf die Inselbewohner zuzugehen, kann sich die zunächst distanzierte Haltung schnell in große Herzlichkeit wandeln. Drei Worte Créole sollten Sie auf jeden Fall können: „pa ni problem" (= kein Problem).

➤ Strände

70 Sandstrände weist die Statistik für das Departement Guadeloupe aus, davon allerdings 22 für St. Barthélémy und 36 für St. Martin. Die letzten fallen seit der Loslösung von St. Barhtélemy und St. Martin allerdings aus der Rechnung raus. Und damit hat Guadeloupe „nur" noch zwölf Strände. Sowohl Grande-Terre als auch Basse-Terre haben Strandabschnitte mit Palmen, geschützte Buchten und mediterran wirkende Sanddünen. Im Nordteil sind die Strände von **St. François** *und* **Sainte-Anne** *am schönsten, während die z. T. künstlich aufgeschütteten Buchten von Le Gosier relativ schmal sind. Auf Basse-Terre ist das Highlight des Badelebens die Sandbucht* **Grande Anse** *mit ihrem herrlichen Palmenwald. Während FKK nur innerhalb einiger Hotelstrände und in der Anse Tarare (Grande-Terre) geduldet wird, hat sich das Topless-Sonnen überall durchgesetzt.*

➤ Strom

Die Stromspannung beträgt 220 Volt; die Steckdosen sind wie in Frankreich oder Deutschland. Für französische Stecker kann ein Adapter notwendig sein.

➤ Telefonieren

Die internationale Vorwahl ist von Europa (außer Frankreich) nach Guadeloupe und zugehörigen Inseln: 00-590- und anschließend wählt man die Vorwahl und danach die sechsstellige Rufnummer. Auch innerhalb Guadeloupes müssen Sie jeweils die Vorwahl 0590 wählen, d. h. erst den Code für die Region, die 05, und dann die Vorwahl 90 vor der sechsstelligen Nummer. Handynummern beginnen mit 0690.

Auf Guadeloupe und den zugehörigen Inseln wählen Sie nach Deutschland 19-49, nach Österreich 19-43 und in die Schweiz 19-41; danach jeweils die örtliche Vorwahl ohne die erste Null. Wer nach Martinique anrufen will, wählt 0596 plus der sechsstelligen Nummer des dortigen Teilnehmers.

➤ Veranstaltungen

Wie auf den meisten Antilleninseln, ist auch auf Guadeloupe der **Karneval** *(**vaval**) das* *größte festliche Ereignis. Die Saison beginnt hier schon Anfang Januar (Dreikönigs-Sonntag) und dauert bis Aschermittwoch. Am Höhepunkt, dem Rosenmontag und Veilchendienstag, ist der Verkehr lahm gelegt. Tanzwettbewerbe, Kostümbälle und Umzüge finden in jeder Ortschaft statt. Daneben gibt es auf jeder Insel des Archipels jeweils lokale Gemeindefeste, die am Tag des Namenspatrons stattfinden. Solche „nationalen" Feiertage sind der 15. August (Maria Himmelfahrt) auf den Saintes-Inseln, der 24. August (Sankt Bartholomäus) auf St. Barthélémy und der 11. November (Sankt Martin) auf St. Martin.*

*Ein farbenfrohes Fest ist in Pointe-à-Pitre am 10. August (***Sankt Laurentius***) bzw. am darauffolgenden Sonntag: das Festival der Köchinnen (***Fête des Cuisinières***). An diesem Tag findet ein großer Gottesdienst in der Kathedrale statt, bei dem allerlei Wurststücke, Gebäck und andere Leckereien in den Körben der farbenfroh gekleideten Köchinnen gesegnet werden. Ebenfalls bunt geht es auf den Fischerfesten (Fêtes des Marins Pêcheurs) zu, die auf Désirade und den Saintes-Inseln an Mariä Himmelfahrt am 15./16. August gefeiert werden.*

➤ Verkehrsmittel

Mit seinem dichten und guten Straßennetz von insgesamt knapp 2.000 Kilometer Länge bietet sich Guadeloupe für Selbstfahrer an. Die Verkehrsregeln entsprechen denen in Europa, wenn auch manche Fahrer ihr karibisches Temperament nicht verleugnen können.

Alle großen oder auch lokalen Anbieter von **Mietwagen** *sind am Flughafen und bei den großen Hotels vertreten. Für einen Kleinwagen (Peugeot 205, Renault Clio) müssen Sie mindestens mit 40 € pro Tag rechnen; am günstigsten sind Buchungen aus dem Ausland 48 Stunden im Voraus. Die Preise sind etwas höher als auf den anderen Antilleninseln.*

Anbieter sind:
Budget – Caribe Car, Centre d'Affaires – *Voie Principale de Jarry, Baie Mahault, ☏ 0590-211349, 🖷 0590-211348*
Europcar, *Aéroport Pole Caraïbes, Morne Mamiel, Les Abymes, ☏ 0590-915822, 🖷 0590-387389*
Jumbo Car, *Aéroport Pôle Caraïbes, Les Abymes, ☏ 0590-915566, 🖷 0590-912288*

Motorräder können Sie mieten bei:
Dom Location, *☏ 0590-887608*
Equateur Motors, *☏ 0590-845994*
Vespa Sun, *Pointe-à-Pitre, ☏ 0590-913036*

Die modernen und bequemen **Busse** *sind eine preiswerte Alternative zum Mietwagen. Sie verkehren von 5 bis 18 Uhr. Zentraler Knotenpunkt ist Pointe-à-Pitre mit seinen drei Überland-Busbahnhöfen La Darse (Quai Gatine) für Fahrten an die Südküste von Grande-Terre, Mortenol für die Nordküste von Grande-Terre und Bergevin für Basse-Terre. Die kommunalen Überlandbusse sind an ihrer orange-weißen oder grün-weißen Farbe erkennbar, in Pointe-à-Pitre fahren die gelb-grünen Busse der Firma TUPP.*

Am Flughafen, an vielen Hotels, Stränden und in Pointe-à-Pitre stehen ausreichend viele **Taxis** *bereit. Zwar sind die Preise gesetzlich festgelegt, aber die Wagen haben keinen Taxameter. Für Touristen scheinen Spezialtarife zu gelten. Am besten, man macht den Preis* *vor Fahrtantritt aus. Allerdings sprechen nur wenige Taxifahrer Englisch! Als Anhaltspunkt gilt: Ein Taxi von der Fähre in Pointe-à-Pitre nach Le Gosier kostet ca. 20 €, nach St. François ca. 50 €.*

Von La Darse, dem Fährhafen in Pointe-à-Pitre, gibt es viele komfortable und gut funktionierende Verbindungen mit **Personenfähren**, *Katamaranen oder Motor-Schnellbooten nach Marie-Galante, La Désirade und den Saintes-Inseln. Außerdem verkehren die Schnellboote des L'Express des Iles zwischen Guadeloupe, Martinique und Dominica sowie weiteren Nachbarinseln. Die häufig wechselnden täglichen Abfahrtszeiten (meist morgens gegen 8 Uhr), Preise sowie Ausreisegebühren erfragen Sie am besten im örtlichen Fremdenverkehrsbüro oder am Hafen. Weitere Fähr-Anlegestellen sind in Trois Rivières, Basse-Terre und St. François. Die wichtigsten Fährgesellschaften:* *siehe unter dem Stichwort „Anreise"; S. 222.*

Pro Fahrt kann die Autofähre „Amanda Galante" (☏ 0590-831989) 22 Autos von Pointe-à-Pitre nach St. Louis (Marie-Galante) transportieren.

➤ Wandern

Infos bekommen Sie bei der Fremdenführervereinigung **Association des guides accompagnateurs de moyenne montagne**, *Vert Intense, Eric Barret, Saint Claude, ☏ 0590-993473, 🖷 0590-993473, info@vert-intense.com.*
Ausgangspunkt der meisten Wanderungen ist Saint Claude – auf dem Weg zwischen Basse-Terre und dem Massiv des Soufrière. Angeboten werden mehrtägige Wanderungen mit den Schwerpunkten des Vulkans Soufrière, Bodenkunde, Fauna und Flora. Darüber hinaus gibt es Mountainbike- und Kultur-Touren. Infos auch auf der Internetseite des Nationalparks auf Basse-Terre: www.guadeloupe-parcnational.com.

Hinweis

Beim Wandern in tropischen Gebieten müssen Sie vor allem in der Regenzeit mit starken Regengüssen rechnen. Nehmen Sie daher immer Regenschutzkleidung und warme Anziehsachen mit. In höher gelegenen Waldgebieten kann es zudem kühl werden. Auch ausreichend Trinkwasser und Sonnencreme sollten Sie mit sich führen. Und beachten Sie bei der Tourenplanung, dass es schon zwischen 17.30 und 18.30 Uhr dunkel wird und die Dämmerung nur sehr kurz ist!

➤ Währung

Für die französischen Überseegebiete, die Départements d'Outre-Mer, wozu Guadeloupe und seine umliegenden Inseln sowie Martinique gehören, ist die offizielle Währung der Euro. Kreditkarten werden fast überall akzeptiert, genauso wie US-Dollar. Sie können zudem auch mit der EC-Karte am Geldautomaten Geld abheben.

➤ Yachthäfen und Ankerplätze (Auswahl)

Basse-Terre
• Anse-à-la-Barque • Basse-Terre • Anse Deshaies • Ste-Marie • Rivière Sous-Marin
Grande-Terre
• Grand Cul-de-Sac Marin • Pointe-à-Pitre • Bas-du-Fort Marin • Le Petit Havre • Ste. Anne • St. François

Pointe-à-Pitre und Umgebung

Wer beim Anflug auf den Flughafen **Aérogare Guadeloupe Pôle Caraïbes** aus dem Fenster sieht, wird kaum begeistert sein, scheint doch das Stadtbild ausschließlich von gesichtsloser moderner Architektur mit einigen Hochhäusern, Industrieanlagen und Wohnsilos bestimmt. Da ist der Blick auf die Mangrovensümpfe der Rivière Salée schon interessanter. Aber man täusche sich nicht: Pointe-à-Pitre ist nicht nur die größte Stadt und das wirtschaftliche Zentrum von Guadeloupe sowie außerdem Hafen für Kreuzfahrtsschiffe und Sitz einer Unterpräfektur, sondern hat durchaus auch **sehenswerte Gebäude und Plätze**. Die Ortschaft geht auf einen niederländischen Juden namens *Piet* zurück, der 1654 auf ungünstigem, weil komplett versumpftem Gelände ein Haus baute. Daraus wurde später die **„Landzunge des Piet"** – Pointe-à-Pitre.

Im Zentrum der Insel

Trotz vieler Katastrophen wie Erdbeben, Hurrikans, Bränden und Cholera wuchs die Ortschaft unablässig und hat heute zusammen mit den Außenbezirken Le Gosier und Les Abymes 211.000 Einwohner. Obwohl also jeder dritte Inselbewohner im Großraum zu Hause ist, heißt die Hauptstadt des Departements Basse-Terre, das im Verhältnis zu Point-à-Pitre nur 12.400 Einwohner hat und auf der gleichnamigen Südinsel liegt.

Wenn Kreuzfahrtsschiffe in Point-à-Pitre anlegen, wird's eng

Pointe-à-Pitre kann weder mit dem großstädtischen Flair von Fort-de-France auf Martinique, noch mit dem provinziellen Charme von Basse-Terre oder Marigot aufwarten, sondern liegt in seiner Attraktivität irgendwo dazwischen. Für einen **halbtägigen Stadt- und Einkaufsbummel** lohnt sich der Besuch allemal, außerdem locken einige **Museen**, der große **Markt** und der **Hafen**, von dem die Fährschiffe zu den Dependancen und Nachbarinseln ablegen. Vom internationalen Flughafen oder von Le Moule kommt man über die breite *N-5* auf das Stadtzentrum zu, die später in den *Boulevard Légitimus* und die *Rue Frébault* übergeht. Über diese Straße gelangt man zum Hafen (*Gare Maritime*) bzw. zum eigentlichen Herzen der Stadt, der **Place de la Victoire**. Vorher, an der Kreuzung mit dem Boulevard Chancy, passiert man linker Hand die Hauptpost (*PTT*), das Rathaus (*Hôtel de Ville*) und das Kulturzentrum (*Centre des Arts et de la Culture*).

Museen, Markt und Hafen

Um die wenigen Sehenswürdigkeiten der Stadt in Ruhe genießen zu können, sollte man jedoch versuchen, an der Place de la Victoire einen Parkplatz zu ergattern und ab hier die Besichtigung zu Fuß fortzusetzen. Dabei könnten Sie folgenden Weg einschlagen:

Pointe-à-Pitre

Place de la Victoire

Zweifellos ist dieser grüne, respektable Platz die gute und lebhafte Stube der Stadt, die alle Möglichkeiten zum Einkaufen, Restaurants, Cafés und einige sehr schöne Baudenkmäler bietet, vor allem alte Kolonialhäuser mit schönen Balkonen.

Zur Meerseite breitet sich der turbulente **Hafenmarkt** aus, und am linken (südöstlichen) Ende befindet sich mit dem Busbahnhof und der Schiffsanlegestelle **La**

Darse der größte Verkehrsknotenpunkt der Insel. Das schönste Haus ist wohl das Office du Tourisme, des Fremdenverkehrsamtes aus dem 19. Jahrhundert, das sich weiß und herrschaftlich hinter einem Kriegerdenkmal erhebt (an der „Place de la Banque" genannten südwestlichen Ecke des Platzes). Auf der anderen Seite ist der protzige Bau der Unterpräfektur (*Sous-Préfecture*) ein weiterer Blickfang. Gehen Sie nun quer über die Place de la Victoire stadteinwärts, unter Flamboyants und Königspalmen hindurch, die einen Tag nach dem Sieg *Victor Hugues* über die Briten in dieser Formation gepflanzt worden sind.

Hohe Palmen an der Place de la Victoire

Victor Hugues war es auch, der auf der Place eine Guillotine aufstellen und benutzen ließ. Die Büste am nördlichen Ende stellt jedoch nicht ihn, sondern *Felix Eboué* dar, den ersten farbigen Gouverneur der Insel.

INFO

Die Französischen Antillen

Etwa 7.000 Kilometer Luftlinie sind es von Paris, der Hauptstadt der Grande Nation, zu ihren beiden karibischen Übersee-Departements. Mit über 1.500 km² ist Guadeloupe nicht nur der größere der beiden Distrikte (oder der „Les Antilles", wie die Franzosen sagen), sondern nach Trinidad auch die **zweitgrößte Insel der Kleinen Antillen** überhaupt. Obwohl zum Teil beträchtlich davon entfernt, gehören zur Verwaltungseinheit **Guadeloupe** noch fünf Dependancen. Das ca. 1.100 km² große **Martinique** ist demgegenüber die **„kleine Schwester"**, die sich aber durchaus selbstbewusst behaupten kann und für den Tourismus sogar die bedeutendere Rolle spielt. Beide Hauptinseln gehören in ihren westlichen Teilen dem vulkanischen inneren Bogen und östlich dem äußeren Bogen der *Inseln über dem Wind* an, vereinen also **recht unterschiedliche Landschaftsformen**: Waldbedeckte Berge und tätige Vulkane (Soufrière, Montagne Pelée) einerseits und relativ flache Kalksteinplateaus andererseits.

Historisch stellen die **Departements** die letzten bescheidenen Überreste eines ehemals weit ausgedehnten Kolonialbesitzes dar. Sie sind neben Quebec (Kanada) und Haiti auch die letzten rein französischen Sprachinseln in Amerika, wobei sich die Bevölkerung jedoch zumeist in der Mischsprache **Créole** verständigt. Im Verhältnis zu allen anderen Distrikten Frankreichs sind Guadeloupe und Martinique absolut gleichberechtigt und konnten von ihrem Status vor allem wirtschaftlich profitieren (Gleiches gilt für andere Außenbesitzungen wie die Komoren, Guayana und La Réunion).

Guadeloupe und Martinique sind jedoch nicht bloß formale Departements, sondern wirkliche Landesteile, in denen wie im Mutterland die Sprache, die Kultur, die Lebensart und die Infrastruktur französisch sind – trotz aller Unterschiede der Landschaft, trotz der multiethnischen Bevölkerung und trotz aller Exotik. Für Besucher bedeutet dies, dass Grundkenntnisse der französischen Sprache von großem Vorteil sind, auf den ehemaligen Dependancen und heutigen französischen Außengebieten **St. Martin** und **St. Barths**, wo man auch mit Englisch weiterkommt, mag dies etwas weniger wichtig sein.

INFO

Jedenfalls können Pointe-à-Pitre, Fort-de-France, Marigot oder Basse-Terre auf den ersten Blick kaum von einer Provinzstadt an der südlichen Atlantikküste oder der Côte d' Azur unterschieden werden: Ähnliche Schaufensterauslagen, ähnliche Straßencafés, in denen der obligatorische Milchkaffee getrunken wird. Die großen Orte haben eine **Mairie**, eine **Préfecture** und die üblichen Kriegsdenkmäler mit behelmten Soldaten. In den Restaurants stehen Weinkaraffen, aus den Bäckereien holt man Baguettes, und unter schattigen Bäumen gehen die Männer ihrem Lieblingsspiel, dem Boule, nach. Die Uniformierten tragen das „képi", jene kreisrunde, halbhohe Kopfbedeckung, wie man sie von Pariser Polizisten kennt.

Der Straßenverkehr wird nicht, wie auf den anderen Antillen-Inseln, von japanischen oder amerikanischen Modellen geprägt, sondern von Kleinwagen der Firmen Renault, Citroën und Peugeot. Für den Touristen hat die enge Bindung der Inseln an das Mutterland viele Vorteile: Eine **gute Infrastruktur, keine kulturell bedingten Barrieren, keine Gesundheitsrisiken und kaum wirkliche Armut** – denn trotz hoher Arbeitslosigkeit und Strukturkrisen gehören sie zu den bestentwickelten Regionen des karibischen Raumes.

Wenn der Akzent der Départements mit ihrem Savoir-vivre und ihrer Atmosphäre also eindeutig französisch ist, wird der Grundton doch von einer **starken karibischen Note** bestimmt – nicht nur durch tropische Blumen, Palmenstrände und warme Temperaturen, sondern vor allem durch die multiethnische Bevölkerung mit ihrer kreolischen Lebensfreude.

Auf diese Weise besitzen die Inseln ein unverwechselbares und einmaliges Kolorit, das notwendigerweise viele Unterschiede zum Mutterland einschließt, auch solche, die nicht auf die geografische Lage, das Klima oder die Vegetation zurückzuführen sind.

Place Gourbeyre

Wenn Sie nun an der nördlichen Begrenzung über die Rue A. Isaac nach links gehen, erreichen Sie nach wenigen Schritten die Place Gourbeyre mit zwei beherrschenden Bauwerken: Dem **Justizpalast** (Palais de Justice), ohne den eine französische Stadt nicht auskommen kann – hier ist er allerdings wenig pompös geraten.

Justizpalast und Kathedrale

Ihm gegenüber befindet sich die eindrucksvolle katholische **Kathedrale Basilique St. Pierre et St. Paul,** die aus dem Jahre 1847 stammt und wegen der Wirbelsturmgefahr mit Eisen verstärkt wurde. Auf dem Platz selbst steht eine Büste des *Admirals Gourbeyre*, zu deren Füßen an den Vormittagen ein Blumenmarkt abgehalten wird. Die Place Gourbeyre verlässt man in westlicher Richtung über die Rue Barbès, die die **Hauptgeschäftsstraßen** der Stadt (*Rue Nozière, Rue Frébault, Rue Schœlcher*) schneidet. Kosmetika und Parfum, Seidentücher, Kristall, Porzellan, Tabak und Spirituosen sind einige der „Schnäppchen", die man hier machen kann.
Wenn Sie an der Kreuzung mit der Rue Schœlcher in diese links und kurz danach rechts in die Rue Peynier einbiegen, sehen Sie bald linker Hand das rosafarbene

Point-à-Pitre im Abendlicht

Museum Schœlcher. Dieses Schmuckstück der Architektur im Kolonialstil ist von der Straßenfront ein wenig zurückgesetzt und macht so einem kleinen Skulpturengarten Platz. Außer der sehr drastischen Skulptur eines Jakobiners mit heruntergelassener Hose ist die steinerne Büste des Elsässers *Victor Schœlcher* beachtenswert. Er war es, der im 19. Jahrhundert das Ende der Sklaverei auf den Französischen Antillen erkämpft hat und in diesem Haus wohnte. Das Museum stellt Antiquitäten und Erinnerungsstücke von ihm aus.

Schmuckstück der Kolonialarchitektur

Musée Schœlcher, *24, rue Peynier, ☏ 0590-820804, Öffnungszeiten: Mo-Fr 9-17 Uhr.*

Marché Saint-Antoine

Auf der Rue Peynier wieder zurück in Richtung Place de la Victoire gehend, passiert man den schönsten und turbulentesten Markt von Guadeloupe, der sich mit seinen Obst-, Gemüse-, Gewürz-, Fisch- und Fleischständen im Freien um einen hübschen Brunnen und auch unter der Eisenkonstruktion der Markthalle ausbreitet.

Lebhafter Markt

Verlässt man den Markt an der nächsten Ecke rechts über die Rue de Nozières, kommt man an der Kreuzung mit der Rue Achille René Boisneuf zur letzten Sehenswürdigkeit: Das Haus, das mit seinen Eisenverstrebungen ein schönes Beispiel des kolonialen Baustils im 19. Jahrhundert ist, war einst das Wohnhaus eines Fabrikdirektors. 1987 wird es anlässlich der Hundertjahrfeier des Geburtstages von *Alexis Léger* (alias *Saint-John Perse*) der Öffentlichkeit als Museum zugänglich gemacht.

Erinnerungen an den Nobelpreisträger

Im Erdgeschoss wurde hier die **kreolische Wohnkultur** nachgestellt, während die anderen Stockwerke mit Fotodokumenten, persönlichen Gegenständen, Bibliothek und Videothek an Leben und Werk des berühmten Dichters erinnern. *Saint-John Perse* war der erste **Nobelpreisträger** der Kleinen Antillen.

Stadtmuseum Saint-John Perse, *9, rue Nozières, ☏ 0590-900192, Öffnungszeiten: Mo-Fr 9-17 Uhr, Sa 8.30-12.30 Uhr, So und an Feiertagen geschlossen.*

In der näheren Umgebung von Pointe-à-Pitre ...

... lohnt sich außer den **Mangroven der Rivière Salée** noch der Weg nach **Le Gosier**, dem insularen Zentrum des Tourismus. Hingegen haben weder Raizet noch Abymes oder Besson touristische Attraktionen aufzuweisen, sondern sind hauptsächlich durch Industrieparks und ärmliche oder heruntergekommen wirkende Wohnviertel gekennzeichnet.

Wer Pointe-à-Pitre **in östlicher Richtung** verlässt (*Rue du chemin neuf*), bleibt in Küstennähe und erreicht über die mehrspurige N-4 bereits nach 1,5 km Bas-du-Fort. Hier lohnt es sich, abzufahren, um dem turbulenten Treiben am großen Yachthafen einen Besuch abzustatten. Wer keine Lust oder Möglichkeit hat, sich mit Schnorchel- bzw. Tauchausrüstung die Meeresflora und -fauna anzuschauen, sollte hier unbedingt das **Aquarium de la Guadeloupe** aufsuchen, das zusammen mit dem von Curaçao das modernste und sehenswerteste der Kleinen Antillen ist.

Aquarium ...

Bei der Weiterfahrt sieht man auf einem Hügel rechts oberhalb der Schnellstraße die Überreste des **Fort Fleur de l'Epée.** Diese Festung des 18. Jahrhunderts, an der schwere Kämpfe zwischen Engländern und Franzosen stattgefunden haben, bietet nicht nur Mauerreste, Kasematten und alte Kanonen, sondern vor allem eine schöne Aussicht auf die Grande Baie.

... und ein Fort

Zur nächsten Station verlässt man die N-4 wenige hundert Meter später nach rechts und kommt nach Le Gosier, dessen Casino, Hotels und Strände zu erreichen sind, wenn man am Ortsanfang wiederum nach rechts abbiegt.

Reisepraktische Informationen zu Pointe-à-Pitre

Information

Office Départemental du Tourisme de la Guadeloupe, *5 Square de la Banque, B. P 422, 97163 Pointe-à-Pitre Cedex, 97110 Pointe-à-Pitre, ☏ 0590-820930, 🖷 0590-838922, www.lesilesdeguadeloupe.com*

Unterkunft (s. Karte S. 218/219)

Pointe-à-Pitre *ist kein Ort, wo wir eine Übernachtung empfehlen würden, dafür gibt es inselweit zu viele schöne oder am Meer gelegene Hotels und Gästehäuser. Auch lohnt es sich nicht, nach 17 Uhr in die Stadt zu gehen, um einen Bummel zu machen. Die Läden schließen und alle Einheimischen machen sich auf den Heimweg, so dass die Straßen dann schnell verwaist sind. Wer hier jedoch aus irgendwelchen Gründen strandet und ein Zimmer braucht, der ist im John-Perse-Zentrum sehr gut aufgehoben:*

Anchorage Hôtel Le Saint John-Perse €€€, *(1), Quai des Croisières, Pointe-à-Pitre,*

☏ 0590-825157, 🖷 0590-825261, www.saint-john-perse.com/index-a.html. Postmodernes Hotel innerhalb des St. John-Perse-Zentrums, 44 komfortable Zimmer auf drei Etagen, direkt am Kreuzfahrtschiffquai und wenige Minuten vom Place de la Victoire gelegen.

Essen und Trinken

La Canne à Sucre, *Quai Nr. 1, direkt gegenüber dem Hafenbecken im Centre Saint-John-Perse, Pointe-à-Pitre, ☏ 892101; kreolische und französische Küche, Sa kreolisches Frühstücksbuffet.*

Le Gosier

Viele Wassersportmöglichkeiten gibt's in Le Gosier

Die **Pelikane**, nach deren kreolischem Namen das Seebad getauft wurde, haben längst schon Hotels und Touristen Platz machen müssen. Wer eine abgeschiedene Idylle sucht, ist hier fehl am Platz, wem stattdessen der Sinn nach internationalem Strandleben, Glücksspiel, einer großen Auswahl an Restaurants, Diskotheken, Unterkünften und Hotelkomfort steht, wer sich außerdem wassersportlich betätigen und „Riviera-Gefühl" erleben möchte, wird sich wohl fühlen. Eine der abendlichen Attraktionen ist das Spielkasino, das im Gegensatz zu den Glücksspiel-Palästen von Saint-Martin/Sint Maarten mehr europäisch-elegante und weniger amerikanische Atmosphäre (keine Spielautomaten) hat.

Ganz andere Reize hat das vorgelagerte „Pelikan-Inselchen" **Ilet du Gosier** mit seinem weißen Leuchtturm zu bieten. Wer dort ungestört (evtl. auch hüllenlos) baden möchte, kann sich von der **Marina in Le Gosier** bequem übersetzen lassen.

Reisepraktische Informationen zu Le Gosier

Unterkunft (Karte s. S. 218f.)

La Créole Beach Hôtel €€€€-€€€€€, *(2), Pointe de la Verdure, Le Gosier, ☏ 0590-904646, 🖷 0590-904666, www.deshotelsetdesiles.com/hotel-guadeloupe/index.php. Das Créole Beach Hotel ist ein Komplex von drei zusammengehörenden Gebäuden auf einem geschmackvoll angelegten Gelände. Die anderen beiden Gebäude beherbergen „Les Résidences Yucca" (€€€€, 100 Studios à 40 m², in ein- bis zweistöckigen Pavillons untergebracht) und das „Hôtel Maha-*

gony" (der luxuriöse Teil der Créole-Beach-Anlage mit sechs Suiten à 120 m², 13 zweistöckigen Wohnungen (58 m²) oder 46 Apartments mit Küche und Balkon (37 m²)). Das Créole Beach hat 156 Zimmer inmitten schöner Gärten mit Bougainvilleas, Lilien und Hibiskus und liegt direkt an drei kleine Buchten mit schönen Sandstränden, die auch besonders gut für Kinder geeignet sind. Zudem gibt es einen großen Swimmingpool, viele Wassersportmöglichkeiten und einen Golfplatz. Der zentrale Mittelpunkt des Hotelkomplexes sind das gute Restaurant „Alize" und die Bar „La Rhymerie". Ein Kasino ist in wenigen Gehminuten zu erreichen und für einen Abendbummel liegt das Zentrum von Pointe-à-Pitre nur einen Kilometer entfernt.

Auberge de la Vieille Tour €€€€€, (**3**), *Montauban, Le Gosier, ☏ 0590-842323, 🖷 0590-842242, www.accorhotels.com/de/home/index.shtml. Die luxuriöse „Herberge" liegt in einer ehemaligen Zuckermühle; erstklassiges Restaurant, Bar, Boutique, kleiner Sandstrand, Tennisplätze und Swimmingpool.*

Salako Beach Resort €€€, (**4**), *Pointe de la Verdure, Le Gosier, ☏ 0590-8942222, www.karibea.com. Schöne Anlage am Palmenstrand, sehr schöner Pool, Tennisplätze, viele Wassersportmöglichkeiten.*

Formule Economique €-€€, (**5**), *112-120 Lot Gisors, ☏ 0590-845491, laformule.economique@wanadoo.fr. Einfache, solide Unterkunft am Ende einer Wohnstraße nördliche des Strandes.*

Ilet de la Plage €-€€, (**6**), *Plage Le Gosier, ☏ 0590-842073, dolhen@wanadoo.fr. Die günstigste Übernachtungsmöglichkeit im Ort, die allerdings zumeist auch schon Monate vor der Hochsaison ausgebucht ist. Zimmer mit Ventilator oder Studios mit Klimaanlage, Balkone mit schönem Blick über den Stadtstrand, und kleiner Küchenecke.*

Essen und Trinken

Auberge de la Vieille Tour, *Montauban/Le Gosier, ☏ 0590-842323. Großes Restaurant mit edlem Ambiente. Wegen der ausgezeichneten und teuren französischen Küche und ausgewählter Weine eine der ersten Adressen für Gourmets.*

La Plantation, *Bas du Fort (Marina), Le Gosier, ☏ 0590-908483. Kreolische und französische Küche.*

L'Albatros, *Bas-du-Fort (Marina), Le Gosier, ☏ 0590-908416. Küche 12-14 und 19-22 Uhr, So und Mo geschlossen; Blick auf Les Saintes und Basse-Terre. Fischgerichte und Meeresfrüchte, Menu ab 30 €.*

Casion du Le Gosier, *43 Pointe de la Verdure, ☏ 0590-849950. Neben Gastronomie gibt es Musikshows, Jazzkonzerte oder Kinofilme.*

Le Napoli, *Rue Montauban, ☏ 0590-843053. Netter Italiener und schön zum Draußensitzen. Die südfranzösische Atmosphäre schafft der Salade niçoise. Dazu gibt es natürlich Pasta und wunderschön dünne Pizzen. Hauptgerichte kosten ab 16 €, nur abends geöffnet.*

Le Tam-Tam, *Boulevard du Le Gosier, ☏ 0590-840708. Täglich wird hier zu Mittag und am Abend die Inselspezialität* **Boudin créole** *serviert (10-13 €). Sehr beliebt auch bei den Einheimischen.*

Der flache Norden: Rundfahrt Grande-Terre

Im Folgenden wird eine Tour beschrieben, die ab Point-à-Pitre im Uhrzeigersinn rund um Grande-Terre führt und etwa **120 Kilometer** beträgt. Wer auf längere Badeaufenthalte oder Wanderungen verzichtet, schafft diese Strecke gut an einem Tag, dabei bleibt für alle genannten Sehenswürdigkeiten ausreichend Zeit.

Man verlässt Pointe-à-Pitre über die stark befahrene N-5 in Richtung Flughafen, wobei man sich an den Hinweisschildern nach „Le Moule" und „Abymes" orientiert. Das ausufernde urbane Gebiet mit seinen Reklametafeln und wenig attraktiver Bebauung macht es allerdings schwer, die Stadtgrenzen zu erkennen. In **Abymes** kann man zwischen zwei Wegvarianten nach Morne-à-l'Eau wählen:

Die westlichere **D-106** nach Vieux Bourg ist weniger stark frequentiert und führt durch eine Landschaft, die immer wieder mit **Sümpfen** und **Mangrovendickichten** durchsetzt ist. Kurz hinter Abymes hat man sogar die Möglichkeit, einen Mangroven-Lehrpfad zu besuchen, organisierte Wanderungen werden angeboten. Im kleinen und hübschen **Fischerdorf Vieux Bourg** können Sie links an der Kirche die kleine Stichstraße nehmen, die kurz hinter der Kirche nach links in Richtung **Plage du Babin** führt. Sie können zwar nicht ganz bis zur Pointe Macou fahren, jedoch bis zur **Anse Babin** (Strand mit schöner Aussicht). In Vieux Bourg selbst lädt eine Bar zu Erfrischungsgetränken ein. Außerdem bietet sich von hier der Ausflug per Fischerboot zum vorgelagerten Eiland **Ilet Macou** (Mangroven, Kapelle, Korallenriffe) an. Die D-107 bringt Sie dann wieder auf die Hauptstraße und nach Morne-à-l'Eau.

Schöne Aussicht auf Dorf und Strand

Der direkte Weg über die **N-5** ist natürlich schneller, aber dafür uninteressanter. Wer einen lohnenden Abstecher machen möchte, biegt kurz hinter Abymes rechts auf die D-101 ab, die in die verkarstete Hügellandschaft der **Grands Fonds** führt. Die Bevölkerung einiger Dörfer, insbesondere von **Jabrun-du-Nord** und **Jabrun-du-Sud**, wird auf Grund ihrer weißen Hautfarbe und blonder Haare *(Blancs Matignons)* mit jenen Aristokraten in Verbindung gebracht, die vor der Guillotine flohen und bis heute „unvermischt" blieben. Einige Genealogen vermuten hier sogar Mitglieder des Hauses *Grimaldi von Monaco.*

Morne-à-l'Eau

Die recht große Gemeinde, deren Bevölkerungszahl sich zwischen den 60er und 90er Jahren verdoppelt hatte und heute gut 17.000 Einwohner zählt, liegt inmitten

Hinweis

Die Straßen sind auf Guadeloupe in der Regel gut. Dennoch müssen Sie gerade auf den Strecken außerhalb des Ballungszentrums um Pointe-à-Pitre gut aufpassen. Immer wieder lassen Unterspülungen oder einfach schlecht gemachte Asphaltierungen kreisrunde Löcher mit spitzen Kanten entstehen. Wer hier mit hohem Tempo reinfährt, riskiert Achsenbruch oder zumindest einen Platten.

Der Friedhof von Morne-à-l'Eau

eines Sumpfgebietes, das erst durch **lange Kanalbauten** mühsam entwässert werden musste. Auch wer heute zu Fuß in der Innenstadt unterwegs ist, sollte darauf achten, nicht in die tiefen Abwasserrinnen zu treten.

Bevor Sie jedoch mitten in den Ort hineinfahren, führt die Nationalstraße direkt an der größten Sehenswürdigkeit der Ortschaft vorbei, nämlich am **Friedhof**, der direkt hinter der Tankstelle und dem Ortseingangsschild auf der rechten Seite liegt. Mit seinen **schwarz-weiß gekachelten Totenhäusern**, die schachbrettartig am Hang angelegt sind, sieht er allerdings eher wie ein kykladisches Dorf aus. Wer zu Allerheiligen auf Guadeloupe ist, sollte sich diesen Tag unbedingt für die Besichtigung des Friedhofes freihalten! Direkt gegenüber des Friedhofs von Morne-à-l'Eau nehmen Sie die Abzweigung der N-6 in Richtung *Petit-Canal/Port-Louis*, da die bisherige Straße direkt nach Le Moule an der Atlantikseite führt.

Stadt der Toten

Über einen Hügel geht es nun in weitem Bogen auf **Petit-Canal** zu, wobei die N-6 direkt durch das Fischerdorf führt. Petit-Canal ist ein Beispiel für ein Dorf, das immer wieder von Hurrikans gebeutelt wird, sich jedoch auch schnell wieder erholt, die Spuren der Verwüstungen beseitigt und neue Wohnviertel am Ortsrand entstehen lässt. Ein Besuch des auf einem Hügel liegenden Dorfes lohnt sich vor allem wegen des **Sklavenfriedhofes** und der beschaulichen **Hafenmole**. Den besten Blick auf die in den Sumpf gebaute Mole haben Sie von der Vorderseite der Kirche, um die Sie mit dem Auto bequem herumfahren können.

Da fast die gesamte Küste zwischen Petit-Canal und Port-Louis von **Mangrovensümpfen** und Kanälen durchzogen ist, bleibt die Straße nun wieder in gehörigem Abstand zum Wasser und führt durch ausgedehnte Zuckerrohrfelder. Deren Produkte werden in der großen Industrieanlage von **Beauport** verarbeitet, die in einiger Entfernung rechts der Straße zu sehen ist. Ab und zu überquert man alte Bahnlinien und erblickt die Überreste ehemaliger Zuckermühlen.

Port-Louis

Im kleinen Hafenstädtchen Port-Louis, das mehrere Tausend Einwohner zählt, können Sie schließlich wieder direkt ans Meer an der nördlich des Ortes gelegenen **Anse du Souffleur**, einem der schönsten Strände der Insel. Hier können Sie zur richtigen Jahres- oder Tageszeit auch herrliche, über und über rot blühende Flammenbäume und spektakuläre Sonnenuntergänge genießen. Der Strand ist Ausgangspunkt für einen Spaziergang zur **Pointe d'Antiques**. Der Ort selbst scheint zwar ärmlich, ist aber dennoch attraktiv. Im Kontrast zu den vielen einfachen **Holzhütten** verbreitet die Straße an der „Hafenpromenade" einen Hauch mediterranen Flair, mit ihren in der Mitte der Straße stehenden Straßenlaternen. Sehenswert sind auch die **Kirche** im kolonialen Baustil und der am Ende der Bucht gelegene Friedhof, auf dem

Einheimische die Gräber ihrer Angehörigen mit riesigen Muscheln schmücken. Vom Strand haben Sie einen phantastischen Blick auf das Basse-Terre-Massiv, die Bucht der „Großen Sackgasse" (**Grand Cul-de-Sac Marin**), die **Mahault-Bucht** und die **Kakouanne-Insel**. Nach dem Besuch des Dorfes bleibt man auf der N-6, die sich wieder vom Ozean entfernt und durch Plantagen sowie an einem **Hindutempel** nahe der Ravine Gaschet vorbeiführt.

In der Nebensaison gehört der Strand den Insulanern

Anse Bertrand

In der kleinen Ortschaft, übrigens die nördlichste der Insel, weisen Schilder den Weg zur „Pointe de la Petite Vigie". Dabei kommen Sie am nördlichen Ortsausgang zu einer Kreuzung – hier geht es links zum schönen Strand der **Anse Laborde** und rechts zur **Pferderennbahn** (Hippodrome) von St. Jacques. Die Anse Laborde bietet neben Picknick-Möglichkeiten auch das Snackbar-Restaurant „Chez Prudence" mit Blick auf das Meer. Die Straße zur Pointe de la Grande Vigie, die D-122, ist sehr schmal und führt durch ein trockenes, nur mit Büschen bewachsenes **Karstgebiet**, immer parallel zur Steilküste. Wegen der Vegetation kann man allerdings nur selten einen Blick auf das Meer erhaschen.

Picknick-Möglichkeiten

Pointe de la Grande Vigie

Kurz hinter der Abzweigung der D-122, die rechts zur **Porte d'Enfer** führt, haben Sie den Parkplatz am nördlichsten Punkt Guadeloupes erreicht, die Pointe de la Grande Vigie. Zwar ist schon hier die Aussicht gut, doch würde man zu viel verpassen, bliebe man am Erfrischungs- und Souvenirstand des kleinen Wendehammers stehen. Denn wenn Sie nur wenige Minuten über die spitzen Steine bis zu den äußersten Felsen weitergehen, erwartet Sie eine spektakuläre Szenerie, die einen der landschaftlichen Höhepunkte von Grande-Terre darstellt. Von der **Steilküste** (80 m ü. d. M.) geht der Blick weit an den **Kalksteinformationen** entlang über bizarre Felsnadeln hinweg auf den Ozean, wo man bei guter Sicht am Horizont die Nachbarinseln Désirade, Antigua und Montserrat erkennen kann.

Die Porte d'Enfer von der Lagune aus

Bei der Weiterfahrt biegen Sie wieder links auf die wenig befahrene D-122 ab, die Sie über ein weites Plateau mit niedriger Buschvegetation parallel zur Atlantikküste bringt. Wer sich an der Pointe de la Grande Vigie noch nicht an den Felsformationen sattgesehen hat, sollte an der Straße immer wieder die Möglichkeit zum Anhalten nutzen, um die Ausblicke auf die Steilküste zu genießen. Vom Parkplatz oberhalb der **Pointe du Piton** kann man einen **Abstecher zur Porte d'Enfer** machen. Es ist auch möglich, bis zum Meer hinabzusteigen und einen Blick in das „Höllentor" zu werfen, wo einer lokalen Geschichte zufolge *Madame Coco* für immer verschwunden sein soll, als sie eines Tages mit ihrem Sonnenschirm am Meeresufer spazieren ging.

Lagune Madame Coco wartet auf Besuch

Nachdem die Straße relativ stark bergab führte, geht es in der Talsohle links zur **Lagon de la Porte d'Enfer** und zum **Trou Madame Coco**. Durch eine schmale, von Mauern begrenzte Zufahrt gelangen Sie auf den Parkplatz der Lagune mit kleinem Erfrischungsstand. Die Lagune strahlt im Gegensatz zum brausenden Atlantik an der Steilküste eine friedliche und ruhige Atmosphäre aus.

Nach dem Genuss dieser grandiosen Landschaftseindrücke führt die D-122 auf der Weiterfahrt nicht mehr an landschaftlichen Höhepunkten vorbei, auch die folgende D-120 Richtung Le Moule nicht, auf der Sie sich links halten und durch Ortschaften wie Campêche und Gros-Cap kommen. Genießen Sie stattdessen **das satte Grün der Zuckerrohrfelder** und der **Buschvegetation**, das den Augen einen erfrischenden Kontrast zum tiefen Blau des Atlantiks bietet.

In **Gros-Cap** ist ein Abstecher (zwei Kilometer) zur Küste möglich, bei dem man auch der über dem Atlantik und der **Anse de la Savane Brûlée** gelegenen **Chapelle Ste. Anne** – mit schöner Aussicht – und den Stränden der **Anse Maurice** mit Bademöglichkeit einen Besuch abstatten kann. Im Gegensatz zu den Stränden an der Westküste sind die der Ostküste durch schroffe Felsformationen und durch ein gegen die Felsen klatschendes Meer geprägt.

Hinweis

Die Erkundung der Unterwasserwelt zwischen den Felsen ist bei bewegter See nicht ungefährlich. Die Strände sind zudem sehr einsam, was sicherlich auch an den überaus schlechten Straßen zu den Buchten um Gros-Cap herum liegt. Die beeindruckenden Schlaglöcher offenbaren ihre Heimtücke erst, wenn man kurz davorsteht; Sie sollten also unbedingt langsam fahren.

Interessantes Museum

Etwa zwei Kilometer nachdem die D-120 in die D-123 übergegangen ist, sollten Sie besonders aufmerksam fahren, schließlich wartet in **La Rosette** linker Hand, ca. 300 m vor der Einmündung auf die Straße N-5 Richtung „Le Moule", ein kultureller Höhepunkt auf Sie, das **Museum Edgar Clerc.**

Kurz hinter dem Museum biegt man nach links in Richtung Le Moule ab, passiert die **Baie du Nord-Ouest** mit Strand und Hotel-Anlage, folgt der gut ausgebauten Strandpromenade, wo vor allem am Wochenende einheimische Jungen, auf ihren

INFO

Museum Edgar Clerc

Das interessante Museum ist nach dem bekannten **Archäologen aus Martinique,** *Edgar Clerc* (geb. 1915, gest. 1982), benannt und wurde zwei Jahre nach dem Tod des Gründers der *Société d'Histoire de la Guadeloupe* zum Andenken an seine Verdienste bei der Erforschung der vorkolumbischen Kulturen auf einem ehemaligen Militärgebiet errichtet. Dementsprechend sind hier hauptsächlich **Kunst- und Alltagsgegenstände der Arawaken und Kariben** (Vasen, Amulette, Skulpturen etc.) präsentiert. Auch das Museum selbst ist nicht ohne Reiz. Vom Eingangspavillon am Parkplatz geht man durch eine sehr schöne, parkähnliche Anlage mit Königspalmen und steht dann nach etwa 150 m vor dem pinkfarbenen Ausstellungsgebäude.

Indianische Felsritzungen zeigt das Museum

Direkt vor dem Eingang ist ein eindrucksvoller Felsen mit **Gesichts-Petroglyphen** (indianische Felsritzungen) aufgestellt. Im Museum wird man durch Abteilungen geleitet, die um einen runden Innenhof angelegt sind und archäologische Exponate der indianischen Kultur sowie eine Sammlung zeitgenössischer Künstler zeigen. Leider sind die Vitrinen nur französisch beschriftet. Vergessen Sie nicht, auf der Terrasse die schöne Aussicht auf den Atlantik zu genießen.
Öffnungszeiten: Mi-Mo 9-17 Uhr.

Brettern sitzend, auf Wellen zum Abreiten warten, und erreicht kurz darauf die einzige Stadt an der Atlantikküste.

Le Moule

Der **Hafenort** ist eine der größeren Siedlungen Guadeloupes. Von seiner ehemaligen Bedeutung zeugen die Überreste der alten Festung, deren Kanonen man vor der Hafeneinfahrt einzementiert hat, und die Kirche im klassizistischen Stil. Der um 1850 fertig gestellte Bau ist das wohl eindrucksvollste **Gotteshaus** der Insel, er erhebt sich mit seinem von vier ionischen Säulen getragenen Portikus über einer Freitreppe. Links und rechts vom Haupteingang gliedern Nischen die Fassade, während hoch oben das große Kreuz einen markanten Blickfang bietet. Ansonsten hat die Stadt nach den Zerstörungen der Wirbelstürme von 1928 und 1989 viel alte Bausubstanz eingebüßt, macht dies aber wett durch eine hübsche Marina an der Mündung der Ravine Gardel und im Osten durch den schönen Badestrand **Plage de l'Autre Bord**.

Le Moule: Reges Treiben nach Feierabend

Beides erreicht man über die N-5 (Richtung St. François), die man allerdings in L'Autre Bord über eine schmale Straße links verlassen sollte. Auf diese Weise gelangt man erneut an die Küste und nach ca. 3 km links in eine kleine Straße zur Pointe Morne und einem weiteren romantischen **„Höllentor"** (Porte d'Enfer) mit einer schönen, ruhigen Badebucht. Über der Bucht ergibt sich von den Felsen aus ein schöner Blick an der nördlichen Küste von Grande-Terre entlang.

Von der Porte d'Enfer geht es immer geradeaus zurück auf die N-5. Dabei sollten Sie direkt an der Weggabelung auf das links gelegene **Zévalos-Haus** achten, eines der schönsten Bauten aus der Kolonialzeit der Insel. Das 1845 aufgeführte Herrenhaus war Mittelpunkt der ersten dampfbetriebenen Zuckerfabriken, deren Schornsteinruinen und weitere Gebäudeteile noch zu sehen sind. Bevor Sie nun geradewegs in südlicher Richtung auf die Küste und das Städtchen St. François zufahren, sollten Sie bei klarem Wetter in Sainte Marthe noch einen Abstecher nach links auf dem gut asphaltierten Kreuzweg (Chemin de Croix) zur **Chapelle de la Baie Olive** machen. Den Weg erkennen Sie an den weißen Kreuzen, die den Weg säumen.

Saint-François

Badestrände

Das ehemals kleine Fischerdorf macht trotz der mittlerweile hier etablierten Hotels und Appartement-Häuser einen sympathischen und hübschen Eindruck, insbesondere am **Marktplatz** und an der Kirche aus dem 18. Jahrhundert. Am Sonntag können Sie um die Bibliothèque Municipal herum einen lebhaften Markt erleben. Mit den vorzüglichen Stränden **Raisins Clairs**, **Pointe Tarare** und **Anse à la Gourde** war die touristische Entwicklung vorprogrammiert, wobei die meisten Hotels, Feriendörfer, Restaurants, der Yachthafen und der 18-Loch-Golfplatz am westlichen Ortsausgang konzentriert sind. Hier findet sich auch das zweite Spielkasino der Insel. Eine starke Minderheit der Stadtbevölkerung bilden Immigranten aus Indien, und so gibt es in St. François kleinere hinduistische Gebetsstätten und vor allem den **Hindu-Friedhof** in Ufernähe zu sehen.

Zwei interessante Abstecher sind von hier aus in östlicher Richtung möglich. Zwei Kilometer sind es zur **Anse à la Baie** an die Atlantikküste mit seiner schönen **Chapelle de la Baie Olive**. Etwas weiter, etwa elf Kilometer, geht es von Saint-François die D-118 entlang, auf die schmale Landzunge an vielen Kunsthandwerk- und Künstlerateliers vorbei zum östlichsten Punkt der Insel, zur **Pointe des Châteaux**. Vorher kann man nach links zu den schönen Badestränden der **Anse à la Gourde** und der **Pointe Tarare** abfahren, an denen teilweise FKK möglich ist und wo es einige Hotels und Restaurants gibt.

Oberhalb der **Pointe des Châteaux** erhebt sich die **Pointe des Colibris**, 43 m hoch und mit wunderbarer Aussicht. Von hier aus eröffnet sich ein weiter Panoramablick an den beiden zerklüfteten Küsten entlang auf das vorgelagerte Inselchen

Iles de la Petite-Terre, sowie auf die Dépendancen **La Désirade** im Osten und etwas weiter auf **Marie-Galante** im Süden. Ein Pfad bringt Sie hinunter zum schönen Sandstrand, der wegen der starken Brandung und Unterströmung jedoch nicht zum Baden geeignet ist (Lebensgefahr!). Die **Pointe des Châteaux** wird gerne zur Beobachtung des Sonnenuntergangs besucht, aber auch abends lockt eine Vielzahl an guten Restaurants. In westlicher Richtung führt ab St. François die N-4 in einiger Entfernung zum Meer durch die niedrige und landwirtschaftlich genutzte **Plaine de la Simonière** bis nach Sainte-Anne.

Das Zévalos-Haus: perfekter Kolonialstil

Reisepraktische Informationen zu St. François

Unterkunft (Karte s. S. 218f.)

Hôtel Anchorage Anse des Rochers €€€€-€€€€€, (**7**), *L'Anse des Rochers, ☏ 0590-939000, 🖷 0590-887247. Östlich von St. François gelegene komfortable Anlage im verschnörkelten Stil kreolischer Plantagenhäuser, mehrere Boutiquen, Restaurant „Indien" mit indischen Spezialitäten; tropischer, 10 ha großer Park, Privatstrand, Pool, vier Tennisplätze.*

Kayé La €€€-€€€€, (**8**), *Marina, ☏ 0590-881010, 🖷 0590-887467. Eines der Resorts, die um die Marina herum angelegt wurden. Die Standard-Zimmer verfügen über Klimaanlage, TV und Badezimmer. Gleich nebenan liegt das Hôtel Résidence Port Marina.*

Hôtel Résidence Port Marina €€€-€€€€, (**9**), *Marina, ☏ 0590-887647. Empfehlenswert sind hier die Studios mit Klimaanlage.*

Le Kali €-€€, (**10**), *Rue du Marché, ☏ 0590-884010, 🖷 0590-850463. Das einzige preisgünstige Hotel liegt direkt neben dem Markt, wo das Leben früh morgens losgeht. Die einfachen Doppelzimmer haben (fast alle) Ventilatoren und Gemeinschaftsbadezimmer.*

Essen und Trinken

Marina *(hier befinden sich die meisten Restaurants):*

Le Navy, *im Süden der Marina. Bekannt für ihre Muschelgerichte.*

La Terrasse, *im Norden der Marina. Kreolische Gerichte für 17-24 €.*

Im Ort:

Jerco Chez Nise, *Rue Paul-Thilby. Berühmt für die viel-gängigen Menüs, die einen guten Überblick über die kreolische Küche geben.*

Sainte-Anne

Das alte Fischerdorf, das seinen Namen nach *Anna von Österreich*, der Mutter *Ludwigs XIV.*, trägt, bestand bereits vor der Gründung von Pointe-à-Pitre und war als wichtiges Handelszentrum ein Ausfuhrhafen für Zucker – und damit stets auch ein Angriffsziel der Briten, die es 1759 brandschatzten und zerstörten. Heute ist Sainte-Anne ein aufstrebendes Seebad, das von den teilweise **riffgeschützten Sandstränden** profitiert. Die meisten touristischen Einrichtungen befinden sich westlich der Stadt.

Von Sainte-Anne aus fährt man, immer in einigem Abstand zur Küste, weiter über die Route Nationale in Richtung Le Gosier und schließlich zurück nach Pointe-à-Pitre. Der immer dichter werdende Verkehr kündigt das Ballungszentrum an, während das Landschaftsbild bis Le Gosier durch Weiden, Zuckerrohrplantagen und Bauernhäuser geprägt ist. Nur selten hat man Gelegenheit, der Küste mit ihren schönen Stränden näher zu kommen – etwa in der **Anse à Jacques** (nehmen Sie die Stichstraße kurz vor Mare Gaillard).

Reisepraktische Informationen zu Sainte-Anne

Unterkunft (Karte s. S. 218f.)

La Toubana €€€€-€€€€€, *(11), Fonds Thézab, ☎ 0590-882578, 🖷 0590-883890, www.nouvellesantilles.com/guadeloupe/hotel/toubana/. Schön gelegenes Bungalow-Hotel, auf den Klippen oberhalb des Strandes von Sainte-Anne. Panorama-Terrasse mit großem Pool. Bungalow mit Küchenecke. Tennisplatz, Restaurant, Bar, Tauchshop, viele Wassersportmöglichkeiten, Kinderbetreuung.*

Auberge du Grand Large €-€€, *(12), im Ort Sainte-Anne, ☎ 0590-854828, www.aubergelegrandlarge.com. Die Bungalows der Anlage liegen nur 50 Meter vom Strand entfernt. Es gibt kleine Häuschen und große mit Klimaanlage.*

Alizés Bungalows €-€€, *(13), 1 Rue Lethière (Kreuzung bei der Polizeistation), ☎ 0590-858591, 🖷 0590-858586, www.alizes-bungalows.fr. Die hell und freundlich gehaltenen Bungalows mit Terrasse inmitten eines tropischen Gartens liegen 300 m zum Strand, haben Badezimmer mit Dusche und eine für zwei bis drei Personen ausgerüstete Küche.*

Essen und Trinken

Es gibt einige Restaurants und Bars entlang des Strandes von Sainte-Anne, eine kleine Auswahl:

Américo Café: *eine Bar im Western-Stil, die bei Einheimischen und Besuchern gleichermaßen beliebt ist. Am Freitag wird Livemusik gespielt.*

Kon-Tiki: *unkompliziertes Restaurant, wo man vor allem Omelettes, Nudelgerichte und Steaks bestellen kann.*

Beach Trucks *ist bekannt für „Hot-Dogs" mit Baguette und Merguez (scharf gewürzten, groben Würstchen)*

Im Ort:

Chez Deux Gros, *Route de la Riviera, auf dem Weg zwischen Le Gosier und Sainte-Anne, ☎ 0590-841620: stilvoll eingerichtet, französische Küche, gutes Entengericht.*

Le Bananier, *Route de Le Gosier, ☎ 0590-843485: kreolische Küche.*

Fahrt durch Les Grands Fonds

Eine gute Alternative zur Küstenstraße ist der **Weg durchs Inselinnere**, wo sich die merkwürdigen Formationen der Grands Fonds ausbreiten. Dabei handelt es sich um eine stark erodierte und verkarstete Landschaft, in der sich vereinzelte Kalkhügel, -kegel und -plateaus bis auf 136 m über dem Meeresspiegel erheben, sogenannte **Des-hauteurs**, während die tiefen Täler und Senken teilweise unter Meeresspiegelniveau liegen und sich nach heftigen Regenfällen in eine weit verzweigte **Seenplatte** verwandeln. Verschiedene Straßen winden sich in ständigem Auf und Ab durch die Grands Fonds, die im Volksmund deshalb den Namen „Achterbahn" *(montagnes Russes)* tragen.

Verkarstete Landschaft

Gute Ausgangspunkte für die Erkundung dieses Gebietes, das übrigens stark besiedelt und landwirtschaftlich intensiv genutzt ist, sind Sainte-Anne, Les Abymes und Morne-à-L'Eau. Von Ste. Anne nehmen Sie am besten die Landstraße D-105 und weiter die D-102 (nach Abymes) bzw. D-103 (nach Pointe-à-Pitre) oder D-104 (nach Le Gosier).

Der gebirgige Süden: Rundfahrt Basse-Terre

Anders als die Nordinsel Grande-Terre kann der größere Südflügel des „Schmetterlings" keine Inselrundfahrt bieten, die an einem Tag alle Sehenswürdigkeiten beinhaltet. Denn wer auf der ca. 160 km langen Ringstraße N-1 und N-2 Basse-Terre umrundet, verpasst zwei der größten Attraktionen, nämlich die Wildnis des **Parc Naturel** und den **Vulkan La Soufrière**. Zunächst wird der Verlauf der Küstenstraße (ab/bis Pointe-à-Pitre im Uhrzeigersinn) beschrieben und anschließend die zum Nationalpark führende **Route de la Traversée** sowie die (Wander-)Strecke ab Basse-Terre/St. Claude zum Vulkan.

Der Hafen von Petit-Bourg

Hinweis

Diejenigen, die wandern möchten (im Parc Naturel und am Vulkan La Soufrière), sollten mehr Zeit mitbringen und sich für die genannten Ziele jeweils einen Tag reservieren.

Man verlässt Grande-Terre oder das Ballungsgebiet von Pointe-à-Pitre über die gut ausgeschilderte autobahnähnliche N-1, die am Flughafen vorbei zum **„Salzfluss“** (Rivière Salée) führt; dessen mit Mangroven bewachsene Ufer werden heute durch eine Betonbrücke verbunden, während man vor hundert Jahren noch mit einer Fähre von Insel zu Insel übersetzen musste.

Kurz nach der Brücke geht links eine Stichstraße zum Industriepark von Jarry ab, und noch ein wenig weiter kommen im Verteilerkreuz von Destrélan die N-1 und N-2 zusammen. Auf unserer Route fährt man in einer großen Schleife über die N-1 südwärts, geradewegs auf das nun gut sichtbare Gebirge zu. Hinter Versailles geht die 26 km lange D-23 ab, die als Traversée Basse-Terre durchschneidet und mitten in den Regenwald führt.

Bald führt die N-1 in einem Schwenker auf die Küste zu und bringt einen über eine kleine Brücke zum kleinen Städtchen **Petit-Bourg**. Am unteren Ortsausgang ergibt sich ein schöner Blick auf die gegenüberliegende Grande-Terre mit Pointe-à-Pitre und Le Gosier.

Rum-Destillerien in Montebello

Bei der Weiterfahrt kann man nach Überquerung der **Rivière Moustique** einen Abstecher zum drei Kilometer landeinwärts gelegenen **Montebello** mit seiner traditionsreichen **Rum-Destillerie** machen. Wanderer haben hier Gelegenheit, die hoch gelegene Trace Victor Hugues über den Gebirgskamm auf einer Strecke von etwa 30 km bis St. Claude (am Soufrière-Vulkan) zu bewältigen.

Die Straße verläuft nun küstennah, passiert die Ortschaft **Goyave** sowie die Sandbucht **Anse du Sable** und erreicht Sainte Marie. Hier liegt, zwischen den beiden Stränden **Pointe du Carénage** und **Plage de Roseau**, jene Landungsstelle, an der *Christoph Kolumbus* am 4. November 1493 Guadeloupe betrat. An dieses Ereignis erinnert ein kleiner Gedenkpark mit der Büste des Entdeckers.

Der Grand Etang ist nicht zum Baden geeignet

Weiter führt die Fahrt, an Hängen mit Bananenplantagen auf der einen und der Küstenlinie auf der anderen Seite vorbei, nach Changy, dessen **Hindutempel** mit zahlreichen Götterstatuen einen Besuch verdient. Das schönste nächst gelegene Städtchen, **Capesterre-Belle-Eau**, markiert die Ein- und Ausfahrt. Im Norden flankieren Flamboyant-Bäume die Straße, die in der Blütezeit (Mai/Juni) in einem wahren Farbrausch versinkt. Und am südlichen Ortsausgang fährt man durch die **Allée Dumanoir** mit ihren Doppelreihen hundertjähriger **Königspalmen**.

Ein touristisches „Muss" ist sodann in der Ortschaft **St. Sauveur** der acht Kilometer lange Abstecher auf der D-4 zu den **Chutes du Carbet**.

Die Carbet-Wasserfälle

Die kleine Straße windet sich 800 m ins Gebirge hinauf, wobei man zunächst an Bananenplantagen vorbei und durch kleine **Bergdörfer** kommt, schließlich aber den Urwald erreicht. Links der D-4 lohnt der wildromantische See **Grand Etang** (300 m lange Stichstraße) die einstündige Umrundung. Markierte Wanderwege führen zu weiteren **Urwaldseen**, die durch Lavabarrieren aufgestaut wurden. Die D-4 endet an einem Park- und Picknick-Platz, von dem man sich nur noch **zu Fuß** den Chutes du Carbet nähern kann. Die Wasserfälle selbst, die mehrfach Plakate des Fremdenverkehrsamtes schmücken, sind sicher die eindrucksvollsten, die es auf den Kleinen Antillen gibt. Sie entspringen als heiße Quellen (95° C!) der Ostflanke des Vulkans und stürzen sich in drei auseinanderliegenden Stufen hinab. Diese sind nur auf unterschiedlich langen und unterschiedlich anstrengenden Wanderungen zu erreichen.

Eindrucksvolle Wasserfälle

Die Inselrundfahrt setzen Sie auf der N-1 fort, die hinter St. Sauveur zum malerischen Fischerdorf **Bananier** (Zentrum des Bananenanbaus) führt, um kurze Zeit später in weitem Bogen durch das Inselinnere von der Atlantikseite fort und durch Kaffee-, Kakao- und Vanilleplantagen zur Hauptstraße von Basse-Terre zu leiten. Als Alternative bietet sich die kurvenreiche Küstenstraße D-6 an, auf der man zu mehreren kulturellen und natürlichen Sehenswürdigkeiten kommt. Selbst wer die Schnellstraße bevorzugt, sollte an der Abzweigung wenigstens die kurze Strecke bis Trois-Rivière zurücklegen.

Trois-Rivières

Der hübsche, in der Grande Anse am Strand gelegene Ort war in der Vergangenheit Schauplatz heftiger Gefechte zwischen Franzosen und Engländern. Davon zeugen noch alte Geschützstellungen und das ehemalige Pulvermagazin. Für Inselhüpfer ist außerdem die hier abgehende Fährverbindung zu den Saintes-Inseln interessant. Die größte Sehenswürdigkeit in der Umgebung stellt jedoch das archäologische Freilichtmuseum dar:

Archäologischer Park von Roches Gravées

Auf einem hübschen botanischen Lehrpfad wird man hier zu bedeutenden Felszeichnungen geleitet, die vermutlich von den Arawaken im 3./4. Jahrhundert n. Chr. angefertigt wurden. Man findet kaum eine bessere Gelegenheit, die technische Fertigkeit und das Repertoire dieser Kunstform zu bestaunen. Am eindrucksvollsten sind die vielen, fast modern anmutenden Gesichter (mal mit und mal ohne Nase), einige davon mit zugehörigem Körper und z.T. auch mit prächtigem Kopfputz ausgestattet.

Felszeichnungen

Parc Archéologique des Roches Gravées, *☏ 0590-929188 und Service du Développement Culturel et des Musées, ☏ 0590-997777, Öffnungszeiten: tägl. 8.30-17 Uhr.*

Tipp

Fotografen haben um die Mittagszeit die besten Bedingungen; hilfreich ist es außerdem, wenn man etwas Wasser mitführt, um die Gravuren der Petroglyphen besser auf das Bild zu bannen.

Der Archäologische Park von Roches Gravées

Bleibt man ab Trois-Rivière auf der alten Nationalstraße D-6, kommt man an der schwarzsandigen **La Grande Anse** vorbei und gelangt zur Südspitze der Insel. Dort, wo rechts der kurvigen Straße der alte Basalt-Gebirgsstock der **Monts Caraïbes** bis 687 m emporsteigt und sich linker Hand der Atlantik mit der Karibischen See vereint, liegt das Fischerdorf **Vieux-Fort**. Wie der Name sagt, gab es auch hier eine Befestigung, die den Seeweg zu den Saintes-Inseln kontrollieren und sichern sollte und deren Überreste noch zu besichtigen sind.

Vieux-Fort ist außerdem wegen seiner **Stickereien** bekannt, ein lokales Kunsthandwerk mit langer Tradition. Zur Wahrung der Tradition stellen Stickerinnen qualitätsvolle Deckchen, Bettwäsche, Nachthemden etc. her. Anschließend geht es – nun in nördlicher Richtung – an der weit geschwungenen **Anse Turlet** entlang auf die Inselhauptstadt zu.

Basse-Terre

Inselhauptstadt

Obwohl nur 12.400 Menschen in Basse-Terre leben, ist das Städtchen doch die **Hauptstadt Guadeloupes** mit Präfektur und Inselparlament (Conseil Général) sowie Bischofssitz. Für die Tatsache, dass nicht das ungleich größere Pointe-à-Pitre, sondern das verschlafene Basse-Terre administratives Zentrum eines ganzen Archipels wurde, sind historische Gründe verantwortlich. Denn immerhin ist die 1640 gegründete Siedlung nicht nur eine der ältesten der Insel, sondern eine der frühesten französischen Enklaven im gesamten karibischen Raum.

Allerdings verhinderten immer wieder Kriege, Belagerungen, Revolutionswirren und Naturkatastrophen die urbane Entwicklung. Zuletzt brachten die 1970er-Jahre gleich mehrere einschneidende Ereignisse mit sich: nach vulkanischer Tätigkeit der Soufrière evakuierte man vorsorglich 70.000 Einwohner von Basse-Terre und der umliegenden Gemeinden – für fünf Monate war damals die Hauptstadt völlig verwaist.
Die historische Bedeutung der Stadt, verbunden mit ihrer geringen Ausdehnung, hat für den Touristen jedenfalls den Vorteil, dass alle Baudenkmäler und Sehenswürdigkeiten nahe beieinander liegen.

Wenn man über die D-6 von Vieux-Fort oder über die N-1 von Gourbeyre nach Basse-Terre kommt, ist der erste Anlaufpunkt das alte **Fort Louis Delgrès** aus dem 17. Jahrhundert. Die wuchtige Verteidigungsanlage liegt auf einem Felsvorsprung im Südwesten, gleich hinter der Brücke über den **Rivière du Galion**. Auf einer Fläche von fünf Hektar breiten sich hier auf sternförmigem Grundriss gut erhaltene Wehrgänge, Bastionen und Gräben aus. Im Fort befindet sich heute das Historische Museum.

Von hier aus fährt man entweder an der **Uferstraße** (Boulevard du Général de Gaulle) entlang zum Hafen, wobei man rechter Hand den **Justizpalast** und linker Hand das Gebäude der **Generalversammlung** (Palais du Conseil Général) passiert – beide am Boulevard Félix Eboué – und an der nächsten Flussbrücke den Markt. Oder man benutzt vom Fort aus die Rue Dugommier, die rechts an der altehrwürdigen Wallfahrtskirche **Notre-Dame du Mont-Carmel** vorbeiführt.

Koloniale Architektur

Diesseits des Flusses **Rivière aux Herbes** kann man über den bergan führenden Boulevard Félix Eboué an den Plätzen **Jardin Pichon** und **Place d'Arbaut** mit Kolonialhäusern und Freilichtbühne spazieren. Jenseits der Rivière aux Herbes ist zunächst die **römisch-katholische Kathedrale** aus dem 19. Jahrhundert sehenswert sowie das **Rathaus** am Hafenbecken, wo sich auch die Touristeninformation befindet.

Wer ab Basse-Terre nicht über die N-3 nach St. Claude und zum Vulkan fahren möchte, bleibt auf der **Küstenstraße N-2** in nördlicher Richtung. Zunächst kommt man durch das fruchtbare Gebiet von **Rivière des Pères**, wo Dominikanermönche mit Hilfe von künstlicher Bewässerung ausgedehnte Plantagen angelegt hatten, deren Produkte im Hafen von Basse-Terre verschifft wurden. Entlang der „karibischen Riviera" geht es weiter durch teils pittoreske, teils ärmlich wirkende Siedlungen und ausgedehnte Gemüsekulturen.

Die Straße verläuft immer an der tiefblauen See entlang, während sich zur Rechten eine grandiose Berglandschaft hinaufzieht (**Montagne Soldat**, 851m; **Trois Crêtes**, 917m; **Pitons de Bouillante**, 1.088 m). Der nächstgrößere Ort ist **Vieux-Habitants**, das außer der ältesten Pfarrkirche der Insel und einem sehenswerten Friedhof auch einen hübschen Strand zu bieten hat. Der ausgeschilderte Abstecher zur sechs Kilometer landeinwärts gelegenen Kaffeeplantage *Domaine de la Grivelière* mit täglichen Besichtigungen ist wegen der sehr schlechten Straße mit einem normalen Auto nicht zu empfehlen.

Kaffeemuseum

Unbedingt einen Besuch lohnt jedoch das **Musée du Café**, das nicht nur den Röstungsprozess von Kaffeebohnen demonstriert, sondern auch exzellenten Kaffee anbietet. Über Marigot geht es an der **Anse à la Barque** mit ihren Kokospalmen weiter nach **Bouillante**, in dem der Tourismus Fuß fasst.
Musée du Café, *Vieux-Habitants, Öffnungszeiten: tägl. 9-17 Uhr, ☏ 0590-985496, www.cafechalut.com.*

Hinter der Halbinsel von Pigeon verläuft die N-2 wieder direkt am Ufer mit schönen Ausblicken auf die kleinen vorgelagerten Eilande (**Ilets à Goyaves/Ilets de**

INFO

„Le Monde du Silence“

„Stille Welt unter Wasser“ hieß der deutsche Titel des preisgekrönten Unterwasserfilms, den der berühmte Meeresforscher *Jacques-Yves Cousteau* (1910-1997) im Jahre 1955 drehte.
Behutsam zeigt er die außerordentliche Schönheit der Unterwasserwelt vor der Küste von Malendure, die vor allem durch warme Quellen des vulkanischen Küstenbodens entstanden ist. Taucher können ganze Korallenwälder in allen vorstellbaren Farben im klaren Wasser sehen, die Palette reicht von Rot, Orange über Violett bis hin zu Gelb und Grün. In dem 300 ha großen Unterwasserpark, dem sogenannten Réserve Jacques-Yves Cousteau, können, bereits in Strandnähe und hautnah, Gorgonien und riesige Fischschwärme in lauwarmem Wasser in bis zu 40 m Tiefe erlebt werden. In und um Malendure haben sich einige gut ausgestattete Tauchläden etabliert, die geführte Tauchgänge anbieten.

Glasbodenboot am Plage Malendure

Pigeon) mit ihren Korallenbänken. Am Sandstrand der **Plage Malendure** sollte man anhalten und sich bei der dortigen Touristeninformation (am Parkplatz) über Abfahrtzeiten des Glasbodenbootes zu den Korallen erkundigen. Denn genau vor der Küste breitet sich hier der einzige **Unterwasser-Naturpark** Frankreichs aus, der – nach seinem Initiator – Réserve *Jacques-Yves Cousteau* benannt ist und über einen unglaublichen und streng geschützten maritimen Artenreichtum verfügt. Ansonsten hat sich am Plage Malendure ein kleines touristisches Zentrum mit Andenkenläden, mehreren Bars, Restaurants und dem Guadeloupe Marine Club entwickelt.

Auf aussichtsreicher Strecke geht es weiter nach **Mahaut**, wo die **Route de la Traversée** (D-23) einmündet, dann am schwarzen Sandstrand an der **Anse Caraïbes** vorbei und durch den Ort **Pointe-Noire** mit einer Festungsruine, einem Kriegerdenkmal und dem sehr interessanten Ecomuseum **Maison du Cacao,** das den Weg von der Ernte der Kakao-Pflanze bis zur Herstellung der Schokolade zeigt. Die Gemeinden machen oft einen ärmlichen Eindruck, aber wenn man einem der vielen Hinweisschilder „*Plage*“ nach links folgt, sieht man auch schöne Szenerien.
Maison du Cacao, *Öffnungszeiten: Mo-Sa 9-17, So 9-13 Uhr.*

Der Plage de la Grande Anse

Unbedingt anhalten sollte man in **Deshaies**, einem kleinen, verträumten Ort mit Fischerbooten und einer Kirche mit Muttergottes über dem Portal. Das Ziel der Fahrt aber ist der **Plage de la Grande Anse**, die wohl **schönste Bucht des Südens** mit einem goldbraunen, feinen Sandstrand. Auf der Stichstraße gelangt man zu einem größeren Parkplatz, hinter dem sich ein bescheidenes touristisches Leben mit verschiedenen Crêperien, Strandbar, Restaurant und Tretbootverleih etabliert hat. Einen Besuch wert ist der wunderschöne, gepflegte und aufwändig mit Terrassen und Wasserfällen gestaltete **Jardin Botanique de Deshaies**. Das Restaurant bietet einen Blick bis zur Insel Montserrat. Wer das Eintrittsgeld von 9 € ausgibt, bekommt einen Einblick in die Pflanzenwelt, die ihn auf der Insel umgibt.
Jardin Botanique de Deshaies, *Öffnungszeiten tägl. 9-16.30, ☏ 0590-284302, 🖷 0590-285137, www.jardin-botanique.com.*

Von der **Anhöhe** hinter Deshaies können Sie noch einmal einen Blick zurück auf den palmengesäumten Strand der Grande Anse werfen, dann geht es weiter zu den nächsten, ebenfalls attraktiven Stränden der **„Goldküste“** (Corniche d'Or). Der Fremdenverkehr hat hier zwar schon mit einigen Hotel-Anlagen Fuß gefasst (Fort Royal), aber insgesamt wirkt alles noch sehr unbebaut und ursprünglich.

An der lang geschwungenen **Bucht von Clugny** mit ihrem schönen, hinter Palmen versteckten Strand hat man – wie überhaupt auf der Küstenstraße – eine gute Sicht auf die Felsspitze der **Ilet à Kahouanne** sowie auf das weit entfernte Montserrat, dessen gezackte Silhouette auf dem Horizont zu schwimmen scheint. Schließlich erreichen Sie die Nordspitze von Basse-Terre (**Pointe Allègre**) und haben die Berglandschaft hinter sich gelassen. Durch große Zuckerrohrplantagen links und rechts der Straße geht der Weg nun wieder zu der etwas größeren Ortschaft **Sainte Rose**.

Hier verlässt die N-2 die Ufernähe und führt durch landwirtschaftlich genutztes Gebiet nach **Lamentin**. Die ganze Gegend ist bekannt für ihre **Rum-Destillerien**, und oft ergibt sich am Wegrand die Chance zu einer Kostprobe und Betriebsbesichtigung. Der hochprozentigen Inselspezialität ist in **Sainte Rose** sogar ein Museum gewidmet, das **Musée du Rhum.** Vor allem, wenn man in Lamentin auf der D-1 zur acht Kilometer weiter südlich gelegenen **Ravine Chaude** mit ihrem schwefelhaltigen Thermalbad fährt, kommt man an mehreren und zum Teil sehr alten Rum-Brennereien vorbei.

Rum-Museum

Musée du Rhum, *Öffnungszeiten: Mo-Sa 9-17 Uhr, ☏ 0590-287004.*

Hinweis

Zwischen Sainte-Rose und Morne Rouge werden in der Lagune zehn Kilometer lange Kajak-Tagestouren angeboten. Auch wer des Französischen nicht mächtig ist, kann zumindest die verschiedenen Ökosysteme erleben: Mangroveninsel mit Kolonien von Reihern und Fregattvögeln sowie Korallenriffe vor der Insel La Biche. Veranstalter siehe in den Reisepraktischen Informationen unter dem Stichwort „Exkursionen", S. 223

Baie-Mahault: Fischer verkaufen ihren Fang

Auf dem Weg nach Grande-Terre kann man von der Nationalstraße noch einen Abstecher zum Fischerdorf **Baie-Mahault** machen, das seinen Ursprung, ebenso wie Lamentin, auf die seeräuberischen Korsaren und Bukaniere zurückführt. Schließlich aber hat man das Autobahndreieck von Destrélan erreicht und findet über den Rivière Salée den Weg zurück nach Pointe-à-Pitre.

Reisepraktische Informationen zu Basse-Terre

Information

Office de Tourisme de Basse-Terre, *Maison du Port, neben dem Rathaus am Hafenbecken von Basse-Terre gelegen, ☏ 0590-812483.*

Unterkunft (Karte s. S. 220)

Basse-Terre:

Les Relais bleus de la Soufrière €€€€, (14) *St. Claude, ☏ 0590-800127. Kleine Pension mit 22 Zimmern mit Balkon, liegt etwa drei Kilometer vom Meer und sieben Kilometer vom Vulkan entfernt.*

Auberge de la Distillerie €€€, (15), *Route de Versailles, Tabanon, Petit-Bourg, ☏ 0590-942591, 🖷 0590-941191. Kleine, gemütliche Pension mit 16 Zimmern, Restaurant, Bar.*

La Colline verte, *Deshaies* **€-€€, (16)**, *☏ 0590-284074, 🖷 0590-284074. Zehn Holzbungalows, davon vier mit Klimaanlage, in einem Tal am Hang für 2-4 Personen; Kochnische und Essplatz auf der Terrasse; Swimmingpool im Garten.*

Archipel Location Bungalows €, (17), *46, Petit Bas-Vent, Deshaies, ☏ 0590-284565, 🖷 0590-287309, www.im-caraibes.com/residences-archipel. Bungalows für zwei bis fünf Personen, ca. 150 m vom Strand Fort-Royal entfernt und rund um einen Swimmingpool angeordnet. Gepflegtes Anwesen.*

Camping

Für Camper gibt es keine Auswahl, der einzige Campingplatz auf Guadeloupe, der **Camping Traversée** *(☏ 0590-205565), liegt auf Basse-Terre in der Nähe von Mahaut. Es* *kann auf dem Platz für einfache Zelte allerdings Probleme geben, wenn es zu viel regnet. Campingwagen können Sie mieten bei Vert Bleu, Deshaies, ☏ 0590-285125, 🖷 0590-285295.*

Essen und Trinken

Karacoli, *Deshaies, ☏ 0590-284117. Hier gibt's das beste kreolische Essen von Guadeloupe. Das gepflegte und nicht zu teure Restaurant direkt am Strand hat leider nur mittags geöffnet.*
Chez Clara, *Boulevard St. Charles, Sainte Rose, ☏ 0590-287299, Mi geschlossen. Sehr populäres Lokal mit kreolischer Küche und fairen Preisen.*
Le Papayer, *Route de Ravine Chaude, Lamentin, ☏ 0590-253104. Ein schön im Hinterland gelegenes Restaurant mit lokalen Spezialitäten.*

➤ Parc National de la Guadeloupe
(www.guadeloupparcnational.com)

Saint-Claude: *Habitation Beausoleil, Montéran/Saint-Claude, ☏ 0590-808600, 🖷 0590-800546*
Basse-Terre: *Secteur de la Soufrière, Cité Guillard, ☏/🖷 0590-990315*
Baie-Mahault: *Secteur de la Traversée, 43, rue Jean Jaurès, ☏/🖷 0590-601733 und Secteur du Grand Cul-de-sac marin: ☏/🖷 0590-261058*

Die Route de la Traversée

Die 26 km lange Route de la Traversée (D-23) durchschneidet von Versailles an der N-1 im Osten bis Mahault an der N-2 im Westen das **gebirgige Inselinnere** und führt durch eine der schönsten Landschaften der Karibik. Sie können diese Verbindungsstraße nutzen, um die oben beschriebene Rundfahrt in zwei Abschnitte zu teilen, oder aber um sich der Natur Guadeloupes auf den vielen markierten Wanderwegen ein wenig ausführlicher zu widmen. Fast der gesamte Streckenverlauf geht durch das größte Naturschutzgebiet der Kleinen Antillen, den 1971 eröffneten **Parc Naturel**, der seit 1989 als Nationalpark von Guadeloupe eingerichtet ist. Insgesamt umfasst er weit über **30.000 ha** an **Bergen, Regenwäldern, Wasserfällen** und **Flussläufen**, wobei 17.300 ha als eigentliches Zentrum des Nationalparks ausgewiesen sind, also nicht bebaut werden dürfen.

Guadeloupes Nationalpark

Von Pointe-à-Pitre bzw. Versailles her kommend, begrüßt der Nationalpark seine Besucher mit bis zu vier Meter hohen **Baumfarnen**. Die gut ausgebaute D-23 führt anschließend mitten durch den Regenwald, wobei immer wieder ausgeschilderte Wanderwege von der asphaltierten Straße abgehen (Wanderer biegen jeweils ab und parken ihren Wagen kurz darauf). Nach einer Weile liegt vor einer Brücke linker Hand ein großer Parkplatz (mit Souvenir- und Erfrischungsstand), von dem man in fünf Minuten auf einem bequemen Weg zur **Cascade aux Ecrevisses** spaziert. Obwohl der kurze Wasserfall mit seinem kleinen Pool nicht besonders beeindruckt, ist diese Stelle bei Touristen sehr beliebt und entsprechend bevölkert. Insbesondere am Wochenende sind manchmal alle Picknickplätze „belegt“.

Die Traversée auf Basse-Terre: gute Trainingsstrecke

Der nächste Stopp bietet sich ca. einen Kilometer weiter am **Maison de la Forêt** (links der Straße). In dem kleinen Holzpavillon kann man sich mit Informationsmaterial eindecken oder auf Schautafeln Wissenswertes zum Regenwald erfahren. Hinter dem Häuschen sind drei **botanische Lehrpfade** (10, 20, und 60 Minuten Gehzeit) sowie drei **Wanderwege** (ein bis vier Stunden) markiert.

Bei der Weiterfahrt geht es nun bergauf. Der Wald lichtet sich mit seinen Bambusbäumen, Pinien und Baumfarnen, und man fährt auf den **586 m hohen Pass Col des Mamelles** zu. Die *Mamelles* (franz. = weibliche Brüste) zu beiden Seiten sind vulkanische Bergkuppen von 716 m bzw. 768 m. Wer den steilen Weg nicht scheut, kann sich nach gut einer Stunde am „Busen der Natur" wohl fühlen. Aber auch auf dem Pass selbst, mit Parkplatz und Cafeteria, hat man bereits einen weiten und wunderbaren Blick über Basse-Terre bis hinüber nach Pointe-à-Pitre.

Anschließend führt die D-23 am Hang des 743 m hohen **Morne à Louis** entlang auf die Ostküste zu. Wer sich für die einheimische Fauna interessiert, kann rechter Hand noch dem Zoologischen Garten einen Besuch abstatten, der in 450 m Höhe über dem Meeresspiegel inmitten einer herrlichen Landschaft angelegt ist. Wegen hoher Eintrittspreise und zu enger Käfige möchten wir einen Besuch allerdings nicht empfehlen. Kurze Zeit später hat man in **Mahaut** die Westküste erreicht, wo die N-2 in nördlicher Richtung zurück nach Pointe-à-Pitre und nach Süden zur Hauptstadt Basse-Terre führt.

Von Basse-Terre zur Soufrière

Zwar können ausdauernde Wanderer auch von **Montebello** (Trace Victor Hugues) oder von den **Carbet-Wasserfällen** aus zur Soufrière gelangen, doch hat der „normale" Autotourist dazu die besten Möglichkeiten ab der Inselhauptstadt Basse-Terre. Die stark ansteigende N-3 führt vom Zentrum nach fünf Kilometern zunächst zum 570 m hoch gelegenen Dorf **Matouba** mit einem sehenswerten hinduistischen Tempel.

Das **kühle Klima** hier und die **vulkanischen Schwefelquellen** waren schon im Jahre 1823 Anlass zur Gründung einer Krankenanstalt in Saint-Claude. Deren Tradition wird heute vom **Thermalbad „Harry Hamousin"** fortgeführt, dessen schwefelhaltiges Wasser aus einer 1.057 m hoch liegenden Quelle sprudelt und im Bad 49,6° C warm ist. Vor allem bei Rheuma und Gelenkleiden ist der Besuch zu empfehlen.
Centre Thermal Harry Hamousin, *Matouba Papapye, täglich geöffnet.*

Von St. Claude aus ist es möglich, durch die eindrucksvolle Berglandschaft des Bains-Jaunes-Waldes noch näher an den Vulkan heranzufahren. Dazu biegt man von der N-3 auf das steile Sträßchen D-1 ein, das einen in 960 m Höhe zum Parkplatz des

Maison du Volcan bringt. In dem Museum erfährt man Wissenswertes über vulkanologische Formen und die Überwachung des Vulkans.
Maison du Volcan, *Öffnungszeiten: Di-So, 8-16 Uhr.*

Ab hier geht es allerdings nicht immer mit dem Auto weiter. Die extrem steile Straße durch eine immer kärglicher werdende Vegetation Richtung Plateau der **Savane à Mulet** ist oft gesperrt, da starke Regengüsse sie immer wieder mit Geröll und Schlamm überfluten und zum Teil sogar völlig zerstören. Vor Beginn einer Wanderung sollten Sie sich daher im Maison du Volcon erkundigen, ob Sie zu Fuß das letzte Stück Straße bis zum zweiten und letzten Parkplatz in 1.142 m Höhe gehen können und ob von dort die verschiedenen Wanderwege zu begehen sind. Wenn ja, dann ist der sogenannte Damenweg (Chemin des Dames), der in langsam ansteigenden Kehren an der Westflanke entlangführt, der einfachste Wanderweg.

Weiter Richtung Plateau

Wer eine durchschnittliche Kondition besitzt, schafft die Umrundung des 1.465 m hohen Gipfels in eineinhalb Stunden; eine weitere Stunde braucht man für den Auf- und Abstieg zum höchsten Punkt am Kraterrand. Bei guten Sichtverhältnissen erwartet einen dort ein phantastischer Blick über ganz Guadeloupe und die Nachbarinseln bis hinüber nach Martinique!

Hinweis

Natürlich brauchen Sie für eine Wanderung am und auf den Vulkan andere Voraussetzungen als im Regenwald oder an der Küste. Dazu gehören eine **gute Ausrüstung**, *insbesondere rutschfeste Schuhe und genügend Wasservorräte. Denken Sie auch daran, dass es auf der Soufrière empfindlich kühl werden kann, vor allem bei plötzlich auftauchendem Nebel. Jederzeit sollte man auf Regen, Nebel, Wolken und Schlamm vorbereitet sein: Die durchschnittliche Niederschlagsmenge ist mit 10.000 mm Niederschlag pro Jahr extrem hoch!*

Übertriebene Angst vor der vulkanischen Tätigkeit muss man hingegen nicht haben. Dass der Vulkan nicht erloschen ist, wie manchmal geschrieben steht, macht allein schon der penetrante Schwefelgeruch deutlich. Im Gegenteil, die vielen Eruptionen sind seit der europäischen Kolonisation gut belegt, haben sich häufig über Wochen und Jahre hingezogen (1797-98, 1836-37, 1956, 1975-77) und waren zuletzt für eine fünfmonatige Massenevakuierung von 70.000 Menschen verantwortlich. Trotzdem ist eine Katastrophe wie beim Ausbruch des Montagne Pelée auf Martinique hier kaum vorstellbar. Die Seismographen registrieren jede noch so kleine Erschütterung und leiten sofort entsprechende Vorsichtsmaßnahmen ein. Die einzigen Opfer, die der Vulkan forderte, waren allzu arglose Wanderer, die in seinen Krater stürzten ...

Achtung!

Verlassen Sie niemals die grün-weiß markierten Wege und kommen Sie der Kraleröffnung nicht zu nahe!

Weitere Inseln des Départements Guadeloupe

Hinweis

Der zum Departement Guadeloupe gehörende französische Inselteil Saint-Martin wird wegen der besseren Übersichtlichkeit nicht in diesem Kapitel, sondern zusammen mit dem niederländischen Inselteil Sint Maarten im Kapitel Saint-Martin/Sint Maarten vorgestellt, s. S. 130ff.

Die Iles des Saintes (Les Saintes)

Mit der Fähre geht's nach Les Saintes

Der kleine Archipel der „Heiligeninseln" liegt zehn Kilometer vor der Südspitze Guadeloupes und bildet mit seinen neun gebirgigen, bis über 300 Meter ansteigenden Eilanden eine kleine, wunderschöne Welt für sich. Viele halten die Iles des Saintes (oder einfach Les Saintes) sogar für das malerischste Refugium der Kleinen Antillen überhaupt.

Als **Spitzen eines unterseeischen Gebirgszuges** sind sie aus vulkanischem Gestein aufgebaut und von Trockenvegetation (Aloën, Agaven, Kakteen) überzogen. Während es auf **l'Ile à Cabris**, **Les Roches Percées**, **Le Grand Ilet**, **La Redonde**, **La Coche**, **Les Augustins** und **Le Paté** zwar schöne Strände und Wanderwege, aber keine Einwohner gibt, weisen **Terre-de-Bas** mit der Ortschaft Grand Cap und die Hauptinsel **Terre-de-Haut** mit der „Hauptstadt" **Bourg** eine bescheidene, auch touristische Infrastruktur auf. Beide genannten Orte sind durch Personenfähren im Pendelverkehr miteinander verbunden.

Wanderung zum Vulkan

Das bedeutendste historische Datum des Mini-Archipels war jene berühmte und schicksalhafte Seeschlacht vom **12. April 1782**, als hier die Franzosen mit 35 Kriegs- und 150 Frachtschiffen den Engländern unter *Admiral George Rodney* unterlagen und den Verlust von 1.500 Menschenleben zu beklagen hatten. Die im Angelsächsischen als „Battle of the Saints" bekannte Schlacht besiegelte die britische Vorherrschaft über diese Antilleninseln.

Heute ist die kriegerische Zeit einer friedlichen Atmosphäre gewichen. Die Heiligeninseln eignen sich hervorragend für einen **Tagesausflug von Guadeloupe** aus, um hier in Ruhe zu baden, zu schnorcheln und vor allem zu wandern.

Reisepraktische Informationen zu den Iles des Saintes

➤ Information

Die Touristeninformation in der Mairie (Rathaus), ☏ 0590-995312, von Terre-de-Haut bietet einige Grundinformationen. Besser ist es, sich vorher auf Guadeloupe bei den dortigen Fremdenverkehrsämtern Info-Material und eine Unterkunft zu besorgen.

➤ Anreise

Per Schiff

Von Pointe-à-Pitre – Schnellboote von Brudey Frères, (☏ 0590-900448) einmal täglich in knapp einer Stunde, morgens hin, nachmittags zurück. Von Basse-Terre fährt die Princesse Caroline in 25 Minuten und von Trois-Rivières gibt es sechsmal täglich Verbindungen nach Terre-de-Haut mit CTM Deher (☏ 0590920639 für Trois-Rivières und ☏ 0890-995068 für Terre-de-Haut). Zwischen den Inselchen besteht mehrmals täglich Pendelverkehr.

Per Flugzeug

Air Caraïbes (☏ 0590-824700) verkehrt mehrmals täglich von Pointe-à-Pitre aus, teilweise über Marie-Galante, nach Terre-de-Haut; Flugdauer 15 Minuten.

➤ Verkehrsmittel

Das Straßensystem auf den beiden „Hauptinseln" ist sehr überschaubar. Nur fünf Kilometer befahrbare Straßen gibt es, und außer einigen Minibussen für den Hotel-Transfer keinen Autoverkehr. Mit kleinen Wanderungen kommen Sie jedoch überallhin, von Terre-de-Haut bis zum Fort Napoleon sind es 25 Gehminuten. Tagestouren mit dem Minibus werden angeboten, lohnen sich wegen der Inselgröße jedoch nicht. Dann lieber mittags einen Motorroller mieten, um zu einem der Strände zu fahren; aber Achtung: von 9-12 Uhr und 14-16 Uhr ist Fahrverbot.

Marie-Galante

Östlich von den Heiligeninseln und 40 km von Pointe-à-Pitre entfernt liegt diese **größte Dépendance** des Guadeloupe-Archipels. Den Namen gab ihr *Kolumbus* nach einem seiner Schiffe. Das Landschaftsprofil wird durch ein ca. 150 m hohes, stark verkarstetes Plateau im Süden bestimmt, das sich mit einer markanten Bruchkante gegen den niederen Norden abgrenzt.

Marie-Galante ist für ihren exquisiten Rum und für die vielen Überreste des Zuckerrohranbaus bekannt – nicht umsonst trägt sie den Beinamen „Insel der hundert Mühlen". Für einen Tagesbesuch eignet sie sich wegen der vielen unberührten Strände und guten Wandermöglichkeiten.

Wer einen Eindruck vom rustikalen Charme der Insel gewinnen möchte, sollte mit dem Mietwagen die ca. 45 Kilometer lange Küstenstraße abfahren, die **Grand Bourg** – das Verwaltungs- und Geschäftszentrum der Insel (rund 6.000 Einwohner) – mit den Ortschaften **Saint-Louis** und **Capesterre-de-Marie-Galante** verbindet.

Reisepraktische Informationen zu Marie-Galante

➤ Information

Office du Tourisme de Marie-Galante, *Rue du Fort – B. P. 15, Grand Bourg, ☏ 0597-5651, 🖷 0597-5654, www.ot-mariegalante.com. Zudem erhalten Sie in den Touristenbüros von Guadeloupe viele Auskünfte zu Tagestouren und Übernachtungsmöglichkeiten auf den umliegenden Inseln.*

➤ Anreise

Per Flugzeug

Täglich mindestens ein Flug mit Compagnie Air Caraïbes Express „STAG" (☏ 0590-851501, 🖷 0590-851502, www.aircaraibesexpress.com von Pointe-à-Pitre zum Flughafen Basses auf Marie-Galante. Die Flugdauer beträgt 15 Minuten.

Per Schiff

Nach Grand Bourg oder St. Louis ab Pointe-à-Pitre in 50 Minuten u. a. mit den Schnellbooten der Compagnie express des Iles (☏ 0590-915215, 🖷 0590-911105, www.express-des-iles.com), Compagnie Brudey Frères, (☏ 0590-977782, -900448).

➤ Verkehr

Es lohnt sich, die Schönheiten Marie-Galantes auf einer Inselrundfahrt mit einem Minibus oder Mietwagen zu erkunden.

Auto Grande-Savane, *Grande-Savane, ☏ 0590-973254, 🖷 0590-97325415*

Hertz, *3 rue de la République, Grand Bourg, ☏/🖷 0590-975980, www.hertzantilles.com*

Transport Touristique, *Rue de la Liberté, Grand Bourg, ☏ 0590-497765, 🖷 0590-972409: Bietet geführte Inselrundfahrten im Minibus an.*

El Rancho, *Grand Bourg, ☏ 0590-978160, 🖷 0590-977878: Exkursionen*

Taxis *stehen am Flughafen bereit: ☏ 0590-978065*

La Désirade

Nach Wochen auf See und ohne größere Trinkwasserreserven erblickte *Kolumbus* am 2. November 1493 endlich am Horizont ein Inselchen, das er deshalb *Desiderada*, **„die Ersehnte"**, taufte. Wie enttäuscht muss er gewesen sein, als er auch hier seinen Durst kaum stillen konnte, denn La Désirade ist, wie St. Barthélémy, eine kleine und vor allem **sehr trockene Kalkinsel**. Das war auch der Grund, warum das Eiland lange Zeit von europäischen Kolonisatoren links liegen gelassen wurde.

Kleiner Archipel

Erst 1725, als auf Guadeloupe die Lepra grassierte, beschloss der Gouverneur, La Désirade sozusagen als Quarantäne-Station zu nutzen. 200 Jahre lang, bis 1958, wurden Leprakranke – auch politisch unliebsame Personen – von den Französischen Antillen hierher deportiert. Die kleinen Siedlungen sind auf einen kleinen Küstensaum im Süden beschränkt, hinter dem steile Kalkwände zu einem über 200 m hohen, kargen Plateau aufsteigen, das von Agutis, Wildkaninchen und Leguanen bevölkert wird.

Aus dem Plateau erheben sich die **Grande-Montagne** (274 m) und die **Morne Souffleur** (207 m) als einsame Wachtposten, die man auf dem gegenüberliegenden Guadeloupe (besonders von der Pointe des Châteaux) gut sehen kann.

Die geradlinige, zwei Kilometer breite und elf Kilometer lange Insel ist schnell besichtigt. Und obwohl sie von Pointe-à-Pitre aus mit einem zehnminütigen Flug oder nach einstündiger Bootsfahrt schnell erreicht ist, hat der Tourismus so gut wie gar nicht Einzug gehalten. Naturliebhaber und wahre Inselfreunde kommen voll auf ihre Kosten. Die **raue Landschaft**, das interessante Tier- und Pflanzenleben (u. a. auch Fregattvögel und Pelikane) sowie **einige Sandstrände** und **breite Lagunen** bieten mehr als genug für einen Tag.

Historische Seeschlacht

Auf **Fahrradtouren** über die einzige Inselstraße oder ausgedehnten **Wanderungen** sollten Sie sich die **Überreste der Leprastation**, die Kapelle und den Seefriedhof anschauen und im Norden an der Pointe Doublé (Leuchtturm) den Blick auf die wildromantische Szenerie genießen.

Wer es bequemer mag, kann sich in einem Minibus die Schönheiten La Désirades zeigen lassen. Und der **Hauptort Grande-Anse** wird nicht nur von äußerst freundlichen Insulanern bewohnt, sondern hat mit der hübschen **Place du Moine- Mendiant**, Pfarrhaus, Postamt, Rathaus, alten Kanonen und einer Kirche durchaus etwas zu bieten. Vielleicht wollen Sie nach solchen Erfahrungen „die Ersehnte" gar nicht mehr verlassen und quartieren sich in einer der Pensionen ein ...

Reisepraktische Informationen zu La Désirade

➤ Information
Mairie de la Désirade, ☎ 0590-200176
Office du Tourisme de la Désirade, *La Capitainerie, ☎ / 🖷 0590-850086*

➤ Anreise
Per Flugzeug
Nach La Désirade verkehrt Air Guadeloupe (☎ 0590-901225) mehrmals wöchentlich ab Pointe-à-Pitre. Der kleine Inselflughafen befindet sich in Grande-Anse, in der Nähe der Pointe des Colibris.

Per Schiff
Es gibt eine tägliche Verbindung ab St. François mit Schnellbooten von Vedette à Passager Impériale (Grande-Anse, La Désirade, ☎ 0590-200089, 🖷 0590-200704). Die Überfahrt dauert etwa 45 Minuten. Zahlreiche Veranstalter bieten Tagesausflüge an, Infos erhalten Sie bei den Touristenbüros.

➤ Verkehr
Auf der einzigen, zehn Kilometer langen Straße der Insel verkehren nur Taxis bzw. Minibusse, die die ankommenden Gäste empfangen und zu ihren Unterkünften bringen.

Sie können sich aber auch Motorräder oder Fahrräder leihen:
Dinane Franceline, *Baie-Mahault, ☏ 0590-200605, 🖷 0590-200660*
Taxi Saint-Auret, *Baie-Mahault, ☏ 0590-200981*
Tonton Daniel, *Souffleur, ☏ 0590-200062*

St. Barthélémy (St. Barth)

In seinem geologischen Aufbau ähnelt das 25-km²-Eiland der Insel La Désirade, was aber die Infrastruktur und das touristische Leben angehen, kann es kaum einen größeren Unterschied geben! Schon seit Jahren hat sich St. Barth als **Refugium der Reichen und Schönen** etabliert, und das paradiesische Fleckchen Erde wurde zum internationalen Haute-Volée-Treff erkoren. *Rockefeller*, der *Kennedy*-Clan und *Baron Edmund de Rothschild* hatten oder haben hier Villen; *Brooke Shields* und *Prinzessin Stéphanie von Monaco* erholen sich hier von ihrem harten Alltag, *George Michael, Billy Joel* und andere Musiker tanken auf St. Barth neue Energien. Während die eigentliche Bevölkerung eine durch das normannisch-schwedische Erbe geprägte puritanische Lebensauffassung hat, ist sie längst schon in der Minderheit gegenüber den Zugereisten aus Paris, Bordeaux oder Nizza mit ihren mondänen Ansprüchen oder den Langzeit-Touristen aus New York, London und Hollywood. Dementsprechend teuer ist das Eiland und für den Geldbeutel der „Normaltouristen" kaum noch zu verkraften – es sei denn, man nutzt die Pauschalangebote von den Nachbarinseln aus und/oder kümmert sich nur um die zollfreien Einkaufsmöglichkeiten, die allerdings so günstig auch nicht sind.

Insel des Jet-Set

Dafür bietet St. Barthélémy **traumhafte Strände**, an denen überall Liegestühle und Sonnenschirme vermietet werden, und wo Topless-Sonnen fast zum guten Ton gehört. Außerdem befinden sich dort **beliebte Ankerplätze für HochseeYachten** von hochkarätigen Besitzern, sowie eine quirlige Szene mit Open-Air-Cafés, Nobeldiskotheken und einigen der exklusivsten Hotels im karibischen Raum.

Wer den kurzen Luftsprung von St. Martin aus wagt oder die Personenfähre benutzt, kann sich St. Barthélémy innerhalb eines Tagesausflugs anschauen und dabei nicht nur Berühmtheiten begegnen, sondern auch die herrliche Landschaft sowie viele historische Bau- und Kulturdenkmäler besichtigen.

Apropos Geschichte: Die von den karibischen Ureinwohnern **„Ouanalao"** genannte Insel taufte *Kolumbus* zu Ehren seines Bruders *Bartholoméo* um. Europäisch besiedelt wurde sie jedoch erst ab 1648, und zwar von Franzosen, die aus der Normandie über St. Kitts hierhin reisten. Immer noch sprechen einige weiße Insulaner das normannische Französisch ihrer Vorfahren, und an Feiertagen tragen die Frauen alte normannische Trachten wie zu Zeiten der ersten Ankömmlinge.

Schwedische Vergangenheit

Ihren besonderen Reiz erhält die Insel durch ein knappes Jahrhundert **schwedischer Kolonialherrschaft** (1784-1877). Denn nachdem *Ludwig XVI.* im Tausch gegen Anker- und Lagerrechte in Göteborg St. Barthélémy samt 740 Bauern der schwedischen Krone übertrug, wurde auf der Insel nordeuropäisch gebaut und gelebt.
Straßenbezeichnungen, Gebäude (besonders die Gouverneursresidenz) und Festungsanlagen erinnern neben dem Namen des Hauptortes Gustavia (nach *König*

Gustav III. Adolf) an diese Zeit. Dieser König war es auch, der die Insel zum Freihafen erklärte – ein Status, der niemals aufgegeben wurde und bis heute den Einwohnern Steuern und Zölle erspart (daher die Duty-Free-Läden!).

Auf der Inselrundfahrt sind die pittoresken Ortschaften Gustavia, Corossol und Lorient sowie das turbulente Touristenzentrum St. Jean erste Anlaufpunkte. Gehwillige können auf einem kurzen Spaziergang auch den Morne du Vietet besteigen, der eine wunderschöne Aussicht bietet. Er liegt zentral im östlichen Teil und ist mit 281 m der höchste Gipfel der Insel (die steile Piste ist auch mit PKWs zu befahren).

Reisepraktische Informationen zu St. Barthélémy

➤ Information

Office Municipal du Tourisme de Saint-Barthélémy, *Quai du Général de Gaulle, Gustavia, ☏ 0590-278727, 🖷 0590-277447, www.st-barths.com*

Unterkunft

Aus dem reichhaltigen und luxuriösen Angebot eine kleine Hotel-Auswahl; günstige Alternativen gibt es wenige. Selbst Pensionen wie das **Nid d'aigle** *(Anse des Cayes, Gustavia, ☏ 0590-277520, 🖷 0590-523903, www.saint-barths.com/niddaigle) kosten pro Person um die 100 Euro am Tag. Wegen der hohen Preise kann daher eine Übernachtung auf St. Barth nicht empfohlen werden. Wenn Sie dennoch mehrere Tage auf der Insel verbringen möchten, stehen neben den Hotels zahlreiche* **Apartments** *zur Verfügung. Sie sind zwar immer noch hochpreisig, aber ein wenig günstiger als die meisten Luxushotels. Auf der Insel gibt es zahlreiche Immobilien- und Agenturbüros.*
In Gustavia ist das z. B.: **Immo-Antilles**, *☏ 0590-279046, 🖷 0590-276795, in St. Jean z. B.:* **Claudine Mora Immobilier**, *Galerie du Commerce, ☏ 0590-278088, 🖷 0590-278085.*

Carl Gustaf €€€€€, *Rue des Normands, Gustavia, ☏ 0590-297900, 🖷 0590-278237, www.hotelcarlgustaf.com. Deluxe-Residenz mit reizvoller Aussicht oberhalb des Ortes. sieben Einzel-, sechs Doppelsuiten und eine Königssuite, alle mit jedem erdenklichen Komfort und multimedial ausgestattet. Gourmet-Restaurant, Pool.*
Auberge de la Petite Anse €€€€, *Anse des Flamands, ☏ 0590-276489, 🖷 0590-278309. Eine der wenigen „preiswerten" Unterkünfte mit 16 einfachen, kleinen und sauberen Apartments in Strandnähe gelegen.*
Le Manapany Cottages €€€€€, *Anse des Cayes, ☏ 0590-276655/276660, 🖷 0590-277528, www.st-barths.com. Luxuriöse „Hütten" mit 52 Zimmern. Urfranzösische Atmosphäre, Restaurant mit respektablem Weinkeller.*
Guanahani €€€€€, *Morne Lurin, Grand Cul-de-Sac, ☏ 0590-276660, www.leguanahani.com. Diese absolute Luxusherberge der „Leading Hotels of the World" ist etwas ganz Feines. 68 Suiten in Deluxe-Bungalows, Pool, 2 Flutlichttennisplätze (auf dem schon Boris Becker gerne spielte), zwei Gourmet-Restaurants. Die Anlage wurde zwischen zwei herrlichen Sandbuchten und direkt neben dem Besitz von Baron Edmund de Rothschild platziert.*

➤ Anreise

Per Flugzeug

Es gibt über zehn Flüge täglich zwischen St. Barth und Guadeloupe sowie zwischen St. Barth und St. Martin. Weitere Verbindungen nach San Juan, St. Thomas, Anguilla, Antigua, Montserrat, Nevis, Saba und St. Kitts. St. Barthélémy wird hauptsächlich von folgenden Fluggesellschaften angeflogen:

Air Caraïbes, ☎ *0590-276190,* 🖷 *0590-276703, Aéroport Gustave III, Saint-Jean, www.aircaraibes.com.*

Saint Barth Commuter, ☎ *0590-275454,* 🖷 *0590-275458, Aéroport Gustave III, Saint-Jean, www.stbarthcommuter.com.*

Winair, ☎ *0590-276101, Aérodrome Gustave III, Saint-Jean.*

Per Hubschrauber

Trans Hélico, ☎ *0590-274068,* 🖷 *0590-290566, Aérodrome de Saint-Jean; von St. Martin nach St. Barth.*

Per Schiff

Auf diesem Weg erreichen Sie St. Barth von Guadeloupe/Pointe-à-Pitre via Saint-Martin. Zwischen Saint-Martin und St. Barth verkehren regelmäßig Fähren:

Gustavia Express, ☎ *0590-275410, Domaine Retraite, Saint-Jean, Saint-Barthélémy*

RMP Caraïbes, ☎ *0590-279800,* 🖷 *0590-276281, Saint-Barthélémy*

➤ Essen und Trinken

Bei einer Tour über die Französischen Antillen ist es schwer, den kulinarischen Spezialitäten der kreolischen und französischen Küche zu entgehen. Was die gastronomische Szene von St. Barth jedoch zu bieten hat, sprengt jeden genüsslichen Rahmen. Wenn Sie sich während Ihrer Karibikreise vorgenommen haben, einmal richtig gut essen zu gehen, können Sie sich auf St. Barth mit Sicherheit diesen Wunsch erfüllen. Insbesondere die **Castelets** *im „Hotel Guanahani" können zur kulinarischen Offenbarung werden. Ansonsten gibt es in* **Gustavia, St. Jean** *und* **an den Stränden** *etliche Restaurants von vorzüglicher Qualität. Die Preise der Gerichte entsprechen denen internationaler Gourmet-Restaurants. Oftmals sind jedoch die Weinpreise unverhältnismäßig teuer.*

➤ Preisniveau

St. Barth gilt selbst in Kreisen der Reichen als sehr exquisit. Zu Recht, denn die Insel gehört zu den teuersten Plätzen in der Karibik So sind die Hotels fast ausschließlich der First Class oder der Luxus-Kategorie zuzuordnen – eine Suite im „Guanahani" mit Schlafzimmer, Wohnzimmer, Terrasse und Meerblick gibt es für 1000 €, ein einfaches Zimmer mit Gartenblick „schon" für 500 €. Auch schlichtere Herbergen sind immer noch teuer.

➤ Souvenirs

Im Freihafen St. Barth können Sie zollfrei einkaufen. Dabei ist die Auswahl an Luxusartikeln immens hoch. Rings um den Hafen von Gustavia bieten Prestige-Boutiquen und Galerien Parfum, Elektroartikel, Uhren, Schmuck, Kameras, Kunst und Kunsthandwerk an. In St. Jean finden Sie in fünf Einkaufszentren weitere Artikel aller großen Marken.

➤ Sport

Nicht nur für seine zahlreichen Strände, auch für die hervorragenden Tauchreviere ist St.

Barth berühmt. Eine ordentliche Auswahl von Tauchlehrern und -kursen gibt es in Gustavia. Aber auch alle anderen Sportarten wie Tennis, Reiten, Squash, Paragliding etc. werden hier ausgeübt und vor allem jede neue Trendsportart gewissenhaft geprüft.

➤ Strände

Das kleine St. Barth zählt 22 Strände, von denen die meisten nur zu Fuß und einige vom Meer her zugänglich sind. Lassen Sie sich eine Woche Zeit, dann bleiben Ihnen pro Tag drei Sandbuchten!

➤ Verkehr

Das Straßennetz umfasst 40 Kilometer, allerdings sind die meisten Wege schmal und kurvenreich. Deswegen beträgt die erlaubte Höchstgeschwindigkeit 45 km/h.

Am Flughafen und in Gustavia finden Sie viele **Mietwagenfirmen** *wie z. B.:*
Avis, ☏ *0590-277143*
Budget, ☏ *0590-276630*
Europcar, ☏ *0590-277333.*

Wegen der engen Straßen ist die Miete eines **Mopeds** *ratsamer:*
Saint Barth Moto Bike, ☏ *0590-276789*
Tropic all Rent, ☏ *0590-276476*

Am Flughafen und in Gustavia stehen **Taxis** *(☏ 0590-277581, 0590-276631) bereit. Inselrundfahrten bieten viele Minibusfahrer an.*

➤ Yachthäfen und Ankerplätze (Auswahl)

• *Anse du Colombier* • *Baie de St. Jean* • *Gustavia* • *Ile de la Fourche*

Gustavia

Die Hauptstadt liegt malerisch an einem geschützten Naturhafen mit 700 m langem Sandstrand. Erleben Sie den Hafen mit seinen Yachten aus aller Welt, spazieren Sie durch die gepflasterten Gassen mit ihren Puppenstuben-Häuschen, und besichtigen Sie die schwedisch-lutherische sowie die katholische Kirche, ein schönes schwedisches Holzhaus auf Steinfundamenten sowie den ehemaligen Gouverneurssitz (heute Rathaus). Einkaufswillige können in etlichen Läden und Boutiquen internationale Markenartikel und Luxuswaren kaufen, wobei die Duty-Free-Angebote jedoch dem allgemein hohen Preisniveau angepasst sind.
Historisch Interessierte sollten dem Musée de la Saint-Barthélémy einen Besuch abstatten, das nicht nur Fotos, Dokumente und Porträts zur Inselgeschichte, sondern auch Aquarelle der Tier- und Pflanzenwelt ausstellt.

Oberhalb der Ortschaft sind, in 54 m Höhe, die Reste einer der vier schwedischen Festungen zu besichtigen mit einem herrlichen Panoramablick auf Gustavia samt Hafen. Wer noch weiter hinauf möchte, kann zum südöstlich gelegenen Morne Lurin wandern. Der Gipfel (192 m) ist über einen Pfad vom alten Uhrturm aus erreichbar.

Corossol

1,5 km nordwestlich von Gustavia lohnt der hübsche Ort Corossol einen Besuch – vor allem am Abend, wenn die Fischerboote mit ihrem Fang einlaufen und von der Dorfbevölkerung begrüßt werden. Nach der Messe am Sonntagmorgen können Sie bisweilen noch einige Bewohner in der traditionellen normannischen Tracht bewundern. Über eine Muschelsammlung mit Exemplaren aus der ganzen Welt verfügt das **Inter Ocean Museum**.

Quirliges Leben

Lorient

Auf einem Spaziergang werden Sie ohne Schwierigkeiten die katholische Kirche und den alten Friedhof mit schwedischen Gräbern entdecken, beide gut erhalten und einen Besuch wert. Außerdem gibt es in Lorient ein kleines Museum und eine Verkaufs-Ausstellung des Parfum-Herstellers *Coco Caraïbes*.

Die schönsten Strände

Neben den hübschen Ortschaften sind die phantastischen Strände Hauptanziehungspunkt der Insel. Von den insgesamt 22 feinsandigen Buchten, zu denen noch unzählige auf den vielen vorgelagerten Inselchen hinzukommen, sollen hier einige genannt sein (ab Gustavia im Uhrzeigersinn):

- **Colombier**: herrliche Bucht auf der nordwestlichen Halbinsel, außer vom Meer aus nur nach 20-minütigem Fußmarsch zu erreichen.
- **L'Anse des Flamands**: wunderschöner, 500 m langer Abschnitt, allerdings eignet sich die manchmal raue See nur für gute Schwimmer.
- **St. Jean**: populärster Strand mit ruhigem Wasser, ideal für alle Wassersportarten, bevorzugter Hotelstandort.
- **Lorient**: kleine, weiße Sandbucht am gleichnamigen Dorf, beliebt bei Surfern.
- **Grand und Petit Cul-de-Sac**: Doppelbucht im Nordosten mit kristallklarem Wasser und Korallenriffen, gute Bade-, Schnorchel- und Surfbedingungen.
- **Salines**: FKK-Strand mit z.T. hohem Wellengang, kaum Schatten.
- **Anse de Chauvette**: nur vom Meer her zugängliche Bucht, beste Tauch- und Schnorchelbedingungen.
- **Gouverneur**: einsamer, gut geschützter Strand unterhalb des Morne Lurin (Spaziergang), mit seinem weißen Sand und blaugrünen Wasser von manchen als schönster der Karibik bezeichnet.

Martinique

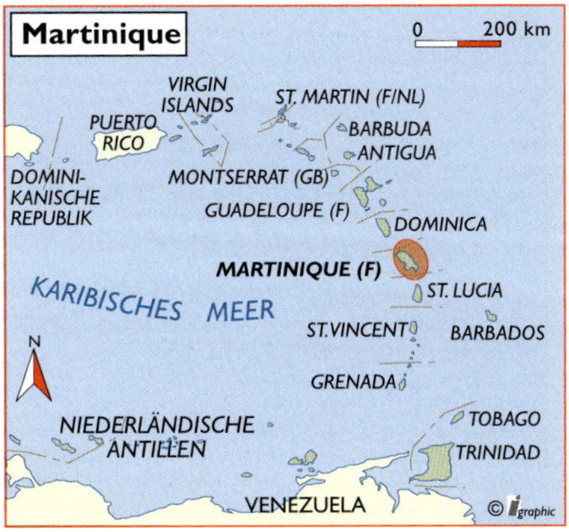

Wichtige Telefonnummern auf einen Blick

Telefonvorwahl	☏ 0596
Internationale Vorwahl	☏ +33-596
Diplomatische Vertretung	☏ 503839
Hospital/SAMU	☏ 751515
Ambulanz/ SOSMedicin	☏ 633333
Polizei	☏ 17/553000 (Hotel de Police)
Feuerwehr	☏ 18
Seenotruf	☏ 719292
Touristeninformation	☏ 637960, 602773, 602785

Martinique liegt zwischen Dominica im Norden und St. Lucia im Süden, ungefähr in der Mitte der *Inseln über dem Wind,* und ist damit sozusagen **das Herz der Kleinen Antillen**. Mit 80 km Länge und etwa 30 km Breite ist sie etwas kleiner als Guadeloupe, dafür aber kompakter. Zergliedert wird die Landfläche durch einige Buchten, von denen die **Baie de Fort-de-France** auf der Westseite am tiefsten eingeschnitten ist, und von Halbinseln wie **Caravelle**, etwa in der Mitte der Ostküste. Den gesamten Nordteil füllt ein regen- und waldreiches Gebirgsland aus, das im Vulkan **Montagne Pelée** bis auf 1.390 m ü. d. M. ansteigt. Demgegenüber ist der Süden trockener und mit einer Maximalhöhe von 500 m niedriger, aber ebenfalls gebirgig. Diese wunderschöne Landschaft verdankt ihre Entstehung der Tätigkeit weiterer Vulkane wie des **Mont Vauclin**, des **Morne Diamant**, des **Morne Flambeau** und der **Pitons de Carbet**. Auf der durch tropische Niederschläge fruchtbar gemachten Lava wachsen Blumen, z. B. Weihnachtssterne oder Bougainvilleas.

Schon die Arawaken wussten die natürliche Schönheit der Insel offensichtlich zu schät-

Redaktionstipps

- Am nordöstlichsten Punkt der Insel in **Grand-Rivière** den Fischern beim Ausnehmen und Zuschneiden ihres Fanges – z.B. riesiger Thunfische – zusehen (S. 291).
- Ausflug nach **St.Pierre**, der ehemaligen Inselhauptstadt, mit seinen von Lava geschwärzten Ruinen unternehmen (S. 285ff).
- Am Wochenende in **Ste. Luce** abends ein Bar-Restaurant am Strand besuchen, frisch Gegrilltes essen oder sich dort tagsüber mit einer Zeitung an die Bar setzen, T-Punch trinken und nach und nach das ganze Dorf kennen lernen (S. 297).
- Historische Atmosphäre atmen, sich Luxus leisten und in der **Plantation Leyritz** ein Zimmer nehmen (S. 355).
- Farne, Bromelien, Orchideen und vor allem Kolibris und vieles mehr im bezaubernden **Jardin de Balata** genießen. (S. 282).
- Eine Flasche **Rhum agricole**, der direkt aus gegorenem Zuckerrohr gewonnen wird und daher einen süßlichen Geschmack hat, für den Cocktail zu Hause kaufen

Canal de la Dominique
Grand' Rivière
Cap Saint Martin
Anse Bagasse
Macouba
Hindu-Tempel
Anse Couleuvre
Forêt Départementalo Domaniale de la Montagne Pelée
ÎLET LA PERLE
Anse Céron
Habitation Céron
Riv. du Prêcheur
Le Prêcheur
1282 m
Bois Leyritz
Montagne Macouba
Montagne Pelée
1397 m
Ajoupa-Bouillion
Pte. Lamare
Ste. Philomène
Coffre Mort ou Tombeau des Caribes
Gorges de la Falaise
N3
Petite Savane
Quartier du Fort
La Galère
Le Morne Rouge
N2
Saint-Pierre
Rade de Saint Pierre
Fond Marie-Reine
Plantation d'Anthurjums
Anse Turin
Morne des Cadets
Fond-Saint-Denis
Propreté
Maison Botaniq
D62
Le Carpet
Petit Piton 524 m
Riv. du Carbet
Piton Gele 927 m
Grande-Anse
Pte. Guotony
La Croix
Le Morne-Vert
Deux Choux
Piton Boucher 1069 m
Morne du Lor 781 m
Verrier
Fond Capot
Piton Lacroix 1198 m
Bellefontaine
Morne Covin 674 m
Forêt de des O
Lézarde Riv.
Plateau de la Concorde 662 m
Cap Enragé
Forêt de Rabuch
Habitation Anse Latouche
Case-Pilote
Sacré Coeur de Balata
Morne Poirier
Barême
Fond Cacao
Riv. Case-Navige
Ravine Vilain
Schœlcher
N4
Fort-de-France
Hotel
1 Le Fromager
2 Résidence
3 Hotel Plantation Leyritz
4 La Sikri Auberge
5 Chez Tante Arlette
6 Batelière
© graphic

Martinique – Norden
N
0
2 km
Reiseroute
ATLANTISCHER OZEAN
Anse Basse-Pointe
Basse-Pointe
Anse Chalvet
Pècoul
Plantation Leyritz
Vivé
Riv. Capot
Baie Grande Anse
Pte. Châteaugué
Le Lorrain
Pte. du Marigot
Marigot
Pte. Baignoire
Riv. du Lorrain
Papin
Dominante
Anse Carpentier
Pte. Ténos
Forêt Départementalo Domaniale des Pitons du Carbet
Morne Jacob 884 m
Fort St-Jacques
Piton Laroche 521 m
Musée de la Banane
Bézaudin
Sainte-Marie
Pérou
ILET SAINT AUBIN
Derrière Morne
Petite Rivière Salée
Morne des Esses
Bois Lézards
PRESQU' ÎLE DE LA CARAVELLE
Havre de la Trinité
Pte. du Diable
Brin d'Amour
Tartane
Gros-Morne
La Trinité
Morne Pavilon
Château Dubuc
Spoutourne
Caravelle N.P.
Réserve Naturelle de la Caravelle
Bois d'Inde
Riv. du Galion
ÎLET DU GALION
ÎLET DU TRÉSOR
Saint-Joseph
Baie du Galion
La Chapelle
Pte. Jean-Claude
Pte. de la Batterie
Vert-Pré
Gallette
Lestrade
Pte. Rouge
Le Robert
ÎLET RAMVILLE OU CHANCEL

Martinique – Süden
N
0
2 km
Reiseroute
Pte. des Nègres
Fort-de-France
7-10
Californie
13
N1
Cohé Lamentin
Pt. des Sables
Baie de Fort-de-France
Pointe du Bout
Anse Mitan
Pt. Blanche
15
Anse Noire
Anse à l'Âne
Anse Dufour
38
Les Trois-Ilets
11-14
GROS ÎLET
Anse de Fortune
Cap Salomon
Malot
Gallocha
L'Esperance
Pt. des Grottes
7
450 m
Grande Anse
Les Anses-d'Arlet
Rivière-Salée
Médecin
19-23
Anse Caffard
Le Diamant
Petite Anse
La Cherry
Morne Larcher
477 m
Grande Anse du Diamant
Les Coteaux
Taupinière
Pte. du Diamant
Pte. du Marigot
Anse du Céron
Rocher du Diamant
Trois Rivières
Hotel
7 Squash Hotel
8 Impératrice
9 Malmaison Hotel
10 Victoria
11 Sofitel Bakoua
12 La Pagerie
13 Auberge de l'Anse Mitan
14 Caraib Auberge
15 Frantour
16 Les Brisants
17 Chez Julot
18 Karibea Karibea Resort Sainte Luce
19 Mercure Diamant
20 L'Anse Bleue
21 Pierre et Vacances
22 Les Relais Caraibe
23 Hôtel Palm Beach
KARIBISCHES MEER
© igraphic

Chambort
Bois d'Inde
Long Bois
Hon Bois-Carré
Rivière Cacao
Havre du Robert
ÎLET RAMVILLE OU CHANCEL
ÎLET RAGOT OU DE LA GROTTE
Petite Morne
Le Lamentin
Pte. de la Rose
Montagne Courbaril 185 m
La Chopotte
Le François
ILET LAVIGNE
Baie du François
Qr du Bac
Ducos
Californie
Mne Vert
Lourdes
Mne la Valeur
Solitude
Hon Génipa
Petit Bourg
Le Saint-Esprit
Riv. Salée
ÎLET THIERY
ÎLET LONG
Baie du Simon
Riv. du Simon
Fontaine
Montagne du Vauclin
504 m
Ravine Plate
Baie de Sans-Souci
Hon Sans-Souci
ÎLET PETITE GRENADE
Pte. du Vauclin
Hon Pite Grenade
Régale de Saint Esprit
Suin
Sans Pareil
Desmarinière
Régale de Rivière Pilote
377 m
Abondance
253 m
Baie du Vauclin
Le Vauclin
Lépinay
359 m
Hon Fontane
Josseaud
Bellay
Riv. Pilote
Paquemar
Cul-de-Sac de Paquemar
Lourdes
Rivière-Pilote
Ste-Luce
Macabou
Petite Anse Macabou
La Mancelle
Pte. Figuier
Anse Figuiers
Montagne Aca
274 m
Le Marin
Grande Anse Macabou
La Duprey
Cul-de-Sac du Marin
les Quatre Chemins
Anse Grosse Roche
Pte. Borgnesse
Pte. Marin
Pte. Macré
Ste-Anne
Barriere-la-Croix
Cul-de-Sac de Ferré
Mondésir
Hon Belfond
Anse Caritan
Pte. Dunkerque
Cap Ferré
Hon des Salines
Grande Anse des Salines
Étang de Salines
Pte. à Pommes
ÎLET CHEVALIER
Baie des Anglais
Pte. de Salines
Grande Terre
Anse Trabaud
ÎLET HARDY
Pte. Baham
Pte. d'Enfer
ÎLET CABRITS
St. Lucia Channel

Hinweis

Informationen zur Geschichte Martiniques und der Französischen Antillen insgesamt entnehmen Sie bitte dem Info-Kasten auf S. 231

Kreuzfahrtschiff im Hafen von Fort-de-France

zen, andernfalls hätten sie sie wohl kaum **Madinia** (= „Blumeninsel") genannt. *Kolumbus*, der das Land schon 1493 sichtete, orientierte sich nicht an diesem Namen, sondern taufte es, wie das weiter nördlich gelegene Saint-Martin, zu Ehren des heiligen Martin. Als er aber auf einer weiteren Reise am 15. Juni 1502 schließlich Martinique betrat, wurde auch der sonst so wortkarge Genuese in seinen Beschreibungen geradezu poetisch: „*... das fruchtbarste, süßeste, mildeste und zauberhafteste Fleckchen Erde ...*". Auf den Siedlungswillen der Spanier hatte dies jedoch keinen Einfluss, denn erst 1635 konnten die Franzosen unter *Pierre Belain d'Esnambuc* ein erstes europäisches Gemeinwesen auf Martinique etablieren.

Hart umkämpftes Martinique

Bereits ein Jahr später gestattete *König Ludwig XIII.* die Einfuhr afrikanischer Sklaven, und mit der Plantagenwirtschaft wuchs nach und nach die Insel zum Zentrum der Französischen Antillen heran. Von 1762 bis 1814 war Martinique ein hart umkämpfter Zankapfel zwischen Frankreich und Großbritannien. Nachdem 1815 Martinique endgültig Frankreich zugesprochen worden war, konnte es an seine beherrschende Rolle innerhalb der Französischen Antillen anknüpfen. 1848 wurde die Mehrheit der Bevölkerung aus dem Joch der Sklaverei befreit, woran maßgeblich der Elsässer *Victor Schœlcher* beteiligt war. Das 20. Jahrhundert wurde durch eine der größten Naturkatastrophen der Karibik eingeläutet: Der **Ausbruch des Montagne Pelée** am 8. Mai 1902, der die **damalige Hauptstadt St. Pierre** völlig vernichtete.

Mit rund 436.000 Einwohnern ist Martinique relativ dicht besiedelt. Fast ein Drittel der Bevölkerung lebt im **Großraum Fort-de-France**, der mit Vororten größten Stadt der Kleinen Antillen. Allgemein gelten die Martinikaner als schöne Menschen, die ihre ebenmäßigen Züge der Vermischung indianischer, afrikanischer, europäischer und indischer Elemente verdanken. Schönheit war auch das gemeinsame Merkmal der drei berühmtesten Frauengestalten der Insel: Am bekanntesten ist wohl **Joséphine Rose Tascher de la Pagerie**, die später als Ehefrau *Napoléons* Kaiserin von Frankreich wurde. Berühmt und ebenfalls von politischer Bedeutung war **Francine d'Aubigne**, die vom „Sonnenkönig" *Ludwig XIV.* nach Versailles geholt wurde und als *Madame de Maintenon* seine zweite Frau wurde.
Höchst abenteuerlich und schon legendär ist jedoch die Geschichte der **Aimée du Buc de Rivery**, die von Piraten auf einer Schiffsreise gekapert und nach Istanbul verschleppt wurde, wo sie zunächst als Haremsdame Karriere machte und schließlich zur türkischen Herrscherin (und Mutter *Sultan Mahmeds II.*) aufstieg.

Allgemeine Reisepraktische Informationen zu Martinique

➤ Information

Die Hauptstelle des **Office du Tourisme** *von Martinique ist in Fort-de-France, Boulevard Alfassa, ☏ 0596-637960, 🖷 0596-736693, www.martinique.org.*
Ein weiteres Büro des Fremdenverkehrsamtes befindet sich im Flughafen, daneben gibt es in jedem größeren Ort Büros der **Syndicat d'Initiative**.
Fédération Martiniquaise des Offices de Tourisme et Syndicat d'Initiative, *Maison du Tourisme Vert, 9 Boulevard du Général de Gaulle, Fort-de-France, ☏ 0596-631854, 🖷 0596-707116. Die Internet-Adresse der zentralen Reservationszentrale lautet: www.martinique.org*

Reservierungen von Hotels, Villen und Gîtes ruraux können getätigt werden bei **Fédération Martiniquaise des Offices de Tourisme et Syndicat d'Initiative**, *Maison du Tourisme Vert, 9 Boulevard du Général de Gaulle, B. P. 1122, 97248 Fort-de-France Cédex, ☏ 0596-631854, 🖷 0596-707116.*

➤ Unterkunft

Hotels

Martinique ist mit Hotels und Ferienanlagen reichlich ausgestattet. Die meisten liegen in **les Trois-Ilets** *und* **Pointe du Bout**. *Der Preis für ein normales Doppelzimmer inklusive Frühstück liegt im mittleren bis gehobenen Preissegment. Die günstigere Alternative sind Ferienwohnungen bzw. -häuser und Gästezimmer, die sogenannten* **Chambres d 'hôtes** *und* **Gîtes ruraux**. *Buchungen und Kataloge bei: Gîtes de France, www.gites-de-france.com . In Les Trois-Îlets, Point du Bout und Anse Mitan befinden sich die meisten Hotels. Hier finden Sie mit Sicherheit auch ohne Reservierung ein Zimmer. Wenn Sie per Flugzeug ankommen, können Sie sich gleich am Flughafen mit Hilfe des* **Office du Tourisme** *eine Unterkunft reservieren lassen. Oder Sie gehen über die zentrale Reservierungsstelle, der* **Centrale de Reservation**, *Fort-de-France, ☏ 0596-637960, 🖷 0596-631164. Hier und unter www.webcaraibes.com erhalten Sie auch Adressen von privaten Villen oder Gîtes ruraux. Insgesamt ist das Preisniveau der Hotels auf Martinique relativ hoch. Günstige Alternativen erfragen Sie vor Ort:* **Fédération Martiniquaise des Offices de Tourisme et Syndicat d'Initiative**, *Maison du Tourisme Vert, 9 Boulevard du Général de Gaulle, Fort-de-France, ☏ 0596-631854, 🖷 0596-707116.*

Camping

Camping ist in **Anse à l'Âne** *auf Le Nid Tropical (☏ 0596-683130, 🖷 0596-684743) und auf dem Camping Municipal von* **Ste. Anne** *gleich neben dem Strand möglich.*

Jugendherbergen

Die günstigste Übernachtungsmöglichkeit sind entlang der Route de Didier sogenannte **Jugendherbergszimmer**, *die jedoch etwas außerhalb von Fort-de-France liegen und mit öffentlichen Verkehrsmitteln nur schwer zu erreichen sind. Verwaltet werden sie von der* **Fédération des Œuvres Laïques** *(FOL), 31 Rue Perrinon, Fort-de-France, ☏ 0596-635022, 🖷 0596-638367 (Zentrale). Zwei- bis Vierbettzimmer mit Dusche und WC.*

Ein kleiner Speiseführer

ENTRÉES / VORSPEISEN
- **Acras** – marinierte Teigbällchen mit Stockfisch (la morue), Meeresfrüchten oder Gemüse
- **Féroce** – Avocadocrème mit Stockfisch und verschiedenen Gewürzen
- **Pâté en pot** – Gemüsesuppe (potage) auf der Basis von Lamminnereien, Kapern und Weißwein
- **Crabes farcis** – mit püriertem Krebsfleisch und gefüllten Taschenkrebsen

PLATS / HAUPTGERICHTE
- **Blaff de poisson/crustacés** – Fisch- und Meeresfrüchtegerichte mit spezieller Gewürzmischung aromatisiert, u. a. Thymian, Petersilie, Lorbeer, Schalotten, Piment
- **Colombo de cabri, porc etc.** – in einer auf indischen Gewürzen basierenden Sauce gegartes Fleisch
- **Court-Bouillon** – Fischgericht auf der Basis von Tomaten und scharfen Gewürzen

DESSERTS
- **Blanc-Manger** – Kokosnusscrème mit Vanille, Muskat und Sirup
- **Sorbet aux fruits tropicaux** – leicht gefrorenes Eis aus tropischen Fruchtsäften

➤ Essen und Trinken

Wie die Küche der Karibik insgesamt, ist auch die von Martinique exotisch, vielfältig und farbenreich. Dazu kommen die berühmte Kochtradition des Mutterlandes und jede Menge Rum – beste Voraussetzungen für eine exzellente und vielfältige Restaurantszene. Und tatsächlich ist das Angebot im Vergleich zu einigen Nachbarinseln groß und gut, allerdings nicht gerade preiswert.

Eine Alternative zum Restaurant-Essen sind die wesentlich günstigeren Snacks der Imbissbuden im Boulevard Chevalier de Saint-Marthe, die bis spät in die Nacht hinein geöffnet haben. Dennoch sollten Sie unbedingt einige der lokalen Spezialitäten-Menus bestellen.

Vorweg können Sie gleich mit dem berühmten T-Punch (T-Punch steht für die Diminutiv des Kosenamens p'tit = Kleiner) anfangen, bestehend aus einem Finger breit Rum, einer Zitronenscheibe und einem Briefchen Zucker. Die Einheimischen trinken oft schon früh morgens einen T-Punch, aber eigentlich wird er auf Martinique zu jeder Tageszeit getrunken. Martiniques Rum, der von den Insulanern als der beste auf der ganzen Welt bezeichnet wird, gehört wie bei uns der Kaffee oder der Tee zum Leben: als Aperitif, Digestif und auch einfach mal zwischendurch.

Falls es Ihnen passieren sollte, dass die Bedienung nicht mehr nur ein Glas, sondern gleich eine ganze Flasche hinstellt, bedeutet das, dass Sie schon ziemlich oft in der Bar waren und irgendwie dazugehören. Das ist ein Zeichen höchsten Vertrauens, denn die Rechnung richtet sich danach, wie viele Gläser Sie getrunken und nicht, wie viel Rum Sie hineingeschüttet haben. Für untrainierte Nicht-Insulaner empfiehlt es sich, zwischendurch etwas zu essen, z. B. eine der lokalen Spezialitäten.

Hinweis

Die Öffnungszeiten der Restaurants ändern sich je nach Saison; vor allem in Fort-de-France haben viele nur mittags geöffnet; Sie sollten vorher anrufen.

➤ Anreise

Per Flugzeug

Direkt fliegt Air France *täglich von Paris-Orly nach Martinique. Von Deutschland geht es erst einmal zum Pariser Flughafen Charles-de-Gaulle. Sie müssen mindestens drei Stunden für den 15 € teuren Bustransfer einrechnen. Zudem sind die Flüge Frankreich-Martinique*

Inlandsflüge, bieten also keine zollfreie Einkaufsmöglichkeit! Dafür benötigen Sie aber auch nur einen Personalausweis für die Einreise.

Innerkaribisch geht es dann mit folgenden Fluggesellschaften weiter:

Liat	☎ *0596-421602*
Air Martinique	☎ *0596-411660*
Air Liberté	☎ *0596 425051*
Nouvelles Frontières-Corsair	☎ *0596-705970*
Air Caraïbes *(Paris)*	☎ *0033-(0)1-4260541*
AOM French Lines	☎ *0596-700916*

Darüber hinaus gibt es zahlreiche Charterflüge. Weitere Telefonnummern:

Air France	☎ *0820-820820*
American Airlines	☎ *0596-421919*

Per Schiff

Neben zahlreichen Kreuzfahrtschiffen steuert die Fährlinie **L'Express des Iles** *regelmäßig Martinique und die Nachbarinseln an. Es gibt Verbindungen von und nach Guadeloupe, Dominica und St. Lucia. L'Express des Iles, Terminal Inter Iles, Quai Ouest, Fort-de-France, ☎ 0596-831245, 🖷 0596-911105, www.express-des-iles.com.*
Erkundigen Sie sich bitte vor Kauf eines Fährtickets, ob die Ausreisegebühr bereits im Ticket enthalten ist oder noch extra gezahlt werden muss.

Die außergewöhnlichste Variante, Martinique zu erreichen, ist die mit dem sogenannten **Bananendampfer**. *Das Frachtschiff startet in Bordeaux, Dieppe oder Rouen. Die Fahrt dauert acht bis zehn Tage. Auskünfte erteilt das Fremdenverkehrsamt. Siehe auch unter dem Stichwort „Anreise" in den „Allgemeinen Reisetipps von A-Z", S. 90.*

➤ Flughafen

Der internationale **Aéroport le Lamentin**, *☎ 0596-421996, Fluginformationen: ☎ 0892-684314, liegt zehn Kilometer von Fort-de-France entfernt und ist einer der Hauptlandeplätze in der Karibik. Neuer, moderner Flughafen mit Geldwechsel-, Hotelreservierungsmöglichkeiten, Mietwagen-Counter, Gepäckaufbewahrung, Touristeninfo etc. Zum gut ausgeschilderten, 1,5 km entfernten Parkplatz für Mietwagen pendelt regelmäßig ein Zubringerdienst.*

➤ Ausreisegebühr/ Airport Tax

Bei Ausreise muss keine Flughafengebühr gezahlt werden, die ist im Flugpreis bereits enthalten.

➤ Diplomatische Vertretungen

Martinique wird von den französischen Botschaften vertreten. Deutschland und die Schweiz haben Konsulate auf der Insel:
Deutsches Konsulat, Société Sodicar, 97232 Acajou-Lamentin, ☎ 0596-503839, 🖷 0596-503802
Schweizer Konsulat, ZI de la Jambette, 97232 le Lamentin, ☎ 0596-501243
Österreichische Botschaft in Paris: Ambassade d'Autriche, 6 Rue Fabert, 75007 Paris, ☎ 0033-1-40633063.

Exkursionen

Auf Martinique gibt es eine Vielzahl von lokalen Reiseagenturen, die vor allem auf Französisch gehaltene Touren zu den Hauptsehenswürdigkeiten per Bus oder kombinierte Bus-/Segeltouren, Glasbodenbootsfahrten, Inselrundfahrten und Trips zu den Nachbarinseln anbieten. Wenn Sie jedoch individuell mehrere Tage unterwegs sind und nicht nur einen Tagesausflug im Rahmen einer Kreuzfahrt machen, lohnt es sich durchaus, einen Mietwagen zu nehmen. Auf Grund der Entfernungen, guter Beschilderungen wie in Frankreich und zahlreicher Informationsstellen ist eine Orientierung auf der Insel schnell möglich. Zudem sind die Infrastruktur der Insel und der Zustand der Straßen sehr gut.

Aber auch wer kein Auto mieten möchte, kann ohne Probleme von Fort-de-France aus zum nächsten Strand kommen. Von der Inselhauptstadt fahren regelmäßig Fähren zu der gegenüber liegenden Halbinsel Les Trois Îlets. Dort finden Sie schöne Badestrände und in Anse Mitan und Point du Bout zahlreiche Hotels und Restaurants.

Feiertage

- *Neujahr*
- *Karfreitag*
- *Ostermontag*
- *1. Mai – Tag der Arbeit*
- *Pfingstmontag*
- *27. Mai – Abschaffung der Sklaverei*
- *14. Juli – Jour de la Bastille (Nationalfeiertag)*
- *21. Juli – Jour de Victor Schœlcher (Victor- Schœlcher-Tag/Tag der Sklavenbefreiung)*
- *1. November – Allerheiligen*
- *11. November – Armistice*
- *25. Dezember – Weihnachten*

Neben den gesetzlichen Feiertagen werden auch gefeiert: das Epiphanias-Fest am 6. Januar, das Mi-Carème-Fest, das die Mitte der Fastenzeit anzeigt, am 27. Mai der Gedenktag zur Abschaffung der Sklaverei, die Kinderumzüge am 28. Dezember (Jour des jeunes Saintes) sowie Silvester.

Da es außerhalb von Fort-de-France und seinen Vororten kein Bussystem auf der Insel gibt, empfiehlt es sich für weitere Touren das sogenannte **Taxi Collectif**. *Von 8.30-18 Uhr verkehren diese sternförmig zwischen jeder Ortschaft der Insel und Fort-de-France. Erkundigen Sie sich vorher nach den Tarifen, die sichtbar im Auto angebracht sein sollten.*

Karneval

Das populärste Fest auf Martinique ist ohne Frage Karneval. Fünf Tage von Ende Februar bis Anfang März läuft auf der Insel so gut wie nichts – außer in den touristischen Orten wie Les Trois Îlets: kein Taxi Collectif, kaum geöffnete Läden, geschlossene öffentliche Betriebe ... die Fähren von Les Trois Îlets nach Fort-de-France fahren dafür bis Mitternacht, und es lohnt sich, über die Karnevalszeit in Les Trois Îlets zu wohnen, und am Nachmittag nach Fort-de-France zu fahren. In den Touristeninformationen und Bars liegt der Veranstaltungskalender „scoope" aus, der alle Ereignisse in allen Orten auf Martinique auflistet.

Medien

Internationale (manchmal auch deutsche) Zeitungen sowie einige Magazine sind in den Buchhandlungen in Fort-de-France, in Zeitungsläden und am Flughafen zu bekommen. Die lokale Tageszeitung ist die „France-Antilles".

Es gibt zahlreiche lokale Radiosender, die auch internationale Nachrichten bringen. Einige senden ihr Programm temporär in Patois. Vielerorts werden französische Infosender wie z. B. FranceInfo mit Interesse gehört – mit halbstündlichen Staumeldungen aus Paris oder Marseille. Das TV-Programm verfügt über vier französischsprachige Fernsehsender.

➤ Medizinische Versorgung

Die medizinische Versorgung auf Martinique entspricht dem europäischen Standard. Die insgesamt 18 Krankenhäuser und zahlreichen Zahnärzte unterliegen dem gleichen Reglement wie auf dem französischen Festland. Zumeist ist mit den Ärzten eine Verständigung auf Englisch möglich.

➤ Öffnungszeiten

Geschäfte: *Mo-Fr 9-12.30 und 14.30-18 Uhr sowie Sa 9-12.30 Uhr geöffnet, einige große Supermärkte auch durchgängig, bis 21 Uhr und am Samstagnachmittag geöffnet.*
Banken: *Mo-Fr 7.30 bzw. 8-12 und 14-16 Uhr, manchmal auch samstagvormittags geöffnet.*
Post: *Mo-Fr 7-18 Uhr und Sa 7-12 Uhr.*

➤ Post und Telekommunikation

Postdienststellen sind in jedem größeren Ort vorhanden. Das Hauptpostamt befindet sich in Fort-de-France, 11 Rue de la Liberté.
Öffentliche Telefone sind in der Regel Kartentelefone, Telefonkarten werden bei der Post verkauft.

➤ Preisniveau

Auf den Französischen Antillen liegen in der Hotellerie und Gastronomie die Preise generell über dem europäischen Durchschnitt. Für ein Mittelklasse-Hotel müssen Sie mit 90 € pro Tag und Person rechnen. Nur für Früchte, Fisch, Rum und andere örtliche Produkte, die auf dem Markt angeboten werden, sind die Preise moderat. Alle anderen Lebensmittel werden aus dem Mutterland importiert, auch das ist ein Grund für die hohen Preise. Durch die Einführung des Euro auf Martinique, das zur EU gehört und an die Währungsunion angeschlossen ist, werden die Preise jedoch gut vergleichbar. Der Durchschnittspreis für eine Tasse Kaffee, ein Bier oder eine Cola beträgt 3 €.

➤ Reiseagenturen

Etliche Agenturen bieten Transfer-Arrangements, Sightseeingtouren u. Ä. an, die größten sind:
STT Voyages, *23 Rue Blénac, Fort-de-France, ☏ 0596-716812*
Madinina Tour, *89 Rue Blénac, Fort-de-France, ☏ 0596-706525*
Caribtours, *Marina Pointe-du-Bout, Trois Ilets, ☏ 0596-660448, www.caribtour.com*
Colibri Tours, *Immeuble Laouchez-ZI, Cocotte, Ducos, ☏ 0596-771300.*

➤ Souvenirs

Beliebte Mitbringsel sind einheimische Web- und Flechtwaren, Keramiken und Calypso- oder Zouk-Musikinstrumente (Trommeln und Rasseln) und entsprechende Kassetten, kreolische Puppen, Rum, Blumen und lokale Kunst.

In Fort-de-France, das nicht zu Unrecht den Beinamen „Paris der Karibik" trägt, finden Sie exklusive Geschäfte mit französischer Mode, Schmuck o. Ä.; die besten Einkaufsstraßen sind die Rue Victor Hugo, Rue Antoine Siger, Rue Lamartine und Moreau de Jones. Zudem gibt es große Einkaufszentren in Cluny, Dillon und Bellevue sowie die Shoppingmall La Galerie auf dem Weg zum Flughafen. Ansonsten verfügt auch jeder größere Ort über reichlich Einkaufsmöglichkeiten.

➤ Sportangebot

Kaum ein Gebiet in der Karibik hat eine solch breite sportliche Angebotspalette wie Martinique. Natürlich liegt auch hier der Hauptakzent auf Wassersport. *Hochseeangeln ist u. a. von Trois Ilets und Case Pilote aus möglich, und für Mitsegler und Segel-Charterer gibt es in den Marinas rund um die Insel vielfältige Möglichkeiten.*

In und auf dem Wasser

Tauchen, Wasserski, Schnorcheln und Windsurfen *sind bei den größeren Hotels im Angebot, ansonsten gibt es für diese Sportarten aber auch unabhängige Schulen. Phantastische* Tauchreviere *bieten die Gewässer um* Pointe-du-Bout *und* Diamant, *während vor St. Pierre die beim Vulkanausbruch untergegangenen Schiffe ein einzigartiges Forschungsfeld abgeben.*

Glasbodenboote *starten aus der Anse Spoutourne, Tartane, Reservierungen bei Base de Plein Air et de Loisirs, ☎ 0596-582432. Hier können Sie auch Motorboote oder Segelschiffe chartern und Exkursionen buchen. Besonders gut hat sich auch folgende Tauchschule erwiesen:* Nautica Antilles, *Lamentin, ☎ 0596-516972, 📠 0596-568556, auch Meerkajak-Verleih.*

Auf dem Land

An Land haben Golfer die besten Spielmöglichkeiten auf dem internationalen 18-Loch-Golfplatz L'Impératrice des Golf Country Club de la Martinique, *☎ 0596-683281, auf dem alten Gelände der* Habitation de la Pagérie *in Les Trois Îlets. Über Tennisplätze verfügen viele Hotels. Wer die Insel auf dem Drahtesel kennen lernen möchte, kann in Fort-de-France, Les Trois Îlets und anderswo normale* Fahrräder *und* Mountainbikes *(VTT =* ***vélo tout terrain****) mieten.*

Reitfreunde finden in Les Trois Îlets, Anses d'Arlet, Diamant *und* Ste. Anne *sogenannte Ranches, die auch Ausflüge hoch zu Pferd in den tropischen Regenwald anbieten:* Ranche Jack, *Morne Habitue – Quartier Espérance, ☎ 0596-683769*

➤ Sprache

Man spricht Französisch und Créole, wenig Englisch und nur selten Deutsch.

➤ Strände

Gute Badestrände finden Sie entlang der gesamten Küste. Im Nordwesten ist der Sand oft grau oder dunkel, im Süden und an der Caravelle-Halbinsel *weiß oder goldbraun. Der schönste Strand ist zweifellos die vier km lange* Plage du Diamant *mit Blick auf den Diamond Rock. Aber auch um* Les Salines *am Südzipfel der Insel sind die Bedingungen ideal. FKK ist außer im Club Méditerranée an der* Anse Trabault *gestattet.*

➤ Strom

Die Stromspannung beträgt 220 V, 50 Hz; die Steckdosen sind wie in Frankreich oder Deutschland. Aber da man auch in Frankreich häufig noch einen Adapter braucht, sollten Sie sicherheitshalber (Inselhopping, ältere französische Steckdosen) einen mitnehmen.

➤ Telefonieren

Die internationale Vorwahl ist von Deutschland nach Martinique wie von Deutschland nach

Frankreich, also 0033-596, anschließend wählt man die sechsstellige Rufnummer. Auch innerhalb Martiniques müssen Sie jeweils die Vorwahl 0596 wählen, d. h. erst den Code für die Region, die 05, und dann die Vorwahl 96 vor der sechsstelligen Nummer.

Auf Martinique wählen Sie nach Deutschland 19-49, nach Österreich 19-43, in die Schweiz 19-41; danach jeweils die örtliche Vorwahl ohne die erste Null. Wer nach Guadeloupe anrufen will, verfährt wie bei einem französischen Inlandsgespräch: Vorwahl 0590- und sechsstellige Nummer des Teilnehmers.

➤ Verkehrsmittel

Während der öffentliche **Nahverkehr in Fort-de-France und der nahen Umgebung** *mit Stadtbussen gut organisiert ist, gibt es darüber hinaus keinen geregelten Busverkehr. Für weitere Touren empfiehlt sich daher das sogenannte* **Taxi Collectif**. *Von 8.30 bis 18 Uhr verkehren sie sternförmig zwischen jeder Ortschaft der Insel und Fort-de-France. Erkundigen Sie sich vorher nach den relativ günstigen Tarifen, wenn sie nicht sichtbar im Auto angebracht sein sollten. Am Flughafen, in Fort-de-France und an den touristischen Ballungszentren stehen insgesamt weit* **über 200 Taxis** *zur Verfügung. Zwar sind die Preise von der Präfektur festgelegt, aber die Wagen haben keinen Taxameter. Von daher lassen Sie sich immer vor der Fahrt den Preis bestätigen.*

Das gut ausgebaute Straßennetz lädt zum Erkunden der Insel mit dem **Mietwagen** *ein. Allerdings sollten Sie zu den Hauptverkehrszeiten Fort-de-France und Umgebung meiden. Es gelten die internationalen Verkehrsregeln mit karibiktypischen Einschränkungen. Auffallend häufig muss man sich vor den Bodenschwellen in Acht nehmen, die aus Beton oder Metall sind und nicht immer angezeigt werden. Alle großen und noch mehr lokale Anbieter von Mietwagen sind am Flughafen und in Fort-de-France vertreten, haben aber auch Zweigstellen in den Badeorten und in Hotels. Am günstigsten sind Buchungen aus dem Ausland 48 Stunden im Voraus. Im Flughafen sind alle Anbieter (Hertz, Avis, Jumbo Car) nebeneinander platziert, so dass ein Preis- und Leistungsvergleich sehr einfach ist. Zum großen Mietwagen-Parkplatz in ca. 1,5 km Entfernung fährt ein Shuttle-Service.*

Einige Anbieter:
Avis, *Airport: ☎ 0596-421100, Fort-de-France: ☎ 0596-701160*
Budget, *Airport, Rond point de l'aéroport Lamentin: ☎ 0596-420404, Fort-de-France, 12 rue Felix Eboue, ☎ 596-700610*
St Anne, *Route de Club Med, ☎ 0596-768080, Pointe-du-Bout/Les Trois Îlets, ☎ 0596-660045*
Rue Ernest Desproge *(Cruise Terminal), ☎ 0596-702215*
Jumbo Car/Thrifty, *Reservierungen: ☎ 0596-422222, neben einer Filiale am Airport: ☎ 0596-421699 und in Pointe-du-Bout: ☎ 0596-661155 gibt es noch 17 weitere Mietstationen auf der Insel.*

Im lokalen Bootsverkehr hat die Fährfahrt über die Baie de Fort-de-France (nicht nur touristische) Bedeutung. Zwischen 6 und 18 Uhr pendeln mindestens die kleinen rot-weißen Boote zwischen der Hauptstadt und dem größten Fremdenverkehrszentrum bei Pointe-du-Bout. Die genauen Abfahrtszeiten sind am Hafen angeschlagen oder zu erfragen bei:
Vedette Madinina, *58 Rue Ernest Deproge, Fort-de-France, ☎ 0596-630646*
Samotour, *☎ 0596-60646*

➤ Veranstaltungen

Wie auf Guadeloupe und fast allen Antilleninseln ist der **Karneval**, *der* ***vaval***, *das größte festliche Ereignis der Insel. Im Februar wird es jeweils fünf Tage lang vor Aschermittwoch gefeiert. Dann geht auf der Insel rein gar nichts. Besucher haben die einzige Chance die Tage auszusitzen oder mitzufeiern. Außer in den touristischen Orten wie Les Trois Îlets (Fähren Les Trois Îlets-Fort-de-France fahren sogar bis Mitternacht) gibt es dann weder ein Taxi Collectif noch einen geöffneten Laden.*

Weitere Festivals sind im Juli das Festival de Fort-de-France (drei Tage mit Theater, Konzerten und Sonderveranstaltungen) sowie ähnliche Kulturveranstaltungen in den Gemeinden **Robert** *(Fête Nautique du Robert; April),* **St. Pierre** *(zur Erinnerung an den Vulkanausbruch von 1902; 8. Mai) und* **Ste.Marie** *(August). Auch wer nicht zu Zeiten der vielen Festivals und Veranstaltungen auf der Insel weilen sollte, findet ein für karibische Verhältnisse reichhaltiges kulturelles Angebot wie z. B. Theater und Kino vor.*

➤ Währung

Für die französischen Überseegebiete, die Départements d'Outre-Mer, wozu Guadeloupe und seine umliegenden Inseln sowie Martinique gehören, gilt wie in Frankreich seit dem 1. Januar 2002 nach einer mehrmonatigen Übergangszeit der Euro als alleiniges Zahlungsmittel. Währung: 1 Euro (€)= 100 Cents. Kreditkarten werden fast überall akzeptiert, genau wie US-Dollars. Sie können zudem auch mit der EC-Karte am Geldautomaten Geld abheben.

In Fort-de-France wie auf der ganzen Insel gibt es Banken und Geldumtauschmöglichkeiten. Die Wechselstube Change Caraïbe am Flughafen hat Mo-Sa von 7.30-21 Uhr, So 14-21 Uhr geöffnet, ☏ 0596-421711.

➤ Wandern

Wanderungen organisiert der **Parc Naturel Régional**, *9 Boulevard Général de Gaulle, Fort-de-France, ☏ 0596-731930, mit kompetenten Führern zu verschiedenen Naturplätzen im gebirgigen und waldreichen Norden um den Mont Pelée herum, auf der Caravelle-Halbinsel und entlang der Küste. Für Wanderungen und Klettertouren zum Mont Pélée erhalten Sie Auskunft beim* **Bureau de la Randonnée**, *Rue Victor Hugo, Saint Pierre, ☏ 0596-783077, beim* **Syndicat d'Initiative** *in Morne Rouge und für Schluchtenwanderungen in Ajoupa-Bouillon. Zudem informiert Sie jedes lokale Touristenbüro über die schönsten Strecken in Ihrer Nähe. Hilfreich ist der vom* **Office National de Forêts** *(ONF) herausgegebene Führer „31 Sentiers".*

➤ Yachthäfen und Ankerplätze (Auswahl)

• St. Pierre • Havre du Robert • Marina du François • Anse des Cocotiers • Les Anses d'Arlet • Cul-du-Sac du Martin • Fort-de-France • Ilet-à-Ramiers • Pointe-du-Bout • Port Cohoe • Les Trois Îlets

Die Hauptstadt Fort-de-France und Umgebung

Wegen der vielen Brände und Zerstörungen der Vergangenheit kann Fort-de-France nicht mit vielen alten Baudenkmälern aufwarten. Trotzdem pulsiert im Viertel rund um die **Place de la Savane** – weit mehr als in Pointe-à-Pitre auf Guadeloupe – ein turbulentes und stimmungsvolles hauptstädtisches Leben, das sowohl französisches Flair als auch karibische Lebensfreude feiert. Boutiquen, Banken, Museen und Parkanlagen sowie die größten Sehenswürdigkeiten sind hier nah beieinander versammelt. Neben gelungenen Beispielen moderner Architektur kann man immer wieder schöne **kolonialzeitliche Häuser** bewundern, die mit ihren schmiedeeisernen Balkonen ein wenig an New Orleans erinnern.

Wer die Gelegenheit dazu hat, sollte sich zur Stadtbesichtigung von der Anse Mitan/Pointe-du-Bout in 25 min mit der **Fähre** übersetzen lassen. Die Anlegestelle liegt direkt in der „guten Stube“ von Fort-de-France, nämlich am **Boulevard Alfassa** gegenüber der Place de la Savane bzw. neben dem **Fort St. Louis**. Die schlechtere Alternative wäre der Weg vom Flughafen über die chronisch verstopfte Stadtautobahn N-1 ins Zentrum, nervenaufreibend verlängert durch die Suche nach einem Parkplatz. In jedem Fall sollte die Place de la Savane Startpunkt Ihres Stadtbummels sein.

Place de la Savane

Die rechteckige, etwa 5 ha große **grüne Oase** mit schönen Königspalmen, Pavillons und einem Freilichttheater wird im Süden vom Hafenboulevard Alfassa, im Südosten vom **Fort Louis**, im Westen von der **Rue de la Liberté** und im Norden von der **Avenue des Caraïbes** begrenzt. Der Bau des mächtigen und lang gestreckten Fort Louis wurde unter *Ludwig XIV.* begonnen und im 19. Jahrhundert vollendet; es bedeckt mit seinen verschiedenen Gebäuden die Fläche einer weit in die Bucht ragenden Halbinsel. Außer Begrenzungsmauern mit Bastionen und dem schönen Eisengitter kann man von dem Festungswerk jedoch nicht viel sehen, da es nur auf organisierten Stadtrundfahrten oder nach Voranmeldung – in der Touristeninformation – zu besichtigen ist. Zum Meer hin ist die Bronzestatue des *Chevalier Pierre Belain d'Esnambuc* zu sehen, der 1635 im Namen des Königs von Frankreich Besitz von Martinique ergriff. Jenseits des Strandboulevards liegt der **Landungssteg** (*Embarcadères*), wo die Fährboote vom jenseitigen Ufer der Bucht anlegen.

Wenige Schritte am **Boulevard Alfassa** entlang kommt man zur Touristeninformation (**Office du Tourisme**), zum Kunstgewerbezentrum (**Centre des Métiers d'Art**) und zum Parkplatz der Sammeltaxis (**Terminus Taxis Collectifs**). Folgt man der westlichen Begrenzung stadteinwärts, passiert man linker Hand an der Rue de la Liberté das **Archäologische Museum**:

Volle Straßen rund um die Place de la Savane

Hier sind Dokumente zur Geschichte der Sklavenzeit und interessante Funde – fast 2.000 Gegenstände – der indianischen Kulturen ausgestellt, insbesondere viele Keramiken. Besonders interessant sind die *adornos*, kleine Figuren, mit denen die Arawaken Vasen und Schüsseln schmückten.
Musée Départemental d'Archéologie et de Préhistoire, *Öffnungszeiten: Mo 13-17 Uhr, Di-Fr 8-17 Uhr, Sa 9-12 Uhr, www.cg972.fr/mdap.*

Weiter geht es am **Hauptpostamt** vorbei, bis man rechts im Parkgelände das bekannte **Denkmal der Kaiserin Joséphine** aus Carrara-Marmor sieht. Der Blick der Denkmalfigur ist zum Dorf Trois-Îlets gerichtet, wo *Joséphine* zur Welt kam. Allerdings hat der Kopf der schönen Kreolin anscheinend heftige Liebhaber, da er immer wieder entwendet wird.

Die Cathédrale de St-Louis von der Strandpromenade aus

Schräg gegenüber erhebt sich das merkwürdige Bauwerk der **Schœlcher-Bibliothek,** das ebenso wie das gleichnamige Städtchen (s. u.) nach *Victor Schœlcher* benannt ist, der 1794 die Sklaverei auf den Französischen Antillen abschaffte. Die vielfarbige Bibliothek ist von Architekt *Henri Picq* auf dem Grundriss eines griechischen Kreuzes und im romanisch-byzantinischen Stil konzipiert worden. 1889 diente sie als Karibischer Pavillon auf der Pariser Weltausstellung und kann in einigen Details der Eisenkonstruktion eine Verwandtschaft zum gleichaltrigen Eiffelturm nicht verleugnen. In seine Einzelteile zerlegt, wurde er später nach Fort-de-France verschifft und ist seitdem mit seiner herrlichen Glaskuppel ein architektonisches Kleinod der Hauptstadt. Direkt daneben, jenseits der Rue Victor Sévère, verdient das weiße **Gebäude der Präfektur** im klassizistischen Stil Beachtung.

Architekt Picq

Folgt man der Begrenzung des Platzes zum Ausgangspunkt zurück, kommt man östlich am Inselparlament vorbei, dem **Conseil Général**. Lohnend ist auch der Spaziergang in entgegengesetzter Richtung, wo sich im Rücken der Schœlcher-Bibliothek mehrere wichtige Bauwerke und quirlige Einkaufsstraßen konzentrieren. Nach etwa 200 m auf der Rue Victor Sévère stößt man an der Rue de la République auf das **alte Rathaus** (Hôtel de Ville) im Stil der Kolonialzeit (heute: **Théâtre Municipal**), und rechts davon auf das neue Rathaus.

In südlicher Richtung passiert man auf der Rue de la République die **Place Vony**, einen Block weiter links den alten Justizpalast (Palais de Justice), vor dem sich inmitten einer Grünfläche eine **Büste Victor Schœlchers** erhebt.

Zwei Blocks weiter südlich ragt der 60 m hohe **Turm der Kathedrale** – ebenfalls an einem Platz gelegen – als markanter Blickfang empor. Das erst 1978 ausgeführte Gotteshaus folgt den Plänen jenes Architekten *Picq*, der auch die Schœlcher-Bibliothek konzipierte. Alle sechs Vorgängerkirchen fielen Naturkatastrophen zum Opfer, weshalb man die **Cathédral de Saint-Louis** durch eine Spezialkonstruktion von Anfang an erdbebensicher machte. Die Straßen in dieser Gegend sind für ihre guten Einkaufsmöglichkeiten bekannt.

Ein Besuch in Fort-de-France bliebe unvollständig, wenn man nicht einen der schönen Märkte besucht hätte. Am farbenfrohesten ist der **Grand Marché**, den Sie 200 m westlich der Kathedrale über die Rue Blénac oder die Rue A. Siger erreichen. Hier werden Obst, Gemüse und eine überwältigende Fülle tropischer Früchte angeboten. Viel Lokalkolorit bieten auch der **Fleischmarkt** ganz in der Nähe und der **Fischmarkt** am Fluss Rivière Madame. Dieser Fluss schließt das eigentliche Zentrum zum Westen

Die Kirche Sacré Cœur de Balata

hin ab, während im Norden der breite Boulevard du Général de Gaulle eine künstliche, aber deutlich wahrnehmbare Grenze darstellt.
Direkt jenseits der Stelle, wo der Boulevard auf den Rivière Madame trifft, lohnt der **Parc Floral** als grüne Oase einen Besuch. Wer einen Mietwagen oder ein Taxi zur Verfügung hat und sich auch in der näheren Umgebung von Fort-de-France umschauen möchte, könnte einen Abstecher zu den beiden Forts Gerbault und Desaix (jeweils nördlich des Boulevard du Général de Gaulle) unternehmen oder das hochgelegene, unmittelbare Hinterland aufsuchen. Besonders das **Plateau Didier** (von der N-2 nördlich auf die D-45 abbiegen) bietet immer wieder schöne Ausblicke auf die Stadt, den Hafen und die Baie de Fort-de-France. Die D-45 (Route de Didier) führt dabei durch ein Villenviertel mit vielen Kolonialbauten und endet an der Mineralquelle der Fontaine Didier.

Aus mehreren Gründen ist die Fahrt auf der N-3 in nördlicher Richtung reizvoll: Erstens hat man im ersten Abschnitt auch hier einen guten **Panoramablick** auf die Stadt, und zweitens wartet in der Ortschaft **Balata** (sieben Kilometer) mit der Kirche **Sacré Cœur** eine bauliche Kuriosität auf die Besucher. Dieses Gotteshaus wurde 1928 fertig gestellt und ist eine verkleinerte Kopie der gleichnamigen Kirche auf dem Pariser Montmartre.

Kolibris im Botanischen Garten von Balata

Jardin de Balata

Drei Kilometer weiter liegt vor den vulkanischen Pitons du Carbet der Botanische Garten von Balata:
Der Garten gehört zu den schönsten, die es im karibischen Raum gibt. Nicht nur die Prachtexemplare der tropischen Flora, sondern auch die gepflegte Anlage, die umgebende Landschaft und ein kreolisches Haus lohnen den Ausflug unbedingt.

Jardin de Balata, *Route de Balata, ☏ 0596-644873, www.jardinbalata.fr. Öffnungszeiten: tägl. 9-17 Uhr.*

Ebenfalls lohnend ist die Fahrt an der nördlichen Küste entlang. Dazu verlassen Sie das Zentrum über den Boulevard Alfassa und fahren immer in Küstennähe auf die **Ortschaft Schœlcher** zu. Weiter nördlich kommt man in die Peripherie der Hauptstadt, wo sich nicht nur Büros, Behörden und die **Universität** (Université des Antilles et de la Guyane) angesiedelt haben, sondern auch ausgedehnte Villenviertel, die ersten Badestrände (**Madiana Plage, Anse Madame**) und einige größere Hotels liegen. Hier befindet man sich bereits in der Gemeinde Schœlcher, einem ehemaligen Fischerdorf, das inzwischen zu einer Kleinstadt angewachsen ist.

Reisepraktische Informationen zu Fort-de-France und Umgebung

➤ Information

s. S. 271

Unterkunft (s. Karte S. 268f)

La Batelière €€€€, *(6), 20 Rue des Alizés, Schœlcher, ☎ 0596-617990, 🖷 0596-96617057. Eines der führenden Hotels der Insel. Mit 195 Zimmern, Kasino, sechs Tennisplätzen, umfangreichem Wassersportangebot, drei Restaurants, populärer Bar „Buccaneer", der Diskothek „Club 21" und kleinem Strand.*

Squash Hotel €€€€, *(7), 3 Boulevard de la Marne, Fort-de-France, ☎ 0596-728080 🖷 0596-630074, www.squashhotel.com. Dreistöckiges, komfortables Haus nur wenige Minuten von der Place Savanne entfernt im Regierungsviertel gelegen; 108 Zimmer, Swimmingpool und verschiedene Bäder, Gesundheitszentrum, mehrere Squashplätze, Bar, gutes Restaurant.*

Impératrice €€€, *(8) Rue de la Liberté, Fort-de-France, ☎ 0596-630682 🖷 0596-726630, www.caribin.com. Nettes Stadthotel mitten im Herzen von Fort-de-France und unmittelbar an allen Sehenswürdigkeiten gelegen mit 24 Zimmern, davon 20 mit Balkon. Restaurant, Bar und Straßencafé – ideal für Stadtenthusiasten, denen Straßenlärm nichts ausmacht.*

Malmaison Hotel €, *(9), Rue de la Liberté, Fort-de-France, ☎ 0596-71908520. Gutes Preis-Leistungsverhältnis, geräumige, saubere Zimmer; Restaurant, gut besuchte Bar.*

Victoria €, *(10), Route de Didier, Fort-de-France, ☎ 0596-605678, 🖷 0596-600024. Liegt im feineren Vorort Didier am Hang. Schöner Blick über die Bucht von Fort-de-France, der besonders bei Geschäftsreisenden beliebt ist. 27 Zimmer (AC) mit Kühlschrank, gute Busanbindung in die Innenstadt, Swimmingpool.*

Essen und Trinken

Chez Géniève, *Rue Blénac, in der Markthalle von Fort-de-France. Einfaches Restaurant in turbulenter Umgebung. Nur mittags geöffnet, gute kreolische Küche; zu empfehlen ist das Menu du jour.*

Le Marie-Sainte, *160 Rue Victor Hugo, tägl. außer So geöffnet. Beste kreolische Spezialitäten der Stadt.*

Lina's Café, *15 Rue Victor Hugo. So und Mo abends geschlossen. Sozusagen ein Gourmet-Café mit leckeren Sandwiches, Kuchen, Quiches und dem besten Kaffee der Stadt.*

Le Planteur, *1 Rue de la Liberté, Sa und So mittags geschlossen. Blick auf die Bucht von Fort-de-France und den Savannen-Park. Fischgerichte, kreolische Küche.*

Le Couscousier, *1 Rue Perrinon, So geschl. Sehr gutes nordafrikanisches Essen mit Blick auf die schöne Bibliothek Schœlcher.*

Rundfahrt Nordwesten

Dieser Ausflug führt von Fort-de-France auf der N-2 entlang der Westküste in den Norden, wo mit **St. Pierre** und dem **Vulkan Montagne Pelée** zwei der wichtigsten Sehenswürdigkeiten der Insel liegen. Nach einem möglichen Abstecher bis **Le Prêcheur** geht es durch das Bergland auf der N-3 über **Morne Rouge** und **Balata** zurück zur Hauptstadt. Ohne weitere Exkursionen beträgt die Fahrtstrecke etwa 70 km, dennoch sollte man sich einen Tag Zeit lassen und noch einen mehr, wenn man im Vulkangebiet wandern möchte. Dann ist es sogar ratsam, sich in eine der Unterkünfte im Gebiet von St. Pierre einzubuchen, um früh morgens loswandern zu können.

Vom **Flughafen Lamentin** führt die N-1, die als Autobahn vier- bzw. sechsspurig ausgebaut ist, über Brücken und in Tunnels durch die Hauptstadt, ab dort führt sie als N-2 weiter in Richtung St. Pierre. Je nach Tageszeit (morgens und bei Büroschluss *Stop-and-go*-Verkehr), kann es eine Weile dauern, bis man die Ausfahrten Schœlcher und Casse-Pilote passiert hat. **Casse-Pilote** ist ein hübscher Ort links der N-2, mit einer sehr interessanten **Barockkirche**. Dahinter hört die Autobahn auf, wird aber zu einer gut ausgebauten Landstraße.

Auf der Küstenstraße nach Norden

Kurz vor dem Fischerdorf Bellefontaine gelangen Sie nach rechts auf einer Stichstraße zum aussichtsreichen Berg **Panorame Verrier.** Auf der Küstenstraße führt der Weg weiter nach **Fond Capot**, dann in einem weiten Bogen durch das Inselinnere (schöne Rundfahrt über die D-20 zur 400 m hoch gelegenen Ortschaft **Morne-Vert**, der „Petit-Suisse", möglich), um bei Le Coin wieder das Meer zu erreichen. Bald sieht man die ersten schwarzen oder grauen Sandstrände und – wenn man Glück hat – auch einige **Gommiers**, die traditionellen Einbäume aus dem Holz des Gum-Baumes. Das nächste Fischerdorf trägt den Namen **Le Carbet** und ist ein kleiner, reizender Ort mit einstöckigen Häusern und einem grauen Sandstrand. Der lokalen Überlieferung zufolge sollen hier sowohl der Genuese *Kolumbus* als auch der Franzose *d'Esnambuc* an Land gegangen sein.

Anstatt nun weiter auf der N-2 zu bleiben, ist es lohnender, dem Hinweisschild „*Itinéraire touristique*" am Ortseingang nach rechts zu folgen. An einer alten Rum-Brennerei vorbei führt die schmale, aber gut zu fahrende Straße hoch und schlängelt sich durch eine **paradiesisch ruhige Landschaft** mit fruchtbaren Obstgärten und Palmen, immer mit **Blick auf St. Pierre und den Vulkan Montagne Pelée** in der Ferne.

Kurz bevor diese empfehlenswerte Alternativstrecke wieder in die Nationalstraße einmündet, passiert man das zurzeit leider geschlossene **Paul Gauguin-Museum**. Das mit seinem spitzen, roten Blechdach ein wenig sakral wirkende Museum erinnerte an den fünfmonatigen Aufenthalt des Malers in St. Pierre (1887). Es verfügte nicht über originale Gemälde, sondern dokumentierte anhand von Briefen, Fotos, Reproduktionen und persönlichen Gegenständen wichtige Stationen seines Lebens, seiner Reisen sowie die Entwicklung seiner Malerei nach dem Martinique-Besuch. Besonders interessant waren die Reproduktionen jener **Gemälde**, die *Gauguin* **auf der Insel gemalt** hat, sowie Originalbriefe, die er seiner dänischen Frau in Kopenhagen schrieb. Möglicherweise findet sich in naher Zukunft ein neuer Investor des Museum, so dass es wieder eröffnet wird.

Von hier aus geht es auch auf der Küstenstraße (N-2) an einem **schönen Sandstrand** vorbei in Richtung St. Pierre. Sofort hinter dem Tunnel liegt rechter Hand das **„Tal der Schmetterlinge"** (*La Vallée des Papillons*), eine interessante Touristenattraktion. Dieser Botanische Garten ist innerhalb der Ruinen einer der ersten französischen Siedlungen (**Habitation Anse Latouche** aus dem 17. Jahrhundert) angelegt und bietet kleine Tümpel, ein altes Mühlrad, eine üppige Vegetation und unzählige Insekten, Spinnen, Käfer und vor allem Schmetterlinge. Nun sind es nur noch wenige Minuten bis zur alten Hauptstadt St. Pierre. Hinter der Grotte – mit einer Christuskirche auf der rechten Seite – und dem kleinen Sandstrand kann man sich überlegen, ob man den Wagen abstellt, um sich mit den kleinen Touristenzügen des „Cyprais Express" der **Ruinenstadt** zu nähern. Diese **Bähnchen** fahren täglich von 9.30-16.30 Uhr durch die interessantesten der freigelegten Straßen; die Bezeichnung ist u. a. auch auf Englisch.

Ausflugsziel St. Pierre

Das heute gut 23.000 Einwohner zählende Städtchen war **ehemals die Hauptstadt der Insel** und kultureller Mittelpunkt der Französischen Antillen. Die völlige Vernichtung durch den **Ausbruch der Montagne Pelée** war eine der größten Naturkatastrophen der Karibik und brachte der Stadt den traurigen Beinamen „Pompeji der Karibik" ein. Noch immer sind die Spuren der Katastrophe zu sehen, die im örtlichen Vulkanmuseum, dem **Musée Volcanologique,** dokumentiert wird.
Musée Volcanologique, *geöffnet täglich von 9-17 Uhr.*

Ehemalige Hauptstadt

St. Pierre hat sich niemals wieder von dieser Katastrophe erholt; folgerichtig ging die Hauptstadtfunktion an Fort-de-France über. Immer noch wirkt vieles verfallen und ärmlich. Immerhin hat der **Wiederaufbau** einige schöne Resultate gezeigt, so wie am Gemüsemarkt mit Markthallen direkt am Hafen, auf dem eine *Schœlcher*-Büste daran erinnert, dass hier der ehemalige Sklavenmarkt abgehalten wurde. In der Nähe befinden sich einige im **kreolischen Stil restaurierte Häuser**, Restaurants und im Meer der lange, moderne Pier für die Kreuzfahrtschiffe. Bei der Stadtbesichtigung orientiert man sich an den beiden parallel verlaufenden Einbahnstraßen, wobei man vom Süden über die höher gelegene **Rue Victor Hugo** einfährt.

Kathedrale

Rechter Hand der Straße liegt die sehr große Kathedrale, von außen durch zwei Westtürme dominiert. Hinter einer Vorhalle erstrecken sich im Innern drei durch **dorische Säulen** getrennte Schiffe, deren mittleres tonnengewölbt ist. Die Einrichtung und bunten Glasfenster wirken schwülstig, aber volksnah. Schon 1654 gab es an dieser Stelle eine Klosterkirche, die die Engländer 1667 zerstörten.

Wiederaufgebaute Stadt

Der Neubau von 1816 war *„Unserer Lieben Frau des sicheren Hafens"* geweiht und wurde auch von frommen Freibeutern genutzt, die einen Teil ihrer Beute dort opferten. 1853 zur Kathedrale erhoben, schmückten ab 1856 zwei prächtige Westtürme mit hohen, oktogonalen Aufsätzen die **Bischofskirche**. Von diesen sind heute nur noch die Stümpfe zu sehen. Nach dem Vulkanausbruch lag die Kirche in Trümmern und ist erst später mit viel Beton wieder aufgebaut worden.

INFO

Der Ausbruch von 1902 – Tagebuch einer Katastrophe

Obwohl man sich der Nachbarschaft des gefährlichen Vulkans stets bewusst war, war das Leben in St. Pierre von Eleganz und Luxus geprägt. Als der Maler *Paul Gauguin* die 30.000 Einwohner zählende Stadt das „Paris der Antillen" nannte, dachte er wohl an die vielen Springbrunnen, das berühmte Theater mit seiner prachtvollen Freitreppe, die großartige Kathedrale, an die hohen Bürgerhäuser mit schmiedeeisernen Balkonen und die gepflasterten Gassen, auf denen Frauen unter Sonnenschirmen spazieren gingen. Unten im Hafen schwitzten die Arbeiter beim Rollen der Rumfässer, während draußen Dutzende von großen Segelschiffen auf Reede lagen. Unerwartet kam die Katastrophe nicht: Schon 1851 hätte ein leichter Ausbruch sowie in der Folge immer wieder Rauch- und Dampfwolken über dem 1.400 m hohen Gipfel des Vulkans ausreichend Warnung sein können. Die Eruption von 1902 – zu Beginn des Jahres durch dampfende Fumarolen im oberen Teilabschnitt angekündigt – hatte denkbar schlimme Folgen, weniger durch unabwendbares Schicksal, als in hohem Maß mitverantwortet durch Fehleinschätzungen und Versagen der Behörden.

Die ehemalige Hauptstadt St-Pierre

23. April 1902: In St. Pierre spüren die Einwohner leichte Erdstöße, die Luft riecht nach Schwefel, ein leichter Ascheregen geht nieder.
24. April-4. Mai 1902: Der Gipfel des Vulkans wird von mehreren Explosionen erschüttert, worauf ein heftiger Ascheregen die Sonne verfinstert. Tiere werden nervös und beginnen zu fliehen. Einige Straßen sind durch die Asche unpassierbar. Der Gouverneur beschwichtigt die zunehmend erregte Bevölkerung – schließlich steht eine Gemeindewahl am 10. Mai bevor.
5. Mai 1902: Bäche und Flüsse in der Umgebung schwellen an, und eine kochende Schlammlawine vernichtet die Zuckerfabrik am Rivière Blanche; 30 Menschen sterben.
6. Mai 1902: Aus dem Vulkankrater sind dumpfes Grollen und erneute Explosionen zu hören. Die Bevölkerung will fliehen, aber der Gouverneur lässt Truppen aufmarschieren, die alle Einwohner gewaltsam zurückhalten.
7. Mai 1902: Beschwichtigungsversuche in der Presse: „Wir können diese Panik nicht verstehen. Wo könnte außerhalb von St. Pierre jemand besser Schutz finden als in der Stadt?" (Tageszeitung „Les Colonies")
8. Mai 1902: Das Ende: Schiffsmannschaften sehen, wie am Vulkan eine gigantische Dampffontäne hochschießt, und hören um 7.50 Uhr vier Detonationen. Gleichzeitig

INFO

steigt schwarzer Rauch auf, während aus dem Krater seitlich eine 2.000° C heiße Glutlawine fließt, die mit 150 km/h auf die Küste zurast. Alle Uhren bleiben um 7.52 Uhr stehen. Innerhalb von zwei Minuten sind die Stadt und mit ihr mehr als 30.000 Menschen ausgelöscht. Durch die Hitze verbrennt nicht nur sämtliches Holz, sondern auch Glas, Porzellan und Metalle schmelzen; selbst die Schiffe im Hafen fangen Feuer und sinken.
9.-11. Mai 1902: Fassungslos stehen Rettungsmannschaften in einem völlig zerstörten Ruinenfeld. Aus dem Keller des örtlichen Gefängnisses befreit man nach drei Tagen den schwer verbrannten und halb verhungerten Häftling *Cyprais* – er ist der einzige Überlebende der ganzen Stadt.

Franck-Perret-Museum

Etwa 400 m hinter der Kathedrale kommt man zum hoch gelegenen vulkanischen Museum, das als kleiner Block an der Stelle des alten Forts steht. Von der mit Kanonen bestückten Terrasse hat man eine **gute Sicht auf die Ruinen der Unterstadt**, die Kathedrale, den Hafen und den Urheber der Katastrophe, den Montagne Pelée. Das nach einem **amerikanischen Vulkanologen** benannte und 1932 gegründete Museum hinterlässt einen tiefen Eindruck von der Tragödie der Stadt. Man sieht durch die Glut zusammengebackenes Geschirr und geschmolzene Flaschen, die riesige, verformte Glocke der Kathedrale, Uhren, die alle zur gleichen Zeit stehen geblieben sind, Bilder der Opfer und viele Fotos, die das Leben in St. Pierre vor und nach der Katastrophe dokumentieren. Etwa 100 m weiter sieht man rechts der Rue Victor Hugo noch den prächtigen Treppenaufgang des ehemaligen Theaters und daneben das Verlies, aus dem man den Häftling *Cyprais* befreite. Wenn man nun nach links abbiegt, kann man sich den Hafen und das Ruinenfeld der Unterstadt anschauen.

Relikte der Katastrophe

Franck-Perret-Museum – *Rue Victor Hugo, geöffnet tägl. 9-17 Uhr.*

Ignoriert man diese Abzweigung, kommt man zur alten Steinbrücke über den Rivière Roxelane. Genau davor biegt rechts die Nationalstraße N-2 in Richtung Morne Rouge ab.

Abstecher nach Le Prêcheur

Bei genügend Zeit sollte man in St. Pierre noch nicht die Küste verlassen, sondern sich auf der nun immer schmaler werdenden Straße D-10 am Fuß des Vulkans weiter in nordwestlicher Richtung halten. Doch Vorsicht: Entgegen der Darstellung auf manchen Landkarten (auch solchen des Fremdenverkehrsamtes) ist es **nicht möglich, rund um die Nordspitze Martiniques zu fahren**.

Nettes Ausflugsziel

Nach etwa zehn Kilometern ist an der Anse Céron definitiv Schluss, von dort kommen Sie nur über einen 18 km langen Fußweg weiter (nach Grand'-Rivière). Der Ausflug nach Le Prêcheur lohnt sich wegen der **grandiosen Landschaft** und des **hübschen Ortes**. Le Prêcheur ist eine der ältesten Siedlungen auf Martinique, in dem die spätere Gemahlin *Ludwigs XIV., Madame Maintenon*, einen Teil ihrer Kindheit ver-

Palmenalleen auf dem Weg nach Le Prêcheur

brachte. Außer dem Stadtstrand mit seinen vielen Fischerbooten gibt es eine interessante Kirche mit zwei von kleinen Pyramiden bekrönten Türmen, eine stimmungsvolle *Mairie* und einen interessanten, dreieckigen Platz am südlichen Ortseingang zu sehen.

Wer wandern möchte, hat Gelegenheit, kurz vor dem Ortseingang rechts abzubiegen, dann links am Fernsehsender vorbeizufahren und nach einer kurzen Weile den Weg zu Fuß über die Grande-Savane auf den Montagne Pelée fortzusetzen. Dazu braucht man mindestens (!) vier Stunden. Wie jede Besteigung des Vulkans sollte sie allerdings nur bei guten Bedingungen und von erfahrenen Wanderern durchgeführt werden! 4,5 km hinter dem Ort endet die Straße an einem großen Parkplatz. Das Verbotsschild für die Weiterfahrt sollte respektiert werden – die Betonpiste ist ohnehin so schlecht, dass man kurze Zeit später aufgeben müsste. Besser ist es, die Wanderwege zu nutzen oder am **schwarzsandigen, palmengesäumten Strand** eine Pause einzulegen. Beachten Sie bitte, dass das Baden wegen des hohen Wellengangs nicht ungefährlich ist.

Von St. Pierre aus führt die Fahrt zurück nach Fort-de-France durch eine **üppige tropische Vegetation** mit dichten **Regenwäldern und hohen Baumfarnen**. Mehrere Routen sind dabei möglich. Am besten ausgebaut ist die N-2, die sich in weiten Kehren bis nach Le Morne Rouge hinaufzieht, wo man auf die N-3 stößt.

Im Schatten des Vulkans

Alternativ kann man bis zur N-3 bzw. bis Deux-Choux die D-1 benutzen, eine schwierige und kurvenreiche Straße, von der ab und zu ausgeschilderte Wege zu Aussichtspunkten abgehen und auf der man durch **kleine Bergdörfer mit hübschen Kirchen** kommt. Welche Alternative man auch wählt, kurz hinter St. Pierre sollte man anhalten und den Blick zurück auf die Stadt und das blaue Karibische Meer genießen. Wer die N-2 benutzt, erreicht nach 7,5 km den 450 m hoch gelegenen alten Kurort **Le Morne Rouge**.

Auch dieses Landstädtchen hatte unter dem nahen Vulkan zu leiden: Am 30. August 1902, vier Monate nach der Vernichtung St. Pierres, forderte hier eine zweite Eruption des Montagne Pelée ebenfalls mit einer Glutwolke etwa 1.500 Menschenleben. Von Morne Rouge aus kann man auf der N-3 nach Petite Savane und weiter zur Nordostküste fahren oder in entgegengesetzter Richtung etwa acht Kilometer nach Deux-Choux. Die **blühende Vegetation** (Anthurien-Plantagen)

Tipp

Mit einigen netten Restaurants bietet sich Le Prêcheur, das übrigens 1902 genau wie St. Pierre vernichtet wurde, auch für eine Mittagspause an.

und **etliche Bananenplantagen** zeigen, dass der Vulkanismus die Böden äußerst fruchtbar gemacht hat.

Ab Deux-Choux schlägt sich die D-1 auf gewundener und schmaler Strecke in östlicher Richtung (Gros-Morne; La Trinité) quer durchs Inselinnere. Aber auch die N-3, deren Verlauf **Route de la Trace** genannt wird, ist nicht minder interessant.

Durch dichten Tropenwald und an kristallklaren, kalten Flüssen (u. a. Rivière Blanche) vorbei kommt man zum 650 m hoch gelegenen Pass nahe der **Pitons du Carbet**. In dieser **phantastischen Gebirgslandschaft** stehen Wanderern viele Möglichkeiten offen, vor allem die vier über 1.000 m hohen Gipfel der nächsten Umgebung sind reizvolle Ziele.

Weitere Stopps lohnen sich am **Maison de la Forêt** und in **Absalon**, einem zwei Kilometer entfernten Kurort mit **warmen Quellen**. Schließlich kommt man zum Botanischen Garten und zum Ort Balata, in dem die Miniatur-Nachbildung der Kirche Sacre Cœur (s S. 282) in Paris zu bestaunen ist. Von hier aus sind es nur noch sieben Kilometer bis zum Ausgangspunkt Fort-de-France.

Reisepraktische Informationen zum Nordwesten von Martinique

Unterkunft (Karte s. S. 266f)

Es gibt eine Handvoll Unterkünfte in der Gegend von St. Pierre. Zwei davon sind:
Le Fromager €-€€, *(1), Route des Fonds, St. Denis, ☎ 0596-781907. Vier Bungalows, die am Hang in den Bergen liegen und alle einen Meerblick bieten.*
Résidence €-€€, *(2), nördlich von St. Denis, ☎ 0596-783273. Kleiner Familienbetrieb, der einfache Bungalows anbietet. Die Anlage verfügt über einen Swimmingpool.*

Essen und Trinken

La Factorerie, *St. Pierre, ☎ 0596-781907. Mittags geöffnet, außer Sa, abends; Reservierung nötig. Französische und kreolische Küche.*
La Belle Capresse, *Le Prêcheur, ☎ 0596-529623. Ausgezeichnetes Fischsoufflé.*
L'imprévu, *direkt am Strand von Le Carbet, ☎ 0596-780102. Tägl. außer So u. Mo abends geöffnet. Treffpunkt der Insulaner, mit kreolischer Musik, lokale Spezialitäten.*

Norden und Nordosten: Nach Macouba und La Trinité

Auch auf dieser Rundfahrt erlebt man den Vulkan und die gebirgigen Regenwälder, zusätzlich jedoch die **grandiose Nordküste** und die Strände der **Caravelle-Halbinsel**. Die Fahrleistung beträgt etwa 170 km und ist nur an einem ganzen Tag zu schaffen. Die erste Etappe ist dabei mit der oben beschriebenen Rückfahrt ab Morne Rouge identisch, geht also über die N-3 (Route de Trace) von Fort-de-France/Lamentin nach Balata, Deux-Choux und Le Morne Rouge.

Hinweis

Entlang der Strecke von Le Morne Rouge bis Basse-Pointe hat man verschiedentlich Gelegenheit, sich auf Stichstraßen dem Vulkangipfel zu nähern und ausgedehnte Wanderungen zu unternehmen. Touren auf den 1.397 m hohen Gipfel sollten nur von geübten Wanderern – evtl. in Begleitung eines einheimischen „guide" – und bei guten äußeren Bedingungen durchgeführt werden. In der Gipfelregion ist stets mit starken Regenfällen, Nebel und Schlamm zu rechnen. Deshalb gehören unbedingt Bergschuhe und Regenzeug zur Ausrüstung. Die beste, weil trockene Jahreszeit für eine solche Exkursion ist von Dezember bis April.

Bei der Rundfahrt lohnt sich zunächst der Abstecher zu den Macintosh-Blumenplantagen, wo vor allem Anthurien für den Export gezüchtet werden: Hier bestellte Blumen werden Ihnen am Abflugtag zum Flughafen gebracht. Die Plantage erreichen Sie auf einem ausgeschilderten, fünf Kilometer langen Weg am nördlichen Ortseingang.

Blumen, Bananen und Ananas

Einige Kilometer weiter auf der N-3 geht in **Petite Savane** links die D-39 in Richtung **Montagne Pelée** ab. In vielen Kehren fährt man dabei durch Ananasplantagen und an einem Fernsehsender vorbei, bis man die **Refuge d'Aileron** erreicht hat. Hier gibt es ein Restaurant und eine Schutzhütte. Vom dortigen Parkplatz aus können Wanderer in gut drei Stunden zum Vulkankrater gelangen. Neun Kilometer hinter Petite Savane kommt man nach kurvenreicher Fahrt zum 260 m hoch und inmitten von Ananasfeldern gelegenen Dorf **L'Ajoupa-Bouillon**. Sehenswert sind die hübsche Kirche von 1848 und die vielen blühenden Gärten. Vorher schon ist am Ortseingang der kleine Abstecher nach links sehr lohnend, auf dem man zur Schlucht **Gorges de la Falaise** gelangt.

Hier hat man Gelegenheit, eine Wanderung (eine halbe bis eine Stunde sollten Sie schon einrechnen) auf **Bambuspfaden** und über Bäche durch eine unberührte, enge **Lavaschlucht** bis hin zum **natürlichen Pool** zu unternehmen. Genauso schön ist hinter dem Ortsausgang der Abstecher rechts nach **Les Ombrages**. Dieser Botanische Garten inmitten der ursprünglichen Natur offeriert schön gepflegte Wege und am Eingang ein 1.200 m² großes Gewächshaus, in dem ideale Bedingungen für Tausende von Raupen und Schmetterlingen geschaffen wurden (*Jardin des Papillons*).

Nach zwei Kilometern stößt die N-3 auf die N-1, auf der man in südöstlicher Richtung nach Lorrain, Marigot und Ste. Marie weiterfahren kann. Empfehlenswert ist es jedoch, zunächst nach links auf die D-10 abzubiegen. Über den größten Fluss der Insel, den Rivière Capot, und an den Ruinen ehemaliger Plantagenhäuser und Zuckerfabriken vorbei (Habitation Capot; Habitation Pécoult) erreicht man das Dorf **Tapis Vert**, wo eine schmale Stichstraße wieder auf den Vulkan zuführt.

Alte Zuckerplantage

An dieser Straße gelegen, lohnt die ehemalige Zuckerfabrik und Rum-Destillerie **Plantation Leyritz** aus dem 18. Jahrhundert einen Besuch, die inmitten ausgedehnter Ananasfelder liegt. Heute beherbergen die alten Gemäuer ein vorzügliches Hotel mit Restaurant sowie ein interessantes **Puppenmuseum**. Die dort ausge-

stellten Puppen sind fragile Gebilde, die sämtlich aus Blättern, Stöckchen und Blumen gefertigt sowie mit historischen Mini-Kostümen bekleidet sind.
Plantation Leyritz, ☏ 0596-785392

Zurück auf der D-10, durchquert man die Kleinstadt **Basse-Pointe**, in der der berühmte *Aimé Césaire* geboren wurde und die einen hohen indisch stämmigen Bevölkerungsanteil hat (Hindutempel). Weiter geht es fünf Kilometer an der wilden und teilweise spektakulären Atlantikküste entlang zum Dorf **Macouba**, das einmal für seinen feinen, gut duftenden Tabak bekannt war.

Landeinwärts kann man von hier aus der **Rum-Destillerie „J.M."** in **Fonds-Préville** einen Besuch abstatten. Noch weiter entlang der Nordküste und durch dichten Regenwald führt die immer enger werdende Straße bis Grande-Rivière, wobei man auf fotogenen Brücken tiefe Lavaschluchten überquert und Wanderpfade zur Montagne Pelée passiert. Bei entsprechenden Sichtverhältnissen kann man gut die Nachbarinsel Dominica erkennen.

Im malerisch an einem Fluss gelegenen **Grande-Rivière** (schwarzer Sandstrand) ist die Autostraße zu Ende, obwohl einige Landkarten die D-10 die Nordspitze umrunden lassen. Wer über die entsprechende Zeit verfügt, sollte die 18 km lange Wanderung bis Le Prêcheur bzw. Anse Céron unternehmen. Dieser Weg führt am Rand des Vulkans entlang mit Blick auf das Meer durch eine der großartigsten Landschaften der Karibik (Naturschutzgebiet **Domaine du Prêcheur**, 510 ha).

Malerische Strände

Auf gleicher Straße muss man nun also die 21 km wieder zurück bis zur Weggabelung mit der N-1 und N-3. Von hier aus kommt man auf der N-1 nach sieben Kilometern wieder an die Küste und durch das recht große Städtchen **Le Lorrain**. Hier gibt es eine markante Kirche, einen lebhaften Markt, viele Geschäfte und einen lang gestreckten Sandstrand. Allerdings kann hier, wie auch an den folgenden Stränden der Atlantikküste, das Baden wegen der hohen Brandung zum Risiko werden.

Anschließend passiert man das Fischerdorf **Marigot** und den Sandstrand der **Anse Charpentier**, in deren Umgebung Süßwasserkrebse gezüchtet werden. Im Hinterland lohnt der ausgeschilderte Abstecher zur **Habitation Fonds St. Jacques**, wo Überreste des 1658 gegründeten Dominikanerklosters und der unter *Pater Labat* 1693-1705 eingerichteten Zuckerfabrik und Rum-Destillerie zu sehen sind.

Das Musée de la Banane lockt mit Kostproben

Zurück an die Küste, geht es auf der D-24 gleich wieder ins Hinterland zum **Musée de la Banane**, das die verschiedensten Bananensorten zum Probieren anbietet. Um zum großen und ausufernden

Sainte-Marie zu gelangen, fahren Sie den gleichen Weg zur N-1 wieder zurück. Der Ort hat außer einer großen weißen Kirche von 1851 zwei Museen anzubieten: einmal das **Musée du Rhum** am nördlichen Ortsausgang, und zum andern das **Musée Père Labat** am südlichen Ortsausgang (hinter der Abzweigung der D-25).
Musée de la Banane, *Öffnungszeiten tägl. von 9-17 Uhr*
Musée du Rhum, *Öffnungszeiten: Mo-Fr 9-18 Uhr, Sa-So 9-13 Uhr*

Halbinsel mit Badebuchten

Die nächste Station ist **La Trinité**, ein hübscher Ort mit einer Kirche des 19. Jahrhunderts und einer gepflegten Uferpromenade, an der einige alte Kanonen aufgestellt sind. Von hier hat man bereits den Blick auf die Halbinsel Caravelle (**Presqu' île de la Caravelle**), wo *Paul Gauguin* einige Bilder malte, und die sich für einen 12 km langen Ausflug anbietet. Dazu richtet man sich nach den Hinweisschildern nach Tartane und kommt auf der gut ausgebauten Straße D-2 durch Zuckerrohrfelder weit in den Osten.

Zum Norden hin ist die – wie ein Finger – in den Atlantik ragende Halbinsel durch sanfte Buchten gegliedert, in denen schöne Sandstrände mit Palmen zum Baden einladen. Am Strand von Tartane liegen Fischerboote, während an der Straße mehrere gute Restaurants auf Kundschaft warten. Schöner noch ist die nächste Badebucht an der Pointe de l'Anse l'Étang (Feriensiedlung, Parkplatz, Minigolf, Cafeteria). Dahinter hört die Asphaltdecke der Straße auf, so dass es sehr mühselig ist, noch weiter in den unter Naturschutz stehenden Ostteil (**Nationalpark Caravelle**) zu fahren. Wer die Schlaglöcher nicht scheut, wird mit dem Anblick des **Château Dubuc** belohnt. Das in Ruinen liegende Gebäude geht auf *Pierre Dubuc* zurück, der 1657 nach Martinique kam.

Für die Rückfahrt zur Westküste bieten sich von La Trinité aus zwei Möglichkeiten:
Auf der N-4 können Sie die Insel über Gros-Morne und St. Joseph durchqueren und zur Hauptstadt Fort-de-France zurückkehren.
Die N-1 führt etwas weiter südlich nach Le Lamentin, von wo Sie schnell nach Trois-Îlets und Pointe-du-Bout gelangen.

Reisepraktische Informationen zur Atlantikküste von Basse-Pointe bis nach Trinité

Unterkunft (s. Karte S. 266f)
Hotel Plantation Leyritz €€€€, *(**3**), Basse-Pointe, ☏ 0596-78539, 🖷 0596-789244, www.karibea.com. Stilvolles Hotel mit 48 komfortablen Zimmern, untergebracht im ehemaligen Küchengebäude und in Sklavenhütten. Restaurant mit vorzüglichen kreolisch-französischen Gerichten. Landschaftlich reizvoll gelegen, allerdings tagsüber starker Besucherandrang.*
La Sikri Auberge €-€€, *(**4**), Quartier Etoile, Le Lorrain, ☏ 0596-538100, 🖷 0596-537873, www.caribin.com/lasikri/index.html. Sikri liegt mitten in der tropischen Natur am Fuße des Morne Jacob. Die Zimmer sind schlicht und modern und für ein bis zwei Personen voll ausgestattet. Zudem gibt es in inseltypischer Art eingerichtete Bungalows für ein bis drei Personen. Die kleinen Hütten, sogenannte Tië Caseë Nou, bestehen aus einem Raum, Badezimmer und einer Terrasse. Restaurant.*

Chez Tante Arlette €-€€, (5), *3 rue Lucy de Fossarieu, Grande-Rivière, Tel 0596-557575, 🖷 0596-557477, www.cheztantearlette.com. Einfache, schön renovierte Zimmer oberhalb des gleichnamigen Restaurants mit Klimaanlage, Badezimmer und TV.*

Essen und Trinken

Plantation Leyritz, *Basse-Pointe, ☏ 0596-785392; elegantes Restaurant im restaurierten Plantagenhaus inmitten der Plantagenanlage, die auch ein Museum und Hotel beherbergt; ursprüngliche Atmosphäre, serpentinenreiche Anfahrt.*
Chez Tante Arlette, *Grande-Rivière (Adresse siehe unter „Unterkunft"); in dem sehr freundlichen kreolischen Restaurant bekocht Arlette höchstpersönlich ihre Gäste mit einem üppigen Drei-Gänge-Menu (crayfish).*

Rundfahrt Südwesten: nach Trois-Îlets und Le Diamant

Das Ausflugsziel der südwestlichen Halbinsel ist vom Hafen in Fort-de-France gut zu sehen: Schließlich sind es nur **sieben Kilometer Luftlinie** bis Les Trois-Îlets, die man mit der **Personenfähre** über die **Baie de Fort-de-France** in 25 Minuten bequem schafft.

Mit dem Auto braucht man auf der Autobahn N-1/N-5 ebenso lang, falls man nicht in die Rushhour zur Feierabendzeit gerät. Auf den 25 Kilometern durch die Ebene passiert man den Industrieort Californie sowie den Flughafen le Lamentin und fährt in einiger Entfernung zur Mangrovenküste bis nach Rivière-Salée. Hier biegt man rechts auf die D-7 ab und kann kurz darauf an der **Maison de la Canne** einen ersten informativen Stopp einlegen. In diesem schönen Museum wird anhand von originalen Gerätschaften und Dokumenten alles Wissenswerte zur Zuckerherstellung, Zeit der Sklaverei und Plantagenwirtschaft erläutert.
Maison de la Canne, *Pointe Vatable, ☏ 0596-683204, Öffnungszeiten: Di-So 8.30 (außer So, dann 9 Uhr) bis 17 Uhr.*

Trois-Îlets

Wenige Fahrminuten später gelangt man zum Städtchen Trois-Îlets (rechts zum Centre Ville abfahren), in dem sich das **größte Touristenzentrum** der Insel befindet. Am kleinen Platz auf der rechten Seite sollte man anhalten.

Pittoreskes Städtchen

Hier sind eine kleine geschlossene **Markthalle**, die **Mairie** und das unvermeidliche Kriegerdenkmal zu sehen, vor allem aber die pittoreske **Pfarrkirche** mit Holzturm. Hier wurde 1765 die spätere Frau *Napoléons, Kaiserin Joséphine*, getauft. Das dreischiffige und in der Mitte mit einer Holzdecke tonnengewölbte Gotteshaus bewahrt am Taufbecken einige Erinnerungen an *Joséphine* auf; gegenüber geht es zu einer kleine Krypta hinab.

Nach dem Kirchenbesuch sollten Sie sich die Zeit nehmen, auf der Nordseite durch die kleine Gasse mit ihren alten Häusern hinab zum **Bootshafen** zu bummeln.

Anschließend fährt man in der bisherigen Richtung weiter – also durch den Ort hindurch. Hinter der Bucht am Ortsausgang passiert man rechter Hand den riesigen 18-Loch-Golfplatz. Auf der anderen Seite geht es sofort hinter der Flussbrücke zu zwei Sehenswürdigkeiten.

Die „Domaine de la Pagerie"

Historischer Landsitz

In diesem Plantagenhaus erblickte *Marie-Rose (Joséphine) Tascher de la Pagerie* am 23. Juni 1763 das Licht der Welt. Bereits als 16-Jährige wurde sie mit einem französischen Adligen vermählt und verließ ihre Heimat. Nach dessen Guillotinierung während der Französischen Revolution gab die schöne Kreolin dem glühenden Liebeswerben des *Generals Bonaparte* nach, der sie 1796 heiratete. In Notre-Dame in Paris setzte ihr *Napoléon Bonaparte* die Krone der Kaiserin auf. Obwohl die Ehe wegen Kinderlosigkeit 1809 geschieden wurde, kehrte sie nie wieder nach Martinique zurück. Von der Bevölkerung verehrt, lebte die ehemalige Kaiserin bis zu ihrem Tod 1814 im Schloss Malmaison bei Paris. In der *Domaine* sieht man die liebevoll restaurierten Überreste ihres Geburtshauses. In einem weiteren Gebäude, das geradewegs aus einer ländlichen französischen Gegend zu stammen scheint, ist ein kleines Museum mit vielen Erinnerungsstücken an das Kaiserpaar untergebracht. Daneben stehen noch der Schornstein der Zuckerfabrik und die Zuckermühle, die einst von Ochsen angetrieben wurde.
Domaine de la Pagerie, *La Pagerie, Le Trois-Îlets, ☏ 0596-683306, Öffnungszeiten: Di- Fr 9-17 Uhr, Sa-So 9.30-12-30 und 15-17 Uhr. Feiertags ab 12.30 geschlossen.*

Botanischer Garten

Als zusätzliche Attraktion wurde 1979 auf dem Gelände der Domaine ein herrlicher Blumenpark eingerichtet, der drei Hektar umfasst und den Aufenthalt besonders im Mai/Juni lohnt, wenn die Flamboyants in Blüte stehen.
Domaine de la Pagerie *Öffnungszeiten: Di- Fr 9-17 Uhr, Sa-So 9.30-12-30 und 15-17 Uhr. Feiertags ab 12.30 geschlossen.*

Anse Mitan/Pointe du Bout

Touristisches Ballungszentrum

Zurück auf der D-7 geht auf der anderen Seite eine Straße zur Anse Mitan ab, wo sich die meisten großen Ferienhotels der Insel und zahlreiche renommierte Restaurants befinden. Trotz dieser touristischen Zentrierung wirkt der Strand nicht außergewöhnlich, sondern ist eher schmal zu nennen. Dafür entschädigt jedoch der **Blick über die Baie de Fort-de-France** hin auf die Hauptstadt, deren Lichter abends herüberblinken, und auf die ein- und ausfahrenden Kreuzfahrtschiffe. Insgesamt verströmt die Anse Mitan und die von Luxusherbergen besetzte Halbinsel Pointe-du-Bout mit ihrer Marina **französisches Flair** *à la Côte d'Azur*.

Auf der D-7 kommt man zwischen der Anse Mitan und den **Anses d'Arles** durch eine **gebirgige, schöne Landschaft**. Ab und zu ist es möglich, auf Stichstraßen hinunter zum Meer zu fahren, wo es feinsandige und noch recht leere Strände gibt. Empfehlenswert ist z. B. der Weg zur Anse Dufour/Anse Noire – insbesondere am Nachmittag, wenn die **Fischer** ausfahren und auf Muscheln die Signale zum Einholen der Netze geben. Touristen sind dabei zur Hilfe eingeladen, wenn sie möchten.

In **Grande Anse**, einem beliebten Badeort, sieht man von der D-7 wieder das Meer und kann in einem der netten Cafés oder guten Restaurants den Blick auf die

Der schöne Strand der Anse à l'Âne

palmengesäumte Bucht und bunte Fischerboote genießen. Kurze Zeit später kommt man an eine Weggabelung. Beide Möglichkeiten führen nach **Le Diamant**: die D-7 durchs Inselinnere und die D-37 an der Küste entlang. Empfehlenswert ist die Küstenstraße, die sehr kurvig, aber gut ausgebaut ist.

Durch den pittoresken Ort Les Anses d'Arlet mit seinen vielen kreolischen Holzhäusern, Fischerbooten und gutem Sandstrand geht es weiter, dann über viele Kurven zum ebenfalls reizenden Fischerdorf Petite Anse und hinauf auf eine Halbinsel rund um den mächtig aufragenden Morne Larcher. Einen phantastischen Ausblick bieten einige Aussichtspunkte auf einen berühmten Felsklotz, der zwei Kilometer vor der Küste liegt:

Rocher du Diamant

Der malerische **„Diamantenfelsen"** ragt 176 m aus dem Meer auf; er hat eine militärische Vergangenheit. Als ihn die Engländer 1804 besetzten, wurde er mit schwerer Schiffsartillerie und 120 Soldaten besetzt, zu einem unsinkbaren und uneinnehmbaren „Kriegsschiff" erklärt und in „H.M.S. Diamond Rock" umgetauft. 17 Monate lang konnten sich die Soldaten gegen eine französische Übermacht behaupten. Erst als listige Franzosen ein mit Rum beladenes Schiff am Felsen stranden ließen und die Briten dem Alkohol nicht widerstehen konnten, fiel der Rocher du Diamant wieder in französische Hände. Da das „Kriegsschiff" aber niemals untergegangen oder ausgemustert worden ist, ist es offiziell immer noch Teil der British Navy und wird entsprechend von vorbeifahrenden Kriegsschiffen gegrüßt.

Felsiges „Kriegsschiff"

Die **Beleuchtung des Felsen** ist spätnachmittags am besten und bei Sonnenuntergang besonders attraktiv. Wer dem berühmten Rocher du Diamant einen Besuch abstatten möchte, kann das mit kleinen Booten im **Pendelverkehr** von Le Diamant aus tun. Seine fischreichen Gewässer werden vor allem von Tauchern geschätzt. Vom Aussichtspunkt **Pointe du Diamant** windet sich die D-37 in **Serpentinen** zur Ortschaft Le Diamant, die einen zunächst mit einem lang gestreckten, zum großen Teil unverbauten Strand begrüßt (Park- und Picknickplätze im Palmenhain). Der Ort selbst hat ein modernes Gepräge, kann aber trotzdem Atmosphäre ausstrahlen. Inzwischen ist er vor allem in seinen östlichen Teilen (Pointe de la Chéry) mit Hotels und Restaurants touristisch entwickelt worden.

Am Ortsausgang stößt man auf die D-7, die einen entweder wieder nach Grande Anse oder östlich bis zur N-5 bringt, so ist man schnell wieder nach Fort-de-France zurückgekehrt.

Reisepraktische Informationen zum Südwesten von Martinique

Unterkunft (s. Karte S. 268f)

POINT DU BOUT, LES TROIS-ÎLETS, ANSE MITAN, ST. FRANÇOIS, LE VAUCLIN.

Sofitel Bakoua €€€€€, *(11), Pointe du Bout, Les Trois-Îlets, ☎ 0596-660202, 🖷 0596-660041, www.frenchcaribbean.com. Ein traditionsreiches Haus und erste Adresse auf der Insel (absolute Luxusklasse; Hotel der Sofitel-Coralia-Gruppe). Vier Gebäude und 132 Zimmer, die allen Komfort bieten. Phantastischer Pool oberhalb des aufgeschütteten Sandstrandes mit Blick auf Fort-de-France, zwei erstklassige Restaurants, Tennisplätze, alle Wassersportangebote, Entertainment. Sportlich-elegante Atmosphäre.*

La Pagerie €€€€, *(12), Pointe-du-Bout, Les Trois-Îlets, ☎ 0596-660530, 🖷 0596-660099. Schönes Apartment-Hotel mit 98 Zimmern, davon die meisten mit Kochecke. Riesiger Swimmingpool, Restaurant und Bar. Zugang zu den Sportmöglichkeiten des benachbarten Hotels „Carayou".*

Frantour €€€, *(15), Anse à l'Ane, Les Trois-Îlets, ☎ 0596-683167, 🖷 0596-683765. Direkt am Strand und inmitten eines tropischen Parks gelegenes First-Class-Hotel mit 77 Zimmern. Restaurant mit kreolisch-französischer Küche. Wassersportangebote.*

Auberge de l'Anse Mitan €-€€, *(13), Anse Mitan-Les Trois-Îlets, ☎ 0596-660112, 🖷 0596-660105, www.aubergeansemitan.com. 25 Zimmer bietet das kleine traditionsreiche Hotel mit Blick auf die Bucht von Fort-de-France. Darunter sind ein Selbstversorger-Studio und zwei Bungalows mit Kochzeile. Zudem gibt es 18 einfache geräumige Zimmer mit Blick aufs Meer und zwei kleine Zimmer mit Meer- und Gartenblick. Freundliche Atmosphäre.*

Caraib Auberge €, *(14), Anse Mitan, ☎ 0596-660319. Einfaches, aber sauberes kleines Hotel an der Bucht von Fort-de-France gelegen und mit der Fähre von Fort-de-France aus zu erreichen.*

Les Brisants €€, *(16), St. François, im Ortsteil Dostaly an der N-6 Richtung Le Vauclin gelegen, ☎ 0596-543257, 🖷 0596-546913. Mittelklassehotel kurz vor der Caravelle Peninsula. Restaurant mit guter kreolischer Küche.*

Chez Julot €-€€, *(17), Rue Gabriel Peri, Vauclin, ☎ 0596-744093, www.vaval.net. Im Ort Vauclin an der südl. Ostküste gelegenes kleines, einfaches Hotel, nur wenige Minuten von der Küste entfernt. Zimmer mit Klimaanlage und eigenem WC. Restaurant. Gutes Preis-Leistungs-Verhältnis!*

Essen und Trinken

Au Poisson d'or, *Anse Mitan, LesTrois-Îlets, Mittags- und Abendtisch. Gut gefüllte Teller mit kreolischen Gerichten. Mo geschl.*
L'Amphore, *Baie des Flamands, Anse Mitan, LesTrois-Îlets, ☏ 0596-660309, Mo u. Di geschl. Hervorragend zubereiteter Hummer.*
Bambou, *Baie des Flamands, Anse Mitan, LesTrois-Îlets, ☏ 0596-660139. Hervorragender Mittagstisch (**Plats du Jour**) und bekannt für seine Fischgerichte.*
Chez Fanny, *Anse Mitan. Einfaches Restaurant gegenüber vom Strand. Gutes Mittagsmenu für 13 Euro.*

Rundfahrt Südosten mit Ausflugsziel Ste. Anne

Die Sehenswürdigkeiten des Südostens können an die oben genannten Stationen, genau wie an die der Nordost-Rundfahrt angeschlossen werden, so dass insgesamt eine große Inselrundfahrt zu bilden wäre. Diese auf den ersten Blick verlockende Idee scheitert aber an der Länge der Strecke, die innerhalb eines Tages nur von Rasern und ohne Aufenthalte zu schaffen ist.

An sich bietet der Südosten ab/bis Fort-de-France bzw. LesTrois-Îles die Möglichkeit zu einem großen Zirkel, dessen Stationen im Folgenden kurz genannt sind: Die erste Etappe bildet die N-1, die als Autobahn von der Hauptstadt bis zum Flughafen Le Lamentin und von dort als N-5 in den Süden führt.

Zwischen Rivière-Salée und Trois-Rivières verläuft der Weg östlich der oben beschriebenen Halbinsel durch Wälder, Hügel und Zuckerrohrfelder. Das Zuckerrohr (bzw. die Melasse) wird in der berühmten und großen **Destillerie von Trois-Rivières** zu Rum gebrannt. Badegäste können sich am **schönen Sandstrand** erfreuen, wobei aber das 5,5 km weiter östlich liegende Örtchen **Ste-Luce** noch bessere Möglichkeiten bietet, mit seiner touristischen Infrastruktur (u. a. Campingplätze, Hotels) sowie einem schönen Stadtbild.

Zuckerrohrfelder und Felszeichnungen

Felszeichnungen (**roches gravées**) der Arawaken sind das Ziel eines nur drei Kilometer langen, interessanten Abstechers in das waldreiche Hinterland (über die D-17; ausgeschildert). Dieser Ausflug ließe sich verbinden mit einem Besuch des landwirtschaftlichen Zentrums **Rivière-Pilote.** Nördlich davon liegt die **Destillerie La Mauny**, deren Rum manche für den besten der Französischen Antillen halten.
Sehenswert sind auch die gigantischen, merkwürdigen Steinformationen am südlichen Ortsausgang. Von Rivière-Pilote erreicht man die nächste Station Le Marin entweder auf der N-5 durchs Hinterland oder über die D-18a entlang der Küste. Letztgenannte Strecke benutzen auch diejenigen, die ab Ste-Luce ohnehin die Küstenstraße bevorzugt haben.

Le Marin liegt malerisch an der tief eingeschnittenen Bucht **Cul-de-Sac du Marin**, deren türkisgrünes Wasser, Korallenriffe und weiße Sandstrände den Ort zu Recht in den Blick der Tourismus-Manager geraten ließen. Wie hoch im Norden, gibt es auch im Süden eine Straße (D-9), die fast bis zur Spitze führt, dort aber endet und eine „Rundfahrt" unmöglich macht.

Dieser Abstecher ist allerdings aus mehreren Gründen äußerst reizvoll:
– Erstens sind da die vielen, gleichmäßig auf beiden Seiten der Halbinsel platzierten **Strände, die zu den schönsten auf Martinique** gehören. Da der Südosten außerordentlich trocken ist, gehören sie auch zu den sonnenreichsten und niederschlagärmsten.
– Zweitens lohnt das kleine Städtchen **Sainte-Anne** einen Besuch. Mit seiner Kirche, dem Marktplatz und den kleinen Häuschen verbreitet es provinziellen Charme. Im Gegensatz dazu steht die internationale Atmosphäre mehrerer Hotels (u.a. Club Méd), die sich an den schönsten Badebuchten angesiedelt haben.
– Drittens lockt am Endpunkt der Straße die **Grande Anse des Salines** mit einem Landschaftsbild, welches die beiden silbrig glänzenden Salzlagunen, das blasse Grün der Buschvegetation, den herrlich weißen Sandstrand und das türkisfarbene Wasser wie in einer surreal anmutenden Farbkombination vereint.
–Viertens stellen das Cap am **„Höllentor"** (*Pointe d'Enfer*) mit seinen bizarren Steilformationen sowie die fast vegetationslose Ebene der **Savane des Pétrifications** (versteinerte Bäume) landschaftliche Höhepunkte dar.
– Fünftens schließlich eignet sich der gesamte atlantische Küstenverlauf bestens für ausgedehnte **Küstenwanderungen**, die in nördlicher Richtung bis zur Anse Macouba durchgeführt werden können.

Breit und feinsandig ist der Plage des Salines

Hat man die südliche Halbinsel ausgiebig erkundet, geht es zunächst zurück nach Le Marin und von dort über die N-6 durchs trockene Inselinnere auf die atlantische Seite zu. Hier begrüßt einen zuerst die **Bucht von Macouba** mit einem guten Strand, der viele Wassersportmöglichkeiten bietet.

Gleiches gilt für das nahebei liegende Städtchen **Le Vauclin**, das auch als „Hauptstadt des Südens" bezeichnet wird und sich dem Fremdenverkehr geöffnet hat. Westlich davon erhebt sich der gleichnamige Berg, der mit 504 m der höchste der südlichen Inselhälfte ist. 15 Kilometer weiter nördlich liegt die Stadt **Le François**. Dort zweigt die N-6 nach Westen ab und führt quer über die Insel zurück nach Le Lamentin bzw. Fort-de-France.

Wer noch ein wenig an der atlantischen Seite bleiben möchte, fährt über die D-1 bis Le Robert, das malerisch am Endpunkt einer tiefen Bucht liegt. Hier ist die N-1 die schnellste Verbindung zur anderen Inselseite. Noch weiter nördlich erreicht man in zehn Fahrminuten **La Trinité**, wo Anschluss an die Nordost-Rundfahrt besteht, sowie eine weitere Möglichkeit, nach Fort-de-France zurückzukommen (N-4).

Reisepraktische Informationen zum Süden (Le Diamant, Sainte Luce und Sainte-Anne)

Unterkunft (Karte s. S. 268f)

Karibea Karibea Resort Sainte Luce €€€€, (**18**), *Quartier Désert, Sainte Luce,* ☏ *0596-623232,* 🖷 *0596-623340, www.karibearesort.com. First-Class-Hotel 3 km von Sainte Luce entfernt, an einem Naturstrand gelegen. 116 geräumige Zimmer in einem lang gestreckten dreistöckigen Gebäudetrakt, Restaurant, Bar, Boutique, Pool und Tennisplatz.*

Die Unterkünfte von Le Diamant sind außerhalb des Ortes gelegen:

Mercure Diamant €€€€€, (**19**), *Pointe de la Chery,* ☏ *0596-764600, www.accorhotels.com. Teure Herberge mit 149 Zimmern, die alle über Meeresblick und den Standard-Komfort wie Klimaanlage, TV, Kühlschrank und Telefon verfügen. Frühstück ist im Preis inbegriffen.*

L'Anse Bleue €€€, (**20**), ☏ *0596-762191, www.anse-bleue.mq.*

Pierre et Vacances €€€-€€€€, (**21**), *Pointe Philippeau, Sainte Luce,* ☏ *0596-621262,* 🖷 *0596-621263, www.pierreetvacances.com. Großzügige und freundliche Appartementanlage mit mehrstöckigen Häusern inmitten einer neu angelegten Grünanlage; die auch „Village de Saint-Luc" genannte Freizeitanlage ist wie ein vor allem für Familien ausgerichtetes kleines Dorf, eigener kleiner Strand, Wassersportmöglichkeiten, Supermarkt, Waschcenter, Swimmingpool, Entertainment, Tennis-, Beachvolleyballplatz, zwei Restaurants, Bar; 334 sympathische Apartments mit Kochecke und Balkon. Die Franzosen lieben diese Art, Urlaub zu machen!*

Les Relais Caraïbe €€€, (**22**), *Pointe de la Chéry, Le Diamant,* ☏ *0596-764465,* 🖷 *0596-762120. Die Ferienanlage liegt auf der Halbinsel Chéry und verfügt über 12 Bungalows, gutem Terrassen-Restaurant und Swimmingpool.*

Hôtel Palm Beach €-€€, (**23**), *Le Diamant,* ☏ *0596-764784,* 🖷 *0596-762698, www.hotelpalmbeach.com. Das Hotel verfügt über neun Zimmer mit Bad (Dusche und WC), Klimaanlage, direkten Zugang zum Strand und einen eigenen Swimmingpool.*

Essen und Trinken

Poi et Virginie, *Ste. Anne,* ☏ *0596-767222. Tägl. außer Mo geöffnet. Gutes Fischessen, dabei Blick über die Bucht von Ste. Anne.*

La Terrasse, *Place du 22-Mé. Günstige Gerichte der lokalen Küche. Tische auf der Außenterrasse, von der man wunderschön Leute beobachten kann.*

Dominica

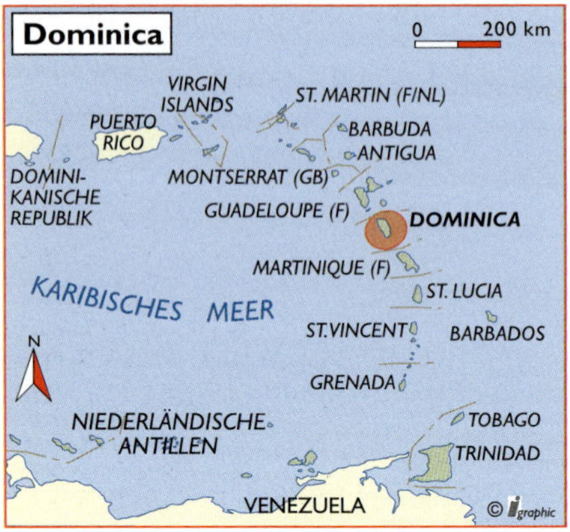

Wichtige Telefonnummern auf einen Blick

Telefonvorwahl ☏ 767
Internationale
Vorwahl ☏ 001-767
Hospital ☏ 448-2231 (Roseau)
s.o. ☏ 446-3706 (Grand Bay),
s.o. ☏ 445-2231 (Marigot),
s.o. ☏ 445-7091 (Portsmouth)
Ambulanz,
Polizei, Feuerwehr ☏ 999
Touristeninformation ☏ 448-2045

Dominica – der Name wird mit Akzent auf dem zweiten ‚i' ausgesprochen – liegt mitten zwischen Guadeloupe und Martinique und ist **die größte der englischsprachigen Windward Islands**. Sie ist von allen *Inseln über dem Winde* **die gebirgigste und wasserreichste**. Etwa **365 Flüsse und Bäche** sollen es sein, die aus dem dichten, immergrünen Regen- und Bergwald zur Küste fließen und zum Teil spektakuläre Wasserfälle bilden.

Vulkane, Regenwald und Wasserfälle

Der Gebirgsstock ist aus vulkanischem Gestein aufgebaut und gliedert sich in drei Komplexe (Norden, Mitte und Süden), die durch die Flussläufe von tiefen Schluchten durchzogen werden und zur Küste steil abfallen. Im Kegel des **Morne Diablotin** erreicht die Insel mit 1.447 m ihre höchste Höhe. Der Erschließung des Landes bereitet das **steile Profil** immense Schwierigkeiten: Erst nach dem Zweiten Weltkrieg konnte eine Straßenverbindung zwischen West- und Ostküste fertig gestellt werden, und noch immer ist die **Inselmitte** nur auf wenigen Pfaden und nur zu Fuß erreichbar.

Als Insel des inneren Antillenbogens wird Dominica vom **Vulkanismus** geprägt, der noch nicht zur Ruhe gekommen ist. Beispiele dafür sind die zahlreichen **Fumarolen** und **heißen Quellen**, vor allem aber das **Valley of Desolation** und der schwer zugängliche, berühmte **Boiling Lake**.

Wegen der gebirgigen Struktur gehen auf Dominica **besonders hohe Niederschlagsmengen** nieder, die im Jahresdurchschnitt selbst auf der Leeseite noch ca. 2.000 mm betragen. Auf der windzugewandten Seite sind es an der Küste fast 4.000 mm, und für die Höhenlagen werden 10.000 bis 11.000 mm geschätzt – elfmal mehr als Anguilla aufzuweisen hat.

Blutige Geschichte

Die Geschichte der Insel kennt eine **besonders starke indianische Präsenz**, die bis heute durch die in dem **Carib Territory** lebenden Ureinwohner erhalten ist. Ihren Namen bekam Dominica (natürlich!) durch *Kolumbus*, der 1493 an einem

„Sonntag" an der Insel vorbeisegelte. Später wechselten sich nach harten Kämpfen die Kolonialmächte England und Frankreich so oft im Besitz ab, dass die Insel von den Kariben **„Watukubuli"** genannt wurde – das „Land der vielen Schlachten". 1748 einigten sich die beiden Länder darauf, Dominica einen neutralen Status zu verleihen und sie den Ureinwohnern, den Kariben, zuzusprechen.

Diese für die damalige Zeit beachtliche Abmachung hielt nur wenige Jahre, dann ging der Konkurrenzkampf weiter – auch nach dem Vertrag von Versailles 1763, der Großbritannien als Besitzer festlegte. Schließlich konnte eine Summe von 8.000 Pfund den englischen Herrschaftsanspruch in den Status einer Kolonie ummünzen. Als solche verblieb Dominica englisch bis 1967, als sie in einen **assoziierten Staat mit innerer Autonomie** umgewandelt wurde. Am 3. November 1978 erhielt sie schließlich die völlige Unabhängigkeit als **Republik** innerhalb des britischen Commonwealth.

Redaktionstipps

- Blick von der **Landzunge vor Scott's Head** auf der einen Seite auf das Karibische Meer und auf der anderen Seite auf den Atlantischen Ozean (S. 317).
- Tauchgang zu den heißen **Unterwasserquellen** von Champagne bei Scott's Head
- Vom Strand der **Grand Baptiste Bay** mit Blick auf Marie-Galante die ursprüngliche Atmosphäre des Fischerdörfchens **Calibishie** erspüren (S. 322).
- Durch die einzigartige Fauna und Flora des UNESCO-Weltnaturerbes, den **Morne Trois Pitons National Park**, wandern (S. 313).
- Die meisterlich geflochtenen, mehrfarbigen Korbwaren als Souvenir erwerben (S. 306).

Wirtschaftlich war Dominica seit jeher eine der am wenigsten entwickelten westindischen Besitzungen. Viele Einwohner wanderten daher aus und arbeiten u. a. als Taxifahrer oder im Fremdenverkehr auf den amerikanischen, britischen oder französi-

Fischer flicken ihre Netze

Dominica
N
0
5 km
Reiseroute
Cape Melville
Canon
Carib Pte.
Le Haut
Clifton
Morne aux Diables
876 m
Douglas Bay
Cabrits Nat. Park
Fort Shirley
Prince Rupert Bay
Pte. Ronde
Dublanc
Anse à Liane
Pringles Bay
Hampstead Beach
Batibou Bay
Woodford Hill Bay
Calibishie
Rough Bay
Londonderry Bay
Wesley
Marigot
Melville Hall Airport
Eingang zum Carib Territory
Pagua Bay
Atkinson
Syndicate Waterfalls
Northern Forest Reserve
Morne Diablotins
1471 m
Hauttean Ridge
Concord
Central Forest Reserve
Carib Territory
Sineku
Castle Bruce
Anse Quanery or St. David Bay
Salisbury
Mero
Castaway Beach
St. Joseph
Layou
Layou R.
Bells
Spanny Waterfalls
Emerald Pool
Gr. Marigot Bay
Petit Soufrière
Guadeloupe
World Heritage Site
Rosalie
Rosalie Pt.
Rosalie Bay
Pond Casse
1410 m
Morne Trois Pitons
Morne Trois Pitons National Park
Massacre
Boeri Lake
Grand Fond
Bout Sable Bay
Canefield Airport
Fresh Water Lake
Pringles Bay
La Plaine
Trafalgar Falls
Plaisance Bay
Wotten Waven
Boiling Lake
Woodbridge Bay
Sulphur Springs
Roseau
Rainforest
Victoria Falls
Boetica
Delices
Morne Anglais
Giraudel
1141 m
Pte. Mulâtre
Loubiere
Petite Savanne
Martinique
Pointe Michel
Bellevue Chopin
402 m
Dubuc
Petite Savanne Bay
Champagne Beach
Berekua
Fond St. Jean
Soufrière
Tete Morne
Grand Bay
Fort Cachacrou
Scotts Head
Hotel
1 Fort Young Hotel
2 The Sutton Place Hotel
3 Garraway Hotel
4 Chez Robar
5 Papillote Wilderness Retreat
6 Cocoa Cottage
7 Tia's Bamboo Cottage
8 Roxy's Mountain Lodge
9 Evergreen Hotel
10 Anchorage Hotel
11 Zandoli Inn
© graphic

schen Inseln sowie in den USA. Nur ein Fünftel der gebirgigen Insel ist landwirtschaftlich nutzbar; trotzdem machen Bananen (70 Prozent) und andere Früchte den Hauptteil des Exports aus – auch nach den Verwüstungen der immer wieder verheerenden Hurrikans. Im Herbst 1995 wurde Dominica erneut von besonders schweren **Hurrikans** namens „Marylin" und „Luis" heimgesucht, im Sommer 1996 von „Bertha", und im September 1998 kam „Georges" und fegte mit **Spitzengeschwindigkeiten von 240 km/h** über die Insel. Die Bananenernte war jeweils fast vollständig zerstört, die Wirtschaft erholte sich nur langsam. Die Baubranche, Seifenproduktion und Tourismus konnten die Ausfälle ein wenig abschwächen. Kurz vor dem Millenniumswechsel hat Hurrikan „Lenny" zahlreiche Schäden auf der Westseite der Insel hinterlassen. Und wenige Monate nach der verheerenden Hurrikan-Saison 2004 erschütterte auch noch ein kleines Erdbeben die Insel immerhin so sehr, dass viele Straßen zerstört wurden und auch die Start- und Landebahn des Canefield-Flughafens in Mitleidenschaft gezogen wurde. Im Jahre 2007 wütete „Dean" auf der Insel und forderte mindestens zwei Todesopfer.

Sanfter Tourismus

Die **touristische Infrastruktur** entwickelt sich auf der Insel kaum weiter, da Sandstrände fast völlig fehlen und es keinen internationalen Flughafen gibt. Die Arbeitslosigkeit beträgt 20 Prozent und Wirtschaftswachstum ist kaum vorhanden. Eine Spezialisierung in der Landwirtschaft durch den Anbau von Kokosfett, Lorbeeröl und Aloë, die zu Seife und Kosmetika verarbeitet werden, sichert den Export. In den letzten Jahren entwickelte sich jedoch auch hier der Tourismus zum größten Devisenbringer.

Ein weitsichtiges Ministerium vermarktet mit Erfolg die Insel als **„Öko-Destination Nummer eins"** in der Karibik und achtet darauf, dass das natürliche Kapital – **Regenwälder, vulkanische Areale und Tauchgründe** – nicht durch eine überhastete Entwicklung Schaden nimmt. Touristen schätzen die Insel wegen ihrer unberührten Natur, die zahllose Möglichkeiten für Bergwanderungen, Tierbeobachtungen (z. B. Wale), Schnorcheln, Tauchen und Dschungelfahrten bietet. Nicht umsonst trägt die Insel den Beinamen „Nature Island", und der einheimische Papagei ziert sogar die Landesflagge.

Von den **ausgezeichneten Tauchbedingungen** (besonders an der südwestlichen Küste) werden ebenfalls immer mehr Besucher angezogen. Von vielen wird Dominica als fünftbester Tauchspot weltweit bezeichnet.

Reisepraktische Informationen zu Dominica

➤ Information

Discover Dominica Authority, *Valley Road, Roseau, Commonwealth of Dominica, ☎ 767-4482045, 🖷 767-4485840, www.dominica.dm, für Übernachtungen ist die vom Touristenamt gesponserte Seite www.avirtualdominica.com bedienerfreundlicher.*
Das Tourist Office *ist in der Bay Street im Museumsgebäude – in der Nähe der Fähranlage, ☎ 767-4482401, Öffnungszeiten: Mo-Fr 8-16 Uhr, Sa 9-14 Uhr. Ansonsten gibt es an den Flughäfen und am Fähranleger sogenannte information kiosks.*

➤ Unterkunft

Unterkunft findet man in kleinen Hotels, Pensionen und Gästehäusern. Luxushotels, Spielkasinos, ein buntes Nachtleben oder weiße Sandstrände kann man auf Dominica hingegen nicht erwarten. Hier gibt es weder edle Hotels mit allem Komfort noch Resort-Anlagen nach amerikanischem Vorbild. Das Niveau der Hotels ist auf Dominica im Verhältnis zu den anderen Antillen-Inseln sehr niedrig. Dafür entfällt jedoch auch Massen- oder Pauschaltourismus. Die Hotels sind im Durchschnitt einfach gehalten und für karibische Verhältnisse eher preisgünstig.

Wer noch individueller seinen Urlaub verbringen möchte, findet in der Umgebung von Roseau einige Selbstversorger-Apartments. *Adressen erhalten Sie beim Touristenbüro; einige stehen auch in den lokalen Anzeigenblättern. Taxifahrer, die jeden Stein auf der Insel kennen, sind auch hier hervorragende Informationsquellen. Die meisten Unterkünfte sind unter www.avirtualdominica.com zu finden.*

➤ Essen und Trinken

Wie die Unterkünfte, so sind auch die Restaurants nicht der Grund für einen Besuch auf Dominica. Das Essen ist einfach und vor allem kreolisch beeinflusst. Dennoch ist es nicht günstig. Ein Dinner kostet zwischen 35 und 75 EC$ und das Frühstück kann auch schon mal teurer als das Mittagessen sein (zwischen 12-30 EC$). Die meisten Restaurants befinden sich in Roseau. Wenn Sie weiter außerhalb übernachten, sollten Sie darauf achten, dass Ihre Unterkunft auch über ein Restaurant verfügt.

➤ Anreise

Per Flugzeug

Dominica verfügt über zwei Flughäfen, Melville Hall Airport *(DOM) und* Canefield *(DCF), der näher an Roseau liegt, die jedoch beide keine internationalen Standards haben und nicht direkt von Europa angeflogen werden. Die längere Landebahn hat der Melville Airport an der Nordostküste, ca. eine halbe Stunde von Portsmouth und eine Stunde von Roseau entfernt. Am meisten frequentiert wird jedoch der Flughafen Canefield, der nur etwa fünf Minuten nördlich von Roseau an der Westseite liegt. Die beste Verbindung geht über Antigua, Barbados und St. Lucia mit* Liat *nach Melville Hall/Dominica.*

Per Schiff

Fährbetrieb (außer Di und Do) von Guadeloupe, Martinique und St. Lucia. Aufgrund häufiger kurzfristiger Fahrplanänderungen Zeiten unbedingt vorher erfragen bei L´Express des Iles, *☏ 767-4482181, www.express-des-iles.com.*

➤ Ausreisegebühr/Airport Tax

Wer länger als 24 Stunden im Land bleibt, muss bei der Ausreise eine Departure Tax von rund 55 EC$, Tagesbesucher 5 EC$ entrichten. Bei der Ausreise mit der Fähre müssen Sie sich jeweils erkundigen, ob eine Ausreisegebühr bereits im Ticket enthalten ist oder separat anfällt.

➤ Diplomatische Vertretungen

Botschaft des Commonwealth Dominica, 1 Collingham Gardens, London SW5 OHW, ☏ 0044-207-3705194, 🖷 044-207-3738743.
Botschaft der Bundesrepublik Deutschland, 7-9 Marli Street, Port of Spain/Trinidad, W. I. ☏ 001868-6281630-31/32, 🖷 001868-6285278.

➤ Exkursionen

Die meisten Hotels auf Dominica bieten Inselrundfahrten oder einzelne Touren an. Daneben fungieren manche Taxifahrer als Reiseleiter und zeigen gern ihre Insel. Für Wanderer bieten sich Touren zum **Morne Diablotin** *an, dem höchsten Berg im Northern Forest Reserve. Diese Tour sollten Sie unbedingt mit einem einheimischen Führer machen. Zum* **Boiling Lake** *hingegen kann man problemlos alleine gehen. Leider ist er dadurch auch das Ausflugsziel für Kreuzfahrtteilnehmer. Wenn Sie also hierher wollen, dann nicht am „Cruising Day". Dabei geht man durch den 1998 zum UNESCO-Weltnaturerbe ernannten* **Nationalpark Morne Trois Pitons** *(das erste im karibischen Raum!), mehr Infos zum Weltnaturerbe unter www.whc.unesco.org. Über geführte Wanderungen und Wanderwege erhalten Sie Informationen beim Forestry & Park Office, Botanical Gardens, ☏ 767-448-2401, mehr Infos zum Regenwald auch unter www.rarespecies.org.*

Hinweis

Alle Sehenswürdigkeiten auf Dominica sind kostenpflichtig. Man kann ein Ticket pro Sehenswürdigkeit (US$ 2), pro Tag (US$ 5) und pro Woche (US$ 10) auf den Kreuzfahrtschiffen, bei Reiseveranstaltern oder bei Autovermietern kaufen.

Adressen und Telefonnummern einiger Agenturen und Tourenveranstalter:
Der bekannteste Tourveranstalter ist: **Ken's Hinterland Adventure Tours and Taxi Service Ltd.**, *62 Hillsborough Street, Roseau, ☏ 767-448-4850, 🖷 767-448-8486, www.kenshinterlandtours.com.*
Einen sehr persönlichen und zuverlässigen Service bietet auch: **Raffoul Luxury & Nature Tours**, *Roseau, ☏ 767-448-2443, 🖷 767-448-7490, www.dominica.dm/touroperators.htm.*
Ras Tours, *Bobby Frederick, ☏ 767-448-0412, www.avirtualdominica.com. Touren und Bed-and-Breakfast im Cocoa Cottage (siehe auch unter „Reisepraktische Hinweise zu Trafalgar Falls").*
Whitchurch Travel Agency, *Old Street, Roseau, ☏ 767-448-2181, 🖷 767-448-5787, www.whitchurch.com.*

➤ Medien

Es gibt mehrere private, staatliche und kirchliche Radiosender auf der Insel. Am häufigsten wird Kairi Fm (FM 93.1, 107.9 MHz) gehört. Im Internet informiert die Seite www.news-dominica.com

➤ Medizinische Versorgung

Durch mehrere Gesundheitszentren auf der Insel ist die medizinische Versorgung gewährleistet. In Roseau gibt es mit der **Hillborough Street Clinic** *und dem* **Princess Margaret Hospital** *(☏ 767-448-2231, mit Notfallambulanz: 999) zwei große Krankenhäuser.*

➤ Öffnungszeiten

Geschäfte und Behörden: *Mo-Fr 8-13 und 14-16 Uhr,*

Feiertage

- *Neujahr*
- *Karneval – (l. Montag/Dienstag vor Aschermittwoch)*
- *Karfreitag*
- *Ostermontag*
- *1. Mai – Tag der Arbeit*
- *Pfingstmontag*
- *3./4. November – Unabhängigkeitstage*
- *25./26. Dezember – Weihnachten*

Sa 8-13 Uhr, einige größere Supermärkte haben auch bis 20 Uhr geöffnet.
Banken: *Royal Bank, Bay Front; Scotiabank, 28 Hillsborough: Mo-Do 8-15 Uhr, Fr 8-17 Uhr*
Hauptpostamt, Bay Front, ☏ 767-448-2601: Mo-Fr 8-16 Uhr

➤ Post

Das **General Post Office** *befindet sich in Roseau, Bay Street/Hillsborough Street, weitere Postämter gibt es in jedem größeren Ort. Hier bekommen Sie Briefmarken und Telefonkarten. Für Briefe nach Dominica gilt grundsätzlich: Immer die offizielle Bezeichnung der Insel – Commonwealth of Dominica, West India – hinzufügen, um Verwechslungen mit der Dominikanischen Republik zu vermeiden.*

➤ Preisniveau

Hinsichtlich der Preise gilt Dominica innerhalb der Karibik als moderat.

➤ Souvenirs

Beliebte Mitbringsel sind kunsthandwerkliche Produkte der Kariben (carib handicraft), vor allem die in vielen Varianten geflochtenen Grasmatten. Sie können die aus Stroh geflochtenen Waren, die als die besten der Kleinen Antillen gelten, im Carib Territory erwerben. Dazu kontaktieren Sie am besten Mushroom Farm Tour in Pont Casse, ☏ 767-448-1836. In Roseau gibt es auch eine Verkaufsausstellung der Firma **Tropicrafts** *(Turkey Lane, ☏ 767-448-2747) von Kariben-Kunsthandwerk.*

Bekannt sind auch Naturprodukte wie abgefüllter lokaler Sirup, Seifen und andere Kosmetika aus Aloe Vera oder Kokosnussöl sowie Rum (D-Special). Wegen ihrer farbig-tropischen Motive lohnt sich der Kauf von Briefmarken und Telefonkarten.

➤ Sport

Als postulierte Öko-Destination Nummer eins werden natürlich die sportlichen Aktivitäten groß geschrieben, die direkt mit der Natur zu tun haben. Das bedeutet: an Land dreht sich alles ums Bergwandern, im Meer ums Tauchen und Schnorcheln. Ansonsten ist das Sportangebot stark begrenzt; einen Golfplatz gibt es noch nicht, über Tennisplätze verfügt z.B. das Hotel Castaways Beach

Wandern

Für Bergwanderer sind eine gute Ausrüstung (Schuhe, Regenkleidung) und Kondition unabdingbare Voraussetzungen. Die Wege sind rutschig und nicht leicht zu finden. Es empfiehlt sich daher, sich unbedingt einem der örtlichen Führer anzuvertrauen. An den populärsten Punkten (z. B. Trafalgar Falls) stehen außerdem immer einige „local guides" bereit.

Speziell zu geführten Wanderungen gibt es neben der Touristeninformation, den Reiseagenturen (Telefonnummern siehe unter „Exkursionen") oder den Hotels das **Nationale Park-Büro** *Auskunft:*
Forestry and Park Office, *Botanical Gardens, ☏ 767-448-2401, mehr Infos zum Regenwald auch unter www.rarespecies.org.*

Der Preis einer Wanderung richtet sich in der Regel an der Tour aus, so dass es mit größerer Teilnehmerzahl billiger wird (evtl. in den Hotels nach Gleichgesinnten suchen).

Wassersport

Tiefseetauchen und Schnorcheln sind in den letzten Jahren sehr beliebt und zu einer „Spezialität" des heimischen Tourismusangebots geworden. Zu den schönsten Spots gehören Tourcari Bay *(Park Conservation Center),* Douglas Bay, Rodney's Rock, The Pinnacles, La Bim, Champagne *(unterseeische Heißwasserquelle!) und* Pointe Guinard, Soufrière Pinnacle *(ideal für Anfänger),* Soufrière Scott's Head.

Immer populärer wird Whale-Whatching *(Walbeobachtung), obwohl die großen Säugetiere nur selten zu sehen sind. Neben zahlreichen* Delfinen *können mit etwas Glück Orcas und Buckelwale beobachtet werden, die sich in Dominicas Gewässern tummeln, und zwar sowohl von Booten aus als auch bei Tauchgängen.*

Professionelle (z. T. deutschsprachige) Anbieter von Kursen und Tauch-Exkursionen, die auch Unterwasserfotografie und Walbeobachtungstouren im Programm haben, sind:

Dive Dominica Ltd., *Castle Comfort Lodge, ☏ 767-448-2188, 🖷 767-448-6088, www.divedominica.com*

Anchorage Dive Centre, *☏ 767-448-2638, 🖷 767-448-5680 und Zweigstelle im Portsmouth Beach Hotel, www.anchoragehotel.dm*

Beides sind langjährig etablierte Tauchschulen mit umfangreichem Programm und angeschlossenen Übernachtungsmöglichkeiten.

Cabrits Dive Center, *Picard Estate, Portsmouth, ☏ 767-445-3010, 🖷 767-445-7256, www.cabritsdive.com.*

➤ Sprache

Die offizielle Landessprache ist Englisch, die Einheimischen unterhalten sich allerdings häufig auf Patois.

➤ Strände

Die steil aus dem Meer ragende Insel hat nur wenig Strände, die außerdem schwarz- oder grausandig sind. Doch auch hier gibt es Empfehlungen, nämlich die der Strände an der Westküste, besonders Castaways Beach, Coconut Beach und Portsmouth Beach.

➤ Strom

Die Stromspannung beträgt 220/240 V, 50 Hz, Adapter sind notwendig.

➤ Telefonieren

Bei Anrufen von Mitteleuropa nach Dominica muss die 001-767, dann die siebenstellige Teilnehmernummer gewählt werden. Von Dominica nach Deutschland wählt man 011-49, in die Schweiz 011-41 und nach Österreich 011-43, anschließend die Vorwahl ohne die erste Null und die Nummer des Teilnehmers.

➤ Verkehrsmittel

Als ehemals britische Kolonie herrscht auf Dominica Linksverkehr. *Die Straßen sind schlecht. Hurrikans, Regengüsse und sogar ein Mini-Erdbeben setzen den Straßen immer wieder arg zu. Auf etwa 500 asphaltierten Kilometern kommt man aber zu den wichtigsten Orten entlang der Küste. Für Expeditionen ins Inselinnere ist ein Jeep empfehlenswert.*

Der öffentliche Nahverkehr wird von Minibussen *(EC$ 1,50-5,00)und* Taxis *besorgt, die man (ebenso wie Mietwagen) am „H" – für hire – im Nummernschild erkennt. Minibusse* *verkehren nach einem unregelmäßigen Fahrplan entlang der wichtigsten Straßen, sind meistens brechend voll und schon von weitem am dröhnenden Reggae-Sound zu hören. Ihre Preise sind festgelegt und sollten vor Fahrtantritt unbedingt erfragt werden. Oftmals lässt sich über die Summe auch noch verhandeln.*

Auch Taxis haben festgelegte Preise. Nach 18 Uhr ist es schwer, Taxis aufzutreiben, deswegen sollten Arrangements für einen Transport vorher getroffen werden. Halten Sie sich an uniformierte und autorisierte Taxifahrer.

Taxipreise vom Flughäfen nach Roseau/Portsmouth *(pro Person):*
Melville Hall nach Roseau US $16
Melville Hall nach Portsmouth US $12
Canefield Airport nach Roseau US $8
Canefield Airport nach Portsmouth US $43

Eine ganze Anzahl örtlicher und internationaler Firmen bietet Mietwagen *und* Jeeps *an. Ausländische Fahrer benötigen eine lokale, zeitlich begrenzte Fahrerlaubnis (***driving license***). Sie wird am Flughafen oder am Traffic Department (High Street, Roseau) ausgestellt. Voraussetzung sind ein Mindestalter von 25 Jahren und zwei Jahre Fahrpraxis.*
Die meisten Mietwagenfirmen sitzen in Roseau, holen Sie jedoch auch am Flughafen ab, wenn Sie sie dementsprechend instruieren. Einige Mietwagenfirmen mit Telefonnummern, viele der Mietwagenfirmen finden Sie unter www.avirtualdominica.com:
Best Deal, *15 Hannover St., ☏ 767-449-9204, www.bestdealrentacar.com*
Budget, *Canefield Airport, ☏ 767-449-2080, 🖷 767-449-2694*
Courtesy, *10 Winston Lane, Tel 767-448-7763*
Valley Rent-a-Car, *Goodwill Road, ☏ 767-448-3233*

Per Schiff
Der Fährverkehr *zu den benachbarten Französischen Antillen wird durch die Schnellboote des* L'Express des Iles *(siehe auch unter „Anreise") betrieben. Über die aktuellen Abfahrts- und Ankunftszeiten der täglichen Touren nach/von Martinique und Guadeloupe informiert das Touristenbüro oder* Whitchurch Travel Agency *(Telefon-Nummer siehe unter „Exkursionen" und „Anreise").*

➤ Währung

Die Währung ist der East Caribbean Dollar (EC$), der an den US-Dollar mit dem Kurs 1 US$ = 2,67 EC$ gekoppelt ist. Auf der ganzen Insel werden US-Dollars akzeptiert. Der Geldumtausch ist bei der Bank am günstigsten.
Die meisten Kreditkarten und Travelersschecks werden von fast allen Hotels und Restaurants akzeptiert.

➤ Yachthäfen und Ankerplätze (Auswahl)

• *Portsmouth/Prince Rupert Bay* • *Roseau*

Roseau

Die Hauptstadt liegt auf einem flachen Areal, das der **Roseau River**, der die nördliche Stadtgrenze darstellt, angeschwemmt hat. Über ihn führen **zwei Brücken im Einbahnstraßensystem**, so wie fast alle der rasterförmig angelegten Verkehrswege Einbahnstraßen sind.

Renovierte und verfallene Häuser wechseln sich ab

Kommt man vom Flughafen Canefield (Norden) in die Stadt, gelangt man über die Brücke auf die Verkehrsachse der **Independence Street**. An der sechsten Querstraße hinter dem Fluss (Cork Street) sollte man rechts abbiegen und in der Nähe des Ufers (Bay Street) einen Parkplatz suchen.

Das attraktivste Viertel liegt hier in unmittelbarer Nähe. Gemeint ist der rechteckig angelegte Market Square mit dem **Old Market**, auf dem sich heute ein Kunsthandwerksmarkt (*geöffnet Mo-Sa*) befindet. Zur Bay Street hin schließt das Gebäude des alten Post Office von 1810 den Markt ein. Hier befindet sich das Dominica Museum.
Dominica Museum, *geöffnet Mo-Fr 9-16 Uhr, Sa 9-12 Uhr.*

Rundgang durch die Inselhauptstadt

Verlässt man den Market Square über die sanft ansteigende Victoria Street in südlicher Richtung, sieht man rechts der Straße das **Fort Young**, eine britische Festung des 18. Jahrhunderts, die inmitten des grünen Peebles Park liegt und heutzutage ein gutes Hotel beherbergt. Ihr gegenüber steht das **Government House**, ein schöner

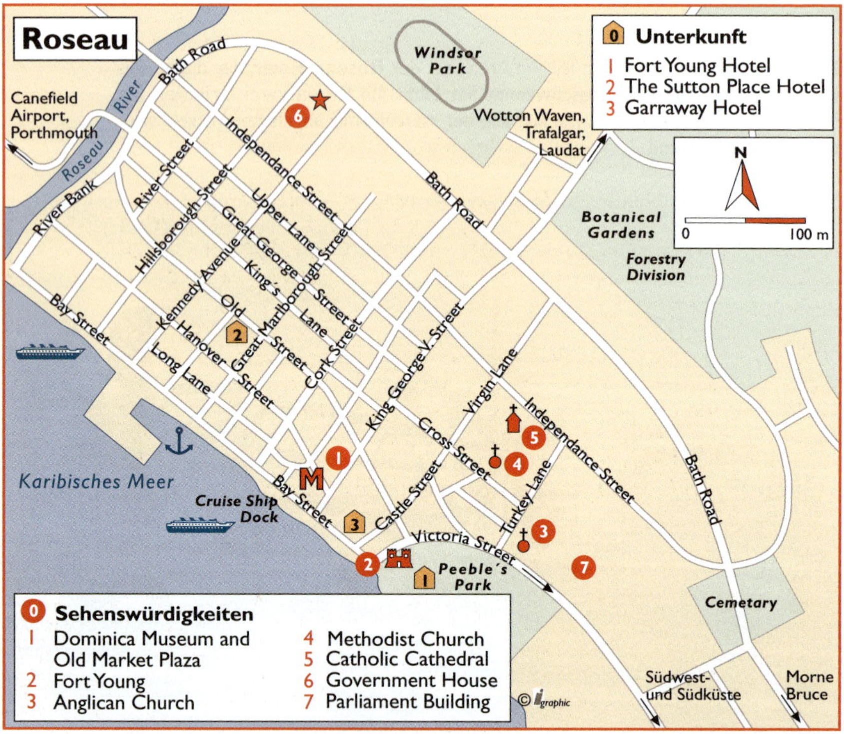

Holzbau im georgianischen Stil. Wenige Schritte weiter auf der Victoria Street kommt man zu den ebenfalls sehenswerten Gebäuden der **Public Library** (rechts, Mo-Fr 9-16 Uhr, Sa 9-12 Uhr), die 1905 von dem amerikanischen Philantropen *Andrew Carnegie* gegründet wurde, und dem alten Gericht (**Court House**; links). Wieder stadteinwärts liegt hinter dem Government House die anglikanische Kirche **Dominica Museum** aus dem 19. Jahrhundert.

Eindrucksvoller noch ist die nahe **Cathedral of Our Lady of Fair Haven** (Virgin Lane/Cross Street). Die römisch-katholische Hauptkirche mit angeschlossenem Friedhof und Schule (St. Mary's Academy) befinden sich reizvoll auf einem terrassierten Grundstück – sie stammt ebenfalls aus dem 19. Jahrhundert. Von der Virgin Lane aus betritt man die Kirche durch den Haupteingang mit seinen Heiligenfiguren und bewundert das sehr breit geratene, dreischiffige Innere mit seinem enormen, tonnengewölbten Mittelschiff. Anschließend lohnt es sich, einmal um den Block zu gehen, wo noch einige **Holzhäuser** (Bischofsresidenz) in kreolischer Architektur zu sehen sind und sich die Verkaufsausstellung der Firma **Tropicrafts** (Turkey Lane, ☏ 767-448-2747 – Kariben-Kunsthandwerk) befindet.

Am anderen Ende der Stadt, an der Mündung des Roseau River, lockt der **farbenprächtige Markt** zu einem Besuch, insbesondere am Samstagvormittag. In seiner unmittelbaren Nähe befinden sich Werkstätten und Ausstellungsräume mit örtlichem Kunsthandwerk (*Handicraft Centers*), wobei insbesondere die ornamentale Vielfalt der geflochtenen Grasmatten interessant ist. Nach Nordosten führt aus dem Stadtzentrum die **King George V. Street** in Richtung Trafalgar.

Wer eine schöne Aussicht auf die Hauptstadt genießen möchte, sollte von dieser in die **Bath Rd.** (bei der Ampel) rechts einbiegen und sich bei der zweiten Möglichkeit links halten. Dieser Weg führt hinauf auf den Morne Bruce, auf dem früher eine Festung stand und der heutzutage vor allem am Vormittag wegen des **Panoramablicks** den Abstecher lohnt.

Bleibt man auf der King George V. Street, sollte man kurz vor der Brücke über den Roseau River nach rechts auf den Parkplatz fahren und den herrlichen **Botanical Gardens** (*tägl. von 6-22 Uhr*) einen Besuch abstatten. Das am Fuß des Morne Bruce gelegene, 40 ha große Gelände war früher eine der größten Zuckerplantagen, bevor man 1890 mit dem Aufbau der Gärten begann. Die überquellende Vegetation und der Artenreichtum des Parks machen ihn zu einem der attraktivsten Westindiens.

Reisepraktische Informationen zu Roseau

Übernachtung (Karte s. S. 302)

Fort-Young Hotel $$-$$$$, *(1), ☏ 767-448-5000, 🖷 767-448-8065, www.fortyounghotel.com. Neben dem Hafen am südlichen Ende von Roseau direkt am Meer liegt das Hotel, das die erste Adresse der Insel ist und einst ein 1720 von den Franzosen aus Holz erbautes Fort war, bevor es 1761 dann von den Briten eingenommen wurde. Neun Jahre später wurde die Schutzanlage durch den ersten Insel-Gouverneur* ***Young*** *aus Stein neu gebaut; seit 1999 ist es Dominicas exquisitestes Hotel mit 53 Zimmern mit Klimaanlage. 18 Suiten mit Meerblick und drei liegen direkt am Wasser. Läden, Restaurants, Swimmingpool.*

The Sutton Place Hotel $$-$$$, *(2), 25 Old Street, Roseau, ☏ 767-449-8700, 🖷 767 448-3045, www.suttonplacehoteldominica.com. Das kleine Stadt-Hotel mit acht Zimmern und karibischer Atmosphäre liegt mitten in Roseau. Die Zimmer sind teilweise auch mit Kochgelegenheit, Klimaanlage und TV. Der Service ist sehr freundlich und die Bar im Keller schallisoliert, was sich bei Livemusik bezahlt macht. Hoteleigenes Restaurant.*

Garraway Hotel $$$, *(3), One Dame Eugenia Charles Blvd, Roseau, ☏ 767-449-8800, 🖷 767-449-8807, www.garrawayhotel.com. Das gute Standard-Hotel liegt direkt am Hafen von Roseau und bietet aus dem Frühstücksraum und Restaurant abwechslungsreiche Ausblicke. Alle Zimmer sind mit Klimaanlage, TV, Telefon und Badezimmer ausgestattet.*

Chez Robar $-$$, *(4), Shawford, Roseau Valley, ☏ 767-235-5245, 🖷 767-235-5366, http://avirtualdominica.com/chezrobar. Zehn Minuten von Roseau liegt das sehr nett gestylte kleine Hotel malerisch in der Hügellandschaft von Roseau. Es gibt vier große Zimmer mit Klimaanlage, drei Badezimmer auf dem Flur, kostenlosen Internetzugang, Jacuzzi und Swimmingpool.*

Essen und Trinken

La Robe Créole Tavern & Restaurant, *3 Victoria Street, Roseau, ☏ 767-448-2896, geöffnet Mo-Sa ab 8-15.30 und 18.30-21.30 Uhr. Es liegt an der Kreuzung zwischen Garraway und Fort Young Hotel. Es gibt Frühstück, einen guten und preisgünstigen Mittagstisch vom Buffet und abends karibische Küche, Fisch- und vegetarische Gerichte à la carte.*

Sutton Place Grill & Cellar-Bar, *Sutton Place Hotel, 25 Old Street, Roseau, ☏ 767-449-8700, Sa geschlossen. Eingerichtet in einem Gebäude aus dem 19. Jh. mitten in der Stadt; traditionelle westindische Gerichte und internationale Küche; täglich Mittagstisch und Abendkarte; der Familienbetrieb bietet jedoch zum Schutz der einheimischen Fische und Meerestiere diese nur an, wenn die Fangerlaubnis von der Regierung erteilt wird: Im Jahre 1999/2000 wurde zum Schutze der exotischen Lebewesen ein Fang- bzw. Jagdverbot von z. B. der Black Crab, Cyrique Crab und von Berghühnern erlassen. Die Cellar-Bar liegt im Kellergeschoss des Hauses; Livemusik, Karaoke, großer TV-Bildschirm, Klimaanlage.*

Guiyave Restaurant und Patisserie, *15 Cork Street, ☏ 767-448-2930. Geöffnet Mo-Sa 8-15 Uhr. Nach 13 Uhr wird's in dem mitten im Zentrum gelegenen Lokal recht voll, da es beliebt ist für einen Mittagssnack, Salat oder frischen Fruchtsaft.*

Fahrt durch Roseau River Valley

Neben der grünen Eisenkonstruktion einer einspurigen Hängebrücke überquert man den Roseau River auf einer normalen zweispurigen Brücke und folgt anschließend seinem Lauf in nordöstlicher Richtung. Die Straße ist zunächst schmal und geht durch landwirtschaftlich genutztes Gebiet, später wird sie ausgesprochen

Oberhalb Roseau hat man einen schönen Blick aufs Meer

schlecht und stellt mit vielen Schlaglöchern hohe Anforderungen an die Qualität des Mietwagens.

Von der Hauptrichtung, die zu den **Trafalgar Falls** führt, zweigen parallel verlaufende Wege ab: der erste nach rechts zu den Schwefelquellen (Löcher, in denen grauer Schlamm blubbert und nach verfaulten Eiern stinkt) von **Wotton Waven**, der zweite nach links nach **Laudat** mit dem **Freshwater Lake** und dem **Boeri Lake** bzw. zum **Boiling Lake** und dem **Valley of Desolation**. Freilich liegen die letztgenannten Sehenswürdigkeiten im waldreichen Gebirge und sind als Bestandteil des **Morne Trois Pitons Nationalpark**, der 1998 zum UNESCO-Weltnaturerbe ernannt wurde, ausschließlich Ziel von Wanderungen.

Ausflugsziel Wasserfall

Außer den vorgestellten Zielen lohnen noch eine ganze Reihe weiterer Pfade, über die das örtliche Touristenbüro oder die Hotels Auskunft geben. Auch der höchste der drei Gipfel (1.356 m) sowie die beeindruckenden Wasserfälle **Middleham Falls**, **Victoria Falls** und **Sari-Sari-Falls** können erwandert werden. Neben den unten genannten Startpunkten ist der Nationalpark auch von der Ostküste bei **Grand Fond** bzw. vom **Emerald Pool** aus durch Wanderwege erschlossen.

INFO

Das UNESCO-Weltnaturerbe: Der Morne Trois Pitons Nationalpark

Dominica bietet den wohl ursprünglichsten tropischen Regenwald im karibischen Raum. Das 1998 zum UNESCO-Weltnaturerbe ernannte **7.000 ha große Gebiet** um den Morne Trois Pitons herum bietet zudem Berg-Szenerien vulkanischen Ursprungs, die bis auf 1.356 m Höhe in den Himmel ragen und Wissenschaftler wie Besucher gleichermaßen faszinieren.
Nicht nur die steilen Hänge und tiefen Schluchten der insgesamt fünf Vulkane und ihrer Ausläufer machen hier Wanderungen zum Erlebnis, sondern auch **heiße Quellen**, drei **Frischwasser-Seen**, der mit heißem Wasser gefüllte **Boiling Lake** und natürlich die tropische Fauna und Flora, die mit der reichhaltigsten Artenvielfalt der Kleinen Antillen aufwarten kann.

Wegen der einzigartigen Kombination dieser Naturerscheinungen wurde der Morne Trois Pitons Nationalpark zum Weltnaturerbe ernannt. Die Verantwortung für den nachhaltigen Schutz dieser Region liegt seitdem nicht mehr nur bei den Inselbewohnern Dominicas, sondern bei der gesamten Weltgemeinschaft.

Der Emerald Pool liegt im UNESCO-Gebiet

Reisepraktische Informationen zum Roseau River Valley

Unterkunft (Karte s. S. 302) (Karte s. S. 302)
Papillote Wilderness Retreat $$, *(5), Trafalgar Falls Road, ☎ 767-448-2287, 🖷 767-448-2285. Die zehn Zimmer und Cottages liegen zehn Minuten von den Trafalgar Falls entfernt inmitten von heißen Quellen und exotischem Garten mit Begonien, Orchideen, Ingwer; Möglichkeiten zur Vogelbeobachtung, Naturpfade, Restaurant.*
Cocoa Cottage $$ *(6), Roseau Valley, ☎ 767-448-0412. Einfaches und stilvoll eingerichtetes Bed & Breakfast mit zwölf Betten, das idyllisch inmitten von Kakaobäumen und Regenwaldvegetation und unweit der Trafalgar Falls liegt. Es gibt ein umfangreiches Touren-Angebot.*
Tia's Bamboo Cottage $, *(7), Wotton Waven, Roseau Valley, ☎ 448-1998/8591, www.avirtualdominica.com/tiasbamboocottages. Die drei aufs Wesentliche beschränkten einfachen, aber robusten Bambus-Hütten inmitten des Regenwaldes bestehen aus einem Raum und sind guter Ausgangspunkt für Wanderer. Gern gibt der Eigentümer auch diesbezüglich Tipps.*
Roxy's Mountain Lodge $-$$, *(8), Laudat, Roseau Valley, ☎ 767-448-4845. Einfache, helle Zimmer, von denen einige einen wunderschönen Blick ins Tal haben. Kleines Restaurant. Nach Absprache können Lunch-Pakete und Dinner bestellt werden.*

Wandern
Bei Wanderungen von Wotton Waven aus zu den **Sulphur Springs** *bzw. zur einzigen öffentlichen Schwefelquelle (um alle anderen wurden kostenpflichtige Einrichtungen oder kommerzielle Anlagen gebaut) sollten Sie beachten, dass das Dorf sich mehrere Kilometer an der Straße entlang ausdehnt. Bevor Sie lange den Zugang suchen, fragen Sie einen der Einheimischen oder nehmen Sie die Dienste eines Führers in Anspruch. Auf jeden Fall sollten Sie sich immer rechts halten, so kommt man ziemlich nahe heran. Die Quellen sind nicht die einzigen auf der Insel, aber die am besten erschlossenen.*

Für eine Wanderung zum **Valley of Desolation** *und zum* **Boiling Lake** *empfiehlt das Touristenbüro die Begleitung eines örtlichen Führers und eine entsprechende Ausrüstung (feste Schuhe, Proviant). Da zum Boiling Lake jedoch nur eine Straße führt, kann man die Tour durchaus auch alleine schaffen.*

Trafalgar Falls

Da sie bequem zu erreichen sind, sind die Wasserfälle von Trafalgar ein hoch frequentiertes Ausflugsziel. Wenn Kreuzfahrtschiffe im Hafen liegen, sollten Sie dieses Ausflugsziel allerdings meiden.
Nach steiler, kurvenreicher Strecke, auf der man alle Abzweigungen in dem sich lang hinziehenden Straßendorf ignoriert hat, kommt man – etwa 10 km hinter Roseau – zu einem Parkplatz, der direkt neben dem Wasserkraftwerk liegt. Auf der gegenüberliegenden Seite der Straße führen Stufen am Restaurant vorbei zum „Papillote Wilderness Retreat", einem kleinen Hotel, das von engagierten Naturschützern gemanagt wird. In jahrzehntelanger Arbeit wurden hier tropische Gärten sowie

Bassins für die heißen und warmen Quellen angelegt, und das alles gleich zweimal: Denn der Hurrikan „David" zerstörte 1979 die gesamte Anlage. Eine geführte Tour durch die Kräuter- und Pflanzensammlung ist nach Voranmeldung möglich (*Kontaktdaten siehe Reisepraktische Informationen, S. 305*).

Zum Fuß der eigentlichen Wasserfälle geht man vom Parkplatz aus in etwa 15 Minuten. Dabei führt der Pfad entlang der Wasserfallrohre, die den ehemals dritten Wasserfall ersetzen. Mag mancher auch über diesen Eingriff in die Natur verärgert sein (besonders im nahen „Papillote"-Hotel, dessen Idylle unter dem Lärm des Kraftwerks leidet), muss man doch bedenken, dass hier bis zu 70 Prozent des insularen Strombedarfs produziert werden. Doch die Trafalgar Falls bleiben eindrucksvoll genug: **Zwei parallele Fälle** stürzen aus beträchtlicher Höhe herunter, bilden gurgelnde Pools und vereinigen sich im Roseau River, der hier den Charakter eines Wildbaches hat. Von einer hölzernen Plattform aus hat man einen schönen Blick auf das Schauspiel (vor allem am Nachmittag). Wer an den Fällen hinaufwandern möchte, sollte unbedingt einen örtlichen Führer dabei haben.

Valley of Desolation und Boiling Lake

Für die anstrengende Ganztagestour zum Zentrum der postvulkanischen Aktivität kann man das Dörfchen **Laudat als Ausgangspunkt** nehmen. Durch Schluchten und Bäche, über Bergkuppen und an Wasserfällen vorbei geht es durch den Regenwald, in höheren Regionen dann durch den Nebelwald. Schließlich kommt man zu einem Tal an den Hängen des **Morne Watt**, wo die Vegetation an vielen Stellen durch Schwefeldämpfe abgestorben ist. Hier hat man den Beginn des „Tals der Verwüstung" erreicht, ein ausgedehntes Solfatarenfeld, in dem sich 1880 eine mächtige Dampfexplosion ereignete. Das wie ein riesiges, bunt gefärbtes Amphitheater angelegte Valley of Desolation ist wahrscheinlich jedoch kein Krater, sondern nur durch Erosion entstanden. Die Farbpalette geht auf Mineralien zurück, die im Wasser enthalten sind.

„Kochender" See

An vielen gefährlichen Stellen vorbei (Schlammtöpfe, Heißwasserpools, Fumarolen, dünne Erdkrusten) geht es weiter aufwärts bis man hinter einer Kuppe vor einem Krater steht, dessen Wände ca. 30 m steil abfallen. Auf diesem Grund breitet sich der „kochende See" aus, meistens allerdings von gelblichem Wasserdampf verhüllt. Das warme Wasser fließt Richtung Süden und fließt schließlich deutlich abgekühlt in die Victoria Falls. Er gilt als das **zweitgrößte Naturphänomen** dieser Art, nur noch übertroffen von einem *boiling lake* in Neuseeland. Auf dem Weg zurück wandert man durch die Schlucht **Ti Trou Gorge**, in der sich das heißes Quellwasser mit einem Kaltwasserbach vereinigt und zu einem erfrischenden Bad einlädt. Allerdings sollten Sie nicht baden gehen, wenn die Strömung zu stark ist.

Freshwater Lake und Boeri Lake

Wanderziel Maar

Auch zu diesen Zielen kommt man am besten vom Dorf Laudat. Von dort führt eine befahrbare Straße zum ca. 1,5 km entfernten See, da dort ein Wasserkraftwerk aufgestaut wurde. Der gut 800 m ü. d. M. an den Hängen des **Morne Macaque** befindliche **Freshwater Lake** besticht durch seine reizvolle Lage inmitten des ewigen Grüns und mit weitem Blick bis zur Ostküste. Einen schönen Spaziergang kann man von hier in etwa 45 Minuten zum 1.000 m hoch gelegenen **Boeri Lake** unternehmen, ein mit kaltem Wasser gefüllter ehemaliger Krater (Maar). Allerdings sollten Sie auch hier beachten, dass der See zu einem der beliebtesten Ausflugsziele bei Kreuzfahrttouristen zählt.

Der Süden: nach Scott's Head und Grand Bay

Ebenfalls im Südzipfel von Dominica hat man den Eindruck, dass die Künstlerin Natur das beste Beispiel ihrer Schaffenskraft geben wollte: immergrüne, hoch aufragende Berge, Schwefelquellen, eine dramatische Küste und davor eine phantastische Unterwasserwelt. Allerdings sind die kleinen Ortschaften südlich von Roseau nicht mit einer Inselrundfahrt zu verknüpfen, denn man gelangt vom Westen in den Osten um das **Südkap** nur per pedes. Deswegen sollten Sie unbedingt ausreichend Zeit einplanen, wenn sie die 10 km lange, aber schmale und stark gewundene Straße nach **Scott's Head** fahren möchten.

Taucher-attraktionen

Wegen der vorzüglichen Tauchbedingungen haben sich einige auf diese Sportart spezialisierten Hotels und Unternehmen hier niedergelassen, insbesondere in Castle Comfort (ca. 1,5 km südlich der Hauptstadt). Die besten Tauchspots sind Scott's Head Dropp-Off genau vor der Südspitze, wo der Meeresgrund steil von 8 auf 40 m abfällt und sowohl Gorgonenhäuptern, schwarzen Korallenbäumen und anderen Korallen als auch vielen Fischschulen und Hummern eine Heimat bietet. Noch größer ist der Höhenunterschied der Soufrière Pinnacles. Auch das 1990 absichtlich versenkte Schiffswrack des Frachters „The Dowess" in der Anse Bateaux ist zu einer Taucherattraktion geworden.

Die Dörfer sind noch sehr ursprünglich

In den Süden gelangt man von Roseau über die **Victoria Street**, die am Fort Young, dem Government House, der Public Library und dem Court House vorbeiführt. Die nächste Ortschaft ist Castle Comfort mit einem eindrucksvollen Aquädukt und der schon angesprochenen Konzentration einiger Hotels. Kurz danach, in **Loubière**, geht linker Hand ein Weg zur Grand Bay ab. Dabei durchquert man auf vielen Kehren die Insel von der West- bis zur Ostküste und kommt durch eine teils landwirtschaftlich genutzte, teils völlig unberührte Natur.

Auf der Gegenseite liegt das kleine Fischerdorf **Berekua** mit Sandstrand (Achtung: Gefährlich für Schwimmer!) und sehenswerten Ruinen einer alten Zuckerfabrik, in die sich nur selten ein Tourist verirrt. Hier können Sie ein rund drei Meter hohes Kreuz entdecken sowie das Geneva Estate, das im 18. Jahrhundert vom Jesuiten *Antoine La Valette* gegründet wurde und einst der Schriftstellerin *Jean Rhys* ein Zuhause war. Von hier aus ist es möglich, an der Küste in nordöstlicher Richtung über Peti-

Scott's Head ist ein faszinierender Tauchspot

te Savanne nach **Delice** über eine zwar schmale und steile, aber ausgebaute Asphaltstraße weiterzufahren.

Bleibt man hinter Castle Comfort auf der **Westküstenstraße**, erreicht man die nächste Ortschaft, **Pointe-Michel**, in der mehr noch als sonst auf Dominica der französische Einfluss spürbar ist. Das Dorf wurde nämlich von Fischern der Nachbarinsel Martinique gegründet, nachdem sie dort durch den Ausbruch des Montagne Pelée heimatlos geworden waren. Südlich davon liegt **Soufrière** an der gleichnamigen Bucht, die man auf einem sehr kurvenreichen Weg erreicht. Soufrière besitzt nicht nur einen guten, dunkelsandigen Strand, sondern auch eine der ältesten Kirchen der Insel, deren Hauptportal nur wenige Meter vom Strand entfernt ist.

Es lohnt auch die Wanderung in das hügelige Hinterland, wo die Schwefelquellen (**Soufrière Sulphur Springs**) liegen, die der Ortschaft den Namen gegeben haben. Und im nahe gelegenen **Bois Cotlette** erinnern mehrere halbverfallene Häuser und eine Windmühle an jene Zeit, als der gesamte Süden ein rein französisches Gebiet mit Kaffee- und Zuckerplantagen war. Die letzten zwei Kilometer fährt man direkt am Ufer einer Bucht entlang, die wie ein Angelhaken gebogen ist. Schließlich kommt man bis zum äußersten Punkt **Scott's Head**, wo an klaren Tagen der Blick weit übers Meer bis hinunter nach Martinique reicht. Von der schmalen Landzunge aus kann man gleichzeitig die Steine durch das Karibische Meer auf der einen und durch den Atlantischen Ozean auf der anderen Seite schimmern sehen. Außer den berühmten Tauchgebieten bietet die Ortschaft ein kleines Hotel und die ehemalige Signalanlage Old Semaphore Station sowie eine alte englische Batteriestellung (Fort Cashacrou).

Dominicas Südkap

Reisepraktische Informationen zum Süden von Dominica

Unterkunft (Hotelkarte s. S. 302)

Evergreen Hotel $$, *(9), Castle Comfort, ☎ 767-448-3288, 🖷 767-448-6800, www.avirtualdominica.com/evergreen.htm. Sympathisches Haus direkt am Meer mit 16 Zimmern, davon sechs Suiten mit Klimaanlage, TV, Bar, Restaurant mit lokaler Küche und Außenterrasse. Schöner Garten, Swimmingpool, Tauch- und Wassersportmöglichkeiten.*

Anchorage Hotel $-$$, *(10), Castle Comfort, ☎ 767-448-2638, 🖷 767-448-5680, www.anchoragehotel.dm. Sieben Minuten südlich von Roseau am Strand liegt das Hotel mit 32 einfachen Zimmern mit WC, Swimmingpool, Bar, Restaurant, Tauch- und Wassersportangeboten.*

Zandoli Inn $$$$, *(11), Stowe, ☎ 767-446-3161, 🖷 767-446-3344, www.zandoli.com. 25 min. von Roseau entfernt, nahe dem Fischerdorf Fond St. Jean, liegt das Inn inmitten dichter Regenwaldvegetation mit Blick über die Grand Bay. Steile Steintreppen führen zur felsigen Küste. Alle Zimmer des schönen und in mediterraner Architektur gebauten Inns sind gepflegt und haben Meerblick.*

Essen und Trinken

The Sundowner Cafe, Scott's Head, ☏ 767-448-7749, Terrassen-Restaurant mit Blick auf die Bucht von Scott's Head und Roseau; gute Gelegenheit für einen Punch an der Bar, während die Sonne im Karibischen Meer versinkt.

Die Westküste: von Roseau nach Portsmouth

Die erste Etappe der nördlichen Inselrundfahrt geht von Roseau auf einer gut ausgebauten Straße entlang der Westküste bis zur zweitgrößten Ortschaft, Portsmouth. An der Westküste sind die größten Attraktionen die auf Dominica raren und hier einladenden Sandstrände, sympathische Ortschaften, der Cabrits-Nationalpark und ein waldreiches Inselinneres. Die reine Fahrzeit berechnet man mit etwa anderthalb Stunden. Wenige Kilometer hinter dem Ortsausgang und unmittelbar vor dem Flughafen Canefield von Roseau kommt man zu einer Weggabelung, an der es rechts quer über die Insel zur Ostküste abgeht.

Genau hier ist die restaurierte **alte Zuckermühle** ein markanter Blickfang. Sie erinnert an Zeiten, als Dominica noch als „Zuckerinsel" galt. Seit 1773 ist The Old Mill in Betrieb. Sie gehörte bis 1908 zu einer der größten und langgenutzten Plantagen der Insel, als ein amerikanischer Millionär das Anwesen kaufte und auf Dampfmaschinen-Betrieb umrüstete. Heute beherbergt sie ein Kunst- und Kulturzentrum, in dem viele Veranstaltungen, vor allem zu Karneval, stattfinden. Zudem werden dort auch junge Holzschnitzer ausgebildet. Umgeben wird das Gelände von einem schönen Garten und privaten Mini-Zoo, in dem u. a. der seltene Jaco-Papagei gehalten wird.

Weiter geht es am Flughafen vorbei und immer an der Küste entlang. Das nächste Dorf heißt **Massacre**; es besitzt eine schön gelegene, alte Kirche. Der schaurige Name erinnert an das Massaker des Jahres 1674, als hier englische Truppen etliche **Kariben** niedermetzelten.

Längster Fluss Dominicas

Hinter **Rockney's Rock** und vor dem Fischerdorf **St. Joseph** überquert man, unweit seiner Mündung, den **Layou River**, den längsten Fluss der Insel. Er entspringt im zentralen Gebirge und hat sich seinen Weg durch tiefe Schluchten zum Meer gebahnt. Die Flussufer bieten übrigens ebenfalls gute Bademöglichkeiten, wobei Abenteuerlustige von der Ortschaft **Belles** aus den Layou River hinunter und durch eine paradiesische Szenerie schwimmen können. Für dieses Ziel benutzt man die asphaltierte Straße durch das Layou Valley, die am „Layou Valley Inn" vorbei nach **Pont Cassé** führt, von wo aus man über die **Transinsular Road** zum Melville Hall Airport im Nordosten oder zum Canefield Airport im Südwesten gelangt. Auch nach Castle Bruce und La Plaine, jeweils an der Ostküste gelegen, führen ab Pont Cassé zwei Straßen.

Bei der Fortsetzung der Inselrundfahrt kommt man durch **St. Joseph** und **Méro**, wo der schöne, grausandige Strand des **Castaway Beach** eine Badepause nahe legt. Dann geht es auf einer aussichtsreichen Straße weiter, die manchmal hoch an der Steilküste durch den Fels gesprengt ist und dann wieder bis auf Meeresniveau hinunterführt.

Bei **Dublanc** geht von der Hauptstraße ein schmaler und anfangs asphaltierter Weg nach rechts auf den **Morne Diablotin** (Hinweisschild) zu. Die Straße ist zunächst noch mit normalen PKWs zu befahren; nach ca. 3 km jedoch hört die Asphaltdecke auf, ab da hilft nur noch ein Geländewagen weiter. Schließlich beginnt der Pfad, der Wanderer in die Bergwelt des Northern Forest Reserve bringt. Zentraler Punkt dieses Naturschutzgebietes ist der höchste Berg der Insel, der **Morne Diablotin** (1.447 m), dessen Gipfel an klaren Tagen einen Panoramablick über die gesamte Insel und bis zu den Saintes-Inseln und Guadeloupe bietet.

Höchster Gipfel

Der **Legende** nach wohnt dort in einer Höhle eine riesige, über 100 m lange Boa Constrictor mit einem diamantenbesetzten Kopf. Vor Urzeiten soll sie über die Escalier Tête Chien aus dem Meer gekrochen sein. Wer die Schlange zu Gesicht bekommt, muss eines grausamen Todes sterben. Reale Ziele sind für Ornithologen und Naturfreunde jedoch außer dem Regenwald die Bestände der vom Aussterben bedrohten **Papageien-Arten** „Sisserou" (*amazona imperialis*) und „Jaco", die nur auf Dominica heimisch sind und hier ihr letztes Refugium haben.

Zurück auf der Hauptstraße gelangt man kurze Zeit später zur weit geschwungenen Prince Rupert Bay, einem natürlichen Hafen, der im Norden von den Zwillingshügeln der Cabris begrenzt wird. Seine günstige Lage war schon von *Kolumbus* bemerkt und später immer wieder von den Spaniern auf dem Weg nach Mittelamerika als Zwischenstation genutzt worden. Vom schönen **Coconut Beach** im Süden bis nördlich von Portsmouth ist die Bucht fast ununterbrochen von Sandstrand gesäumt.

Indian River

Den südlichen Ortsanfang von **Portsmouth** markiert der Indian River, den man mit kleinen Booten befahren kann. Dazu hält man am Parkplatz links vor der Brücke an und engagiert einen der wartenden Bootsführer. Besonders schön ist die Fahrt mit einem Ruderboot. Der Indian River, in den verschiedene Bäche mit teilweise warmem Wasser münden, ist etwa 15 km lang, wobei aber nur die ersten 1,5 km befahrbar sind. Die Bootsfahrt geht an vielen Mangroven, Palmen und wildem Hibiskus vorbei, der gelb und orange leuchtet. Im Wasser sieht man große Fische und Krabben, und mit etwas Glück bekommt man auch die seltenen **Sisserou-Papageien** zu Gesicht.

Fast fühlt man sich daran erinnert, dass vor Zeiten auch in diesem Dschungel der Zuckerrohranbau versucht wurde. Schließlich hält man an einem Bootssteg, wo sogar eine kleine Busch-Bar mit Erfrischungen aufwartet. Nach einem kurzen geführten Rundgang durch Bananen- und andere Fruchtfelder geht es wieder zurück. Die beste Zeit für diesen Ausflug ist der frühe Morgen oder späte Nachmittag, wenn die größten Chancen für die Papageien-Sichtung bestehen. Da der Indian River (wie alle Flüsse auf Dominica) viele Moskitos anzieht, insbesondere abends, sollte man auf die Fahrt Insektenschutzmittel mitnehmen.

Bootsfahrt auf dem Indian River

Portsmouth

Gleich hinter der Brücke über dem Indian River liegt die Kleinstadt Portsmouth (ca. 3.800 Einwohner), die zweitgrößte Siedlung der Insel. Trotz ärmlicher Lebensverhältnisse wirkt der Ort mit seinen meist bunt bemalten und sauberen Hütten oder Häuschen pittoresk. Dem Besucher bietet Portsmouth einige schlichte Restaurants mit lokaler Küche sowie ein Gästehaus. Rechts der Hauptstraße, die parallel zur Küste gen Norden führt, liegt eine hübsche, neogotische Steinkirche; ebenfalls nach rechts zweigt die Straße in Richtung Ostküste (Calibishie) ab.

Zunächst sollten Sie aber weiter zum nördlichen Ortsausgang fahren und dann an der Bucht mit ihrem Sandstrand entlang bis zur Halbinsel, die mit den beiden sanften Hügeln der Cabrits weit ins Meer ragt.

Cabrits-Nationalpark

Nordteil der Insel

Der Nationalpark ist insofern ungewöhnlich, als in ihm unterschiedliche Sehenswürdigkeiten vereint sind.
– Erstens die **Cabrits-Halbinsel** mit ihren hohen Bäumen, Sumpfgebieten, Baumfarnen und einem reichhaltigen Tierleben, all dies steht unter Naturschutz.
– Zweitens die historischen Ruinen, die verstreut auf der Halbinsel zu finden sind, allen voran das **Fort Shirley**.
– Drittens die fischreichen **Küstengewässer**, unterseeische Höhlen und etliche Schiffswracks, welche entweder den Riffen oder den Kriegen zwischen Franzosen und Engländern zum Opfer fielen.

Alte Kanonen im Carbits Nationalpark

Am Endpunkt der Straße stößt man auf einen großen Parkplatz an der Anlegestelle für Kreuzfahrtschiffe (Cabrits Cruise Ship Berth). Über diesen mehr als 100 m langen Pier kommen die Touristen von ihren Schiffen in ein anspruchsvoll konzipiertes Empfangsgebäude, das mit seinem Auditorium auch für Diashows und einführende Vorträge über die Insel genutzt wird. Weiter gibt es einen Verkaufsstand für lokale Produkte (Seife, Gewürze, Rum) und einen großen Parkplatz, auf dem Taxis und Minibusse die Kreuzfahrtgäste zu Inselrundfahrten abholen. Stolz verweist man in Dominica darauf, dass dies die einzige Anlegestelle der Region sei, von der man direkt in einen Nationalpark gelangen könne. Der **Marine Park** rund um die Halbinsel bietet Tauchern und Schnorchlern eine interessante Unterwasserwelt.

Vom Parkplatz geht man an einer kleinen Cafeteria (Getränke, Postkarten, Literatur, Snacks) vorbei und durchquert die Einlasspforte zum großartigen Fort Shirley aus dem 18./19. Jahrhundert. Wenn Sie hinter dem befestigten Portal nach links gehen, kommen Sie zum eigentlichen Fort. Es bietet nicht nur ein kleines Museum und viele alte Kanonen, sondern von erhöhter Warte aus auch einen sehr schönen Blick über die

Prince Rupert Bay auf Portsmouth bzw. aufs Meer mit den Saintes-Inseln und Guadeloupe im Hintergrund. Kleine Schilder weisen im Gelände den Weg zu weiteren historischen Gebäuden wie Kasernen, Offiziersunterkünften und Batteriestellungen.

Wenn Sie hinter der Halbinsel in die **Douglas Bay** und zum **Cape Melville** wollen, können Sie zunächst noch auf einer engen, steilen und kurvenreichen Piste in Achterbahn-Manier zur Douglas Bay gelangen, an deren **schwarzem Sandstrand** (*Toucari Beach*) sich am Wochenende die Einheimischen vergnügen. Ab Savane Paille geht es jedoch nur zu Fuß weiter. Der Weg bietet landschaftlich schöne Aspekte. Immer wieder auf und ab geht es an Schwefelquellen vorbei nach **Penville**. Von dort führt eine Straße Richtung Süden an der Ostküste entlang. Sie sollten vorher einen Taxidienst organisieren.

Auch in den Teakholzwäldern rund um den 862 m hohen **Morne aux Diables** kann man wandern. Außerdem lohnen die kleinen Fischerdörfer am Wegrand, die stets wechselnden Perspektiven auf den Serpentinen und der dramatische Ausblick auf den Nordteil der Cabrits-Halbinsel den Abstecher allemal.

Mächtige Insel

Reisepraktische Informationen zur Westküste von Roseau nach Portsmouth

Unterkunft

Castaways Beach $$$, *Mero, nördlich von St. Joseph, ☏ 767-449-6244, 🖷 767-449-6246. Das Hotel liegt direkt an einem schönen grauen Sandstrand. Die 26 einfachen Zimmer haben Klimaanlage, TV, zum Teil Balkon. Es gibt einen schönen Garten, ein Tauchcenter, ein reichhaltiges Tourenangebot und Autovermietung, Tennisplatz (eine Rarität auf Dominica), Restaurant, Bar.*

Lauro Club $$$, *Salisbury, ☏ 767-449-6602, 🖷 767-449-6603, www.lauroclub.com. Oberhalb der Steilküste von Salisbury gelegene, komplett renovierte Villen-Anlage. Die zehn Holzhäuser haben zwei bis vier Betten, Küche, Telefon, TV. Der Swimmingpool hat Blick auf das Karibische Meer. Restaurant mit kreolischer Küche, Tennisplatz, Autovermietung, Tauchangebot.*

Coconut Beach Hotel $$, *Picard, Porthsmouth, ☏ 767-445-5393/-445-5415, 🖷 767-445-5693, www.coconutbeachdominica.com. Freundliches Hotel am Strand mit familiärer Atmosphäre. Es gibt fünf Bungalows und sechs Apartments und es ist nahe zu den Ausflugszielen um Portsmouth. Wassersport, Tauchzentrum, Restaurant und Bar direkt neben dem Wasser.*

Layou Valley Inn $$, *Layou Valley, Roseau, ☏ 767-449-6977, 🖷 767-449-6977, www.synweb.com. Im Inselinneren hoch in den Bergen gelegenes Inn mit beeindruckendem Ausblick. Es stehen fünf komfortable Zimmer zur Verfügung sowie ein Restaurant mit guter Küche. Anreise am besten mit Mietwagen oder Taxi. Guter Ausgangspunkt für Wanderer.*

Essen und Trinken

Almond Tree Bar & Restaurant, *Castaways Beach Hotel, ☏ 767-449-6244/5, täglich geöffnet von 7-22 Uhr; kreolische Küche, annehmbare Preise; guter Platz bei Sonnenuntergang.*

Der Osten: von Portsmouth nach Roseau über Marigot

Die zweite Etappe der Inselrundfahrt durchquert den Nordteil Dominicas und führt dann an der Ostküste herunter bis Castle Bruce. Von dort aus geht es durch das gebirgige Zentralland zurück zur Westküste nach Roseau. Die größten Sehenswürdigkeiten entlang der Strecke sind die **hellen Sandstrände des Nordens**, das **Kariben-Reservat** und der **Regenwald** mit Attraktionen wie dem **Emerald Pool**. Fast in der Ortsmitte von Portsmouth zweigt man auf die relativ große Straße in östlicher Richtung ab und kommt zunächst an Bananenpflanzungen vorbei, sodann gelangt man hinauf in höher gelegene Regionen.

Kurz bevor man die **Anse du Male** erreicht, geht links ein kleiner Weg auf Pointe Jacquot an der Nordwestküste zu. Der Abstecher lohnt sich wegen der schönen Küstenszenerie und wegen des Dorfes **Vieille Case**, das eine sehenswerte Kirche mit massiven Mauern und spanisch beeinflusster Fassadenarchitektur besitzt.

Badebuchten und Klippen

Von der Anse du Male fährt man nahe am Strand entlang auf **Calibishie** zu. Hier findet man karibische Motive, die sonst auf Dominica selten sind: palmenbestandene und weißsandige Strände, vor allem der **Hampstead Beach**. Gleiches gilt auch für das Kap von **Pointe Baptiste**, zu dem ein kleiner Fahrweg nach links abzweigt. Dort ist die Badebucht eingebettet zwischen steilen Klippen, von denen man zu den Französischen Antillen (Marie-Galante) hinüberblicken kann, während in den Küstengewässern phantastische Korallenformationen die Taucher begeistern.

Auch hinter Calibishie kommt man an zwei wunderschönen Badebuchten mit weißem Sand und vorgelagerten Riffen vorbei, während kurz darauf die **Anse Noire** wieder den vulkanisch bedingten schwarzen Sand vorweisen kann. In der Ortschaft **Wesley** fährt man rechts an der Polizeistation vorbei und anschließend, nur wenige Schritte vom Meer entfernt, einen völlig einsamen, lang gestreckten schwarzen Strand (**Londonderry Bay**) entlang. Weiter geht es zwischen der Flugbahn des **Melville Airports** und dem auch hier ganz nahen Ozean hindurch auf **Marigot** zu. Dieses Dorf – immerhin das größte an der Westküste – vermittelt mit seinen pittoresken, kleinen Hütten den Eindruck einer karibischen Idylle, in der die Zeit stehen geblieben ist. Immer noch halten die Einwohner ihre Toilette in den Bächen und waschen dort ihre Wäsche, die sie anschließend ausklopfen und zum Trocknen hinlegen ...

Waldreiches Inselinnere

Wenige Hundert Meter hinter der Brücke am Ortsausgang gibt es eines der seltenen Verkehrsschilder auf der Insel: Richten Sie sich hier geradeaus nach **Pont Cassé**, kommen Sie über die **Transinsular Road** quer durch das waldreiche Inselinnere auf Roseau/Canefield zu. Dabei berührt die Straße die Randgebiete der Naturschutzgebiete **Northern Forest Reserve** und den **Morne Trois Pitons Nationalpark**, die jeweils gute Wandermöglichkeiten bieten.

In **Concord**, kurz hinter Marigot, empfiehlt sich das *Floral Gardens Restaurant* für eine Erfrischungspause. Auf unserer Rundfahrt sollten Sie jedoch nach links in Richtung **Castle Bruce** abbiegen und auf einem schmalen und kurvigen, aber asphaltierten

Weg an der Küste entlangfahren (phantastische Aussicht auf die Bucht von Marigot). Nach kurzer Zeit gelangen Sie in das **Carib Territory**.

Carib Territory

Das 1.500 ha große Gebiet, das als **Kariben-Gebiet** ausgewiesen ist, unterscheidet sich nicht von der bisher gesehenen Landschaft. Seine Bedeutung liegt in der Tatsache, dass es das letzte und einzige **Rückzugsgebiet der karibischen Ureinwohner** auf den Kleinen Antillen darstellt. 1903 wurde es von *Königin Victoria* den Nachfahren der Kariben zur Verfügung gestellt, die seitdem hier in Selbstverwaltung leben. Ihre Lebensgrundlage sind Fischerei und der Bau von Einbäumen, Landwirtschaft, Korbflechterei und Kunsthandwerk. Letzteres wird links der Straße in vielen Hütten und Wellblechbuden verkauft.

Letztes Rückzugsgebiet der Ureinwohner

Wenn Sie nicht viel Zeit haben, werden Sie außer diesem kommerziellen Aspekt kaum etwas von der Atmosphäre des Territoriums mitbekommen. Ohnehin sind wirklich reinrassige Kariben in der Minderzahl. Es ist auch zweifelhaft, ob der Volksstamm als „Besucherattraktion" vermarktet werden sollte, wie es tatsächlich geschieht. Nicht umsonst haben die Indianer durchgesetzt, dass der ehemalige Name „Carib Reserve" (= Reservat) in das neutrale „Territory" umgewandelt wurde.

Wer außer dem Kauf von Souvenirs den hier lebenden Menschen und ihrer Kultur näher kommen möchte, sollte das **Carib Council Office** aufsuchen, wo man Ihnen am besten den Weg zum kleinen Museum in einer Bucht in Salybia erklären kann, und auch die **katholische Kirche von Salybia**, deren Altar aus einem **Karibenkanu** gemacht wurde, ist sehenswert. Weiterhin besteht die Möglichkeit, die Nacht im *Carib Territory Guesthouse* zu verbringen.

In der Nähe sind auch noch einige der charakteristischen Grashütten zu sehen, die ansonsten leider immer mehr von Wellblech-Behausungen verdrängt werden. Es versteht sich von selbst, dass beim Filmen und Fotografieren von Personen äußerste Zurückhaltung angebracht ist. Bei der Fahrt durch das Territorium kommt man durch die Ortschaften **Bataka** und **Salybia**. Links unterhalb der Straße lohnt sich der Halt an einem **Versammlungshaus** mit ovalem Grundriss; das mit kleinen Holzschindeln gedeckte Dach ist schon vom Weg aus zu sehen. Beim Dorf **Sineku** stößt man auf einige auffällige, schwarze Basaltformationen, die *L'Escalier Tête Chien* genannt werden.

Fischerdörfer

Nach einer **Legende der Kariben** wurde die „Treppe der Schlange" von einem Gott geformt, als die Erde noch weich war. Tatsächlich erinnert die vulkanische Spur an einen treppenförmigen Weg, der vom Meer auf das Gebirge zuführt. In ihn soll jene Riesen-Boa gekrochen sein, die angeblich immer noch auf dem Morne Diablotin haust und für allerlei Unglück verantwortlich ist.

Südlich von Sineku verlässt man das Kariben-Gebiet und kommt zum kleinen Fischerdorf **Castle Bruce**, das einen schönen Strand besitzt. Manchmal sieht man hier noch die Kanus, auf deren Herstellung sich die Kariben spezialisiert haben. In der Ortschaft führt die Hauptroute nun nach rechts vom Meer fort und auf **Pont Cassé** zu. Es ist allerdings auch möglich, noch einige Kilometer dem Küstenverlauf zu folgen: Am Endpunkt der Stichstraße bietet ein Fußpfad schöne Wanderungen bis Rosalie.

Autofahrer durchqueren nun die Insel in südwestlicher Richtung, wobei die gute Straße durch ausgedehnte Bananen- und Tabakplantagen direkt auf die **zentralen Gebirgszüge** zuführt. Nach einigen Windungen passiert man rechter Hand den Parkplatz, von dem aus man auf angelegten Treppenwegen in wenigen Minuten (400 m) zum **Emerald Pool** kommt.

Emerald Pool

Kleiner Wasserfall mit Pool

Hinter dem Eingang, wo meistens Einheimische Früchte und Drinks anbieten, geht rechts ein Seitenweg zu einem schönen „Picknick-Area" ab, während der normale Pfad geradeaus erst durch eine tropische Regenwaldlandschaft und dann kontinuierlich abwärts führt. Ab der Brücke bringen einen mehrere Stufen nach rechts zum eigentlichen Pool mit einem recht kleinen Wasserfall. Leider ist hier das Baden verboten. Insgesamt ist nicht der bescheidene Pool, sondern der **Spaziergang durch den Regenwald** die Attraktion dieser Exkursion (Vorsicht: bei Regen sehr rutschig!), die man übrigens auf mehreren markierten Pfaden noch ausdehnen könnte.

Wenige Hundert Meter hinter dem Emerald Pool kommt man zu einer Weggabelung, an der man die Rundfahrt nach rechts (Richtung Roseau) fortsetzt, während in die andere Richtung ein Abstecher zur Südostküste möglich und empfehlenswert ist.

Reisepraktische Informationen zum Osten von Dominica

Unterkunft

Carib Territory Guest House $, *Crayfish River, Carib Territory, ☎/🖷 767-445-7256. Mr. Williams und seine charmante Frau geben ihrem Gästehaus eine warme und freundliche Atmosphäre. Hier können Sie viel über die Umgebung, die Kultur und Geschichte der Kariben erfahren, getreu dem Motto der Inhaber: „No one knows this island better than a Carib"; freundliches Team und gutes Essen. Touren zu den Natursehenswürdigkeiten werden organisiert.*

Calibishie Lodges und Sea View Apartments $$, *Main Road, Calibishie, ☎ 767-445-8537, 🖷 767-445-8074, http://calibishie-lodges.com. Fünf Apartments und wunderschön am Hang im Ort Calibishie gelegene Lodgen bieten Blick auf den Atlantik. Besonders zu empfehlen sind die Apartments, die in die Hanglage und dichte Vegetation gebaut wurden und neben Wohn- und Schlafraum auch Küche und Badezimmer bieten.*

Beau Rive $$$$$, *zwischen Castle Bruce and Sineku, ☎ 767-445-8992, www.beaurive.com. Das Inn im kolonialen Stil inmitten üppiger Tropenvegetation und mit Swimmingpool bietet die edelste Unterkunft an der Atlantikküste.*

Essen und Trinken

Floral Gardens, *Concord Village, ☎ 445-7636, tägl. für Frühstück, Mittagstisch und Abendessen geöffnet. Wunderschön in einem tropischen Garten (mit Mini-Zoo) gelegenes Haus, vorzügliche Küche, gutes Hummer-Gericht, Hibiskussaft; mit Souvenirshop, Autovermietung und einfacher Übernachtungsmöglichkeit.*

Abstecher in den Südosten

Der Süden Dominicas ist kaum erschlossen

Der 9 km lange Weg bis **Rosalie** führt durch dichten Regenwald und später auch durch Bananenplantagen und Gemüsegärten. Sofort hinter der Weggabelung lädt die **Emerald Bush Bar** zum Verweilen ein. Man erreicht die Atlantikküste an der Rosalie Bay mit ihrem schönen Sandstrand. Auch hier erinnern die Ortsnamen genau wie einige Relikte der „Zuckerzeit" (Aquädukt von Rosalie) daran, dass im Süden Dominicas französische Siedler zuerst Fuß fassten und am nachhaltigsten die Region prägten.

Nördlich von Rosalie liegen Petite Soufrière und St. Sauveur in einer wildromantischen Umgebung mit Wasserfällen und Badebuchten. Eine Weiterfahrt in nördlicher Richtung ist nicht möglich, wohl aber eine Wanderung entlang der Klippen, bis man wieder die Küstenstraße südlich von Castle Bruce erreicht.

Südlich von Rosalie geht der Weg in mehreren Kurven zunächst landeinwärts, führt dann an den grauen Sandstrand von **Bou Sable** und so wieder zum Atlantik zurück. Ein wenig weiter liegt das pittoreske Fischerdorf **La Plaine** mit einer kleinen französischen Dorfkirche. Ab der **Pointe Mulâtre** windet sich die Straße erneut inseleinwärts und führt über Delices und Petite Savanne nach Grand Bay, von wo man durchs Inselinnere zurück nach Castle Comfort und Roseau fahren kann.

Östliche Küstenstraße

Fährt man an der Weggabelung hinter dem Emerald Pool nach rechts, kommt man nach gut drei Kilometern zum großen **Verkehrsknotenpunkt von Pont Cassé**. Am Kreisel laufen vier Straßen zusammen, wovon die wichtigste sicher die Transinsular Road ist, die schräg durchs Inselinnere verläuft und die beiden Flughäfen miteinander verbindet. Während man von Pont Cassé aus in nordöstlicher Richtung durch das reizvolle **Layou Valley** nach Layou und St. Joseph gelangt, führt unser Weg nun auf Canefield (12 km) und Roseau (17,5 km) zu. Dabei geht die Strecke durch ein tief eingeschnittenes Flusstal und schließlich durch weitläufige Bananenpflanzungen (**Rivière de la Croix**).

Wenige Kilometer, bevor man die Westküste auf Höhe des Canefield-Flughafens erreicht, kann man noch der **Springfield Plantation** einen Besuch abstatten. Das Gebäude ist ein gutes Beispiel für die kreolische Architektur aus den Tagen des Zuckeranbaus. Schön ist auch der Blick von der Springfield Plantation durch das grüne Tal bis hinunter auf die Karibische See.

Steckbrief: St. Vincent...

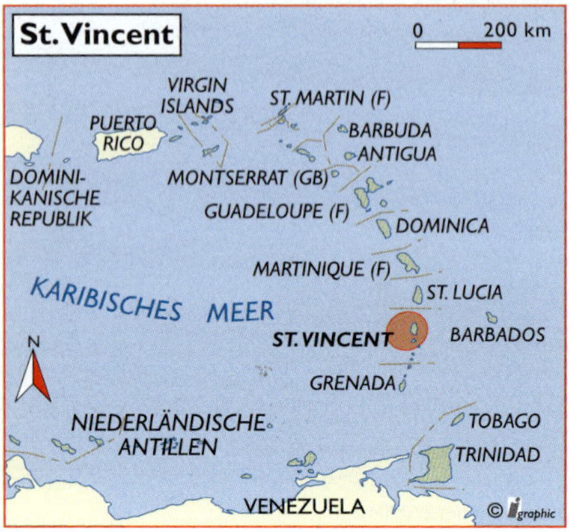

Das „Erlebnis St. Vincent" bedeutet in erster Linie **unberührte Natur, majestätische Berge, klare Bäche, Regenwald** und **reiches Tierleben**. Damit weist sich die Insel – ähnlich wie Dominica – als ideale „Öko-Destination" aus. Genau wie dort gibt es auch hier phantastische Tauch- und Schnorchelgründe sowie eines der besten Segelgebiete der Karibik. 100 km südlich von Martinique und 30 km südwestlich von St. Lucia gelegen, umfasst die Insel des inneren Antillenbogens mit einer Länge von 29 km und einer Breite von 17 km immerhin stattliche 390 km².

Von **Vulkanismus** in der jüngeren Vergangenheit geprägt trägt die Insel, wie Dominica und St. Lucia, ein sehr **bewegtes Relief** zu Gesicht. Im Norden prägt der hohe und mächtige **Vulkan Soufrière** (1.179 m) die Insellandschaft, im Süden der **Richmond Peak** (1.075 m). Der Gebirgscharakter sorgt zusammen mit dem Passatwind für recht hohe Niederschlagsmengen, die an der Windward-Seite 2.500 mm betragen. Dadurch gleicht das Inselinnere einem dichten und unberührten Kleid tropischen Regenwaldes.

Durchs Inselinnere von St. Vincent

Die Küstenregionen der Insel unterscheiden sich jedoch deutlich voneinander: Während die dem Atlantik zugekehrte Seite (Windward) sich durch ihre **Wildheit** auszeichnet und neben den **schwarzen Sandstränden**, die sich aus vulkanischer Asche und Lava gebildet haben, nur einem schmalen Uferstreifen Platz lässt, ist der eher flache Südosten der Insel durch **Landwirtschaft** geprägt. Irgendwo dazwischen befindet sich die Landschaft der karibischen Küste (Leeward), die eher sanft daherkommt. Ihre **Hügel** fallen meist leicht geschwungen zum Meer hin ab. Weite Buchten bieten Dörfern und Städten Raum. Hier, im relativ **trockenen Südwesten**, gibt es auch einige **helle Sandstrände**, infolgedessen auch die meisten Hotels und Pensionen. Dagegen ist der nur **wenig erschlossene Nordwesten** wieder steiler und bezaubert mit hohen Wasserfällen.

Im Vergleich zu den karibischen Nachbarn ist St. Vincent ein **historischer Nachzügler**. Der Namensgeber *Kolumbus* sichtete sie erst auf seiner dritten Reise im Jahre 1498. Zu dieser Zeit war an eine europäische Besiedlung wegen des hartnäckigen Widerstands der Ureinwohner nicht zu denken, sie begann erst verhältnismäßig spät im 18. Jahrhundert. Mit der militärischen Durchsetzungskraft konnte 1763 die erste englische Siedlung gegründet werden. Nach heftigen Kämpfen gegen die französische Konkurrenz, die zeitweilig die Insel erobern konnte, wurde St. Vincent ab 1783 britische Kronkolonie.

Der Inselstaat wird durch einen General-Gouverneur in Kingstown vertreten

Die letzten Ureinwohner, die „roten“ und „schwarzen“ Kariben, wurden nach einem Aufstand im Jahre 1796 zur zentralamerikanischen Mosquitoküste deportiert. Ab dem Zweiten Weltkrieg wurden die Weichen zur Unabhängigkeit gestellt. Nachdem St. Vincent schon 1969 in einen assoziierten Staat mit innerer Autonomie umgewandelt worden war, löste sich der Inselstaat am 27. Oktober 1979 endgültig von Großbritannien. Nach wie vor ist aber *Königin Elizabeth II.* das offizielle Staatsoberhaupt, das durch einen General-Gouverneur in der Hauptstadt Kingstown vertreten wird.

Die historische wie wirtschaftliche Entwicklung wurde immer wieder durch Erdbeben und Wirbelstürme gebremst. Am schlimmsten war der katastrophale **Ausbruch des Vulkans Soufrière im Jahre 1902**, der 2.000 Menschenleben forderte und ein Drittel der Insel verwüstete. Aktiv wurde der Vulkan wieder in den 1970er Jahren mit dem Höhepunkt des **Ausbruchs von 1979**. Damals mussten 20.000 Menschen evakuiert werden.

Wirtschaftlich gesehen ist St. Vincent in erster Linie **Agrarland**. Als 1962 die einzige Zuckerfabrik stillgelegt wurde, nahm, wie auf den meisten Karibischen Inseln, der Bananenanbau die Stelle des Zuckerrohrs ein. Daneben konnte sich St. Vincent mit der Kultivierung der Pfeilwurz (engl.: *arrowroot*, lat.: *maranta arundinacea*) auf dem Weltmarkt eine Monopolstellung erarbeiten. Die aus den Wurzeln dieser Pflanze gewonnene Stärke findet bei der Herstellung von Säuglingsnahrung und Speiseeis Verwendung, ist aber auch ein Rohstoff bei der Produktion von Computerpapier. In bescheidenem Maße exportiert werden außerdem Erdnüsse und qualitativ hochwertige Baumwolle (*sea island cotton*), während Süßkartoffeln, Yam und Cassava nur auf den heimischen Markt gelangen. Kleinere industrielle Betriebe wurden nördlich der Hauptstadt Kingstown und bei Diamond im Südosten angesiedelt (Milchpulver, Fiberglasboote, Brauereien). Größter Hoffnungsträger ist der Tourismus, der in den letzten Jahren gerade bei den Tagesbesuchen immer mehr zugenommen hat. Insgesamt gehört der Inselstaat zu den ärmeren Ländern Westindiens und ist immer noch auf die finanzielle Unterstützung durch Großbritannien bzw. die EU angewiesen.

Bananen und Zucker

... und die Grenadinen

Zum Inselstaat gehören neben dem „großen" St. Vincent gut **30 kleinere und kleinste Eilande**, von denen nur acht bewohnt sind. Eigentlich können alle Inseln zwischen St. Vincent und Grenada als „Grenadinen" bezeichnet werden; hier jedoch sind nur die gemeint, die nördlich der gemeinsamen Grenze – etwa bei 12°32' nördlicher Breite – liegen und insgesamt 44 km² Landfläche ausmachen.

In erster Linie Agrarland, nimmt der Bananenanbau die erste Stelle ein

Landschaftlich unterscheiden sich die Grenadinen von St. Vincent deutlich: Dort, wo das „Mutterland" rau ist und mit seinen Vulkanen hoch aufragt, sind die Grenadinen **lieblich und flacher**. Und anstatt schwarz- oder grausandiger Strände weisen die kleinen Inseln **puderfeine, weiße Sandstrände** auf – wie Puzzle-Teile von Atollen im türkisfarbenen Meer verstreut. Kein Wunder, dass die Grenadinen damit ein **Lieblingsziel der internationalen Seglergemeinde** sind. In ihrer Qualität sind sie nur mit den Virgin Islands vergleichbar. Angezogen wird davon natürlich auch der internationale Jetset, wie **Petit Mustique** zeigt. Andere wiederum wurden von Privatleuten gepachtet und in exklusive Ferienresorts verwandelt. Auf den Routen der Kreuzfahrtschiffe sind Ziele wie **Palm Island, Petit Mustique** oder die **Tobago Cays** inzwischen zu einem festen Programmpunkt geworden – hier führt man den Gästen die Bilderbuchseite der Kleinen Antillen vor und entlässt sie zu einem erholsamen Tag mit Baden, Schnorcheln und Wassersport an den Palmenstränden: Karibik *par excellence*!

Wer auf eigene Faust herumreisen möchte, sollte sich am besten mit einem Kleinflugzeug von St. Vincent oder Grenada aus in den Inselgarten der Grenadinen begeben. Bequia, Mustique, Canouan und Union Island haben jeweils ihre eigene **Start- und Landebahn**. Mit **Kingstown** und auch untereinander sind außerdem die bewohnten Inseln durch **täglich verkehrende Personenfähren** verbunden. Am stilvollsten ist es natürlich, die grenadinischen Gewässer per Segelboot zu durchkreuzen, in den betriebsamen Yachthäfen anzulegen oder vor unbewohnten Eilanden zu ankern.

St. Lucia

Wichtige Telefonnummern auf einen Blick

Telefonvorwahl	☏ 758
Internationale Vorwahl	☏ 001-758
Deutsche Botschaft	☏ 450-8050
Feuer/Ambulanz	☏ 911
Polizei	☏ 999
Krankenhaus:	
(Victoria Hospital),	☏ 4537059
(St. Jude's Vieux Fort)	☏ 45460
Touristeninformation	☏ 452-4094

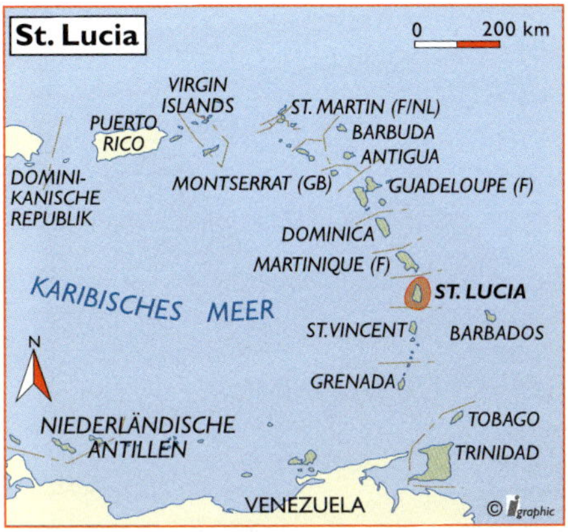

St. Lucia – ausgesprochen „Sänt Luh-scha" – ist ein Teil des inneren Antillenbogens und liegt in der östlichen Karibik, 30 km südlich von Martinique und 160 km nordwestlich von Barbados. Mit rund 620 km² ist sie die **zweitgrößte der englischsprachigen Windward Islands** und hat eine längs gestreckte, kompakte Form (43 km lang und 22 km breit).

Das Landschaftsprofil ist ähnlich wie auf Martinique und Dominica gebirgig, allerdings nicht ganz so hoch (höchster Berg: Morne Gimie mit 951 m ü. d. M.). **Weltberühmt** sind die beiden zuckerhutförmigen und fotogenen Berge **Gros Piton** (798 m) und **Petit Piton** (736 m), die sich bei Soufrière steil aus dem Meer erheben und als Wahrzeichen der Karibik gelten. Sie sind das Resultat der vulkanischen Tätigkeit in erdgeschichtlich junger Zeit, die sich auch durch Schwefelquellen und den sogenannten **Drive-in-Volcano** bemerkbar machen. Im Gegensatz zum sonstigen Landschaftsbild ist der **Südteil der Insel flach** (mit Ausnahme der Halbinsel Le Moule-à-Chique). An den Küsten wechseln tiefe Buchten und Sandstrände mit Steilabhängen und Klippen ab. Das ursprünglich dichte Vegetationskleid des Regenwaldes musste in der Vergangen-

Redaktionstipps

- Hoch in den Bergen zwischen dem Petit und dem Gros Pitons beim Mittagessen im **Ladera Resort** den Blick auf das Wahrzeichen der Inseln, die beiden **Pitons**, genießen (S. 350).
- Das Hinterland von St. Lucia zu **Pferd** entdecken
- Eine Nacht aufbleiben und am Marine Turtle Watch in Grande Anse ewig alte **Schildkröten**, die sich mühsam nach der Eiablage wieder zurück ins Meer schleppen, im Mondschein beobachten
- An der landschaftlich spektakulären und zerklüfteten Atlantikküste auf dem **Eastern Nature Trail** wandern
- Die Unterwasserwelt im **Marine Park** an der **Anse Chastanet** erkunden. (S. 349).
- Nicht nur zu Karneval wird hier gefeiert. **Feiern** Sie mit, vom Jazzfestival bis zu Disko-Abenden in der Rodney Bay bietet die Insel für jeden Geschmack etwas.
- Ausflug zum einzigen befahrbaren Vulkan der Welt und den heißen Schwefelbecken **La Soufrière Sulphur Springs** (S. 353).

Die Pitons – das Wahrzeichen von St. Lucia

Hotel

1	Sandals Regency
2	Sundale Guesthouse, Sunny Acres
3	Villa Beach Cottage
4	Antillean House
5	Coco Kreole & Coco Palm
6	Hotel Rex St. Lucian
7	Bay Gardens Beach Resort
8	La Panacha Guest House
9	Villa Zandoli
10	Le Sport - The Body Holiday
11	Marigot Beach Club Hotel
12	Talk to Me Cool Spot
13	Anse Chastanet
14	Stonefield Estate
15	Ladera Resort
16	Fond Doux Holiday Estate

heit Zuckerrohr-, Bananen- und Kakaoplantagen weichen oder wurde zur Holzgewinnung abgeschlagen.

Heute hat St. Lucia wieder **überwiegend grünes Gepräge** (Sekundärwald), während sich Reste des ursprünglichen Regenwaldes noch in den höheren Regionen erhalten haben und Heimat eines artenreichen Tierlebens sind. Insgesamt ist die Insel von außerordentlicher landschaftlicher Schönheit und trägt zu Recht den Beinamen **„Helen of the Caribbean"**.

Die Geschichte der Insel, die die indianischen Kariben „**Hewannorra**" nannten, wurde über weite Strecken von den üblichen Auseinandersetzungen zwischen Franzosen und Briten geprägt. Ob *Kolumbus* sie tatsächlich entdeckt hat, wird von der

Hinweis

- *Für die Erkundung der wichtigsten Sehenswürdigkeiten der Insel reicht ein normaler PKW. Jenseits der Hauptstraßen fehlen jegliche Hinweisschilder und es gibt überwiegend nur Steinpisten. Hier sind guter Orientierungssinn und Geländewagen erforderlich.*
- *Planen Sie bei Touren in Eigenregie genügend Zeit für die Wegstrecken und Pausen ein. Das Fahren auf der Insel ist aufgrund rasanter Fahrweise der Insulaner und kurvenreichen, hügeligen Strecken an der Westküste recht anstrengend und langwierig. So brauchen Sie von Rodney Bay bis Soufrière bestimmt 1,5 bis 2 Stunden Fahrtzeit.*
- *Da Taxifahrten je nach Dollarkurs teuer bis sehr teuer sind, lohnt sich für längere Exkursionen bzw. eine Inselrundfahrt ein Mietwagen. Allerdings sollten Sie etwas Übung im Linksverkehr haben.*

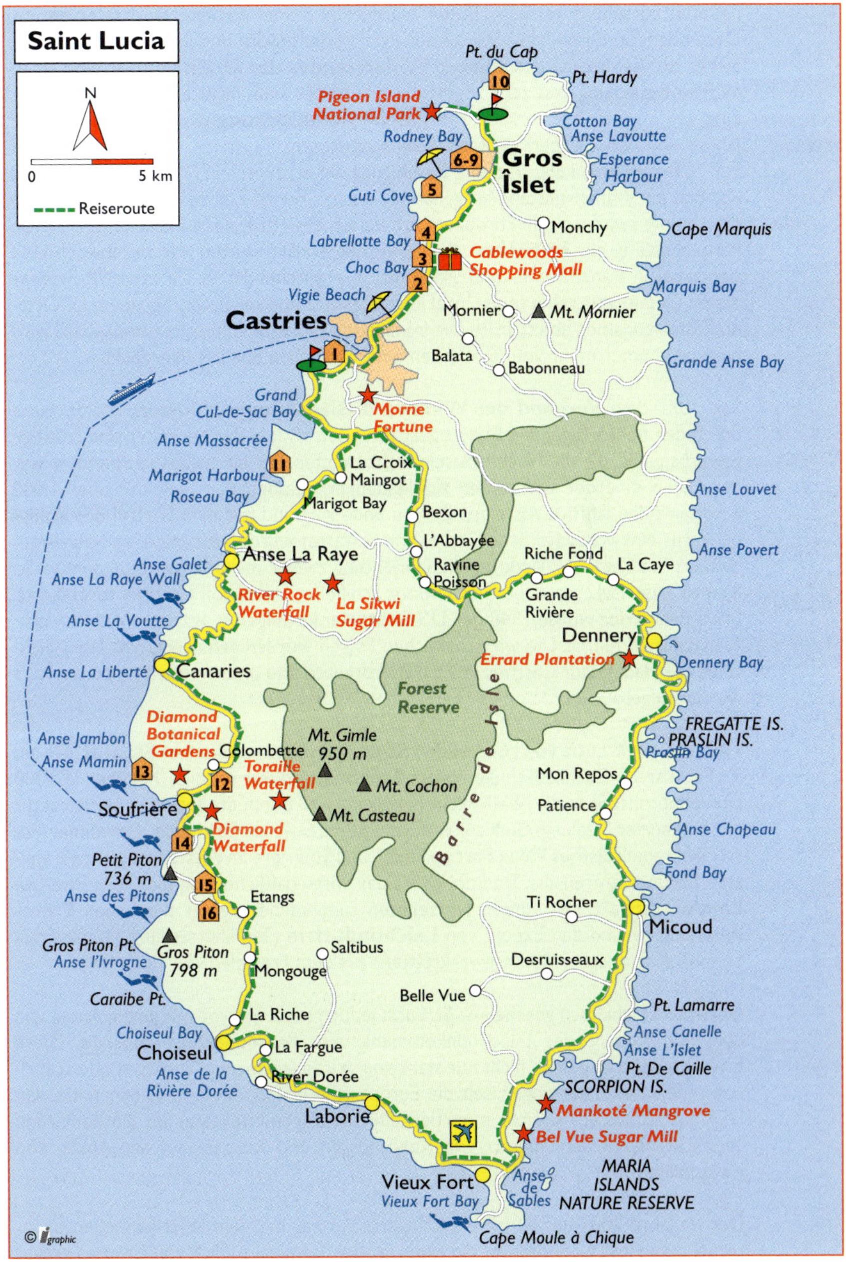
Saint Lucia
N
0
5 km
Reiseroute
Pt. du Cap
Pt. Hardy
Pigeon Island National Park
Rodney Bay
Cotton Bay
Anse Lavoutte
Gros Îslet
Esperance Harbour
Cuti Cove
Monchy
Cape Marquis
Labrellotte Bay
Choc Bay
Cablewoods Shopping Mall
Vigie Beach
Marquis Bay
Castries
Mornier
Mt. Mornier
Balata
Babonneau
Grande Anse Bay
Grand Cul-de-Sac Bay
Morne Fortune
Anse Massacrée
Marigot Harbour
Roseau Bay
La Croix Maingot
Marigot Bay
Bexon
Anse Louvet
L'Abbayée
Anse Povert
Anse Galet
Anse La Raye
Ravine Poisson
Riche Fond
La Caye
Grande Rivière
Anse La Raye Wall
River Rock Waterfall
La Sikwi Sugar Mill
Anse La Voutte
Dennery
Errard Plantation
Dennery Bay
Anse La Liberté
Canaries
Forest Reserve
Diamond Botanical Gardens
Anse Jambon
Anse Mamin
Colombette
Toraille Waterfall
Mt. Gimle 950 m
Mt. Cochon
Mt. Casteau
Barre de l'Isle
FREGATTE IS.
PRASLIN IS.
Praslin Bay
Mon Repos
Patience
Soufrière
Diamond Waterfall
Anse Chapeau
Petit Piton 736 m
Anse des Pitons
Etangs
Fond Bay
Ti Rocher
Micoud
Gros Piton Pt.
Anse l'Ivrogne
Gros Piton 798 m
Saltibus
Mongouge
Desruisseaux
Caraibe Pt.
Belle Vue
La Riche
Pt. Lamarre
Choiseul Bay
Choiseul
La Fargue
Anse Canelle
Anse L'Islet
Pt. De Caille
Anse de la Rivière Dorée
River Dorée
SCORPION IS.
Laborie
Mankoté Mangrove
Bel Vue Sugar Mill
Vieux Fort
Vieux Fort Bay
Anse de Sables
MARIA ISLANDS NATURE RESERVE
Cape Moule à Chique
© graphic

neueren Forschung verneint. Bisher wurde ihm immer nachgesagt, dass er am 13. Dezember (St.-Lucia-Tag) 1502 an der Insel vorbeisegelte und ihr ihren Namen gab. Sicher ist, dass wegen des **starken Widerstandes der Ureinwohner** eine europäische Besiedlung erst sehr zögerlich und anfangs auch nicht erfolgreich einsetzte. Eine von St. Kitts her versuchte **englische Kolonisierung** wurde 1639 nach zwei Jahren von den Kariben vereitelt. 1651 versuchten Franzosen, von Martinique aus Fuß zu fassen. Erst 1660 trat eine Beruhigung ein, als zwischen Franzosen, Briten und Kariben ein Waffenstillstand ausgehandelt wurde. Kurze Zeit später jedoch brachen die Kämpfe zwischen den Europäern erneut aus. Bis 1814, als St. Lucia im Vertrag von Paris endgültig zur **britischen Kronkolonie** erklärt wurde, war sie abwechselnd siebenmal in französischer und siebenmal in englischer Hand. Zu etwa 90 Prozent dieser Gesamtzeit gehörte die Insel allerdings zu Frankreich, was bis heute an Orts- und Familiennamen ablesbar ist. Die französisch geprägte kulturelle Atmosphäre wird hingegen immer mehr vom modernen amerikanischen Einfluss überdeckt.

Kämpfe von Kariben, Franzosen, Briten

Seit 1871 dem **Verband der Windward Islands angeschlossen**, bot St. Lucia durch den hervorragenden Naturhafen von Castries (auf der Leeseite) eine günstige Erwerbsquelle, die die Nachbarinseln nicht kannten. Für ein halbes Jahrhundert war der Hafen eine der wichtigsten Kohlenbunkerstationen der Welt mit über 1.000 Schiffsanläufen jährlich. Als diese Zeit zu Ende ging und mit dem Fortfall des Kohlebunkerns eine wirtschaftliche Depression erwartet wurde, gestattete man den Amerikanern im Zweiten Weltkrieg die Einrichtung zweier militärischer Stützpunkte. So kam es, dass 1942 ein deutsches U-Boot Schiffe im Hafen von Castries torpedierte. Nach dem Krieg wurde 1948 der **US-Stützpunkt** aufgelöst, was zum Verlust vieler Arbeitsplätze führte. Die wirtschaftlichen Folgen wurden gemildert, weil fast gleichzeitig die Hauptstadt Castries völlig niederbrannte und unter großem Arbeitseinsatz wieder aufgebaut werden musste.

1967 erhielt St. Lucia von London den **Status eines assoziierten Staates**, der am 22. Februar 1979 schließlich die **völlige Unabhängigkeit** erlangte. Mit über 150.000 Einwohnern ist St. Lucia relativ dicht bevölkert, weil durch die gebirgige Inselstruktur nur begrenzter Siedlungsraum zur Verfügung steht. Etwa ein Drittel der Einwohner lebt im Großraum Castries. Vieux Fort im Süden und Soufrière im Westen stellen zwei weitere Ballungszentren dar. Traditionell ist das wirtschaftliche Standbein der Insel die **Landwirtschaft**, seit einigen Jahrzehnten zunehmend ergänzt durch den **Fremdenverkehr** und den Export von **Leichtindustrie** (Textilherstellung, Plastikverarbeitung, Kartonagen, Montagewerkstätten) aus dem Freihafen von Vieux Fort.

Gesamtwirtschaftlich gesehen ist St. Lucia jedoch nach wie vor mit einem Anteil von über 60 Prozent des Exporteinkommens vom Bananenexport abhängig. Diese Erwerbsquelle ist jedoch nicht nur stark von Wirbelstürmen gefährdet, sondern auch von politischen Spannungen, seit die Europäische Union verstärkt Bananen aus den USA anstatt aus der Karibik importiert. Die karibische Insel setzt aus diesem Grund verstärkt neben dem Export von Kokosnüssen und Kokosöl auf den Anbau von Kakaopflanzen.

Der im Jahre 2007 um 50 Jahre verlängerte Vertrag mit dem amerikanischen Ölunternehmen Hess Corporation, die einen großen Terminal südlich von Castries erbaut haben, ist von großer Bedeutung. Die Arbeitsplätze werden dringend benötigt, um die Lebensverhältnisse auf der Insel dauerhaft zu verbessern. Die Bucht Grande Cul de Sac im Süden ist einer der modernsten und tiefsten Tankerhäfen im karibischen Raum und dient zur Verschiffung.

Seit der Unabhängigkeit im Jahre 1979 beherrschte auf der politischen Bühne die United Workers Party 18 Jahre lang das Spiel. 1997 wurde schließlich erstmals die St. Lucia Labour Party bei den Parlamentswahlen an die Macht gewählt. 90,5 Prozent der rund 168.000 Einwohner zählenden Bevölkerung sind Nachfahren afrikanischer Sklaven. Die Minderheiten werden mit 5,5 Prozent von den sogenannten Mischlingen angeführt, gefolgt von Indern mit 3,2 Prozent und Europäern mit 0,8 Prozent. Ein großes Problem auf St. Lucia ist die hohe Alphabetisierungsrate ??? von 67 Prozent. Während die Amtssprache Englisch ist, besteht die Umgangssprache aus dem Patois, eine durch das Französische geprägte Kreolsprache.

Allgemeine Reisepraktische Informationen zu St. Lucia

➤ Information

St. Lucia Tourist Board, *Sureline Bldg, Vide Bouteille, Castries,* ☏ *758-452-4094,* 🖷 *758-453-1121, www.stlucia.org*

Zweigstellen *des Fremdenverkehrsamtes gibt es auch im Hewannorra Airport, im Vigie Airport sowie in Soufrière.*

➤ Unterkunft

St. Lucia gehört bei Unterkünften sicher mit zu den eher teureren Antillen-Inseln. Viele Amerikaner kommen hierher und vor allem junge Paare, die hier ihre Hochzeitsreise verbringen und sich die schönsten Wochen ihres Lebens etwas kosten lassen. Dafür wird aber auch mehr Wert auf Individualität gelegt und es gibt nicht so viele All-inclusive-Anlagen wie anderswo in der Karibik. Neben mittelgroßen Hotels gibt es auch gute Bed and Breakfasts und Gästehäuser. Die meisten liegen im Norden der Insel rund um die Rodney Bay. Die Westküste bietet weniger, dafür charmantere Unterkünfte. Mit Ausnahme eines Campingplatzes gibt es eigentlich keine wirklich günstigen Übernachtungsmöglichkeiten. In der Hochsaison kostet das einfachste Zimmer bereits 40 US$. Hinzu kommen jeweils noch zehn Prozent Servicecharge und acht Prozent Government Accommodation Tax. Sie müssen also zum Zimmerpreis 18 Prozent an Gebühren hinzurechnen.

➤ Essen und Trinken

Die meisten Restaurants auf St. Lucia haben sich in den Touristenzentren angesiedelt und sind wenig spektakulär, dafür aber preislich moderat. Zudem gibt es ein paar Lokalitäten, die exzellentes Essen servieren. Fast überall stehen Speisen aus der kreolischen Küche auf der Speisekarte, hinzu kommen Huhn-, Fisch- Meeresfrüchte- und Fleischgerichte. Gerne werden die Speisen in einer scharfen Tomatensauce gekocht. Dazu kann man ein lokales Bier, das **Piton Lager**, *bestellen. Später am Abend, besonders freitags in Rodney Bay, stehen dann eher die verschiedensten Cocktails an diversen Bars im Vordergrund. Über Tanzveranstaltungen und Livemusik informiert die lokale Tageszeitung und der „Tropical Traveller“, www.tropicaltraveller.com.*

➤ Anreise

Per Flugzeug

Von Deutschland aus fliegt die BWIA (allerdings nur in den Wintermonaten) direkt nach St. Lucia. Virgin Atlantic, British Airways und die BWIA bieten Direktflüge zwischen London und St. Lucia an (8 Stunden Flugzeit). Möglich ist auch der Umweg über Nordamerika, Antigua, Barbados (z.B. mit Condor nach Barbados und mit Liat weiter nach St. Lucia) oder Martinique. Diese Flüge landen alle auf dem Hewannorra Airport.

Die innerkaribischen Flugverbindungen von und nach St. Lucia sind sehr gut. Sie erreichen die Insel mit den karibischen Fluggesellschaften Liat oder BWIA von Antigua (hier fliegt zusätzlich Air Jamaica und British Airways), Barbados, Dominica, Grenada, Guadeloupe und Martinique (zusätzlich auch Air Martinique).

Per Schiff

Der Haupthafen ist Castries. Der Hafen in Vieux Fort wird vor allem von Containerschiffen angelaufen. Point Seraphine ist die Anlegestelle für Kreuzfahrtschiffe. Von den Nachbarinseln erreichen Sie St. Lucia auch per Schiff, von den Französischen Antillen und Dominica mit dem Express des Iles, *☏ 758-452-221. Die Windward Lines steuert die Insel von Venezuela, Trinidad, St. Vincent und Barbados aus an.*

➤ Ausreisegebühr/Airport Tax

St. Lucia verfügt über **zwei Flughäfen**, *wobei der größere der Hewannorra International Airport ist. Er liegt bei Vieux Fort im Süden, ca. 64 km von der Hauptstadt Castries entfernt. Kleinere Flugzeuge für innerkaribische Strecken landen auf dem Vigie Airport, 3 km nördlich von Castries. Zwischen den beiden Flughäfen verkehrt der Interisland Air Service.*
Bei der Ausreise ist eine Flughafengebühr von zZt. 37 EC$ bei innerkaribischen Flügen und von 50 EC$ bei anderen internationalen Flügen zu entrichten.

➤ Die wichtigsten Fluggesellschaften

Liat, *☏ 758-453-1219, -452-2348 (Castries), ☏ 1-888-844-5428 (Reservation), ☏ 758-452-5856 (Brazil Street)*
BWIA International, *☏ 758-4545075 (Castries), ☏ 1-800-538-2942 (Reservation)*
Air Canada, *☏ 758-454-6038 (Hewannorra)*
British Airways, *☏ 758-4523951 (Cox and Co Building, William Peter Boulevard), ☏ 758-4546172 (Hewannorra Airport)*

➤ Diplomatische Vertretung

Deutsches Honorarkonsulat, P. O. Box 2025, Cros Islet, St. Lucia, W. I., Care Service Building, Massade Industrial Estate, ☏ 758-450-8050, 🖷 758-450-0255.

➤ Exkursionen

Mehrere Agenturen bieten **halb- und ganztägige Inselrundfahrten** *an, die immer die größten Sehenswürdigkeiten in der Gegend um Soufrière enthalten. Teilweise gibt es auch deutsche Führungen. Spezielle Exkursionen gibt es zu den unterschiedlichsten Themen, z. B. einen Ausflug zu den wichtigsten historischen Sehenswürdigkeiten, eine dreistündige Wanderung durch den Regenwald, Jeep-Safaris über den Norden der Insel oder auch einen geführten Einkaufsbummel.*

Besonders beliebt sind **Ausflüge zur See**, *die meist in Castries beginnen und an der spektakulären Westküste nach Soufrière entlangführen (z. T. mit Landarrangement). Empfehlenswert sind dabei Fahrten auf dem bequemen Schiff „Endless Summer" und ganz besonders auf dem 1946 in Finnland gebauten Segelschiff „The Brig Unicorn". Der 145 Fuß lange Zweimaster kam schon in verschiedenen Filmen wie z. B. „Roots" zum Einsatz.*

St. Lucia aus der Vogelperspektive

Rundflüge *werden häufig auch in der Kombination mit Segelreisen zu den Nachbarinseln Barbados, Martinique, Mustique und Tobago Cays oder den Grenadinen angeboten. Der Abstecher nach Dominica enthält eine Übernachtung und kostet rund 300 US$. Es gibt aber auch einzeln buchbare, eintägige Rundflüge. Und wer das „Inselhüpfen" lieber individuell gestaltet, findet bei der Fluglinie Liat preiswerte Hin- und Rückflüge. Rundflüge mit dem Hubschrauber sind auch sehr beliebt und landschaftlich spektakulär. Der 15-Minuten-Flug von Hewannorra nach Castries kostet rund 100 US$, ein Flug über den Norden der Insel (zehn Minuten) ca. 55 US$ pro Person. Flüge sind buchbar bei SunLink and St. Lucia Helicopters (☎ 758-453-6950, www.stluciahelicopters.com).*

Feiertage

- *Neujahr*
- *22. Feb. – Unabhängigkeitstag*
- *Karfreitag*
- *Ostermontag*
- *1. Mai – Tag der Arbeit*
- *Pfingstmontag*
- *Fronleichnam*
- *1. Montag im Aug. – Tag der Sklavenbefreiung*
- *5. Oktober – Erntedankfest*
- *13. Dezember – Sancta Lucia (Nationalfeiertag)*
- *25. Dezember – Weihnachten*

Feiertage, die auf einen Sonntag fallen, werden am folgenden Montag – nach amerikanischem Muster – „nachgeholt".

➤ Medien

Dreimal wöchentlich erscheint die Lokalzeitung „The Voice", wöchentlich kommen „The Mirror", „The Weekend Voice", „One Caribbean", „The Crusader" und „The Star" heraus. An Radiosendern sind der private Sender Radio Caribbean International ansässig, der im heimischen Dialekt und Englisch sendet, wie auch der regierungseigene Sender RSL = Radio St. Lucia. Das TV-Programm wird durch die lokalen Stationen HTS auf Kanal 4 und DBS auf Kanal 10 bestimmt. Zudem empfangen die meisten Hotels zahlreiche amerikanische Sender per Kabel. Über Tanzveranstaltungen und Livemusik informiert auch die Touristenzeitschrift „Tropical Traveller", www.tropicaltraveller.com.

➤ Öffnungszeiten

Geschäfte: *Mo-Sa 8-16 Uhr geöffnet bei einer mindestens halbstündigen Mittagspause zwischen 12 und 13.30 Uhr. Einige Läden sind Mi und/oder Sa nachmittags geschlossen.* **Banken** *sind geöffnet Mo-Fr 8-12 und Fr 15-17 Uhr, die* **Hauptpost** *Mo-Fr 8.30-16 Uhr.*

➤ Post

Luftpostbriefe und Postkarten nach Europa sind i. d. R. 10-14 Tage unterwegs. Briefmarken bekommen Sie in den Hotels und in den Postämtern. Das General Post Office befindet sich in Castries auf der Bridge Street, sowie angeschlossen das Philatelic Bureau, in dem Sie Sondermarken, Ersttagsbriefe etc. kaufen können (schriftliche Bestellungen richten Sie bitte an den Postmaster General, Philatelic Bureau, G. P. O., Castries, St. Lucia, W. I.).

➤ Preisniveau
Im gesamtkaribischen Preisgefüge deckt St. Lucia eine große Spannweite von moderat bis teuer ab. Billigangebote bei Unterkünften bedeuten zwangsläufig einen schlechten Standard.

➤ Reiseagenturen
Eine Vielzahl von Reiseagenturen bieten Transfers, Ausflüge sowie Hotel- und Flugbuchungen an: Sunlink St. Lucia Representatives, ☏ 758-452-8232, Barefoot Holidays, ☏ 758-450-0507, Solar Tours, ☏ 758-451-9041, Discovery Tours, ☏ 758-450-3333, Cox & Company, ☏ 758-452-2211, Spice Travel, ☏ 758-452-0865.

➤ Souvenirs
*Für sein vielfältiges Kunsthandwerk ist St. Lucia besonders bekannt. Das Angebot umfasst Schmuck, Kristallwaren, Holzschnitzereien, Töpferarbeiten und verarbeitete Muscheln. Zudem kommen farbenfrohe Batiken (***Caribelle***) und hochwertige Textil- Siebdrucke (Seide). Ein hübsches Souvenir sind auch Briefmarken, die nicht nur sehr schöne Motive tragen, sondern wegen der begrenzten Verbreitung auch bei Sammlern hoch angesehen sind (Interessenten wenden sich am besten an das Philatelic Bureau im General Post Office). Internationale Markenartikel wie Kameras, Uhren, Alkohol, Zigaretten, Parfum etc. bekommt man in den zollfreien Geschäften in Pointe Seraphine und am Hewannorra Airport.*

➤ Sportangebote
Auf dem Wasser
Mit dem Anwachsen der Besucherzahlen hat die Vergrößerung des Sportangebotes mitgehalten. Fast alle internationalen Hotels sind auf die sportlichen Wünsche ihrer Gäste eingerichtet und bieten u. a. Segeln, Surfen, Hochseeangeln und Wasserski an. Immer populärer wurden in den letzten Jahren Schnorcheln und Tauchen, was angesichts der phantastischen Gründe kein Wunder ist. Die besten Spots liegen sämtlich an der Westküste. Das größte Tauchzentrum liegt in der Anse Chastenet, in der Nähe der Stadt Soufrière.

Zu Lande
Außerhalb des nassen Elements werden Gymnastik und Fitness groß geschrieben, wofür die Hotels La Toc und Le Sport sowie der Fitness Palace die besten Adressen sind. Golfer finden auf der Insel zwei 9-Loch-Plätze: Cap Estate Golf Club und Sandals St. Lucia Golf and Country Club. Für Gäste des Sandals-Hotels ist die Benutzung kostenlos. Die großen Hotels verfügen in der Regel über Tennisplätze, z. T. mit Flutlicht, auf denen auch Nichtgäste spielen können. Wer gerne reitet, wende sich an Trim's Riding Stables in Cas-en-Bas. Geführte Wanderungen durch den Regenwald oder Naturschutzgebiete werden von mehreren Reiseagenturen angeboten. Ungern werden Wanderungen im Regenwald auf eigene Faust gesehen.

➤ Sprache
Die offizielle Landessprache ist Englisch, die Umgangssprache der einheimischen Bevölkerung ist Patois.

➤ Strände
Schöne Strände mit weißem, braunem oder grauem Sand finden Sie an allen Küsten der Insel, wobei die Ostküste auf Grund der Atlantik-Brandung und der Unterströmungen zum

Baden oft zu gefährlich ist. Die ruhige Westküste bietet nahe der beiden Städte Castries und Soufrière die besten Möglichkeiten. Am schönsten sind **Gros Islet, Marigot Bay** *und* **Anse Chastanet**.

➤ Strom

Die Stromspannung beträgt 220 V, 50 HZ; die Stecker sind wie in Großbritannien dreipolig und viereckig. Über Adapter verfügen die größeren Hotels. Wenn Sie jedoch auf Nummer sicher gehen wollen, sollten Sie einen Adapter mitnehmen. Wie überall in der Karibik kommt es häufiger zu Stromausfällen.

➤ Telefonieren

Für Gespräche nach St. Lucia siehe „Wichtige Telefonnummern". Von St. Lucia aus sind Ferngespräche in Direktwahl aus jeder Telefonzelle (Münzen oder Phonecards) und in den Hotels möglich; nach Deutschland wählt man 049, nach Österreich 043 und in die Schweiz 041, anschließend die Vorwahl ohne die erste Null und die Teilnehmernummer.

➤ Veranstaltungen

Das größte Inselfest, der Karneval, hat seinen Höhepunkt am Rosenmontag und Veilchendienstag, dann sind auch die Geschäfte, Banken usw. geschlossen.

Daneben gibt es eine ganze Reihe von sportlichen, kulturellen oder religiösen Veranstaltungen. **Sankt Peter** *(29. Juni) gilt als Feiertag der Fischer (Umzüge, geschmückte Boote), am 30. August wird die* **Heilige Rose de Lima** *gefeiert (Kostümfeste, Blumenkorso) und am 22. November* **Sancta Cecilia** *als Fest der Musikanten (Paraden am frühen Morgen in Castries).*

Unter den Sportfestivals ist **Aqua Action** *als Wassersport-Veranstaltung an erster Stelle zu nennen (am Wochenende nach Ostern). Im Mai findet ein viel beachtetes* **Jazz-Festival** *mit internationalen Spitzenmusikern statt.*

➤ Verkehrsmittel

Die Insulaner zeichnen sich auf den insgesamt etwa 880 Straßenkilometern, von denen rund 450 Kilometer asphaltiert sind, durch rasante Fahrweise aus. Zudem sind die Straßen (Achtung: Linksverkehr!) sehr kurvenreich, uneben und nicht immer im besten Zustand. Der Neubau der Westküstenstraße Mitte der 1990er Jahre konnte nur bedingt eine der gefährlichsten Strecken entschärfen. Die Beschilderung lässt mehr als zu wünschen übrig.

Zwar ist der Mietwagen das weitaus beste Transportmittel, um St. Lucia intensiv kennen zu lernen, doch sollten sich dazu wegen der beschriebenen Verkehrssituation nur erfahrene Fahrer entschließen. Ausländische Fahrer benötigen in St. Lucia eine **Visitor's Driving License**, *d. h. eine lokale, zeitlich begrenzte Fahrerlaubnis, die zZt. 75 EC$ kostet. Sie erhalten sie bei der Polizei in den beiden Flughäfen und Gros Islet oder bei der Mietwagenfirma. Bei der Vorlage eines internationalen Führerscheins ist sie nicht nötig.*

Viele Gesellschaften, die meisten davon an den Flughäfen und in größeren Hotels vertreten, bieten **Mietwagen**, **Mini-Mokes**, **Kleinbusse** *oder* **Jeeps** *an. Die Kosten liegen bei durchschnittlich 65 US$ pro Tag. Sie sollten zusätzlich eine Vollkaskoversicherung abschließen (US$ 15-20 pro Tag).*

Einige Anbieter mit Telefonnummern:
Avis Rent-a-Car, ☏ *758-452-2700*
Budget Rent-a-Car, ☏ *758-452-0233*
Hertz Rent-a-Car, ☏ *758-452-0679*
Car Total Rent-a-4X4 Limited, ☏ *758-450-2414*

Kleinbusse des **Öffentlichen Nahverkehrs** *(Jitneys) verkehren nach einem unregelmäßigen Fahrplan von den ländlichen Gebieten zur Hauptstadt. Halbstündlich sind die Busverbindungen zwischen Castries und den Hotels und Stränden von Gros Islet.*

Tarifblätter der staatlich festgelegten Preise bei **Taxis** *erhalten Sie am Flughafen oder bei der Touristeninformation (Beispiel: Flughafen Hewannorra – Castries ca. EC$ 90). Lassen Sie sich dennoch vor Fahrtantritt den Preis noch einmal bestätigen oder handeln Sie ihn gleich neu aus. Außerdem können Sie Taxis stündlich, für den ganzen Tag oder für Exkursionen mieten. Vorher sollten Sie sich von der Hotelrezeption den ungefähren Fahrpreis nennen lassen, damit Sie eine Grundlage für die Preisvereinbarung haben (Handeln ist möglich).*

➤ Währung

Die Währung ist der Eastern Caribbean Dollar (EC$), der an den US-Dollar gekoppelt ist: 1 US$ = 2,65 EC$. US-Dollars werden auf der ganzen Insel akzeptiert. Auch wenn die meisten Hotels einen Umtauschservice anbieten, tauschen Sie Ihr Geld besser in der Bank um, denn dort ist es günstiger.

➤ Yachthäfen und Ankerplätze (Auswahl)

• *Castries* • *Anse des Pitons* • *Cul de Sac Bay* • *Soufrière Bay* • *Rodney Bay/Gros Islet Bay* • *Vieux Fort Bay* • *Marigot Bay*

Die meisten Besucher werden den Aufenthalt auf dieser paradiesischen Insel an einem der schönen Sandstrände genießen, beim Sonnenbaden, Tauchen, Segeln oder anderen Wassersportarten.

St. Lucia bietet aber mehr als nur tropische Erholung. Für begeisterte Einkaufsbummler sind der **Markt von Castries**, das Duty-Free-Angebot von Point Seraphine oder verschiedene Spezialgeschäfte ein „Muss". Unvollständig bleibt der Inselbesuch, wenn Sie nicht die **beiden Pitons** und **den einzigen befahrbaren Vulkan der Welt** gesehen sowie einen Spaziergang zu brodelnden **Schwefelquellen** unternommen haben. Historisch Interessierte haben in den Ruinen von Morne Fortune,

Tipp

Wer es etwas lebhafter mag und sich selbst versorgen möchte, der sollte sich in dem Gebiet der Rodney Bay, Massade und Gros Islet einquartieren. Hier gibt es zahlreiche Möglichkeiten abends auszugehen sowie die Rodney Mall mit Supermarkt. In Gros Islet findet in der Saison jeden Freitag ein Straßenfest statt. Dann verwandelt sich jedes noch so alte Holzhaus in eine Rum-Bar.

Vigie Peninsula und Pigeon Point ein weites Forschungsfeld. Naturliebhaber dürfen die Fahrt und/oder Wanderung durch den tropischen Regenwald von Fond St. Jacques ebenso wenig versäumen wie Frigate Island. Und nachhaltig empfohlen sei auch ein erholsamer **Segeltörn entlang der Küste**.

Im Einzelnen wird nun
- zunächst die Hauptstadt mit dem touristisch hoch entwickelten Norden vorgestellt,
- anschließend zwei Touren ab Castries zum Südende bei Vieux Fort.

Schulkinder auf St. Lucia

Der Norden und die Hauptstadt Castries

Castries: Das Zentrum

Die lebhafte Hauptstadt, deren Einwohnerzahl rund 50.000 beträgt, liegt an einem der größten und sichersten Häfen in der Karibik. Von der alten Kolonialstadt, die ein sehr wohlhabendes und charmantes Gepräge gehabt haben muss, ist nicht mehr viel übrig geblieben: 1927 zerstörte ein Feuer die Hälfte und 1948 ein **größerer Brand** fast die gesamte Stadt – mit Ausnahme jenes kleinen Teils in der Nähe des hübsch angelegten **Derek Walcott Square**. Der ehemalige Columbus Square wurde 1992 nach dem Literaturnobelpreisträger benannt, der am nördlichsten Ende der Insel wohnt. Der Mittelpunkt des Platzes ist das Monument für die Gefallenen des Zweiten Weltkrieges, zudem gibt es eine Büste des Preisträgers und in dessen Nachbarschaft ein 400 Jahre alter, Schatten spendender Saman-Baum.

Am östlichen Ende des Platzes steht die **Kathedrale der unbefleckten Empfängnis** (*Cathedral of the Immaculate Conception*), das wichtigste Bauwerk der Stadt. Das 1897 fertig gestellte Gotteshaus hat zwar ein wenig attraktives Äußeres, ist aber vor allem wegen der Wand- und Deckenmalereien einen Besuch wert. Auf der westlichen Seite des Derek Walcott Square ist die **Bibliothek** (*Library*) zu sehen und in unmittelbarer Nähe gibt es noch einige restaurierte Wohnhäuser im **kreolischen Stil**, die sich wohltuend vom ansonsten modernen Einerlei abheben. Die meisten Touristen besuchen Castries am Freitag und Samstag, wenn die Inselbewohner von weit her anreisen, um alle möglichen Waren, Gemüse, Früchte etc. zu kaufen oder zu verkaufen.

Rundgang durch die Inselhauptstadt

Den **Markt** mit seiner auffälligen Metallkonstruktion aus dem Jahre 1894 finden Sie auf der Jeremie Street, die das Stadtzentrum nördlich begrenzt. Weiterhin lohnt sich der Besuch von Castries wegen der vielfältigen Einkaufsmöglichkeiten am William

Der Yachthafen von Castries

Peter Boulevard, insbesondere von kunsthandwerklichen Artikeln und Luxusartikeln.

Am Stadtrand von Castries

Morne Fortune

Am südlichen Stadtrand von Castries, etwa 1,5 km vom Zentrum entfernt, liegt der 260 m hohe Berg **Morne Fortune**. Einen Besuch wert sind dessen **historische Baudenkmäler** ebenso wie die Aussicht. Schon die gewundene Straße von Castries hinauf bietet einzigartige Panoramablicke.

Panoramablick

Hoch über Stadt und Hafen gelegen kam dem Hügel während der englisch-französischen Kriege eine Schlüsselstellung zur Kontrolle der Insel zu. Wegen der vorzüglichen strategischen Lage hatten die Franzosen Mitte des 18. Jahrhunderts die **erste Festung** errichtet. Aber angesichts der vielen Eroberungen und Rückeroberungen scheint der Name (= „Berg des Glücks") unglücklich gewählt. Die blutigste Schlacht von allen tobte im **Mai 1796**, als die britischen Truppen unter *General Moore* das Fort belagerten und schließlich einnehmen konnten, woran das im Jahre 1932 errichtete Monument erinnert. Heute liegen die Gebäude und Baracken in Ruinen. Dazwischen findet man Kanonen, alte Batteriestellungen sowie in restaurierten Gemäuern einen großen Schulkomplex. Von der Hügelspitze hat man einen weiten Blick in alle Himmelsrichtungen und kann an klaren Tagen die beiden Pitons und die nahe Insel Martinique erkennen.

Der „Berg des Glücks" hat außer seiner Vergangenheit noch einiges mehr zu bieten. Auf dem Weg hinauf wäre da z. B. das **Government House** – die offizielle Residenz des General-Gouverneurs – ein schönes Beispiel des viktorianischen Baustils. Auf halbem Weg liegen außerdem die **Bagshaw Studios**, ein weithin berühmtes Unternehmen, das Seiden-Siebdrucke herstellt. Etwas weiter bergauf, an der *Old Victoria Street*, ist die Firma **Caribelle Batik** zu besichtigen, die nach traditionellen Methoden Baumwoll- und Seiden-Batiken produziert. Schließlich gibt es auf dem Morne Fortune einige hübsche und gute Restaurants, in denen man bei Erfrischungen oder einem Candle-Light-Dinner die gute Aussicht genießen kann.

Vigie Peninsula

Nördlich wird der Hafen von Castries durch die Vigie-Halbinsel begrenzt, auf der viele Touristen zum ersten Mal den Boden von St. Lucia betreten. Hier befindet sich nämlich nicht nur einer der beiden Inselflughäfen, der **George F. L. Charles Airport**, sondern auch die größte **Anlegestelle für Kreuzfahrtschiffe**. Abgestimmt auf die Bedürfnisse der Kreuzfahrttouristen ist der große und moderne Duty-Free-Komplex „**Point Seraphine**" (☏ *758-452-6886*), der aber auch anderen Touristen

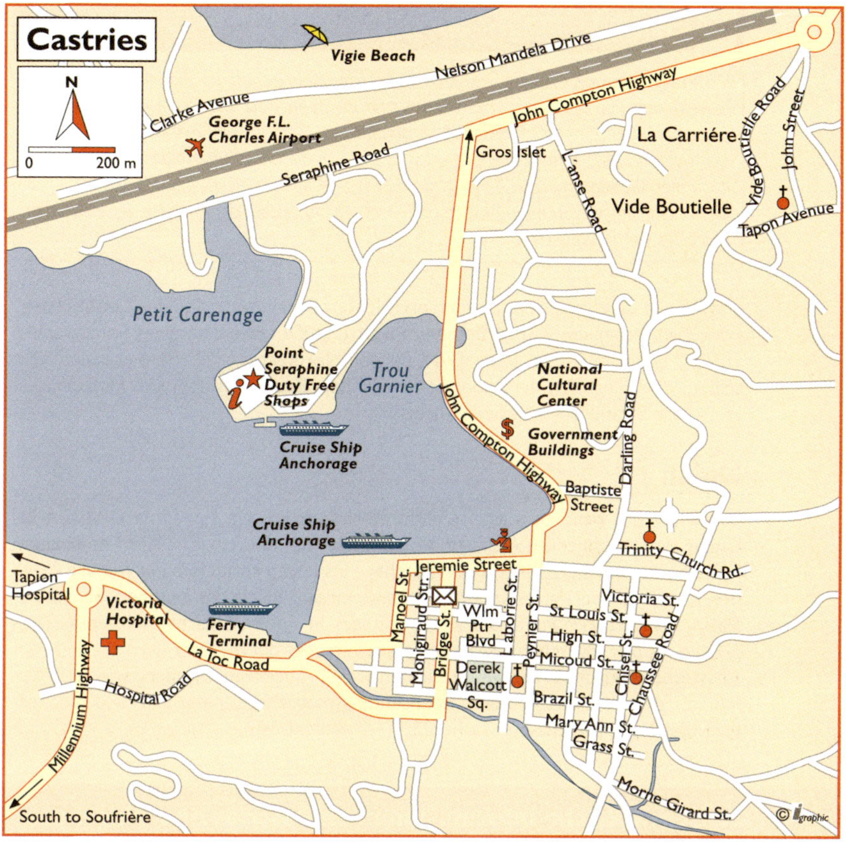

frei zugänglich ist. Hier finden Sie, in einem ansprechend gestalteten und um einen Innenhof mit Freilichtbühne angeordneten Gebäudekomplex, nicht nur eine Vielzahl von Geschäften (Elektronikwaren, Porzellan, Kunsthandwerk, Alkoholika, Textilien, Parfums, Kosmetika usw.), sondern auch Banken, eine Touristeninformation, Restaurants, einen Taxistand und sanitäre Einrichtungen.

Freilufttheater

Unweit von Point Seraphine ist der **Yachthafen**, in dem auch viele der Ausflugsboote anlegen. Eine Sehenswürdigkeit ist das **Segelschiff „Unicorn“**, das 1947 als Kopie einer Brigg des 19. Jahrhunderts gebaut wurde. Es wird zwar als „Piratenschiff“ vermarktet, ist aber wohl eher als ein „Sklavenschiff“ anzusehen und wurde daher als Kulisse in dem Film „Roots“ genutzt. Wer nicht selbst die Fahrt nach Soufrière mitmachen möchte, bei der auch die Segel gesetzt werden, kann das Schiff auch morgens und nachmittags im Hafen bewundern. Wer die historischen und natürlichen Attraktionen der Vigie Peninsula besuchen möchte, muss um das Ostende der Flugbahn herumfahren. Ab da wird die Halbinsel mit ihren Grashügeln, Schulgebäuden

Hinweis

Wenn nicht gerade Cruising-Day ist, d. h. die Kreuzfahrtschiffe im Hafen anlegen, kann es sein, dass Sie die einzigen Einkäufer sind im dann trotz mediterraner Atmosphäre recht trostlosen Einkaufsdorf Pointe Seraphine. Das Geld für ein Taxi hierher kann man sich auch deshalb sparen, da trotz Duty-Free-Läden die Preise überteuert sind. Wer dennoch hier shoppen möchte, benötigt Reisepass und das Flugticket bzw. Kreuzfahrtgäste ihren Schiffsausweis (Einkaufbelege aufbewahren, da sie bei der Ausreise den Behörden vorgelegt werden müssen).

und Ruinen durch mehrere Straßen erschlossen. Sehenswert sind der **Leuchtturm** (*Vigie Lighthouse*), das **Kap d'Estrées Point** und die Überreste eines französischen Pulvermagazins aus dem Jahre 1784. An der Nordostseite der Halbinsel erstreckt sich ab dem Flughafen der kilometerlange **Vigie Beach**, an dem sich Hotelanlagen und einige Strandbars angesiedelt haben.

Union

Ebenfalls nicht weit von Castries entfernt, liegt östlich die **Forestry Division** bei Union als ein lohnendes Ausflugsziel. Dort hat man nämlich eine Art Kombination von Zoo, Naturschutzgebiet und Wildgehege ins Leben gerufen, in der fast alle Arten der Inselflora und -fauna versammelt sind, einschließlich des seltenen **St. Lucia-Papageis** (*St. Lucian Parrot; amazona versicolor*). In Zusammenarbeit mit einem Tiergehege auf der englischen Kanalinsel Jersey versucht die Forestry Division, den vom Aussterben bedrohten Papagei zu züchten und die Jungen anschließend wieder in der Wildnis auszusetzen. Die besten Beobachtungsmöglichkeiten der Tier- und Pflanzenwelt bietet der **botanische Lehrpfad** (*Arboretum Trail*).

Reisepraktische Informationen zu Castries und Umgebung

Unterkunft

(Karte s. S. 331)

Villa Beach Cottage $$$$, *(3), Choc Bay, Castries, ☎ 758-4502884, 🖷 758-4504529, www.villabeachcottages.com. Die Hotelanlage, deren Gebäude mit feinen Holzarbeiten verziert sind, liegt direkt am Palmenstrand der Choc Bay. Es gibt 14 Cottages und neun Suites. Im sogenannten „Nobel Cottage" hat der Nobelpreisträger für Literatur* **Derek Walcott** *jahrelang seinen Urlaub verbracht. Unterkünfte mit Klimaanlage bzw. Ventilator, TV, Kochecken und Balkon. Restaurants, Bar.*

Antillean House $$-$$$, *(4), Marisule, ☎ 758-450-1645, www.antilleanhouse.com. Die zwei Cottages liegen inmitten eines üppigen Gartens, der bis hinunter an einen kleinen Strand reicht. Die eine Hütte ist für zwei Selbstverpfleger ausgerichtet, die andere bietet drei Zimmer, beide haben große Balkone, von denen es einen wunderschönen Blick aufs Meer gibt. Keine Klimaanlage, großer Swimmingpool.*

Sundale Guesthouse $, *Sunny Acres, (2), ☎ 758-452-4120. Das kleine Gästehaus ist unschlagbar günstig und bietet saubere Zimmer. Es liegt an einer Seitenstraße in der Nähe* *des Gablewoods-Einkaufszentrums und fußläufig zu den Stränden der Choc Bay. Neben Zimmern (Ventilatoren, Badezimmer) gibt es zwei Cottages mit einem Zimmer und ein Apartment mit zwei Schlafzimmern. Frühstück ist im Preis inbegriffen. Kreditkarten werden nicht akzeptiert.*

Sandals Regency La Toc Golf Resort & Spa in St. Lucia $$$$$, *(1), La Toc, ☏ 758-452-3081, 🖷 758-452-1012, www.sandals.com/main/lucia/lu-home.cfm. Das All-inclusive-Resort liegt westlich von Castries direkt zwischen einem schönen Sandstrand und dem Golfplatz. Das Luxushotel bietet alles, was einen Karibikluxusurlaub ausmacht: Rund-um-die-Uhr-Betreuung auf höchstem Niveau, Spa, jegliche Sportangebote zu Wasser und zu Land und zu guter Letzt das Karibische Meer direkt vor der Zimmertür.*

Essen und Trinken

The Green Parrot, *Red Tape Lane, Morne Fortune, Castries, ☏ 758-452-3399. Kreolisches Spezialitäten-Restaurant mit elegantem Ambiente und aussichtsreicher Lage auf dem Morne Fortune. Samstagabends Entertainment mit Feuerschluckern und Bauchtanz, elegante Kleidung notwendig.*

San Antoine, *☏ 758-452-4660. Die französische Küche (exzellente Weinkarte) können Sie in einem geschmackvoll eingerichteten alten Plantagenhaus genießen. Es ist eines der elegantesten Restaurants der Insel, südlich von Castries mit schönem Blick auf Stadt, Hafen und Pigeon Point gelegen.*

Der Norden

Der Nordteil von St. Lucia ist touristisch gut erschlossen. Hier liegen die meisten Hotels, hier gibt es phantastische Sandstrände, hier locken so einige Sehenswürdigkeiten, die einen Tages- oder Halbtagesausflug wert sind. Wenn man von Castries oder dem Flughafen George F. L. Charles an der Westküste entlangfährt, kommt man hinter der *Vigie Beach* zunächst zum schönen Sandstrand der **Choc Bay**. Hinter der Brücke über den *Choc River* verläuft die Hauptstraße dann in größerer Entfernung zum Meer, wobei man auf Stichstraßen nach links zu den einzelnen Stränden und ihren Hotels gelangt (u. a. **Labrellotte Bay**).

Eine Bucht an der anderen

Schließlich erreicht man die weit ins Landesinnere vorstoßende **Bucht von Gros Islet**, deren südlicher Teil als **Rodney Bay** bekannt ist. Hier gibt es den **Reduit Beach** einen lang gestreckten, feinsandigen Strand, von dem man einen schönen Blick auf den Pigeon Island National Park hat, drei größere Hotels, etliche Restaurants und Bars sowie einen geschützt liegenden **Yachthafen** mit 140 Liegeplätzen, zehn Fuß Tiefgang, Zollabfertigung und Duty-Free-Läden.

Nördlich des Kanals zum Yacht Harbour an der Rodney Bay liegt das kleine **Fischerdorf Gros Islet**, das mehrfach in den blutigen britisch-französischen Auseinander-

Tipp

Selbstversorger können hier gut ein Apartment mit Kochmöglichkeit mieten, es gibt gute Einkaufsmöglichkeiten sowie viele Restaurants und Bars.

Blick auf die Rodney Bay im Norden der Insel

setzungen Kriegsschauplatz war. Heutzutage ist sein Erscheinungsbild friedlich und verschlafen, mit Ausnahme jedoch der Freitagabende. Dann nämlich wird hier der **„Jump Up"** gefeiert, eine Straßenfete mit Musik und Tanz, bei der auch Snacks, Fish and Chips, Muscheln und Barbecue angeboten werden und sich jede noch so alte Holzhütte in eine Rum-Bar verwandelt. Der ehemalige „Geheimtipp" hat sich mittlerweile allerdings zur viel beachteten Touristenattraktion gemausert.

Pigeon Island National Park

Nördlich von Gros Islet führt eine Straße in weitem Bogen nach links auf **Pigeon Island** zu. Der Name sagt schon aus, dass es sich hier eigentlich um eine Insel handelt, die allerdings seit 1970 durch einen Damm mit dem „Festland" verbunden ist. Auch gilt Pigeon Point als „Schwesterinsel" von der Mainau im Bodensee. Zum Nationalpark wurde sie wegen ihrer reichhaltigen **historischen Baudenkmäler** erklärt, dazu sind zahlreiche Funde aus der indianischen Vorgeschichte in einem Arawaken-Museum bestens dokumentiert.

In den europäischen Blickpunkt geriet die Insel zur Mitte des 16. Jahrhunderts, als sie als Schlupfloch eines **berüchtigten französischen Piraten** weithin bekannt war. Später bauten Briten und Franzosen ein Fort, das heute den Namen **Rodney** nach jenem Admiral trägt, der in der Seeschlacht bei den Saintes-Inseln den vielleicht wichtigsten Sieg des Empire gegen Frankreich errang. Viele Ruinen aus dieser Zeit sind noch zu sehen, ebenso wie die Überreste der Walfangstation, die von 1909 bis zum Verbot des Walfangs 1926 in Betrieb war. Die zwischenzeitlich von der Schauspielerin *Josset Agnes Hutchinson* gemietete Insel wurde während des Zweiten Weltkriegs von der US Navy zur U-Boot-Bekämpfung genutzt. Nach dem Bau des Yachthafens und der Zufahrtsstraße schützte man Pigeon Point ab 1975 als Nationalpark.

Jazzfestival im Nationalpark

Dargestellt wird die Geschichte des Pigeon Island National Park im **Museum & Interpretive Centre.** Zwei Restaurants und ruhig gelegene Strände runden einen Besuch von Pigeon Point ab, der heutzutage ein Hauptaustragungsort für das weltberühmte **St. Lucia Jazz Festival** ist.
Museum & Interpretive Centre, *Öffnungszeiten: tägl. 9 bis 17 Uhr, Kontakt: St. Lucia National Trust, ☏ 758-452-5005.*

Der äußerste Norden

Das Gelände zwischen Pigeon Point und dem äußersten Norden (Pointe du Cap) wird durch weitläufige touristische Anlagen in **Cap Estate**, am **Cariblue Beach** und an der **Smugglers Bay** genutzt. An natürlichen Highlights erleben Sie hier schöne (allerdings recht kleine) Sandstrände, gute Tauchgründe und Höhlen, während Sportanlagen, Hotels, Restaurants und ein Golfplatz den kommerziellen Teil ausmachen. Von historischem Interesse sind die Ruinen der Plantage von **Morne Paix Bouche**, hier wurde 1763 *Joséphine Tascher de la Pagerie* geboren, die später nach Martinique zog und schließlich als Ehefrau *Napoléons* in der Pariser Notre Dame zur Kaiserin von Frankreich gekrönt wurde.

Auf dem Weg zum **Pointe du Cap** fährt man am **Derek Walcott Center Theater** in Cap Estate vorbei auf einer gut ausgebauten Straße bis zum Golf-Club. Nach dem Kreisverkehr wird der Cap Drive jedoch für einen normalen PKW kaum befahrbar. Dabei wohnen hier die wirklich reichen Insulaner in imposanten Villen. Sie genießen Ausblicke auf die Rodney Bay und den nach dem gleichnamigen Hotel benannten Bodyholiday-Beach.

Touristisch erschlossene Küste

Hinweis

*Viel Zeit und Geduld müssen Sie aufbringen, wenn Sie auf eigene Faust Touren ins **Inselinnere** unternehmen möchten – und am besten einen Geländewagen mieten. Es gibt so gut wie **keine Ausschilderung,** es geht nervenaufreibend oft Bergan und Bergab und viele **Straßen sind in sehr schlechtem Zustand** mit scharfen, abgebrochenen Asphaltkanten oder sind überhaupt nicht asphaltiert. Viele Mietwagenfirmen verbieten daher generell, mit einem Mietwagen auf nicht asphaltierten Straßen zu fahren.*

Wer die atlantische Seite im Nordteil der Insel kennen lernen möchte, dem bietet sich eigentlich die einzige Möglichkeit an der Nordspitze der Insel an, der **Cas en Bas**. Mit eigenem Fahrzeug muss man sich auf rund vier Kilometer sehr langsame Fahrt über holprige Steinpisten gefasst machen. Von der Rodney Bay Marina aus geht es zunächst rechts ab in eine asphaltierte Straße. Die endet allerdings nach rund einem halben Kilometer. Danach geht es nur im Schritttempo **zum rauen Atlantik** weiter. Völlig einsam liegt der Strand, nur eine kleine Strandbar ziert die ansonsten unbebaute Landschaft. Ruinen einer alten Zuckermühle liegen im Hinterland, sind jedoch nicht ausgeschildert und auf eigene Faust nur schwer zu finden.

Piton Flore

Die Landschaft um den Piton Flore im Nordteil der Insel bietet die Möglichkeit einer zwei- bis dreistündigen Wanderung (je nachdem wie feucht es ist) auf dem Piton Flore Trail. Ausgangspunkt ist die Ranger-Station am Ende des Ortes **Forestiére**. Allerdings ist die Anfahrt hier nicht leicht zu finden (*siehe Hinweis oben*). Ein Großteil der Wanderung deckt sich mit dem alten französischen Weg von Castries nach Dennery. Eine Tour in den tropischen Regenwald im Norden bietet sich mittels einer Wanderung auf dem **Piton Flore Nature Trail** an. Entlang vieler beschrifteter Bäume kommt man nach gut einem Kilometer an eine Holzhütte, wo es nach rechts in einen schmalen Pfad hineingeht, auf die Route zum Gipfel des Piton Flore. Von weiter oben hat man einen guten Blick auf das Cul-de-Sac-Tal.

Wanderung

Reisepraktische Informationen zum Norden

Unterkunft (Karte s. S. 331)

Bay Gardens Beach Resort $$$$-$$$$$, *(7), Rodney Bay Village, ☏ 758-457-8500/-8006/7, 🖷 758-457-8400/1, www.baygardensbeachresort.com. Das neue Resort am Ende des Reduit Beach besticht durch sein ausgesprochen freundliches Personal. Wenn Sie gerne direkt am Strand in Rodney Bay und fußläufig zu verschiedenen Restaurants und Bars sein wollen, dann sollten Sie die anderen Resorts meiden, zumal es hier am Strand durch die Randlage auch wesentlich ruhiger ist. Es gibt 72 Zwei-Zimmer- bzw. Ein-Zimmer-Suiten in sechs dreistöckigen Gebäuden mit großen Balkonen, wahlweise mit Blick auf die Karibische See, den Garten oder den Swimmingpool. Einige Suiten haben eine Küche, ein Badezimmer, TV und Klimaanlage. Die architektonische Mischung aus georgianischem Plantagenstil mit französischem Einfluss ist zwar nicht gerade originell, doch dafür strahlt die Anlage eine sehr freundliche Atmosphäre aus, wo man gerne nach einem Bad in der warmen Karibischen See zur Abkühlung noch einmal in den Swimmingpool springt. Und das Frühstück im „Hi Tide Beach Restaurant" direkt neben dem Strand ist der beste Tagesbeginn. Abends bietet das „Pimento's Fine Dining" mediterrane Spezialitäten. Kleinigkeiten gibt es auch an „Lo Tide Deli Bar" zu essen. Es werden diverse Wassersportarten angeboten.*

Hotel Rex St. Lucian $$$, *(6), Reduit Beach, ☏ 758-452-8351, -8355, 🖷 758-4528331, www.rexcaribbean.com. Weitläufige Mittelklasse-Anlage der gehobenen Kategorie, direkt am Strand neben dem Schwesterhotel* **Royal St. Lucian.** *260 komfortable Zimmer, zwei Restaurants und Bars, Diskothek, Pool, Einkaufszentrum, viele im Preis eingeschlossene Sportmöglichkeiten (u. a. Tennis und Mistral-Segeln).*

Le Sport – The Body Holiday $$$$, *(10), Cariblue Beach, Cap Estate, ☏ 758-450-8551, 🖷 758-4500368, www.thebodyholiday.com. First-Class-Hotel auf All-inclusive-Basis mit sehr gutem, leichtem Essen, perfektes „sportliches Relaxen" durch das umfangreichste Angebot an kostenlosen Sportarten in der Karibik (u. a. Tennis, Wasserski, Schnorcheln, Fahrrad, Golf, Volleyball, Meditation, Fechten, Bogenschießen, Aqua Aerobic, Hobbie-Cat-Segeln, Yoga), durch etliche Kurbehandlungen (Thalasso-Therapie, Massage, Jet Stream, Fangopackungen, Sauna, Stretching etc.) und weitere körperliche Annehmlichkeiten, 152 Zimmer mit Balkon, zwei Suiten, ein Penthouse Suite, Restaurant und zwei Bars, drei Swimmingpools.*

Coco Kreole & Coco Palm $$$-$$$$, *(5), Rodney Bay Village, ☏ 758-452-0712, www.cocokreole.com. Aufgrund des hellgelben Anstrichs kann man das sogenannte Boutique-Hotel Coco Kreole mit 20 Zimmern nicht verfehlen. Neu hinzugekommen ist das Coco Palm, dessen großer Swimmingpool auch für Kreole-Gäste zur Verfügung steht.*

Villa Zandoli $-$$, *(9), Rodney Bay Village, ☏ 758-452-8898, www.saintelucie.com. Das kleine, karibisch bunt angestrichene Gästehaus verfügt über fünf schöne, komfortable Zimmer. Auf der anderen Seite der Straße gibt es zudem noch drei kleine Apartments mit einem Zimmer. Die Anlage ist liebevoll gestaltet und bietet eine Oase mit schönem, üppigem Garten mitten im touristisch gut erschlossenen Rodney Bay Village. Im Preis ist Frühstück inbegriffen. Zudem gibt es aber noch eine Küche. Einige Zimmer haben ein Bad.*

La Panacha Guest House $-$$, *(8), Cas-en-Bas Road, Gros Islet, ☏ 758-450-0765, www.lapanache.com. Die drei farbenfrohen Zimmer liegen am Hang von Gros Ilset, abseits des Nachtlebens von Rodney Bay Village, und bieten Ausblicke über den Ort Richtung Westen, eigenes Badezimmer, Küchenecke, TV. Die separat gelegene Lounge und Bar in* *einer Art Gartenpavillon laden zum Schmökern in idyllischer Atmosphäre in der kleinen Bibliothek ein.*

Essen und Trinken

Charthouse, *Rodney Bay Village, ☏ 758-452-8115. Gemütliches Restaurant direkt am Hafen mit sehr guten Steaks, frischem Fisch und Hühnchen.*
Capone's, *Rodney Bay Village, ☏ 758-452-0284. Witzig aufgemachtes Lokal mit guter italienischer Küche. Dem Namen entsprechend ist Capone's eine Mafia-Persiflage mit Kellnern im Nadelstreifenanzug und harten Drinks mit Namen wie „St. Valentines Massacre".*
The Lime, *Rodney Bay Village, ☏ 758-452-0761. Wer in die Karibik fährt, muss das „Limen" spätestens hier lernen. Die urkaribische Art zu entspannen und bei einem Drink dem Nichtstun zu frönen, dürfte bei karibischem Essen mit dem besten Roti der Insel nicht schwerfallen. Fr und Sa wird es hier allerdings recht lebhaft, wenn nebenan zum Tanzen aufgelegt wird.*

Der Südwesten: über Soufrière nach Vieux Fort

Die Westküstenroute von Castries nach Vieux Fort bietet die **wichtigsten natürlichen Sehenswürdigkeiten** von St. Lucia, die vor allem um die zweitgrößte Stadt, Soufrière, konzentriert sind. Bis dort hat man übrigens die Qual der Wahl, ob man der Fahrt mit dem Wagen/Taxi oder lieber einer Seereise den Vorzug geben soll: Die meisten Reiseagenturen haben **Schiffsausflüge** im Programm, bei denen man an Bord eines Katamarans, Motorbootes oder einer Segelyacht die dramatische Küstenszenerie aus der Distanz und in aller Ruhe genießen kann. In der Höhe von Soufrière sind **Landexkursionen** eingeschlossen, so dass diese Möglichkeit ideal ist, einen guten Überblick über die Schönheit der Insel zu erhalten.

Idyllisch liegen die Dörfer in den Hängen

Von Castries aus passieren Schiffsreisende sofort nach Ausfahrt aus dem Hafen die **La Toc Bay** mit Sandstrand, Yachthafen und einigen Hotels. Benannt wurde die Bucht nach der La Toc Battery, die die britische Navy zum Schutz des Hafens unterhalb des Morne Fortune installierte. Baracken, Munitionslager, Beobachtungstürme und schwere Kanonen, darunter ein 18-t-Ungetüm, machten zusammen mit benachbarten Stellungen den Morne Fortune fast uneinnehmbar. Alle diese Einrichtungen wurden mit dem Abzug der letzten britischen Truppen im Jahre 1905 aufgegeben und sind heute nur noch als Ruinen zu sehen. Südlich der La Toc Bay segelt man am Industriehafen des Hess Oil Terminal vorbei, eine lang gestreckte Anlage mit zwölf riesigen Tanks, die in eine künstlich aufgeschüttete und terrassierte Landschaft eingelassen worden sind. Sie dienen der Aufnahme von Öl u.a. aus Trinidad und Venezuela, das von hier aus in alle Welt weiterverschifft wird. Kurze Zeit später taucht linker Hand die berühmte **Marigot Bay** auf.

Die Marigot Bay mit Palmenstrand

Mit dem Auto legen Sie den Weg ab Castries über den **Morne Fortune** zurück, von wo man ins Tal des **Cul de Sac River** mit seinen **Bananenplantagen** hinabfährt. Danach geht es wieder bergauf, und nach einigen kurvenreichen Kilometern zweigt hinter dem Dorf **Marigot** nach rechts ein kleiner Fahrweg zur **Marigot Bay** hinab. Der Hafen wirkt sehr **romantisch** und ist einer der sichersten im gesamten karibischen Raum. Er diente als Schauplatz des 1966 gedrehten Walt-Disney-Films **„Dr. Dolittle"**. Das neue Discovery Hotel hat in Gedenken an den Drehplatz eine „Pink Snail Champagne Bar" und die Wände sind mit originalen Filmfotos dekoriert.

Romantischer Hafen

Auch historisch war die von See aus schwer einsehbare und durch Palmen zusätzlich verborgene Bucht von Bedeutung: Hier konnte sich 1778 der britische *Admiral Barrington* mit seiner Flotte vor den vorbeisegelnden Franzosen verstecken. Es heißt, dass die Engländer damals ihre Schiffe auch noch mit abgebrochenen Palmwedeln getarnt hätten. Heute wird die **wirbelsturmsichere Marigot Bay** als lebhafter Yachthafen und Standort der bekannten Freizeitflotte von „The Moorings", einer der größten Yacht-Charterer der Welt, genutzt. Zu jeder Tageszeit sind hier Dutzende von Segelbooten und kleinen Fähren unterwegs, bringen die Besucher vom Yachthafen zum schönen Palmenstrand.

Wracktauchen

Zurück auf der Hauptstraße, durchquert man die Ebene des **Roseau River** (Bananenplantagen), bevor sich der Weg mit einigen Serpentinen wieder in die grünen Hügel an der Küste hinaufwindet (schöner Blick vor der Ortschaft **Massacré**). Auf Meeresniveau hinab bringt einen die Straße zum pittoresken Fischerdorf **Anse la Raye**, dessen Einwohner für die Herstellung von Einbaum-Kanus bekannt sind. Gute Taucher finden südlich der Bucht einen der populärsten Spots der Region: den gesunkenen 400-t-Frachter **„Lesleen M"**. Das für seeuntauglich erklärte Schiff wurde unter Berücksichtigung aller ökologischen Vorsichtsmaßnahmen 1986 versenkt, um Korallen und Fischschwärme anzuziehen. Nun liegt es aufrecht in 20 m Tiefe, das Deck nur 10 m unter der Oberfläche, so dass man häufig seine Umrisse von oben sehen kann. Die „Lesleen M" ist mit Ankerwinde, Mast, Schraube, Maschinenraum etc. noch vollständig. Als künstliches Riff ist das Wrack tatsächlich ein großer Erfolg, da es viele Fischarten anzieht und sich weiche Korallen an den Wänden ansiedeln.

Von Anse la Raye geht es auf gewohnt kurviger Strecke hinauf in die Berge, dann wieder hinab zum nicht minder schönen Dorf **Canaries**, anschließend erneut in weitem Bogen ins Inselinnere, wo man am westlichen Ende des **naturgeschützten Regenwaldes** entlangfährt. Vom letzten Höhenzug vor dem Meer hat man einen atemberaubenden Blick auf das **malerische Soufrière** und die Vulkankegel der beiden Pitons, von denen der Petit Piton (736 m) dem Betrachter am nächsten liegt. Der dahinter aufragende Zwilling Gros Piton ist 798 m hoch. Da beide Gipfel steil aus dem Meer steigen, wird ihre tatsächliche Höhe häufig überschätzt. Die Serpentinenstraße bringt einen anschließend hinab zum Städtchen Soufrière, um das mehrere der größten Sehenswürdigkeiten der Insel versammelt sind.

Soufrière

Nettes Städtchen

Die Bucht war einst bevorzugtes Siedlungsgebiet der Arawaken und Kariben, wovon noch vereinzelte Petroglyphen (u. a. in Stonefields) und verschiedene Steinterrassen (u. a. in Belfond) zeugen. Im 17. Jahrhundert begannen französische Kolonisten, den Wald zu roden und ihre Plantagen aufzubauen. Ihre Siedlung, die sie nach den nahen Schwefelquellen benannten (franz. „soufre" = Schwefel), entwickelte sich zum landwirtschaftlichen Zentrum der Region und wurde folgerichtig 1746 zur Hauptstadt erklärt. Zwei Katastrophen beendeten die Vormachtstellung: 1780 vernichtete ein Hurrikan fast alle Pflanzungen Soufrières sowie die meisten Gebäude. Dann kamen während der Französischen Revolution bürgerkriegsähnliche Zustände in die Stadt – gegenüber der heutigen Kirche wurden auf dem Marktplatz eine Reihe königstreuer Plantagenbesitzer guillotiniert. Nach Wiederherstellung der alten Verhältnisse vereinigten sich viele Sklaven mit desertierten Soldaten, und noch fünf Jahre lang zogen diese sogenannten *Brigands* marodierend über die Insel. Vom zerstörten Soufrière ging in der britischen Zeit die Hauptstadtfunktion auf das nördliche Castries über. Der französische Einfluss blieb jedoch hier bis auf den heutigen Tag wirksam, wahrnehmbar in der katholischen Kirche, den eleganten kreolischen Häusern und im Patois der einheimischen Bevölkerung.

Anse Chastanet/Marine Park

Nördlich der Bucht führt eine Stichstraße von Soufrière oberhalb der Klippen bis zur schönen Sandbucht der **Anse Chastanet**. Hier hat man eine phantastische Sicht auf die Silhouette der Pitons. Besonders attraktiv sind auch die **Tauchplätze vor der Küste**. Korallenriffe und vielfarbige Fischschulen können von Fischer- und Ausflugsbooten aus erforscht werden. Weiter im Süden, zwischen den Pitons und am Küstenabschnitt bis Vieux Fort, locken darüber hinaus noch zahlreiche andere Spots, u.a. mit einer ganzen Reihe von Schiffswracks. Sogar das Wrack eines Flugzeuges ist dort zu sehen.

Reisepraktische Informationen zum Südwesten

Unterkunft (Karte s. S. 331)

Anse Chastanet $$$$$, *(13), Anse Chastanet, ☎ 758 -459-7000, 🖷 758-459-7700, www.ansechastanet.com. Das First-Class-Haus liegt zwei Kilometer von Soufrière und dessen Attraktionen entfernt. 49 elegante Zimmer, zwölf davon auf Strandhöhe, zwei schöne Palmenstrände, zwei Restaurants und Bars und die phantastische Sicht auf die Pitons machen den Reiz der Anlage aus. Zudem gibt es ein umfangreiches Sportangebot mit Tauchen, Tennis, Schnorcheln.*

Ladera Resort $$$$-$$$$$, *(15), Vieux Fort Rd, Soufrière, ☎ 758-459-7323, 🖷 758-459-5156, www.ladera-stlucia.com. Das Resort liegt hoch in den Bergen zwischen den beiden Pitons und bietet aus 24 Zimmern spektakuläre und einzigartige Blicke auf die beiden Wahrzeichen der Insel. Allein dies ist schon den Preis der Unterkunft wert, doch hinzu kommen noch außergewöhnlich gestaltete Zimmer, Restaurant, Bar, Bibliothek, Swimmingpool, Shuttle-Service zum Strand und nach Soufrière.*

Stonefield Estate $$$$$, *(14), Soufrière, ☎ 758-459-7037, www.stonefieldvillas.com. Die 16 großen, separat gelegenen Villen mit eigenem Swimmingpool und Außendusche, Terrasse mit Doppelhängematte und Küche liegen nördlich, quasi in Greifnähe des Petit Pitons. Der Bau weiterer Villen ist in Planung, erweitert wurde bereits der Restaurant- und Bar-Bereich. Alles geschieht jedoch sehr geruhsam. Das Anwesen liegt auf einer ehemaligen Plantage und gehört einer alteingesessenen Familie, die viel Wert auf naturgerechte Gestaltung der Häuser und das Ambiente der Anlage legt, die sich mehr harmonisch und zurückhaltend in die üppige Vegetation einfügt, als auf Maximierung des Profits achtet. Noch ein echter Geheimtipp, zumal das Stonefield Estate durchaus mit den anderen Luxus-Anlagen der Westküste mithalten kann, jedoch (noch) nicht deren Preise hat.*

Fond Doux Holiday Estate $$$, *(16), Soufrière, ☎ 758-459-7545; www.fonddouxestate.com. Die ehemalige Bananenplantage aus dem 19. Jahrhundert wurde wegen des Exportrückgangs auf Kakaopflanzen umgestellt und ist heute noch in Betrieb. Sie wurde vor wenigen Jahren von der Insulanerin* **Eroline Lamontagne** *und ihrem Mann erworben. Das Paar hat aus dem Anwesen ein kleines, sehr persönliches Paradies mit zwei Restaurants, kleinem Shop, einem Gästezimmer, Cottages, einem kleinen Landhaus und einer etwas abseits gelegenen Poolanlage geschaffen.*

Talk to Me Cool Spot, *(12), West Coast Road, Soufrière* **$-$$**, *☎ 758-459-7437, www.talk-2me.com. Auch dieses kleine, familiäre Gästehaus kann mit wunderschönen Ausblicken angeben. Aus manchen der zum Teil handbemalten Zimmern kann man nicht nur den Petit Piton aus der Entfernung sehen, sondern auch Soufrière unterhalb üppiger Vegetation. Sie sollten mindestens einmal hier abends die karibische Küche testen.*

Marigot Beach Club Hotel & Dive Resort $$$-$$$$, *(11), Marigot Bay, ☎758-451-4974, 🖷 758-451-4973, www.marigotdiveresort.com. Separate Bungalowhäuser für zwei bis zehn Personen in schöner Hanglage an einer kleinen Bucht mit Strand. Restaurant, Bar, umfangreiches Wassersportangebot, Tauchshop.*

Essen und Trinken

Dolittles Restaurant, *Marigot Bay, ☎ 758-451-4974. Das ist eines der schönsten Lokale der Insel an der traumhaften Bucht von Marigot, zu dem man mit der Fähre von Marigot Jetty gebracht wird. Neben guten karibischen Cocktails gibt es hier internationale Küche.*

The Hummingbird, *Soufrière, ☏ 758-459-7232. Das schön gelegene Restaurant bietet den Blick auf den Petit Piton. Serviert werden scharf gewürzte französische und kreolische Spezialitäten wie Süßwasserkrebse, Hummer und Königskrabben. Probieren Sie auch den Spezialdrink „Coco Loco" mit Kokosnussmilch, Orangenlikör und Gin.*

Östlich von Soufrière

Fährt man vom Stadtzentrum des 9.000 Einwohner zählenden Städtchens in östliche Richtung, am Marktplatz und der Kirche vorbei, kommt man entlang des Soufrière River zunächst zur **Plantage Soufrière Estate.** Die Geschichte der Plantage geht zurück in die Zeit König *Ludwigs XIV.*, als von den drei *Brüdern Devaux* zunächst Kaffee, Kakao, Tabak und Baumwolle angebaut wurden. Als der Export von Zucker größere Gewinne versprach, ging man auch hier zum Anbau von Zuckerrohr über. Heute ist die Plantage immer noch im Besitz der *Devaux*, **einer der mächtigsten Familien** von St. Lucia. Geerntet werden vor allem Bananen, Kakaobohnen für den Export in die USA und Kokosnüsse, aus denen Copra für Öl und Seife hergestellt wird. Eine Besichtigungstour durch die Plantage, bei der man auch an dem herrlichen Botanischen Garten, dem kleinen Zoo und am funktionierenden Wasserrad der ehemaligen Zuckerfabrik (1765) vorbeikommt, wird von mehreren Veranstaltern angeboten.

Plantage Soufrière Estate, *Besichtigung nach Voranmeldung; ☏ 758-459-7565.*

Der Diamond Waterfall

Die zum Soufrière Estate gehörenden **Diamond Botanical Gardens, Waterfall and Mineral Baths** sind oft Ziel von Besichtigungsfahrten. Vom Parkplatz aus geht man durch die Einlasspforte zunächst durch einen 1983 angelegten Botanischen Garten. Dieser wurde von den derzeitigen Besitzern der Plantage im landschaftlich schönen Tal eingerichtet und mit vorzüglichen Spazierwegen ausgestattet. Fast alle Blumen, Früchte, Sträucher und Bäume Westindiens sind hier zu sehen, und jedes Jahr kommen neue und seltene Pflanzen hinzu. Ab und zu passiert man Überreste jener Mineralbäder (nicht zu verwechseln mit den vulkanischen „*Sulphur Springs*"), die *Ludwig XIV.* für seine Soldaten anlegen ließ. Während der Mordzüge der „Brigands" wurden diese Bäder zerstört, über viele Jahre hinweg blieben die Ruinen unberührt und wurden vom Urwald überwuchert.

Mineralbäder im Botanischen Garten

Diamond Botanical Gardens, Waterfall and Mineral Baths, *Diamond Road, ☏ 758-459-7565, Öffnungszeiten: Mo-Sa 10-17 Uhr, So 10-13 Uhr, www.diamondstlucia.com.*

Heute sind in unmittelbarer Nähe der originalen Anlage neue Mineralbäder entstanden, deren therapeutischer Wert oft mit Aix-les-Bains in Frankreich verglichen wird. Gegen ein verhältnismäßig geringes Eintrittsgeld sind die Außenpools und Innenbäder der Öffentlichkeit zugänglich. Von den Mineralbädern (Cafeteria, Souvenirshop) führt ein kurzer Pfad zum **Diamond River**, der aus dem vulkanischen Gebiet der Nachbarschaft ins Tal strömt und als **Diamond-Wasserfall** vielfarbig und spektakulär herabstürzt.

Ein ganzes Stück weiter östlich bietet der ursprüngliche Regenwald in der Nähe von **Fond St. Jacques** Ziel und Möglichkeit für eine ganztägige Exkursion. Das Schwierigste ist allerdings, die richtigen Pfade und interessantesten Stellen zu finden. Gut ist es, wenn man auf einen offiziellen Guide des Forestry Department zurückgreifen kann oder den „Walk" über ein Reisebüro bucht. Zumal man für die letzten acht Kilometer einen Geländewagen benötigt. Von Soufrière aus muss man allein ca. 1,5 Stunden für die Anfahrt rechnen.
Edmund Forest Reserve & Mount Gimie, *Fond St. Jacques, 8-stündige Wanderung, Infos beim Forestry Department, ☏ 758-450-2231.*

Selbstfahrer biegen in Fond St. Jacques an der Busstation nach links. Nach rund einer halben Stunde kommt man an eine Wachstation. Am Büro des Rangers muss das Eintrittsgeld bezahlt werden. Da viele Wege vom Hauptpfad abgehen – einer geht hinauf zum höchsten Berg der Insel, dem **Mount Gimie** (950 Meter), und ist nur etwas für geübte Wanderer – empfiehlt es sich spätestens hier einen Wanderführer zu organisieren. Der Hauptwanderweg des Edmund Reserve's führt durch das **Quilesse Forest Reserve** und endet am **Des Cartiers Rain Forest Trail**. Wer bis zum Ende geht und nicht den gleichen Weg wieder zurückgehen möchte, muss sich im Vorhinein einen Transport zurück organisieren.

Artenvielfalt im Regenwald

Lohnend ist die nicht schwere, jedoch lange Wanderung auf alle Fälle: Der Wanderweg über den zentralen Gebirgsrücken überbrückt auf guten Holzbrücken **Wasserläufe** und durchquert auf zumeist flachem Weg eine überquellende Vegetation mit einer unglaublichen Artenvielfalt. Außer den Blumen, Büschen und Mahagonibäumen kann man mit etwas Glück auch ein Exemplar – oder sogar ein Paar – des sehr seltenen und vom Aussterben bedrohten **St. Lucia-Papageis** (*amazona versicolor*) oder die zierlichen **Kolibris** zu Gesicht bekommen. Wahrscheinlicher ist jedoch, dass man nur seinen merkwürdigen Schrei durch das Dschungeldickicht des Regenwaldes hört. Und da es sich hier wirklich um Regenwald handelt, rechnen Sie damit, dass Sie auch mal nass werden. Bei 3500 mm Niederschlag jährlich ist die Wahrscheinlichkeit hoch. Oft liegt daher das Gebirge auch im dichten Nebel, doch wenn klares Wetter ist, kann man wundervolle Blicke auf den Mount Gimie erhaschen.

Die angeblich rund 80 Meter hohen Wasserfälle **Toraille Waterfall** liegen nur wenige Meter hinter dem Kassenhäuschen: für kurze Spaziergänge mit anschließendem Picknick eine schöne Stelle. Bei den Einheimischen ist der Ort vor allem bei Hochzeitsgesellschaften sehr beliebt.
Toraille Waterfall, *fünf Minuten östlich der Stadt links hinter dem College; Öffnungszeiten: Mo-So 9-16.40 Uhr.*

Südlich von Soufrière

Nicht weit von Soufrière und östlich vom Petit Piton gelegen, bringt einen die Straße nahe der Küste (herrliche Aussicht) zunächst zu den berühmten **Sulphur Springs.**

Deren **brodelnde, dampfende und kochende Landschaft** mit ihrem **strengen Schwefelgeruch** (wie verfaulte Eier) gab Soufrière den Namen und schenkte der Region eine weitere Hauptsehenswürdigkeit. Um zu den (vom Touristenamt verwalteten) Sulphur Springs zu gelangen, richtet man sich nach dem Hinweisschild „Drive-In-Volcano" und fährt bis zum Parkplatz an der Sperre. Hier muss man Eintritt bezahlen, das einen Guide für die Tour einschließt. Es geht zu Fuß über Stege und Treppen weiter bis zu einem Aussichtspunkt, an dem man das gesamte **Solfatarenfeld** überblicken kann. „Solfatare" bedeutet, dass die vulkanische Tätigkeit andauert, der Druck aber durch heißen Dampf und Gas statt in Form von Lava entweicht.

Heilung durch Schwefel

Obwohl also eine **Eruption** nicht bevorsteht und man den zischenden Quellen sehr nahe kommen kann, sollte man die Absperrungen nicht übertreten; der Untergrund ist nur sehr dünn, und in der Vergangenheit kamen unvorsichtige Touristen schon häufiger zu Schaden! Selbst ein Wissenschaftler brach bei Untersuchungen ein und starb. Wirtschaftlich war das Gelände im 19. Jahrhundert als Schwefelabbaugebiet von Bedeutung. Heute versucht man, das schwefelhaltige Wasser für die **Heilung von Rheumatismus** und **Hautkrankheiten** einzusetzen (kleine Pools). Andere Pläne für die Nutzung der geothermischen Energien wurden jedoch wenig erfolgreich umgesetzt, wie die Vielzahl an verrosteten Rohren und Ventilen beweist.
La Soufrière Sulphur Springs, *Öffnungszeiten: tägl. 9-17 Uhr, ☏ 758-459-7686.*

Die Sulphur Springs

Viele Treppenstufen geht es hinterm Kassenhäuschen hinab zu **Pitons Waterfalls,** in der Regenzeit bei feucht-schwülen Temperaturen nicht jedermanns Sache. Am Ende wird man belohnt durch die sich rund 63 Meter in die Tiefe stürzenden Fälle und – für den, der es mag – mit einem Besuch der befestigten Pools mit wohlig warmem Wasser voller heilender Mineralien. Jedoch ist die Privatsphäre nur selten geschützt; besonders Franzosen kommen von der Nachbarinsel Martinique gerne hierher.
Pitons Waterfalls, *kurz hinter den Sulphur Springs auf der rechten Seite: steile Straße hinunter zum Fuße des Petit Piton.*

Die ehemalige Bananenplantage **Fond Doux Holiday Estate** aus dem 19. Jahrhundert wurde wegen des Exportrückgangs auf Kakaopflanzen umgestellt und ist heute

noch in Betrieb. Sie wurde vor wenigen Jahren von der Insulanerin *Eroline Lamontagne* und ihrem Mann erworben. Das Paar hat aus dem Anwesen ein kleines, sehr persönliches Paradies mit zwei Restaurants, kleinem Shop, einem Gästezimmer, Cottages, einem kleinen Landhaus und einer etwas abseits gelegenen Poolanlage geschaffen. Auf Anfrage wird eine 45-minütige Tour angeboten, darüber hinaus führen verschiedene Wanderwege durch das Gelände und quasi an den „Rücken" der beiden Pitons vorbei.
Fond Doux Holiday Estate, ☏ *758-459-7545; www.fonddouxestate.com*

Auf der Weiterfahrt in den Süden kommt man durch hochgelegene Regenwälder und Bananenplantagen bis man zur südlichen Ebene hinab fährt. Die Karibische See erreicht man wieder im Fischerdorf **Choiseul**, von wo es küstennah durch **Laborie** (schöne Tauchgründe) und auf den **Hewannorra Airport** zugeht. Am westlichen Ende der Landebahn vorbei, kommt man direkt am Ufer entlang nach Vieux Fort.

Vieux Fort

Das Städtchen ist wegen seines **Ausfuhrhafens** (Bananen), des nahen Flughafens und verschiedener Industrieanlagen (Brauereien) für St. Lucia von großer wirtschaftlicher Bedeutung. Mit einigen Pensionen, Restaurants und einer großen Ferienanlage (an der Westküste) spielt auch der Fremdenverkehr in Vieux Fort eine wichtige Rolle. Südlich der Stadt liegt der äußerste Zipfel der Insel.

Le Moule-à-Chique

Wer schon bis nach Vieux Fort gefahren ist, darf diesen Abstecher auf keinen Fall verpassen. Denn die bis über 200 m hohe Halbinsel, an deren Ende ein riesiger Leuchtturm in den Himmel ragt, offeriert herrliche **Blicke bis hin zu St. Vincent und den Grenadinen**. Wo sich das blaue Wasser des Atlantiks mit dem türkisfarbenen der Karibischen See vereinigt, steigt St. Lucia aus dem Meer, mit Klippen und Höhlen, Heimat zahlreicher Seevögel.

Der Osten: über Dennery nach Vieux Fort

Küstenstraße

Die **Alternativstrecke von Castries nach Vieux Fort** war nicht nur während des Straßenbaus im Westen die einzige Möglichkeit, von der Hauptstadt zum internationalen Flughafen zu gelangen, sondern wird auch in Zukunft von den Taxifahrern immer häufiger benutzt werden. Sie bietet auf ca. 50 km zwar nicht so viele Sehenswürdigkeiten, ist aber entlang der Ostküste relativ eben, breit und gut zu fahren. Für Touristen ist sie vor allem wegen der spektakulären Szenerie interessant, mit der sie sowohl im gebirgigen Inselinneren als auch an der wild zerklüfteten Atlantikküste aufwartet.

Von Castries gelangt man über den Vorort Bagatelle oder über den Serpentinenweg des Morne Fortune zu **Four Roads Junction**. Ab hier geht es zügig durch das Tal des **Cul de Sac River** und ein landwirtschaftlich intensiv genutztes Gebiet bis zur Ortschaft **L'Abbayee**. Nun wird die Straße enger, kurvenreicher und steiler, denn sie

windet sich an den Hängen des **zentralen Gebirgsrückens** hinauf.
Auf dem **Pass Barre de l'Isle Ridge** sollte man am „Viewpoint" anhalten und die schöne Aussicht nach Westen und Osten genießen. An Baumfarnen und Fikusbäumen vorbei, fährt man anschließend kontinuierlich und in einigen Haarnadelkurven wieder abwärts, passiert die Ortschaft Grande Rivière und ausgedehnte Bananenplantagen, bis man schließlich hinter La Caye die Atlantikküste bei **Dennery** erreicht hat.

Einsamer Strandspaziergänger

Auf St. Lucia ist der Park **Fond D'Or Nature & Historical Park** die einzige Stätte, an der anhand einer alten Zuckermühle die drei verschiedenen Antriebsarten einer Mühle verdeutlicht werden: mit Ochsen, mittels Wind oder Dampf. Zuvor wurde das Zuckerrohr zunächst von Sklaven, dann von zwangsverpflichteten Arbeitern in mühevoller, harter Arbeit geschnitten. Veranschaulicht werden die Arbeitsprozesse in einem kleinen Museum. Zudem gibt es eine kleine Ausstellung über die fast völlig ausgerotteten Ureinwohner der Insel, die *amerindian settlements*. Angeblich sollen weiter oben in den Bergen noch wenige von ihnen leben. Im Rahmen des kommunalen Mabouya-Valley-Entwicklungsprojektes werden auf Anfrage geführte Wanderungen angeboten. Das Anwesen des Parks geht bis hinunter an den Strand der Atlantikküste.
Fond D'Or Nature & Historical Park, *nur geführte Touren, ☏ 758-453-3242.*

Bei **Errard Plantation** kann man auf organisierten Besichtigungstouren (keine individuellen Besucher!) Anbau, Ernte und Verarbeitung vieler tropischer Früchte und von Muskatnüssen sowie Kakaobohnen sehen. Zudem gibt es verschiedene Wanderrouten zur Auswahl, u. a. auch ein kurzer Weg zu einem Wasserfall. Von hier aus startet auch eine der besten Mountainbike-Strecken der Insel.
Errard Plantation, *Anfahrt: Am südlichen Ortsausgang von Dennery zweigt nach links eine Straße ab, die zurück ins Landesinnere führt und auf der man zur Errard Plantation kommt. Ca. 50 min von Castries entfernt; ☏ 758-458-0908.*

Bei der Weiterfahrt in den Süden ergeben sich immer wieder phantastische Ausblicke auf die zerklüftete, ab und an mit Sandstränden besetzte Küste, gegen die die mächtigen **Wellen des Atlantiks** anrollen. Zwischen Dennery und Micou sieht man in der Praslin Bay einige Felsen aus dem Meer ragen, die als **Fregate Island National Park** unter Naturschutz stehen. Ihren Namen tragen die Eilande nach den **Fregattvögeln**, die hier von Mai bis Juli nisten. Auf Touren, die vom St. Lucia National Trust (☏ *758-452-5005, www.slunatrust.org*) arrangiert werden, (Anmeldung erforderlich!), kann man die Inseln besuchen und ihre interessante Flora und Fauna bewundern. Auf dem „Festland" – gegenüber der Fregate Islands – gibt es einen **Nature Trail**, auf dem man die bizarre Landschaft erwandern kann und mit etwas Glück einige seltene Tierarten (u. a. die harmlose *Boa Constrictor*) zu Gesicht bekommt. Ab dem Dorf Micoud, das den letzten Hafen an der Ostküste besitzt, wird die Landschaft flacher und weniger spektakulär. Zurück ins Inselinnere führt eine Straße bis Mahaut, von wo **geführte Wanderungen durch den Regenwald** möglich sind. Über den zentralen Gebirgsrücken ist eine Tour bis nach Fond St. Jacques möglich.

Die Küstenstraße verläuft in einiger Entfernung zum Ozean, dem sie sich erst in der Savannes Bay wieder nähert. Diese weit geschwungene Bucht ist von **Mangrovendickicht** umsäumt und einschließlich des Inselchens **Scorpion Island** ebenfalls naturgeschützt (**Savannes Bay Nature Reserve**). Unweit südlich davon erreicht man den Hewannorra Airport, vor dessen östlichem Ende (Pointe Sable) ein schöner, aber nicht ungefährlicher Sandstrand liegt. Vor der Küste ragen die beiden **Maria Islands** (Maria Major und Maria Minor) aus dem Atlantik. Das auf ihnen eingerichtete Natur- und Vogelschutzgebiet besitzt einige Spezies, die sonst in der Karibik nicht vorkommen. Touren außerhalb der Brutzeit werden von manchen Reisebüros arrangiert. Wer das Kap Pointe Sable passiert hat, fährt ein kurzes Stück an der Anse des Sables entlang und kommt dann nach **Vieux Fort** bzw. zur Halbinsel Le Moule-à-Chique.

Barbados

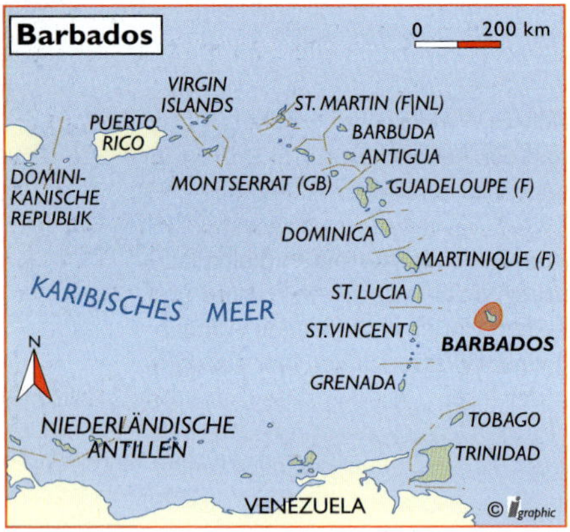

Wichtige Telefonnummern auf einen Blick

Telefonvorwahl	☎ 246
Internationale Vorwahl	☎ 001-246
Diplomatische Vertretung	☎ 427-1876
Hospital: Queen Elizabeth Hospital	☎ 436-6450
Bayview Hospital	☎ 436-5446
Ambulanz	☎ 115
Polizei	☎ 112 und 436-6600
Feuerwehr	☎ 113
Touristen-information	☎ 427-2623
Tauchunfälle	☎ 684-8111
Küstenwache	☎ 436-6185

Das 36 km lange und 24 km breite Barbados (ausgespr.: Ba-bei-dos) ist mit 431 km^2 nur wenig größer als z. B. die Hansestadt Bremen, zählt aber dennoch zu den größeren Inseln der Kleinen Antillen. Sie ist außerdem die östlichste Insel der Karibik, wie ein weit in den Atlantik hinausgeschobener Vorposten, den Schiffsreisende aus Europa als ersten Teil der Neuen Welt erblicken. Die anderen Inseln über dem Winde liegen 160 km weiter westlich und sind von Barbados durch den 2.700 m tiefen Tobago-Graben getrennt.

Das landschaftliche Profil wird durch ein **altes Korallenplateau** bestimmt, das von über 300 m Höhe (höchster Punkt: 343 m) treppenförmig zu den Küsten abfällt. Trotz ihres verhältnismäßig flachen Gepräges weist die Insel reizvolle landschaftliche Kontraste auf – vor allem an der wilden, zerklüfteten Ostküste.

An der geschützten Westseite liegen die karibischen Strände mit den meisten Ferienhotels: Hier ist nicht nur die Luft milder, sondern auch die Brandung weniger stark. Im Inselinnern ist das ursprüngliche Pflanzenkleid des Regenwaldes bis auf einige kleine Restbestände durch die Ausbreitung der **Zuckerrohrkultur** schon früh vernichtet worden. Es waren die Portugiesen, die die Insel unter dem Namen *Isla de los Barbados* (= Insel der Bärtigen) auf die Seekarten setzten. Sicher waren damit nicht die indianischen Ureinwohner, sondern die Fikusbäume gemeint, deren Luftwurzeln wie herunterhängende Bärte aussehen. Viel prägender war jedoch der 300 Jahre währende englische Einfluss, so dass man Barbados innerhalb der Kleinen Antillen lange als die britischste aller Inseln oder auch „**Little England**" nannte. Heute nimmt der US-amerikanische Einfluss immer mehr zu und sowohl die Produktauswahl in den Supermärkten wie die Aussprache orientiert sich immer mehr an den USA– Bei einem überwiegend amerikanischen TV-Programm, mit denen die junge Generation aufwächst, auch nur wenig verwunderlich.

Redaktions-Tipps

- Einen Tag am rosafarbenen **Crane Beach** verbringen und sich mit dem Aufzug zum Lunchen zu einem der Restaurants des **Crane-Resorts** fahren lassen und anschließend im Crane Village nach Souvenirs stöbern (S. 393f).
- Tour ins Inselinnere mit dem befestigten Hügel **Gun Hill** (S. 397), der Tropfsteinhöhle **Harrison's Cave** (S. 395) und der Vegetation des **Welchman Hall Gully** (S. 396).
- Besichtigung der **Architektur** der anglikanischen Kirchen und vor allem der herrschaftlichen **Plantation Houses**, allen voran **Nicholas Abbey** (S. 387ff).
- Fahrt zur spektakulären **Ostküste** bei Bathsheba mit einem Besuch der **Andromeda Botanic Gardens** (S. 391).
- Ausflug mit dem **U-Boot** „Atlantis Submarine" an der Westküste entlang (S. 362).
- Abstecher ganz in den **Norden der Insel** zur Felsenküste und dem **Animal Flower Cave** (S. 386) und an der **River Bay** picknicken und zum **Pico Teneriffe** an der Cove Bay wandern (S. 387).
- Am Fish Friday abends nach **Oistins** (S. 370) fahren und an einem der vielen Fischbuden den *Catch of the day* bestellen. Dazu *Banks* trinken, das Nationalbier. Hinterher in einer der Bars tanzen und/oder die karibische Nacht in den Bars in **Lawrence Gap** (S. 371) feiern.

Schon 1639 wurde ein Parlament gegründet, welches das drittälteste im Commonwealth ist – nach London und den Bermudas. Nach englischem Vorbild wurde außerdem die Insel in elf Kirchspiele eingeteilt, die nach den anglikanischen Kirchen benannt sind. Von Norden nach Süden sind dies: St. Lucy, St. Peter, St. Andrew, St. James, St. Joseph, St. Thomas, St. John, St. Michael, St. George, St. Philip und Christ Church.

Interessanterweise beherbergte die Insel bereits in der ersten Besiedlungsphase so viele Menschen, dass sich einige davon später zur Emigration entschlossen. So wurde das amerikanische South Carolina von einer Siedlergruppe aus Barbados (und nicht

Barbados
N
0 2,5 km
0 Hotel
1 Hilton Barbados
2 Accra Beach Hotel
3 Abbeville Hotel
4 Melrose Beach Apartments
5 Cleverdale Guesthouse
6 The Savannah Hotel
7 Golden Sands
8 Silver Sands Resort
9 Villa Maria
10 Peaches
11 Sandy Lane
12 The Fairmont Royal Pavillon
13 Discovery Bay Hotel
14 Best E Villas
15 Cool Hill House Apartment
16 Hibiskus Apartments
17 Sea-U!
18 Atlantis Hotel
19 Crane Beach Hotel
North Pt.
Animal Flower Cave
Archers Bay
River Bay
Norse's Bay
Harrison Pt.
Cuckold Pt.
Mother's Day Bay
Cove Bay
Maycock's Bay
ST. LUCY
Pico Teneriffe
Nesfield
Fustic
St. Nicholas Abbey
Maynards
Port St. Charles
Six Men's Bay
Farley Hill N.P.
Walker's Beach
Speightstown
ST. PETER
Belleplaine
Barclay's Park
Godings Bay
ST. ANDREW
Gibbes
Chalky Mount (The Potteries)
Mullins Beach
Mt. Hillaby
Gibbes Bay
Bathsheba
ST. JAMES
Tent Bay
Flower Forest
Orange Hill
Andromeda Botanic Gardens
Alleynes Bay
Folkestone Fort & Marine Museum
ST. JOSEPH
St. Joseph Parish Church
Welchman Hall Gully
Sugar Machinery Museum
Holetown
Clifton Hall
Welchman Hall
Harrison Cave
Villa Nova
Conset Bay
Conset Pt.
Sunset Crest
Codrington College
Skeete's Bay
Sandy Lane Bay
ST. THOMAS
Sealy Hall
Bayfield
Ragged Pt.
Bailey Hill
Oughterson House & Zoo
Prospect
Gun Hill Signal Station
ST. JOHN
Warrens
Sam Lord's Castle
Cave Bay
ST. GEORGE
Sunbury Plantation House
Fresh Water Bay
Ellerton
Sunbury
Long Bay
ST. MICHAEL
Bulkeley
Bridgetown
Marchfield
The Crane
ST. PHILIP
Crane Bay
Foul Bay
Observatorium
CHRIST CHURCH
Carlisle Bay
Needham's Pt.
Hastings
Pilgrim Place
Salt Cave Pt.
Maxwell
Rockley Beach
Sandy Beach
Oistins
Long Bay
Cotton House Bay
Woman's Bay
South Pt.
© graphic

etwa von England aus) erschlossen. Für ein ganzes Jahrhundert galt Barbados als Mutter der amerikanischen „Tochterkolonie".

Im 20. Jahrhundert war die Insel gut auf die Unabhängigkeit vorbereitet, die ihr, trotz der geringen Größe, am 30. November 1966 von London verliehen wurde. Die vielschichtige koloniale Vorgeschichte lässt erahnen, weshalb Barbados schon immer eine der am dichtesten besiedelten Inseln der Region gewesen ist. Heute hat sie über 280.000 Einwohner, das entspricht bei einer Fläche von 432 Quadratkilometern über 649 Menschen pro Quadratkilometer. Die Bevölkerung setzt sich zu 90 Prozent aus Menschen mit afrikanischen Wurzeln zusammen, von den restlichen zehn Prozent haben die meisten einen europäischen Hintergrund (England, Irland und Schottland). Alle Einwohner identifizieren sich stolz mit ihrem Mini-Staat und betrachten sich gemeinsam als Barbadians oder kurz Bagians bzw. Bajans.

Stolze Barbadians

Allgemeine Reisepraktische Informationen zu Barbados

➤ Information

Barbados Tourism Authority, Harbour Road, Bridgetown, ☏ 246-427-2623, 🖷 246-426-4080, www.barbados-karibik.de und www.barbados.org
Informationsbüros befinden sich auch im Grantley Adams International Airport, ☏ 246-428-5012 und am Kreuzfahrtschiffshafen, ☏ 246-426-2111.

➤ Unterkunft

Wer auf den Kleinen Antillen Luxusunterkünfte erwartet, ist in Barbados genau richtig. Besonders an der Westküste, aber auch im Süden der Insel können Sie wie beispielsweise im exquisiten „Sandy Lane" leicht über 300 US$ pro Nacht für ein Zimmer ausgeben. Dennoch gibt es an der West-, Ost- und auch an der Südküste einige günstigere Alternativen, wie z. B. Apartments und kleine Hotels oder Gästehäuser mit einfachem Standard. Wenn Sie von vornherein planen, Ihren Urlaub in einem größeren Hotel oder einem Resort zu verbringen, sollten Sie das Hotel von zu Hause durch ein Reisebüro buchen lassen. Oder Sie überlegen sich gleich, ob Sie nicht lieber wegen der Kostenersparnis auf ein Pauschalangebot zurückgreifen möchten. Sind Sie nicht darauf angewiesen, im Dezember oder Januar Urlaub zu machen, gibt es zudem günstige Angebote vieler Reiseveranstalter.

In über 150 Hotel-Anlagen jeder Kategorie stehen ca. 12.000 Betten zur Verfügung. Das Angebot umfasst Villen, Luxusresorts, Strandhäuser, Hotels der Zwei- bis Fünf-Sterne-Kategorie, 13 All-Inclusive-Anlagen, und Apartments, Pensionen und Gästehäuser auf einem moderaten Preisniveau. Die Anlagen passen sich zum großen Teil der karibischen Umgebung an, Hochhauskonstruktionen fehlen gänzlich.

Die Barbados Hotel & Tourism Association bietet Infos über ihre Mitglieder sowie erste Eindrücke unter www.bhta.org.
Das Fremdenverkehrsbüro von Barbados verfügt über folgende sehr gute Internetseite: www.barbodos.org. Die Suchmaschine der Homepage bietet die Möglichkeit, individuelle Wünsche wie Preiskategorie, Resort-Art etc. einzugeben und so einfach das gewünschte

Hotel zu finden. Auch eine große Auswahl der zahlreichen privaten Unterkünfte und Selbstversorger-Apartments können Sie dort finden. Einige Bajans vermieten Privatzimmer inklusive Familienanschluss.

Jugendherberge
Reisen Sie individuell und suchen spontan einfach nur einen Platz zum Schlafen, ist das YMCA in Bridgetown die günstigste Alternative:
YMCA $, Pinfold Street, Bridgetown, ☏ 426-3910/1240; 24 Betten zum Teil in Schlafsälen oder Einzelräumen, Frühstück und Mittagessen.

➤ Essen und Trinken

*Auf Barbados sind besonders die frischen Fischgerichte und Meeresfrüchte zu empfehlen. Fliegende Fische (**flying fish**) sind dabei das Nationalgericht, das auf verschiedenste köstliche Arten zubereitet wird, wie z. B. als **salt fish cakes**. Und wer's feurig mag, nimmt einen kräftigen Löffel von der **red hot pepper sauce** dazu. Namhafte Köche haben den Restaurants der Insel zu einem hervorragenden Ruf verholfen. Dazu kommen viele außergewöhnliche Lokalitäten. Das gute und vielfältige Essen inmitten perfekter karibischer Kulisse hat seinen Preis. Es gibt aber auch Lokale bzw. Restaurant-Ketten wie die „Chefette" mit günstigeren Menüs.*

Ein „Muss" vor dem Essen ist ein **Rum-Punch**, *der traditionelle einheimische Rum-Cocktail. Spezialitäten, die Sie unbedingt probieren sollten, sind* **Cou-Cou**, *ein Gericht aus Maismehl und Okra,* **Jug-Jug**, *aus Maismehl und Erbsen zubereitet,* **Pepperpot**, *ein würziger Eintopf mit verschiedenen Fleischsorten, und* **Rôti**, *das ist ein ursprünglich aus Ostindien stammendes karibisches Gericht mit currygewürztem Fleisch in einem* **Chipatée** *– einer Art Brotteighülle – und* **Conkies**, *eine Mischung aus Maismehl, Kokosnuss, Kürbis, Rosinen, Süßkartoffeln und Gewürzen, die in ein Bananenblatt eingewickelt und anschließend gedünstet werden.*

Neben zahlreichen Rumsorten ist ein inseltypisches Getränk der **Mauby**, *der aus Rindenextrakt, Zucker und Gewürzen besteht. Wenn Sie* **Crane Chubb** *oder* **Sea Eggs** *bestellen, handelt es sich dabei um scharf gewürzte und gegrillte Seeigel. Daneben steht auf vielen Speisekarten Hummer, Shrimps, Goldmakrele, Thunfisch und Dorsch. Die auf Barbados beheimateten Gemüsesorten sind z. B. Brotfrüchte, Yamswurzeln, Auberginen, Okras, Kürbisse und Pisangs (Bananenfeigen).*

➤ Anreise

Per Flugzeug
Die Destination Barbados ist gut ans internationale Flugnetz angebunden, allerdings zu Weihnachten und zur Hochsaison oft überbucht. Die Insel wird von **Condor** *einmal in der Woche ab Frankfurt angeflogen. Täglich geht es direkt mit British Airways und mit der BWIA dreimal in der Woche ab London nach Barbados. Zum und vom nordamerikanischen Kontinent bestehen zahlreiche Direktverbindungen.*

Innerkaribisch verkehren die Fluggesellschaften Liat, Mustique Airways und Trans Island Air regelmäßig zwischen Barbados und den Nachbarinseln.

Per Schiff

Zumeist liegen gleichzeitig mehrere **Kreuzfahrtschiffe** *im Hafen von Bridgetown, der gut einen Kilometer westlich der Inselhauptstadt liegt. Über 300.000 Besucher kommen jährlich im Rahmen einer Kreuzfahrt nach Barbados. Von Barbados geht es je nach gewählter Reiseroute zu den Grenadinen, den Windward Islands, den Leeward oder Treasure Islands. Informationen finden Sie u. a. unter www.starclipper.de und www.royalclipper.de.*

➤ Ausreisegebühr/Airport Tax

Der moderne internationale Flughafen Grantley Adams verfügt über alle üblichen Einrichtungen, einschließlich Restaurant, Post, Duty-Free-Shops und Wechselstuben. Er liegt im Süden der Insel, rund 20 Minuten von der Hauptstadt Bridgetown entfernt.
Bei der Ausreise ist am Flughafenschalter eine Airport Tax in Höhe von ca. 25 BDS$ zu entrichten, wenn Sie länger als 24 Stunden auf der Insel waren.

➤ Diplomatische Vetretungen

Honorarkonsul der Bundesrepublik Deutschland, *Bridgetown, Dayrell's Road, Pleasant Hall, Christ Church, Postanschrift: P. O. Box 17 B, Brittons Hill, St. Michael, Barbados.W. I., ☏ 246-427-1876, 🖷 246-427-8127*
Österreichisches Honorarkonsulat, *Exeter Road, Navy Garden, Christ Church, Tel: 246-427-3131*
Schweizer Honorarkonsulat, *No. 24 Cane Gardens, St. Thomas, ☏ 246-425-3281, 🖷 246-425-3282*

➤ Exkursionen

Für einen Überblick empfiehlt sich, zu Beginn Ihres Urlaubes an einer **Inselrundfahrt** *(teilweise auch auf Deutsch) teilzunehmen. Den besten Überblick über das vielfältige Angebot verschafft die Webseite der Barbados Tourism Authority, www.barbados.org. Empfehlen können wir auch den Veranstalter von Inseltouren Remac Tours Ltd., Chapel Street, Speightstown, ☏ 246-422-0546, 🖷 246-422-5516, www.remactours.com*

Auf Barbados *sollte eine Fahrt zur wildzerklüfteten Landschaft bei Bathsheba an der Ostküste, wo der Atlantik mit voller Wucht auf die Felsenküste trifft, auf Ihrem Programm stehen. Immerhin ist Barbados die östlichste Insel der Kleinen Antillen und sozusagen völlig ungeschützt den Winden vom Atlantik her ausgesetzt.*

Die sicherlich intensivste Art Barbados kennen zu lernen ist, sie zu erwandern. Jeden Sonntag bietet der **Barbados National Trust** *kostenlos geführte Wanderungen zu einem anderen Schauplatz der Insel an. Diese gemeinnützige Institution will damit Besuchern und Einheimischen Flora und Fauna sowie die Kulturschätze von Barbados näherbringen. Die Teilnehmer können zwischen drei verschiedenen Schwierigkeitsstufen wählen: Die „Stop'n'Stare"-Wanderungen sind zwischen acht und zehn Kilometer lang, „Here'n'There" zwischen zwölf und 16 Kilometer und „Grin'n'Bear" zwischen 20 und 22 Kilometer. Die Touren, die alle rund drei Stunden dauern, starten an den verschiedenen Ausgangspunkten entweder morgens um 6 Uhr oder nachmittags um 15.30 Uhr. Schöne Variante: geführte Wanderung im Mondschein (Beginn: 17.30 Uhr). Weitere Einzelheiten unter www.barbados.org/hike.htm*
Auch eine **„Rum-Tour"** *sollten Sie einplanen. Da die Insel über keinen Regenwald verfügt, wurde das Hinterland der Küsten für die Einrichtung von Zuckerrohrplantagen genutzt. Viele*

Plantagenhäuser bieten einen Direktverkauf. Besonders zu empfehlen ist ein Besuch der Rumfabrik Mount Gay Rum Distilleries, die seit 1703 Rum herstellt und somit einen der ältesten der Welt anbietet. Die **tropischen Gärten** *(Andromeda Garden, Flower Forest oder der Farley Hill National Park) lohnen ebenso einen Abstecher. Auch die letzten beiden noch bestehenden Urwaldreservate der Insel, Welchman Hall Gully und Joe's River Tropical Rain Forest, versprechen ein beeindruckendes Erlebnis. Verschiedene Agenturen bieten auch eine Kombinationstour eines der Parks mit der sehenswerten Tropfsteinhöhle Harrison's Caves an.*

Museen und historische Gebäude dokumentieren die oftmals bewegte Geschichte von Barbados. Mit dem **Barbados Heritage Passport***, der vom Verein für Denkmalschutz Barbados National Trust ausgegeben wird, lassen sich eine Vielzahl der Sehenswürdigkeiten auf Naturpfaden, wie z. B. dem Arbib Nature & Heritage Trail, kostenlos besichtigen. Zu erwerben bei* **Barbados National Trust***, ☎ 246-426-2421, www.barbados.org.*

Wer eine eigene **Yacht** *hat, Freude an luxuriösem Ambiente und dazu das nötige Kleingeld, wird mit Sicherheit einen Abstecher zum neuen Resort* **Port St. Charles** *machen wollen, www.marinabarbados.com.*
Mit Ankerplätzen direkt vor der Apartmenttür, eigenem Strand und hervorragendem Restaurant könnte man hier ein zweites Zuhause finden – oder einfach einen schönen Abendspaziergang machen.

Auch für die Erkundung der **Unter- und Oberwasserwelt** *gibt es ein breit gefächertes Angebot. Schön ist die Segeltour mit den Katamaranen „Tiami" (☎ 246-436-6424, www.tallshipscruises.com) und „Irish Mist" (☎ 246-436-9201), die entlang der Westküste durchgeführt wird. Auch die sogenannten Cocktail-Cruises können reizvoll sein; obwohl (oder weil?) der Konsum beliebig vieler Planter's Punchs inbegriffen ist. Solche Mini-Kreuzfahrten bieten das „Piratenschiff" „Jolly Roger" und der Schaukelraddampfer – gleichzeitig Schwesternschiff – „Bajan Queen", ☎ 246-436-6424, 🖷 246-430-0901; Startpunkt ist stets Bridgetown. In ein phantastisches Unterwassererlebnis führt Sie die Atlantis Submarine, ☎ 246-436-8929, 🖷 246-436-8828, www.barbadosadventures.com, zu den Fischen und Riffen der Westküste. Dieses U-Boot hat große Fenster auf jeder Seite und ist mit starken Scheinwerfern ausgestattet; es befördert 28 Passagiere in eine Tauchtiefe bis zu 50 m.*

Mehrtägige Touren **zu Nachbarinseln** *bieten u. a. an:*
Caribbean Safari Tours, *Ship Inn, St. Lawrence Gap, ☎ 246-427-5100*
Grenadine Tours, *Hastings Plaza, Christ Church, ☎ 246-435-8451*

Rundflüge in der Luft bietet **Bajan Helicopters** *an, ☎ 246-431-0069. Der Heliport befindet sich in der Nähe des Kreuzfahrtterminals in Bridgetown. Häufig stehen auch ein- bis mehrtägige Flugreisen mit Sightseeing (per Bus, Taxi oder Segelboot) zu den Nachbarinseln auf dem Programm der Reiseagenturen, etwa zum Archipel der Grenadinen, nach Grenada, St. Lucia, Martinique und Tobago.*

➤ Golf
Golf nimmt auf Barbados mittlerweile eine so große Rolle unter den vielen Sportarten der Insel ein, dass es abweichend von den anderen Inseln ein eigenes Stichwort verdient hat.

Vier 18-Loch-Anlagen und vier 9-Loch-Anlagen gibt es auf der Insel. Dabei wurde die anspruchsvolle 18-Loch-Anlage des Royal Westmoreland Golf Course vor nicht langer Zeit komplett umgebaut. Viele Golfprofis haben hier bereits auf dem offiziellen Austragungsort der PGA European Tour ihre Bälle geschlagen.

Feiertage

- *Neujahr*
- *21. Januar – Errol Barrow Day*
- *Karfreitag*
- *Ostermontag*
- *1. Mai – Tag der Arbeit*
- *Pfingstmontag*
- *1. Mo im August – Kadooment Day*
- *1. Mo im Oktober – Tag der Vereinten Nationen*
- *30. November – Unabhängigkeitstag*
- *25./26. Dezember – Weihnachten*

Zu den absoluten Top-Golfplätzen gehört auch die 18-plus-9-Loch-Anlage des Sandy Lane Golf Clubs. Mit spektakulärem Panorama über die Karibische See ist der Platz für Anfänger und Könner gleichermaßen geeignet. Zu der Anlage gehört auch der 18-Loch-Platz des Green Monkey. Am Country Club bieten zwei Driving Ranges eine wahre Seltenheit: Auf der einen spielt man mit dem Wind, auf der anderen gegen den Wind. Der hoteleigene 120.000 m² große 9-Loch-Golfplatz des Almond Beach Resorts verfügt über Spielbahnen von 60 bis 190 m. Ein idealer Platz für das tägliche Training, allerdings nur für Hotelgäste. Der Barbados Golf Club lädt Golfer auf einem 18-Loch-Platz in Durants an der Südküste der Insel zum Spiel. Wind, fünf Wasserlöcher rund um den riesigen See und vier Korallensand-Bunker fordern die Spieler heraus. In dem Rockley Golf Club (9-Loch-Platz) können nicht nur Hotelgäste der All-inclusive-Anlage spielen. Und wer mit der ganzen Familie auf dem grünen Rasen Bälle schlagen will, dem bietet die Barbados Academy of Golf in Christ Church Möglichkeiten zum Abschlagen des weißen Balles auf einer Driving Range und im Mini-Golf-Parcours. Weitere Infos zum Golfen auf Barbados unter www.barbados.org/golf.

➤ Medien

Die lokalen Zeitungen „The Advocate", „The Sunday Advocate" und „The Nation" haben vor allem nationale Themen zum Inhalt. Internationale Presse ist problemlos erhältlich. Touristen-Zeitungen und Insel-Magazine liegen in den Hotels aus, darunter der vierzehntägig erscheinende „Sun Seeker", der „Visitor" und das jährlich erscheinende „In and Out", das vom Tourismusbüro herausgegeben wird.

Die meisten lokalen Sender können Sie auf UKW empfangen, CBC Radio und Starcom Gospel auf Mittelwelle. Außer einem Lokalsender empfängt man auf der Insel über die allgemein übliche Satellitenschüssel jede Menge US-Sender.

➤ Nightlife/Entertainment

Im Gegensatz zu den meisten anderen Antilleninseln bietet Barbados ein lebhaftes Abendprogramm und Nachtleben. Durch weltweit anerkannte Restaurants mit ausgezeichneter heimischer und internationaler Küche, zahlreiche renommierte Nightclubs, Pubs, Open-Air-Bars mit Livemusik, Dinner-Shows und Party-Cruises wird das ganze Jahr über Entertainment geboten. Die meisten Clubs nehmen um die 12.50 US$ Eintritt (je nach Getränke-Voucher wird es mehr oder weniger). In vielen Clubs gibt es Livemusik, die meist gegen Mitternacht beginnt und um 4 Uhr morgens aufhört.

In **St. Laurent Gap** *vergnügen sich auch die Einheimischen. Hier finden Sie ein lebhaftes Nachtleben, eine breite Musikszene und viele gute Clubs: „After Dark", hier gehen auch viele Bajans hin, oftmals Livemusik. Ins „Hotel Time Out at the Gap" steigen viele bekann-*

te Jazz-Musiker ab, im Open-Air-Club „Reggae Lounge" wird bis in die frühen Morgenstunden unter Sternenhimmel zu Reggae, Calypso, Rhythm and Blues u. a. getanzt; „The Ship Inn" bezeichnet sich selbst als „The Original Pub", DJs und Live-Bands wechseln sich hier ab.

Beliebt sind auch die **Party-Schiffe**, *auf denen ordentlich der Alkohol fließt: „Jolly Roger", Tag- und Nachtfahrten (vier Stunden) mit einer Mahlzeit, Musik, Tanz, ca. 55 US$ für eine Fahrt mit Essen; Harbour Master Cruises (www.tallshipscruises.com), auf vier Decks gibt es auf dem 100 Fuß langen, 40 Fuß breiten Schiff Animation pur, dabei können Sie direkt vom Strand über einen kurzen mobilen Steg zur Party und Dinner-Show gelangen.*

➤ Öffnungszeiten

- **Geschäfte:** *Mo-Fr 8-16 Uhr, Sa 8-12/13 Uhr*
- **Supermärkte** *meistens bis 18 Uhr, teilweise bis 20 Uhr*
- **Banken:** *Mo-Do 8-15 Uhr, Fr 8-13 und 15-17 Uhr geöffnet*
- **normale Postämter:** *Mo-Fr 8-12 und 13-15.15 Uhr*

➤ Post

Postämter sind in jedem größeren Ort und im Flughafen zu finden. Am längsten ist das General Post Office, ☏ 246-436-4800, Cheapside, Bridgetown, geöffnet: täglich 7-17 Uhr. Briefmarken werden außer in Postämtern auch in Geschäften und an Hotelrezeptionen verkauft. Am Sonderschalter des Philatelic Bureau der Hauptpost bekommen Sie Sondermarken oder Ersttagsbriefe.

➤ Preisniveau

Für karibische Verhältnisse ist das Preisniveau von Barbados als moderat bis ziemlich teuer einzustufen.

➤ Souvenirs

Auf Barbados gibt es eine Vielzahl heimischer Künstler, aber auch aus Europa und Amerika haben sich hier viele unter der Sonne der Karibik ein Atelier eingerichtet. Bei der Vielzahl der Kunstwerke und Kunsthandwerksstücke fällt die Auswahl eines Souvenirs oft schwer. Eine erste Orientierung, was die Insel an Kunsthandwerk zu bieten hat, bekommen Sie am besten im **Pelican Craft Center** *am Princess Alice Highway bei Bridgetown. Hier finden Sie qualitativ hochwertige, aber auch nicht ganz billige Waren, angefangen bei Flechtarbeiten aller Art (Strohhüte, Körbe, Matten, Taschen) bis Schmuck, Malereien, Schnitz- und Tonarbeiten.*

Besonders schöne Töpferarbeiten gibt es in **The Potter's House**, *Edghill Heights, 2, St. Thomas, direkt neben der Earthworks Pottery (☏ 246-425-0223, www.barbados.org/shops/earthworks). Bilder von karibischen Künstlern aus Guyana, Jamaika, Haiti, Antigua, Granada, Trinidad oder St. Kitts und Nevis stehen in Speightstown, St. Peter in der* **Galerie of Caribbean Art**, *☏ 246-419-0858, in* **Mangos's Fine Art Gallery** *(☏ 246-422-0704, www.mangosart.com).*

Ein besonders buntes Kaleidoskop heimischer Kunstwerke – ob surrealistisch, fotorealistisch, impressionistisch, kubistisch, naiv etc. – bietet der seit über 40 Jahren bestehende **Barbados Arts Council**, *Pelican Craft Village, ☏ 246-426-4385 (zwischen Bridgetown* *und Hafen am Trevor´s Way gelegen). Über 300 Künstler sind Mitglied in dem nicht auf Profit ausgerichteten Kunstrat, der sich auf die Fahnen geschrieben hat, neue Künstler zu entdecken und zu fördern.*

➤ Sport

Da zu Wasser, zu Land und in der Luft ideale Bedingungen herrschen, die Bajans zudem sehr sportbegeistert und aktiv sind, gibt es fast keinen Sport, der auf Barbados nicht ausgeübt würde. Besonders reizvoll sind natürlich alle Sportarten, die mit dem marine- bis türkisblauen Karibischen Meer und mit dem stürmischeren Atlantik zu tun haben.

Über Cricket, Fußball, Hockey, Bridge, Domino- und Dame-Spiele, Gymnastik, Reiten, Pferderennen, Polo, Wasserpolo, Joggingstrecken etc. gibt auch der National Sport Council, Blenheim, St. Michael, ☏ 246-436-6127, Auskunft.

Wer lieber beim Sport zuschauen mag, kann das beim Barbados Run/Barbados Marathon Anfang Dezember (www.runnerschois.com) tun sowie bei Cricket, Pferderennen und Polo auf der Garrison Savannah und bei Rugby-Spielen. Das beliebteste Tischspiel, fast schon eine nationale Leidenschaft, ist Domino, dicht gefolgt von Dame.

Wassersport

Ob Wasserski, Windsurfen oder Schnorcheln, Hobbie Cat-Segeln oder Tauchen, Parasailing oder einfach nur Baden – alles ist möglich. Interessant sind auch Touren über und unter Wasser mit Glasbodenbooten, Segelyachten, Katamaranen oder in U-Booten. Motor- und Segelboote können gechartert werden bei Tall Ships Inc., ☏ 246-430-0900.

Zum Windsurfen und Wellenreiten herrschen wegen der ständig wehenden Passatwinde immer gute Bedingungen. Nicht zufällig wurden vor der Südküste schon einmal die Mistral-Weltmeisterschaften ausgetragen Das Mekka für Windsurfer und Wellenreiter *liegt im Osten an der Küste von Bathsheba. An der rauen Atlantikküste wird wegen der hohen Dünung jedes Jahr im November die Barbados Open Independent Surfing Championship veranstaltet. Hunderte von Weltklassesurfern treten bei diesem Wettbewerb an.*

Für Anfänger oder Fortgeschrittene stehen verschiedene Schulen, Clubs oder spezielle Shops zur Verfügung, u. a.:
Barbados Windsurfing Association *in Silver Sands, ☏ 246-428-7277*
The Barbados Surfing Association, *Bathsheba, St. Joseph, ☏ 246-433 9247, www.bsasurf.org*
Weitere gute Adressen *für Surfer sind: www.caribzones.com, www.barbados.org, www.inchcape.net*

Taucher und Schnorchler *werden von den Möglichkeiten, die die Insel bietet, begeistert sein. Neben vielen phantastischen Fischarten und Korallenbänken sind besonders die Schiffswracks interessant.*
Einige Tauchschulen für die, die mit diesem Sport beginnen oder sich weiter üben wollen:
Exploresub Barbados, *St. Lawrence Gap, Christ Church, ☏ 246-435 6542, www.barbados.org*
Reefers and Wreckers, *King's Beach Hotel, Road View, St. Peter, ☏ 246-424-6343, ☏/🖷 246-422-5450*

Roger's Scuba Shack, *The Boatyard, Bridgetown, ☏ 246-436-3483, ☏/🖷 246-417-0003, www.rogers-scubashack.com*

Tennis, Squash etc.

Die meisten größeren Hotels verfügen über mindestens einen Tennisplatz *(oft mit Flutlicht). Nicht-Hotelgäste können in diesen Anlagen meist gegen eine geringe Gebühr spielen, ansonsten gibt es auch öffentliche Plätze, z. B. im Folkestone Park in Holetown.*

Auch für Squash*-Spieler stehen mehrere Anlagen zur Verfügung. Da sich die wenig gebirgige Insel zum Fahrradfahren anbietet, ist das Mieten von Fahrrädern ebenfalls in vielen Hotels und bei privaten Verleihern möglich.*

Auf Freunde des Reitsports *warten acht Reitschulen im Landesinnern, u. a. Old Congo Road Stables (☏ 246-432-6180) in St. Philip und Brighton Stables in St. Michael (☏ 246-425-9381).*

Wanderer *schließlich können Trassen der ehemaligen Zucker-Eisenbahn nutzen oder sich auf gut 65 Kilometern markierter Wege im östlichen Teil der Landesnatur nähern. Die Naturschutz-Organisation Barbados National Trust Wildey House, St. Michael (☏ 246-436-9033) gibt Informationen zu Wandermöglichkeiten und bietet geführte Touren an.*

➤ Sprache

Die offizielle Landessprache ist Englisch, wobei die Einheimischen das Bajan, einen schwer verständlichen Dialekt mit kreolischen Elementen, sprechen.

➤ Strände

Der touristische Beiname „Platinküste" verweist darauf, dass die ganze Insel von einem fast ununterbrochenen, 110 km langen Kranz paradiesischer, weißer Sandstrände *umgeben ist. Während die West- und Südküste zum Baden, Tauchen und Surfen völlig gefahrlos sind, hat die Ostküste wegen starker Unterwasserströmungen und Brandung ihre Tücken. Achten Sie darauf, dass Sie immer festen Boden unter den Füßen haben. Beachten Sie dazu auch unbedingt die Hinweistafeln auf den einzelnen Strandabschnitten. FKK ist auf Barbados nicht gestattet. Kleine bis mittelgroße Wellen an den meisten Stränden machen die Bedingungen zum Tauchen und Windsurfen ideal.*

Eine Auswahl der zahlreichen Strände

- **Carlisle Bay**: nur wenige Minuten von Bridgetown entfernt, beliebter Ankerplatz für viele Yachten, umfassende Strand-Infrastruktur mit Sonnenschirmen, Snackbars, Animation
- **Accra Beach**: in der Nähe von Rockley, Highway 7, sehr frequentiert, zahlreiche Wassersportmöglichkeiten, viele Strandbars und -restaurants in der Nähe, Strandausrüstung zu mieten
- **Sandy Beach**: in der Nähe von Worthing, Strand mit Lagune, ideal für Familien mit kleinen Kindern, Strandausrüstung kann gemietet werden, Strandbars und -restaurants

- **Casuarina Beach**: lang gezogener, breiter Strand, Zugang von der Maxwell Coast Road oder vom Casuarina Beach Hotel
- **Miami Beach und Silver Rock Beach**: weiße Sandstrände, gute Bedingungen zum Windsurfen
- **Foul Bay**: 500 m südlich von „The Crane Beach Hotel" gelegen, Zugang beim Hinweisschild „Public Access to Foul Bay Beach"; lang gezogener und breiter Strand
- **Crane Beach**: Felsen, Dünen, türkisfarbenes Wasser und ein ins Rosa gehender Farbton des Sandes dominieren den Strand, an dem immer eine leichte Brise weht; gut für Wellenreiter
- **Bottom Bay**: Südküste, Karibik wie aus dem Bilderbuch, Kokosnusspalmen, kleine Höhle, weißer Sandstrand, eine ordentliche Brise, hellblaues Wasser, schöner Picknickplatz
- **Bathsheba**: Ostküste, die zerklüftete Landschaft bietet eine schöne Kulisse

➤ Strom
Die Stromspannung beträgt 110 V, 50 Hz. Ein Adapter ist erforderlich. Man kann sich diesen aber in den meisten großen Hotels an der Rezeption ausleihen.

➤ Telefonieren
Barbados erreichen Sie mit der internationalen Vorwahl 001-246. In Barbados erreichen Sie Deutschland unter der Nummer 011-49, Österreich unter 011-43 und die Schweiz unter 011-41 – dann wählen Sie die Vorwahl ohne die erste Null.

➤ Veranstaltungen
In Barbados finden das ganze Jahr über zahlreiche Veranstaltungen statt. Besonders beliebt sind:
das **Caribbean Jazz Festival** *im Januar, mit Jazz-Gruppen aus Barbados und der ganzen Karibik, oft mit lateinamerikanischen oder Reggae-Elementen (www.barbadosjazzfestival.com);*
das **Oistins Fish Festival** *im April, mit Ausstellungen zur Fischindustrie, Angeltouren und -wettbewerben, Bootsrennen, Aktionen der Küstenwache, Foodmarket etc.;*
das **Congaline Street Festival** *im Mai, ein Straßenfest;*
das **Crop Over Festival** *im Juli/August zum Ende der Zuckerrohrernte: Das Highlight der Festsaison wird auf der ganzen Insel mit Kostümparaden, Calypsomusik, Steelbands, Märkten mit Snacks, Getränken und Kunsthandwerk etc. gefeiert;*
*der bekannte Marathonlauf „***Run Barbados***" im Dezember.*

Darüber hinaus gibt es Mitte bis Ende Februar das **Holetown Festival** *zur Erinnerung an die Ankunft der ersten Siedler im Jahre 1627 mit Paraden, Straßenzügen, Musikfestival u. v. m. sowie unmittelbar vor dem Unabhängigkeitstag am 30. November das* **National Independence Festival of Creative Arts**, *ein Festival mit Show, Tänzen, Musik, Kunstausstellungen etc.*

Barbados verfügt zudem auch über ein interessantes Nachtleben, das sich vorwiegend auf den Bezirk am St. Lawrence Gap konzentriert – von der Open-Air-Disko über gemütliche einheimische Rumshops mit Karaoke-Darbietungen bis hin zu den beliebten Dinner-Shows, hat Barbados für jeden Geschmack etwas zu bieten. Einen genauen Veranstaltungskalender gibt es im Internet unter www.barbados.org.

➤ Verkehrsmittel

Mit einer Gesamtlänge von über 1.300 km asphaltierter Straßen ist das Verkehrsnetz gut ausgebaut. Es herrscht Linksverkehr, die Beschilderung entspricht international üblichem Standard. Innerhalb von Ortschaften darf nicht schneller als 35 km/h (21 mph), außerhalb nicht schneller als 60 km/h (37 mph) gefahren werden. Im Ballungsgebiet von Bridgetown kommt es oft zu Staus und Problemen bei der Parkplatzsuche.

Mit dem Bus kann man gut auf Barbados reisen

Jeder Teil der Insel ist bequem mit dem öffentlichen Transportsystem zu erreichen. Ein **regelmäßiger öffentlicher Busverkehr** *verbindet Bridgetown mit allen Teilen der Insel, wobei die Hauptstadt als zentraler Knotenpunkt fast immer angefahren wird. Busse erkennt man an der blauen Farbe mit gelbem Streifen, das Fahrtziel ist an der Windschutzscheibe angeschrieben.*

Die zahlreichen **Taxis**, *die am Buchstaben „Z“ auf dem Nummernschild und an den Leuchtsymbolen auf dem Autodach leicht zu erkennen sind, fahren bis spät in die Nacht. Sie haben keinen Taxameter. Die Fahrpreise sind gesetzlich festgelegt, es empfiehlt sich jedoch, den Endpreis vom Fahrer bestätigen zu lassen bzw. zu vereinbaren. Neben den normalen Taxis gibt es sogenannte* **Routentaxis**, *die auf einer festgelegten Strecke fahren und die man per Handzeichen anhält. Man erkennt sie an der Kombination „ZR“ auf dem Nummernschild.*

Für eine Tagestour mit sehr kompetenter und liebenswerter Führung empfehlen wir den **Taxifahrer Emerson Clarke**. *Er weiß nicht nur die interessantesten Geschichten über Barbados, sondern spricht zudem auch ein sehr gut verständliches Englisch, ist zuvorkommend und zuverlässig. Kontakt: Taxi Service, 34 Clapham Park, St. Michael, ☏ 246-228-6192 und mobil 246-230-1986.*

Bei **Mietwagen** *benötigen ausländische Fahrer eine lokale Fahrerlaubnis (***local driving license***), die Sie im Flughafen, bei den Polizeidienststellen oder verschiedenen Mietwagenfirmen bekommen. Es gibt Dutzende von verschiedenen Firmen, die meisten davon sind auch am Flughafen vertreten und bieten alle üblichen Wagen-Kategorien an. Sehr beliebt sind die* **Mini Mokes***: kleine, offene Fahrzeuge. Fahrräder und Motor-Scooter sind oftmals auch im Angebot. Eine kleine Auswahl:*

National Car Rentals, ☏ 246-426-0603
P&S Car Rentals, ☏ 246-424-2052
Sunny Isle Motors Ltd., ☏ 246-435-7979
Wander Auto Rentals & Taxi Services Inc., ☏ 246-435-4813

➤ Währung
Die Währung ist der Barbados-Dollar, der an den US-Dollar gebunden ist (1 US$ = 1,98 BDS$). Alle gängigen Kreditkarten werden überall auf der Insel akzeptiert.

➤ Yachthäfen und Ankerplätze (Auswahl)
• *Bridgetown* • *Carlisle Bay* • *Port St. James*

Die Südküste: zwischen Flughafen und Bridgetown

Wenn Sie auf dem **Grantley Adams International Airport** zum ersten Mal den Landesboden betreten, haben Sie vielleicht schon ein gutes Stück Ihres Urlaubszieles aus der Luft gesehen: Meist fliegen die Piloten von Süden auf die Küste zu und daran entlang, wobei linker Hand die weißen Strände zwischen Silver Sands und der Carlisle Bay mit ihrer fast ununterbrochenen Reihe von Hotels zu erkennen sind.

Der moderne Flughafen trägt seinen Namen nach **Sir Grantley Adams**, jener herausragenden Persönlichkeit, die vor der Unabhängigkeit das politische Leben bestimmte und die Partei „Barbados Progressive League" führte. Sein Sohn *Tom Adams* wurde übrigens 1976 Staatschef und hatte dieses Amt bis zu seinem Tod im Jahre 1985 inne.

Neben den im luftigen Außenbereich angesiedelten Check-in-Schaltern befindet sich die **Barbados Concorde Experience**, ein Gelände mit einem 2.600 Quadratmeter großen Hangar, in dem eine Concorde-Maschine der British Airways seit 2007 von einer Plattform aus besichtigt werden kann. Die Maschine überflog im November 2003 als letztes Flugzeug den Atlantik in weniger als vier Stunden. Multimedia Shows, ein Flugsimulator und eine virtuellen Flugschule vermitteln Live-Erlebnisse eines Concorde-Fluges.

Letzte aktive Concorde

Barbados Concorde Experience, *Öffnungszeiten: täglich 9-18 Uhr; ☏ 246-418-4242.*

Vom Flughafen führt der **Tom Adams Highway** über den Henry-Ford-Kreisverkehr zum **Highway 7**, der küstennah zur Hauptstadt führt. Wer vorab einen Blick aufs Strandleben werfen möchte oder zur nahe gelegenen Unterkunft an die südlichste Inselspitze fahren muss, nimmt noch vor dem Kreisverkehr ab **Pilgrim Place** eine der kleinen Landstraßen in Richtung Süden. So gelangen Sie zu den Badestränden Woman's Bay, Little Bay, Bottom Bay, Long Bay und Silver Sands Beach. Die schnelle Alternative nach Bridgetown führt über den Tom Adams Highway.

Am Miami Beach treffen sich die Einheimischen

In St. Lawrence befinden sich viele Restaurants und Pubs

Das Kap **South Point** ganz im Süden ist am Leuchtturm zu erkennen, der am Ende einer Sackgasse oberhalb eines kleinen Villengebietes liegt. Zum Westen hin gelangt man über die Enterprise Road zum offiziell gleichnamigen Strand, der aber unter dem Namen **Miami-Beach** bekannt ist. Und für den man – als gäbe es nicht genug natürliche Strände auf der Insel – die Klippen weggesprengt hat. In Oistins an der Cotton House Bay kommt man wieder auf den Highway 7.

Wer vom Flughafen aus auf diesen Abstecher verzichten möchte, passiert auf dem Highway in Sichtweite die burgähnliche Gemeindekirche **Christ Church**, die dem Verwaltungsbezirk den Namen gibt. Sollten Sie in einheimischer Begleitung sein, wird man Ihnen sicher eine der mysteriösen Geschichten erzählen, die sich um diese Kirche ranken. Vor allem die Gruft *Chase Vault (Mystery Vault)* auf dem Friedhof war und ist Gegenstand schauriger Geschichten über wandernde Särge und andere übernatürliche Erscheinungen, diese werden sogar wissenschaftlich untersucht. Da die meisten Bajans an diese Geschichten glauben und sie sehr ernst nehmen, sollten Sie sich nicht darüber lustig machen.

Entlang der Strände der Südküste

Der nächstgelegene Ort ist das zentrale Fischerdorf **Oistins**, dem man seine historische Bedeutung nicht mehr ansieht. Hier war es, wo Truppen *Oliver Cromwells* an Land gingen und die königstreuen Barbadians zur Kapitulation zwangen. Im heute nicht mehr existierenden „Ye Mermaid's Inn" mussten sie 1652 die „Charta von Barbados" unterzeichnen, die sie zu unbedingtem Gehorsam dem Londoner Parlament gegenüber verpflichtete.

Besucher des Ortes können mit etwas Glück den Stapellauf eines neu gebauten Holzbootes miterleben. Oft sieht man auch heimkehrende Fischer mit einem besonders prächtigen Fang, der anschließend auf den großen und viel besuchten Fischmarkt von Oistins wandert. Probieren sollten Sie den Fisch am Freitagabend, wenn sich das Fischerdorf ins liebste Ausgehziel der Einheimischen verwandelt. Gut und – im Vergleich zum teuren Restaurant-Essen – günstig ist eigentlich unbesehen der *Catch of the day*, der bei dem einen oder anderen Fischer aus der Inselspezialität „Fliegender Fisch" besteht. Wenn alle Bänke für den Verzehr belegt sind, findet sich zumeist am weißen Sandstrand hinter den neuen bunten Buden noch ein Plätzchen.

Auf der Weiterfahrt von Oistins kommt man nun in das Gebiet der Insel, das am besten touristisch erschlossen ist. Zunächst geht es von der Hauptstraße in die **Maxwell Coast Road** ab, die zum Maxwell Beach mit seinen Dutzenden Hotels, Pensionen und Restaurants führt. Der Strand ist hier breiter als weiter westlich, die Dünung oft höher und insgesamt geht's etwas ruhiger zu. Zurück auf dem Highway

INFO

Fliegende Fische

Der vierflügelige Typ des Flying Fish (wissenschaftlich: *Atlantischer Kinnbartel-Flugfisch* oder *Cypselurus heterurus*) stammt aus der Klasse der Knochenfische und besitzt vergrößerte Flossen, die sich zu „Tragflächen“ ausgebildet haben. Trotz der Länge der zurückgelegten Strecken ist die Bezeichnung „fliegender Fisch“ eigentlich falsch, da er nicht wie ein Vogel mit seinen Schwingen schlägt. Es ist vielmehr ein Gleitflug, der bei günstigen Windverhältnissen bis zu 90 m betragen und zehn Sekunden dauern kann.

Der Fisch jagt, durch schnelle Schläge der unteren verlängerten Schwanzflossen unterstützt, **mit großer Geschwindigkeit durchs Wasser**, durchbricht dann die Wasseroberfläche und schwebt über der See dahin. Sein häufiges Vorkommen in den Gewässern von Barbados hat ihn zu einer Art nationalem Symbol werden lassen, dem man nicht nur auf den Speisekarten der Restaurants begegnet, sondern auch vielgestaltig als Logo oder zu Werbezwecken.

7 bringt einen die nächste Abzweigung (Dover Road) zum **St. Lawrence Gap**, die für ihre Restaurants und Bars bekannte Amüsiermeile, sowie zum **Dover Beach**, der in den Küstenstreifen von **St. Lawrence** übergeht.

Wer allerdings weder die Südküstenstrände noch die Hauptstadt besuchen möchte, biegt kurz nach der Dover Road vom Highway rechts auf die autobahnähnliche Umgehungsstraße (Bypass) ab, die **zur Westküste** (S. 381) führt.

St. Lawrence Beach

Ob Sie nun St. Lawrence Beach und Rockley Beach als die „**Riviera von Barbados**“ bezeichnen oder nicht: Fest steht, dass die von Kasuarinen gesäumten Strände einen Vergleich nicht scheuen müssen, so wenig wie die touristische Infrastruktur. Die weißen Sandflächen sind gut besucht, jedoch niemals gedrängt voll, und zwischen den hoteleigenen Liegestühlen bleibt immer reichlich Platz. Jugendliche spielen Volleyball, sitzen in Gruppen um CD-Spieler oder machen selbst Musik, und Verkäufer versuchen, ihre Ware (meist Textilien und Souvenirs) an die Kunden zu bringen. Abends gehört der Strand den Romantikern, die beim phantastischen Farbenspiel des Sonnenuntergangs träumen können. Dahinter liegen an der schmalen Küstenstraße die Hotels wie Perlen aneinandergereiht, gut Hundert Anlagen, Pensionen und Gästehäuser. Einige sind, samt ihren Swimmingpools, architektonisch sehr gelungen, andere eher langweilig (aber selten störend), und immer finden sich in den tropischen Gartenanlagen der Hotels einige Palmen, die die Dächer überragen. Dementsprechend ist auch das Angebot an **Restaurants, Schnellimbissen und Kneipen** breit gefächert, und bei einem normal bemessenen Urlaub fällt es nicht schwer, jeden Abend woanders zu dinieren. Im **Graeme Hall Nature Sanctuary** lassen sich in einer grünen Oase Vogelwelt und Flora der Karibik in Ruhe genießen.

Touristisches Ballungsgebiet

Graeme Hall Nature Sanctuary, *Worthing (Christ Church), kurz vor der Verbindungsstraße zum Errol Barrow Highway Richtung Westküste; Öffnungszeiten: tägl. 10-17 Uhr, letzter Einlass: 16 Uhr; ☏ 246-435-9727, www.graemehall.com.*

Rockley Beach

Rockley Beach

Der Rockley Beach schließt sich direkt an den St. Lawrence Beach an und hat eine ähnlich traumhafte Atmosphäre. Die beliebte Badebucht war einst der Strand des Bischofs, während sich heute das Badeleben säkularer und lebhafter entwickelt. In der Luft liegt der Duft von Sonnencremes und Schnellimbiss-Restaurants, doch ist man auch hier von mediterranen Zuständen à la Mallorca weit entfernt.

Wieder auf dem Highway, ist man bereits in den Außenbezirken der Hauptstadt, deren erste Highlights in der großen Grünanlage der Garrison Savannah und mehreren historischen Gebäuden zu sehen sind. Nachdem man die Garrison Savannah passiert hat, kann man sofort anschließend nach links zum letzten Punkt der Südküste, Needham's Point, abbiegen.

Needham's Point

Beliebte Badebucht

Auf beiden Seiten der weit ins Meer ragenden Landzunge, die die Südküste von der Carlisle Bay trennt, gibt es schöne Sandstrände, die z.T. künstlich aufgeschüttet worden sind. Mehrere Hotel-Anlagen sorgen für touristische Akzente und stehen in architektonischer Konkurrenz zum Leuchtturm. Weiter kann Needham's Point aber auch mit kulturhistorischen Sehenswürdigkeiten aufwarten, so mit den Überresten des Fort Charles aus dem 17./18. Jahrhundert und vor allem mit dem schönen Militärfriedhof (*Military Cemetery*).

Reisepraktische Informationen zum Süden

Unterkunft (Karte s. S. 258)

Hilton Barbados $$$$$, *(1), Needham's Point, St. Michael, ☏ 246-426-0200, 🖷 246-434-5770, www.hiltoncaribbean.com. Das neue Hilton liegt in exponierter Lage umgeben von weißen Sandstränden auf der Halbinsel von Needham's Point, fünf Minuten von Bridgetown entfernt. Auf beiden Seiten der weit ins Meer ragenden Landzunge, die die Südküste von der Carlisle Bay trennt, gibt es schöne Sandstrände. Das Hotel verfügt über 350 Zimmer von denen 77 Zimmer sowohl den Blick auf die Karibische See wie auch auf die Küstenlandschaft freigeben und 33 als Suiten hergerichtet sind. Alle Zimmer verfügen über modernste Medien und Office-Systeme.*

Accra Beach Hotel $$$$, *(2), Rockley, ☏ 246-435-8920, 🖷 246-435-6794, www.accrabeachhotel.com. Das Hotel ist von Architektur, Lage und Ausstattung sehr* *attraktiv. Alle 224 Gästezimmer sind elegant eingerichtet, verfügen über eigenes Badezimmer und Klimaanlage. 47 Zimmer bieten vom Balkon über die groß angelegte Swimmingpool-Anlage mit Pool-Bar einen wunderbaren Ausblick zwischen den Palmen hindurch auf Strand und Meer. 24 Luxus-Suiten liegen direkt zum Strand hin. Der Strandabschnitt vor dem Hotelgarten wird tagsüber von Rettungsschwimmern überwacht und bietet so nicht nur auf hoteleigenen Liegen Sonnen-, sondern auch sicheres Badevergnügen in den zum Teil recht hohen Wellen. Wem das als sportliche Betätigung bzw. Entspannung nicht reicht, der kann sich im Fitness-Center betätigen oder im Spa „Chakra" verwöhnen lassen. Abends bietet das Restaurant „Coco Patch" karibische Küche. Das „Wytukai"-Restaurant, das einzige polynesische Restaurant der Insel, bietet neben authentischer Küche auch regelmäßig Livemusik. Wer darüber hinaus Nightlife und Entertainment sucht, kann zu Fuß die beliebtesten Spots vom Accra Beach erreichen. Direkt gegenüber liegt ein kleines Shoppingzentrum.*

Abbeville Hotel $, *(***3***), Rockley, ☏ 246-435-7924, abbeville@sunbeach.net. Die Zimmer des motelartigen Hotels sind einfach und nicht auf dem modernsten Standard. Dennoch macht die Anlage um einen schönen Platz mit zentraler Bar einen für den Preis sympathischen Eindruck.*

Melrose Beach Apartments $, *(***4***), Worthing, Christ Church, ☏ 246 -435-7985/6, 🖷 246-435-7984, www.barbados.org. 15 Minuten vom Flughafen und Bridgetown entfernt gelegen, zwei Minuten Fußweg zum schönen Sandy Beach, zehn Minuten zum Accra Beach und fünf Minuten Fußweg zum St. Lawrence Gap, wo Sie auch Nightclubs und Restaurants finden. 14 Apartments mit einem Doppelbett, AC, Kitchenette, Bad/Dusche; Supermärkte, Banken in der Nähe; gegenüber liegt eine Bar/Snackbar.*

Cleverdale Guesthouse $, *(***5***), Worthing, Christ Church, ☏ 246-428-1035, www.barbados-rentals.com. Das Gästehaus steht unter deutscher Leitung, liegt ca. 15 Meter vom Strand und dem Sandy Beach Hotel entfernt und verfügt über fünf Schlafzimmer, einen Frühstückraum, eine Gemeinschaftsküche und zwei Badezimmer. Alle Schlafzimmer sind einfach eingerichtet, haben einen Ventilator, Insektenschutz an den Fenstern und teilweise ein Waschbecken.*

The Savannah Hotel $$$$$, *(***6***), Hastings, Christ Church, ☏ 246-228-3800, 🖷 246-288-4385; www.gemsbarbados.com. Unweit des historischen Garrison Savannah-Gebietes liegt das kleine Luxushotel mit 88 Zimmern und drei Suiten, wunderschön mit antiken Möbeln und modernem Komfort (Klimaanlage/TV) eingerichtet. Restaurants, Bars, Pool und direkter Strandzugang, viele Sportmöglichkeiten; Sonderkonditionen für Golfplatzbenutzung.*

Golden Sands $-$$$, *(***7***), Maxwell, Christ Church, ☏ 246-428-8051, 🖷 246-428-3897, www.goldensandshotel.com. Liegt genau zwischen Bridgetown und Flughafen, jeweils 8,5 Kilometer entfernt. Restaurants, Geschäfte, Nachtclubs und Banken in unmittelbarer Nähe. Swimmingpool. Der namengebende Golden Sand Strand liegt an der gegenüberliegenden Straßenseite.*

Silver Sands Resort $$$$$, *(***8***), Silver Sands Beach, Christ Church, ☏ 246-428-6001, 🖷 246-428-3687, www.silversandsbarbados.com. Direkt am Silver Sands Beach an der Südspitze der Insel liegt die Anlage mit 70 Zimmern und Luxus-Suite. Open-Air-Restaurant mit Meerblick, Bars, Pool. Der Küstenabschnitt ist bei Surfern sehr beliebt.*

Essen und Trinken

Bubba's Sport Bar, *☏ 246-435-6217. Die Bar liegt direkt gegenüber dem Accra's Beach Hotel. Hier wird mehr Wert auf Unterhaltung bei Live-Übertragungen im Fernsehen denn auf gutes Essen gelegt, obwohl die Burger, Sandwiches und Huhngerichte nicht schlecht sind.*

Carib Beach Bar *liegt gleich neben dem Gästehaus Crystal Waters. Von 11.30 Uhr bis 22 Uhr ist hier immer etwas los. Vor allem während der Happy Hour zwischen 17 und 18 Uhr. Neben einem Drink kann man hier auch noch recht günstig* **Chicken Wings** *und* **Fishcakes** *essen.*
David´s Place, *St. Lawrence Main Road, Worthing, Christ Church, ☏ 246-435-9755; www.davidsplacebarbados.com; direkt an der quirligen St. Lawrence Bay gelegen; romantisches Ambiente mit klassischer Musik, Kerzenschein und Wasserplätschern; bekannt für seine gute „authentic Barbadian Cuisine".*
Josef's Restaurant, *St. Lawrence Gap, Christ Church, ☏ 246-435-8245. Elegantes Restaurant mit Terrasse direkt am Meer, das einen phantastischen Blick auf die türkisfarbene Karibische See bietet. Internationale Küche mit sehr guten landestypischen Fischgerichten und einer sehr gute Weinkarte.*
Pisces, *St. Lawrence Gap, Christ Church, ☏ 246-435-6564. Das schön, direkt am Meer gelegene Restaurant gehört der gehobenen Kategorie an und verfügt über eine sehr gute Küche (karibische Fischspezialitäten) und einen perfekten Service.*
After Dark, *St. Lawrence Gap, Tel 246-435-6547. Das After Dark gehört zu den Clubs, wo es erst spät am Abend auf der Tanzfläche bei lauter Discomusik hoch her geht. Die 30 Meter lange Bar behauptet von sich, jeden gewünschten Drink servieren zu können.*
The Bay Gardens, *Oistens Market. Täglich 17.30-22 Uhr geöffnet. Am Freitagabend hierher zu gehen und an einem der rund 20 Fischbuden eines der günstigen und frisch zubereiteten Fischgerichte zu essen und dabei Karaoke-Songs zu hören, ist ein Muss bei einem Inselbesuch.*

Die Hauptstadt: Bridgetown

Careenage in Bridgetown

Bridgetown ist nicht nur das politische und administrative Zentrum der Insel, sondern auch deren größtes Ballungsgebiet mit mehr als 100.000 Einwohnern (einschließlich der Vororte). Als zweiter Ort auf Barbados wurde Bridgetown von einer Siedlergruppe, die der *Earl of Carlisle* geschickt hatte, 1628 gegründet. Während die weit geschwungene Bucht nach dem Initiator dieser Expedition benannt wurde, hat die Stadt selbst ihren Namen nach einer damals vorgefundenen Brücke über den Constitution River, die nur von den indianischen Ureinwohnern angelegt sein konnte. Mit dem Aufschwung der Kolonie wurde die Bucht von Carlisle ein Anlaufhafen für Schiffe aus aller Welt, die 300 Jahre lang die schmale, innere Bucht der Careenage, den heutigen Yachthafen, aufsuchten.

Um der steigenden Zahl größerer Schiffe (Fracht- und Kreuzfahrtschiffe) adäquate Möglichkeiten zu bieten, wurde in den 1960ern etwas weiter nördlich der heutige Deep Water Harbour konstruiert. Für Besucher ist die Stadt wegen ihrer vielen historischen Gebäude sehenswert, die Sie auf einem Rundgang kennen lernen sollten, darüber hinaus aber auch wegen ausgezeichneter Einkaufsmöglichkeiten und einem turbulenten Nachtleben. Schließlich bietet Bridgetown, die nicht nur als sauberste, sondern auch als sicherste Hafenstadt in der Karibik gilt, ein interessantes Ambiente, in dem der englische Einfluss – sichtbar an bedeutenden Bauwerken britischer Kolonialarchitektur wie den Parliament Buildings, dem alten Barbados Mutual Buil-

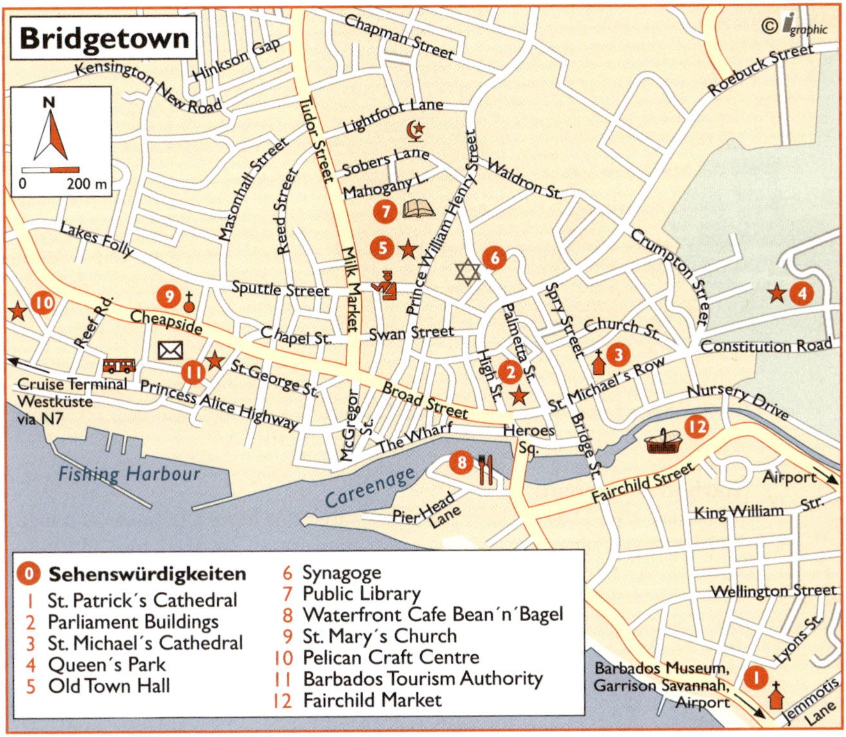

ding, der St. Michael's Cathedral, der Anlage des Harrison College und der St. Anne's Garrison – mit typisch karibischem Flair harmoniert.

Südlicher Stadtrand

Bevor Sie vom Süden auf dem Highway 7 nach Bridgetown fahren, geht es ca. zwei Kilometer vor dem Stadtrand zum eigentlichen Zentrum von Bridgetown und zu einer äußerst sehenswerten Anlage aus der militärischen Vergangenheit: zur **Garrison Savannah.** Am ehemaligen Paradeplatz der Garnison steht eine Vielzahl historischer Gebäude.

Garrison Savannah

Das große, parkähnliche Gelände liegt rechter Hand des Highways, aber auch auf der anderen Straßenseite sind zuvor schon etliche ehemalige Baracken und Überreste des alten Forts mit authentischen Kanonen zu sehen. Einige der Gebäude werden immer noch militärisch genutzt, da Barbados eine kleine Freiwilligen-Armee von Männern und Frauen besitzt. Der **alte Paradeplatz**, der von einer ganzen Reihe Kanonen aus verschiedenen Epochen und von unterschiedlicher Größe (sogenann-

Alter Paradeplatz

Das Parlament

tes Kanonen-Museum) umstanden wird, steht seit dem Abzug der Truppen im Jahre 1906 für Erholung und Sport sowie für feierliche Anlässe zur Verfügung. Die **Tradition der Pferderennen**, die früher die Offiziere austrugen, wird heute fortgesetzt, freilich in Zivil. Beachtenswert sind die zwölf vorzüglich erhaltenen, mit Arkaden versehenen Baracken, der alte Uhrenturm (*Guard House*), der Signal Tower und andere Gebäude von St. Ann's Fort. Die Gesamtanlage der Festung geht auf die Regierungszeit von *Königin Anna* (1665-1714) zurück, obwohl nach dem schlimmen Hurrikan von 1831 vieles neu errichtet werden musste.

Barbados Museum

Wo früher etwa 2.000 Soldaten stationiert waren, sind heute z.T. Museen und andere Institutionen untergebracht. Das wichtigste davon ist das **Barbados Museum**. Seine imponierende, zweistöckige Westfassade mit Veranda und mächtiger Kanone lässt kaum darauf schließen, dass hier früher das Militärgefängnis untergebracht war. Der Bau aus dem Jahre 1853 beherbergt sehr sehenswerte Sammlungen, die 400 Jahre Inselgeschichte dokumentieren. Zu sehen sind alte Landkarten und Porträts, indianische Artefakte, Erinnerungen an Sklaverei und Zuckerindustrie, alte Puppen und Spiele, viktorianische Möbel. Sehenswert ist auch die African Gallery, die Daten und Bilder zur Geografie und Geschichte Afrikas liefert und das Erbe des Kontinents an die karibische Gesellschaft verdeutlicht sowie Aufschluss über ihre Zusammensetzung gibt.

Sehenswertes Museum

Barbados Museum, *St. Ann's Garrison, ☎ 246-427-0201, www.barbmuse.org.bb.*

George Washington House and Museum

Auf dem Weg in die Stadt ist kurze Zeit später, schräg gegenüber des Elektrizitätswerkes, das **George Washington House und Museum** beachtenswert. In seinem Bush Hill House lebte der damals 19-jährige *George Washington*, später der erste Präsident der Vereinigten Staaten von Amerika, während seines Aufenthaltes auf der Insel. Er brachte wegen des gesunden Klimas 1751 seinen Bruder *Lawrence* nach Barbados, der an Tuberkulose erkrankt war – und leider später daran starb. Ohne es zu wissen, war *Washington* der erste Tourist der Insel und gab damit den Start für den heute wichtigsten Erwerbszweig.

George Washington als erster Tourist

George Washington House and Museum, *Ecke Bay Street/Chelsea Road, Öffnungszeiten: Mo-Sa 9-15 Uhr, September geschl., ☎ 246-228-5461, www.georgewashingtonhouse.org.*

Weiter geht es über den Highway 7, der jetzt Bay Street heißt, am Yachtclub, Hotels, den Amtsräumen des Premierministers, Kaufhäusern und Büros vorbei, bis zur St. Patrick's Cathedral.

St. Patrick's Cathedral

Die Bischofskirche aus dem Jahre 1840 ist das Zentrum der katholischen Gemeinde, die sich vor allem aus irischen Nachfahren zusammensetzt. Zusammen mit Kingstown (St. Vincent) bildet Bridgetown eine Diözese. Das Gotteshaus ist 1897 durch einen Brand zerstört und später wieder aufgebaut worden.

Stadtzentrum

The Careenage

Der alte Hafen der Stadt ist nach Eröffnung des Deep Sea Harbour nur noch für kleine Fischerboote, Yachten und die Küstenwachtschiffe zugelassen. Früher wurden hier die Segelboote repariert (engl.: *to careen*), was dem Hafen – ebenso wie dem von St. George's auf Grenada – seinen Namen gab. Zu beiden Seiten der Careenage sind die sorgfältig restaurierten, alten Lagerhäuser durch Restaurants, Kneipen und Läden zu neuem Leben erwacht; hier treffen sich Einheimische und Touristen bis weit in die Nacht hinein.

Rundgang durch die Innenstadt

Der beliebteste Treffpunkt ist das **Waterfront Café**, von dem aus wunderbar die an- und ablegenden Schiffe oder die Beamten der Hafenpolizei zu beobachten sind, die in ihren pittoresken, aus *Nelsons* Zeit stammenden Matrosenanzügen mit flachen Strohhüten Dienst tun. Vor allem im November/Dezember ist viel los, wenn die Yachten aus Europa auf ihrem Weg in die Karibik hier ihren ersten Stopp einlegen. Sie bleiben meist über Weihnachten bis Neujahr und segeln dann zu anderen Zielen weiter.

Die zwei Brücken, die auf die nördliche Seite führen, heißen Chamberlain Bridge und O'Neal Bridge, beide ursprünglich aus Holz gebaut und durch Hurrikans und Feuer mehrfach zerstört. Zwischen ihnen erstreckt sich am Südrand des *Inner Basin* der **Independence Square**. Früher als Parkplatz genutzt, wurde er anlässlich des Cricket World Cups 2007 in einen Platz mit Bäumen und Bänken im Schatten der Statue des ersten Premierministers von Barbados, *Errol Walton Barrow,* umgewandelt. Hier treffen sich abends die Einheimischen und lassen sich den einen oder anderen *sundowner* schmecken. Östlich davon findet samstags der turbulente und farbenfrohe **Fairchild** oder **Cheapside Market** statt, die beste Adresse für alle, die karibisches Lokalkolorit hautnah erleben möchten. Der schönste Zugang zur **Chamberlain Bridge**, die 2006 von einer Drehbrücke in eine moderne Zugbrücke umgebaut wurde, führt durch den **Independence Arch**, eine Art Triumphbogen, der 1987 aus Anlass des 21. Jahrestages der Unabhängigkeit errichtet wurde.

Die Chamberlain Bridge

National Heroes Square (Trafalgar Square)

Am Nordufer betritt man dann den imposanten und immer noch als **Trafalgar Square** bekannten National Heroes Square (1999 umbenannt) mit den wichtigsten und sehenswertesten Baudenkmälern der Stadt. Dominiert wird er vom interessanten Komplex der Public Buildings, 1871-74 ausgeführt, die z. B. die beiden neugotischen **Häuser des Parlaments** (*House of Assembly* und *Senate Chamber*) umfassen, die drittältesten des Commonwealth, mit schönen Glasfenstern sowie dem wertvollen Speaker's Chair. Der Westflügel des Parlaments wurde zur 40-Jahres-Feier der Unabhängigkeit renoviert und beherbergt die National Heroes Gallery und das Museum of Parliament. Das House of Assembly, das jeden Dienstag zusammenkommt, ist für Besucher geöffnet.

Historische Gebäude

House of Assembly und Senate Chamber, *Öffnungszeiten des Parlamentgebäudes: Mo-Fr 8-17 Uhr.*

Davor erhebt sich das **Nelson Monument**. Die Bronze-Statue des Seehelden der Schlacht von Trafalgar (1805) wurde 1813 aufgestellt und ist damit 36 Jahre älter als die ungleich berühmtere Konkurrentin auf dem gleichnamigen Platz in London. In jüngster Zeit wurde die Blickrichtung der ehemals auf die Hauptverkehrsstraße blickenden Statue jedoch von dort abgewendet. Wegen der Erinnerung an die koloniale Vergangenheit wird eine Beseitigung der Statue diskutiert. Nahebei sind ebenfalls sehenswert die 1865 vollendete Brunnenanlage aus Korallenkalk innerhalb der **Fountain Gardens**, mit der das Trinkwasser erstmals durch Rohre nach Bridgetown geleitet wurde, und der Obelisk mit der Gedenktafel der für Großbritannien in den Weltkriegen Gefallenen.

Westlich wird der Platz durch das moderne Verwaltungsgebäude **The Treasury** abgeschlossen, von dessen Dach sich ein schöner Blick auf das Ensemble mit dem Hafen lohnt. Nach Westen hin führt vom National Heroes Square die Broad Street, die für ihre Funktion als wichtigste Verkehrs- und Einkaufsstraße recht schmal scheint. Ihr Erscheinungsbild unterlag einem starken Wandel: Aus ehemaligen Wohnhäusern wurden Duty-Free-Läden, Einkaufspassagen, Banken und Büros.

Einkaufsstraße mit karibischem Kunsthandwerk

Gleich zu Beginn der Einkaufsstraße finden Sie die **Verandah Art Gallery** (*oberhalb von Collins Pharmacy, ☏ 246-426-2605, geöffnet Mo-Fr 9-16 Uhr, Sa 9-13 Uhr*). Hier finden Sie eine gute Auswahl karibischer Kunstwerke. An ihrem Ende steht rechter Hand inmitten einer schönen Grünanlage die große **St. Mary's Church** (18. Jahrhundert). Direkt gegenüber herrscht vor allem samstags dichtes Gedränge im Supermarkt, weil dort die Lebensmittel am günstigsten sind.

Rings um die **Broad Street** gibt es eine ganze Reihe kleinerer Parallelstraßen, auf die sich mittlerweile das Geschäftsleben mit Boutiquen und Duty-Free-Läden ausgedehnt hat, allen voran die **Swan Street** mit ihren hübschen, balkongeschmückten Häuschen. Bekannt geworden war die Broad Street als die **Cheapside**. Ein Name, der heute noch zum westlichen Ende der Straße passt, wo das hässliche Gebäude der Hauptpost zwischen Markthalle, Busstation und Marktplatz liegt und wo lokale Bauern ihre Waren anbieten.

Wer von der Broad Street aus über die Henry Street nördlich spaziert, erreicht nach wenigen Hundert Metern noch ein weiteres schönes Ensemble sehr sehenswerter

Baudenkmäler: Eng beieinander stehen hier die **Methodist Church** an der James Street, ein beachtenswerter Bau des 19. Jahrhundert, das ehemalige **Rathaus** (*Old Town Hall*), in dem sich heute das Polizeihauptquartier befindet, das **Oberste Gericht** (*Law Court*) aus dem 18. Jahrhunderts und daneben, in der Coleridge Street, die modern ausgestattete öffentliche Bibliothek von 1905. Auf der dreieckigen Grünfläche gegenüber der Bibliothek sehen Sie einen alten **Trinkbrunnen** (*Montefiore Fountain*), der 1865 an anderer Stelle errichtet und 1940 hierhin versetzt wurde.

Gehen Sie nun von hier aus die Magazine Lane wieder in Richtung Stadtmitte, kommen Sie an der alten **Synagoge** vorbei. 1654 erbaut, muss sie – zusammen mit der berühmteren Synagoge von Willemstad auf Curaçao – als eines der beiden ältesten jüdischen Gotteshäuser der westlichen Hemisphäre gelten. Allerdings wurde sie nicht nur 1831 durch einen Hurrikan zerstört und 1833 wieder aufgebaut, sondern auch 1929 verkauft und verfiel danach zusehends. Als viel beachtetes Sanierungsobjekt ist die Synagoge mit ihrem schönen Innenraum und dem sehenswerten Friedhof inzwischen komplett restauriert. Die recht kleine, jedoch aktive jüdische Gemeinde, Nachfahren jüdischer Auswanderer im 17. Jahrhundert aus Brasilien, plant nun im angrenzenden Schulhaus ein Museum.

Östlich des Stadtzentrums

Wenn man das Stadtzentrum über die St. Michael's Row nach Osten verlässt, kommt man nach wenigen Metern zunächst zur **St. Michael's Cathedral**. Die anglikanische Bischofskirche wurde bereits 1665 eingeweiht, ist allerdings Ende des 18. Jahrhunderts durch einen Brand so stark beschädigt worden, dass man sie anschließend wieder aufbauen musste. Sehenswert sind im Innern u. a. einige Grabdenkmäler, das Baptisterium und vor allem der weit gespannte, offene Dachstuhl aus Holz. Unübersehbar erhebt sich hinter der Kathedrale die Zentralbank, die mit elf Stockwerken das zweifellos höchste Gebäude von Stadt und Land darstellt. Sie beherbergt auch die Frank Collymore Hall, die beste Konzerthalle der Insel.

150 m weiter östlich beginnt an der **First Baptist Church** das ausgedehnte Gelände des **Queen's Park**. Hier sind Schulgebäude, Sportanlagen und historische Gebäude sehenswert. Das Hauptgebäude, Queen's Park House, war 1784-1906 die offizielle Residenz des Kommandierenden der britischen Westindischen Garnison und hieß vor *Königin Victorias* Regentschaft „King's House". Heute beherbergt das Gebäude eine Kunstgalerie und ein Theater (Daphne Joseph Hackett Theatre). Da es noch ein weiteres Theater (Steel Shed) und viele andere Einrichtungen für Kunst, Kultur und Folklore gibt, kann man den Queen's Park auch als „**Zentrum der kulturellen Aktivitäten von Barbados**" bezeichnen. Nicht nur Botaniker wird der riesige **Affenbrotbaum** interessieren, der inmitten des Parks steht: Mit ca. 18 m Umfang dürfte er der mächtigste Baum des ganzen Landes sein, und sein Alter wird auf 1.000 Jahre geschätzt. Dies ist insofern mysteriös, als die Heimat der Pflanze in Afrika liegt und daher niemand erklären kann, wie der Baum – 500 Jahre vor *Kolumbus!* – die Reise über den Atlantik geschafft hat ...

Kulturelles Zentrum

Östlich des Queen's Park ist im Nobelviertel **Belleville** noch ein weiteres Haus aus der Kolonialzeit einen Abstecher wert, nämlich das **Government House**. Das wunderschön in einem Park gelegene Gebäude mit seinen Veranden, Fensterläden und Verzierungen stammt aus dem 17. Jahrhundert und wurde ab 1736 als Residenz des jeweiligen britischen Gouverneurs genutzt. Auch heute ist hier das Staatsoberhaupt zu Hause.

Nordwestlich des Stadtzentrums

Souvenirs aller Art

Wer den National Heroes Square in nordwestlicher Richtung über die Hafenstraße The Wharf und später den Princess Alice Highway verlässt, fährt entlang des **Fischereihafens** mit einer künstlich angelegten, sturmsicheren Bucht. Ihm schräg gegenüber befindet sich das von Kreuzfahrt-Touristen stark frequentierte **Pelican Village/Pelican Craft Centre**. Dieses „Dorf" wurde von der Regierung errichtet, um die verschiedenen Sparten des Kunstgewerbes zusammenzuführen und ihr Angebot in überschaubarer Weise zu bündeln. Zum Verkauf stehen in Dutzenden von Läden u.a. Textilien, Webarbeiten, Schmuck, T-Shirts, Lederwaren, Mahagoni-Intarsien, handgeschöpftes Papier, handbemalte Textilien, Korallen, Puppen, Schnitzereien, Gewänder im Afrika-Look und vieles mehr. Natürlich ist in diesem Kunstgewerbezentrum auch für das leibliche Wohl gesorgt („Pelican Restaurant").

Geradeaus am Pelican Village vorbei befindet sich der **Tiefseehafen** (*Deep Sea Harbour*), der mit großen Lagerschuppen (Kapazität 80.000 t) und den Verladeeinrichtungen für Zuckerrohr und Rohrzucker ausgestattet ist. Hier legen am Bridgetown Cruise Terminal auch die Kreuzfahrtschiffe an. Um schnell aus dem Industriegebiet nach Norden zu fahren, sollte man hinter dem Pelican Village rechts fahren und dann gleich wieder links auf die Fontabelle zum Spring Garden Highway (Highway 1) einbiegen. An der Grünanlage des Kensington Oval, dem zum Cricket World Cup ausgebauten Cricket-Stadium, stößt man auf den Zubringer zum Spring Garden Highway, mit dem die Westküstenroute beginnt. Auf der linken Seite erkennt man die Lagerhalle für Zucker an ihrem riesigen Spitzdach. In einem eigenen, nördlich gelegenen Hafenbecken des Bridgetown Harbour legt das **U-Boot von Atlantis Submarine** zu Unterseefahrten ab und die „Piratenschiffe" von Jolly Roger's und der nachgebaute Schaufelraddampfer sowie luxuriöse Katamarane warten dort auf Passagiere für Vergnügungsfahrten.

Rum-Destillerie Mount Gay

Weiter nördlich liegt auf der rechten Seite das **Mount Gay Rum Visitor Center**, der Mount Gay Rum Distillery. Auf einem Rundgang kann man alle Stufen der Kunst der Rumherstellung kennen lernen Die Destillerie wurde um 1662/63 von *William Gay* gegründet und mit Hilfe von Sklaven aufgebaut, als die Zuckerindustrie noch die Lebensader der karibischen Inseln war. Mit der Zuckerindustrie entwickelten sich aus den Abfallprodukten verschiedene Rummischungen, von denen *Mount Gay* der Marktführer auf Barbados ist. Diese sehr produktive Rum-Brennerei gehört zweifellos zu den besten der Welt. Preislich günstig, eignet sich der braune Rum aufgrund seines milden Geschmacks gut pur zu trinken. Experten sprechen von rauchig, etwas süßlich mit Vanille. Man kann ihn auch einfach als warm, weich und rund beschreiben.
Mount Gay Rum Visitor Center, *Spring Garden Highway, ☏ 425-9066, www.mountgay.com, Öffnungszeiten: Führung Mo-Fr 9-15.45 Uhr; Dauer: 45 min.*

Reisepraktische Informationen zu Bridgetown

Unterkunft

Nautilus Beach Apartments $-$$, *Bay Street, St. Michael, ☏ 426-3541, 🖷 246-426-9191, www.barbados.org. Fünf Minuten von Bridgetown und zwanzig Minuten vom Flughafen entfernt liegen die Nautilus Beach Apartments in der schönen Carlisle Bay. Die zehn Selbstversorgerapartments und vier Studios verfügen über eine Klimaanlage, Einkaufsmöglichkeiten, Nachtklubs und Restaurants sind in der Nähe. Zu Fuß können Sie leicht die Carlisle Bay mit ihren zahlreichen Wassersportmöglichkeiten erreichen.*

Essen und Trinken

Waterfront Café, *Bridge House, Bridgetown, ☏ 246-427-0093, So geschlossen. Das In-Café liegt direkt am belebten Hafen auf der Careenage im alten Stadtkern von Barbados. Ein schöner Platz zum Beobachten des bunten Treibens am Hafen. Zudem gibt es ausgesuchte Gerichte und oft auch Livemusik (von Jazz bis Steel Pan Music).*

Chefette, *☏ 246-436-6000 (Zentrale, Bridgetown), Restaurant-Kette, die fast überall auf der Insel Filialen hat, z. B. in Holetown, Rockley und Warrens; preisgünstige Alternative zu feinen und teuren Menus; Salatbar, Steaks, Pizza, Fischgerichte.*

Die Westküste: von Bridgetown zum North Point und zur nördlichen Ostküste

Die Fahrt entlang der Westküste kann zwar nicht die spektakulären Landschaftseindrücke der östlichen Seite bieten, führt jedoch durch einige hübsche Städtchen und an verschiedenen Sehenswürdigkeiten, vor allem aber an den schönsten Badebuchten der Platin Coast vorbei. Nicht umsonst antworten Einheimische auf die Frage, wo man denn am besten schwimmen oder schnorcheln könne, mit „west is best".

Entlang der Westküste

Die maßgebliche Straße in den Norden ist der Highway 1, den man vom Stadtgebiet Bridgetowns über den Princess Alice Highway erreicht bzw. vom Flughafen über die autobahnähnliche Umgehungsstraße, den ABC-Highway. Nördlich von Bridgetown reiht sich am Highway 1 ein Hotel an das andere. In jüngster Zeit werden es zudem immer mehr. Der parallel verlaufende Highway 2a führt durch kleine Dörfer in das Hinterland, das vom Zuckerrohranbau geprägt ist. An die Küste gelangen Sie vom Deep Water Harbour und den Mount-Gay-Rum-Destillerien zunächst zur **Fresh Water Bay**. Oben auf dem Hügel Cave Hill ist der Campus der 1963 eröffneten Universität zu sehen, die zusammen mit den Hochschulen von Trinidad und Jamaika die **University of the West Indies** bildet. Dort gibt es auch einen Park mit künstlich angelegtem Wasserfall und einem Gebäude des 19. Jahrhunderts, ehemals eine Krankenstation für Leprakranke, das heute u. a. das Barbados-Archiv beherbergt.

Die Straße führt bis Holetown zunächst am beliebten **Paradise Beach** mit der Mündung eines unterirdischen Baches vorbei, weiter am schmalen Sandstrand der **Batts Rock Bay**, dann an der schönen **Paynes Bay** mit ihrem großen Poloplatz auf dem Holder's Hill. Und schließlich zu der **Sandy Lane Bay**, die eine der besten

Badebuchten der Insel aufweist und im berühmten „Sandy-Lane-Hotel" mit zwei 18-Loch-Golfplatz einen Glanzpunkt der Insel-Hotellerie setzt. Von hier aus sind es entlang der Straße 15 Gehminuten nach **Holetown**.

Holetown

Erster Ort der Insel

Kurz hinter dem Sandy Lane Beach kommt man in die historisch bedeutsame Ortschaft Holetown, wo 1627 eine erste britische Gruppe von 80 Männern und Frauen sowie zehn Sklaven an Land gingen und das damals sogenannte **Jamestown** gründeten. An die damalige Zeit erinnert nicht mehr allzu viel, obwohl man sich heute sehr um die Restaurierung des alten Ortskerns bemüht. Immerhin sind neben Geschäften, Restaurants und einem Einkaufszentrum auch das ehemalige **Plantation Fort** (oder Fort James) aus dem 18. Jahrhundert zu sehen, in dem sich heute die Polizeistation befindet, sowie einige Kanonen und das eine oder andere recht hübsche Haus. Ein beliebtes Fotomotiv stellt auch der Obelisk dar, der im Gedenken an jenen *Kapitän Powell* aufgestellt wurde, der 1625 Barbados als erster Brite sichtete und dessen begeisterte Beschreibung zwei Jahre später zur Siedlungsexpedition führte.

Als Erstes passiert man kurz hinter dem Ortseingang eine kleine Ansammlung von Einkaufsläden bevor man zum historischen **Chattle House Village** mit allerlei Souvenir-Artikeln gelangt. Dahinter befindet sich eine moderne Shoppingmall nach US-amerikanischem Vorbild mit vornehmlich von dort importierten Produkten. Eine der größten Sehenswürdigkeiten ist die im Norden von Holetown zwischen Straße und Küste gelegene **St. James' Church**, deren Erbauung 1627 sie als die älteste der Insel ausweist. Allerdings ist von dem ehemaligen Holzbau nichts mehr erhalten, da er 1872 durch das jetzige, aus Korallengestein erbaute Gotteshaus ersetzt wurde. Neben der Kirche befindet sich in einem kleinen Anbau die erste Glocke, die man im Jahre 1696 aus England importierte. In sie ist die Inschrift „God Bless King William, 1696" eingraviert.

Folkstone Marine Park

Gleich hinter der Kirchhofsmauer von St. James' Church führt ein kleiner Weg zum Parkgelände von Folkstone mit seinem schönen, von Kasuarinen gesäumten Strand und dem **Folkstone Marine Park**, der nicht nur der meeresbiologischen Forschung dient. In dem Unterwasserpark kommen auch Schnorchler auf ihre Kosten. In einem kleinen **Museum mit Aquarium** wird die Welt des Meeres erklärt, in der etwas weiter draußen auch Wasserschildkröten leben, die sich nachts langsam an den Strand ziehen und ihre Eier ablegen.
Folkstone Fort & Marine Museum, *Öffnungszeiten: Mo-Fr 9-17 Uhr, ☏ 246-422-2314.*

Wracktauchen

Außer von den vielfarbigen Korallenriffen, die sie auf einem Unterwasserpfad kennen lernen können, sind Taucher vom Wrack des griechischen Frachters „Stavronikia" fasziniert, der nach einem Brand im Jahre 1976 hier versenkt wurde. Im Hinterland können Sie bei der **Portvale Sugar Factory** und im **Sir Frank Hutson Sugar Museum** (*Öffnungszeiten: Mo-Sa 9-17 Uhr, ☏ 246-432-0100*) Geschichten rund um den Zucker erfahren. Etwas weiter nördlich sollte man auf den wunderschönen **Herrensitz Porters** aus dem 17. Jahrhundert achten, mit Sicherheit eine der sehenswertesten Villen der Insel. In ihrem herrlichen Park befinden sich auch etliche Brotfruchtbäume.

Karstlandschaft am North Point

Portvale Sugar Factory & Sir Frank Hutson Sugar Museum, *Öffnungszeiten: Mo-Sa 9-17 Uhr, ☏ 246-432-0100.*

Während kurz hinter Holetown der Highway 1a in Richtung Osten die Insel quert, bleibt der Highway 1 nahe der Küste und führt an den schönen Stränden, die wie alle Strände auf Barbados öffentlich sind, bis Speightstown entlang. Namen wie Discovery Bay, Alleynes Bay, Settler's Beach, die sehr schöne Mullins Beach, Glitter Bay und Godings Bay stehen eigentlich für einen ununterbrochenen Streifen herrlichen weißen Sandes, an dem sich selbstverständlich eine ähnliche touristische Szenerie wie weiter südlich etabliert hat.

Speightstown

Hinter einem hübschen Badestrand liegt Speightstown, die zweitgrößte und nördlichste Ortschaft der Insel. Ihr Name (engl. wie „*spice*" ausgesprochen) hat natürlich nichts mit Gewürzen zu tun, sondern geht auf den Plantagenbesitzer *Speights* zurück, auf dessen Grund und Boden sie entstand. Früher war das Städtchen ein wichtiges, eng mit der englischen Stadt Bristol verknüpftes Handelszentrum. Von hier traten die beladenen „Zuckerschiffe" ihren Weg nach Europa an. An die vergangenen Zeiten erinnern, anders als in Holetown, noch die alte Straßenführung und mehrere Häuser des 19. Jahrhunderts, die die typische Bauweise mit einer Holzgalerie aufweisen. Im Zeitalter des Autoverkehrs sind leider etliche Galerien durch vorbeifahrende Busse und LKWs in Mitleidenschaft gezogen worden und verbreiten eine heruntergekommene Atmosphäre, die jedoch durch die vielen Obst- und Gemüsehändlerinnen entlang der Straßen mit Leben gefüllt wird. Das älteste Gebäude ist **The Manse** aus dem 17. Jahrhundert, das auch als Kirche genutzt wurde, während vom ehemaligen

Historische Ortschaften

Fort Denmark, der heutigen Speightstown Esplanade, kaum noch etwas erhalten ist.

Bei **St. Peter's Church** in Speightstown lohnt ein Blick auf die Geschichte: St. Peter's war eines der ersten sechs Kirchenspiele. Der erste Grundstock wurde 1629 gebaut, 36 Jahre später wurde die zweite, 1837 die dritte Kirche errichtet. St. Peter's wurde durchgängig im georgischen Stil erbaut, allerdings ist der Stil des Glockenturms, wie überall hier auf der Insel.

Reisepraktische Informationen zum Westen von Barbados

Unterkunft (Karte s. S. 358)

Villa Maria $, *(**9**), Lashley Road, Fitts Village, St.James, ☎ / 🖷 246-417-5799. Das Gästehaus, das nur zwei Minuten vom Fitts Village Beach entfernt liegt, verfügt über sieben Zimmer mit Bad und Ventilatoren auf zwei Etagen. Im Erdgeschoss gibt es zwei große Doppelzimmer für vier Personen und ein Standard-Doppelzimmer, eine Küche und ein Frühstücksbereich. Im ersten Stockwerk liegen zwei weitere Doppelzimmer und zwei Apartments mit Terrasse für jeweils vier Personen.*

Peaches $-$$, *(**10**), Lashley Rd, Fitts Village, St. James, ☎ 246-432-8140, www.barbados.org. Die Apartmentanlage von **Kyle** und **Ava Harrison** liegt eine Minute von der Küste entfernt. Die Apartments sind mit drei Schlafzimmern, zwei Badezimmern, Wohn- und Esszimmer und Veranda und einer Küche ausgestattet und für maximal sechs Erwachsene gedacht. Es gibt die Möglichkeit, sie mit drei, zwei oder einem Schlafzimmer zu mieten. Das Apartment mit drei Schlafzimmern kann als ein separates Studio mit einem privaten Eingang, Badezimmer und Küchenbereich gebucht werden.*

Sandy Lane $$$$$, *(**11**), Sandy Lane Bay, St. James. ☎ 246-444-2000, 🖷 246-444-2076, www.sandylane.com. Das Hotel der absoluten Luxusklasse, in britischem Kolonialstil gehalten, liegt direkt am feinen Sandstrand und gilt als „grande dame" der Barbados-Hotellerie. Auf elegante Kleidung wird natürlich Wert gelegt, wenn man eine der 112 Luxus-Zimmer bzw. -Suiten, davon einige 300 m² groß, bucht. Sie sind mit allem ausgestattet, was man zum Wohlfühlen braucht: DVD-Player, Breitbild-TV, Stereoanlage, private Bar; Swimmingpool. Ein exzellentes Restaurant in perfektem Ambiente, Dinner am Strand, Bars, 18-Loch-Golfplatz, Tennis, Reiten, Wellness-Bereich, Kinder-Animation etc. gibt es auch vor Ort.*

The Fairmont Royal Pavillon $$$$$, *(**12**), Porters, St. James, ☎ 246-422-5555, 🖷 246-422-0118, www.fairmont.com. Das luxuriöse Strandhotel liegt inmitten eines Palmengartens direkt am Sandstrand. Die Luxus-Suiten wurden im feudalen maurischen Stil mitsamt Teichen, Springbrunnen etc. angelegt.*

Discovery Bay Hotel $$$$-$$$$$, *(**13**), Holetown, St. James, ☎ 246-432-1301, 🖷 246-432-2553, www.barbados.org. Mittelklasse-Hotel mit 84 Zimmern, Pool, Restaurant, Bar, einige kostenlose Sportmöglichkeiten (u. a. Tennis). Freier Busservice nach Bridgetown.*

Best E Villas $$, *(**14**), Green-Ridge, Crusher Site Road, Prospect, St. James, ☎246-425-9751, www.bestevillas.com. Die Selbstversorger-Häuser mit zwei Schlafräumen, Küche, Wohn- und Essraum sowie einem kleinen Balkon (Klimaanlage/TV) bieten einen schönen Blick auf die Westküste. Zudem sind es nur drei Minuten Fußweg zum Strand und*

Bridgetown lässt sich in zehn Autominuten erreichen, genauso wie Holetown mit Restaurants, Nachtleben, Geschäften und Banken.
Cool Hill House Apartment $$, *(***15***), Maynards, St. Peter, ☎ 246-422-4118, www.coolhillhousebarbados.com. Familienbetrieb um* ***Dale*** *und* ***Marilyn Downing****, strahlt eine freundliche und persönliche Atmosphäre aus. Geräumige Ein- und Zweibett-Apartments, ausgestattet mit TV und Klimaanlage, Telefon und Computer mit freiem Internetzugang, zudem gibt es Zimmerservice, Swimmingpool und einen drei Minuten entfernt liegen Strand. In zehn Minuten erreicht man den Mullins Beach.*
Hibiskus Apartments $-$$, *(***16***), Villa 55, Hibiscus Avenue, Sunset Crest, St. James, ☎/📠 246-432-5583, www.barbados.org. An der beliebten Sunset Crest Küste liegen die zwei Selbstversorger-Apartments mit jeweils einem Schlafzimmer. Sie sind voll ausgestattet mit Küche, Esszimmer, Kühlschrank, TV, Klimaanlage. Der Blick geht über den schönen tropischen Privatgarten des Besitzers, der auf dem gleichen Gelände wohnt und gerne mit Informationen behilflich ist.*

Essen und Trinken

Carambola Restaurant, *Derricks, St. James, ☎ 246-432-1922, Sa geschlossen. Eine Mischung aus karibischem Flair und asiatisch angehauchtem Ambiente; direkt auf den steil abfallenden Felsen gebaut; beim eleganten Dinner schaut man aufs erleuchtete Meer; Abendgarderobe; französische, karibische und asiatische Küche.*
The Cliff, *Derricks, St. James, ☎ 246-432-1922. Wie der Name schon sagt, liegt das Restaurant direkt am Meer am Rand von Felsen. Es fällt vor allem durch kreative und innovative Menus aus der internationalen Küche auf.*
The Tides, *Holetown, St. James, ☎ 246-423-8356, www.tidesbarbados.com. Wunderschön direkt am Meer gelegenes Restaurant, das zu den drei beliebtesten Lokalen auf der Insel gehört. Von Mo-Fr ist es für Lunch und täglich für Dinner geöffnet. Eine gelungene Kombination aus Eleganz und karibischem Flair, gemischt mit Kunstwerken der Tides Art Gallery macht das Essen hier zum Erlebnis. Und wer noch keinen Flying Fish probiert hat, der sollte das hier tun.*
Ile de France, *Settlers Beach, Holetown, St. James, ☎ 246-422-3245; französische Brasserie der gehobenen Kategorie mit leichter, französischer Küche, direkt am Strand.*
Sitar Indian Restaurant, *2nd Street, Holetown, St. James, ☎ 246-432-2248. Das mitten in der 2nd Street in Holetown gelegene gemütliche Lokal kocht zum Teil sehr scharfe indische Gerichte.*
Mullins Restaurant, *Mullins Bay, St. Peter, ☎ 246-422-1878, www.barbadosrestaurant.net. Sehr beliebtes Restaurant mit zwei Terrassen für den Cocktail zum Sonnenuntergang über der Mullins Bay. Auf der gehobenen Speisekarte stehen vor allem internationale Gerichte mit einem Hang zur Nouvelle Cuisine.*
The Fish Pot, *Little Good Harbour, Sherman, St. Peter, ☎ 246-439-2604. Das Lokal liegt im ruhigen Fischerdorf Sherman im Norden der Westküste und strahlt unkomplizierte Atmosphäre im karibischen Ambiente aus. Es gibt ausgezeichnete Fischgerichte und Speisen mit Meeresfrüchten. Hier ist auch der „Fliegende Fisch" zu empfehlen, das Nationalgericht von Barbados.*
La Mer, *Port St. Charles, St. Peter, ☎ 246-419-2000, Speiseplan unter www.portstcharles.com. Das Restaurant liegt auf dem Gelände des Yachthafens Port St. Charles.*

Abstecher in den Norden der Insel zum North Point

Nördlich von Speightstown kommen Sie am **Port St. Charles** mit Luxus-Marina vorbei. Nicht nur, wer eine Villa direkt am Wasser mieten oder kaufen und zudem seine Yacht direkt vor dem Frühstückstisch vor Anker bringen will, kann die Anlage, Meer, Ausblick und Sonne beim Flanieren entlang von Läden und dem exquisiten Restaurant „La Mer" genießen. Weiter die Küste entlang, auf dem Highway 1b, gelangen Sie zum kleinen Fischerort Six Men's an die Six Men's Bay mit schönem Strand und einigen wenigen Hotels. Während tagsüber die Fischer beim Einholen ihres Fangs beobachtet werden können, lohnt es sich, freitag- und samstagabends beim *fish fry* dabei zu sein und sich unter die Einheimischen zu mischen.

Um weiter bis zur äußersten Nordspitze zu kommen, gibt es zwei Möglichkeiten:
Zum einen kann man über die schmaler werdende Küstenstraße Highway 1 B (H1B) fahren:
Von der Six Men's Bay geht es geradeaus zunächst an der Arawak-Zementfabrik vorbei Richtung Harrison Point, dessen Leuchtturm in einiger Entfernung zu sehen ist. Die Stichstraße zur **Archers Bay** (lohnende, von Kasuarinen umstandene und stille Bucht) gibt die Möglichkeit, an diesen schroffen Küstenabschnitt zu gelangen. An der Stichstraße vorbei geht kurz darauf ein Weg nach links zum **North Point** und dem **Animal Flower Cave**.

Mobile Eigenheime

Als Alternative fährt man hinter der Six Men's Bay über den Highway 1C (H1C) auf die Gemeindekirche des Distrikts/Parish **St. Lucy** zu. Nach zwei Kreisverkehren geht es rechts Richtung Springhall und über Flatfield zum **North Point**. Auf beiden Wegen durch die zum Teil karge, verkarstete Landschaft des Nordens sieht man im Distrikt St. Lucy – aber auch an anderen Stellen auf der Insel – die kleinen sogenannten *chattel houses*, die als Besonderheit der Bajan-Architektur gelten.

North Point

Klippen und Grotten

Der nördlichste Punkt der Insel ist durch eine bizarre Karstlandschaft geprägt, die besonders bei stürmischer See vom Land wie auch vom Wasser äußerst beeindruckend ist. Der sehr sehenswerte **Animal Flower Cave** und andere Grotten ermöglichen dabei nicht nur auftauchenden Tauchern den Blick auf Meereshöhe durch Höhlenöffnungen auf das tosende Meer. Die „Tierblumengrotte", so wird die Höhle wegen der vielen Seeanemonen (= Blumentiere) genannt, die hier in Fels- und Höhlenteichen sowie an den Grottenwänden wachsen, entstand durch die starke Brandung des Meeres. Schroffe Klippen und tiefe Höhlengänge prägen die Küstenlandschaft. Durch den porösen Kalkboden sickerndes Regenwasser schuf hingegen Tropfsteinformationen, die der Küste ein amphibisches, surreales Aussehen geben. Wegen der Caves haben sich um den Grotteneingang ein paar Souvenirstände und eine Bar angesiedelt. Von windgeschützten Bänken aus kann man das tosende Meer beobachten.

Animal Flower Cave, *Öffnungszeiten: Mo-Sa 9-17 Uhr; Eingang über eine schmale, steile Treppe. Sie sollten gutes Schuhwerk tragen, das auch nass werden kann.*

INFO

Chattel Houses

Die Handwerker haben in der Vergangenheit nicht nur elegante Plantagenhäuser gebaut, sondern auch kleine billige und vor allem mobile Häuser. Diese *chattle houses*, die man mittels Wagen oder Esel von einem Ort zum andern transportieren konnte, entstanden in der Zeit der Sklavenbefreiung, als die Plantagenbesitzer den Arbeitern zwar gestatteten, auf ihrem Grund eine Bleibe zu bauen, sie aber auch von einem Tag auf den anderen entlassen konnten. So konnten die Sklaven auf der Suche nach Arbeit ihre Häuser komplett auseinanderbauen und mit sich nehmen.
Besonders schön wurden die Hütten ausgestaltet, als viele Bajans am Bau des Panamakanals beteiligt und zu bescheidenem Wohlstand gekommen waren. Die häufig hübsch angemalten und mit Treppen und Zäunen ausgestatteten Hütten, früher typisch für die untere Mittelschicht, sind heute der Besitz stolzer und um ihren Erhalt besorgter Eigentümer. Selbst wer heute zu Geld gekommen ist und sich ein modernes Haus aus Beton leisten kann, versucht zumeist das alte, rechteckige, ebenerdige und mit vielen Fenster- und Türöffnungen zur Regulierung der Temperatur versehene Holzhaus zu erhalten. Heute stehen zahlreiche *chattel houses* unter Denkmalschutz.

Tipp

Planen Sie als Selbstfahrer eine Tour hierher am Nachmittag ein, da vormittags vor allem in der Hochsaison immer öfter organisierte Besuchergruppen den Animal Flower Cave besuchen. Besonders schön ist es jedoch, in die Höhlen mit einer nicht zu großen Gruppe hinabzusteigen.

Wer mehr von der rauen Küstenlandschaft des Nordens sehen möchte, fährt vom North Point weiter auf dem Highway 1c. Gut einen Kilometer südöstlich bietet der Abzweig nach links zunächst die Möglichkeit, einen Abstecher zur ruhigen und eindrucksvollen **River Bay** zu machen – es lohnt sich! Der von Felsen eingerahmte Strand und Picknick-Bänke laden zu einer längeren Pause ein. Weiter südlich ist der weiße, bizarr emporragende **Pico Teneriffe** (80 m) an der **Cove Bay** ein landschaftlicher Höhepunkt im Norden der Insel. Der hier ansonsten äußerst flache und landwirtschaftlich genutzte und bei weitem noch nicht so zersiedelte Inselteil im Vergleich zum Süden, bietet an der Küste überraschende Formationen. Einen guten Blick auf die Bucht hat man vom Kap **Paul's Point** aus. Bei Niedrigwasser kann man vor einer landschaftlich beeindruckenden Kulisse in Tidalpools baden, wovon im offenen Atlantik wegen der starken Strömungen jedoch dringend abgeraten wird.

Bizarre Felsen

Von Speightstown zur Ostküste über St. Nicholas Abbey

Während der Abstecher zum North Point und zu den nordöstlichen Buchten immer noch vor allem von Selbstfahrern gemacht wird, gehört die Strecke auf dem Highway 1 hinter Speightstown, der von dort in östlicher Richtung die Insel durchquert und

Farley Hill House

sich bei Portland mit dem Highway 2 vereinigt, zur üblichen Route einer Inselrundfahrt. Die Strecke durchschneidet den Scotland District, der seinen landschaftlichen Reiz durch das zerklüftete, ca. 200 m hohe und recht abrupt abfallende Kalkplateau erhält.

Für den Weg zur Ostküste bieten sich zwei Möglichkeiten an:
Variante A:
Farley Hill Nationalpark, Barbados Wildlife Reserve, Grenade Hall Signal Station.
Diese Strecke führt im Wesentlichen auf dem Highway 2 in Richtung Bathsheba, von dem ganz kurze Stichstraßen zu den einzelnen Sehenswürdigkeiten führen.

Farley Hill Nationalpark mit Farley Hill House
Der Besuch des Anwesens in dem kleinen, aber schönen Nationalpark bietet aus 260 m Höhe wunderbare Ausblicke über die ansonsten flache Insel. Ein Besuch lässt sich hervorragend mit einem Picknick verbinden. Im Januar findet hier das **Barbados Jazz Festival** statt. Das Farley Hill House, heute nur noch eine Ruine, wurde 1861 von *Sir Graham Briggs* – dem reichsten und mächtigsten Zuckerbaron seiner Zeit – aus Anlass des Besuches von *Prinz Albert* erbaut. Hohen Besuch gab es auch im Jahre 1879, als die Prinzen *Albert*, *Victor* und *George* (später *George V.*, König von England) im Farley Hill House residierten. Nachdem das hochherrschaftliche Anwesen eine Zeit lang geschlossen blieb und verfiel, wurde es in den 1950er Jahren für die Dreharbeiten zu dem Film „Island in the Sun", mit dem *Harry Belafonte* seine Karriere begann, instand gesetzt. Anfang der 1980er Jahre brannte der Bau bis auf die Grundmauern nieder und ist jetzt im Besitz der Regierung, die unentschlossen scheint, ob ein neuerlicher Aufbau die Mühe lohnt. Schließlich genießen auch so die Besucher und besonders gerne auch junge Hochzeitspaare für ihre Erinnerungsfotos die eindrucksvollen Ruinen, den Park mit seinen Königspalmen, den schönen Panoramablick vom Hügelpavillon und das Mahagoniwäldchen, das für alte Plantagenhäuser typisch ist.

Nationalpark mit Herrenhaus

Als Nächstes wird das **Barbados Wildlife Reserve** erreicht. In den 1980er Jahren wurde es von einem Frankokanadier aufgebaut, der hier für *green monkeys* und andere Arten eine natürliche Lebensumgebung schuf, sie allerdings auch züchtete und an Zoos und, wie man mutmaßt, Labors verkaufte. Obwohl der Park auch über eine reiche Vegetation, eine große Voliere und viele andere Tiere (u. a. Rehe, Krokodile, Fischotter, Schildkröten, Hasen und Mungos) verfügt, sind die Affen mit ihrem grünlich schimmernden Fell die größte Attraktion.

Barbados Wildlife Reserve, *Farley Hill, St. Peter, ☏ 422-8826, www.barbadosmonkey.org; Öffnungszeiten: tägl. 10-17 Uhr, 14 Uhr ist Fütterungszeit, letzter Einlass: 16 Uhr.*

Vom Freigehege führt der Weg weiter durch die Ortschaft Greenland und an der Gemeindekirche St. Andrew's Church vorbei bis zur Ostküste.

Unser Tipp

Variante B:
St. Nicholas Abbey, Cherry Tree Hill. Diese Strecke verläuft auf schmalen asphaltierten Wegen etwas weiter nördlich. Sie ist landschaftlich reizvoller, bietet einen tollen Ausblick auf die Ostküste und einige kulturelle Sehenswürdigkeiten.

Die **St. Nicholas Abbey** ist eines der ältesten Plantagenhäuser nicht nur der Insel, sondern der gesamten Karibik, und wurde 1650-1660 vom Engländer *Benjamin Beringer* erbaut. Nach dem Verkauf im Jahre 1810 war das Anwesen mit seinen 180 ha großen Plantagen (hauptsächlich Zuckerrohr) bis 2006 im Besitz derselben englischen Familie. Heute gehört es den Architekten *Larry* und *Anna Warren*, die nicht nur das Haupthaus renoviert haben, sondern das Plantagenhaus auch für Besucher neu konzipiert haben. Empfangen wird man allerdings nach wie vor durch die Eingangsallee mit ihren alten Mahagonibäumen, durch die hindurch man das malerische Haus mit seinen geschwungenen Giebeln und vier Eckkaminen (!) inmitten einer üppigen Vegetation erblickt.

Plantagenhaus im Renaissance-Stil

Für Architekturbegeisterte wird es interessant sein, dass die hier angewandte Renaissance-Stilrichtung als „jakobinischer Stil" bekannt ist und nur drei Plantagenhäuser dieses Stils erhalten sind (neben der „Abtei" die Drax Hall in Barbados und das „Bacon's Castle" in Virginia/USA).

Sehenswert sind außer den Räumlichkeiten des Haupthauses und der Nebengebäude vor allem die exquisite Möblierung und die Innenraumgestaltung aus dem 18./19. Jahrhundert. Interessant sind auch die Plantage selbst und der Hof, in dem ein riesiger Brotfruchtbaum Schatten spendet. Einer der Höhepunkte des Besuches war in der Vergangenheit die Vorführung eines 20-minütigen Films aus dem Jahre 1934. Dieser Film wurde vom Großvater der letzten Eigentümer gedreht und zeigt die Schiffsfahrt über den Atlantik, die Ankunft in Barbados, Straßenszenen in Bridgetown und immer wieder die beschwerliche Arbeit auf den Zuckerplantagen von St. Nicholas Abbey. Kaum anderswo Geschichte so lebendig wie an diesem originalen Schauplatz! Ob der Film auch in Zukunft zum Besucherkonzept gehören wird, ist noch offen.
St. Nicholas Abbey, *Öffnungszeiten: Fr-Sa 10-15.30 Uhr, ☎ 4246-22-5357/-432-6392, www.stnicholasabbey.com*

Schöner Aussichtspunkt

Nach dem Besuch von St. Nicholas fährt man hinauf zum 259 m hohen **Cherry Tree Hill**, der seinen Namen noch nach den vielen Kirschbäumen trägt, die hier einmal standen. Sie wurden 1763 durch stattliche und nicht minder schöne Mahagonibäume ersetzt. Der Cherry Tree Hill bietet einen der schönsten Aussichtspunkte auf die raue Ostküste der Insel und die gesamte atlantische Küste.

Nun windet sich die Straße vom Scotland District hinab und dem Highway 2 entgegen, vorbei an Cricket-Spielfeldern und Baudenkmälern der kolonialen Epoche. Eines der schönsten ist die **Morgan Lewis Mill** aus dem 17. Jahrhundert, die einzige erhaltene Windmühle holländischen Typs.
Öffnungszeiten: Mo-Sa 17-19 Uhr, ☎ 246-422-7429.

Die Ostküste: über Bathsheba in den Süden

Spektakuläre Küstenlandschaft

Eine Fahrt entlang der Ostküste ist vor allem durch die dicht am Atlantik verlaufende Straße sehr attraktiv, die Blicke auf Meer, Strand und Felsen ermöglicht. Von Norden kommend, erreicht man die Ostküste über den Highway 2 von Farley Hill aus oder über die nördliche Landstraße von Cherry Tree Hill und Morgan Lewis Mill. Hinter Greenland kommt man dann zum schön gelegenen Dorf **Belleplaine**, von wo der Highway 2, vorbei am höchsten Berg der Insel und vielen Sehenswürdigkeiten, Barbados in südwestlicher Richtung durchquert.

Südöstlich und nah am Wasser verläuft hingegen der ebenfalls von Belleplaine abzweigende Highway 3, der auf den folgenden Kilometern herrliche Sandstrände und bizarre, eindrucksvolle Felsklötze passiert, und damit zu Recht als **schönste Küstenstraße** von Barbados gerühmt wird.

Die wunderschöne Ostküste bei Bathsheba

Einen ersten Stopp sollten Sie am **Barclay's Park** einlegen, der mit seinen Picknickplätzen, einer guten Snackbar (probieren Sie die *fish cakes*!) und dem Sandstrand auch bei den Bajans sehr populär ist.

Hinweis

Beachten Sie unbedingt die Warnschilder und lassen Sie sich nicht von wagemutigen Surfern verleiten, hinaus in die Brandung des mächtig heranrollenden Atlantiks zu schwimmen. Nicht umsonst sprechen Einheimische wegen der Opfer, die die hohen Wellen und gefährlichen Unterströmungen gefordert haben, von einer „Killer Coast".

Zwischen dem **Chalky Mount** zur Rechten und dem Ozean zur Linken geht es weiter bis zur **Tent Bay** mit dem Ferienort **Bathsheba**, einer malerischen Siedlung an der Atlantikküste, die als Geheimtipp für Surfer gilt, die in der Brandung des Atlantik gefährliche Herausforderungen suchen. Schwimmen bzw. im Wasser liegen kann man hingegen in den natürlich entstanden Tidepools, in den vom Atlantik geschaffenen Vertiefungen im Gestein. Den Bewohnern bietet der Ort inmitten der grandiosen Landschaft ein beschaulich-ruhiges Leben mit einigen Fischerbooten, Wochenendhäuschen, B&Bs, Bars und dem Hotel Atlantis, in dem man unmittelbar am Atlantik gut zu Mittag essen kann.

Am südlichen Ortsausgang liegt neben einer Mauer mit modernen Wandmalereien, die durch die Witterung leider immer schnell ihren Glanz verlieren, ein Parkplatz hoch auf den Klippen (**Hillcrest**), wo häufig Bajans mit Schmuck und Kokosnüssen auf Kundschaft warten. Hier hat man den wohl schönsten Panoramablick auf die Strände mit den mächtigen Steinblöcken, die wie von urzeitlichen Riesen hinterlassene Würfel aussehen. Und im Inland, einige Kilometer von der Küste entfernt, rundet das steile, gut 170 m hohe **Hackleton's Cliff** die wilde Szenerie ab. Von hier aus gelangt man auf der Küstenstraße in wenigen Minuten zu den Andromeda-Gärten, von denen sich wieder ein hübscher Blick auf die Küste und Bathsheba ergibt.

Überquellende Vegetation in den Andromeda-Gärten

Die **Andromeda-Gärten** stellen das Lebenswerk von *Iris Bannochie* dar, die von 1954 bis zu ihrem Tod 1988 das Land, das ihrer Familie schon seit über 200 Jahren gehörte, in den vielleicht prächtigsten Garten der Karibik umwandelte. Frau *Bannochie*, die sich all ihre Kenntnisse über Botanik und Landschaftsgestaltung selbst aneignete, war eine der herausragenden Persönlichkeiten des Inselstaates, die viele wichtige Kontakte knüpfte und gegen alle Widerstände ihre Parkanlage kreierte. Durch ihre persönlichen Reisen oder auf dem Wege des Austausches mit anderen berühmten botanischen Gärten sind Tausende von Pflanzen aus der ganzen Welt hierher gekommen, einschließlich einiger sehr seltenen Arten. Ab 1964 lebte sie mit ihrem Mann in dem schönen Haus mitten im Park.

Heute gehören die Andromeda-Gärten zum Barbados National Trust. Zu sehen sind u. a. Kohlpalmen, der Baum des Reisenden, Baumfarne, Brotfruchtbäume, Kakteen, Papyrus, Bougainvilleas und viele Oleander-, Orchideen- und Hibiskusarten, wie z. B. die nach *J. W. von Goethe* benannte Goethea cauliflora.

Natürlich darf auch die Zwerg-Poinciane (*Caesalpinia pulcherrima*) nicht fehlen, die nicht umsonst den englischen Namen „Pride of Barbados" trägt. Sie ist ein bis zu sechs Meter hochwachsender Strauch aus der Familie der Johannisbrotbäume, der mit den Flamboyants verwandt ist und dessen flammend rote Blütenstände ihn zum schönsten der Tropen machen.
Andromeda Botanic Gardens, *Öffnungszeiten: tägl. 9-17 Uhr, ☏ 246-433-9261.*

Kurz hinter dem Park sollten Sie bei Newcastle die Küstenstraße verlassen und auf einem Weg, der noch bis 1938 als Eisenbahnstraße gedient hat, hinauf auf das Kalkplateau bis zur **Gemeindekirche St. John's Church** fahren. Kunsthistorisch gesehen, kann der inmitten eines stimmungsvollen Friedhofes gelegene Bau nur wenig bieten, denn das alte Gotteshaus wurde durch den Hurrikan im Jahre 1831 vollständig zerstört, so dass wir es heute mit einem neugotischen Bau von 1836 zu tun haben. Aber die angenehme Atmosphäre im Inneren (schöner, offener Dachstuhl), vor allem auch die Aussicht von den Klippen auf die grandiose Küste, machen den Besuch lohnend. Versäumen Sie es deshalb nicht, einmal die Kirche zu umrunden, und beachten Sie die interessanten Grabsteine und Steinsarkophage. In einem soll *Ferdinando Paleologos* beigesetzt sein, ein von den Türken vertriebener byzantinischer Kaiser, dessen Abstammung auf *Konstantin den Großen* zurückgeht.

Bei der nächsten Weggabelung hinter der Kirche fährt man nach links bis Coach Hill, dort nach rechts in Richtung Sealy Hall und kommt dabei linker Hand an einer schönen Palmenallee vorbei, die auf das **Codrington College** zuführt.

Codrington College

Die eindrucksvolle und kulturhistorisch bedeutsame Anlage ist das Vermächtnis des Lehrers, Plantagenbesitzers, Philanthropen und Gouverneurs der Leeward Islands, *Christopher Codrington*, der hier 1716 starb und auf seinem Grund und Boden testamentarisch die Errichtung einer Hochschule verfügte. Das Hauptgebäude (*mansion house*) mit den 1743 ausgeführten College Buildings gilt als älteste theologische (anglikanische) Hochschule der westlichen Hemisphäre. Vor der Eröffnung der West Indies University war sie die einzige höhere Lehranstalt des Landes, aus der viele berühmte Persönlichkeiten der Antillen hervorgegangen sind. Das 1987-91 umfassend restaurierte College lohnt einen Besuch nicht nur wegen der Architektur und der Gartenanlagen, sondern auch aufgrund der Hügellage des College-Geländes, wegen des Ausblicks auf die Ostküste der Insel.

Altehrwürdige Lehranstalt

Bei klarem Wetter sieht man die gesamte Ostküste bis hinauf in den Norden zur Cove Bay und dem Pico Tenriffe, auch eine Fahrt zum Eastpoint mit dem weißen **Ragged Point Lighthouse** lädt ein. Dafür biegen Sie hinterm Codrington College wieder auf den Highway 4b ab bis zur Kreuzung und fahren dort dann östlich weiter in Richtung Küste, bis Sie die äußerste Ostspitze erreichen. Die kahle, windgefegte Landschaft mit den steilen Klippen, der weite Blick auf den Ozean und an zwei Seiten der Insel entlang, ausgezeichnete Wandermöglichkeiten – für all das sollten Sie etwas Zeit mitbringen. Anschließend geht es – nun in südwestlicher Richtung – nahe am Steilufer vorbei, wo nach wenigen Minuten linker Hand das merkwürdige Anwesen des Seeräubers *Sam Lord*, das Sam Lord´s Castle, auftaucht. Zuvor lohnt jedoch ein Abstecher vom Highway 4B zur ausgeschilderten **Bottom Bay**, eine der wenigen Buchten, an der kein einziges Haus steht. Die Anfahrt führt durch ein größeres Neubaugebiet, an dessen Ende man das Auto parken kann. Nach einem kurzen Fußweg ein paar Stufen hinunter entlang eines großen Felsens erreicht man den Strand, der von zum Teil überraschend hohen Wellen überflutet wird. Einheimische holen gegen ein Entgelt Kokosnüsse als Erfrischungsgetränk von den recht schräg stehenden Palmen.

Sam Lord's Castle

Dieses einstige „Schloss“ dient heute nur noch als zeitgeschichtliches Dokument und Illustration einer schaurig-schönen Piratengeschichte. Im georgianischem Stil erbaut, wurde es zuletzt als Hotel genutzt, im Jahre 2004 jedoch geschlossen. Seitdem verfällt das Gebäude zusehends. Dabei war es einst kein geringerer als der Bukanier

Samuel Hall Lord, der es 1830 errichten ließ – also einer jener staatlich unterstützten Piraten, die für ihr grausames Handeln meist noch belohnt oder geadelt worden sind. Der Legende nach soll *Lord* die fremden Schiffe durch Irrlichter, die er in Palmen oberhalb der Klippen aufhängte, an die gefährliche Küste gelockt und zum Kentern gebracht haben. Danach ließ er die Überlebenden töten und die Beute bergen. Auch heute noch ist trotz des Verfalls zu erkennen, dass dies ein einträgliches Geschäft war. An den verfallenen Wirtschaftgebäuden geht es über eine schmale Holztreppe zu den beiden zum Sam Lord's Castle gehörenden Stränden.

Komfortables Piratennest

Crane Beach

Nach zwei Kilometern ist ein Halt am atemberaubend schönen Strand von Crane mit seinem weißen bis rosafarbenen Korallensand ein Muss. Vor Palmenbäumen erstreckt sich der Crane Beach unterhalb der spektakulär auf einem Felsvorsprung errichteten Nobelherberge **„The Crane"**. Heute erinnert nichts mehr daran, dass sich hier einst ein Hafen befand, dessen Schiffe mittels eines Kranes (engl.: *crane*) von den Klippen aus be- und entladen wurden. Stattdessen hat sich hier bereits im Jahre 1887 mit dem berühmten Resort die erste Touristenunterkunft angesiedelt, wegen der historischen Hotelzimmer vor allem bei Hochzeitspaaren und Flitterwöchnern beliebt, doch wegen ihres altertümlichen Burgcharakters auch bei Besuchern ein beliebtes Fotomotiv.

Der legendäre und rosa schimmernde Strand von Crane

Durch Milliardeninvestitionen in einen riesigen Poolbereich, Tennisplätze, neue Suiten und Residential Apartments, fünf Restaurants, eine umfangreiche Spa-Anlage und in **„The Crane Village"** mit eigener Gastronomie, Entertainment- und Shoppingangebot, kurz: durch die Errichtung einer kompletten Infrastruktur sollen in Zukunft vermehrt Tagesbesucher und Eigentümer von Appartements angezogen werden.

Älteste Touristenunterkunft am Crane Beach

Vom „Crane"-Hotel führen schmale Straßen zur schönen Badebucht Foul Bay (lassen Sie sich von dem Namen nicht abschrecken) vorbei und kurze Zeit später am **Grantley Adams Airport**. Hier haben Sie Anschluss an den Highway zur Südwestküste bzw. nach Bridgetown, biegen vor dem Henry Ford Roundabout in die Pilgrims Road zu den Stränden an der südlichsten Spitze ab oder nehmen die Umgehungsstraße Highway 7 Richtung Westküste.

Reisepraktische Informationen zum Osten der Insel

Unterkunft (Karte s. S. 358)
Sea-U! $$, *(17), Bathsheba, St. Joseph, ☎ 246-433-9450, 🖷 246-433-9210, www.seaubarbados.com. An der landschaftlich reizvollen Ostküste liegt in Bathsheba inmitten eines Palmengartens und oberhalb der zum Teil recht rauen Küste das liebevoll gestaltete und nach und nach von der deutschen Reisejournalistin* ***Uschi Wetzels*** *in eigener Handarbeit und im Stil eines karibischen Landhauses erweiterte Hauptgebäude. Wer einmal den atemberaubenden Blick auf den Atlantik durch den Palmenwald vom großen Balkon genossen hat, weiß, warum die Deutsche hier ihren Traumplatz gefunden hat. Wer will, kann viele Insel-Infos bekommen, auf jeden Fall jedoch, wenn verfügbar, ein geschmackvoll eingerichtetes Zimmer mit Bad oder ein separates Haus. Alles ist in angenehmem Weiß gestrichen, was sich gut von den dunklen Holzfußböden absetzt. Dinner kann bestellt werden. Gute Surfmöglichkeiten in der Nähe an der Tent Bay.*
Atlantis Hotel $-$$, *(18), ☎ 246-433-9445, www.atlantisbarbados.com. Das schon ziemlich alte Hotel liegt direkt an der Tent Bay und ist aufgrund der direkt am Wasser liegenden Restaurant-Terrasse und dem guten Essen vor allem um die Mittagszeit sehr beliebt. Das* ***Old-fashion-****Hotel verfügt über acht Zimmer, die frei von modernen Errungenschaften sind, d. h. kein Telefon, kein Fernseher oder Internetanschluss. Wer hier bucht, sollte unbedingt nach den Zimmern mit Balkon fragen!*
Crane Beach Hotel $$$-$$$$, *(19), St. Philips, ☎ 246-423-6220, www.thecrane.com. Das kleine, wunderschön gestaltete Hotel liegt spektakulär oberhalb des für seinen rosa Schimmer berühmten Crane Beach. Viel von seinem Charme an diesem wunderschönen Küstenabschnitt verliert das Haupthotel durch die angrenzende große Apartment-Timeshare-Anlage, fünf Restaurants, eine umfangreiche Spa-Anlage und durch die Crane Village mit eigener Gastronomie, Entertainment- und Shoppingbereich.*

Essen und Trinken
Round House Inn, *☎ 246-433-9678, täglich von 11.30 bis 14.30 Uhr und von 18 bis 22 Uhr geöffnet, liegt an der steilen Straße runter nach Bathsheba. Hier wird erstklassiges Essen in familiärer Atmosphäre geboten. Dazu gibt es den Meeresblick.*
Naniki Restaurant, *Suriname, St. Joseph, ☎ 246-433-1300, www.lushlife.bb. Das Restaurant bietet nicht nur gute Gerichte aus der lokalen Küche, sondern auch einen wunderbaren Ausblick auf die Atlantikküste und die Hügellandschaft des Hinterlandes.*

Das Inselinnere: quer durch Barbados

Das schon in frühester Kolonialzeit gut ausgebaute Straßennetz mag die wirtschaftliche Entwicklung des Landes positiv beeinflusst haben und ist für die Inseln der Antillen absolut untypisch. Für Sie als Besucher bedeutet das, zwischen zwei oder mehreren Wegvarianten wählen zu können oder einfach einige Strecken mehrfach zu fahren – was angesichts geringer Entfernungen und schöner Landschaft nicht allzu schlimm ist.

Die im Folgenden aufgezählten Sehenswürdigkeiten liegen alle an oder **in der Nähe der Highways 2, 3, 4, 5 und 6** und sind dementsprechend geordnet (jeweils ab

Tipp

Kombinieren Sie Küstenstrecken und die im Inselinneren und/oder nutzen Sie die Möglichkeiten, die Ausflugsziele im Inselinneren über kleine Querverbindungen miteinander zu kombinieren!

Bridgetown). Ihr Besuch kann ohne weiteres mit der Küstenroute verknüpft werden, so dass sich jeder sein individuelles Barbados-Sightseeing zusammenstellen kann.

Highway 2: von Bridgetown nach The Potteries

Auf dieser Route verlassen Sie Bridgetown auf der Tudor Street, die in den Highway 2 übergeht und in nördlicher Richtung verläuft. Nachdem man an der Peripherie der Hauptstadt das Nationalstadion passiert und die Umgehungs-Autobahn gekreuzt hat, sollten Sie die **Moravian Church** von Sharon besichtigen. Sie ist eines der wenigen Gotteshäuser des 18. Jahrhunderts, das unverändert die Zeit überdauert hat. Ihren Namen hat sie von den „Mährischen Brüdern" – das waren Missionare, die als Erste den Sklaven den christlichen Glauben vermittelten.

Im Inselinneren gibt es viele Schluchten zu erkunden

Harrison's Cave

Die nächste Station erreicht man rechts des Highways, ziemlich genau in der Mitte der Insel. Hinter dem prosaischen Namen „Harrison's Cave" versteckt sich eine faszinierende unterirdische Welt mit **Wasserfällen**, **Stalaktiten, Stalagmiten, Grotten** und **Bächen**. Für 200 Jahre in Vergessenheit geraten, wurde sie erst im 20. Jahrhundert wiederentdeckt und seit einiger Zeit als absolutes Highlight des Inselinneren vermarktet. Der große Parkplatz verrät, wie populär dieses Ausflugsziel geworden ist. Der starke Andrang wird bewältigt, indem Besichtigungen nur innerhalb einer geführten Tour möglich sind, wobei die Besucher mittels Aufzügen in die Höhlen gebracht und in Elektrobussen durch die künstlich verbreiterten Höhlengänge chauffiert werden. Über der Erde wurden ein großes Visitor Center und ein Restaurant-Bereich neu angelegt. Wem hier zu viel Trubel ist, dem bietet die benachbarte **Cole's Cave** von ähnlichem Aussehen, aber weniger touristisch ausgeschmückt, eine Alternative. Touren in diese Höhle werden in der Tagespresse angekündigt.

Touristenmagnet Tropfsteinhöhle

Routenvorschläge für kombinierte Küsten-Inlandserkundung:

- *Fahren Sie z. B. an einem Tag von Bridgetown an der Westküste bis zum North Point und über den Highway 2 zurück.*
- *Am zweiten Tag dann über den Highway 3/3a zur Ostküste, diese hinunter und über Highway 4 zurück.*
- *Und am dritten Tag entlang der Südküste und über den Highway 6 zurück.*

Die Ausschilderung ist recht gut

Harrison's Cave, *Welchman Hall, St. Thomas, Führungen: tägl. 9-16 Uhr, ☏ 246-438-6640/41/43/44, www.harrisonscave.com . Es fährt auch ein Bus von Bridgetown nach Chalky Mount, kurz vor Harrison's Cave oder Route 4, Shorey Village.*

Welchman Hall Gully

Die nächste Sehenswürdigkeit liegt direkt hinter Harrison´s Cave am Highway. Dieses von hohen Felsen gesäumte Tal wurde 1860 mit zahlreichen **Obst- und Gewürzbäumen** bepflanzt und in einen blühenden, tropischen Garten verwandelt. Nachdem dieser im Laufe der Jahrzehnte völlig verwilderte und eine Art Dschungel bildete, ist er heutzutage vom National Trust zu einem **Naturschutzgebiet** erklärt worden, das man auf gewundenen Pfaden durchwandern kann. Reichhaltig vertreten sind auch die Fikusbäume mit ihren **„bärtigen" Luftwurzeln**, die der Insel den Namen gegeben haben. In einer der Höhlen steht ein mächtiger Steinpfeiler, der aus der Vereinigung eines Stalaktiten mit einem Stalagmiten hervorgegangen ist und mit mehr als 1,20 m Durchmesser zu den größten der Welt gehört. In den Morgenstunden werden die in der Schlucht lebenden **green monkeys** gefüttert.

Tropisches Tal

Wer dafür extra einen Besuch plant, sollte sich vorher telefonisch nach den genauen Fütterungszeiten erkundigen.

Welchman Hall Gully, *Öffnungszeiten: tägl. 9-17 Uhr, der letzte Rundgang kann um 16.30 Uhr gestartet werden. Es gibt keinen Führer, jedoch Info-Broschüren zu kaufen, ☏ 246-438-6671, www.welchmanhallgullybarbados.com.*

Bei der Weiterfahrt sieht man linker Hand den **Mount Hillaby**, mit 343 m ü.d.M. der höchste Berg der Insel. Wer die schöne Aussicht von dessen Gipfel genießen möchte, muss von Welchman Hall über Seitenstraßen zur Ortschaft Hillaby und ab da den sehr schmalen Weg bis zur Spitze hinauffahren.

Blumenwälder und Kalkberge

Von Hillaby aus lohnt sich auch ein Abstecher zu den **Turner's Hall Woods** mit der natürlichen Erdgasquelle Boiling Spring im Norden. Das Waldgebiet mit einer Fläche von etwa 18 ha weist noch Restbestände der vorkolonialen Vegetation auf, auch sind dort wildlebende Affen gut zu beobachten. Ebenfalls ab Welchman Hall geht es auf einer Seitenstraße rechter Hand zum **Flower Forest**. Der „Blumenwald" bildet mit seiner Vielzahl an Blumen, Sträuchern, Bäumen, Blüten und Früchten eine Art Mischung aus Andromeda-Gärten und Welchman Hall Gully. Außer seiner Vegetation bietet der Flower Forest auf einem Rundgang einen schönen Blick auf den Scotland District und die raue Ostküste.

Hinter der Vereinigung der Highways 2 und 3a ist vor der Küste ein letzter Abstecher empfehlenswert, und zwar zum **Chalky Mount**. Auf dem skurrilen, 174 m hohen Bergrücken, der aus der Distanz an einen Mann mit über dem Bauch verschränkten Armen erinnert und daher auch „Napoleon" genannt wird, befindet sich in aussichtsreicher Lage die kleine Siedlung The Potteries.

Chalky Mount Potteries

Der Ort ist bekannt wegen der Töpferwerkstätten, in denen noch, wie vor vielen Generationen, mit der Drehscheibe gearbeitet wird. Gegen ein Trinkgeld lassen sich die Handwerker gerne über die Schulter schauen, und natürlich ist ein Kauf der qualitätsvollen Waren an Ort und Stelle möglich. Auch ein guter Ort, um eine Mittagspause einzulegen.

Vom Kalkberg kann man dann über kleine Straßen zur wildromantischen Küste hinabfahren, entweder zum südlich gelegenen **Bathsheba** (s. S. 391) oder nördlich zum **Barclay's Park** (s. S. 390).

Highway 3: von Bridgetown nach Bathsheba

Ausgangspunkt dieser Route ist der Queen's Park in Bridgetown, hinter dem die Hindsbury Road in den Highway 3 übergeht. Wer diese Straße nimmt, kommt ziemlich exakt nach 20 km zu den Andromeda-Gärten an der Ostküste. Zuvor sollten Sie jedoch einen Abstecher zum Gun Hill machen.

Gun Hill

Auf diesem Hügel hatten die Briten eine ihrer vielen Signalstationen angelegt und konnten von hier aus die gesamte Insel und deren Küsten überblicken und bei Gefahr durch Flaggen-Kommunikation zu den Waffen rufen. Außerdem waren die Signalstationen selbst mit Kanonen ausgerüstet. An einem mächtigen weißen Kalkstein-Löwen vorbei, der die Macht des British Empire symbolisieren soll und 1868 skulptiert wurde, kommt der Besucher auf die hoch gelegene Terrasse mit der eigentlichen Signalstation und kann einen der schönsten Panoramablicke genießen, die Barbados zu bieten hat.

Kanonenstellung mit Aussicht

Tipp

Statt vom Gun Hill wieder auf den Highway 3 zurückzufahren, ist die Strecke über den Highway 3b bis zur Kreuzung bei Knights und dort nach links in Richtung Wilson Hill sehr reizvoll und führt an der historischen Villa Nova vorbei.

Villa Nova

Weiter auf dem Highway 3b liegt 1,5 km vom Gun Hill entfernt mit der geschichtsträchtigen **Villa Nova** eines der letzten großen Plantagenhäuser. Das 1834 erbaute Herrschaftshaus, das auch als Briefmarkenmotiv dient, ist heute ein edles Luxushotel. Die früheren Premierminister von England, *Sir Anthony Eden* und *Sir Winston Churchill* waren hier ebenso langjährige Gäste wie auch Ihre Majestät, *Queen Elizabeth II*. Seit der Neueröffnung im Jahre 2001 verkehren hier auch gern viele Leinwand- bzw. TV-Stars. Die frühere Residenz von *Lord Avon* kann als bestes Beispiel eines Zuckerbaron-Herrensitzes gelten und ist mit vielen wertvollen Mahagoni-Möbeln eingerichtet.

Villa Nova, St. John, ☏ 246-433-1524, www.villanovabarbados.com.

Orchid World
Etwas weiter südlich des Hotels liegt der 6,5 ha große Orchideen-Garten, umgeben von Zuckerrohrplantagen mitten im landwirtschaftlichen Zentrum von Barbados. Auf dieser ehemaligen Hühner- und Schweinefarm wachsen über 20.000 Orchideen.
Orchid World, *Groves, St. Georges, Öffnungszeiten: tägl. 9-17 Uhr, ☏ 246-433-0306.*

Cotton Tower (St. Joseph)
Fährt man ab der Villa Nova zunächst in nördlicher Richtung, dann links nach Nordwesten und auf die Gemeindekirche von St. Joseph und den Highway 3 zu, passiert man auf dem Weg eine weitere Signalstation, nämlich den Cotton Tower. Auch dieses Bauwerk ist restauriert, gehört dem National Trust und ist öffentlich zugänglich. Eine kleine Ausstellung über das Soldatenleben, denen auf den Westindies Hitze und tropischen Krankheiten zusetzten.

Steilküste

Sobald man den Highway 3 erreicht hat, bietet sich ein grandioser Blick vom **Hackleton's Cliff** hinab auf Bathsheba und die gesamte Ostküste. Entlang der gut 170 m steil abfallenden Kalksteinwand gibt es phantastische Wandermöglichkeiten. Zum Ufer kommt man, indem man entweder dem Highway weiter nach Bathsheba folgt oder in südöstlicher Richtung oberhalb des Kliffs zur Kirche von St. John fährt.

Highway 4: von Bridgetown zum Ragged Point Lighthouse
Auch diese Route nimmt als Startpunkt den Queen's Park, von dem Sie über die Belmond Road zur Umgehungs-Autobahn gelangen. Vorher passieren Sie den **Ilaro Court**, ein extravagantes Domizil aus dem Jahre 1919, das eine angemessene Residenz des Premierministers abgibt.

Dann fährt man auf der Umgehungsstraße ein Stück in nördliche Richtung (nach links), bei der nächsten Abzweigung dann auf dem Highway 4 nach rechts. Nach einer Weile lohnt der Besuch der linker Hand auftauchenden **St. George's Parish Church**, eines der wenigen Gotteshäuser, die den Hurrikan von 1831 unbeschadet überstanden haben. Sehenswert sind das Altarbild und einige Skulpturen des 18. Jahrhunderts.
Weiter dem Highway 4 folgend, sollten Sie auf der ausgeschilderten Stichstraße unbedingt der Drax Hall einen Besuch abstatten.

Drax Hall (St. George Valley)
Die **Drax Hall** war einer der ersten Plätze auf Barbados, an denen Zuckerrohr angebaut wurde. Ob nun Drax Hall oder St. Nicholas Abbey das älteste Plantagenhaus der Insel darstellt, scheint unklar zu sein. Beiden gemeinsam ist jedoch ihr seltener Architekturstil, der als „jakobinisch" bezeichnet wird und eine Spielart der Renaissance ist.

Auf dem Weg zur Ostküste ist noch der für Ornithologen interessante **Ashford Bird Park** beachtenswert, hinter dem man entweder zum Ragged Point an der Südostspitze oder zum Codrington College abbiegen kann.

Highway 5 und 6: von Bridgetown zum Oughterson Wildlife Park

Ausgehend vom Highway 6, der in Bridgetown an der Careenage beginnt, verläuft dieser in einigem Abstand parallel zur Südküste. Stadtauswärts folgen Sie den Straßen Fairchild, River und Collymore Rock. Im Vorort **Wildey** kommen Sie an den modernen Anlagen der **Banks Brewery** vorbei.

Karibisches Bier

In der Brauerei wird das Nationalgetränk *Banks* gebraut, das aber auch auf anderen karibischen Inseln sehr populär ist. Zudem wurden im Jahre 2002 das *Legend Premium Lager* und 2004 das *Legends Export* auf den Markt gebracht.
Banks (Barbados) Breweries Ltd., *Wildey, St Michael, Brauerei-Besichtigungen: Mo-Fr 10, 12 und 14 Uhr, ☏ 246-228-6486.*

Kurze Zeit später gelangen Sie zum **Aquatic Centre**, einer unter chinesischer Mithilfe errichteten großen Sportanlage mit Schwimmbad für internationale Wettkämpfe sowie Tennis-, Hockey- und Fußballplätzen. Unweit südlich davon sieht man das Observatorium.

1963 erbaut, ist das **Observatorium** der Barbados Astronomical Society bis heute das einzige in der Karibik. Freitags haben Besucher hier die Möglichkeit, durch das riesige Spiegelteleskop den südlichen Sternenhimmel zu beobachten.
Harry Bayley Observatory, *Clapham, St. Michael, geöffnet: Fr 20.30 bis 23.30 Uhr.*

Weiter auf dem Highway 6 liegt kurz hinter dem Henry Ford Roundabout auf der linken Seite der **Ocean Park**. Während der Fütterungszeiten stehen nicht nur Kinder beeindruckt vor dem Piranha- oder Haifischbecken. Im weiteren Verlauf des Highway 6, der durch das Herz der Zuckerrohrfelder führt, lohnt bis zur Kreuzung mit dem Highway 5 bei Six Cross Roads ein weiterer Stopp bei der Rumdestillerie Foursquare.
Ocean Park, *Öffnungszeiten: tägl. 10-17/18 Uhr, ☏ 246-420-7405.*

Museale Plantagenhäuser

Die neue, voll computerisierte **Rum-Destillerie Foursquare** produziert weißen Rum und hat sich besonders auf die Herstellung von Gewürzrum spezialisiert. Sie selbst bezeichnet sich als die modernste Rum-Destillerie weltweit, die an der Seite der historischen Gebäude zur Zuckergewinnung gebaut wurde. Diese sind im Heritage Park zu besichtigen – inklusive der alten Maschinen. Ergänzt wird der historische Teil durch Shops mit verschiedenen Handwerksprodukten, einem Heimatmuseum und der Foundry Art Gallery.
Foursquare Rum Factory and Heritage Site, *St. Philip, ☏ 246-420-1977, Mo-Fr 9.00-17 Uhr, Fr-Sa 10-21 Uhr, So 12-18 Uhr. Touren finden alle 30 min statt – inklusive Punch.*

An der Six Cross Roads führt die Straße in nördlicher Richtung (auf die Kirche von St. Philip zu) zum Anwesen von Sunbury, das als Museum dient:
Mit einer Bauzeit um 1660 ist das **Plantagenhaus** eines der sechs ältesten des Landes. 1981 wurde es von den heutigen Besitzern erworben und sorgfältig restauriert. Das Museum zeigt u. a. Kostüme, Alltagsgegenstände aus der „Zuckerzeit" sowie eine Sammlung von Kutschen und anderen Fahrzeugen. Daneben gibt es eine Kunstgalerie und ein Restaurant, in dem Tee, Snacks oder Mittagessen serviert werden.

Sunbury Plantation House, *St. Philips, Öffnungszeiten: tägl. 10-16 Uhr, ☎ 246-423-6270, http://barbadosgreathouse.com*

Setzen Sie den Weg bis zur Kirche fort und biegen auf dem Highway 4b rechts ab, erreichen Sie nach 1,5 km rechter Hand den Weg zur **Oughterson Plantation** and **Wildlife Park**. Das Plantagenhaus selbst ist im georgianischem Stil gehalten und reichlich mit einheimischen und importierten Antiquitäten möbliert. Besonders lohnt der Besuch aber wegen des ringsum angelegten Wildparks des Caribbean Wildlife Trust. Hier kann man auf einem knapp einen Kilometer langen Pfad durch **Bambuswälder** und zwischen **tropischen Fruchtbäumen** wandern, umgeben von Affen, tropischen Vögeln, Krokodilen, Schlangen und Schildkröten.

Grenada und zugehörige Inseln

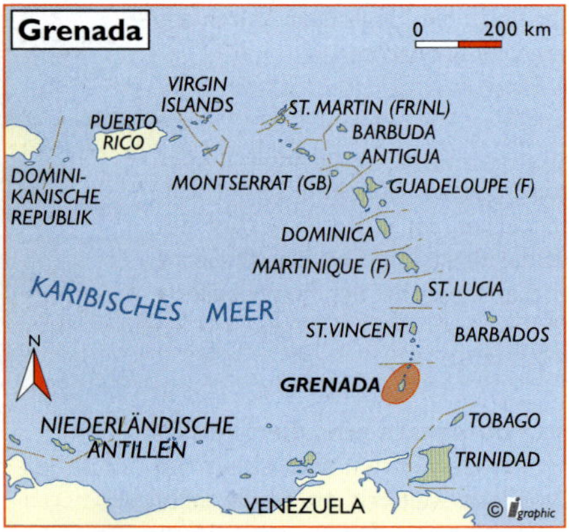

Wichtige Telefonnummern auf einen Blick

Telefonvorwahl	☎ 473
Internationale Vorwahl	☎ 001-473
Diplomatische Vertretung von Deutschland	☎ 443-2156
Ambulanz	☎ 434 (St.George's), ☎ 724 (St. Andrew's), ☎ 774 (Carriacou)
Polizei	☎ 911
Feuerwehr	☎ 911
Küstenwache	☎ 399
Touristen-information	☎ 440-2279/2001/3377

Vielfältige Landschaft

Mit etwa 12°10' nördlicher Breite liegt Grenada (ausgesprochen: *Gri-nei-da*) zwischen St. Vincent und den Grenadinen im Norden sowie Trinidad und Tobago im Süden. Wie bei den anderen Inseln des inneren Antillenbogens bestimmt der **vulkanische Ursprung** das abwechslungsreiche landschaftliche Profil mit vielen Hügeln, dicht bewaldeten alten Vulkanen, Kraterseen, Wasserfällen und Flussläufen. Mit 840 m ü. d. M. stellt der im nördlichen Teil gelegene **Mount St. Cathérine** die höchste Erhebung dar, während weiter südlich vier andere Gipfel Höhen von rund 700 m erreichen (Sinai, Mt. Lebanon, Mt. Granby, Fedons).

Das **gebirgige Inselinnere** fällt besonders im Süden zur Küste hin treppenförmig ab. Der dortige Uferstreifen ist mit tiefen Buchten, schmalen Halbinseln, Flussmündungen, Naturhäfen und vorgelagerten Inselchen außerordentlich reich gegliedert. Hier liegen auch die längsten und bekanntesten Strände, allen voran **die weißsandige Grande Anse Bay**, während an anderer Stelle auch schwarzer (Black Bay) oder grau-brauner Sand und im Norden einige Kreidefelsen vorzufinden sind.

Das Inselinnere wird **landwirtschaftlich intensiv genutzt**, insbesondere durch die Kultivierung von Bananen-, Kakao-, Muskatnussbäumen und anderen Gewürzpflanzen, die Grenada den Beinamen **Isle of Spice** (= Gewürzinsel) eingebracht haben. Trotz der landwirtschaftlichen und touristischen Nutzung hat sie ihre Ursprünglichkeit nicht verloren, so dass die Insel zusammen mit St. Lucia zu den landschaftlich schönsten Flecken der Karibischen See zählt und deshalb auch mehrfach von Hollywood als Filmkulisse genutzt wurde.

Zum heutigen unabhängigen Staat Grenada gehören neben der Hauptinsel zahlreiche kleinere und kleinste Eilande sowie die etwas größeren Vorposten **Carriacou** und **Petite Martinique**. Ein historischer Unterschied Grenadas zu den meisten anderen Westindischen Inseln besteht darin, dass sich ihre **Ureinwohner** von Anfang an den Europäern gegenüber abweisend verhielten. Schon *Kolumbus* zeigten sie sich 1498 so unfreundlich, dass er sich damit begnügte, das Eiland *La Concepción* zu taufen und schnellstmöglich weiterzusegeln – quasi als „erster Kreuzfahrtbesucher" der Insel. Wann und warum der ursprünglich spanische Name zugunsten von Granada (franz.: *Grenade*; engl.: *Grenada*) geändert wurde, ist nicht geklärt. Die oft zu lesende Verknüpfung mit der andalusischen gleichnamigen Stadt klingt jedenfalls wenig überzeugend.

Redaktionstipps

- Ein mindestens halbtägiger Ausflug nach **St. George's**, einer der am schönsten gelegenen Städte der Karibik (S. 414).
- Beim Fish Friday in **Gouyave** (S. 420) gebratenen Fisch und karibische Nacht genießen.
- Gewürze, vor allem Muskatnüsse (*nutmeg*), aber auch Zimt und Gewürznelken für zu Hause kaufen und danach in die **Nutmeg Processing Station** (S. 424) gehen, um den Arbeitsprozess von der frischen Nuss bis zum Pulver zu erkunden.
- Die touristisch weniger erschlossenen **Strände an der Südküste** (S. 424) aufsuchen.
- Das Landesinnere mit **Wasserfällen** (S. 420), **Kraterseen** (S. 426) und **Regenwald** (S. 426) kennenlernen.
- Einen **Bootsausflug** an der Westküste entlang unternehmen und danach dem Treiben im Hafen von St. George's (S. 414) zuschauen.
- Exkursion zu einer der Nachbarinseln, wie z.B. **Carriacou** (S. 427) und von dort sich mit dem Boot nach **Petite Martinique** (S. 430) übersetzen lassen.

Erst den **Franzosen** gelang es ab 1650, in der Nähe des heutigen St. George's Fuß zu fassen und die Insel offiziell dem Besitz ihrer Westindischen Kompanie bzw. der Krone einzuverleiben. Der immer heftiger werdenden **Gegenwehr der Kariben** begegneten die **Europäer mit äußerster Brutalität**, bis sich die letzten 40 überlebenden Indianer bei Sauteurs (Carib's Leap) von den steilen Klippen ins Meer stürzten. Das 18. Jh. sah Grenada als heftig umkämpften **Zankapfel der Kolonialmächte England und Frankreich**, wovon noch fünf Forts zeugen. Das blutige Hin und Her wurde schließlich 1783 zugunsten Englands entschieden. 1877 wurde das verarmte und wirtschaftlich unbedeutende Grenada zur **britischen Kronkolonie** erklärt – ein Status, den die Insel bis zum Jahre 1967 behielt.

Blick über die Grande Anse und die Morne Rouge Bay

Nach einer siebenjährigen Übergangszeit erlangte das Land **1974 seine volle Unabhängigkeit**. Damit begann jene schmerzhafte Zeit der Wirren und politischen Experimente, die Grenada in die internationalen Schlagzeilen brachte – besonders durch die Ereignisse des Jahres 1983. Zunächst war es der autoritäre Präsident *Sir Eric Gairy*, der mit Geheimpolizei und diktatorischer Strenge die Bevölkerung gegen sich aufbrachte. Schließlich wurde *Gairy* 1979 durch einen unblutigen Putsch unter Führung des Sozialisten **Maurice Bishop** gestürzt.

Der charismatische Revolutionär *Bishop* versuchte, mit seiner Bewegung **New Jewel** (Joint Endeavour for Welfare, Education and Liberation) einen **„Dritten Weg" zwischen Kapitalismus und Kommunismus** zu gehen, für den er freilich Unterstützung bei Kuba suchte und fand. Von Anfang an wurde dieses Experiment von den karibischen Nachbarstaaten (besonders Dominica und Barbados) und den USA argwöhnisch beobachtet. 1983 kam es innerhalb der New Jewel-Bewegung zu schweren Auseinandersetzungen, in deren Verlauf am 19. Oktober *Maurice Bishop* und Mitglieder seines Kabinetts ermordet wurden. Die Unruhen, die Hinwendung zum Kommunismus und der angebliche Flughafenausbau zur Militärbasis, der von den USA und den umliegenden Staaten als Bedrohung angesehen wurde, führten dazu, dass sich *Ronald Reagan* „auf Bitten" der Gouverneurin von Dominica *Mary Eugenia Charles* zum Eingreifen veranlasst sah.

Militärinvasion der USA

Zusammen mit Streitkräften anderer karibischer Kleinstaaten kam es zur Invasion der USA. In mehrtägigen militärischen Operationen wurde u. a. am Flughafen, an der Grande Anse Bay und auf dem Richmond Hill blutig gekämpft. US-Kampfflugzeuge bombardierten irrtümlich das Krankenhaus in St. George's, und auf amerikanischer Seite kamen 17 GIs ums Leben. Nur langsam konnten die politischen und wirt-

18 x 34 km

schaftlichen Wunden verheilen, die Grenada in diesem Jahr beigebracht wurden. Die Meinungen über das amerikanische Eingreifen sind geteilt, nicht zuletzt auf der Insel selbst. Die Regierung unter dem ehemaligen *Verteidigungsminister Austin* war nicht beliebt und die Bevölkerung war wegen der Absetzung und Ermordung *Bishops* sehr aufgebracht. Aufgrund der folgenden Ausschreitungen empfanden einige Teile der Bevölkerung die Invasion der USA als Befreiung.

Die Gruppe jener Revolutionäre, die für die Ermordung *Bishops* verantwortlich war, wurde 1986 vor ein Militärgericht gestellt und zum Tode verurteilt. Schon vorher war mit massiver Unterstützung der USA ein neuer Premierminister ins Amt gehoben worden, der eine rein westlich orientierte Politik betrieb. Nach wie vor jedoch ist die Symbolgestalt der Revolution, der Katholik und Sozialist *Maurice Bishop* äußerst populär, was sich in Wandmalereien ebenso ausdrückt wie auf T-Shirts und in Porträts, die man allenthalben sieht.

Eigentlich sturmsicher

Die Bevölkerung Grenadas, die rund 105.000 Einwohner zählt, ist heute zu 95 Prozent afrikanischer, zu 3 Prozent indischer und eine ganz kleine Minderheit europäischer Abstammung. Wirtschaftlich stellt der Tourismus die wichtigste Einnahmequelle dar. Als im September 2004 der **Hurrikan „Iwan“** 95 Prozent der Hauptstadt St. George's und große Teile der landwirtschaftlich genutzten Flächen zerstörte, 35 Todesopfer forderte und die Trinkwasser- und Stromversorgung zusammengebrochen war, befürchteten viele Beobachter ein komplettes Erliegen des Insellebens und damit auch des Tourismussektors. Zumal 2005 erneut ein Hurrikan, diesmal war es „Emily“, die Insel heimsuchte.

Viele Einheimische blicken jedoch optimistisch in die Zukunft und scheuen keine Investitionen. Und zwar nicht nur in die Wiederherstellung der Inselinfrastruktur, sondern auch in den Neubau z. B. einer modernen **Marina im Hafen von St. George's**. Der Hintergrund für die Aufbruchstimmung ist die Tatsache, dass Grenada ganz offiziell als **Hurrikan-sicheres Gebiet** eingestuft wird. Der letzte Sturm vor „Iwan“ liegt 50 Jahre zurück und so wird der jüngste Sturmschaden als „Ausrutscher“ angesehen. Diese Einstufung ist bares Geld für die Wirtschaft von Grenada: Wer nämlich sein Boot in einem Hurrikan-Gebiet liegen lässt und einen Sturmschaden erfährt, ist versicherungstechnisch nicht abgesichert. Aus diesem Grund quartieren viele Yachtbesitzer aus anderen karibischen Regionen während der Sturmsaison ihre guten Stücke in Grenada ein.

Dies ist für Grenada Anlass genug, den großen Investitionen in die Infrastruktur zuzustimmen, von denen allein 24 Millionen US-Dollar in den **Port-Louis** fließen. Die Marina am Hafen der Inselhauptstadt soll denen von Luxusinseln wie St. Barth Konkurrenz machen.

St. George's dagegen, eine rund 10.000-Einwohner-Stadt, verteilt sich mit bunten, kleinen Häuschen auf mehrere Hügel – von ihr wird behauptet, dass sie die schönste Stadt der Karibik sei. Farbenfroh vor pastellfarbener Kulisse aus dem 18. Jahrhundert geht es auf jeden Fall samstags zu, wenn Markttag ist. Wenn es sich irgendwie einrichten lässt, sollten Sie an diesem Tag ihre Shoppingliste in der Inselhauptstadt abarbeiten.

Allgemeine Reisepraktische Informationen zu Grenada

Information (Karte s. S. 403)

Grenada Board of Tourism, *Burns Point, St. George's, ☎ 473-440-2279/2001/3377, 🖷 473-4406637, www.grenadagrenadines.com*

Unterkunft

Auf Grenada gibt es ein gutes Angebot von Mittelklasse- und kleineren Hotels sowie Gästehäusern, die eine familiäre Atmosphäre bieten. Parallel entwickelt sich der organisierte Tourismus. Während in St. George's noch die Guest-Houses zahlreich vertreten sind, liegen an der Grande Anse mehr Hotels. Darüber hinaus gibt es viele Agenturen, die Villen und Apartments (voll ausgestattet) auf Grenada vermitteln:
RSR Apartments, *St. George's, ☎ 473-440-3381, 🖷 473-440-8384*
Villas of Grenada, *☎ 473-444-1896, 🖷 473-444-4529*

La Sagesse Bay
La Sagesse Nature Centre $$-$$$$, *(1), La Sagesse Bay, ☎/🖷 473-444-6458, www.lasagesse.com. Ehemaliges Plantagen-Anwesen mit vier Häusern in der einsamen La Sagesse Bay, 1968 von* **Lord Brownlow** *wieder instand gesetzt, fünf der zwölf Gästezimmer mit großzügigen, originalen Räumen, direkt am Strand, Schwimmmöglichkeiten und viele Wanderwege in der Nähe.*

Grande Anse und Morne Rouge
**Spice Island Beach Resort $$$$$**, *(2), Grande Anse, ☎ 473-444-4423, 🖷 473-444-4807, www.spicebeachresort.com. Das preisgekrönte Resort wurde nach der Zerstörung durch den Hurrikan „Iwan" im Jahre 2004 mittels der Investition von 12 Millionen US$ völlig neu aufgebaut, zu einem Fünf-Sterne-Luxushotel umgebaut und 2005 bereits wieder eröffnet. Die 66 Luxus-Suiten, inklusive zwei Suiten mit einem Schlafzimmer, sind teilweise mit Whirlpool und Meerblick, 34 Suiten haben eine eigene Terrasse und direkten Zugang zum weißen Sandstrand. Alle Räume haben Klimaanlage, TV. Neben einem schönen Swimmingpool, gutem Restaurant und vielen Sportmöglichkeiten sowie einem Fitness-Center, gibt es die Möglichkeit der Mitbenutzung der Sportanlagen des Nachbarhotels.*
Blue Horizons Garden Resort $$$$-$$$$$, *(3), Grande Anse, ☎ 473-444-4316/4592, 🖷 473-444-2815, www.grenadabluehorizons.com. Die großzügige, am Hang erbaute Anlage inmitten einer üppigen Gartenanlage verfügt über 32 Ein- und Zweibettzimmer mit Kochecke, Wohnbereich, Klimaanlage, Badezimmer und zum Teil einem großartigen Blick vom eigenen Balkon über die Grande Anse bis hin nach St. George. Swimmingpool, zwei Bars und ein gutes Restaurant, das „La Belle Créole". Sandstrand und Wassersportmöglichkeiten im 300 Meter entfernten Schwesterhotel „Spice Island Beach Resort".*
Coyaba Beach Resort $$$$$, *(4), Grande Anse Beach, ☎ 473-444-4129, 🖷 473-444-4808, www.coyaba.com. Das direkt am Strand gelegene komfortable Hotel liegt inmitten eines kleinen Palmenhains und hat 70 Zimmer mit Klimaanlage, TV, Balkon oder Terrasse. Der große Swimmingpool ist mit integrierter Bar.*
The Flamboyant Hotel $$$$, *(5), Grande Anse, ☎ 473-444-4247, 🖷 473-444-1234, www.flamboyant.com. Die familiäre Hotelanlage liegt idyllisch am Hang am südlichen Ende der Grande Anse, wohin ein schöner Weg führt. 61 Suiten mit Kochecke und Ein- und Zweibettzimmer. Swimmingpool, Bar, Tauchshop, Gartenbar und Restaurant.*

Allamanda Beach Resort and Spa $$$$, (**6**), Grande Anse, ☎ 473-444-0095, 📠 473-444-0012, www.allamandaresort.com. Das Hotel liegt direkt am Strand der Grande Anse und verfügt über Swimmingpool, Tauch- und Wassersportmöglichkeiten sowie Wellness- und Fitness-Einrichtungen.
Siesta Hotel $$$, (**7**), Grande Anse, ☎ 473-444-4645/4646, 📠 473-444-4647, www.siestahotel.com. Familiäre Anlage mit 37 Studios, Apartments oder einfachen Zimmern, alle mit Klimaanlage und TV, z. T. auch Balkon mit Blick auf die Bucht und Kitchenette. Das Hotel liegt schön am Hügel, ca. 200 Meter vom Strand und wenige Minuten vom großen Einkaufszentrum entfernt.

Campen

Es gibt keine offiziellen Campingplätze auf Grenada. Im Grand Etang National Park auf Grenada und auf öffentlichen Schul- und Kirchengeländen auf Carriacou ist das Campen allerdings erlaubt.

Essen und Trinken

Nutmeg Restaurant & Bar, The Carenage, St. George's, ☎ 473-440-3000. Der schöne Treffpunkt zum Abhängen zur Lunch-Zeit mit Blick auf den Hafen liegt über dem Sea Change Book Store. Hier gibt es vor allem „schnelle" Gerichte.
Patrick's Homestyle Cooking, Lagoon Road, St. George's. Das Restaurant liegt gegenüber dem Eingang zu Grenada Yacht Services, ☎ 473-440-0364, www.grenadaguide.com/patrick/. Patrick's ist der Tipp für einheimische Küche, wobei Patrick, der Besitzer selbst, ein Unikum ist.
La Belle Créole, im Blue Horizons Cottage Hotel, Grande Anse, ☎ 444-4316. Sehr gutes und atmosphärisches Restaurant mit kontinentaler und westindischer Küche, Spezialität u. a. Hummer à la Créole, Pool-Barbecue.
Beach Side Terrace Restaurant and Bar, Grande Anse, ☎ 473-444-4264/4267. Das Restaurant im Flamboyant Hotel bietet einen schönen Innen- und Außenbereich, wo westindische und internationale Küche serviert wird. Im Angebot sind auch Beach-Brunch und Barbecue-Abende.
Green Flash Restaurant, Grande Anse, ☎ 473-444-4645/6. Das gute und für karibische Verhältnisse nicht zu teure Restaurant des Siesta Hotels bietet neben karibischer und internationaler Küche leckere Nachspeisen.
Aquarium Beach Club, Point Salines, ☎ 473-444-1410, 📠 473-444-5134, www.aquarium-grenada.com. An einem wunderschönen Strand gelegen bietet das wohl beste Restaurant der Insel nicht nur hervorragendes Essen, sondern u. a. auch Schnorchelmöglichkeiten.
The Red Crab, Lance aux Épines, ☎ 473-444-4424, Sa geschlossen. Auf Seafood und Steak spezialisiertes Restaurant; Livemusik.
Indigo's im True Blue Inn, an der True Blue Bay gelegen, ☎ 473-444-2000. Ruhiges und schönes Restaurant mit vernünftigen Preisen und westindischer Küche.
La Sagesse Nature Center, La Sagesse Bay, ☎ 473-444 6458. Das Restaurant liegt im gleichnamigen Naturpark sehr schön unter Palmen und bietet eine intime Atmosphäre. Sehr gute Fischgerichte.
Belmont Estate, Belmont (westl. von Tivoli), ☎ 473-442-9524/26, 📠 473-438-0705, www.belmontestate.net, Sa geschl. Die 300 Jahre alte Plantage liegt inmitten üppiger Tropenvegetation und bietet nicht nur jede Menge Kultur, sondern auch hervorragende karibische „Hausmannskost" mit Früchten und Gemüse aus dem eigenen Anbau.

Anreise

Per Flugzeug

Die Condor *(www.condor.de) bietet einmal pro Woche eine Direktverbindung Frankfurt-Grenada (Flugzeit ca: 9 Std.) an.* British Airways *fliegt ganzjährig einmal die Woche ab Deutschland über London nach Grenada, in der Wintersaison (1. November bis 31. März) zusätzlich noch freitags.*

Für innerkaribische Flüge ist Liat der wichtigste Carrier mit einer Vielzahl von Flugzielen, einschließlich des grenadinischen Vorpostens Carriacou. Informationen bei:
Grenada Reservations and Tickets, *Carin Travel Services Ltd., Grande Anse, ☎ 473-444-4363 oder 473-444-4364, 🖷 473-444-4560*
Flughafen Point Salines, *Grenada, Aviation Services of Grenada (ASG), ☎ 473-439-0681/2*
Aktuelle Infos zu Flugverbindungen unter www.grenadaexplorer.com (auch auf Deutsch)

Per Schiff

Auf dem Wasserweg ist es nicht einfach, Grenada zu erreichen – es sei denn, man besitzt eine private Yacht oder hat eine Kreuzfahrt gebucht. Außer von und nach Carriacou gibt es keine Fährverbindungen.

Diplomatische Vertretung

Consulate of Germany, *P. O. Box 814, Fort Jeudy, New Westerhall Point, St. George's, Grenada, ☎ 473-443-2156, 🖷 473-444-2155*

Flughafen

Der einige Kilometer südlich von St. George's an der Südwestspitze gelegene internationale Flughafen Point Salines *verfügt über alle üblichen Einrichtungen einschließlich Restaurant. Von dort aus sind es zehn Fahrminuten bis zu den Hotels an der Grande Anse Bay.*

Airport/Departure Tax

Wer sich länger als 24 Stunden im Land aufhält, muss bei der Ausreise eine Flughafensteuer von derzeit 50 EC$ (US$20) für Erwachsene und 25 EC$ für Kinder von fünf-zwölf Jahren zahlen. Beim Abflug vom Lauriston Airport auf Carriacou beträgt die Steuer 10 EC$.

Exkursionen

Die Insel ist groß genug, um sie auf einer Rundtour *zu erkunden, vielleicht zu Beginn Ihres Urlaubs. Von St. George's aus bieten zudem Reiseagenturen geführte* Wanderungen *durch die Berge, Wälder und zu den Wasserfällen im Landesinnern an sowie gemütliche Segeltörns entlang der Küste. Häufig werden auch kombinierte eintägige Flug-/Segelreisen zum Archipel der Grenadinen angeboten, wo die* Tobago Cays *ein exzellentes Ziel darstellen (einschließlich Transfer, Essen und Getränken). Die Fluglinie Liat bietet verhältnismäßig preiswerte* Tagesausflüge *u. a. nach St. Vincent, Barbados und Trinidad an. Ein schöner mehrtägiger Ausflug ist, per Flugzeug nach* Carriacou *(mit der Chartergesellschaft SVG Air, www.svgair.com) zu fliegen, um dann per Schiff weiter nach* Petite Martinique *zu fahren. Auch eine Exkursion auf den südamerikanischen Kontinent nach Venezuela ist empfehlenswert.*

Einige Anbieter von Inseltouren, sei es zu Fuß, mit dem Mountainbike, per Jeep oder unter Wasser, sind:

Adventure Tour Jeep *(Jeeps mit Panoramablick und Mountainbike-Spezialist), St. George's, ☏ 473-444-5337, www.grenadajeeptours.com*
Caribbean Horizon Tours and Services *(Tagesprogramm für Kreuzfahrtschifffahrer, Exkursionen, Autovermietung), St. George's, ☏ 473-444-3944, 🖷 473-444-2899, www.caribbeanhorizons.com*
EcoTrek, *Eco Tours, St. George's, ☏ 473-444-7777, 🖷 473-444-4808, www.diveguide.com*

➤ Medien
Es gibt keine lokale Tageszeitung. Wöchentlich erscheinen „Grenadian Voice" (www.spiceisle.com/homepages/gvoice/), „India Times" „The National" und „The Informer". Neun Radiostationen informieren über die Neuigkeiten der Inseln.

Feiertage
- *Neujahr*
- *7. Februar – Unabhängigkeitstag*
- *Karfreitag*
- *Ostermontag*
- *1. Mai – Tag der Arbeit*
- *Pfingstmontag*
- *Fronleichnam*
- *1. Montag im August – Tag der Sklavenbefreiung*
- *25. Dezember – Weihnachten*

➤ Öffnungszeiten
Geschäfte *sind im Allgemeinen geöffnet Mo-Fr 8-16 Uhr, Sa 8-13 Uhr, jedoch Mo-Fr in der Mittagszeit (11.45-13 Uhr) oft geschlossen. Supermärkte und Shoppingcenter sind in der Regel von Mo-Sa 9-19 Uhr und teilweise auch am Sonntag geöffnet.*
Banken: *Mo-Fr 8-15 Uhr*
Post: *Mo-Do 8-16 Uhr und Fr 8-16.30 Uhr*

➤ Post
Das Hauptpostamt befindet sich am Hafen von St. George's in der Lagoon Road. Weitere Postämter finden Sie in allen größeren Orten. Briefmarken sind nur in der Zeit von 11.45-13 Uhr erhältlich!

➤ Preisniveau
Innerhalb der hochpreisigen Karibik gelten Grenadas Preise als moderat bis ziemlich teuer.

➤ Souvenirs
Auf der „Gewürzinsel" oder „the Spice of the Caribbean", wie Grenada genannt wird, bieten sich natürlich in erster Linie lokale **Gewürze** *wie Muskat und Zimt als Souvenirs und Zutaten für die Küche zu Hause an. Sie erhalten sie in verschiedenen Kombinationen in handgeflochtenen Körbchen oder Baumwollsäckchen, allerdings nicht zu besonders günstigen Preisen. Zu empfehlen ist auch Muskatnusssirup und testen Sie einmal Muskatnussmarmelade. Weitere Spezialitäten sind daneben Kakao bzw. reine grenadinische Naturschokolade, (Kräuter-)Tee, Massageöle, Parfums, tropischer Blütenhonig, Rum und Pfefferwein. Die beste Adresse für die genannten Produkte ist die Firma Arawak Islands Ltd., ☏ 473-444-3577, in Belmont (zwischen Grande Anse und St. George's), für Besucher geöffnet Mo-Fr 8.30-16.30 Uhr.*

➤ Sport
Auf Grenada und Carriacou gibt es ein breit gefächertes Angebot an Wassersportmöglichkeiten. An der **Grande Anse** *werden Wasser-Scootern, Tauchen, Segeln, Schnorcheln, Wasserski, Parasailing, Windsurfen und Katamaran-Segeln angeboten – viele dieser Sportarten von den großen Hotels. Sie sind für Hotelgäste häufig im Zimmerpreis enthalten.*

Segeln

Die bequemste Art für Landratten, die grenadinischen Gewässer kennen zu lernen, ist die Teilnahme an einem Segeltörn entlang der zauberhaften Süd- und Westküste. Wer Segelerfahrung mitbringt, kann sich für eine Tour durch die Grenadinen bei etlichen Agenturen eine Yacht chartern, u. a. bei Horizon Yacht Charters (Grenada), True Blue Bay Marina, Grande Anse, ☏ 473-439-1000, 🖷 473-439-1001, www.horizonyachtcharters.com. Inzwischen ist auch die größte Yacht-Charterfirma der Welt, The Moorings Ltd., mit ihrem Riesenangebot auf Grenada, True Blue Bay Resort, vertreten. Die Adresse in Deutschland lautet: Moorings GmbH, Candidplatz 9, 81543 München, ☏ 089-693508-10, 🖷 089-693508-17, www.moorings.com.

Tauchen

Rund um die Insel finden Taucher und Schnorchler paradiesische Reviere für ihren Lieblingssport. Besonders interessant ist das Wrack „Bianca C", das 5 Kilometer südwestlich der Küste liegt. Gute Adressen für Tauch- und Schnorchelenthusiasten sind:
Eco Dive and Trek, *Shop ist im Coyaba Garden Resort, Grande Anse Beach, ☏ 473-444-7777, 🖷 473-444-1043, www.ecodiveandtrek.com*
Dive Grenada *(Tauchgänge für Fortgeschrittene: Nacht- und Wrack-Tauchen) im Allamanda Beach Resort, ☏ 473-444-1092, 🖷 473-444-5875, www.divegrenada.com*
Aquanauts Dive, *True Blue Bay Resort (☏ 473-444-1126, 🖷 473-444-1127) Grande Anse (☏ 473-439-2500), www.aquanautsgrenada.com. Stationen sind in True Blue Bay und an der Grande Anse auf dem Gelände des exquisiten Spice Island Beach Resort. Tägliche Tauchausfahrten zu Wracks und Riffen bis zu geführten Schnorcheltouren im Marine Park, ebenso Marine Biologie Kurse.*

In Carriacou:
Die Tauchstation des sehr engagierten deutschen Paares **Max** *und* **Claudia Nigel** *ist sehr zu empfehlen:* **Silver Beach Diving**, *Main Street, Hillsborough, ☏/🖷 473-443-7882, www.scubamax.com*

Weitere Sportarten

Wer an Stelle des nassen das trockene Element bevorzugt, findet von Body-Building-Studios bis hin zu Yoga-Kursen viele Betätigungsfelder. So haben mehrere Hotels für ihre Gäste eigene Tennisplätze, z. T. mit Flutlicht, die gegen Gebühr auch von Nicht-Hotelgästen benutzt werden können. Ausflüge zu Pferd sind sowohl am Strand als auch im Landesinneren möglich. Infos bei: Grenada's Horseman, Ernest Pascall, ☏ 473-440-5368. Fahrräder/Mountainbikes können Sie bei einigen Hotels und der Mietstation Trailblazers Mt. Bike Tour & Rentals ausleihen, ☏ 473-444-5337.

Golf

Freunde des kleinen weißen Balles haben ihr Revier in der Nähe der Grande Anse Bay im Grenada Golf and Country Club (☏ 473-444-4128); die Anlage hat einen 9-Loch-Course mit weitem Blick aufs Meer und ist mit Clubhaus, Snackbar, Ausrüstungsverleih etc. ausgestattet.

Wandern

Das gebirgige Inselinnere mit seinen Naturschutzgebieten (Seen, Wasserfälle, Regenwald, reichhaltiges Tierleben) ist ganz besonders zum Wandern geeignet. Zu den interessantes-

Blick aus den Bergen auf die Grande Anse Bay

ten und gefährlichsten Gegenden (etwa die oberen Concord Falls, die Seven Falls oder der Mt. Carmel Waterfall) sollte man sich jedoch nur in fachmännischer Begleitung wagen.

Spezialisiert auf Wandertouren verschiedener Schwierigkeitsgrade für kleine Gruppen ist die Agentur **Henry's Safari Tours**, *☏ 443-5337, 🖷 590-695-4567, der Agenturinhaber* **Denis Henry** *führt oft selbst die Touren und gibt ausführlich Auskunft über die Besonderheiten der Insel. Zudem vermittelt die Touristeninformation staatlich geprüfte Wanderführer. Mit diesen trifft man sich am Startpunkt der Wanderung; die Führung selbst ist kostenlos, aber ein Trinkgeld wird erwartet.*

Sehr gute Erfahrung haben wir mit Telfor Hiking Tours, ☏ 473-442-6200, gemacht, die vom Naturwissenschaftler **Telfor Bedeau** *geleitet wird. Mr.* **Bedeau** *nimmt nach Terminabsprache Gruppen bis zu acht Personen auf seine Wanderungen mit (allerdings ohne Transport, Treffen am Startpunkt der Wanderung). Dabei erläutert er ausgezeichnet die Geheimnisse der grenadinischen Natur (in englischer Sprache). (Adressen von Touren-Veranstaltern siehe auch unter dem Stichwort „Exkursionen".)*

➤ Sprache

Die offizielle Landessprache ist Englisch, während Patois innerhalb der einheimischen Bevölkerung weit verbreitet ist.

➤ Strände

Viele der etwa 45 Strände Grenadas sind weiß und feinsandig, es kommen aber auch dunkle – Levera Beach – oder schwarzsandige Strände – Black Bay – vor. Am bekanntesten und touristisch am besten erschlossen sind die Abschnitte im Süden, insbesondere an der **Lance aux Épines** *und* **Grande Anse**. *Dort befinden sich auch die meisten Hotels. Hier können schon mal viele Besucher auftauchen, wenn die Kreuzfahrtschiffe in Grenada Halt machen. Doch auch dann ist genügend Platz für alle auf dem sehr großen und weitläufigen Strand.* **Morne Rouge**, *die nächste Bucht im Südwesten, ist kleiner und privater. Der schönste Strand im Norden ist* **Levera Beach**. *Hinzu kommen die Strände benachbarter Inseln, die man leicht auf Tagesausflügen kennen lernen kann. Der schönste Strand auf Carriacou ist der* **Paradise Beach**.

➤ Strom

Die Stromspannung beträgt 220/240 V Wechselstrom, 50 Hz. Die Steckdosen sind für Geräte mit zwei runden Stiften geeignet, in einigen Hotels aber für die amerikanischen Flachstecker umgerüstet; deswegen sollten Sie für alle Fälle Zwischenstecker mitbringen.

➤ Telefonieren

Für Anrufe nach Grenada gilt die internationale Vorwahl: 001-473 plus die siebenstellige Rufnummer. Innerhalb Grenadas muss keine Extra-Vorwahl, sondern nur die siebenstellige Rufnummer gewählt werden.

➤ Veranstaltungen

Die lokalen Feste werden ausgiebig gefeiert, wozu Touristen herzlich willkommen sind. Insbesondere ist das der **Karneval** *im Juli/August (Infos und Fotos siehe www.spicemasgrenada.com), das Osterfest, wenn überall Drachen in die Luft steigen, und die Weihnachtstage, an denen Steelbands die Weihnachtslieder der Kinder begleiten. Daneben gibt es Dutzende von lokalen Ereignissen wie Regatten, Erntedankfeste und Festivals.*

➤ Verkehrsmittel

Auf Grenada stehen etwa 1.000 Kilometer asphaltierter Straßen zur Verfügung, häufig kurvig und steil und nicht immer in gutem Zustand. Es herrscht Linksverkehr; die Verkehrsregeln und -zeichen entsprechen internationalem Standard. Busse fahren von St. George's nach Annandale, Concorde, Gouyave, Grande Anse, Grand Etang, Grenville, La Sagesse, Sauteurs, Victoria und Westerhall. Die Tarife pro Person und einfache Fahrt liegen je nach Entfernung des Ziels zwischen 3 und 10 EC$.

Taxis, Minibusse und Mietwagen sind auf dem Nummernschild am Buchstaben „H" (= hire) erkennbar. Die **lokalen Busse**, *die eigentlich jeden Ort mit der Hauptstadt verbinden, sind die preiswerteste Alternative, Grenada kennen zu lernen, viel Lokalkolorit eingeschlossen. Neben den üblichen Minibussen, die man per Handzeichen anhält, verkehren auch größere Busse. Am Flughafen, in St. George's und bei den großen Hotels stehen* **Taxis** *in ausreichender Zahl zur Verfügung. Die Preise sind im Verhältnis zu anderen karibischen Zielen eher moderat. Es ist unbedingt notwendig, den Tarif vor Reiseantritt vom Fahrer bestätigen zu lassen; in diesem ausgehandelten Preis ist das Trinkgeld bereits enthalten.*

Bei **Mietwagen** *benötigen Sie ohne internationalen Führerschein eine lokale, zeitlich begrenzte Fahrerlaubnis (**driving license**), die um die 30 EC$ kostet. Diese erhalten Sie bei den größeren Mietwagenfirmen, ansonsten beim Police Traffic Department auf der Carenage, St. George's (neben der Feuerwehr). Falls Sie über keine Kreditkarte verfügen, verlangt die Mietwagenfirma eine Kaution (Bargeld oder Travellerscheck) in Höhe von etwa 250 US$. Es gibt auf Grenada knapp 20 Mietwagenfirmen (darunter auch Budget und Avis), die meisten davon am Point Salines Airport, in Grande Anse oder St. George's ansässig. Fast immer wird ein kostenloser Transport vom/zum Hotel angeboten. Japanische Mittelklassewagen sind ab 40 US$ pro Tag erhältlich, für Busse und Jeeps oder Klimaanlage bezahlt man etwas mehr. In der Wintersaison und im Juli/August müssen die Wagen mindestens drei Tage lang gemietet werden. Mehrere Firmen vermieten auch Motorroller, Mopeds, Fahrräder und Mountainbikes.*

➤ Währung

Die Währung ist der East Caribbean Dollar, der an den US-Dollar gekoppelt ist: EC$ 2,67 = US$ 1. Die gängigen Kreditkarten werden weitgehend akzeptiert.

➤ Yachthäfen und Ankerplätze (Auswahl)

Grenada: *• Calivigny Harbour • Green Island Yacht Harbour • Grenville/Halifax • Port Egmont • Prickly Bay • L'Anse aux Épines, St. George's*
Carriacou: *• Hillsboro • Tyrell Bay*
Ronde Island: *• Ronde Island Yacht Harbour*

Angesichts der abwechslungsreichen Natur, Geschichte und Kultur der Insel versteht es sich fast von selbst, den Urlaub nicht ausschließlich am Strand zu verbringen. Die vielfältigen Ausflugsziele können Sie am bequemsten innerhalb organisierter Touren erreichen, die von diversen Agenturen angeboten werden und in fast jedem Hotel zu buchen sind. Die Hauptstadt St. George's kann man gut in Eigenregie besichtigen. Wer wandern möchte, sollte jedoch einen Führer dabei haben, um sich nicht zu verlaufen und wirklich zu den schönsten Flecken zu gelangen – und aus Sicherheitsgründen.

Der Südwesten: vom Flughafen nach St. George's

In Grenadas Südwesten, da wo die Mehrheit der Besucher im **internationalen Flughafen Point Salines,** aber etliche auch im großen Yachthafen der Prickly Bay den grenadinischen Boden betreten, liegen die längsten und bekanntesten Strände der Insel. So hat sich hier mit einer Reihe von Hotels, Ferienresorts, Restaurants, Diskotheken, Einkaufsmöglichkeiten sowie Sport- und Freizeitanlagen das touristische Aushängeschild der Insel entwickelt.

An der äußersten Südwestspitze, etwa zehn Fahrminuten von den Hotels an der Grande Anse Bay und 20 min von der Hauptstadt St. George's entfernt, liegt der moderne Flughafen, dessen Bau einer der Gründe für das militärische Eingreifen der USA im Jahre 1983 war. Den Airport verlässt man über eine gut ausgebaute, auffällig breite Straße, die nach der Invasion von den Amerikanern angelegt wurde. Viele Einheimische, besonders aber die Taxifahrer, nutzen die Piste als „Autobahnersatz", nirgendwo sonst auf der Insel wird so gerast! Eines der ersten auffälligen Gebäude ist dann linker Hand die Amerikanische Botschaft, die schwer bewacht ist und mit ihrer isolierten Lage als „weiße Trutzburg" die besonderen Beziehungen zwischen Grenada und den USA verdeutlicht. Kurze Zeit später erreicht man **Ruth Howard**, ein kleines Dorf mit Rum-Brennerei, von wo man nach rechts über eine kleine, 2 km lange Stichstraße nach **Lance aux Épines** bis zum **Prickly Point** fahren kann.

Hinweis

Wer vier bis fünf Tage auf Grenada bleibt, sollte seine Basis entweder an der Grande Anse Bay (gut für Selbstversorger, da gute Einkaufsmöglichkeiten, die zu Fuß zu erreichen sind) oder an der Prickly Bay (Yachthafen) buchen und von dort aus entweder zu Fuß, mit dem Taxi oder Mietwagen Exkursionen machen.

Lance aux Épines

Halbinsel mit Yachthafen

Die Halbinsel Lance aux Épines ragt weit ins Meer hinaus, umgeben von gleich drei schönen Buchten: Der feinsandigen **True Blue Bay**, in der auch das traditionsreiche Segelcharterunternehmen Moorings seine Basis auf Grenada hat, der **Prickly Bay** mit dem größten Yachthafen der Insel und der **Mt. Hartmann Bay**. Da alle Buchten zudem über ausgezeichnete Bademöglichkeiten verfügen, ist es kein Wunder, dass unter solchen Vorraussetzungen hier das zweite touristische Zentrum Grenadas entstanden ist, das dem

Besucher alle Kategorien von Unterkünften bietet, von einfachen, gepflegten Guest-Houses über Mittelklasse-Hotels bis hin zu komfortablen First-Class- und Luxushotels. Aber der Süden hat nicht nur Yachthäfen, Strände und Hotels zu bieten. Unweit von Lance aux Épines ragt die **Halbinsel des Mt. Hartman** wie ein Finger ins Meer. In dieser naturschönen Gegend ist auch die **Grenada-Taube** (*leptotila wellsi*) anzutreffen, die es nur auf Grenada gibt und die zu den seltensten Tieren der Welt gezählt wird. Die Taube mit ihrem weißen Bauch und rostbraunen Rückengefieder, die sich lieber auf dem Boden aufhält als fliegt, wurde 1991 zum nationalen Symboltier erklärt. Sie ist eher zu hören als zu sehen: Man erkennt sie an ihrem charakteristischen Kuckucksruf, der alle sieben bis acht Sekunden ertönt (nur von den männlichen Tieren).

Grande Anse Bay und Morne Rouge Bay

Breiter Sandstrand

Auf der anderen Seite des südwestlichen Landrückens ist die **Grande Anse Bay** zum Inbegriff des grenadinischen Bilderbuchstrandes geworden. Aufgrund des Gesetzes, dass kein Haus höher als eine Palme sein darf, kann man hier selbst aus den Hotelzimmern mit Hanglage Blicke auf Strand und Bucht genießen. Allerdings war die Anzahl der Palmen, an denen die Gebäudehöhe gemessen werden konnte, vor den Hurrikans von 2004/2005 um einiges höher. Die Optik hat sich seitdem nicht nur hier, sondern auf der ganzen Insel grundlegend verändert. Wenn man jedoch nicht den Vorher-nachher-Vergleich machen kann, fällt diese Tatsache kaum auf, im Gegensatz zu gelegentlichen Entertainment-Shows einiger Resorts an der beliebten Bucht. Zusammen mit der benachbarten **Morne Rouge Bay**, beide nur durch den Felsvorsprung **Quarantine Point** abgetrennt, bietet die insgesamt ca. 5 km lange Bucht mit ihren feinsandigen Stränden alle Wassersportmöglichkeiten. Sturmbedingte Zerstörungen an den Gebäuden und Außenanlagen der Bucht sind schon lange wieder repariert und so vergisst man leicht nicht nur den dramatischen Natureingriff, den die Insel allerorts erfahren hat, sondern auch, dass gerade in der Grande Anse während der Invasion 1983 heftig gekämpft und damals das Strandleben von Stacheldraht und Minen abgelöst wurde. Die Wunden der Vergangenheit sind inzwischen verheilt und die Bucht und ihr Hinterland werden eindeutig vom Tourismus dominiert.

Hinsichtlich der touristischen Infrastruktur ist eine **„Zweiteilung“** der Grande Anse festzustellen: Einige Hotels sind direkt am Strand gelegen, so dass die Gäste von Luxus-Zimmern geradewegs ins warme Wasser gehen können. Hinter diesen Anlagen befindet sich ein breiter Streifen mit einer Mischung aus Brachland, Sportplatz, Polizeistation und Shoppingcenter. Wo zum Teil Kühe grasen oder die karibischen Frösche ihr abendliches Konzert geben, standen früher einfache Bungalows, die der New-Jewel-Regierung gehörten.

Nach deren Abriss plante man immer wieder, das Areal komplett neu zu bebauen oder in eine Park- bzw. Sportlandschaft umzuwandeln. Nur halbherzig wurden diese Pläne umgesetzt, so dass ein „**touristischer Zwischenraum**“ entstanden ist, um den nicht nur die Autofahrer kreisen, sondern auch ständig Jogger – meist Studenten der nahe gelegenen Sportschule – ihre Runden ziehen. Dahinter erstreckt sich landeinwärts wieder ein Bebauungsgebiet bis zu den Hügeln hinauf, besetzt mit einigen guten Mittelklasse-Hotels und First-Class-Herbergen. Deren Gäste haben es zwar weiter zum Strand, allerdings selten mehr als 400 m, dafür aber ruhiger und in jedem Fall mit guter Aussicht.

Der Weg von der Grande Anse nach St. George's ist nur kurz. Sobald man **Ross Point**, hinter dem sich die **Martin's Bay** mit einem weiteren Strand erstreckt, passiert hat, sind es nur noch 2,5 km bis zur Hauptstadt. Zunächst erreicht man eines der beiden Hafenbecken von St. George's Harbour, The Lagoon, mit der hübschen Siedlung Belmont Village und der Marina **Port-Louis**. Zum Zentrum geht's die Lagoon Road entlang, am **Grenada Craft Center** (☏ 473-435-4224) vorbei und in die Wharf Road, bis man nach einer Weile entweder direkt am Ufer zum Grenada Yacht Club und dem Kreuzfahrt-Pier mit neuem **Kreuzfahrtterminal**, Besucherzentrum und **Touristenbüro** abzweigen kann, oder an den **Botanischen Gärten** vorbei, über die Tanteen Road weiterfährt. Beide Straßen führen zum inneren Hafenbecken (The Carenage), wo man bereits mitten in der „guten Stube" der Hauptstadt ist.

Die Hauptstadt: St. George's

St. George's: pittoreske Hauptstadt

In den letzten Jahren hat sich St. George's stark vergrößert und ist mit rund 10.000 Einwohnern nicht mehr nur ein sehr kleines „Hauptstädtchen" des Inselstaates, sondern mittlerweile eine **richtige Hauptstadt**. Und kann dank rasend schnellen Wiederaufbaus nach den Hurrikans 2004/2005 wieder als eines der reizvollsten und am schönsten gelegenen in der Karibik gelten.

Auf Hügeln rund um den vorzüglichen **Naturhafen Carenage** erbaut, stellt sich St. George's als eine gelungene Mischung französischer und britischer **Kolonialarchitektur** dar. Mit seinen roten Ziegeldächern, schönen georgianischen Gebäuden, bunten **Fischer- und Ausflugsbooten** sowie lebhaften **Bars** erinnert der Ort ein wenig an eine griechische Hafenstadt. Da fast alle wichtigen Baudenkmäler und Einkaufsplätze nur wenige Fußminuten vom Hafen entfernt sind, eignet sich St. George's gut für einen gemütlichen Stadtrundgang, dessen Vergnügen allenfalls durch die Hitze und manchmal etwas steile Gassen getrübt werden könnte. Ein Beförderungsmittel braucht man aber eigentlich nur, um einige der am Ende dieses Kapitels aufgeführten „weiteren Sehenswürdigkeiten" zu besuchen. Wenn Sie mit dem Taxi, Bus oder Mietwagen vom Süden (Flughafen, Grande Anse Bay) her kommen, können Sie noch vor dem Stadtzentrum den ersten lohnenden Stopp an den **Botanical Gardens** einlegen. Hier sind – wie in so vielen karibischen Hauptstädten – die wichtigsten lokalen Blumen, Bäume und Büsche in einem Areal versammelt und verleiten den Besucher zu einem erholsamen Spaziergang. Nahebei befindet sich auch ein kleiner Zoo. Höchstens vier Fahrminuten hinter dem Park erreicht man das innere Hafenbecken „The Carenage", in dessen Nähe man aussteigen bzw. sich einen Parkplatz suchen sollte.

The Carenage

Im Zentrum der Stadt

Mit The Carenage wird sowohl der hufeisenförmige, innere Hafen bezeichnet als auch die Straße, die um diesen gelegt ist; für Letztere existiert allerdings auch der Name **Wharf Road**. Auf der Uferpromenade spielt sich ein Großteil des öffentlichen Lebens ab: Yachten, Ausflugs- und Fischerboote sowie Schoner aller Größen dümpeln im Wasser, an Land warten der Markt sowie zahlreiche Geschäfte und Restaurants auf Kunden, Touristen bekommen hier weitere Informationen über die Insel. Auffällig ist die **Christusstatue** *Christ of the Deep*, die eine Reederei aus Genua hier aufstellen ließ. Die Inschrift widmet sie dem *„Volk von Grenada, in dankbarer Erinnerung an die*

St. George´s
National Stadium
Queen´s Park
N
0
200 m
Halifax Harbour
to Gouyave &
Victoria
River Road
River Road
Grand Etang
Forest Reserve
Karibisches Meer
Melville Street
Cemetery Hill
Hospital Hill
Fish
Market
Church Street
Old Fort Road
Sana Souci &
Mt. Helicon
St. Juille St.
Grenville Street
St. John´s St.
Lucas Street
Adams St.
Green Street
Herbert Blaise Street
Halifax
Hillsborough St.
Christ of the
Deep Statute
Scott Street
Granby Street
Church Street
Street
Gore St.
Cross St.
TAXI
TAXI
Cruise Terminal
Bruce Street
Young Street
Wharf Road
Wharf Road
Sendal Tunnel
Port Louis
(im Bau)
M
Grenada National
Museum
Spice &
Craft
Vendors
Fort George
Grenada Craft
Centre
St. George
Point
Karibisches Meer
Grande Anse
Point Salines
© graphic

St. George's ist eine der schönsten karibischen Inselhauptstädte

brüderliche, christliche Hilfe und Freundschaft, die man den Passagieren und der Crew des italienischen Schiffes Bianca C, das am 22. Oktober 1961 durch ein Feuer in diesem Hafen vernichtet wurde, entgegengebracht hat".

Ein schöner Stadtrundgang führt nun immer am Hufeisen der Carenage entlang auf das **Fort George** zu, bis hinter der Young Street rechter Hand die Matthew Street abzweigt. Das sehenswerte Eckhaus aus Ziegelstein ist die **Nationalbibliothek** (*National Library*), die bereits 1846 gegründet und 1892 in diesem ehemaligen Lagerhaus untergebracht wurde. Wenn Sie hinter der Bibliothek nach rechts gehen, stoßen Sie an der Einmündung zur Young Street auf das Nationalmuseum.

Der eher bescheidene Bau des **Nationalmuseums** hat eine interessante und turbulente Geschichte hinter sich: 1704 von den Franzosen als Militärbaracke gebaut, wurde er später für die unterschiedlichsten Zwecke genutzt: Im frühen 19. Jahrhundert beherbergte das Gebäude ein Gefängnis, in seinen Kellern wurde Rum destilliert, und insgesamt drei Hotels etablierten sich nacheinander in seinen Gemäuern, bevor schließlich 1976 die Sammlungen des neuen Nationalmuseums hier einzogen. Besuchern werden in einer kleinen, aber interessanten Sammlung zur Natur- und Vorgeschichte u. a. ausgestopfte Inseltiere und Skelette, Beispiele präkolumbischer Keramik, geflochtene Körbe, ein riesiger Einbaum und eine Übersicht über die indianischen Petroglyphen geboten. Die Zeit der europäischen Besiedlung repräsentieren große Kupferschüsseln zur Rumherstellung im Kellergewölbe genauso wie verschiedene Instrumente und ein Eselskarren. In die jüngste Geschichte führen die Fotodokumente über die Invasion von 1983. Postkarten, Literatur und Reproduktionen alter Landkarten können erworben werden.

Fotos der Invasion von 1983

Grenada National Museum, *Young Street, St. George's, ☎ 440-3725, Öffnungszeiten: Mo-Fr 9-16 Uhr, Sa 10-13 Uhr.*

Scots Kirk

Vom Museum aus folgt man der steil ansteigenden *Young Street* mit ihren Läden und Fußgängertreppen bis zur nächsten Kreuzung, wo man links in die Straße zum Fort George abbiegt. Hier sieht man bereits die Scots Kirk, oft auch einfach **The Kirk** genannt. Das (oft geschlossene) Gotteshaus mit seinem auffälligen neugotischen Glockenturm wurde 1830 von Presbyterianern aus Schottland errichtet.

Sendal Tunnel

Wenige Meter dahinter führt der Weg über den **Sendal Tunnel**, den die Franzosen bereits im 18. Jahrhundert projektiert hatten, der aber erst **1895 fertig gestellt** wurde. Der 3,65 m hohe und **102 m lange Tunnel**, der durch die Felsnase geschlagen wurde und die Melville Street am Ufer der Karibischen See mit dem Hafenbecken des Carenage verbindet, war für die damalige Zeit ein beachtliches technisches Unterfangen. Seinen Namen erhielt das Bauwerk nach dem britischen Gouverneur. Auf einer schräg ansteigenden Straße geht es nun geradewegs in das weitläufige Gelände des Fort George.

Historische Baudenkmäler

Fort George

Hier lohnen sowohl der **phantastische Blick** auf die Stadt mit dem Hafen, ihren bunten Dächern und hoch aufragenden Kirchen, als auch die Baudenkmäler der **geschichtsträchtigen Stätte** selbst. Die **Verteidigungsanlage** wurde als Fort Royal von den Franzosen 1705 nach Plänen des französischen Ingenieurs *Callius* errichtet und stellt damit ein gutes Beispiel für die fortifikatorische Baukunst des frühen 18. Jahrhunderts dar. Die meisten der ursprünglichen Verließe, Wachstuben und unterirdischen Gänge sind noch erhalten, ebenso wie die (sanierungsbedürftigen) britischen Zubauten. In der jüngeren Geschichte war Fort George zentraler Schauplatz der Auseinandersetzungen innerhalb der sozialistischen Fraktionen, die mit der Ermordung von *Maurice Bishop* und Mitgliedern seines Kabinetts am 19. Oktober 1983 ihren traurigen Höhepunkt hatten.
Fort George, *Church Street, St. George's, geöffnet von 6-17 Uhr.*

Zu weiteren Stationen des Stadtrundgangs gelangt man, indem man vom Fort George aus zunächst wieder bis zur *Young Street* geht, dann an mehreren Bankgebäuden vorbei, über Halifax Street und Cross Street hinunter zum äußeren Hafen. Am Hafen bieten die Esplanade und das Shoppingcenter mit ihren Läden sowie dem Fisch- und Fleischmarkt stets eine farbenprächtige und lebhafte Atmosphäre, vor allen Dingen am **Samstagvormittag**. Mehr noch gilt dies für den **Markt** (*market*) an der Kreuzung *Granby Street/Halifax Street*, der nicht nur Obst-, Gemüse- und Gewürzstände umfasst, sondern ganz allgemein das Hauptgeschäftsviertel der Stadt darstellt. Günstig kann man hier auch Korb- und Flechtwaren erstehen. Einen würdigen architektonischen Rahmen verleiht der Szenerie das **Rathaus** (*Town Hall*) auf der *Grenville Street.*

Markt im Hauptgeschäftsviertel

Folgen Sie nun der geraden und ziemlich steilen *Granby Street* hinauf bis zur Kreuzung mit der *Hospital Hill Road*. Auf dieser sehen Sie nach wenigen Metern linker Hand ein Ensemble wichtiger Institutionen:

Parlament (Houses of Parliament)

Die Ziegelsteingebäude, die in ihren Dimensionen der geringen Größe des Inselstaates entsprechen, sind gute Beispiele für den frühen georgianischen Baustil, der das Stadtbild von St. George's ohnehin prägt.

Am ältesten ist die **Registratur** aus dem Jahre 1780 neben dem **Government House** (1802). Als drittes im Bunde steht das sogenannte **York House**, in dem das **Oberste Gericht** (Supreme Court) untergebracht ist. Grenada hat, wie die USA, ein Zweikammersystem mit Repräsentantenhaus (15 Mitglieder) und Senat (13 Mitglieder), für die die genannten Gebäude bestimmt sind. Die Regierung orientiert sich am britischen Vorbild und besteht aus einem Premierminister und einem Ministerialkabinett.

Römisch-katholische Kathedrale

Kathedrale…

Schräg gegenüber dem Parlament und wie dieses aus Ziegelsteinen errichtet, stellt die **Roman Catholic Cathedral** das mächtigste und auffälligste Baudenkmal der Hauptstadt dar. Ihre Größe erklärt sich aus der verhältnismäßig bedeutenden katholischen Gemeinde, die noch die französische Kolonialzeit hinterlassen hat. Obwohl insgesamt im Jahre 1804 fertig gestellt, ist der Turm von 1818 heute der älteste Gebäudeteil, da alle anderen Baukörper 1884 verändert wurden. Im Inneren sind u.a. die Steinglasfenster und Heiligen-Statuen von Interesse.

… und weitere Kirchen

Von der Kathedrale geht man wieder bis zur Kreuzung *Granby Street*. Hier bieten sich zwei Möglichkeiten, zum Hafen zurückzukehren:
– Biegt man links in die *Lucas Street*, dann rechts in die *Tyrrel Street* ab, sollte man der farbenprächtigen **Methodist Church** (1820) einen Besuch abstatten. Weiter geht es über die *Tyrell Street* und *Hughes Street*.
– Geht man geradeaus die Church Street hinab, lohnt linker Hand die **Anglican Church** einen Besuch. Das schöne Gotteshaus, das 1825 für die britischen Soldaten errichtet wurde, ist von außen pastellfarben und hat einen Westturm mit Zinnen. Im Inneren ist der offene Dachstuhl über dem einschiffigen Raum sehenswert, im hinteren westlichen Bereich eine Empore auf Säulen und darunter die Taufkapelle mit sehr schönen neoklassizistischen Reliefs und Emblemen.

Weitere Sehenswürdigkeiten

Die nachfolgend genannten weiteren Besichtigungsziele sind am besten mit einem Mietwagen oder dem Taxi zu erreichen; sie befinden sich alle an der östlichen oder südöstlichen Peripherie der Stadt.

Governor General's Residence

Zu dieser **ehemaligen Residenz des britischen General-Gouverneurs** gelangt man vom Südende der Stadt über die *Lowthers Lane* oder vom Zentrum aus über die *Lucas Street*. Das östlich oberhalb der Carenage 1802 errichtete Gebäude gilt als bestes Beispiel für die Architektur des frühen georgianischen Stils. Der General-Gouverneur (z.Zt. *Sir Paul Scoon*) ist übrigens das offizielle Staatsoberhaupt und wird jeweils von der britischen *Königin Elizabeth II.* auf Vorschlag des Premierministers ernannt. Während man von hier aus in östlicher Richtung zum Richmond Hill gelangt, führt westlich der Residenz von der *Lucas Street* die *Sans Souci Road* am **Sitz des Regierungschefs** (*Prime Minister's Residence*) vorbei, zu einem weiteren hochherrschaftlichen Gebäude des späten 18. Jahrhunderts, dem **Sans Souci House**.

Richmond Hill / Fort Frederick

Das Fort Frederick oberhalb der Inselhauptstadt

Fährt man von der Governor General's Residence über die *Upper Lucas Street* nach Osten, kommt man zum geschichtsträchtigen, **200 m hoch** gelegenen Richmond Hill. Der Hügel besitzt spärliche Überreste des ehemaligen **Fort Adolphus** aus dem 18./19. Jahrhundert, vor allem aber das interessante **Fort Frederick**. Die in der Franzosenzeit (1791) errichtete Anlage ist wegen ihrer Bastionen sehenswert, aber auch wegen der prächtigen Aussicht auf die Hauptstadt. Im Zusammenhang mit den Ereignissen von 1983 spielte die Festung eine wichtige Rolle als Hauptquartier der mobilen Einsatzkräfte der Revolutionsregierung.

Die Küsten: einmal rund um Grenada

Auf der Küstenstraße

Da für eine Inselumrundung auf der Küstenstraße nur weniger als 100 km zu fahren sind, ist diese Tour bequem an einem Tag zu schaffen. Wegen des Linksverkehrs ist es dabei empfehlenswert, im Uhrzeigersinn vorzugehen, d.h. von St. George's an der Westküste bis zur Nordspitze und an der Ostküste wieder in südlicher Richtung; so ist man stets dem Meer am nächsten. Zum Teil führt die Straße so knapp an der Küste entlang, dass sie mit soliden Mauern geschützt werden musste. Begleitet wird man auf der Inselrundfahrt von den Nationalfarben Grenadas an Häuserwänden, Straßenbegrenzungen und vielen anderen erdenklichen Malgründen, mit denen der Independence Day am 7. Februar 1974 gefeiert wird.

Startpunkt dieser Tour soll St. George's sein, das man am nördlichen Ausgang über die *Melville Street* verlässt. Nachdem Sie bei **L'Emboucherie** auf der alten *Green Bridge* den *St. John's River* überquert haben, geht gleich anschließend nach rechts ein Weg zum **Queen's Park** ab, der im August nicht nur zentraler Schauplatz der Karnevalsparaden, sondern auch sonst für die Einheimischen mit seiner Pferderennbahn ein wichtiger Platz ist. Das **National Stadium** wurde für den Cricket World Cup komplett erneuert.

Für die Rundfahrt bleiben Sie aber auf der Küstenstraße, die im weiteren Verlauf nicht nur schöne Badebuchten mit zum Teil schwarzem Vulkansand, sondern auch z.T. dramatische Steilabhänge zeigt. Nachdem man hinter der gleichnamigen Ortschaft das **Kap von Molinière** passiert hat, an dem man übrigens hervorragend schnorcheln kann, durchfährt man kleine, an die Berghänge gebaute Fischerorte mit so sympathischen Namen wie **Happy Hill**.

Drei Wasserfälle

Acht Kilometer hinter St. George's und nach Durchfahren der Ortschaft **Brizan** erreicht man die hübsche Bucht von **Halifax Harbour**, in der zwei kleine Bäche ins

Die Concord-Wasserfälle mit Pool zum Baden

Meer münden. Kurz darauf ist in Concord der Abstecher durch das gleichnamige Tal in Richtung *Mt. Qua Qua* zum Fuß der gut ausgeschilderten **Concord-Wasserfälle** lohnend. Die Stichstraße bringt Sie dabei bis zum ersten von drei Wasserfällen, die insgesamt unter dem Namen Concord Falls bekannt sind. Wer die beiden anderen (und schöneren) Kaskaden sehen möchte, muss etwa 45 min auf recht schwieriger Strecke wandern, wobei zweimal der Fluss zu durchwaten ist. Am besten macht man diese Tour mit einem örtlichen Führer. Nach **Au Coin**, dem zweiten Wasserfall, erreicht man relativ schnell den dritten, **Fontainbleu**. Hier fällt das Wasser ca. 20 m tief in einen schönen Pool mit klarem, kühlen Wasser, in dem man sich nach der Anstrengung herrlich erfrischen kann.

Wieder zurück auf der Küstenstraße, liegen weitere Stationen entlang der kurvenreichen Straße zunächst an freundlichen Fischerdörfern wie **Marigot** (wo Sie einen Abstecher zum schwarzen Sandstrand **Black Bay** unternehmen können) und **Grand Roy**. Anschließend geht es durch Papaya- und Brotfrucht-Haine, vorbei am **Nesbit-Hügel** (135 m) und an der lang gestreckten **Palmiste Bay**, bis schließlich wieder ein größerer Ort zu sehen ist:

Gouyave

Gouyave ist die drittgrößte Ansiedlung Grenadas. Das malerische Städtchen hat eine lange Tradition als **Fischerort** und **Gewürz-Zentrum** der Insel. An die Bedeutung des erstgenannten Wirtschaftszweiges erinnert Ende Juni der sogenannte **Fisherman's Birthday**, bei dem die Fischfang-Flotte gesegnet und anschließend eine Straßenkirmes abgehalten wird. Besonders lohnenswert ist hier ein Besuch am *Fish Friday*, wenn die Einheimischen mit Musik und frisch gebratenem Fisch das Wochenende einläuten. Einige der Gewürzpflanzungen in der näheren Umgebung können besichtigt werden. Besonders interessant ist dabei der Besuch von **Dougaldston Estate**, einer traditionsreichen Muskatnuss-Fabrik, in der Muskatnüsse und andere Gewürze im Urzustand gezeigt und ihre Verarbeitung erklärt wird. Lassen Sie sich dabei nicht von dem verfallenen Zustand und dem letzten schlechten Stück Straße abschrecken.

Malerisches Städtchen

Auch **Victoria**, der nächste Ort entlang der Küstenstraße, hat einen kleinen muskatverarbeitenden Betrieb. Vier Kilometer dahinter hat man in der Badebucht von **Duquesne** die letzte Möglichkeit zu einem Bad an der Westküste, denn ab hier geht die Hauptstraße durch das Tal des Duquesne River ein ganzes Stück landeinwärts, und zwar zunächst in südöstlicher Richtung bergauf durch Gewürzplantagen, hinter Union durch das Tal des **Little St. Patrick River**, dann wieder bergab.

Sauteurs

Die hübsch gelegene Ortschaft, auf die man nun an der Nordküste stößt, ist das geschichtsträchtige **Sauteurs**. Ihren Namen hat die nördlichste Ansiedlung der Insel wegen jener ca. 35 m hohen Klippen, die als „Hügel der Springer" (= franz.: *Morne des Sauteurs*; engl.: *Carib's Leap* oder *Leaper's Hill*) traurige Berühmtheit erlangt haben: Hier war es, wo 1651 die etwa 40 letzten karibischen Ureinwohner – Männer, Frauen und Kinder – von den Franzosen so hart bedrängt wurden, dass sie sich lieber selbst ins Meer stürzten, als gefangen genommen und massakriert zu werden.

Dramatische Geschichte

Wem bei den *Carib's Leap* der Sinn nach Baden steht, der sollte sich zur nordwestlich gelegenen, zwei Kilometer langen **Sauteurs Bay** mit ihrem schönen Sandstrand aufmachen. Von hier führt ein Weg in einer knappen Stunde bis zum wildromantischen grenadinischen Nordkap, dem **David Point/David Bay**.

Von Sauteurs aus ist es nicht mehr ohne weiteres möglich, der küstennahen Straße zu folgen – erstens kann man sich leicht verfahren, da die ausgeschilderte **Hauptstraße landeinwärts** verläuft, zweitens ist der Weg in sehr schlechtem Zustand und je nach Witterung nur mit Geländewagen zu befahren. Das erste Stück bis zur Levera Bay – der bessere Zugang zur Levera Bay führt entlang des Bathway Beach – ist jedoch mit einem normalen PKW zu schaffen. Zuvor lohnt vor allem ein Abstecher zu Helvelyns House mit der dazugehörigen Töpferschule.

Das **Helvelyns House** wurde 1939/40 vom Großvater der heutigen Inhaberin *Karen Maaroufi* für seine Frau und Familie auf dem Gelände des Steinbruchs gebaut, der das Material für das Fort lieferte, das einst nebenan stand, sowie für das Familienhaus selbst. Besondere Aufmerksamkeit wurde der Anlage und Pflege des Gartens geschenkt, von dem aus sich einzigartige Blicke auf die Insellandschaft der Grenadinen eröffnen. 1998 kehrte die Enkelin nach Grenada zurück, um das Haus im Sinne ihres Großvaters weiterzuführen.

Helvelyns House, *La Fortune, St. Patrick's, ☏ 473-442-9252, 473-457-2151; Mittagessen nach telefonischer Absprache.*

Wer zurück auf der Hauptroute sich südwärts hält, fährt entlang der Ausläufer des 258 m aufragenden **Levera Hill** mit dem östlich davon liegenden idyllischen **Kratersee Levera Pond**. Vor dem Bauerndorf **River Sallée** sprudeln recht produktive **Mineralquellen** (*boiling springs*). Wie an vielen Stellen dieser Erde, sollen auch hier Wünsche in Erfüllung gehen, wenn Besucher Geldstücke in den Brunnen werfen. Von der

Die St. Mark Bay

Straße sind es nur fünf Minuten Fußweg und es ist eine gute Gelegenheit, Gesicht und Hände zu waschen.

Von **River Sallée** haben Sie die Wahl, einen kurzen Abstecher zur Ortschaft **Mount Rich** zu unternehmen, wo es im Tal des **St. Patrick River** noch einige gut erhaltene **prähistorische Felsritzungen** der karibischen Ureinwohner zu sehen gibt. Am eindrucksvollsten sind diejenigen an einem langen Stein direkt am Flussufer, dort wurden seitlich und oben sechs Zeichnungen (Köpfe, Waffen etc.) angebracht.

Der andere Abstecher führt von hier aus zum **Bedford Point**, der äußersten nordöstlichen Spitze, wo es sogar noch Reste einer alten Festung zu entdecken gibt, und zur der Bucht, die wohl *Kolumbus* gesichtet und nach der er die Insel „Concepción" getauft hatte, ohne sie zu besetzen. Der feinsandige Levera Beach lädt zum Picknick ein, das Baden kann hier allerdings gefährlich werden, weil am nordöstlichsten Punkt der Insel Atlantik und Karibische See bisweilen recht stürmisch aufeinander treffen.

Picknick am Strand

Die Natur des gesamten Küstenstreifens hat man im **Levera-Nationalpark** (*Visitor Center am Bathway Beach*) geschützt. Hier kann man den phantastischen Blick auf die östlich vorgelagerten Eilande **Sugar Loaf**, **Green Island** und **Sandy Island** genießen und am Ufer entlang spazieren. Für geübte Taucher sind die **Unterwasserattraktionen** besonders interessant – neben Korallenriffen und Seegrasflächen, die von Hummern und farbenprächtigen Fischen bevölkert werden, **Wasserschildkröten**, die hier unter besonderem Schutz stehen. Bis zum **Bathway Beach** ist die Straße gut ausgebaut, da Investoren die schöne Nordküste für Wohnanlagen entdeckt haben. Am Strand versammeln sich am Wochenende jedoch wie eh und je die Einheimischen zu ausgiebigen Picknicks.

Zurück in River Sallée geht es weiter südwärts und bergauf mit Blick auf das **High Cliff** und die **Antoine Bay** zum **Lake Antoine**. Dieser fast kreisrunde See bedeckt den Krater eines ehemaligen Vulkans (bzw. befindet sich auf dem Boden eines eingestürzten Vulkankraters, ist also eine sogenannte *Caldera*): Der Lake Antoine liegt fast auf Meeresniveau vor niedrigen, baumbewachsenen Hügeln und es stehen wenige Palmen auf dem leicht zum See abfallenden Flachland, dazwischen sieht man Weiden, auf denen Kühe grasen.

Vom Kratersee lohnt in jedem Fall ein Abstecher zur **River Antoine Rum Distillery**, die als private Destillerie schon seit dem 18. Jahrhundert in Betrieb und angeblich die älteste in der ganzen Karibik ist. Danach führt der einspurige Weg über La Poterie bis zur *Conference Bay*, besser ausgebaut ist jedoch die Straße über **Tivoli**. Von dort erreicht man hinter der folgenden Kreuzung nach zwei Minuten auf der rechten Seite das Belmont Estate.

Das Anwesen **Belmont Estate** gilt als eine gelungene Verbindung einer produktiven Plantage und kultureller sowie touristischer Anbindung. Für Einheimische werden Fortbildungen angeboten und ein kleines Museum bringt nicht nur auswärtigen Besuchern die Geschichte der 300 Jahre alten Plantage und der Insel mit interessanten Details näher. Zudem lohnt neben dem Besuch des Restaurants mit einheimischer Küche besonders ein Rundgang durch den üppigen tropischen Garten mit Einblick in

die Verarbeitung der **Kakaofrüchte** für die Herstellung von Schokoladenprodukten. Dabei werden die frischen hellen Kakaobohnen in großen Holzbehältern gesammelt und sieben bis acht Tage bei hohen Temperaturen fermentiert, wodurch die weiße Haut der Bohnen verschwindet und sie ihre braune Farbe erhalten. Danach werden die Bohnen zum Trocknen in die Sonne gelegt, sortiert, poliert und zur Weiterverarbeitung an die Grenada Cocoa Association (GCA) verkauft.
Belmont Estate, *St. Patrick, ☏ 473-442-9524/26, www.belmontestate.net.*

Die River Antoine Rum Distillery

Über Conference, Upper Pearls und Moya geht es anschließend in einiger Entfernung zum Meer nach **Pearls**, ein Ort, der früher wegen seines Flughafens von Bedeutung war und durch **archäologische Ausgrabungen** von sich reden machte. Die dabei aufgedeckte „Amerindian Site" ist als älteste bekannte Fundstelle der Insel von besonderer Bedeutung. Sie ergab, dass die indianische Entdeckung Grenadas sehr früh stattfand und dass das Land deswegen wohl auch dichter besiedelt war als die nördlicheren Inseln.

Die damals vom südamerikanischen Kontinent übergesetzten Ureinwohner scheinen noch engen kulturellen Kontakt zu ihrer Heimat behalten zu haben. Parallelen gibt es ebenfalls zu Funden, die man auf Trinidad (Pitch Lake) gemacht hat. Etliche Artefakte (u. a. aus Keramik) zeigen Schildkröten, die wohl von den Arawaken mit Vorliebe verspeist wurden. Interessanterweise wird auch heute noch der nahe gelegene Conference Beach gerne von Seeschildkröten zur Eiablage aufgesucht.

Relikte der Ureinwohner

Durch den Bau des Flugplatzes (die Startbahn ging mitten durch die alte Siedlung) ist leider viel zerstört worden. Der **Pearls Airport** selbst, drei Kilometer außerhalb des Ortes gelegen, wurde 1940 gebaut und 1984 durch den Point Salines International Airport an der Südwestküste abgelöst.

Am östlichen Punkt seiner alten Startbahn endet die Straße nach **Pearls Beach**. Wer einen Geländewagen gemietet hat, kann allerdings von hier aus weiterfahren bis zu einem der unberührtesten und schönsten Strände Grenadas. Vom Ufer mit hellgrauem Sand hat man einen herrlichen Blick auf das südliche Kap **Telescope Point**, den vorgelagerten bizarren Felsen **Telescope Rock** sowie die Inselkette der Grenadinen am Horizont.

Von Pearls aus geht es weiter nach **Paradise**, dann über den Great River bis **Telescope**, wo Sie westlich auf die **Inseltransversale** nach Grand Etang und St. George's abbiegen können.

Weiter Richtung Süden und durchs südliche Inselinnere zurück nach St. George's

Ein Fischer in der Levera Bay

Wenn Sie Grenville am südlichen Ortsausgang verlassen, fahren Sie auf der Küstenstraße an der weit geschwungenen **Grenville Bay** in wenigen Minuten bis nach **Marquis**. Diese ehemalige französische Siedlung hat außer ihrem Namen noch einige bauliche Reminiszenzen an die Kolonialzeit (u. a. die katholische Kirche). In der näheren Umgebung sind weitere historische Monumente erhalten, so am geschichtsträchtigen Battle Hill und in Port Royal (altes Fort). Naturliebhaber wird der Blick auf das vorgelagerte felsige Marquis Island entzücken. Sie können auch südlich des Dorfes am Ufer des Marquis River landeinwärts wandern, wo Sie nach etwa 35 min zum pittoresken **Marquis River Waterfall** gelangen.

Die Autostraße verlässt am Südende der St. Andrew's Bay zunächst die Küste und führt bergauf über Mt. Fann und Mahot bis Bellevue. Wer nun auf direktem Weg nach St. George's möchte, kann hier westwärts fahren, wo einen die gut ausgebaute Straße über **Perdmontemps** (Piedmontagne) am Südfuß des **Mount Maitland** (522 m) zur Hauptstadt zurückbringt.

Reizvoller jedoch ist die kurven- und aussichtsreiche Straße entlang der **tief zergliederten Südküste**. Hinter Bacolet führt eine Stichstraße auf eine Landzunge an der gleichnamigen Bucht, in deren Nähe auch das äußerst interessante **Naturreservat La Sagesse** liegt. Das ehemals private Gelände ist nun öffentlich zugänglich und bietet dem Besucher eine amphibische Landschaft mit Bächen, Mangroven und Salzseen. Sehr reichhaltig ist auch das Tierleben des Naturparks, wobei insbesondere die Vielzahl an Vögeln und Schmetterlingen (allein 45 verschiedene Arten) interessant ist. Die von der Vegetation überwucherten Relikte einer alten Rum-Destillerie mit Zuckermühle und Wasserrad sind von zusätzlichem Reiz.

Bei der Weiterfahrt auf der südlichen Hauptstraße ist **Westerhall** die nächste Station, wo ein schönes Plantagenhaus mit alten Einrichtungsgegenständen Stammsitz einer weiteren Rum-Destillerie ist. Der hier hergestellte „Westerhall Plantation Rum" ist eine sehr edle und – wegen der limitierten Produktion – auch sehr teure Marke. Über einen Fahrweg kann man nun den sehr lohnenden Abstecher auf die Landzunge zwischen **Westerhall Bay** und **Chemin Bay** (**Calivigny Harbour**) unternehmen.

Mindestens genauso schön ist der benachbarte Felsrücken, der die Chemin Bay vom tief eingreifenden **Port Egmont** trennt und der ebenfalls auf einer Stichstraße befahrbar ist. Außer der schönen Aussicht, dem **lebhaften Yachthafen** und **einer exquisiten Ferienanlage** bietet die Landzunge noch die Überreste des **Fort Jeudi** aus dem 18. Jahrhundert. Zuletzt können Sie auf der Hauptstraße im malerischen Fischerdorf **Woburn** nochmals der Südküste einen Besuch abstatten. Der Ort sowie die gleichnamige Bucht, die durch die Eilande Hog Island und Calivigny Island geschützt wird, dienten als Kulisse für den Film „Island in the Sun" mit *James Mason, Joan Collins, Harry Belafonte* u. a. (USA 1957).

Lebendiger Yachthafen

Von Woburn aus fahren Sie anschließend weiter: in südlicher Richtung über **Ruth Howard** zur Grande Anse Bay bzw. zur L'Anse aux Épines, oder nördlich nach St. George's.

Grenville

Die mit rund 6.000 Einwohnern zweitgrößte Stadt Grenadas liegt reizvoll an der gleichnamigen Bucht und hat den Touristen – außer einigen Restaurants und Kneipen – vor allem den **bunten Obst- und Gemüsemarkt** sowie den **Fischmarkt** zu bieten. Am Samstag, wenn Markttag ist, erlebt man hier eine überquellende Fülle an Menschen, Waren und Eindrücken. Bekannt ist Grenville auch für seine **geschickten Handwerker**, die aus Palmblätterstreifen u.a. Hüte, Körbe, Taschen oder Matten herstellen. Lohnend ist ebenfalls der Besuch eines größeren Betriebes, in dem neben verschiedenen anderen Gewürzen vor allem **Muskat** für den Export verarbeitet wird.

Markt mit Lokalkolorit

Das Inselinnere: quer durch Grenada

Den besten Zugang zu den natürlichen Schönheiten des Landesinneren hat der Autotourist über die **Inseltransversale**, die auf einer **Strecke von knapp 23 km** St. George's im Südwesten mit Grenville an der Ostküste verbindet. Von dort aus können Sie entweder an der Küste entlangfahren oder aber erneut die Insel durchqueren, und zwar in Richtung Gouyave.

West-Ost-Verbindung

Von Süden her kommend, gelangt man auf diese Straße, indem man in St. George's die *Sans Souci Road* (an der Governor General's Residence und an der Residenz des Premierministers vorbei) hinauffährt oder am nördlichen Stadtausgang in die River Road nach rechts, in nordöstliche Richtung, abbiegt. Durch das Tal des St. John's River geht es nun auf einer sehr kurvigen, aber gut ausgebauten Straße immer höher hinauf, mit schöner Aussicht auf Hügel, die mit Bananen-, Kakao- oder Gewürzplantagen bedeckt sind. Man kommt durch einige kleine Ortschaften, deren Namen – *Beaulieu, Snug Corner, Constantine* – französischen oder englischen Ursprungs sind.

Nach sieben Kilometern hat man **Constantine** erreicht, wo nach Norden (Richtung Willis) ein kleines Sträßchen zu den **Annandale Falls** abzweigt. Diese leicht zu erreichenden Wasserfälle liegen inmitten einer üppigen Vegetation mit grünen Abhängen und steilen Schluchten. Der Pool, in den sich die Annandale Falls 16 m hinabstürzen, lädt mit seinem blaugrünen, kühlen Wasser zu einem erfrischenden Bad ein. Nach diesem lohnenden Ausflug fahren Sie zurück bis zur Hauptstraße und setzen den Weg in Richtung Grenville fort.

Hochgelegener See

Hinter der Ortschaft **Vendôme** geht es dann ostwärts, am Nordwestfuß des **Mt. Sinai** (703 m) entlang, geradewegs hinauf in die üppige Vegetation und atemberaubende Bergwelt des **Grand Etang**. Nach ca. fünf Kilometern oder 15 aufregenden Fahrminuten durch enge Kurven hat man den malerischen, 515 m hoch gelegenen See erreicht. Der 5,3 km² große und sehr tiefe Grand Étang bedeckt wie ein Eifelmaar den Krater eines ehemaligen Vulkans. Umgeben wird er vom Grand Étang Forest Reserve, einem artenreichen Naturschutzpark mit tropischem Regenwald.

Am besten stattet man zunächst dem **Grand Etang Forest Centre** einen Besuch ab. In dem architektonisch gelungenen Pavillon bekommen Sie alle notwendigen Informationen und hilfreichen Broschüren zu Flora, Fauna und Wanderwegen des Parks. Wenige Meter unterhalb der Straße beginnt der ausgeschilderte **hiking trail** rund um den Grand Étang, den man allein bewandern kann.

Wanderziel Mt. Qua Qua

Auf dieser wunderschönen Wanderung sieht man am Nordufer des Sees den 707 m aufragenden **Mt. Qua Qua**, der allerdings meistens von Wolken und Nebel verhangen ist. Überhaupt ist es hier oben merklich kühler, und die Niederschlagsmengen sind die höchsten auf der ganzen Insel; Empfindliche sollten sich durch entsprechende Kleidung darauf einstellen. Die **Fauna** ist durch viele seltene Vögel vertreten, u. a. durch langschnäbelige Doktorvögel, Kolibris und Kuckucks. Mit viel Glück kann man auch Mona-Affen, Meerkatzen oder Mungos entdecken. Die größten Chancen, seltene Tiere und Pflanzen zu sehen, hat man allerdings auf einer geführten Wanderung abseits der ausgetretenen Pfade.

Vom Grand Étang geht es in vielen Kehren wieder bergab durch Wälder mit Baumfarnen und Bambus, später an Muskatnuss-, Kakao- und Bananenkulturen vorbei. Hinter den Ortschaften **Adelphi** und **Birch Grove** haben Sie die Möglichkeit, nach links in Richtung Westküste abzubiegen. Hier wartet eine faszinierende Straße, die am alten Vulkanstock des **Mt. Cathérine** im Norden vorbeiführt, der mit 840 m ü. d. M. der höchste Berg der Insel ist.

Wer die alte Richtung fortsetzt, gelangt in das **Great River Valley** und kommt durch freundliche Bauerndörfer wie **Balthazar**, **La Digue** und **Grand Bas**. Nach etwa 23 km (ohne Abstecher) hat man die Außenbezirke von Grenville erreicht. Da die Beschriftung sehr zu wünschen übrig lässt, muss man hier nach Intuition fahren oder Einheimische nach dem rechten Weg fragen.

Die zugehörigen Inseln

Der Staat Grenada besteht nicht nur aus der gleichnamigen Hauptinsel, sondern hat noch zwei größere Trabanten, wie schon der offizielle Beiname „*The Three Island State*" beweist. Gemeint sind hier die beiden Schwesterinseln Grenadas, **Carriacou** und **Petite Martinique**, die jeweils ihren eigenen Charakter haben und deren Besuch sich unbedingt lohnt. Von „Yachties" schon seit langem als Lieblingsziel entdeckt, kommen die idyllischen Eilande nunmehr durch den 15-Minuten-Flug auch für reine Grenada-Urlauber als Tagesausflug in Betracht. Wer die Seeluft mag, kann auch mit einer Fähre zunächst an Grenadas Westküste entlang Richtung Norden die Insel besuchen. Stilvoller ist es allemal, die Strecke mit einem alten Holzschoner von St. George's zurückzulegen und sich für eine Nacht (oder länger) in einer der Pensionen Carriacous einzuquartieren.

Carriacou

Wichtige Telefonnummern auf einen Blick

Polizei	☏ 443-7482
Krankenhaus	☏ 443-7400 und 443-7280
Touristeninformation	☏ 443-7882

Das nördlich von Grenada gelegene Carriacou (indian.: „*Land der vielen Riffe*", ausgesprochen: ka-ria-ku) ist mit 34 km² und etwa 6.000 Einwohnern die **größte Insel der Grenadinen-Kette**. Früher wegen seiner Zucker- und Baumwollplantagen von wirtschaftlicher Bedeutung, führt die Insel seit dem letzten Jahrhundert ein ungestörtes, friedliches Dasein. Wie die Hauptinsel Grenada wurde auch Carriacou stark vom Hurrikan Iwan im September 2004 in Mitleidenschaft gezogen: die Zerstörungen hatten die wirtschaftlichen Grundlagen (Tourismus und Landwirtschaft) stark geschwächt.

Größte Insel der Grenadinen

Inzwischen hat sich aber auch Carriacou weitgehend von den Schäden erholt. Nicht zu ersetzen sind hingegen die ungezählten Palmenbäume, die der Sturm zum Teil wie Streichhölzer umgeknickt hat. Während an den Stränden die Dezimierung nicht jedem auffällt, stechen die fehlenden Palmen auf Sandy Island bei der Anfahrt mit der Schnellfähre oder dem Anflug auf den kleinen Flughafen besonders schmerzhaft ins Auge. Das ehemalige Highlight, sich vom Paradise Beach, dem schönsten Strand der Insel, mit einem kleinen Fischerboot übersetzen zu lassen, im Schatten der Palmen im weißen Sand zu liegen oder vor einem der schönsten Fotomotive im klaren Wasser zu schnorcheln, gehört der Vergangenheit an, die Insel gleicht nun einer flachen Sandbank.

Ein Trostpflaster mag sein, dass die Insel eigentlich rundherum von schönen Postkartenstränden umgeben ist. Die ansonsten bergige Insel ist durch Vulkanismus entstanden und erreicht im Landesinneren durch einen zentralen Hügelrücken in Nord-Süd-Richtung eine Höhe von 291 m. Die Höhe der Erhebungen reicht nicht aus, um vorbeiziehende Wolken zum Abregnen zu bringen; deshalb existiert auf der Insel kein einziger Fluss und die Insel ist deutlich trockener als Grenada. Umgeben von Korallenriffe sind ihre Küsten geprägt von schönen Sandstränden und tief eingeschnittenen Buchten. Vor der Küste liegen etliche kleine und kleinste Inselchen im türkisblauen Wasser.

Carriacous Einwohner stammen überwiegend von **Sklaven** ab, die z.T. noch die **Rituale ihrer afrikanischen Heimat** bewahrt (Shango-Kult aus Guinea) oder sich dem Voodoo-Kult verschrieben haben. Eine weiße Minorität, die besonders in der Ortschaft Windward zu Hause ist, hat schottische Vorfahren. In jüngster Zeit fallen immer mehr große, neu gebaute Häuser auf. Sie gehören in der Regel zurückkehrenden Insulanern, die in den USA oder Großbritannien ihr Geld gemacht haben und im Rentenalter auf ihre Heimatinsel zurückkehren.

Blick auf Hillsborough und die schöne Westküste

Wirtschaftlich waren nach der kolonialen Blütezeit der Anbau von Erdnüssen und Zitrusfrüchten sowie bescheidene Viehzucht vorherrschend; daneben galten die Inselbewohner immer als gute **Händler** und **Bootsbauer**. Als Carriacou in den 1970ern von Yachtbesitzern als Segel-, Schwimm- und Tauchparadies entdeckt wurde, setzte eine touristische Entwicklung ein, die sich heute in einigen Bars, Pensionen und Gästehäusern niederschlägt. Tagesbesucher sollten sich einen Mietwagen oder ein Taxi nehmen, um die wichtigsten Sehenswürdigkeiten und schönsten Strände der kleinen Insel aufzusuchen. Besonders **Ende Januar** lohnt sich der Aufenthalt, wenn in altertümlichen Umzügen mit einem **Big Drum Dance** das **Erntedankfest der Fischer und Bauern** gefeiert wird. Auch der August mit seinem **Karnevalsfest** (hier *Mardi Gras* genannt) und der **Carriacou Regatta** im Rahmen des Sailing Festivals zieht Besucher aus nah und fern an. Und auch hier dominieren an den Straßenrändern die Nationalfarben, die zum Nationalfeiertag aufgefrischt werden.

Kleinstadt mit Vergangenheit

Auf einer kleinen Inselrundfahrt kommen Sie (im Uhrzeigersinn) vom Flughafen Lauriston zunächst zum kleinen „Hauptstädtchen" **Hillsborough** (ca. 1000 Einwohner). Mit Fähre legen Sie dort direkt an der Jetty an. Parallel zur Uferlinie liegt die *Main Street*, an der noch einige der steinernen alten Handelshäuser aus der Kolonialepoche zu sehen sind. Der *Market Square* ist Ende Januar turbulenter Mittelpunkt des *Big Drum Dance*. Spannend wird es am Hafen, wenn einer der von St. George's kommenden Holzschoner, die Fracht und Passagiere befördern, einläuft. Ein Highlight für Kulturbeflissene ist das **Carriacou Historical Museum** in der *Paterson Street*, das in den Gebäuden einer ehemaligen Baumwoll-Spinnerei (1826) untergebracht ist. Mit seiner hier unerwartet qualitätsvollen Sammlung von Artefakten der präkolumbischen Zeit und der Inselgeschichte ist es unbedingt besuchenswert.

Nördlich von Hillsborough bietet das im Inselinnern hoch gelegene **Belair** den vielleicht **schönsten Panoramablick** über Carriacou. Den klassischen Postkartenausblick über die Hillsborough Bay gibt es vom Gelände des **Main Hospitals**. Das Krankenhaus wurde hier oben 1929 gebaut, weil die Patienten durch den hier stetig wehenden Wind am wenigsten von den Mücken belästigt werden. Von hier oben kann man nicht nur die an- und abfahrenden Boote in Hillsborough beobachten, sondern auch *Jack Adam Island*, das nun palmenlose *Sandy Island* und *Mabouya Island* mit Steinstrand sowie den *Point Cistern* sehen. Sehenswert sind auch die Ruinen verlassener Zuckerfabriken und Windmühlen, die an die Zeit erinnern, als das Eiland sowohl unter den Franzosen als auch unter den Engländern als „Zuckerinsel" einen Namen hatte.

An der nördlichen Ostküste ist ein Besuch der Ortschaft **Windward** interessant, die weithin wegen ihrer **Bootsbaukunst** bekannt ist. Die Namen der Betriebe wie *Mac Farlane* und *MacDonald* lassen erkennen, dass hier die Nachfahren schottischer Einwanderer seit Generationen ihre Tradition in Leben und Arbeit pflegen. Wenn sie ihre robusten, hölzernen Schoner zu Wasser lassen, kann man einer eigentümlichen Bootstaufe beiwohnen. Als bunt bemalte Boote mit großen weißen Segeln tun die Schoner heute u.a. als Fracht- und Personenfähren Dienst.

Traditionsreiches Gewerbe

Südlich von Windward besitzt **Dover**, etwa 300 m landeinwärts der **Watering Bay** gelegen, einige gut sichtbare Ruinen der ersten Kirche der Insel. Von der **Ostküste**, von der es wunderschöne Ausblicke auf die *Union Islands*, die bereits zum Inselbogen der Grenadinen gehören, und die zum Drei-Insel-Staat Grenada gehörende Insel Petite Martinique gibt, geht es an der **Jew Bay**, **Grand Bay** und **Manchineel Bay** entlang bis zur eindrucksvollen Halbinsel im Südwesten, an deren äußerster Spitze, in La Pointe, die Ruinen eines alten französischen Plantagenhauses zu entdecken sind.

Nördlich der Landzunge erstreckt sich die **Tyrell Bay**, die einen der besten Naturhäfen der Karibik aufweist, dessen enge, schlauchähnliche Bucht im Norden kleineren Schiffen selbst bei Wirbelstürmen Schutz bietet. Hier liegen normalerweise Segelschiffe aus aller Herren Länder vor Anker, deren Besitzer – wenn sie nicht gerade faulenzen oder schwimmen – bei einem kühlen Drink im „In-Treff" **Barba's Oyster Shell** anzutreffen sind. Von hier aus ist es nur ein kurzer Weg zur L'Esterre Bay mit dem wunderschönen Paradise Beach.

Reisepraktische Informationen zu Carriacou

Information

Das Büro der Carriacou and Petite Martinique Tourism Organisation *liegt direkt gegenüber dem Fähranleger, ☎ 473-443-7882, www.carriacoupetitemartinique.com*

Unterkunft

Hotel Laurena $$$, *Hillsborough, ☎ 473-443-7356, 🖷 473-443-8759, www.hotellaurena.com. Das Hotel der Insel liegt mitten in Hillsborough, fußläufig zu vielen Stränden der Insel. Es gibt Selbstversorgerunterkünfte und individuelle Gästezimmer mit Klimaanlage.*

Carriacou Grand View Hotel $-$$, *Beauséjour Bay, ☎ 473-443-6348, www.carriacougrandview.com. Das Hotel liegt oberhalb von Hillsborough und bietet aus seiner Hügellage wundervolle Aussicht über die Karibische See und den Hafen der Inselhauptstadt. Zudem gibt es ein eigenes Restaurant, eine Pianobar, Swimmingpool und einfache komfortable Zimmer mit eigenem Balkon. Man kann auch Apartments mit Kochmöglichkeit mieten.*

Villen und Apartments können Sie mieten bei Down Island Ltd., ☎ 473-443-8182, 🖷 473-443-8290, www.islandvillas.com.

➤ Essen und Trinken

Die meisten Snack-Buden befinden sich in der Main Street in Hillsborough.

➤ Anreise

Mit der Fähre

Zwischen Grenada und Carriacou und Petite Martinique pendelt die Schnellfähre „Osprey" (Osprey Lines Ltd, ☏ 473-440-8126, 🖷 473-443-9041, www.ospreylines.com). Sie fährt an der Carenage in St. George's einmal morgens und einmal am Nachmittag ab. Die Taxifahrt vom Flughafen auf Grenada dorthin dauert höchstens 10 Minuten. Tickets gibt es direkt an der Fähre, die an der Queen's Jetty, Carenage (direkt gegenüber der Feuerwehr) anlegt. Es ist unbedingt notwendig, sich mindestens einen Tag vor Fahrtantritt nach dem jeweils aktuellen Fahrplan zu erkundigen.

Mit dem Flugzeug

Wenn man rechtzeitig auf Grenada landet, kann man mit St. Vincent Grenadines Air (SVG Air, ☏ 473-444-1475, www.svgair.com) nach Carriacou (Flughafen Lauriston) mittels eines 20-minütigen Fluges direkt weiterfliegen. In der Regel gibt es zwei Morgen- und zwei Abendflüge. Der letzte Flug ist meistens um 16.30 Uhr.

➤ Exkursionen

Eine **Segeltour** *durch Grenadas Inselwelt ist eine der schönsten Möglichkeiten, Carriacou von der Wasserseite aus kennen zu lernen. Dazu gibt es auf der kleinen Insel einige Anbieter. Zwischen den einzelnen Stränden verkehren* **Wassertaxis** *(Kim Bethel, ☏ 473-443-7787), in der Regel morgens und nachmittags, die Uhrzeiten differieren je nach Saison.*

➤ Verkehrsmittel

Am Flughafen Lauriston sind immer einige **Taxifahrer** *auf der Suche nach Kundschaft und bieten Ihnen auch Inselrundfahrten an. Für ca. zwei Stunden werden 100 US$ verlangt. Auskünfte über organisierte Touren gibt auch die Carriacou Owner and Driver Organisation, ☏ 473-443-7386.*

Es gibt Verbindungen mit dem **Bus** *von Hillsborough zur Tyrrel Bay, nach Windward und Bogles. Von Tyrrel Bay nach Windward geht es über Hillsborough.*

Auch **Mietwagen** *gibt es auf der Insel. Anbieter sind:*
Sunkey's Auto Rentals *(☏ 473-443-8382)*
Desmond's *(☏ 473-4437271)*
Silver Beach Resort *(☏ 473-443-7337).*

Petite Martinique

Unberührtes Eiland

Wie ein steiler Hügel erhebt sich das etwa 5 km von der Nordostküste Carriacous entfernte Petite Martinique aus dem blauen Meer. Die kurze Bootsfahrt zu der Vulkaninsel, die von allen drei Inseln am wenigsten von Touristen besucht und unberührt ist, ist ein lohnendes Unterfangen. Petite Martinique bietet an der Westseite schöne Badebuchten mit hellbraunem Sand, eine herrliche Natur, interessante Baudenkmäler und eine freundliche Bevölkerung von nur wenigen Hundert Einwohnern. Bis 1967 gab es keine Wege auf der Insel, sondern nur Pfade, die sich auch heute noch durch das dichte Ufergebüsch schlängeln. In einer Stunde hat, wer möchte, die Insel umrundet. Auf der Entdeckungstour wandert man an der kleinen Schule vorbei und sieht dann die auf einem Hügel gelegene, einzige Kirche, eine katholische.

Geprägt wurde die Inselgeschichte von den **alteingesessenen Familien** (*grandees*) französischen Ursprungs. Ihnen gehörten auch die großen Schoner, die selbst die von Carriacou übertrafen und mit denen sie von Guyana bis St. Kitts Handel trieben. Auf Pfaden kommt man zu den **beiden kleinen Siedlungen**, von denen **White Town** als ehemals rein französisches Dorf den Schiffseignern vorbehalten war, während in **Black Town** früher die Farbigen wohnten, die für die „*grandees*" arbeiteten, nebenbei in bescheidenem Rahmen Baumwolle anbauten und sich Ziegen hielten. Ein Besuch Petite Martiniques wäre unvollständig, wenn man nicht den (bisweilen sehr windigen) Hügel **Top Peak** hinaufgestiegen wäre. An einem klaren Tag hat man von hier aus eine **phantastische Sicht** über den ganzen Inselbogen der Grenadinen bis hinauf nach St. Vincent.

Blick auf Petite Martinique

Weitere Inseln

Auf einem Segeltörn, der von verschiedenen Agenturen auf Grenada angeboten wird oder natürlich auch in Eigenregie durchgeführt werden kann, erschließt sich dem Besucher eine karibische Wunderwelt mit Dutzenden größerer und unzähligen kleiner vorgelagerter Inseln. Eine der größeren ist schon die 15 km südlich gelegene, bewohnte **Ile Ronde**, die mit ihren Klippen etwa 150 m steil aus dem Meer aufragt. Näher zu Grenada gelegen sind die unbewohnten Eilande **Sister Islands**, **Marquis Islands**, **Diamond**, **White Island**, **Saline Island**, **Green Island**, **Frigate Island**, **Little Tobago**, **Rose Rocks**, **Large Island**, **Bonaparte Rocks** und viele andere. Mit ihren Bade- und Schnorchelmöglichkeiten und idealen Bedingungen für ein Picknick werden sie gern von Seglern angelaufen. Südlich von Grenada sind die beliebtesten Ausflugsziele: **Hog Island**, **Calivigny Island** und **Glover**, wo noch Ruinen einer norwegischen Walfangstation (bis 1925 in Betrieb) zu sehen sind.

Steckbrief:
Die ABC-Inseln: Aruba, Bonaire, Curaçao

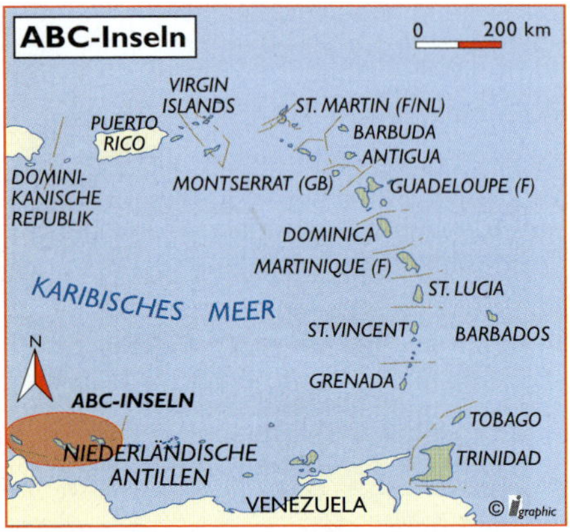

Die zwischen 11° und 12° nördlicher Breite gelegenen Inseln **Aruba, Bonaire** und **Curaçao** stellen das südwestliche Ende des Inselbogens der Kleinen Antillen dar, der im Norden mit den Jungferninseln beginnt. Sie befinden sich 20 bis 50 km vor der Küste Venezuelas im Karibischen Meer – und liegen „unter dem Wind", somit außerhalb des Hurrikan-Gürtels. In ihrem geologischen Aufbau ähneln sich die nach ihren Anfangsbuchstaben sogenannten ABC-Inseln untereinander sehr, weisen dagegen große Unterschiede zu den Antillen „über dem Wind" auf.

Die Inseln basieren auf den Ausläufern der Küstenkordilleren Südamerikas. Darüber hat sich **Korallenkalk** abgelagert, der z. B. auf Bonaire gut 70 Prozent der Landoberfläche einnimmt. Charakteristisch ist dabei eine starke Zerfurchung durch alte Täler, die heute nur selten Wasser führen, aber Hinweise auf ein feuchteres Klima in der Vergangenheit geben.

Zur Küste hin werden die Inseln durch große, **blattartige Buchten** gegliedert, die jeweils hervorragende **Naturhäfen** darstellen. In den Buchten und entlang des Kü-

Die breiten Sandstrände Arubas gehören zu den schönsten der Antillen

stenstreifens zieht sich eine Reihe vorzüglicher, feinsandiger und weißer Strände hin. Dazwischen finden sich immer wieder steile Abfälle, die von der Meeresbrandung zu tiefen Höhlen oder auch Naturbrücken, wie auf Aruba, ausgewaschen wurden.

Das Inselinnere zeichnet sich durch relativ ebene, gewellte Flächen mit nur vereinzelten Bergen aus. Tropischer Regenwald ist hier Fehlanzeige, wüstenähnliche Landschaft dominiert die Inseln. Dennoch haben die ABC-Inseln mit zahlreichen **Kakteen-Arten, Agaven, Aloë-Pflanzen** und den charakteristischen **Divi-Divi-Bäumen,** deren Krone wegen des ständigen Passats im rechten Winkel nach Westen abgeknickt ist, durchaus eine beachtliche Flora und Fauna zu bieten. In der Tierwelt dominieren urweltlich anmutende **Leguane** und **Eidechsen.** Unter den mehr als 170 Vogelarten sind besonders die großen Flamingo-Bestände berühmt. Einzigartig sind die Artenvielfalt und Farbenpracht unter Wasser, wo in den Korallengärten alle Formen tropisch-maritimen Lebens vorhanden sind.

Die Gebäude im holländischen Kolonialstil wirken in der Karibik exotisch

Zudem gibt es auf den ABC-Inseln zahlreiche **historische Funde** aus der indianischen Zeit, als sie von den Arawaken und Kariben als Sprungbrett zu den anderen Antillen benutzt wurden. Vor allem auf Aruba und Bonaire zeugen Felszeichnungen von den Ureinwohnern. Für die spanischen Konquistadoren waren die Eilande mit ihrem Wüstenklima völlig uninteressant und wurden nur als Reservoire von Indianersklaven genutzt. Erst den Holländern gelang es, der kargen Landschaft Siedlungsraum und sogar landwirtschaftliche Nutzflächen abzutrotzen. Der Sklavenhandel und später, im 19. Jahrhundert, Gold und schließlich Erdöl im 20. Jahrhundert machten die Inseln nunmehr wirtschaftlich interessant.
Wegen schwankender Ölpreise auf dem Weltmarkt ist heute der Tourismus eine der Hauptsäulen, durch die der hohe Lebensstandard der vermögenden Inselbewohner bzw. Investoren gehalten wird.

Der Großteil der **Bevölkerung** setzt sich aus Nachfahren von Nord- und Südeuropäern, Juden, Indianern und Afrikanern zusammen. Aus ihnen erklärt sich die merkwürdige **Mischsprache des Papiementos,** in der holländische, spanische, portugiesische, französische, englische und afrikanische Elemente verschmolzen sind.

Demgegenüber zeigt sich in Kultur und Architektur sowie im politisch-sozialen Bereich (Bildungs- und Gesundheitswesen, Verkehr, Administration usw.) eindeutig der niederländische Einfluss. Politisch gehörten die ABC-Inseln bis 1986 gleichermaßen zu den **Niederländischen Antillen** (wie auch Saba, St. Eustatius und Sint Maarten). Seit dieser Zeit ist **Aruba** aus dem Verband herausgelöst und genießt als autonomer Landesteil der Niederlande den sogenannten **Status Aparte.**

Der Wohlstand der Insel **Aruba,** der westlichsten und kleinsten der ABC-Inseln (nur 20 km von der venezolanischen Küste entfernt; 30 km lang, 8,5 km breit), war über 20 Jahre fest mit der Ölindustrie verbunden. Heute wird hier auf Massentourismus gesetzt. Mit einer gut geölten Tourismusindustrie wird hier vor allem auf amerikanische, niederländische und südamerikanische Urlauber gebaut.

Im Norden der Insel fallen die riesigen Dioritblöcke auf. Während die Küste dort steil und felsig zum Meer hin abfällt, geht im Süden der Korallenkalk nahtlos in eine breite Küstenterrasse über.

An der Südwestküste befinden sich die **kilometerlangen, sehr breiten Sandstrände,** die zu den schönsten der Antillen gehören. Genau dort haben sich auch etliche Hotels angesiedelt und bieten mittlerweile über 300 Betten, eine gehobene Restaurant-Szene, Kasino und Einkaufszentren im amerikanischen Stil. Die Inselhauptstadt **Oranjestad** steht mit rund 20.000 Einwohnern in ihrer Bedeutung weit hinter Willemstad zurück und ist auch an Sehenswürdigkeiten nicht so reich wie die Konkurrentin aus Curaçao. Trotzdem gibt es auch hier sehenswerte Erinnerungen an die Kolonialarchitektur, allen voran das **Fort Zoutman** und die **Wilhelminastraat** mit vielen Häusern aus der Zeit ab 1870.

Die eigentlichen Sehenswürdigkeiten der Stadt sind, in der Arnold Schuttestraat gelegen, die Giebelhäuser mit ihren roten und blauen Ziegeln im holländischen Stil. Leider handelt es sich nicht um originale, sondern um nachgeahmte Architektur – **Oranjestads Disney-World** nannte dies ein kritischer Holländer. Nicht so recht passen in die karibische Umgebung will die **originale holländische Windmühle** (De Olde Molen) aus dem Jahre 1804, die in ihre Einzelteile zerlegt und nahe des Palm Beach 1962 wieder zusammengesetzt wurde. Mit blauen Delfter Kacheln ausgestattet vermittelt sie eine niederländisch-gemütliche Atmosphäre.

Die **Hauptsehenswürdigkeiten Curaçaos** sind der 1.400 ha große Nationalpark um den 375 m hohen Christoffelberg, der höchst gelegene Berg der Insel, sowie spektakuläre Küstenabschnitte im Nordwesten mit seinen Stränden und Buchten, ein Seeaquarium und der Tafelberg an der Südseite. Sehenswert ist auch die interessante Architektur. Neben den stattlichen historischen Landhäusern ist damit insbesondere Willemstad gemeint, dessen Bauten aus der Kolonialzeit eines der reizvollsten Stadtbilder der Karibik abgeben. Mit seinem holländischen Charme kann **Willemstad als „Klein-Amsterdam"** gelten und ist somit südlicher Widerpart zu „Klein-Kopenhagen", das man 1.000 km weiter nördlich in Christiansted auf St. Croix oder Charlotte-Amalie auf St. Thomas vorfindet. Die weltberühmte Taucherdestination Bonaire, aber auch Curaçao, sind für ihre atemberaubenden Tauchgründe mit angenehm warmem und kristallklarem Wasser sowie einer Sichtweite von mehr als 30 m weithin bekannt. Nicht ohne Grund werben sie mit dem Slogan „most beautiful diving spots on earth".

Neben der Wüstenlandschaft und den Flamingos lockt vor allem die phantastische Unterwasserwelt Bonaires die zahlreichen Urlauber an. Aber auch Windsurfer, Segler und Hochseeangler kommen voll auf ihre Kosten. Für Kreuzfahrer oder Inselhüpfer auf einem Zwischenstopp ist die mit 40 km Länge und 5 bis 12 km Breite zweitgrößte und östlichste der Niederländischen Antillen „unter dem Wind" per Auto an einem Tag durchaus in Ruhe zu erkunden. Einen Abstecher lohnen die hübschen Gebäude der im holländischen Kolonialstil erbauten Hauptstadt **Kralendijk.**

Bonaires Unterwasserwelt ist reich an allen Arten von Korallen (auch schwarze Korallen) und Seeanemonen, üppigen Fischbeständen, geheimnisvollen Schiffswracks und vier Arten von Seeschildkröten – vor allem der Green Turtle (chelonia mydas). Um das empfindliche Biotop zu schützen und für die Zukunft zu bewahren, gehören alle Gewässer rings um die Insel bis zu einer Tiefe von 60 m zum Naturschutzgebiet **Bonaire Marine Park.** Die besten Spots liegen an der Westseite.

Einen Kontrast dazu bilden die spanisch-maurischen Villen in Belem, im flachen Südteil der Insel. Die „weißen Berge" aus Salz machen deutlich, dass die Salzgewinnung in den Salinen ein bedeutender wirtschaftlicher Faktor war. Vom Meer her sichtbare Obeliske dienten früher den Salzschiffen zur Orientierung. Hinter den riesigen Öltanks von BOPEC (Bonaire Petroleum Corporation) gelangen Sie zum **Goto-Meer,** dem beeindruckendsten Landschaftsbild, das Bonaire bieten kann. Rund 11.000 Rote **Flamingos** haben hier ihr Zuhause. Bei Sonnenuntergang hinterlassen sie eine riesige rosa Wolke am Himmel, wenn sie ihre Schlafstätte in Venezuela aufsuchen. Auf Grund strikter Vogelschutzbedingungen genießen die farbenprächtigen Vögel, deren Gelege maximal zwei Eier umfasst, auf Bonaire ein weitgehend gesichertes Leben und haben der Insel den Beinamen **„Flamingo Island"** eingebracht. Auf Curaçao sind zahlreiche Tauchstellen sowohl mit dem Boot als auch per Auto erreichbar. Einige der schönsten Spots auf Curaçao befinden sich an der Südküste und sind in den Bando-Abao, den Zentral-Curaçao- und den Curaçao-Unterwasserpark konzentriert.

Das geschützte Goto-Meer ist das Zuhause der Flamingos

Trinidad und Tobago

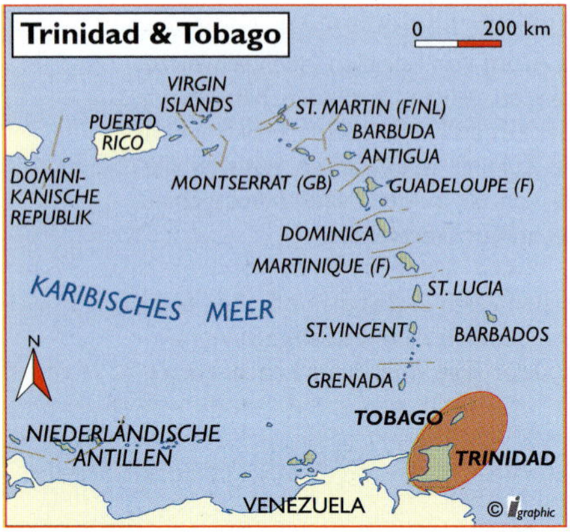

Wichtige Telefonnummern auf einen Blick

Telefonvorwahl	☏ 868
Internationale Vorwahl	☏ 001-868
Polizei	☏ 999
Ambulanz	☏ 990
Krankenhaus	
Port of Spain:	☏ 623-2951, 622-1191
Scarborough:	☏ 639-2551
Deutsche Botschaft	☏ 62830/31/32
Touristeninformation Trinidad/Tobago	☏ 868-623-1932

Trinidad und Tobago, die **südlichsten der karibischen Inseln**, liegen nur einen Katzensprung von der venezolanischen Küste entfernt und teilen sogar einige kulturelle Besonderheiten Südamerikas. Die größere der beiden Inseln, Trinidad mit 4828 km², liegt nur 10 km vor der venezolanischen Küste und bei klarem Wetter in Sichtweite genau gegenüber dem Orinoko-Delta, das kleinere Tobago (300 km²) liegt 32 km nördlich von Trinidad.

Südamerikas Nachbarn

Kulturell wurden die beiden Inseln jedoch nicht nur von Südamerika beeinflusst. Heute wird die besondere T-and-T-Atmosphäre vor allem geprägt durch den **kosmopolitischen Mix** aus Afrikanern, Westindern, Chinesen, Thailändern, Europäern sowie Syrern. Ihre Musik, ihre Küche und die unterschiedlichen kulturellen, sozialen und politischen Hintergründe fließen ein in das mitreißend bunte Leben auf den beiden Inseln. Optisch prägen vor allem die Westinder das Bild von Trinidad und fügen dem Aufenthalt in der Karibikregion, die ansonsten vor allem afrikanisch geprägte ist, eine neue Facette hinzu.

Auch geologisch bilden die T-&-T-Inseln eine karibische Besonderheit. Während die anderen Antilleninseln entweder vulkanischen Ursprungs sind oder aus Korallenkalk entstanden, waren Trinidad und Tobago einmal **Teil des südamerikanischen Kontinents**. Die Verbindung zum Festland riss erst vor rund 14.000 Jahren, also nach der letzten Eiszeit, ab. Damals stieg der Meeresspiegel so weit an, dass die Landbrücke zwischen Trinidad und Venezuela überflutet wurde. Vorher schon hatte sich Tobago von Trinidad gelöst und war ins Karibische Meer gedriftet. Die ehemalige Zugehörigkeit zu Südamerika wird auch durch die relativ große Landfläche Trinidads deutlich, die die anderen Inseln der Kleinen Antillen nicht haben.

Zudem findet sich hier eine **Flora und Fauna**, die teilweise Überschneidungen mit dem Festland zeigt und solcherart auf den anderen Antilleninseln nicht wieder anzutreffen ist. Die äquatornahe Lage sorgt darüber hinaus für ein im Winter wie im Sommer **fast gleichmäßig feucht-heißes Klima**. Durch die geringen Klimaunterschiede bleiben Trinidad und Tobago von Hurrikans verschont. Beide Inseln werden vor allem von mit grünem Regenwald bedeckten Bergen geprägt, die in Trinidads Norden mit dem **Mount Aripo** auf 925 m ansteigen. Ansonsten ist die Inselmitte Trinidads weitgehend flach. Die flache Westküste umschließt mit zwei Halbinseln den **Golf von Paria**. Hier liegen die meisten Industrie- und Hafenanlagen. Auf Tobago gehen die sanften grünen Hügel bis auf 600 m hoch.

Redaktionstipps

- Wanderung durch den **Maracas National Park** mit erfrischendem Flussbad und Entspannung an der **Maracas Bay** (S. 459).
- Vogelbeobachtung in **Asa Wright Nature Center** (S. 460).
- Beobachtung der Hundertschaften von Scharlachibissen in den **Caroni-Sümpfen** bei Sonnenuntergang. Erleben Sie, wie sich der Himmel nicht nur von der Sonne rot färbt (S. 468). Vergessen Sie aber auf keinen Fall Mückenschutzmittel!
- Die Abendatmosphäre der Stadt an der Savannah in **Port of Spain** (S. 451ff).
- **Liming** am Freitagabend an der Brain Lara Promenade bei einem Cricket-Match oder in einer der Bars in der Western Main Road.

Auch im Hinblick auf Zahl, Dichte und Zusammensetzung der Bevölkerung sticht der Inselstaat aus der Inselwelt der Kleinen Antillen heraus. Von den gut 1,3 Millionen Menschen leben über 50.000 in der **Hauptstadt Port of Spain** (Agglomeration: 265.000 Menschen), rund 30.000 jeweils in San Fernando und Arima. Etwa 39,6 Prozent sind Nachfahren afrikanischer Sklaven; 40,3 Prozent sind indischen Ursprungs – wodurch sich Trinidads ethnische Zusammensetzung von der eines jeden anderen Landes in Amerika unterscheidet. 18,5 Prozent sind Mulatten und der Rest der Bevölkerung setzt sich aus Nachkommen chinesischer, europäischer und anderer Einwanderer zusammen.

Durch den **hohen Anteil an Indern** ist es auch zu erklären, dass sich 23,8 Prozent der Gläubigen zum Hinduismus und sechs Prozent zum Islam bekennen. Am stärksten ist die römisch-katholische Kirche vertreten, der etwa 30 Prozent aller Einwohner angehören. Elf Prozent sind Anglikaner, der Rest verteilt sich auf verschiedene christliche Kirchen und Xango-Anhänger, eine afrikanisch beeinflusste Naturreligion.

Trinidads Norden: hohe Berge mit dichtem Regenwald

Heute kann sich der Inselstaat als eine **Präsidialrepublik im Commonwealth** bezeichnen. Bis es

Trinidad
KARIBISCHES MEER
Chupara
Las Cuevas Bay
Maracas Bay
La Vache Bay
755m
El Tuc
Pta. Peñas
Corozal Pte.
Macqueripe Bay
Maracas Bay Village
Maraval
The Dragon's Mouth
HUEVOS IS.
VENEZUELA
Chaguaramas
Santa Cruz
St. James
MONOS IS.
CHACACHACARE IS.
GASPAR GRANDE IS.
CARREA PRISON IS.
St. Peter's Bay
San Juan
ISLA DE PATOS
1-6
Port of Spain
Caroni Bird Sanctuary
Caroni Swamp
GOLF VON PARIA
Waterloo
Cangrejos Pt.
Couva
California
Lisas Bay
Pt. Lisas
Claxton Bay
Pointe-à-Pierre
Marabella
San Fernando
9 10
Pitch Pt.
Pitch Lake
La Brea
Canaan
Devil's
Vessigny
St. Mary's
Avocat
Debe
Point Fortin
Irois Bay
Guapo
Fyzabad
Thick
Penal
Cap-de-Ville
Fyzabad Lake Resort
Siparia
Granville
Cedros Bay
Palo Seco
Morne Diablo
Chatham
Erin Riv.
Fullarton
Columbus Bay
Isolte Bay
Isolte Pte.
San Francique
Erin Bay
Coral Pt.
Los Iros Bay
Icacos
The Serpent`s Mouth
0 Hotel
1 Hotel Hilton
2 Crown Plaza
3 Kapok Hotel
4 Monique's Guesthouse
5 Chaconia Inn
6 Carnetta's Inn
7 Blanchisseuse Laguna Mar Beach Resort
8 Asa Wright Nature Lodge
9 Tradewinds
10 Royal Hotel

Sans Souci Bay
Grande Rivière Bay
Matelot Bay
Grand Matelot Pt.
Galera Pt.
Chupara Pt.
Filette
Las Cuevas Bay
Blanchisseuse Bay
Mdamas Bay
Paraja Bay
Matelot
Sans Souci
Toco
Redhead
Cumana Bay
7
Blanchisseuse
Paria Waterfall
Las Cuevas
755m
El Tucuche
El Cerro del Aripo
755 m
Rampanalgas
Maracas N.P. and Falls
Balandra Bay
Hollis Reservoir
Oropuche Riv.
8
Maracas
Asa Wright Nature Center
Verdant Vale
Saline Bay
Salybia
Matura
St. Benedict
Lopinot
Matura Pt.
St. Joseph
Valencia
Tunapuna
Arima
Arouca
Matura Bay
Caroni
Caroni Riv.
Cumuto
Sangre Grande
Piarco
San Rafael
Cunupia
Cunaripa
Las Lomos
Upper Manzanilla
Manzanilla Pt.
Chaguanas
Manzanilla Bay
Longdenville
Talparo
Lower Manzanilla
Four Roads
Mt. Harris
Todd's Road
Mamon
Tamana
308 m
ATLANTISCHER OZEAN
Freeport
Poole
Biche
Nariva Swamp
Preysal
Charuma
Tabaquite
Cuche
Navet
Navet Riv.
Brickfield
Cocos Bay
Pt. Radix
Williamsville
Ecclesville
St. Joseph
Princes Town
New Grant
Poole
Rio Claro
Mayaro
Tableland
St. Julien
Devil's Woodyard
Ortoire Riv.
Oropuche Riv.
Preau
Barrackpore
Moruga Riv.
Guayaguayare
Sadhoowa
Galeota Pt.
Rushville
Guayaguayare Bay
Basse Terre
Grand Cayo Pt.
N
0
5 km
La Lune
Moruga
Moruga Pt.
Canari Bay
Reiseroute
COLUMBUS CHANNEL
© igraphic

Frische Kokosnüsse an der Queen's Park Savannah

so weit war, hat das Inselpaar allerdings eine turbulente Geschichte auf dem Weg zur Unabhängigkeit durchlebt. 1958 wurde die Westindische Föderation gegründet (Hauptstadt: Port of Spain), am 31. August 1962 wurden Trinidad und Tobago ein völlig unabhängiger Staat innerhalb des Commonwealth, seit 1976 besteht die Republik Trinidad und Tobago, deren Präsident *Königin Elizabeth II.* als Staatsoberhaupt ablöste. Die politischen Geschicke werden von einem Zweikammersystem (Repräsentantenhaus und Senat) geleitet. Tobago hat ein eigenes *House of Assembly*, das über einige Inselangelegenheiten bestimmt. Die Frage, ob sich die beiden Inseln auf Grund ihrer unterschiedlichen Struktur voneinander lösen und in Zukunft getrennte politische Wege gehen, wurde in den letzten Jahren vor allem auf Tobago immer wieder diskutiert.

Reiche Bodenschätze in Trinidad

Wirtschaftlich dominiert die Erdöl- und Erdgasindustrie, die vor allem an der Südwestküste Trinidads (Pointe-à-Pierre) beheimatet ist. Um von den schwankenden Ölpreisen auf dem Weltmarkt unabhängiger zu werden, wird ein Kurs fortschreitender Privatisierung und Handelsliberalisierung gefahren.

Auch die weltweit größten Vorkommen von **natürlichem Asphalt** werden weiterhin ausgebeutet. Mit diesen Wirtschaftszweigen hat Trinidad das Gepräge (und die Probleme) eines modernen Industriestaates und besitzt von allen selbstständigen Ländern der Karibik bei einer in den vergangenen Jahren rückläufigen Arbeitslosigkeit bis auf den Stand von 8 Prozent den höchsten Lebensstandard. Eine intensive Landwirtschaft macht die Insel von Importen weitgehend unabhängig. Dennoch entfielen Ende der Neunziger nur 1,7 Prozent des Bruttoinlandsproduktes auf den Sektor Landwirtschaft. Gut 43 Prozent entstanden im Industriebereich und rund 56 Prozent bei den Dienstleistungen, geprägt vom Banken- und Versicherungswesen sowie Groß- und Einzelhandel.

Für nationale und internationale Flugverbindungen gibt es eine nationale Fluggesellschaft, die Caribbean Airlines, und mit dem Flughafen Piarco auf Trinidad in der Nähe von Port of Spain und dem Flughafen Crown Point auf Tobago zwei Verkehrsflughäfen. Der Tourismus spielt dabei auf Trinidad eine nur untergeordnete Rolle. Ganz anders auf Tobago. Die Insel lebt inzwischen hauptsächlich von den Deviseneinnahmen des Fremdenverkehrs. Caribbean Airlines ist die Nachfolgerin der staatlichen Fluggesellschaft British West Indian Airways (BWIA), die 2006 ihren Flugbetrieb einstellte. Anfang 2007 nahmen Caribbean Airlines ihren Betrieb auf. Angesteuert werden innerkaribische Ziele. Besonders wichtig ist die nationale Verbindung zwischen Trinidad und Tobago.

Allgemeine Reisepraktische Informationen zu Trinidad und Tobago

➤ Information

Siehe bei den „Reisepraktischen Informationen" zu den jeweiligen Inseln unter dem gleichnamigen Stichwort

➤ Unterkunft

Die meisten Unterkünfte auf Trinidad finden Sie in Port of Spain, wo ein einfaches Zimmer zwischen 30-80 US$ kostet. Es wird beim Preis nicht in Haupt- und Nebensaison unterschieden wie auf anderen Antilleninseln, sondern der Karneval bestimmt die Preise der Unterkünfte. Während der Festtage sowie drei Wochen vorher und nachher können die Preise bis zu 70 Prozent höher als sonst sein. Aber zu dieser Zeit ist es sowieso sehr schwer, ein Zimmer zu bekommen, wenn Sie nicht schon Monate zuvor eine Buchung getätigt haben. Um die 70-90 US$ kostet in der Zeit ein einfaches Hotelzimmer in der Stadt und geht bis zu 200 US$. Günstiger sind Gästehäuser oder private Gästezimmer bei einheimischen Familien, die zwar insgesamt weniger Komfort bieten, aber auf jeden Fall viel Einsicht in das Leben der Menschen vor Ort und so manchen Tipp.

Wenn Sie Trinidad näher erkunden möchten, sollten Sie auf jeden Fall für den ersten Tag nach Ihrer Ankunft eine Unterkunft gebucht haben. Nicht nur, dass Sie sich damit von dem Stress befreien, gleich nach Ankunft ein Zimmer suchen zu müssen. Sie werden bei der Einreise zudem nach einer Urlaubs- oder Buchungsadresse gefragt. Die Adresse von Bekannten ist dabei ausreichend.

Freies Camping *ist auf Trinidad und Tobago* **nicht erlaubt**. *Im Vergleich zu anderen Inseln der Karibik können Sie auf Trinidad – und auch auf Tobago – jedoch verhältnismäßig günstig Urlaub machen – wenn Ihnen Komfort nicht das Wichtigste ist. Darüber hinaus sind von Firstclass- und Luxusklasse über internationale Hotelketten bis einfache Privatunterkünfte alle Kategorien vertreten. Auf Tobago hilft Ihnen die Bed & Breakfast Association (☏ 868-669-2527) bei der Suche nach einem privaten Quartier.*

➤ Essen und Trinken

Der kosmopolitische Mix aus den Ureinwohnern der Westindischen Inseln, aus Afrikanern, Indern, Chinesen, Europäern und Syrern spiegelt sich auch in der Vielfalt der Küche von Trinidad und Tobago wider. Allen Speiseplänen gemein sind frische Meeresfrüchte und Fischgerichte, kombiniert mit frischen, exotischen Obst- und Gemüsesorten. Essen gehen ist – wie in der Karibik generell – so auch auf Trinidad und Tobago ein recht teures Vergnügen.

Günstiger als in Restaurants sind die **Snackbars** *an Straßen und Stränden. Auch hier können Sie in den Genuss der vielfältigen karibischen Küche kommen. Gönnen Sie sich* *tagsüber z. B. gebratene Garnelen oder inseltypische sogenannte Dumplings, chinesische Teigtaschen. Die Qualität wird von der Gesundheitsbehörde regelmäßig überprüft, viele VerkäuferInnen tragen ihren Ausweis sichtbar um den Hals.*

Typisch karibisch sind auch:
Doubles: *indischer Snack, bestehend aus weichen, frittierten Erbsenmehlpfannkuchen mit Kichererbsenfüllung.*
Rôti: *Pfannkuchen aus Erbsenmus, gefüllt mit Curry-Gemüse oder -Fleisch.*
Phulorie balls: *Gut gewürzte Kichererbsen-Bällchen mit scharfer, fruchtiger Sauce.*
Shark and Bake: *Frittiertes Haifischfilet in Blätterteig gebacken, serviert mit verschiedenen Zutaten wie Pfeffer-, Knoblauch- und Koriander-/Shadobeni-Sauce.*

➤ Anreise

Per Flugzeug

Nach Trinidad fliegt die Caribean Airlines mehrmals pro Woche (Piarco International Airport, 25 km östlich von Port of Spain). Anschlussflüge nach Tobago (Dauer ca. 20 Minuten) mit BWIA, Liat, Air Caribbean (Crown Point Airport, von der Hauptstadt Scarborough 12,5 km entfernt) mehrmals täglich. Verbindungen zu anderen Karibikinseln bieten BWIA, Liat und Region Air an.

Nach Tobago fliegt von Deutschland Condor (www.condor.de) direkt nach Tobago. In der Sommersaison in der Regel einmal pro Woche. Ab Amsterdam fliegt Martinair und ab London British Airways, BWIA West Indies Airways und Virgin Atlantic.

Die Flüge mit Tobago Express zwischen Trinidad und Tobago sind sehr günstig (Hin- und Rückflug TT$ 300) und schnell ausgebucht, daher sollten Sie vorher reservieren: ☎ 06105-206090, 🖷 06105-206098, www.tobagoexpress.com.

Zwischen den einzelnen Inseln der Kleinen Antillen bestehen Flugverbindungen z. B. mit der **BWIA**, *Reservierung und weitere Informationen unter ☎ (+49)-06105-206090, 🖷 (+49)-06105-206098, www.bwia.de. BWIA bietet u. a. einen Caribbean Airpass an, mit dem insgesamt bis zu acht Inseln angeflogen werden können.*
Liat Airlines *(Reservierungen unter www.liatairline.com sowie telefonisch unter 001-888-844-5428 oder Trinidad & Tobago unter 001-868-624-4727).*
Caribbean Star Airlines *(Reservierungen im Internet unter www.flycaribbeanstar.com bzw. reservations@flycaribbeanstar.com sowie telefonisch unter 001-868-864-6272).*

Per Schiff

Port of Spain – Scarborough
Die zwischen Port of Spain und Scarborough in Dienst gestellte Autoschnellfähre verbindet Trinidad und Tobago in zweieinhalb Stunden Fahrzeit und kostet nur 100 TT$. Ab Trinidad fährt täglich um 9.45 Uhr, 14 Uhr und 16 Uhr eine Fähre. Ab Tobago tägl. um 6.30 Uhr, um 13 Uhr und um 23 Uhr. Wer allerdings nicht ganz seefest ist, sollte bei rauer See eher das Flugzeug nehmen.

Tickets gibt es in den Büros der **Port Authority** *in Port of Spain und Scarborough. Der Mietwagen muss bereits zwei Stunden vor Abfahrt an Bord sein. Info: ☎ 868-625-4906 oder 868-639-2417 für Port of Spain.*

Fährverbindungen zwischen Trinidad und anderen karibischen Inseln:
Windward Lines Ltd. *unterhält ein kombiniertes Passagier-/Frachtschiff, das Trinidad mit St. Lucia, Barbados, St. Vincent und Venezuela verbindet.*

Information und Buchung unter:
Windward Lines Ltd., *Head Office, Brighton Warehouse Complex, Brighton, Barbados, ☏ 001-246-425-7402 📠 001-246-425-7399*
Global Steamship Agencies Ltd., *Port of Spain, ☏ 868-625-2547, 📠 868-627-5091.*
Tageszeitungen *geben auch über die aktuellen Abfahrtszeiten Auskunft.*

➤ Ausreisegebühr/Airport Tax

Der Piarco International Flughafen auf Trinidad liegt ca. 25 km südöstlich von Port of Spain. Der mit einer lichtdurchfluteten Eingangshalle versehene moderne Flughafen verfügt über alle nötigen Einrichtungen, www.piarcoairport.com. Der Crown Point Airport auf Tobago kann zu Fuß bequem von vielen Hotels in Crown Point erreicht werden. Der kleine Flughafen verfügt nur über einen kleinen Duty-Free-Bereich. Nach dem Einchecken gibt es zudem nur noch wenige Snack-Möglichkeiten.
Beim Verlassen der Inseln müssen Sie eine Ausreisesteuer von rund 85 TT$ pro Person und eine Sicherheitsgebühr von ca. 15 TT$ in der Inselwährung bezahlen.

➤ Diplomatische Vertretungen

Deutsche Botschaft, *7-9 Marli Street, P. O.Box 828, Trinidad/Port of Spain, ☏ 868-628-1630/31/32, 📠 868-628-5278.*
Österreichisches Honorarkonsulat, *27 Frederick Street, Port of Spain, ☏ 868-637-3870*
Schweizerisches Honorarkonsulat, *c/o Nestlé, Churchill-Roosevelt Highway, Valsyn, Port of Spain, ☏ 868-663-6832/38, 📠 868-663-5467*

➤ Aufenthaltsgenehmigung

Bei der Ankunft auf Trinidad and Tobago können Sie eine Aufenthaltsgenehmigung für bis zu drei Monate erhalten. Aber auch ein Ein-Monats-Visum kann später im Einwanderungsbüro (67 Frederick Street) in Port of Spain verlängert werden.

➤ Exkursionen

Für beide Inseln bieten sich eine Inselrundfahrt und der Besuch der jeweiligen Nachbarinsel an. Aber auch eine Fahrt zu den **Grenadinen** *oder zum südamerikanischen Festland mit Exkursion nach* **Venezuela** *lohnt sich, z. B. zum* **Tafelberg Auyantepuy**. *Ebenso lohnenswert: der Besuch eines Indianerdorfs und der* **Schlucht von Kavak** *sowie der weltberühmten* **Angel Falls** *(mit 1.005 m der höchste Wasserfall der Welt). Ein anderer Ausflug geht zum Nationalpark von* **Los Roques**. *Mit seinen Korallenriffen und 50 Inseln ist er ein Über- und Unterwasserparadies. Auch die Kombination Angel Falls und Canaima-Fälle ist möglich. Alle Tagesausflüge werden einschließlich Mittagessen und weiterer Attraktionen, wie z. B. Einbaumfahrt durch den Dschungel, angeboten. Sie fliegen zunächst zu einem Airport in Margarita/Venezuela, von dort geht es mit kleineren Maschinen weiter.*

Besonders empfehlenswert ist eine Tour zum **Asa Wright Nature Center** *(☏ 868-622-7480, www.asawright.org, täglich geöffnet von 9-17 Uhr, Eintritt: 10 US$ inklusive geführter Touren (nur mit Voranmeldung). Mahlzeiten (kreolische Küche) sollten ebenfalls mindestens einen Tag vorher bestellt werden und es gibt sogar Übernachtungsmöglichkeiten.*

Feiertage

Zusätzlich zu den allgemeinen kirchlichen Feiertagen werden auf Trinidad und Tobago gefeiert:
- *30. Mai – die Ankunft der Inder/Indian Arrival Day*
- *19. Juni – Tag der Arbeit/Labour Day*
- *1. August – Tag der Sklavenbefreiung/Emancipation Day*
- *31. August – Unabhängigkeitstag/Independence Day*
- *24. September – der Tag der Republik/Republic Day*
- *Feb./März – Eid-al-Fitr/muslimischer Feiertag: Neujahr und Ende der Fastenzeit*
- *Hosey – Winterfest der Muslime, mit Umzügen, Musik und Tanz*
- *März – Phagwa/Neujahr der Hindus*
- *Oktober/November – Divali/Hindu-Feiertag, Lichterfest*

Feiertage, die auf einen Sonntag fallen, werden an dem darauffolgenden Montag begangen. Karnevalsmontag und Fastnachtsdienstag sind keine offiziellen Feiertage.

➤ Medien

Insgesamt zehn Radiosender berieseln die beiden Inseln. Die drei beliebtesten sind Radio Trinidad, Music Radio, Radio Tempo. Von den vier Fernsehprogrammen sind vor allem die beiden staatlichen Sender von T&T-Television (TTT) zu empfehlen. Auf den Privatsendern CCN TV-6 und AVM Television werden die langatmigen indischen Liebesfilme gezeigt. Für Europäer sind sie eher gewöhnungsbedürftig. Aber auch hier gibt's News und Musik-Videos.

Die wichtigsten Tageszeitungen, „The Trinidad Guardian" und „The Trinidad Express", erscheinen in Port of Spain, auf Tobago gibt es einmal pro Woche die „Tobago News" (vorwiegend lokale Nachrichten).

➤ Medizinische Versorgung

Trinidad hat zwei Krankenhäuser in Port of Spain, den Mount Hipe Medical Complex (☏ 868-623-2951) und das Adventist Hospital, Western Main Road (☏ 868-6221191). Auf Tobago befindet sich ein Krankenhaus in Scarborough (☏ 868-6392551).

➤ Öffnungszeiten

Supermärkte: *Mo-Sa 8/9-19/21 Uhr, So und Feiertag 9-12 Uhr*
Banken: *Mo-Do 8-14/15 Uhr sowie Fr 8-13 Uhr und 15-17 Uhr (mit lokalen Abweichungen).*

➤ Reiseagenturen

Eine Vielzahl von Reisebüros bietet Exkursionen zu Land und zu Wasser, Transfers, Hotel- und Flugbuchungen an. Als besonders zuverlässig hat sich die Agentur **AJM Tour** *(☏ 868-639-0610, 🖷 868-639-8918 (Airport)) für Rundtouren auf Tobago erwiesen. Sie bietet auch Tagestouren nach Margarita, Angel Falls, Grenada und zu den Grenadinen mit kompetenten und fundierten Führungen an.*
Für Trinidad bietet sich die sehr professionelle Agentur **Trinidad and Tobago Sightseeing Tours** *an (12 Western Rd., St. James, ☏ 868-628-1051, 🖷 868-622-9205, www.trintours.com).*
Caribbean Discovery Tours Ltd. *(9B Fondes Amandes Rd, St. Ann's, ☏ 868-6247281, www.caribbeandiscoverytours.com) hat ebenso ein umfangreiches Angebot und arrangiert bei längeren Trips auch Gästehäuser. Weitere Anbieter finden Sie unter www.gotrinidadandtobago.com.*

➤ Segeln/Motorboote

Segeln wird in den Gewässern des Inselstaates immer populärer. Durch gut ausgebaute Yachthäfen, die den bestmöglichen Schutz vor Hurrikans bieten, haben zudem viele Boots-

eigner von Nachbarinseln ihre Boote hierher verlagert. Auch die gute, für Segler notwendige Infrastruktur macht die Marinas attraktiv. Auf Trinidad: Chacachare Island, Chaguaramas Bay, Las Cuevas Bay, Maracas Bay, Monos Island, Pointe-à-Pierre, Port of Spain.

Auf Tobago wurde extra die Courland Bay ausgebaut. Das „Angostura and Yachting World Magazine" veranstaltet einmal im Jahr (Mai) eine Segel-Regatta, gefeiert wird im Crown Point Beach Hotel, Store Bay. Populär sind auch die Schnellbootrennen im Juli/ August von Trinidad nach Tobago (Store Bay). Im Winter und Frühling gibt es wöchentliche Rennveranstaltungen.

Auskunft: *Bei der Yacht Services Association of Trinidad and Tobago (YSATT/CrewsInn Village Square, Chaguaramas Bay, Trinidad, ☏ 868-634-4938) erhalten Sie das aktuelle Mitgliederverzeichnis sowie Informationen zu Liegeplätzen, Serviceeinrichtungen und Ausrüstungsläden; Trinidad & Tobago Yachting Association (TTYA), ☏ 868-634-4519, www.ttsailing.org*

➤ Souvenirs

Porzellan, Keramiken, Seide mit indischen Mustern, Handtaschen, Schuhe und andere Lederwaren sowie Batikarbeiten und geflochtene Strohwaren sind die besonderen Souvenirs von Trinidad und Tobago. Aber vor allem Musikkassetten – Calypso, Soca und Rapso haben hier ihren Ursprung – und Steel Drums – die einzige Innovation an Musikinstrumenten im 20. Jh. – sind typisch für die beiden Inseln. Briefmarkensammler werden besonders viel Freude an den farbenprächtigen Motiven haben. Das lebhafteste Shopping-Erlebnis werden Sie dabei in der Frederick Street in Port of Spain haben. Kunsthandwerk-Märkte: Neben dem Markt auf dem Independence Square in Port of Spain gibt es viele kleinere Märkte. Orte und Termine erfahren Sie in der aktuellen Tagespresse. Qualitativ hochwertige Batikware erhalten Sie im Cotton House, etwas außerhalb von Scarborough. Die Duty-Free-Läden an den Flughäfen sind gut sortiert – hier können Sie Ihren letzten TT$ noch in lokalen Rum investieren.

➤ Sport

Auch auf Trinidad und Tobago wird Wassersport groß geschrieben. Auskunft über die zahlreichen Spots für Windsurfing oder Wellenreiten gibt die **Surfing Association of Trinidad and Tobago** *(☏ 868-637-4533) bzw. die* **Windsurfing Association of Trinidad and Tobago** *(☏ 868-637-4533), Infos zum Surfen am Bucco Reef unter www.surf-action.com (auf Deutsch).*

Eine **Kajakstation** *auf Tobago bietet Kurse und Touren entlang der Küste an (☏ 868-633-7871). Darüber hinaus verfügen die Strandhotels über umfangreiche Möglichkeiten für Wasserski, Surfen, Schnorcheln und Tauchen. Beliebt sind auch Hochsee- und Küstenfischen.*

Für ausgiebige **Wanderungen** *bietet sich Tobago hervorragend an. Küstenpfade durch den Regenwald erlauben immer wieder atemberaubende Blicke auf Meer und Strand. Tennis spielen ist bei den meisten größeren Hotels kein Problem.*

*Auf Trinidad gibt es drei, auf Tobago zwei 18-Loch-***Golf***-Plätze: St. Andrew's Golf Club in Moka Maraval (☏ 868-629-2314), einen Public Course in Chaguaramas (☏ 868-634-4349) und Pointe-à-Pierre Golf Club (☏ 868-658-4210) sowie den Mount Irvine (☏ 868-639-9543), den Brechin Castle Golf Club (☏ 868-636-2311) und den Tobago*

Plantation Golf and Country Club. Beide Inseln sind auch ein bekanntes Ziel für Jäger. Gürteltiere, Rotwild, Agutis und Wildschweine werden hier geschossen.

Bei den Inselbewohnern selbst stehen zudem **Cricket** *und* **Pferderennen** *ganz oben. Die wichtigsten Cricket-Spiele der von Februar bis Juni dauernden Saison werden im* **Queen's Park Oval** *in Port of Spain ausgetragen. Auch die Pferderennen in der Queen´s Park Savannah sind wahre Zuschauermagneten.*

Informationen zu den besten **Tauchmöglichkeiten** *siehe unter „Reisepraktische Informationen zu Tobago" unter dem Stichwort „Tauchen".*

➤ Telefonieren

Auf Trinidad und Tobago können Ortsgespräche von jeder Telefonzelle aus geführt werden, wobei manche Gespräche noch über eine Vermittlung gehen. Es empfiehlt sich der Kauf einer Telefonkarte. Faxe können von den meisten Hotels und den Fernmeldeämtern (TSTT) verschickt werden. Das Hauptpostamt ist in Port of Spain auf der Wrightson Rd. (gegenüber dem Holiday Inn).

Die internationale Vorwahl für beide Inseln ist 001-868, dann kommt die siebenstellige Rufnummer. Bei Ferngesprächen nach Deutschland wählen Sie 011-49, nach Österreich 011-43 und in die Schweiz 011-41, anschließend die Ortskennzahl jeweils ohne die erste Null.

➤ Veranstaltungen

Zu den offiziellen Feiertagen gehören auch die religiösen Feste der islamischen und hinduistischen Minderheiten Trinidads. Im Oktober/November feiern die **Hindus** *das Divali-Fest, bei dem sie eine Vielzahl von Lichtern vor ihren Häusern und Tempeln aufstellen. Viele Moslems begehen am „Muharram", dem ersten Tag des mohammedanischen Mondjahres, das Hussein-Fest und veranstalten anlässlich des Tages farbenprächtige Umzüge, auf denen sie kleine Nachbildungen von Moscheen, sogenannte „tadjahs", mitführen. Auch das* **muslimische Neujahrsfest** *Eid-al-Fitr, gleichzeitig Ende des Fastenmonats Ramadan, wird von den Gemeinden in Port of Spain, San Fernando und Tunapuna mit Straßenumzügen gefeiert. Alle religiösen Feste haben wechselnde Daten; die genauen Termine erfahren Sie bei den Touristenbüros und Hotelrezeptionen.*

Unter den nicht-religiösen Festen ist der **Karneval** *von* **Trinidad** *weltbekannt und kann durchaus mit dem von Rio de Janeiro konkurrieren. Die Höhepunkte sind am Rosenmontag und Veilchendienstag, wenn mehr als 250.000 Teilnehmer durch die Straßen von Port of Spain ziehen. An diesen Tagen ist das Geschäftsleben lahmgelegt, und alle Hotelzimmer sind ausgebucht. Bereits eine Woche vorher findet das große* **Steelband-Turnier „Panorama"** *auf der Savannah in Port of Spain statt.*

Auch der Karneval von **Tobago**, *der zur gleichen Zeit gefeiert wird, kann sich sehen lassen. Daneben lockt dort das Heritage Festival im Juli mit historischen Schauspielen und Paraden viele Zuschauer an. Bei allen Festivitäten auf Trinidad und Tobago geht es ausgesprochen bunt und lebenslustig zu. Schließlich ist es kein Zufall, dass der Calypso genauso wie die Steelbands hier ihren Ursprung haben.*

➤ Verkehrsmittel

Im Inselstaat herrscht Linksverkehr. Das Straßennetz ist insgesamt gut ausgebaut, besonders auf Trinidad, wo zwei autobahnartige Highways in Nord-Süd- und Ost-Westrichtung verlaufen. Auf Tobago und im Norden Trinidads sind die Straßen vielfach schmal, kurvenreich und nicht in bestem Zustand.

Der Personennahverkehr wird durch **Busse, Minibusse** *und* **Taxis** *aufrechterhalten. Am billigsten reisen Sie auf den Inseln mit den staatlichen Bussen. Sie starten meistens am South Quay Bus Terminal in Port of Spain und verbinden die größeren Orte sowie auch den Flughafen mit ihnen. Doch auch die Minibusse bzw. Sammeltaxis sind preisgünstig; sie verkehren auf bestimmten Routen und haben zentrale Haltepunkte, können aber auch per Handzeichen angehalten werden. Oft hupen die Fahrer, um auf freie Plätze aufmerksam zu machen. Ihr Fahrziel ist durch Farbstreifen gekennzeichnet: gelb = Port of Spain und Umgebung; rot = Osten; grün = Süden; braun = Princes.*

Taxi

Taxis sind am Buchstaben „H" (= hire) am Nummernschild zu erkennen und werden in sogenannte Route Taxi (ersetzen Busse und fahren auf festen Kurzstrecken) und Maxi Taxi (das Gleiche für Langstrecken) unterteilt. Sie haben keinen Taxameter, aber festgelegte Preise. Lassen Sie sich die jedoch vom Chauffeur vor Fahrtantritt bestätigen. In Tobago sind die Preise am Flughafen angeschlagen. Die meisten Taxis sind rund um den Independence Square in Port of Spain anzutreffen.

Mietwagen

Auf den T&T-Inseln ist es vor allem an den Wochenenden nicht einfach, einen Mietwagen zu bekommen. Wegen der starken Nachfrage sollten Sie bereits im Voraus Ihren Wagen reservieren. Viele Firmen akzeptieren zudem keine Kreditkarten und verlangen Bargeld für die Kaution. Sofern Sie nicht länger als drei Monate bleiben, genügt der eigene nationale oder ein internationaler Führerschein.

Fahrradverleih

Auf Tobago achten Sie einfach auf die Schilder „Bikes for rent". Besonders viele Verleihstationen befinden sich um den Flughafen Crown Point. Auf Trinidad sind sie auf der ganzen Insel verteilt.

➤ Währung

Die Landeswährung ist der TT-Dollar (TT$). US-Dollars werden in der Regel angenommen. Mit Kreditkarten kommen Sie jedoch nicht immer weiter (siehe Stichwort „Mietwagen"). US-Dollars können bei allen Banken und notfalls auch in den größeren Hotels getauscht werden, im Gegensatz zu deutschen Reiseschecks. Fremdwährung darf unbegrenzt eingeführt werden, für die einheimische Währung besteht bei Ein- und Ausfuhr jedoch ein Limit von derzeit 200 TT$.

➤ Yachthäfen

• *Chaguaramas* • *Scarborough*

Inselbesichtigung Trinidad

Trinidads Topografie …

Mit 4.828 km² ist Trinidad die mit Abstand **größte Insel der Kleinen Antillen** und liegt, nur durch den maximal 27 m tiefen Golf von Paria getrennt, unmittelbar vor der venezolanischen Küste und gegenüber dem Orinoko-Delta. In ihrem Aufbau ist die Insel **Bestandteil des südamerikanischen Subkontinents** (venezolanische Küstenkordillere) und wird durch drei parallele Gebirgsketten bestimmt, die in westöstlicher Richtung verlaufen. Am eindrucksvollsten ist dabei die Northern Range, ein von dichtem Regenwald überzogenes und von vielen Tälern durchschnittenes Gebirgsland, das im **Cerro del Aripo** 925 m und im **Tucuche** 937 m erreicht.

Zum **Karibischen Meer** hin liegen in geschützten Buchten schöne, palmenbestandene Sandstrände (besonders Maracas Bay). Südlich der Northern Range breitet sich eine landwirtschaftlich und gewerblich genutzte Ebene aus, in der auch die Hauptstadt Port of Spain liegt. Die beiden anderen Gebirgszüge sind die nur mäßig hohen Central Ranges (300 m) und Southern Ranges (303 m), die durch eine weitere Ebene im Süden getrennt sind.

Auf Grund der Nähe zu Südamerika hatte Trinidad eine **historische Brückenkopffunktion** für die indianischen Stämme der **Arawaken** und **Kariben**, die von hier aus die anderen Antilleninseln besiedelten. In den europäischen Blick geriet die Insel durch *Kolumbus*, der sie 1532 auf seiner dritten Reise entdeckte und nach drei markanten Bergspitzen im Südosten benannte (einer anderen Version zufolge nach der Heiligen Dreifaltigkeit).

Die in der Folgezeit gegründete spanische Siedlung bei **St. Joseph** (San José) war zwar als Basis der Expeditionen ins sagenhafte Goldland El Dorado von Bedeutung, konnte sich jedoch gegen die Angriffe der Ureinwohner sowie holländischer, französischer und englischer Freibeuter nicht lange halten.

… und Geschichte

Bereits 1595 landete *Sir Walter Raleigh* auf der Insel, entdeckte den Pitch Lake und machte britische Ansprüche geltend. Trotzdem blieb Trinidad formal im **Besitz der spanischen Krone**, die 1783 Katholiken aller Länder das Angebot machte, hier Siedlungen zu gründen. Nutznießer waren vornehmlich die Franzosen, die sich in großer Zahl niederließen und u. a. Zuckerrohrplantagen etablierten.

i Die Insel-Wappen …

*… bestehen auf **Trinidad** aus dem **Scharlachibis**. Bei Sonnenuntergang bevölkern die Vögel zu Hunderten die Sümpfe von Caroni und färben den Himmel rot. Auf **Tobago** sind die **Cocricos** zu Wappenehren gelangt, obwohl sie bei den Einheimischen nicht immer beliebt sind. Die Huhn-großen Vögel fallen zum Teil in Scharen in Gärten ein und betreiben dort Raubbau. Doch wenn sie ihren namengebenden Ruf „Cocrico“ ausstoßen, so heißt es, gibt es bald Regen.*

Indische Gebetsstätte

Der französische Einfluss ist in Ortsnamen und im Dialekt des Patois bis heute spürbar. 1797 jedoch eroberten britische Truppen die Insel, die 1802 zur **königlich britischen Kronkolonie** erklärt wurde. Wegen der **Sklavenbefreiung** 1834 und dem damit verbundenen **Mangel an Arbeitskräften** holten die Engländer in den folgenden Jahren viele Menschen aus Indien, China und Madeira ins Land – insgesamt etwa 150.000 Immigranten in den Jahren 1845-1917.

Multikulturelle Gesellschaft

Diese **Masseneinwanderung** ist für die außerordentlich große ethnische und religiöse Vielfalt Trinidads verantwortlich, auf der letztlich auch ihre „kulturelle Eigenart" beruht: Überbleibsel des *British Way of Life* sind genauso vorhanden wie französische und iberische Elemente; in Religion, Festtagskalender, Sprache und Architektur sind daneben die afrikanischen, ostasiatischen und arabischen Akzente unübersehbar. Und die Vermischung all dieser Einflüsse mit karibischer Lebensfreude führte in der Musik zur **Erfindung des Calypso**, der **Steelbands** und des **afro-karibischen Jazz**.

1889 schließlich wurde **Tobago mit Trinidad** zu einer **gemeinsamen Kronkolonie** vereinigt und folgte ab nun dem Weg der Schwesterinsel bis hin zur staatlichen Unabhängigkeit und Ausrufung der Republik.

Neben der **grandiosen Tier- und Pflanzenwelt** ist die erwähnte **Vielfalt der Menschen und Kulturen** ein Höhepunkt des Inselstaates, den Sie am besten während des weltberühmten Karnevals erleben können. Zu den touristischen Attraktionen gehören daneben der gebirgige Norden mit seinem Regenwald, die herrlichen Strände und Naturparks und die kilometerlangen Kokospalmenhaine an der Ostküste.

Touristenattraktion

Zudem sind der **Pitch Lake** und die **Mangroven des Caroni Swamp** eine Tagestour wert. Hier sollten Sie sich einer organisierten Tour ab Port of Spain anschließen, ausführliche Hintergrundinformationen werden Ihnen mehr Details offenbaren als selbstständige Exkursionen. Und um sich in den Sümpfen von Caroni bewegen zu können, wartet dort dann bereits ein Motorboot auf Sie. Zudem ist eine organisierte Tour zumeist billiger als eine Fahrt mit dem Taxi.

i Artenreichste Flora und Fauna

Das finden Sie auf keiner anderen Antilleninsel: Wegen der Nähe zu Südamerika umfasst die Tierwelt 108 Säugetier-, 400 Vogel-, 55 Reptilien-, 25 Amphibien- und 617 Schmetterlingsarten. Daneben gibt es rund 2.300 verschiedene Pflanzenarten.

Hinweis

Wer Trinidad intensiver sehen und erleben möchte, sollte sich einen Mietwagen besorgen und mindestens drei Übernachtungen einplanen. In vier Tagen können Sie die Inseln mit allen ihren Sehenswürdigkeiten bequem abfahren und den einen oder anderen Halt machen. Aber Achtung: Als Selbstfahrer auf Trinidad brauchen Sie starke Nerven, eine außergewöhnlich rüde Fahrweise vor allem am Wochenende vorherrscht, die Straßen jenseits der Hauptverkehrsstraßen sehr schlecht sind und auch die Ausschilderung an Eindeutigkeit zu wünschen übrig lässt. Mit gutem Kartenmaterial (z. B. am Kiosk im Flughafen zu bekommen), ausreichend Zeit und etwas Übung kann man sich allerdings auf der Insel gut alleine bewegen.

Reisepraktische Informationen zu Trinidad

➤ Information

Das Hauptbüro des **T&T Tourist Board**, *TDC (Tourism Development Company of Trinidad and Tobago), sitzt im Maritime Centre 8 Level 1, 29 Tenth Avenue, Barataria, ☏ 868-675-7034, 🖷 868-638-7962, www.tdc.co.tt, www.visittnt.de und www.visittnt.com*
Das **Touristenbüro** *am Piarco International Airport erreichen Sie unter ☏ 868-669-5196 oder 868-669-6044, 🖷 868-669-6045*

➤ Mietwagen

Einige Autofirmen auf Trinidad:
Autocenter Car Rentals, *6 Ariapita Avenue, Port of Spain, ☏ 868-628-4400/8800*
Econo-Car Rentals, *19 Western Main Road, Cocorite, Port of Spain, ☏ 868-622-8072/4*
Furness Rentals Ltd, *1 Richmond Street, Port of Spain, ☏ 868-627-4959*
Southern Sales & Service Co. Ltd, *70-80 Richmond Street, Port of Spain, ☏ 868-625-2461/3*
Hertz, *Coral Cove Marina, Western Main Road, Chaguaramas, ☏ 868-634-1034*
Am Piarco International Airport gibt es die meisten internationalen Autovermietungen wie:
Avis, *☏ 868-669-0905*
Budget Rent a Car, *☏ 868-669-1635*

➤ Strände

Die besten Strände befinden sich an der **Nordküste**. *Allein schon die Aussicht von der Küstenstraße ist spektakulär: Während Sie durch tropischen Wald fahren, eröffnet sich Ihnen immer wieder der Blick auf sandige Buchten und felsige Küsten. Aber Achtung! In der Regenzeit können sturzbachartige Regengüsse die Straßen in den Bergen in einen reißenden Bach verwandeln. Einen lokalen Taxifahrer bekommen Sie dann nicht dazu, eine Tour über die steilen Straßen zu machen. Seien Sie vorsichtig und halten Sie bei der nächsten Gelegenheit an, wenn Sie in einen solche Wettersituation geraten sollten.*

Maracas Bay, *16 km von Port of Spain: Hier finden Sie geschützten und mit Kokosnusspalmen gespickten Sandstrand. Wegen der Nähe zur Hauptstadt der Inseln ist es hier am*

Wochenende sehr belebt. Trotz der seichten Wellen können hier gefährliche Unterströmungen auftreten: Sie sollten nicht zu weit hinausschwimmen. Weiter östlich bietet die malerische **Las Cuevas Bay** *gute Surfmöglichkeiten, ergänzt durch Umkleidemöglichkeiten, Duschen und Strandbewacher. Allerdings wimmelt es in der Regenzeit von Sandflöhen. Fischerboote verleihen dem Küstenbereich, der selbst an Wochenenden größtenteils (noch) leer ist, eine malerische Note. Für die Zukunft ist hier allerdings ein Hotelkomplex geplant. Ebenfalls an der Nordküste gelegen, bietet der kleine Strand* **Blanchisseuse** *eine Süßwasserlagune, durch die der* **Marianne River** *ins Meer fließt. In der Brutzeit kommen viele* **Schildkröten** *hierher, um ihre Eier zu legen.*

Im **Nordosten** *der Insel säumen zahlreiche Buchten mit guten Bademöglichkeiten die Küste. Am* **Atlantik** *prägen von der* **Saline Bay bis zum Galeota Point** *drei große, lang gezogene Buchten mit wunderschönen Sandstränden das Küstenbild. Aber bleiben Sie beim Schwimmen vorsichtig, denn im Vergleich zur Karibischen See ist der Atlantik wesentlich gefährlicher. In den* **Südwesten** *– zur* **Cedros Bay** *– gelangen Sie nach einem Drei-Stunden-Trip von Port of Spain aus. Hier gibt es noch nahezu unberührte Strände und kilometerlange Kokosnussplantagen. Mit dem Auto sind die Strände allerdings schwierig zu erreichen. Zuvor passieren Sie die Bucht von Vessigny, etwa 3 km südlich des Pitch Lake gelegen.*

Die Hauptstadt: Port of Spain

Port of Spain (Karte s. S. 452) ist nicht nur die wirtschaftliche, politische und administrative Metropole des Inselstaates, sondern auch die mit Abstand größte Stadt auf den Kleinen Antillen. Von den rund 80 verschiedenen Nationen und Ethnien, die auf Trinidad beheimatet sind, hat jede hier ihre größere oder kleinere Gemeinde. Das Stadtbild wird von Kirchen, Moscheen und Hindutempeln genauso geprägt, wie von modernen Zweckbauten und Einkaufszentren, Hochhäusern oder historischen Gebäuden aus der englischen Kolonialzeit.

Größte Stadt der Kleinen Antillen

Ein guter Startpunkt für die Stadtbesichtigung ist der große, grüne Freiplatz, der **Queen's Park Savannah**. Heute finden hier Pferderennen und andere Sportveranstaltungen statt. Früher hingegen diente der Platz unterschiedlichsten Zwecken, etwa als Feld für eine Zuckerplantage, später als Kuhweide. Er bot schon einem Friedhof Platz, diente als Cricket-, Polo-, Fußball- und Golfplatz und schließlich als einer der ersten „Vergnügungsparks" Westindiens. Zu diesem Zweck richtete man 1902 eine elektrische Trambahn rund um die Savannah ein.

Seit 1948 schließlich ist der Park Schauplatz der alljährlichen Karnevalsfeierlichkeiten. Außerdem wird hier jeden Samstag der lokale Markt abgehalten. Für Jogger und andere Sportler ist die Savannah immer noch der beste Laufsteg. Immerhin vier Kilometer lang ist eine Umrundung des beliebten Picknickplatzes der Einwohner Port of Spains. Auch einige der schönsten Bauwerke der Stadt befinden sich rings um den Park. Hier wird nun der Spaziergang rund um die Grünanlage im Uhrzeigersinn beschrieben. Startpunkt ist in der südöstlichen Ecke der **Memorial Park,** das markante Kriegerdenkmal für die Opfer der Weltkriege.

Dahinter erhebt sich das **National Museum and Art Gallery**, das wichtigste Museum der Insel, mit einer geologischen und archäologischen Sammlung, die u. a. Arawaken-Artefakte zeigt. In der Gemäldeabteilung sollten Sie den Werken Cazabons Aufmerksamkeit schenken, dem bedeutendsten Maler Trinidads im 19. Jahrhundert.

National Museum and Art Gallery, *Ecke Keate Street, Öffnungszeiten: Di-Sa 10-18 Uhr, Sa 14-18 Uhr.*

Am **Princess Building** vorbei geht man am Südende des Parks entlang. Die Holzbuden, der **Grand Stand,** dienen Händlern während der Karnevalstage als Ver-

Queen's Royal College

kaufsstände. Davor ist das Carnival Village, ein Informationszentrum für die geplanten Aktivitäten des größten Inselfestes. An Ministerien, dem altehrwürdigen **Queen's Park Hotel** und dem **Gingerbread House** vorbei gelangt man zur Westseite der Savannah. Hier finden Sie weitere Mitglieder der „Magnificent Seven" genannten Häuser, eine Bezeichnung für das merkwürdige Architekturensemble, das hier Stil-Einflüsse unterschiedlichster Art in nächster Nachbarschaft versammelt. Den Anfang macht das **Queen's Royal College** (1904), das immer noch als Jungenschule dient. Dann folgt der **Hayes Court** (1910), die Residenz des anglikanischen Bischofs.

Bemerkenswerte Architekturdenkmäler

Hinter der nächsten Straße sieht man das **Ambard's House of Roomar** (1903), die Residenz des katholischen Erzbischofs mit angeschlossener Kapelle. Es gibt mit seinen schmiedeeisernen Gittern, Erkern und Veranden das beste Beispiel für den kreolischen Baustil ab. Daneben liegt die **White Hall** (1904), ein riesiges ehemaliges Privathaus mit maurischen Stilmerkmalen, in dem sich heute Regierungsbüros befinden. Den Abschluss der Zeile bildet das **Stollmeyer's Castle** (1904), ein entzückendes Schloss im Stil der schottischen Gotik.

Die obere Grenze der Savannah bildet die Circular Road, die an der nordwestlichen Ecke in die **Saddle Road** übergeht, die ins Maraval Valley und zum **Maracas Beach** führt. Genau dort befindet sich auch der **Wild Flower Park**, eine kleine, naturbelassene Grünfläche mit Fischteichen. Gegenüber passiert man jenseits der Circular Road zunächst den **Emperor Valley Zoo**, der einen Überblick über das reichhaltige Tierleben von Trinidad und Tobago bietet. An ihn schließen sich die **Royal Botanic Gardens** an, die als eine der ersten Westindiens bereits 1820 durch *Gouverneur Woodford* eröffnet wurden. Hier findet man Blumen, Bäume und Sträucher aus allen Teilen der Welt. Besucher mit wenig Zeit haben die Möglichkeit, sich einen exzellenten Eindruck von der Fülle der Vegetation Trinidads zu verschaffen. Dahinter versteckt sich inmitten eines grünen Parks die hochherrschaftliche, weiße Residenz des Staatspräsidenten (Baujahr 1875) und noch etwas weiter östlich der Amtssitz des Premierministers.

Stollmeyer's Castle

Emperor Valley Zoo, *täglich geöffnet von 9.30-18 Uhr, www.trinizoo.com.*
Royal Botanic Gardens, *täglich von 6-18 Uhr geöffnet.*

Im Stadtzentrum

Am nordöstlichen Ende der Savannah zweigt die **Lady Young Road** nach Osten ab und führt zu einem hoch gelegenen, phantastischen Aussichtspunkt. Links der Straße sieht man vom Park aus die verspiegelte Fassade des Hilton-Hotels, das einen deutlichen architektonischen Akzent setzt. Ein Abstecher auf dessen Dachterrasse lohnt sich wegen des schönen Panoramablicks. Wenn Sie von hier aus wieder südwärts gehen, erreichen Sie nach rund 400 m den Memorial Park, den Ausgangspunkt des Rundgangs.

Zu den Hauptsehenswürdigkeiten des Zentrums gelangt man vom **Memorial Park** über die Frederick Street, die lebhafte und wichtigste Einkaufsstraße der Stadt mit vielen Boutiquen, Straßenhändlern und Shoppingcenter. Am National Museum vorbei, führt sie auf den Hafen zu und passiert dabei mehrere hübsche Plätze, Kirchen und wichtige Institutionen.

Zunächst sind das, jenseits der Oxford St, das **St. Mary's College** und das St. Joseph's Convent, dann kommt man zur Kreuzung Park Street. Geht man auf dieser zwei Blocks nach Osten, gelangt man zur neugotischen **Rosary Church**. In der anderen Richtung ist der große Lapeyrouse Friedhof an der Tragarete Road sehenswert, der von einer hohen Mauer umschlossen ist und sehr aufwändig gestaltete Grabsteine und -monumente aufweist.

White Hall

Südlich der Park Street führt die Frederick Street auf den zentralen Woodford Square zu, um den sich, ähnlich wie um die Savannah, einige eindrucksvolle Bauwerke gruppieren. Der Park selbst gibt, wie der Hyde Park in London, jedem das Recht, seine Meinung öffentlich kundzutun. An der nordöstlichen Ecke des Platzes steht die **Town Hall**, an der nordwestlichen das **Courthouse** (Gericht). Zum Westen hin nimmt das **Red House** das gesamte Areal zwischen Abercromby und St. Vincent Street ein. Dieses mächtige Gebäude ist eines der herausragenden Baudenkmäler der Karibik und Sitz des Inselparlamentes. Das originale „Rote Haus" (1844-48) wurde nach einem Brand 1907 im Stil der Neorenaissance wieder errichtet.

Im Süden wird der Woodford Square von der **Holy Trinity Church** begrenzt. Die anglikanische Kathedrale wurde 1823 fertig gestellt und besticht vor allem durch den herrlichen Dachstuhl aus Mahagoni, eine Kopie der Westminster Hall in London. Sehenswert sind auch der Altar und mehrere Schnitzarbeiten.

Hinter der Kathedrale quert die betriebsame Queen Street die Frederick Street, die im Osten zum **Alten Markt** und der **Jama Masjid**, der Hauptmoschee, führt. Auf der nächsten Querstraße, dem Independence Square genannten Boulevard, lohnt ein Besuch der römisch-katholischen **Cathedral of the Immaculate Conception**. Das um 1833 im neugotischen Stil eingeweihte Gotteshaus ist die Hauptkirche der Insel und fällt durch seine zwei markanten, oktogonalen Westtürme auf. Während die Kathedrale damals noch direkt am Meeresufer stand, ist sie inzwischen durch die Landgewinnung mitten ins Stadtzentrum gerückt. Östlich der Kirche steht auf dem **Columbus Square** die Statue des europäischen Entdeckers. Südlich davon verläuft der South Quai bereits auf aufgeschüttetem Gelände. An dieser verkehrsreichen Straße findet man den **Bus Terminal** und weiter westlich das **Fort Andres**, das 1785 zum Schutz des Hafens angelegt wurde.

Überragt wird das Fort heute von den beiden Zwillingstürmen des Financial Complex, die, als sie 1985 eingeweiht wurden, mit knapp 100 m Höhe bzw. 22 Stockwerken die einzigen Hochhäuser der Kleinen Antillen darstellten. Heute haben sich zu ihnen weitere Bauten in der Höhe hinzugesellt und prägen das moderne Stadtbild. Wenn Sie die Stadt nach Osten über die Picton Road verlassen, kommen Sie zu zwei weiteren Forts, die nicht nur historische Landmarken, sondern auch als Aussichtspunkte beliebt sind: das **Fort Picton** mit einem 13 m hohen Rundturm und das **Fort Chacon**, 1784 von den Briten erbaut und heute Sitz einer Polizeiwache.

Sehenswürdigkeiten im Westen der Hauptstadt

Im Umkreis von 15 km um Port of Spain liegen einige der schönsten landschaftlichen und kulturellen Attraktionen der Inseln. Lesen Sie zunächst, was davon im Westen der Hauptstadt liegt. Weiter unten erfahren Sie dann Näheres über die Sehenswürdigkeiten im Norden, Osten und Süden.

Ein lohnender Ausflug führt vom Zentrum zum 335 m hoch gelegenen **Fort George**. Diese Verteidigungsanlage aus den frühesten britischen Tagen (1777-79) weist noch einige erhaltene Gebäudeteile und mehrere alte Kanonen auf. In den Kämpfen zwischen Franzosen und Engländern wechselte das Fort fünfmal den Besitzer; später diente es 150 Jahre lang als Signalstation. Die meisten Besucher kommen freilich nicht wegen der historischen Bedeutung, sondern wegen der phantastischen Aussicht auf Port of Spain (*das Gelände wird um 18 Uhr geschlossen*).

Festung mit Aussicht

Auf den Weg zum Fort lohnt sich ein Abstecher in die wegen ihrer Restaurants und Pubs lebhafte **Ariapita Avenue** in Woodbrook. Spätestens in der Taylor Street müssen Sie dann links abbiegen, um auf der Tragerate und **Western Main Road** nach St. James zu gelangen, jenem Stadtteil, der, so heißt es, niemals schläft. Hier kommen Sie in der **Naipaul Street** an dem Geburtshaus des gleichnamigen Nobelpreisträgers vorbei, und ein paar Querstraßen weiter sehen Sie den zwar erst 1962 erbauten, aber beeindruckend großen **Hindutempel Massid**. Das im Inneren farbenprächtig ausgeschmückte Bauwerk ist mit seiner 15 m hohen Kuppel weithin sichtbar.

Ein anderer Ausflug führt zu einem Relikt aus der Zeit, als die Zuckerindustrie noch auf vollen Touren lief. Der Ausgangspunkt ist dieses Mal der **Fährhafen** (*tägliche*

Abfahrten nach Tobago), von wo Sie über die Wrightson Road am Financial Complex und der Hauptpost vorbei zur westlichen Peripherie fahren, die von Sportanlagen mit dem Nationalstadion (25.000 Sitzplätze) dominiert wird. Anschließend geht es auf dem Audrey Jeffers Highway am Einkaufszentrum Sunrise Mall vorbei und schließlich auf der Diego Martin Road weiter. Am Ende der Straße biegen Sie nach dem Hinweisschild **„River Estate Water Wheel"** rechts in das reizvolle **Diego Martin Valley** ab und gelangen zu einem großen **eisernen Mühlrad**, dem über 200 Jahre alten, besterhaltenen Relikt aus der „Zuckerzeit". Daneben steht der Nachbau eines alten Plantagenhauses.

Relikt der Zuckerzeit

Für ein kleines **Erfrischungsbad** lädt in unmittelbarer Nähe (Fünf-Minuten-Spaziergang) ein natürlicher Swimmingpool inmitten tropischer Vegetation ein, der aus einer kleinen Kaskade, dem **Blue Basin Waterfall**, gespeist wird. Sie sollten währenddessen jedoch keine Wertgegenstände im Auto lassen und mit einer möglichst großen Gruppe den Spaziergang antreten, um Taschendiebe nicht in Versuchung zu bringen.

Wieder zurück auf der Küstenstraße Audrey Jeffers Highway, geht es auf aussichtsreicher Strecke weiter westwärts durch Fischerdörfer wie z. B. **Carenage** mit einem Fischmarkt und einer bemerkenswerten **kleinen Kapelle** namens St. Peter. Am St. Peter's Day Festival findet am ersten Wochenende im Juli ein kleiner Karnevalsumzug statt mit Steelband-Musik und Tanz bis spät in die Nacht hinein.

Vorbei an der **L'Anse Mitan** sowie an den Sandstränden der **Dhien's Bay** und **St. Peter's Bay** geht der Blick bis nach **Chaguaramas**. Mit Motorbooten können Sie von dort zu einer der fünf vorgelagerten Inseln übersetzen, die unter dem Namen **Gaspar Grande** zusammengefasst sind. Dort gibt es bereits touristisch erschlossene Flecken wie das **Fantasy Island** (*Resort, Wasserrutschbahnen, Picknickplätze usw.*) oder den **Pier One**, eine kleine Marina mit Restaurants und kleinen Geschäften.

Beeindruckende Tropfsteinhöhlen

Unbedingt einen Besuch wert sind die **Gasparee Caves**, Tropfsteinhöhlen mit riesigen Stalaktiten und Stalagmiten, durch die Sie von *local guides* geführt werden. Weiter westlich befindet sich der Strand Chagville gegenüber dem Kongresszentrum von Chaguaramas, ein eher dreckiger öffentlicher Badestrand. Während des Zweiten Weltkrieges waren hier amerikanische Truppen stationiert, deren Kasernen noch zu sehen sind. Heute vergnügen sich die Trinidadians an den Sandstränden oder auf dem öffentlichen Golfplatz. Das Clubhaus ist ein guter Platz für einen Pausen-Drink.

Kurz hinter der Polizeistation gelangen Sie auf der rechten Seite in das **Tucker Valley**. Vorbei an einem verlassenen Dorf – dies geschah, um der US-Armee Platz zu machen – geht es zu einem Parkplatz, von dem aus Sie direkt zum **Maqueripe Strand** gelangen. Bei klarem Wetter können Sie von hier aus bis nach Venezuela sehen.

Reisepraktische Informationen zu Port of Spain und Umgebung

Unterkunft (Karte s. S. 452)

Port of Spain und der Norden der Insel

Hotel Hilton $$$$-$$$$$, *(**1**), Lady Young Rd., Port of Spain, ☏ 868-624-3211, 🖷 868-624-448, www.hiltoncaribbean.com/trinidad/. Das Hilton liegt oberhalb des Zentrums von Port of Spain und ist das beste Haus am Platz. 394 Zimmer mit allen Annehmlichkeiten, Restaurants, Bars mit toller Sicht über die Stadt und der Queen's Park Savannah. Großer Swimmingpool mit Sonnenterrasse. Abends gibt es häufig Steelband-Aufführungen. Im Inneren schmückt sich das Haus mit Wandmalereien von Geoffrey Holder, dem bekanntesten Künstler der Insel.*

Crown Plaza $$$$$, *(**2**), Wrightson Rd., ☏ 868-625-3366, www.crowneplaza.com. Das Hotel liegt in unmittelbarer Nähe zum Hafen und dem Independence Square, was ein Vor- und auch ein Nachteil ist. So hat man eine tolle Sicht von den oberen Stockwerken über die Altstadt, den Golf von Paria und das quirlige Hafenleben, befindet sich fußläufig zu vielen Läden und Sehenswürdigkeiten von Port of Spain, ist aber auch der lebhaften Innenstadt unmittelbar ausgesetzt. Die Zimmer bieten allen notwendigen Komfort. Einen Besuch wert ist das Rooftop-Restaurant, das ein 360°-Panorama über Stadt und Umgebung bietet. Wer das bei Tageslicht genießen möchte, dem sei der Sonntagsbrunch empfohlen.*

Kapok Hotel $$$, *(**3**), 16-18 Cotton Hill St., Port of Spain, ☏ 868-622-5765, 🖷 868-622-9677, www.kapokhotel.com. Gutes Mittelklasse-Hotel der Golden-Tulip-Kette, das in der Nähe des Queen's Park Savannah liegt. Das Haus hat 71 komfortable Zimmer und Suiten mit Klimaanlage, Pool, mehreren Boutiquen, zwei Restaurants und Bars, u. a. das „Tiki Village" mit polynesischer und chinesischer Küche und die Bistro-Bar „Bois Cano".*

Monique's Guesthouse $$, *(**4**), 114-116 Saddle Rd., Maraval, ☏ 868-628-3334, 🖷 868-622-3232, www.moniquestrinidad.com. Zehn Autominuten vom Zentrum von Port of Spain und 20 Minuten bis Maracas Bay liegt die saubere Pension mit 20 Zimmern, Klimaanlage und kleinem Restaurant. Die Unterkunft ist eine gute Ausgangsposition für Exkursionen in den Norden.*

Chaconia Inn, **$$**, *(**5**), 106 Saddle Rd., Maraval, ☏ 868-628-8603, 🖷 868-628-3214, www.hotelbook.com. Das gute Mittelklasse-Hotel mit 31 Zimmern und Suiten mit Klimaanlage, zwei Restaurants, Swimmingpool, gutem Essen (orientalische Küche) liegt neben Monique's Guesthouse.*

Carnetta's Inn $, *(**6**), 99 Saddle Rd., Maraval, ☏ 868-628-2732, 868-622-5165, 🖷 868-628-7717, www.carnettasinn.com. Einfache, saubere Zimmer mit Klimaanlage. Der Eigentümer,* **M. Winston Borrell**, *ist Vogelliebhaber und hält einige Vögel in seinem Garten. So beginnt der Tag mit einem vielstimmigen Vogelkonzert. Strategisch guter Ausgangspunkt für Touren in den Norden. Zur Western Main Road mit ihren zahlreichen Bars, wo das Nachtleben stattfindet, sind es 15 Minuten quer durch die Stadt.*

Essen und Trinken

Veni Mangé, *67a Ariapita Avenue, Woodbrook, ☏ 868-624-4597. Hier wird nicht nur kreolisches Essen präsentiert, auch die Einrichtung ist von Kunstwerken einheimischer Künstler. Die karibische Küche – stark französisch beeinflusst – der Schwestern Allyson und Rosemary zählt zu der besten der Insel.*

Plantation House, *Ecke Cornelio Street and Ariapita Avenue, Woodbrook, ☎ 868-628-5551. 150 Jahre altes Herrschaftshaus, das noch viele Spuren der Vergangenheit zeigt. Es gibt Soulfood, eine Mischung aus französischen, afrikanischen und Südstaaten-Speisen und oft Livemusik.*
Lighthouse Restaurant, *Point Gourde, Chaguaramas Bay, ☎ 868-634-4384/5, www.crewsinn.com. Hier dreht sich alles um den sich noch in Betrieb befindlichen Leuchtturm. Die Gerichte (karibisch/international) werden auf der offenen Terrasse mit Blick auf den Yachthafen serviert.*
La Boucan, *Lady Young Road, Belmont, ☎ 868-624-3211, www.trinidad.hilton.com. Im obersten Stockwerk des Hiltons gelegen, bietet sich von hier aus ein herrlicher Blick über die Stadt. Küche: international/karibisch.*
Tamnak Thai Restaurant, *Level 2, 13 Queen's Park Savannah East, ☎ 868-625-0647, www.tamnakthai.co.tt. Das Lokal liegt im historischen Queen's Park Savannah. Küche: authentische Thai-Gerichte mit besonderen Details.*
Apsara Restaurant, *Level 1, 13 Queen´s Park Savannah East, ☎ 868-623-7659/868-627-7364, http://www.apsara.co.tt. Hier ist die Gelegenheit einmal richtig gut indisch Essen zu gehen. Die indischen Chefköche geben sich große Mühe, um ihre Heimatküche, besonders die Nordindiens, authentisch zu präsentieren. Es gibt zudem eine große Auswahl für Vegetarier.*
Adam's Bagels, *15a Saddle Road, Maraval, ☎ 868-622-3487. Der kleine Familienbetrieb ist für die besten einheimischen Suppen bekannt. Aber auch die Salate und Sandwiches sind hier zu empfehlen. Ideal zum Frühstücken oder für einen Mittagssnack.*

Der Norden: von Port of Spain nach Mayaro

Auf der ersten Etappe dieser Strecke verlassen Sie das Zentrum von Port of Spain über die Saddle Road am Nordrand der Savannah und biegen an der ersten Ampel rechts ab ins hübsche **Maraval Valley**. Durch eine zunächst dichte, dann immer spärlichere Bebauung geht es immer höher hinauf in die Ortschaft **Moka**, am international bekannten 18-Loch-Golfplatz des St. Andrew's Golf Club vorbei.

Die gewundene Straße, z.T. am Hang aufgemauert, wurde von US-Soldaten gebaut und 1944 dem Verkehr übergeben. Durch eine wunderschöne Landschaft mit Bambuswäldern und Bananenplantagen führt der Weg bis zu einer Gabelung, an der man rechts durch ein Felsentor zum reizvollen **Santa Cruz** abbiegen kann. Von hier aus können Sie alternativ über San Juan zurück nach Port of Spain fahren und auf dem Weg eine alte Plantage mit Kakao, Kaffee und Zitrusfrüchten besuchen.

Panoramastraße

Nach **Mayaro** geht es jedoch weiter nach links in Richtung Maracas. Genießen Sie auf den folgenden Kilometern die herrlichen Ausblicke zunächst an einer kleinen Parkbucht linker Hand, wo vom Feldweg der Blick zurück ins Maraval-Tal über den Golfplatz bis nach Port of Spain reicht. Dann am höchsten Punkt der Straße, an der Bushaltestelle, wo Sie links zum ersten Mal die Karibische See und auf der anderen Seite ins Santa Cruz Valley sehen können. Ab hier geht es auf schmaler, aber aussichtsreicher und durchgängig asphaltierter Straße stetig abwärts.

Am Parkplatz auf der linken Seite ist nochmals ein Stopp zu empfehlen. Hier sind auch einige Verkaufsstände. Wanderer können am Timberline Resort, in dem zurzeit der Drucklegung eine neue Ferienanlage geplant war, auf angelegten Pfaden die Natur bewundern, während sich etwas weiter die wohl beste Sicht auf die drei schönsten Strände der Nordküste eröffnet: **Maracas Beach, Tyriko Beach** und **Demians Beach**. Manchmal verleihen die ihre Kreise ziehenden Geier der paradiesischen Szenerie einen Hauch Dramatik.

Der Strand von Maracas Bay

Maracas Bay

Die Maracas Bay mit den genannten palmengesäumten Stränden ist bei den Trinidadians sehr beliebt – besonders am Wochenende – und verfügt über Souvenirstände, Restaurant, Parkplatz, Telefonzellen und zwei tägliche Busverbindungen nach Port of Spain. Noch stört kein größeres Hotel an dem weitläufigen Strand die Sonnenanbeter oder Wassersportler. Je weiter Sie nach Osten kommen, desto leerer wird es. Und spätestens hier erinnert nichts mehr an die hektische Betriebsamkeit der Hauptstadt.

Die schönsten Strände liegen im Norden

Las Cuevas Bay

Die „Bucht der Höhlen" bietet acht Kilometer weiter östlich eine ähnlich idyllische Szenerie. Hier gibt es nicht nur einen schönen und bewachten Strand mit Kleiderkabinen und Restaurant, sondern auch die Möglichkeit, mit Fischerbooten an der Nordküste entlangzufahren und dabei die namensgebenden Grotten aufzusuchen. Hinter der Bucht wird die Straße enger und windet sich durch das Fischerdorf Filette, dessen katholische Kirche sofort links am Wegrand zu sehen ist. Auf einer Holzbrücke überqueren Sie den Yarra River, kommen dann hinter der zweiten Brücke durch riesige Bambuswälder und an *breadfruit*-Bäumen vorbei zum einsam gelegenen Strand der **Yarra Bay**, die durch ein lang gestrecktes Riff geschützt wird.

Blanchisseuse

Die kleine Ortschaft mit Fischereizentrum, Polizeistation, Restaurants und kleiner Kirche (interessanter Glockenturm) ist Endstation der Nordküstenstraße: Ab hier führt der Weg durchs Inselinnere auf Arima zu. Trotzdem sollten Sie an der Weggabelung noch ein wenig an der Küste bleiben und erst einmal an der **James Trace** nach links auf der Steintreppe zum wunderschönen, unberührten Strand absteigen. Aber Achtung, das Baden an den Klippen ist gefährlich! Und wenn Sie noch ein

Stückchen weiterfahren, kommen Sie am Ufer des **Marianne River** zu einer Lagune mit herrlicher Vegetation, schließlich zu einer hölzernen Hängebrücke über dem Fluss. Lassen Sie sich das Vergnügen nicht nehmen, mit dem Wagen über die Brücke zu fahren und sie in Schwingungen zu versetzen. Danach aber ist die asphaltierte Straße zu Ende und eine Weiterfahrt bis Matelot oder Grande Rivière nur mit Motorrad oder Jeep möglich, und das nur während der Trockenzeit!

Kurvenreich durch den Regenwald

Zurück in Blanchisseuse, geht es links nach **Arima**, wobei die ca. 30 km bis dort eigentlich nur aus Kurven bestehen. Die Fahrt ist ein Erlebnis: Mitten durch den Regenwald, an blühenden Bäumen, Termitennestern und wildwachsenden Früchten oder ab und zu an Häuschen mit kleinen Gemüsebeeten vorbei – man hat das Gefühl, mitten im Garten Eden zu sein. Es lohnt sich, einfach einmal den Wagen zu parken, den Motor abzustellen und dem Konzert der Natur zu lauschen oder auch in einem der natürlichen Pools am Wegrand zu baden. Wem das nicht genug ist, der kann zusätzlich durch den Naturgarten wandern, in dem – in heimatlichen Gefilden nur mühsam kultivierte – Pflanzen wie Hibiskus zur vollendeten Pracht gedeihen. Wenn Sie etwas mehr Zeit haben, können Sie an der nächsten Kreuzung hinter Blanchisseuse einen Abstecher zum kleinen Fischerdorf **Paria** oder nach **Brasso Seco** im Inselinnern unternehmen. Ansonsten bleiben Sie auf der Straße nach Arima und erreichen ca. 20 km später das *Asa Wright Nature Center*.

Asa Wright Nature Center

Für Vogelliebhaber ist das Asa Wright Nature Center ein Muss. Bis zu 159 verschiedene Vogelarten leben hier. Von der Straße nach Arima zweigen Sie 27 km hinter Blanchisseuse scharf nach rechts ab und kommen auf einer schlechten Straße nach wenigen Minuten zum 360 m hoch gelegenen und 7 ha großen Naturpark.

Auf dem Springhill, einer ehemaligen Kakao- und Kaffeeplantage, wurde dieses Naturschutzgebiet 1967 gegründet und ist heute mit seiner landschaftlichen Gestaltung und der hier beheimateten Fauna und Flora einer der interessantesten Plätze auf Trinidad.

Auf acht Wanderwegen können Sie auf eigene Faust Vogelentdeckungsreisen unternehmen. Am meisten werden Sie allerdings profitieren, wenn Sie von einem der vielen qualifizierten **Vogelkundler** begleitet werden. Zu den unbestrittenen Höhepunkten gehören Kolibris, Termiten, Schmetterlinge, natürliche Pools, ein Tal mit chinesischem Bambus, Tukans, Agutis und in der Dunston Cave die weltweit am besten zugängliche Kolonie der fast ausgestorbenen, nachtaktiven Guacharo-Vögel (*nocturnal oilbirds*).

Wenn Sie die Natur näher erforschen wollen, sollten Sie in der einfachen einstöckigen Lodge eine Nacht buchen und früh am nächsten Morgen eine ausführliche Tour durch das Naturschutzgebiet unternehmen. Von Arima aus ist der Naturpark auch gut mit dem Taxi zu erreichen.
Asa Wright Nature Center; ☏ *868-622-7480, www.asawright.org; täglich geöffnet von 9-17 Uhr, geführte Touren (nur mit Voranmeldung!).*

Reisepraktische Informationen zu Blanchisseuse

Unterkunft (Karte s. S. 438f)
Blanchisseuse Laguna Mar Beach Resort $-$$, *(7), im Oberdorf an der Paria Main Road, Tel: 868-628-3731, 🖷 868-628-3737, www.lagunamar.com. Die Anlage, auf der sich zwei einfache Gästehäuser mit jeweils 6 Doppelzimmern und ein Haus mit vier Zimmern, Wohnbereich und Küche für acht Personen befinden, reicht vom hauseigenen Strand bis hinaus in den naturbelassenen Regenwald, der Ausgang für Wanderungen ist. Alle Zimmer haben Dusche, WC und Ventilatoren. Das Restaurant, das für seine Gerichte Bananen, Ananas, Papaya, Mango und Kokosnüsse aus dem eigenen Garten verwendet, befindet sich im 72 Jahre alten Scheunengebäude. Das Resort hat einen hauseigenen Strand und in der Nähe bildet der Mariannenfluss eine Süßwasserlagune. Zwischen März und Juni kann man Meeresschildkröten während der Nacht bei der Eiablage beobachten.*

Asa Wright Nature Lodge $$$, *(8), Arima, ☏ 868-667-4655, www.asawright.org. Lodge mit 22 Zimmern in einfachen Bungalows, herrliche und völlig ruhige Lage inmitten des Naturparks. Im Restaurant werden drei Mahlzeiten angeboten, sollten aber mindestens einen Tag vorher bestellt werden. Im Zimmerpreis inbegriffen sind Begrüßungs-Punch und eine Führung durch den Park. Das Hauptgebäude ist das renovierte Herrschaftshaus der früheren Kaffee-, Kakao- und Zitronenplantage. Das alte Plantagenhaus mit seiner Teakholz-Veranda ist unbedingt sehenswert und ein hervorragender Platz zur Vogelbeobachtung.*

Arima

Vom Asa Wright Center gelangt man durch das Arima Valley nach 12 km zur lebhaften und sympathischen Kleinstadt Arima, die einmal der drittgrößte Ort der Insel war. Die größte Attraktion ist hier der westlich vom Zentrum gelegene Park Cleaver Woods, in dem ein **ameroindianisches Museum** in einem 1937 nachgebauten Kariben-Schilfhaus untergebracht ist. Neben einigen Fundstücken sind hier hauptsächlich Fotodokumente zu sehen. Im Zentrum selbst verdient der Uhrenturm **Arima Dial** Beachtung, der 1898 errichtet und jüngst wieder erneuert wurde, nachdem er im Jahre 2000 von einem LKW umgefahren worden war.

Ameroindianisches Museum

Ameroindianisches Museum, *täglich geöffnet von 7-18 Uhr.*

Von Arima nach Port of Spain

Falls man nicht in Zeitnot ist oder unbedingt zum Flughafen muss, sollte man der alten Landstraße (**Eastern Main Road**) den Vorzug vor der parallel verlaufenden Autobahn geben. Zwar herrscht hier fast immer eine große Verkehrsdichte (vor

> **Streckenhinweis**
>
> *Ab Arima kann man entweder in westlicher Richtung zurück nach Port of Spain fahren oder die Inselrundfahrt über* **Sangre Grande** *zur Ostküste fortsetzen.*

allem wegen der Routentaxis), doch liegen die meisten der nachfolgend genannten Besichtigungspunkte an der Landstraße oder nördlich davon.

Der erste lohnende Abstecher

Der erste lohnende Abstecher geht einige Kilometer hinter Arima rechts von der Eastern Main Road ins **Lopinot Valley**. Am Ende der Straße (7,5 km) wartet der sogenannte **Lapinot Complex** (*täglich geöffnet von 6-18* Uhr) mit einem der schönsten Plantagenhäuser Trinidads (Museum und Picknickplätze). Es gehörte dem französischen Adligen *Charles Joseph de Lopinot*, der auf dem nahe gelegenen Friedhof beigesetzt ist und dessen Geist in Sturmnächten noch herumspuken soll. Wieder auf der Eastern Main Road, passiert man in einiger Entfernung eine Ortschaft mit dem schönen Namen **El Dorado**, in der sich einer der bedeutendsten Hindutempel befindet, **Shiv Mandir**.

Ebenfalls nördlich der Landstraße liegt wenige Kilometer weiter der **Mount St. Benedict**, dessen große, weiße Klosteranlage schon vom Flughafen zu sehen ist. Gegründet wurde die Abtei von brasilianischen Mönchen im Jahre 1912. Der Besuch lohnt sich wegen der Beispiele tiefer katholischer Volksfrömmigkeit und vor allem wegen der weiten Aussicht von der 243 m hoch gelegenen Klosterterrasse. Anschließend bringt einen die Eastern Main Road durch **St. Joseph**, einem betriebsamen Ort, der bis zum 18. Jahrhundert die Hauptstadt der Insel war. Das Straßensystem und die Straßennamen sind völlig identisch mit denen von Port of Spain. Der Ort wird heute von einigen Industrieanlagen, dem Komplex der West Indies University, der katholischen Kirche und vielen mittelständischen Läden geprägt.

Wer die Natur bevorzugt, sollte in St. Joseph ins **Maracas Valley** abbiegen. Am Ende der ca. 5 km langen Straße (Parkplatz) wandert man 2,5 km zum **Maracas Waterfall**, mit etwa 100 m Fallhöhe der höchste der Insel. Von dort aus können erfahrene Wanderer den Gipfel des **Tucuche** (937 m) besteigen, wo man nicht nur einen phantastischen Rundblick hat, sondern mit etwas Glück auch den *golden tree frog* sieht, der nirgendwo sonst in der Welt vorkommt. Bei der Weiterfahrt in Richtung Port of Spain zieht am Ortsausgang von St. Joseph links der Landstraße die mächtige Moschee **Mohammed Ali Jinnah Masjid** die Blicke auf sich, die 1948 von einem britischen Architekten entworfen wurde. Dann kommt man durch die älteste Siedlung Trinidads, **San Juan**, wo eine Straße ins Santa Cruz Valley abbiegt. Der beste Weg von der Eastern Main Road ins hauptstädtische Zentrum ist anschließend die rechts abgehende **Lady Young Road**, die einen noch prächtigeren Blick auf Port of Spain bietet als das Fort George, und einen am Hilton-Hotel vorbei zur Savannah führt.

Von Arima zur Ostküste

Zur Ostküste gelangt man von Arima über die **Valencia Road**, die zunächst durch das weite Farmland des Aripo-Distrikts führt. Im Städtchen Valencia lohnt sich ein Abstecher zum nördlich gelegenen **Hollis Reservoire** (*um das Reservoir zu finden,* *beachten Sie das Schild, „North West Water Project". Und Sie brauchen für den Einlass einen Erlaubnisschein von der Water and Sewage Association (WASA), ☏ 868-662-2301).* Das Reservoir ist ein durch einen hohen Damm aufgestauter See. Ebenfalls hat man in Valencia die Wahl, einen längeren Ausflug zur nördlichen Ostküste zu unternehmen. Dabei fährt man über Matura und Salibea zur Balandra Bay, wo man bereits die mächtige Brandung des Atlantiks sieht. Nun geht es an vielen Sandstränden vorbei in den Norden, wo in der Nähe des Fischerdorfes **Toco** ein malerischer, verlassener Leuchtturm steht (Galera Point). Weiter kann man an der Nordküste über **Sans Souci** und **Grande Rivière** bis **Matelot** fahren, wo die Asphaltstraße endet. Dieser Ausflug ist nur für Touristen mit viel Zeit geeignet und beansprucht mindestens einen halben Tag. Weder ist es mit normalem PKW möglich, von Matelot an der Nordküste bis Blanchisseuse zu fahren, noch an der Ostküste von Salibea herunter nach Manzanilla!

Halbtags-ausflug zur Nordküste

Ansonsten geht der Weg ab **Valencia** in südöstlicher Richtung nach **Sangre Grande**, einem landwirtschaftlichen Zentrum Trinidads. Über Upper Manzanilla erreicht man die Atlantikküste beim Fischerdorf Manzanilla. Hier findet man eines der schönsten Landschaftsbilder der Insel, dessen Bestandteile die Wellen des Ozeans, ein lang gestreckter Sandstrand, ein riesiger Palmenhain und dahinter das **Nariva-Sumpfgebiet** (Mückenschutzmittel nicht vergessen!) mit seinem reichen Vogel- und Pflanzenleben sind. Etwa 15 km lang ist die Fahrt entlang der **Cocos Bay** auf der **Manzanilla Mayaro Road**, wobei die Straße fast schnurgerade durch die dichtstehenden Kokospalmen führt, immer in Sichtweite des Atlantik-Strandes. Die Bucht wird durch die Halbinsel Point Radix bei St. Joseph abgeschlossen, um kurz darauf in der nicht minder schönen **Mayaro Bay** eine Fortsetzung zu finden. Hier liegen auch die kleinen Siedlungen **Pierreville** und **Mayaro**, in denen man eine bescheidene touristische Infrastruktur vorfindet und morgens phantastische Sonnenaufgänge erleben kann.

Der Süden: Mayaro – San Fernando – Port of Spain

Für die nun folgende Etappe sollte man sich zwei Tage reservieren (Übernachtung in San Fernando). Hat man mehr Zeit, kann man die Tour durch Rundfahrten in den Südosten und in den Südwesten beliebig verlängern. In diesem Fall würde man ab Mayaro an der gleichnamigen Bucht entlang weiter bis Guayaguayare fahren, dann zurück nach Rio Claro oder westlich über Moruga, Basse-Terre und Princess Town nach San Fernando. Auf der kürzeren Strecke verlässt man in **Pierreville** die Atlantikküste und fährt auf der **Napama Mayaro Road** in westlicher Richtung durch ein landwirtschaftlich intensiv genutztes Gebiet. Durch kleine Bauerndörfer kommt man nach Rio Claro, ab hier orientiert man sich an den Hinweisschildern nach Poole und Tableland. Kurz danach sollte man zum **Devil's Woodyard** abbiegen, dessen blubbernde Schlammlöcher (*mud volcanoes*) genau wie der Pitch Lake Hinweise auf die vulkanische Vergangenheit der Insel geben. Eine kleine Eruption fand hier zum letzten Mal 1852 statt. Für Hindus ist der Devil's Woodyard ein heiliger Platz, den sie mit nackten Füßen betreten. Anschließend geht es durch eine weite Ebene mit der Kleinstadt Princess Town und vielen Zuckerrohrplantagen auf San Fernando an der Westküste zu.

Landschafts-fahrt in den Süden

Auf der Manzanilla-Mayaro Road

San Fernando

Die mit rund 40.000 Einwohnern zweitgrößte Stadt der Insel lebt in erster Linie von der nahen Erdölraffinerie und hat ein eher modernes Erscheinungsbild. Für die Ausbildungssituation im Inselstaat ist das San Fernando Technical Institute von großer Bedeutung.

Für den Touristen bietet San Fernando außer einigen hübschen Häusern im kreolischen oder Art-Deco-Stil nicht viel. Empfehlenswert ist ein Spaziergang über die Hauptstraße **Royal Road**, die nicht nur die interessantesten Gebäude aufweist, sondern auch über viele Restaurants (Imbissbuden, Pizzerien, japanische und westindische Lokale), Supermärkte und Banken verfügt. Am oberen Ende der Royal Road sollte man an der Tankstelle rechts abbiegen, dann das markante China-Restaurant passieren und sofort dahinter nach links auf den **San Fernando Hill** fahren, dessen bizarre Felsen weithin sichtbar sind. Bis 1986 wurde der Sandstein des Hügels abgebaut, dann stellte man das Gelände unter Naturschutz. Oben auf dem Hügel mit seinen drei Pavillons bietet sich ein weiter Ausblick über die Stadt, die vorgelagerte Ebene, den Hafen und die Erdölraffinerie von Pointe-à-Pierre; an klaren Tagen kann man bis nach Venezuela schauen. Zur Zeit des hinduistischen Divali-Festes wird auf dem Fernando Hill ein großes Gerüst mit Lichtern aufgestellt. Es ist möglich, mit dem Wagen auf einer asphaltierten Straße bis zum Gipfel zu fahren. Dazu muss man hinter dem großen Wassertank am Informationsstand um Erlaubnis fragen.

Eine Stadt, die vom Erdöl lebt

Reisepraktische Hinweise zu San Fernando

Unterkunft (Karte s. S. 438f)

Tradewinds $$-$$$, *(9), 38 London St, St. Joseph Village, San Fernando, www.tradewindshotel.net. 36 Zimmer mit Klimaanlage, WC/Bad, Kochmöglichkeiten, Bar, Restaurant. Einfache, modern eingerichtete Zimmer.*

Royal Hotel $$, *(10), 46-54 Royal Rd., San Fernando, ☏ 868-652-3924, 🖷 868-652-4881, www.royalhoteltt.com. 37 Zimmer mit Klimaanlage, WC/Bad, Restaurant, Bar, Lobby, gemütliches Haus im Kolonialstil, am Fuß des San Fernando Hill gelegen.*

Essen und Trinken

Rund um den San Fernando Hill (Coffee Street, Royal Road, Circular Road) sind viele Restaurants, Imbissbuden, Pizzerien und vor allem auch japanische und westindische Lokale ansässig. Am oberen Ende der Royal Road an der Tankstelle rechts befindet sich das großartige chinesische Restaurant **Soong's Great Wall,** *97 Circular Road, ☏ 868-657-5050.*

Von San Fernando zum Pitch Lake und weiter in den Süden

Wer schon bis nach San Fernando gekommen ist, sollte die kurze Fahrt zum Pitch Lake auf keinen Fall versäumen, selbst wenn man nicht vorhat, noch weiter in den Südwesten vorzudringen. Zunächst fährt man vom Stadtzentrum auf die Umgehungsstraße (San Fernando Bypass) und kommt zu einem großen Verteilerring. Nach rechts führt eine breite Avenue zur **Gulf City**, einem riesigen, modernen Einkaufszentrum in einer reichen Villengegend (hier wohnen die besser Verdienenden der Ölraffinerie).

Geradeaus geht es auf der **Southern Main Road** in Richtung **La Brea**, immer relativ nahe am Strand des **Golf of Paria** entlang. Jenseits der Brücke über den **Moskito Creek** passiert man rechter Hand eine heilige Stätte der Hindus, die hier ihre Toten verbrennen und die Asche dem Meer übergeben – deswegen heißt die Küste im Volksmund auch *Shore of Peace*. Beachten Sie bitte die Atmosphäre des Ortes und verzichten Sie darauf, die Rituale zu fotografieren! Weiter fährt man an einer Sägemühle und kleineren Industriebetrieben sowie an vielen Mangobäumen vorbei, bis sich das Naturphänomen des **Pitch Lake** durch Bergschäden an der Straße und den Häusern ankündigt.
In einem Radius von 15 km rund um den eigentlichen Asphaltsee ist nämlich der Untergrund labil und die gesamte Infrastruktur „schwimmt" in einer langsamen Bewegung. Tiefe Schlaglöcher (nirgendwo in Trinidad sind die Straßen so schlecht wie hier), schiefstehende Häuser oder Tankstellen, verlassene Gebäude und breite Risse in Mauern und Zäunen sind dafür unübersehbare Zeichen.

Pitch Lake

In La Brea biegt man nach rechts von der Hauptstraße ab und kommt nach wenigen hundert Metern zum Parkplatz am berühmten Asphaltsee.

Naturphänomen Asphaltsee

Auf den ersten Blick scheint die grau-schwarze Ebene wenig attraktiv zu sein, tatsächlich aber verbirgt sich hier ein herausragendes Naturwunder und eine der größten Sehenswürdigkeiten der Karibik. Das Gelände verfügt über ein kleines, sehenswertes Museum sowie eine Cafeteria. Es kann gefährlich werden, auf eigene Faust den Pitch Lake zu erkunden. Besser ist es, einen der örtlichen Führer mitzunehmen (Preis vorher aushandeln). Bei Besuchen innerhalb einer organisierten Inselrundfahrt sollte man den Führern etwa 15-20 TT$ Trinkgeld geben. Wer nach der Wanderung über den See eine Erholungspause braucht, fährt dazu am besten – in fünf Minuten zu erreichen – zum südlich gelegenen **Vessigny Beach** (Antilles Beach), der über einen Parkplatz, Cafeteria sowie Umkleide- und Sanitärräume verfügt.

Südlich von La Brea

Während der Pitch Lake normalerweise bei Inselrundfahrten den südlichsten Punkt darstellt, können Individualtouristen mit Zeit noch weiter entlang der Küste bis zum Ende der Halbinsel fahren. Dabei kommt man an Buchten wie **Guapo Bay**, **Irois Bay**, **Granville Bay** und **Columbus Bay** vorbei, die mit ihren Sandstränden sämtlich zum Baden geeignet sind, und erreicht schließlich das äußerste Kap, das im Volksmund auch **The Serpent's Mouth** genannt wird.

INFO

Der Asphaltsee von La Brea

Wo sich heute der größte Asphaltsee der Erde ausbreitet, war vor Millionen Jahren ein Schlammvulkan, der heute immer noch – 90 m unter der Oberfläche – durch einen Spalt in der Sandsteinschicht für eine **ständige Reproduktion** des natürlichen Bitumen sorgt. Die chemische Zusammensetzung des Asphalts besteht zu 29 Prozent aus Wasser, 39 Prozent aus natürlichem Bitumen, 27 Prozent aus Mineralstoffen, aus Öl, Sand oder Tartan sowie zu fünf Prozent aus organischem Material.

„Bodenprobe" auf dem Asphaltsee

Das Phänomen wurde Europäern zum ersten Mal durch den Seefahrer *Sir Walter Raleigh* bekannt gemacht, der 1595 an der Küste landete und im Asphaltsee eine vorzügliche Möglichkeit entdeckte, seine Schiffe zu kalfatern. Das **„schwarze Gold"** wurde daraufhin weithin bekannt und nach dem Zuckerrohr zur ersten Industrie Trinidads.

Die **hohe Qualität** des natürlichen Asphalts wurde bei Straßenbauten in vielen Metropolen der Welt verwandt. Die Asphaltdecken u.a. in Durban, Kairo, London, Glasgow, Washington und Rio de Janeiro wurden im 19. Jahrhundert aufgetragen und erfüllen immer noch ihren Zweck. Mit Raupen und Eisenbahnwaggons wird der Rohstoff in großen Klumpen abgetragen (ca. 300 t täglich) und in der nahe gelegenen Fabrik weiterverarbeitet. In den letzten 80 Jahren betrug die Ausbeute insgesamt 13 Millionen Tonnen und mit einer geschätzten Kapazität von 200 Millionen Tonnen dürfte auch in naher Zukunft der Pitch Lake ein **bedeutender Wirtschaftsfaktor** bleiben.

Bei einer Führung wandert man zunächst zum **Pumpenhaus**, durch das nach Regenfällen das Wasser abgepumpt wird, um den Asphalt besser abbauen zu können. Dann besucht man die Fabrik und kommt auch an klaren Süßwasserseen vorbei. Interessant sind die vielen Lotusblumen, die hier in zwei Arten gedeihen. Sie können selbst dann überleben, wenn der See austrocknet, und bis zu fünf Jahren ihre Wurzeln im Schlamm versteckt halten. Ein völliges Austrocknen ist aber selten, genauso wie die komplette Bedeckung des Pitch Lake mit Wasser, etwa nach heftigen Regenfällen. Die **kleinen Seen** bilden sich ausschließlich durch Niederschläge, beheimaten aber trotzdem winzige tropische Fische. Ihr schwefelhaltiges Wasser ist gut zur Behandlung von Hautkrankheiten geeignet. Immer wieder sieht man auch organisches Material wie Wurzeln etc., das z.T. Tausende von Jahren alt ist.

Bei der Führung auf leicht federndem Untergrund kommt man zu **Schwefelblasen** im Asphalt. An anderen Stellen tritt **Metangas** aus, das leicht mit dem Feuerzeug entzündet werden könnte; und schließlich werden Besucher auch zu jenen Stellen geleitet, an denen man ein Stück in den Untergrund einsinkt oder zähflüssiges Bitumen aus dem Untergrund ziehen kann.

INFO

Ein **Mythos** der indianischen Ureinwohner erklärt den Ursprung des Sees folgendermaßen: Vor langer Zeit lebte in dem Tal der Stamm der Chaima, die den Kolibri als heiliges Tier verehrten. Als jedoch der Häuptling nach einem großen Sieg über seine Feinde einen Kolibri tötete und verspeiste, zog er damit die Rache der Götter auf sich. Diese befahlen der Erde, dass sie sich öffnen und das Dorf mit allen seinen Bewohnern verschlucken solle. Anschließend deckten sie das Tal mit Asphalt zu und verbargen damit für immer die Stätte des Frevels.

Eine andere Attraktion ist das **Fyzabad Lake Resort**, das südöstlich von La Brea im Inselinnern liegt und am besten auf der Rückfahrt nach San Fernando über die Southern Main Road zu erreichen ist (hinter der Ortschaft St. Mary's rechts abbiegen). Dabei handelt es sich um einen idyllischen Süßwassersee, der inzwischen mit Picknickplätzen, Reitwegen, Wanderpfaden und Kanuverleih touristisch gut erschlossen ist. Ganz in der Nähe steht eine Ölraffinerie in merkwürdigem Kontrast zum Grün der Umgebung. 6,5 Kilometer südöstlich davon ist im Dorf **Siparia** ein Kristallisationspunkt des Katholizismus: Die 1758 erbaute Wallfahrtskirche **La Divina Pastora** besitzt eine berühmte schwarze Madonna und ist alljährlich Ziel einer großen Prozession (April/Mai).

Von San Fernando nach Port of Spain

Für die Rückfahrt zum 60 Kilometer entfernten Port of Spain benutzt man ab San Fernando am besten den **Solomon Hochoi Highway** (später **Uriah Butler Highway**), der autobahnähnlich ausgebaut ist. Die einzelnen Sehenswürdigkeiten entlang der Strecke sind i. d. R. gut ausgeschildert. Die erste Station nördlich von San Fernando ist **Pointe-à-Pierre**, das sich mit seiner Ölraffinerie, dem Frachthafen (dem größten der Insel), Tanks, Silos etc. als reines Industriegebiet darstellt.

Industrieregion mit Naturschutzgebiet

Merkwürdigerweise hat man mitten im Komplex der TEXACO-Raffinerie ein Natur- und Vogelschutzgebiet errichtet (**Pointe-à-Pierre Wildfowl Trust**), das nicht nur 86 seltenen Spezies aus aller Welt zur Heimat geworden ist, sondern sich mit großem Erfolg auch der Aufzucht der Scharlachibisse widmet. Das 26 Hektar große Gelände steht Studierenden und Wissenschaftlern zur Verfügung, kann nach Voranmeldung beim Touristenbüro aber auch von „Normaltouristen" aufgesucht werden.
Pointe-à-Pierre Wildfowl Trust, *täglich geöffnet von 10-17 Uhr.*

Etwas weiter nördlich ist ebenfalls die Gegend um **Point Lisas** industriell geprägt. Hier werden in Fabriken, die einem indischen Konsortium gehören, Stahl, Eisenkabel und Bleche hergestellt. Im weiteren Verlauf des Highways passiert man ausgedehnte Zuckerrohrplantagen, aber auch viele Reisfelder. **Hinduistische Sakralbauwerke** mit ihren bunten Fähnchen machen genauso wie viele Ortsnamen (**Calcutta, Chaguanas, Cacandee**) deutlich, dass diese Region mehrheitlich von Indern bewohnt wird. Insbesondere Chaguanas lohnt dabei einen Besuch, bei dem man in den Geschäften Saris oder andere Textilien mit asiatischen Ornamenten kaufen und die beste indische Küche der Insel genießen kann.

Caroni Swamp

Riesiger Sumpf

Zwischen Chaguanas und Port of Spain breitet sich vor der Küste ein riesiges, von Flüssen und Kanälen durchzogenes Sumpfgebiet aus, das mit Mangrovendickicht bewachsen ist. Hier befindet sich mit dem **Caroni Bird Sanctuary** eines der interessantesten und schönsten Vogelschutzgebiete der Karibik. Am (ausgeschilderten) Parkplatz warten bereits die Führer, die Touristen mit kleinen Motorbooten durch diese amphibische Wunderwelt befördern, vorbei an Schlammspringern, Krabben und manchmal sogar Boas, die sich um einen Ast winden.

Bootsfahrt zu den Ibissen

Die Hauptattraktion ist natürlich der **Scharlachibis**, der Nationalvogel Trinidads. Ganze Schwärme sieht man zwischen August und März kurz vor Sonnenuntergang. Deswegen starten die Bootstouren i. d. R. auch nur nachmittags. Weder die Geruchsbelästigung durch die Gasabfüllanlage am Eingang des Naturparks noch das reichhaltige Auftreten von Moskitos (Mückenspray und lange Kleidung nicht vergessen!) beeinträchtigen dieses großartige Erlebnis. Nach dem Besuch des Caroni Swamp gelangt man hinter der Brücke über den **Caroni River** zur Autobahnkreuzung mit dem Churchill-, Roosevelt- und Beetham Highway, an der es östlich zum Piarco-Flughafen und westlich, an der Carib-Brauerei und einem großen Einkaufszentrum vorbei, nach Port of Spain geht.

INFO

Der Scharlachibis (Roter Sichler)

Der Scharlachibis (engl.: *scarlet ibis*, lat.: *Eudocimus ruber*), der zur Ordnung der Stelzvögel und zur Familie der **Ibisvögel** gehört, hat seinen Namen wegen der prächtigen, rosa bis tiefroten Färbung des Gefieders bekommen. Bei der Geburt sind die Jungibisse allerdings schwarz, erst ab dem zweiten Jahr setzt ihre rote Färbung ein, die das gesamte Gefieder mit Ausnahme der alleräußersten Flügelspitzen betrifft. Die roten Ibisse werden bis zu 64 cm lang (Flügelspannweite knapp ein Meter) und ernähren sich von Insekten, Krustentieren, Würmern, Fischen, Fröschen und kleinen Reptilien. Die Beutetiere finden sie in küstennahen Salztümpeln, Sümpfen und Mangrovendickichten, ihre bevorzugten Heimatgründe.

Die Scharlachibisse des Caroni Swamp nisten zwischen April und Juli im **venezolanischen Orinoko-Delta**, wo sie jeweils zwei Eier in 21-23 Tagen ausbrüten. Anschließend kehren sie nach Trinidad zurück. Die Vögel, die man außer an ihrem scharlachroten Gefieder auch an den schwarzen Flügelspitzen und dem gebogenen Schnabel erkennt, wurden früher rücksichtslos verfolgt.

Heute genießen sie außer im Caroni Swamp teilweise auch in Venezuela Schutz. Insgesamt nisten auf Trinidad **ca. 3.000 Brutpaare**. Kurz vor Sonnenuntergang kommen sie an bestimmten Stellen zusammen, um ihre Nachtquartiere in den Baumkronen aufzusuchen. Wenn sich die zahlreichen Ibisse wie eine leuchtende Klangskulptur zusammendrängen und immer mehr Vögel dazustoßen, ist der Moment gekommen, auf den Bootsführer und Besucher gewartet haben.

Inselbesichtigung Tobago

Redaktionstipps Tobago

- Die **Unterwasserwelt** des Atlantiks zwischen der **Speyside Bay** und **Little Tobago** (S. 441, 477). Auch für Tauchanfänger geeignet!
- Die **Englishman's Bay:** umgeben von üppiger Vegetation bietet sie herrlich weißen Sand und karibische Idylle jenseits touristischer Infrastruktur (S. 480).
- Vogelbeobachtung am frühen Morgen im **Tobago Forest Reserve** (S. 480).
- Wellenreiten in der **Mount Irvine Bay** oder eine Fahrt mit einem Glasbodenboot ins **Buccoo Reef** (s. S. 478).
- Live-Pan-Musik-Vorführungen der **Sunday School** am Wochenende in Buccoo und Tanzen bis in die frühen Morgenstunden
- Übernachtung im kleinen Fischerdorf **Charlotteville** und Genuss des (noch) ursprünglichen Tobago (S. 482).

Die ca. 32 km nordöstlich von Trinidad gelegene und mit 300 km² erheblich kleinere Schwesterinsel Tobago (Karte s. S. 470) (ca. 50.000 Einwohner) hat ein solch **eigenes Gepräge**, dass man kaum verstehen kann, wieso die beiden Inseln in einem Staat zusammengefasst sind. Die Ebenen und die Weitläufigkeit Trinidads fehlen hier völlig. Nur im Süden läuft Tobago flach aus; daher gibt es an dieser Stelle im Meer auch einige **Korallenriffe**. Ansonsten ist die Insel in ihrer Gesamtheit **gebirgig** und von einem **dichten Regenwald** bedeckt.

Ihr Rückgrat wird durch die näher an der Nordküste entlangziehende **Main Ridge** gebildet, die trotz ihrer geringen Höhe von maximal 572 m (*Pigeon Peak*) manchmal unüberwindlich erscheint. Zum Meer hin wird Tobago durch viele z. T. spektakuläre Buchten gegliedert, die fast alle **feinsandige Strände** aufweisen. Dass man sich dort „wie Robinson" fühlen kann, ist keine touristische Klischeevorstellung: Warum sonst hätte *Daniel Defoe* (1660-1731) Tobago als Schauplatz seines Romans „Robinson Crusoe" gewählt? Nach Eigenwerbung der Insel-Vermarkter soll auf jeden Besucher mindestens ein Kilometer Strand kommen.

Trinidads kleine Schwester

Die Strände sind am schönsten und sichersten im Süden, wo die meisten Hotels versammelt sind. Demgegenüber hat die Nordseite ein eher wildes Gepräge. Auf der bis zu 12 km breiten und 41 km langen Insel breitet sich die Natur in geradezu überschwänglicher Fülle aus. Besonders die Vogelwelt ist reichhaltig vertreten, und allein sieben der hier beheimateten **Kolibri**-Arten kommen ausschließlich auf Tobago vor.

Ihren Namen verdankt die Insel ausnahmsweise einmal nicht *Kolumbus,* sondern der langen **Tabakspfeife der indianischen Ureinwohner**. Nach deren Ausrottung oder Deportation durch europäische Siedler begann die verworrene, hektische Zeit in der Abfolge unterschiedlicher Kolonialherren: mehr als dreißig Mal musste Tobago seinen Besitzer wechseln. Außer dem üblichem Hin und Her zwischen französischer und englischer Herrschaft kämpften auch Spanier, Holländer, Kurländer und unabhängige Freibeuter verbissen um diesen paradiesischen Flecken Erde; Zeugnis von der kriegerischen Epoche legen die vielen Forts ab. 1803 fiel die Insel endgültig an das britische Empire, das 1889 Tobago mit Trinidad zu einer Kolonie vereinigte. Dabei waren die wirtschaftlichen Voraussetzungen so grundverschieden, dass Tobago nie mehr als ein bloßes Mauerblümchen-Dasein führen konnte.

Hotel

1	Coco Reef	6	Blue Haven Hotel	11	Arnos Vale
2	Kariwak Village	7	Hampden Inn	12	Cocrico Inn
3	Toucan Inn & Bonkers	8	Rex Turtle Beach	13	Cuffie River Nature Retreat
4	Jimmy's Holiday Resort	9	Grafton Beach Resort	14	Blue Waters Inn
5	The Hummingbird	10	Enchanted Waters Hotel	15	Banana Boat

Noch heute sehen die Trinidadians ein wenig hochnäsig auf ihre „armen Verwandten" hinab, was auf der Insel immer schon Anlass für Diskussionen gab, sich von der größeren Schwester politisch zu trennen. Während sich Trinidad durch Erdöl, Landwirtschaft und Industrialisierung einen hohen Lebensstandard erwirtschaften konnte, blieb Tobago mehr oder weniger unberührt – ein Glücksfall, denn das gehört heute zum größten Kapital der Insel. Die **Regenwälder, Sandstrände, Korallenriffe, Palmenhaine** und **Kolibris** sind so idealtypisch „karibisch", dass der Fremdenverkehr mit Erfolg und zu Recht Tobago als wahres Paradies vermarkten kann.

Typisches „karibisches" Reiseziel

Tobago sehen und erleben heißt hauptsächlich, sich wohl fühlen und die Seele baumeln lassen. Trotzdem gibt es auch hier einige Dinge, die man auf einer Inselrundfahrt kennen lernen sollte. Der geringen Größe Tobagos entsprechend, reichen dafür zwei Tage bequem aus. Selbstfahrern wird die Suche nach den Attraktionen leicht gemacht: Hinweisschilder mit einer schwarzen Kanone über blauen Wellen, von einer orangefarbenen Sonne überstrahlt, weisen zu jeder der historischen Sehenswürdigkeiten.

Ein Erlebnis abseits der Strände und Straßen ist eine **Wanderung durch den tropischen Wald** mit einem fachkundigen Führer. Als ein Muss gilt auch ein Besuch des

INFO

Die Unterwasserwelt Tobagos

Die Riffe von Tobago sind ein Traum für Tauchbegeisterte. Der **Strom von Guyana** fließt um den südlichen und östlichen Inselteil, dadurch entsteht eine enorme Vielfalt der Unterwasserwelt. Weichkorallen und Hartkorallen, Schwämme, Canyons und Wracks faszinieren vor allem um die Insel **Little Tobago** herum. Es gibt Steinformationen, Korallenmauern und -gärten, und große Fischschwärme zu bestaunen, ebenso wie Mantarochen, Engelsfische, Rochen, Delphine, Haie, Schildkröten, Adlerrochen und Schlangenaale.

Glasbodenboot am Pigeon Point im Westen

Sie können Felsblöcke sehen, die sich von der Küste abgelöst haben, sowie **natürliche Felsbögen**. Zudem liegt hier die 1997 versunkene „Scarlet Ibis", ein über 100 m langes sogenannte Roll-on-roll-off-Schiff, das in „Maverich" umgetauft wurde und in ca. 30 m Tiefe einer Sandbank aufsitzt. Mittlerweile bildet es ein **künstliches Riff**, Schwärme von Fischen haben hier ihre Heimat gefunden. Eins der weltgrößten Korallenriffe, der Buccoo Reef, können Sie auch mit einem Glasbodenschiff besichtigen.

Darüber hinaus gibt es zahlreiche Tauchspots, die eine große Bandbreite an Erscheinungen unter Wasser bestaunen lassen und sowohl für Anfänger geeignet sind, als auch Könner herausfordern. Beliebte Tauchspots sind u. a. **Arnos Vale, Pirates's Bay, Store Bay, Man-O'War Bay** und **Batteaux Bay**. Am abwechslungsreichsten, aber auch nicht ganz ungefährlich, ist die Unterwasserwelt im **Bocas-Kanal**, der zwischen den Inseln im Nordwesten Tobagos liegt. Am noch unverdorbenen Taucherstandort Tobago haben sich mittlerweile auch etliche Tauch-Stationen etabliert.

Buccoo Reef, das mit seinen tropischen Fischen und Korallenformationen einen leicht erreichbaren Unterwassergarten darstellt. Wer dort nicht tauchen oder schnorcheln möchte, kann mit einem Glasbodenboot die Pracht bewundern.

Reisepraktische Informationen für Tobago

Information (Karte s. S. 470)

Tobago Tourist Information: *Das Büro der* Division of Tourism, *liegt schräg gegenüber dem Ausgang des Crown Point Airport, ☏ 868-639-0509, täglich geöffnet von 6 bis 22 Uhr.*

Unterkunft

Auf Tobago gibt es zahlreiche qualitativ gute Unterkünfte. Die Palette reicht von Luxusresorts bis zu kleinen Inns und netten Gästehäusern oder günstigen Bed and Breakfast. In der Regel lässt sich auch spontan immer irgendeine Unterkunft finden. Nur Karneval sollten Sie im Voraus buchen, dann wird es auch auf Tobago voll. Die meisten Hotels und Guest-Houses befinden sich in Crown Point, wo sich mit zahlreichen Restaurants, Einkaufsläden etc. eine komplette touristische Infrastruktur herausgebildet hat und abends lebhaftes Nachtleben stattfindet. In der Nähe dieses Trubels, aber doch weit genug entfernt, um seine Ruhe an wunderschönen Stränden zu haben, befinden sich zwischen Buccoo und Plymouth die teureren Hotels und Gästehäuser. Je weiter entfernt vom dicht bevölkerten Südwesten, umso leichter sind günstige Unterkünfte zu finden. Campen ist in der Canoe Bay möglich.

Crown Point

Coco Reef $$$$$, *(1), Coconut Bay, ☏ 868-639-8571, 🖷 868-639-8574, www.cocoreef.com. Das lachsfarbene Luxusresort dominiert mit Farbe und Größe die Coconut Bay. Die recht schön gestaltete Anlage verliert leider etwas von ihrem Glanz durch zu viele Pauschalgäste und einer zu dünn besetzten Personaldecke. Es gibt zwei Restaurants, Bars, ein Fitness-Center, Spa.*

Kariwak Village $$$-$$$$, *(2), Local Road, Store Bay, ☏ 868-639-8442, 🖷 868-639-8441, www.kariwak.com. Die Anlage liegt am südlichen Rand von Crown Point, aber immer noch in gut erreichbarer Nähe zu den Stränden an der Nordwestküste. Die Inhaber* ***Allan*** *und* ***Cynthia Clovis*** *haben ein kleines Paradies (24 einzeln stehende Hütten) zum Entspannen und Genießen geschaffen. Unter Palmendach inmitten von tropischer Pflanzenpracht verwöhnt die Hausherrin mit ihrer hervorragenden einheimischen Küche. Für Geist und Körper werden Tai Chi, Qi Gong, Yoga und Stretching-Kurse angeboten. Swimmingpool, Bar, Zimmer mit Klimaanlage*

Toucan Inn & Bonkers $$, *(3), Local Road, Store Bay, ☏ 868-639-7173, 🖷 868-639-8933, www.toucan-inn.com. Das Inn liegt an der quirligen Westküste, zehn Gehminuten vom Flughafen, Store Bay und Pigeon Point entfernt. Das Hotel fällt nicht nur durch seine herzliche Atmosphäre, durch die gute Küche und eine kompetente Bedienung auf, auch die wunderschön aus Holz gearbeitete Veranda des Restaurants lädt zum Verweilen ein.*

Jimmy's Holiday Resort $-$$, *(4), Airport Road, ☏ 868-639-8292, www.jimmyresort.com. Günstige, einfache Apartments mit Ein-, Zwei- und Drei-Bett-Apartments für Selbstversorger. Größer sind die Studios (Ein- und Drei-Bett-Zimmer mit Küche, Klimaanlage, TV, Tele-*

fon) vom angrenzenden Nachbarn **Crown Point Beach**, *wo es auch einen Swimmingpool und ein Restaurant gibt. Beide Anlagen haben einen kurzen Weg zum Strand und Meer.*
The Hummingbird $-$$, *(***5***), Local Road, 128 Store Bay, ☏ 868-635-0241, www.thehummingbirdonline.com. Nettes Familienhotel mit acht Zimmern, von denen sechs über eine Klimaanlage verfügen. Swimmingpool, Restaurant und Bar.*

Südwesten
Blue Haven Hotel $$$$$, *(***6***), Bacolet Bay, fünf Autominuten von Scarborough, ☏ 868-660-7400/7500/7600, 🖷 868-660-7900, www.bluehavenhotel.com. An weißem Palmenstrand gelegenes Luxushotel mit nostalgischem Charme, das nach umfangreicher Renovierung unter österreichischer Führung wiedereröffnet wurde. Restaurant, Pool, Strandbar, Tennisplatz, Fitnessraum, Strandliegen, Wassersport, Zimmer mit Meerblick und Balkon und allem, was ein Fünf-Sterne-Hotel bieten kann.*
Hampden Inn $-$$, *(***7***), Milford Road LP171, Hampden, Lowlands, ☏/🖷 868-639-7522, www.seetobago.com. Das am südlichsten Zipfel der Atlantikküste inmitten der grünen Lowlands, ca. 500 Meter vom Strand entfernt gelegene Guesthouse wird vor allem von jungen Leuten frequentiert. Das sympathische Anwesen besteht aus zwölf einfachen Flachhütten mit Klimaanlage. Zudem gibt es Swimmingpool, Restaurant, Bar. Die Golfanlage des unmittelbar nebenan liegenden Holiday Inn kann mitbenutzt werden; zudem sorgen die Nachbarn für einen täglich gereinigten Strand.*

Nordwestküste
Rex Turtle Beach $$$$$, *(***8***), Great Courland Bay, ☏ 868-639-2851, 🖷 868-639-1495, www.rexcaribbean.com. Beliebtes Strandresort der Mittelklasse, direkt am langen Sandstrand in einer Gartenanlage gelegen mit 125 Zimmern mit Klimaanlage, Pool, Restaurant, Bar, fast alle Wassersportmöglichkeiten, Sauna, Fitness-Center, Windsurfen, Tennis, Sporttauchen u. a. im Zimmerpreis inbegriffen.*
Grafton Beach Resort $$$$, *(***9***), Black Rock, ☏ 868-639-0191, 🖷 868-639-0030, www.grafton-resort.com. Das Hotel liegt bei Black Rock an der Nordwestküste 15 Minuten vom Flughafen entfernt. Die herrliche Lage am Strand der Buccoo Bay ist auch von den meisten der 110 komfortablen Zimmer zu genießen. Zwei Restaurants und drei Bars, Swimmingpool, Sporträume, Wassersportangebote, z. T. kostenlos (u. a. Surfen, Kajak, Segeln).*
Enchanted Waters Hotel $$, *(***10***), Shirvan Road, Buccoo, ☏/🖷 868-639-9481, www.kpresorts.com. Geschmackvoll eingerichtetes und familiär geführtes kleines Hotel mit nur zehn Zimmern (mit Klimaanlage und Kochecke), kleinem Pool im Garten, hauseigenem Wasserfall und dem angeschlossenen Restaurant „Patino´s Courtyard Café". Es sind nur wenige Minuten zur Buccoo Bay.*
Arnos Vale $$, *(***11***), Plymouth, ☏ 868-639-2881/3247, 🖷 868-639-4629, www.arnosvalehotel.com. Auf dem Gelände einer ehemaligen Zuckerplantage liegt das Hotel mit 33 Zimmern und Suiten (z. T. in separaten Häusern direkt am Strand bzw. in der Gartenanlage), das sich harmonisch der tropischen Umgebung an der Nordküste anpasst. In dem alten Plantagenhaus befinden sich Bar, Lounge und das Restaurant. Über die Insel hinaus bekannt ist die allmorgendliche Teezeremonie um 5 Uhr (!), während einem Tobagos Vogelwelt quasi aus der Hand frisst.*
Cocrico Inn $-$$$, *(***12***), Plymouth, ☏ 868-639-2961, 🖷 868-639-6565. Die Seele des Hauses ist die Besitzerin* ***Ida Boyke-Jack****. Ihre Geschichten über die Insel sind eine Attraktion. Zudem hat sie die untere Etage liebevoll im Kolonialstil eingerichtet und die Zimmer*

(mit Bad oder Dusche) sehr einfach gehalten. Swimmingpool, Bar und Restaurant, drei Minuten zum Strand.
Cuffie River Nature Retreat $$, *(13), Runnemed Valley, ☏ 868-660-0505, 🖷 868-678-9020, www.cuffie-river.com. Das im Landesinneren auf der Höhe zwischen Celery und Castara Bay im Runnemed Valley gelegene Hotel ist eine Unterkunft für richtige Naturliebhaber. Liebevoll gestaltet, verspricht das Hotel mitten im Regenwald nicht nur Vogelfreunden rund 60 verschiedene Vogelarten, sondern setzt sich auch die Naturverträglichkeit der Anlage zum obersten Ziel. Die spezielle Architektur macht eine Klimaanlage überflüssig. Touren zur Vogelbeobachtung sowie Rundgänge zur Kulturgeschichte und Botanik der Insel werden angeboten, zudem sehr gutes Essen mit einheimischen Produkten.*

Südküste
Blue Waters Inn $$$-$$$$$, *(14), Bateau Bay, ☏ 868-660-4077, 🖷 868-660-195, www.bluewatersinn.com. Das Hotel liegt kurz hinter Speyside direkt am Strand der Bateau Bay. Tagsüber ist es hier angenehm ruhig, abends bietet das Strandleben ohne großen Trubel dennoch Unterhaltungswert. Die zweistöckige Anlage mit 38 Zimmern (ohne TV), Selbstversorgerhütten und Bungalows mit mehreren Zimmern und Küche strahlt erfrischende Ruhe und eine familiäre Atmosphäre aus. Vom Hotel reicht der Blick bis nach Goat Island. Dorthin, wie auch nach Little Tobago, bietet die hauseigene Tauchschule Tauchgänge und Bootstouren an; unweit vom Hotel beginnen Wanderwege (durchaus anspruchsvoll) ins Hinterland.*
Banana Boat $, *(15), 6 Mac's Lane, Charlotteville, ☏ 868-660-6176, www.banana-boat-tobago.com. Das Gästehaus liegt in dem netten Fischerdorf Charlotteville am westlichen Ende der der Man o' War Bay und nur wenige Meter vom Strand entfernt. Die vier liebevoll gestalteten Zimmer sind mit Einzel- bzw. Doppelbetten und Standventilatoren sowie eigenem Bad mit Dusche ausgestattet. Jedes Zimmer verfügt über eine eigene Kochecke mit Kühlschrank in der Gemeinschaftsküche. Die Gründerin des Banana Boat,* ***Caroline Hardie****, spricht fließend Deutsch, Englisch und Französisch und kümmert sich liebevoll um ihre Gäste. Im Erdgeschoss liegt das Restaurant mit Bar, das in der Hauptsaison Lunch und Dinner anbietet und besonders zur Sonnenuntergangszeit der Treffpunkt von Besuchern und Einheimischen wird.*

Essen und Trinken

Crown Point
The Backyard, *Airport Road. Nettes Café mit guten Sandwiches und getoasteten Baguettes. Für ein Picknick am Strand kann man sich hier auch einen „Korb" zusammenstellen lassen.*
Café Coco, *Pigeon Point Road, Tel 868-639-0996. Das Restaurant zählt zu den neuen Lokalen in Crown Point und serviert eine Mischung aus lokalen und internationalen Speisen.*
Mumtaz Continental Restaurant, *Airport Road. Das Lokal liegt gegenüber von Jimmy's Holiday Resort und serviert exzellente indische Spezialitäten à la Trinidad zu einem vernünftigen Preis. Neben Samosa, Rôti etc. gibt es auch die Klassiker mit Steak und Hummer.*
Kariwak Village Restaurant, *Store Bay Local Road, ☏ 868-639-8442, www.kariwak.com. Nicht nur die karibische Atmosphäre durch kleine Mauern aus Korallen, Bambus-Möbel, Palmendach inmitten sattgrüner Tropenvegetation macht das Essen hier zum Vergnügen. Das Restaurant hat sich zudem für seine spezielle karibische und kreolische Küche auf der Insel einen Namen gemacht.*

Bei Rosmarie's treffen sich die Einheimischen zum Lunch (Buccoo)

Shirvan Watermill Restaurant, *Shirvan Road, Mt. Pleasant, ☏ 868-639-0000, www.lacasablanca.co.uk. An der quirligen Shirvan Road gelegen, ist der Blickfang des Restaurants der Steinturm einer Windmühle aus dem 19. Jh.; hervorragende Seafood-Kreationen im Rahmen der kreolischen und internationalen Küche.*

Nordwestküste

The Pavillon, *Bon Accord, Black Rock, ☏ 868-639-0361, www.stonehavenvillas.com. Neben einem Panoramablick über die Stonehaven Bay auf die Karibische See bietet das Restaurant auch beim Candlelight-Dinner ein tolles Ambiente. Auch tagsüber lohnt sich hierher ein Abstecher für einen leichten Snack aus der karibischen und internationalen Küche.*

The Seahorse Inn, *Grafton Beach Road, Black Rock, ☏ 868-639-0686, 🖷 868-639-0057, www.seahorseinn.com. Restaurant direkt am Strand gelegen mit sehr guten Fischgerichten. Die Aussicht auf den Strand, manchmal auch begleitet von Live-Steelband-Musik verleiht dem Platz besondere karibische Atmosphäre. Leider ziemlich teuer.*

Südküste

Jemma's Seaview Kitchen, *Main Road, Speyside, ☏ 868-660-4066. Pittoreskes Restaurant in Form eines Baumhauses, direkt am Meer, herrliche Aussicht auf die Bucht und Little Tobago. Die Fischgerichte sowie die Speisen der kreolischen Küche sind besonders abends zu empfehlen, wenn es hier so richtig ruhig wird und die Tourbusse abgefahren sind.*

The Galley Bistro, *6 Mac's Lane, Charlotteville, ☏ 868-660-6176, www.banana-boat-tobago.com. Das Restaurant ist in der Hauptsaison von 9 bis 21 Uhr geöffnet (in der Nebensaison ist Mo und ab 17 Uhr geschlossen). Dann organisiert die Inhaberin* ***Caroline Hardie*** *am Wochenende gerne sehr gesellige Grillabende.*

Mietwagen

Auf Tobago sitzen die meisten Büros der Autoverleihfirmen direkt am oder in unmittelbarer Nähe des Flughafens:

Auto Centre Ltd, *☏ 868-639-4400*
Auto Rentals, *☏ 868-639-0644*
Econo-car Rentals, *☏ 868-660-8728*
Peter Gremli Car Rental, *☏ 868-639-8400*
Thrifty Car Rental, *☏ 868-639-8507/8062*
Hertz, *Store Bay Local Road, Crown Point, ☏ 868-631-8650/8651*
Rattan's Car Rental Limited, *Milford Road, Crown Point, ☏ 868-639-8271*
Tobago Travel, *Store Bay Road, Crown Point, ☏ 868-639-8778*
Singh's Auto Rentals, *Grafton Beach Resort, Black Rock, ☏ 868-639-0624, www.singhs.com*

Strände

Tobago ist für seine Strände rings um die Insel bekannt. Zwei der besten liegen nur wenige Minuten vom Flughafen entfernt. Dennoch bekommt man nur wenig vom Flughafenbetrieb mit.

Store Bay ist besonders bei den Einheimischen sehr beliebt. Wer Spaß daran hat, lebhaftes Strandleben zu beobachten, wird hier seine wahre Freude haben. Bemerkenswert ist das relativ kleine Strandstück, das um ein Vielfaches in die ringsrum mittlerweile etablierte Infrastruktur passen würde. Buden mit Snacks, Souvenirs und Erfrischungsgetränken drängen sich dicht nebeneinander. Der Vorteil ist, dass die Besitzer der vielen Autos auf dem Parkplatz von den Cafés und Bars verschluckt werden.

Die Man of War Bay im Osten

Pigeon Bay *ist quasi ein Muss für jeden Tobago-Besucher, allein um sich selbst davon zu überzeugen, dass der am häufigsten fotografierte Strand – unzählige Male auf Postkarten festgehalten – wirklich so schön ist. Der mit Palmen gespickte Küstenabschnitt wird von* **ruhigem, türkisblauem Wasser** *nur sanft angespült, da die Buccoo Riffe die Bucht schützen. Der Strand befindet sich in privater Hand, was für einen Besuch 2 US$ Eintritt bedeutet. Dafür werden Ihnen aber auch Umkleidemöglichkeiten, Sonnenschirme und schicke Strandbars geboten. Von hier aus starten viele Glasbodenboote und Katamaran-Touren zu den Riffen, besonders angenehm ist das Schwimmen im Nylon Pool, einem seichten „Schwimmbecken" vor der Küste. Stone Haven Bay, Mount Irvine Bay und Courland Bay, einer der längsten Strände an der Leeward-Seite, sind ebenfalls einen Besuch wert. Die Englishman´s Bay bekommt ihren Charakter durch den Wald, der erst kurz vor dem Wasser Halt macht.*

Die Ostküste ist durch den Atlantik rauer und zum Teil auch durch Felsen, Tidenhube und Unterwasserströmungen recht gefährlich. Doch auch sie hat ihren Reiz. So ist die Hillborough Bay gleich neben Scarborough mit einem langen feinen Sandstrand versehen, der durch überhängende Palmen seinen Charme erhält. Wegen der gefährlichen Strömung sollten Sie hier allerdings nicht ins Wasser gehen. Am Big Bacolet Bay, auch bekannt als Minister Bay, ist alles angesagt, was mit Surfen und Wellenreiten zu tun hat. Aber auch hier gilt: Vorsicht vor der Strömung! In der King's Bay finden Sie eine Strandbar, unter Hütten Schutz vor der Sonne sowie Toiletten. Speyside und Charlotteville haben beide schön geschützte Strände. Während von Speyside aus Glasbodenboote nach Little Tobago starten, führt von Charlotteville ein kleiner Wanderweg durch den Wald in die Piraten-Bucht, wo Sie vor den Riffen gut schnorcheln können.

INFO

Tauchen – Die besten Tauchspots auf Tobago

Die Unterwasserwelt von Tobago ist einzigartig: Wracks, Korallenriffe, Delfine, Mantarochen und kleine Haie lassen die Herzen von Tauchern höher schlagen. Besonders reizvoll ist das Buccoo Reef (15 ha groß) – auch ein Paradies für Schnorchler. Folgende ausgewählte Spots haben jeweils ihren speziellen Reiz!

Für Anfänger:
- Japanese Gardens (25 m, Weichkorallen und Schwämme) in Speyside
- Mount Irvine Wall (20 m, massive Felsblöcke, viele Fische)
- Culloden Bay (U-Form-Riff, bizarre Formationen) in Crown Point

Für Fortgeschrittene und Könner:
- Flying Manta (30 m, große Chance, hier auf Mantarochen oder Engelsfische zu treffen) in Speyside
- Bookends (25 m, Weich- und Hartkorallenriff)
- Blackjack Hole (35 m, spezielle Atmosphäre durch die raue See am südlichsten Zipfel Little Tobagos; Rochen, Delfine, Haie)
- London Bridge (40 m, besonders reizvoll ist das Tauchen durch natürliche Felsbogen und Canyons)/Charlotteville
- The Sisters (45 m, vor den Canyons und Riffs Möglichkeit, auf Schildkröten, Haie und Adlerrochen zu treffen)
- Flying Reef (15-30 m, der Name macht dem Riff alle Ehre: durch die starke Strömung können Sie mit einem Sauerstofftank bis zu 1,5 km des Riffs sehen)

Wenn Sie eine Tauchschule besuchen wollen, achten Sie auf deren Mitgliedschaft in der Association of Tobago Dive Operators (ATDO). Hier sind zahlreiche seriöse Veranstalter organisiert.

Die karibische Seite: Crown Point – Charlotteville

Fast alle Besucher betreten zum ersten Mal den Inselboden am Südwestzipfel Tobagos, wo auf dem **Flughafen Crown Point** auch größere Maschinen landen können. Von hier aus ist es nur ein Katzensprung zu den meisten Hotels, von denen einige in unmittelbarer Nachbarschaft zur Landebahn liegen und dementsprechend vom Fluglärm am meisten betroffen sind. Aber auch einige der schönsten natürlichen Sehenswürdigkeiten Tobagos sind nur wenige Kilometer entfernt: Sofort westlich des Flughafens kann man den **Palmenstrand der Store Bay** in wenigen Minuten zu Fuß erreichen, ebenso das **Westkap Sandy Point**.

Pigeon Point und Buccoo Reef

Herrlicher Strand

Fährt man vom Terminal geradeaus nach Norden (**Sandy Bay**), kommt man, am Platz des alten Forts Milford vorbei, ebenfalls in wenigen Minuten automatisch auf jene Halbinsel, an deren Ende der **Pigeon Point** liegt. Der palmengesäumte Strand, der

INFO

Die Lederrücken-Schildkröte (Leather-Back Turtle)

Die Leather-Back Turtle ist die weltweit größte Art der Seeschildkröten und kann bis zu 725 kg schwer und 1,85 m lang werden. Die beste Zeit zur Beobachtung dieser Tiere ist von März bis August, wenn die weiblichen Schildkröten zur Produktion der Nachkommenschaft an den Strand kommen. Jedes Weibchen gräbt dazu sorgfältig kleine Gruben in den Sand, in die es zwischen 80 und 125 weiße Eier ablegt. Dies geschieht i. d. R. in der Dunkelheit – zwischen 19 und 5 Uhr.

Nach 55-70 Tagen schlüpfen die kleinen Schildkröten und versuchen instinktiv, sofort das Wasser zu erreichen. Dies gelingt etwa 60 Prozent der geschlüpften Tiere, aber nur ein oder zwei davon werden alle Gefahren im Meer überstehen und das geschlechtsreife Alter erreichen. Zur Eiablage schwimmen sie später dann an genau den Strand zurück, an dem sie selbst zur Welt gekommen sind.

Taucher am Buccoo Reef

oft als der „Traumstrand der Karibik" bezeichnet wird, ist inzwischen so populär, dass Autofahrer eine Art „Eintritt" bezahlen müssen. Dafür kann man auch an den touristischen Einrichtungen (Umkleidekabinen, Cafeteria, Souvenirshop, geringer Eintritt für den Strandbesuch) teilhaben – aber keine Angst: Gedränge à la Mallorca ist auch in absehbarer Zukunft nicht zu befürchten.

Berühmter Landesteg

Der Pigeon Point ist mit seinem **Landesteg** der bevorzugte Startpunkt für Exkursionen zum nahen **Buccoo Reef.** In diesem Unterwassergarten direkt vor der Küste kann man, knapp unter der Meeresoberfläche, die gesamte Wunderwelt maritimer Flora und Fauna bestaunen, etwa Fächer- und Gehirnkorallen ebenso wie Zebra-, Kugel- und Trompetenfische, u.v.m. In unmittelbarer Nachbarschaft bietet der sogenannte **Nylon Pool** das Erlebnis eines überfluteten Sandstrandes: Von tieferen Stellen umgeben, breitet sich dort ca. 50-120 cm unter dem lauwarmen Wasser eine Fläche mit blendend weißem Sand aus.

Empfehlenswert ist die Teilnahme an einer **Glasbodenbootsfahrt**, auf der an drei Punkten gehalten wird: einmal am Buccoo-Riff zum Schnorcheln, dann am Nylon Pool zum Baden und schließlich an einer Insel (No Man's Island), auf der zu Calypsomusik das Barbecue eingenommen wird.

Vom Pigeon Point geht es wieder am Flughafen vorbei und über die **Shirvan Road** und **Grafton Road** zur südwestlichen Küste, wo zwischen **Booby Point, Black Rock** und **Plymouth** an den Buchten **Mt. Irvine Bay,** Stone Haven Bay mit dem

Grafton Beach und Great Courland Bay eine relativ große Dichte an Hotels und Restaurants zu verzeichnen ist. Freilich sind die Zustände auch hier nicht mit denen in mediterranen Touristikzentren zu vergleichen, und Urlauber können sich auf lange, feinsandige Strände mit wenig Andrang freuen, an denen morgens die Fischer noch traditionell ihren Fang einholen. Außerdem sind die Sportmöglichkeiten ausgezeichnet. Neben den Wassersportangeboten der Hotels (insbesondere für Surfer ist die Küste ideal) genießt der **18-Loch-Golfplatz** am **Mount Irvine** Weltruf. Und zusätzlich kann die Region gleich mit mehreren natürlichen und kulturellen Sehenswürdigkeiten aufwarten. Nirgendwo sonst kann man z. B. die Lederrücken-Schildkröte so gut beobachten wie am Grafton Beach und in der Great Courland Bay.

Plymouth

Attraktionen ganz anderer Art besitzt das sympathische Dorf Plymouth, die zweitgrößte Siedlung der Insel. Wer sich von der Hauptstraße nach dem Hinweisschild „Fort James" richtet, kommt auf einer Stichstraße zum Plymouth Tourist Center (Getränke- und Souvenirstand) und sofort dahinter zu einem eingezäunten freien Platz, auf dem einmal die Festung Fort James gestanden hat. Heute erinnern die 1978 aufgestellten Betonsäulen (**Couronian Monument**) an eine interessante Epoche dieses geschichtsträchtigen Ortes. Hier gingen lettische Kurländer an Land und etablierten 1639-1693 eine blühende Gemeinde, in der auch Angehörige vieler anderer Nationen sich wohl fühlten. So lebten dort außer Letten auch Deutsche, Skandinavier, Holländer, Engländer, Franzosen, Juden, Kariben und Gambianer aus Afrika als freie Bürger zusammen, die mit Nordamerika, Brasilien, Europa und Afrika Handel trieben. Vorher schon hatten die Holländer das älteste Fort gebaut und die erste Siedlung in Plymouth gegründet (Nieuw Vlissingen und Nieuw Walcheren), die allerdings zweimal, durch Spanier und Kariben, zerstört wurde. Deren Erbe trat die kurländische Kolonie „Neu-Kurland" an, in der es ein Fort Jacobus und eine gleichnamige Siedlung gab.

Gemeinde der Kurländer

Von den Holländern 1659-1664 erobert und in Fort Beveren umgetauft, gaben die Briten den Uferstreifen an die Balten zurück, der allerdings während der nächsten 160 Jahre von Holländern, Franzosen, Engländern und Kariben heftig umkämpft wurde. Bis 1693 jedoch unterstanden die Bucht und ihr Hinterland formal den Herzögen von Kurland. Daneben existierten weitere **lettische Siedlungen** auf Tobago u. a. in Black Rock (Fort Bennett) und Mount Irvine (Little Kurland Bay), sowie baltische Festungen, wie Fort Schmoll und Fort Kasimir.

Wechselvolle Geschichte

Auf der anderen Seite der Straße befindet sich neben einer Taubstummenschule der **Mystery Tombstone**, ein schwarzer Grabstein aus dem Jahre 1783, der vor allem wegen seiner weißen Inschrift Rätsel aufgibt.
Nach dem Besuch von Plymouth setzt man die Inselrundfahrt entlang der Nordküste über die Arnos Vale Road fort und kommt auf aussichtsreicher Strecke an einsamen Buchten vorbei und durch eine paradiesische Landschaft. Ein kurzer Abstecher ins Inselinnere auf der **Franklyn Road** bringt Sie zu den malerisch überwucherten Resten der alten Zuckerfabrik von *Franklyn's*, die außer verschiedenen Maschinenteilen und Silos noch einen Ziegelstein-Schornstein und ein großes, eisernes Mühlrad aufweist.

Altes Mühlrad bei Franklyn's

Zurück zur Küste, findet man das Dörfchen **Golden Lane**, in dem man das geheimnisumwitterte Grab der afrikanischen Hexe *Gang Gang Sara* aufsuchen kann, die vor vielen Hundert Jahren nach Tobago geflohen war. Auf dem Weg nach Norden passiert man im weiteren Verlauf der Strecke die **King Peters Bay**, die nach einem Häuptling (König) der Kariben benannt ist.

Dann ergibt sich ein herrlicher Blick auf die **Castara Bay** mit Sandstrand und Bucht, in der oft Fischer beim Einholen der Netze zu beobachten sind. Weiter geht es zur **Englishman's Bay**, die sich wie eine Mondsichel vor den Regenwald schmiegt, zur **Parlatuvier Bay** und zur **Bloody Bay**, einem ehemaligen Piratenschlupfloch – allesamt phantastisch gelegene Naturhäfen mit goldgelben Sandstreifen, auf die man von der hoch gelegenen Straße hinunterschaut.

Hinter der Bloody Bay bieten sich zwei Möglichkeiten: man kann auf der neuen Verbindungsstraße, der **Northside Road**, an der Leeward-Seite entlang nach Charlotteville fahren. Oder man verlässt die karibische Küste und durchquert auf der gewundenen, doch gut befahrbaren **Roxborough Parlatuvier Road** das Inselinnere.

Tropischer Regenwald

Hier breitet sich das **Tobago Forest Reserve** aus, in dessen Regenwäldern u. a. Mahagoni-, Tulpenbäume, Hibiskus und Bougainvilleas wachsen und (harmlose) Schlangen, Frösche, Schmetterlinge, Kolibris, Eisvögel und Tukans leben. Die ganze tropische Wunderwelt kann man von einem Aussichtspunkt links der Straße bewundern oder, besser noch, auf einer geführten Wanderung intensiv erleben.

Eindrucksvoller Wasserfall

Kurz bevor man die atlantische Seite an der Ortschaft Roxborough mit ihren Kakao-Plantagen bzw. die Prince's Bay erreicht, sollte man gegenüber der Schule von Roxborough nach rechts den Schildern zum **Argyle-Wasserfall** (*täglich geöffnet von 7.30-17* Uhr) folgen. Dies ist zwar nicht der einzige, aber der eindrucksvollste von Tobagos Wasserfällen und wird inzwischen als Touristenattraktion vermarktet. Gruppen benötigen einen autorisierten Führer, Individualtouristen können vom Parkplatz aus auch allein zu den Kaskaden wandern. Auf dem neu angelegten Weg spaziert man etwa eine halbe Stunde am Argyler-River entlang und passiert die zweistöckige Cafeteria (Umkleidemöglichkeit); dahinter wird der Pfad eng und beschwerlich – rutschfeste Schuhe sind unbedingt nötig. Nach einer Weile erreicht man den untersten Pool, von dem aus drei Kaskaden zu sehen sind. Hier kann man ein erfrischendes Bad nehmen. Wer weiter hinauf möchte, muss an einem Seil an den Felsen entlang klettern und wird dafür mit dem Blick auf vier weitere Kaskaden belohnt.

Auf der Weiterfahrt erreicht man nach wenigen Kilometern das Städtchen Roxborough, dessen Main Street direkt am Hafen entlangführt. Hier sieht man noch etliche schöne alte Holzhäuser, viele davon allerdings in beklagenswertem Zustand. An einer Baumschule und dem Dorf **Louis d'Or** vorbei sowie durch landwirtschaftlich genutztes Gebiet (Bananen, Muskat, Brotfrucht), kommt man zu einem Aussichtspunkt, der auf die geschützte Bucht der **King's Bay** mit ihrem dunkelsandigen Palmenstrand blickt. Hier ist Baden problemlos möglich, was man wegen des Wellengangs und der Unterströmung nicht von jedem Strand an der Atlantikseite sagen kann.

Der Strand von Parlatuvier

Im Hinterland bieten sich die bewaldeten Berge entlang des **King's Bay River** zum Wandern an; dort liegt auch der **King's Bay Waterfall**, unter dem man eine erfrischende Dusche nehmen kann. Weiter führt die Windward Road entlang der Küste zur **Tyrrell's Bay**, in der das Fischerdorf **Speyside** liegt. Wegen der vorgelagerten Inseln, zu denen man von Speyside aus mit Glasboden- oder anderen Booten übersetzen kann, hat das Dörfchen in den letzten Jahren eine gewisse touristische Bedeutung erlangt, die sich auch in netten Restaurants zeigt.

Vorgelagerte Inseln

Am nächsten zur Küste befindet sich die „Ziegeninsel" **Goat Island**. Sie ist im Privatbesitz der *McLeod*-Familie, deren weißes, hochherrschaftliches Wohnhaus gut zu sehen ist. Dahinter liegt das ca. 180 ha große **Little Tobago**, das auch Paradiesvogel-Insel (*Bird of Paradise Island*) genannt wird. Den Beinamen bekam sie, weil *Sir William Ingram* 1909 hier aus Neuguinea importierte Paradiesvögel aussetzte, die sich prächtig vermehrten. Leider sind die farbenprächtigen Vögel nach dem Hurrikan „Flora" nie wieder aufgetaucht, dafür entschädigen jedoch genügend andere tropische Arten. Seit 1925 untersteht Little Tobago der Kontrolle des Staates, der hier – wie auch auf Goat Island – ein **Vogelschutzgebiet** einrichtete. Interessierte können an Ort und Stelle die Vogelwelt beobachten, die besten Zeiten sind morgens und vor Einbruch der Dunkelheit. Die

Die Englishman's Bay

Little Tobago

Gewässer um Little Tobago sind darüber hinaus wegen ihrer Korallenformationen und Fischschwärme bekannt und gelten als einer der besten Tauchgründe in der Karibik.

Kurz hinter der Ortschaft biegt die **Windward Road** nach links ab und führt durchs Inselinnere auf Charlotteville zu. An der Abzweigung sind noch die Überreste einer alten Zuckermühle zu sehen, ein Stückchen weiter an der Küste hat man am Blue Waters Inn gute Bademöglichkeiten. Am **Flagstaff Hill Viewpoint** (Leuchtturm) hat man nochmals eine wunderschöne Aussicht, dann geht es eng und steil am Rand des höchsten Inselberges, dem **Pigeon Peak** (572 m), auf einer Serpentinenstraße hinab nach Charlotteville.

Charlotteville

Karibisches Traumbild

Seinen Namen bekam das **pittoreske Fischerdorf** in der Zeit der französischen Besetzung. Das kleine, verschlafene Nest, das sich um einen zentralen Fußballplatz ausbreitet, besitzt einige hübsche Holzhäuser in kreolischer Architektur, eine Uferstraße mit Marktständen, einen Strand und sehr viel Lokalkolorit.

Der Hafen von Charlotteville

Am Ortseingang kann man nach links auf die North Road abbiegen, die neuerdings nicht nur eine Verbindung zur Bloody Bay, sondern auch zur Leeward-Seite insgesamt bereitstellt. Damit ist nun eine Inselrundfahrt möglich. Auf den ersten zwei Kilometern schraubt man sich hinauf, entlang der Westseite der **Man of War Bay**. In dieser herrlichen, von den Holländern ursprünglich Jan-de-Moor-Baai genannten Bucht trafen sich im 17. und 18. Jahrhundert Piraten unterschiedlicher Herkunft. Den besten Ausblick hat man, wenn man den Wagen an der kleinen Blechhütte mit dem Hinweisschild „To Fort Campbell" abstellt. Ab hier geht man in fünf Minuten über einen Pfad zum Platz eines ehemaligen Forts, der als kleiner Park gestaltet ist. Bis auf zwei Kanonen sind kaum Überreste der Verteidigungsanlage zu entdecken, dafür aber ist vom Pavillon in der Mitte die Aussicht auf Charlotteville und die Bucht einfach phantastisch.

Mit blühender Vegetation, vielen Papageien und den nordöstlich vorgelagerten Inselchen St. Giles Island und Marbel Island (wo Angler sehr gute Fischgründe vorfinden) rundet sich der Blick zu einem karibischen Traumbild.

Die atlantische Seite: Roxborough – Scarborough – Crown Point

Aufgrund der neuen Verbindung zwischen der Leeward- und Windward-Küstenstraße muss man von Charlotteville nicht mehr wie früher auf dem gleichen Weg nach Roxborough zurückfahren, sondern kann auch die neue Northside Road nehmen und dann erneut die Insel über die Roxborough Parlatuvier Road nehmen.

Von Roxborough geht es in südwestlicher Richtung immer nahe der Küste entlang bis **Richmond**, wo ein elegantes „Great House" aus dem 18. Jahrhundert mit Kräutergarten und Privatfriedhof zu sehen ist. Das innen mit afrikanischer Kunst dekorierte Gebäude dient heute als gemütliche Pension. Die nächste Station ist das an der gleichnamigen Bucht gelegene **Goldsborough** mit einer hübschen neogotischen Kirche. Wanderer können im Hinterland ein ganzes System von Flüssen, Bächen und Wasserfällen aufsuchen sowie die vorwiegend mit Zedern und Zypressen bewachsene Landschaft bewundern.

Anschließend führt die **Windward Road** auf die weit geschwungene **Barbados Bay** zu, einst der Ausfuhrhafen für Holz nach Barbados. Am östlichen Anfang bringt einen eine kleine Stichstraße nach links zum **Fort Granby** (ausgeschildert), das nur eine kurze Lebenszeit hatte (1764-1781). Dieses mit einem weißen Holzzaun umfriedete Gelände besitzt zwar nur noch spärliche fortifikatorische Überreste, besticht dafür aber umso mehr durch eine sehr schöne Aussicht. Vom Parkplatz an der kleinen Cafeteria geht man über einen gepflegten Treppenweg durch den Park mit seinen Bäumen, Papageien, Reihern und vielen anderen Vögeln bis zur äußersten Spitze des **Kaps**, wo man den Blick auf die Bucht und die Lavaklippen genießen kann.

Kurz darauf kommt man zur **Hillsborough Bay**, deren schöner Palmenstrand zum Schwimmen zu gefährlich sein kann. Die Bucht ist nicht nur schön, sondern auch von historischer Bedeutung. Denn hier befand sich seit 1768 mit **George Town** die erste britische Hauptstadt Tobagos. Der später in **Mount St. George** umgetaufte Ort ist immer noch Sitz der offiziellen Residenz des Premierministers von Trinidad und Tobago; außerdem besitzt er mehrere schöne Holzhäuser im kreolischen Zuckerbäckerstil (*gingerbread houses*). Im Studley Park ist das ehemalige Gerichtsgebäude aus dem Jahre 1788 sehenswert. Die Bucht selbst war einst der Haupt-Ausfuhrhafen für Zucker und Rum. Von hier aus kann man über die **St. George-Castara Road**, die sich weit nach Norden bis zum Pass auf der **Main Ridge** hinaufwindet, einen lohnenden Abstecher ins Inselinnere unternehmen. Kurz hinter Hillsborough sollte man dabei dem **Green Hill Waterfall** einen Besuch abstatten. Im weiteren Verlauf ist der Stausee **Hillsborough Dam** sehenswert. Weiter führt die Küstenstraße, an der **Minister Bay** und **Bacolet Bay** vorbei, auf die **Rockly Bay** mit der heutigen Hauptstadt Scarborough zu.

Kreolische Architektur

Scarborough

Die ca. 17.500-Einwohner-Kapitale hat nichts mit der hektischen Betriebsamkeit von Port of Spain gemeinsam, kann allerdings auch nicht annähernd so viele Sehenswürdigkeiten aufweisen. Immerhin gibt es mehrere malerische Häuser, die sich von den

Die Schnellfähre nach Trinidad im Hafen von Scarborough

Hügeln bis zum Hafen aneinanderreihen. Am Hafen selbst, mit seinen beiden Piers, liegt das großzügige, moderne Areal der **Scarborough Mall**, welches einen Markt, ein Einkaufszentrum, die Hauptpost, mehrere Banken, die Touristeninformation und zentrale Busstation umfasst.

Provinzielle Inselhauptstadt

Jenseits der Uferstraße **Carrington Street** ist die Anlegestelle für die Fährschiffe nach Trinidad. Im Osten der Scarborough Mall lohnt der **Botanische Garten** einen Besuch, mit Palmen, Flamboyants, Saman-Bäumen und unzähligen blühenden Pflanzen. Ein Wanderweg führt durch den gesamten Park bis auf eine Hügelspitze mit großartiger Aussicht. Am südöstlichen Ende des Botanischen Gartens finden Sie in Hafennähe die Burnett Street, die Haupteinkaufsstraße der Stadt. Hier liegt auch der James Park mit dem Inselparlament, dem 1925 gebauten **House of Assembly**. Zur größten Sehenswürdigkeit Scarboroughs, der hoch über dem Ort thronenden **Befestigungsanlage**, ist es von hier aus nicht weit, trotzdem sollte man sich in der Mittagshitze für die kurze Strecke besser ein Taxi nehmen.

Für Selbstfahrer ist der Weg vom Stadtzentrum aus gut beschildert: zunächst über die **Main Street**, dann schräg nach rechts über die **Fort Street**. Dabei passiert man die 1824 gebaute Methodistenkirche und sofort dahinter ein herrliches Holzhaus im kreolischen Stil. Schließlich erreicht man, hinter dem bereits 1819 gegründeten Scarborough Hospital, den Parkplatz im **Fort King George**. Diese 1779 errichtete Festung spielte im Verlauf der vielen Kämpfe zwischen Briten und Franzosen eine wichtige Rolle. Das gut gepflegte Gelände mit seinen alten Kanonen auf zwei Terrassen bietet zu jeder Zeit einen herrlichen Blick auf die Hauptstadt und ihre Umgebung; insbesondere die Sonnenuntergänge sind spektakulär.

Landmarken sind der kleine Leuchtturm, eine überkuppelte Zisterne, Pulvermagazine, Kasernen und Offiziershäuser, in denen heute kulturelle Institutionen untergebracht sind, so z. B. das **Museum of Tobago History** und das Center of Fine Art. Von Scarborough führen viele Straßen zum äußersten Südwesten oder zur Nordküste. Der wichtigste Verkehrsweg ist der Claude Noel Highway zum Crown Point Airport. Auf diesen einzigen Highway der Insel (benannt nach einem Boxer) ist man so stolz, dass man sogar ein Highway-Monument errichtete. Wer noch etwas Zeit übrig hat, sollte jedoch die küstennahe **Milford Street** bevorzugen, die an den schönen Stränden der **Rockly Bay** und **Little Rockly Bay** vorbeiführt. Wo sich in der Vergangenheit erbitterte Seegefechte um die Vorherrschaft der Insel abgespielt haben, vergnügen sich heute Tobagonians und Touristen mit Sonnenbaden und Wassersport.

An der **Lambeau Bay** vorbei, an der häufig Treibholz zu sehen ist, geht es zum **Columbus Point** in der Nähe der Pferderennbahn. An jener Stelle soll *Kolumbus* die Insel auf seinem Weg von Trinidad nach Grenada gesichtet haben. Schließlich gelangt man zum Crown Point und damit zum Ausgangspunkt der Rundfahrt.

Fußball bestimmt den Feierabend auf Tobago (Charlotteville)

Auf eine letzte Attraktion, die sich südlich der Landebahn befindet, sei noch hingewiesen: In der **Robinson Crusoe's Cave** hat angeblich Robinson Crusoe 1719 seinen unfreiwilligen „Urlaub" auf Tobago verbracht. Zwar haben die Tobagonians insofern Recht, als *Daniel Defoe* die Insel zum Schauplatz seines Romans machte (allerdings nichts von dieser Höhle sagte). Da sich der Schriftsteller aber an der wahren Geschichte des schottischen Matrosen *Selkirk* orientierte, scheidet Tobago als tatsächliche „Robinson-Insel" aus: dieser wurde nämlich auf das Eiland Juan Fernández im Pazifik (heute Chile) verschlagen!

Robinson Crusoes Insel?

4. ANHANG

Auf Tobago

Literaturverzeichnis

Die nachstehende Auswahl umfasst selbstverständlich nur einen kleinen Teil der erhältlichen Literatur. Allzu detaillierte Bücher wurden weniger berücksichtigt, wie zum Beispiel wissenschaftliche Abhandlungen.

Reiseführer und Bildbände

Jung, Gerold: **ADAC Reiseführer Karibik:** Hotels, Restaurants, Häfen, Märkte, Strände, Feste, Wanderungen, Aussichtspunkte, Wassersport. Nachauflage 2007. Neben gut recherchierten Informationen bietet der Reiseführer 20 Stadt- und Inselpläne und zwei Übersichtskarten.

Anderson, J. P., Din, Undeleeb, Folster, Natalie u. a.: **The Rough Guide to The Caribbean**. Verlag Penguin Books Ltd UK, New York, London, Delhi, 2. Auflage 2005. Dieser englischsprachige Reiseführer, an dem mindestens 13 Autoren mitgearbeitet haben, steht für umfassende, ausführliche, individuelle und sehr gut recherchierte Informationen. Sympathisch ist, dass an Kraft und Energie bei den Farbfotos gespart wurde, es gibt nur einen kleinen Farbbildeinleger, dafür umso mehr auf die Qualität der Informationen Wert gelegt wurde.

De-Light, Dominique, Thomas, Polly, Edghill, Sean (Fotograf): **The Rough Guide to Trinidad & Tobago**. Verlag Penguin Books Ltd (UK), 4. Auflage 2007. Wer auf den beiden Inseln längere Zeit bleiben möchte, sollte unbedingt diesen englischsprachigen Reiseführer im Gepäck haben. Vor allem die umfangreichen Übernachtungs- und Restaurantstipps sind viel Wert, wenn man auf den Antilleninseln individuell reisen möchte.

Gruner & Jahr: **Geo Spezial Karibik**. Hamburg 2000. Das reich bebilderte Magazin mit qualitätsvollen Beiträgen zu kulturellen, historischen und touristischen Themen der Großen und Kleinen Antillen beleuchtet auf 182 Seiten jedoch nicht nur die Sonnenseiten der Inselwelt.

Hanna, Nick und Stanford, Emma: **National Geographic Traveler Karibik**. National Geographic, 3. Auflage 2006. Die National Geographic Society ist ein Garant für fundierte Informationen und hervorragende Bilder. Auch in diesem Band zeigt sich das bestätigt.

Honeychurch, Lennox: **Dominica – Isle of Adventure**. London, 4. Auflage 1998. Immer noch das beste Handbuch zum Reiseziel Dominica aus der Feder des führenden Archäologen und Landeskenners. Hintergrundartikel, praktische Tipps, Anleitungen zur Inselerkundung, zudem auch sehr schöne Farbfotos. 140 Seiten mit Karten.

Lothringer, Bernd und Rieder, Georg: **Karibik**. Komet Verlag, 1. Auflage 2008. Der Bildband bietet zahlreiche Abbildungen und überraschend detaillierte und umfangreiche Informationen über Land und Leute, Natur und Sehenswürdigkeiten sowie zahlreiche Info-Boxen zu den wichtigsten Themen der Region.

Möginger, Robert: **Karibische Inseln**. Polyglott-Verlag, aktualisierte Auflage 2008. Touren, Hintergrund-Infos über Land und Leute, jedoch wenig reisepraktische Tipps kennzeichnen vor allem diesen Reiseführer. Schön sind die zwölf Top-Tipps des Autors sowie das Ranking der Sehenswürdigkeiten nach dem Polyglott-Sternesystem.

Polyglott Apa Guide: **Karibik. Kleine Antillen.** Polyglott Verlag 2005. Hervorragende Farbbilder kennzeichnen den rund 360 Seiten starken Reiseführer, der jede Insel von den Virgin Islands bis zu den ABC-Inseln beschreibt. Leider kommen die reisepraktischen Informationen etwas zu kurz.

Rössing, Wolfgang und Huber, Gernot: **HB Bildatlas Special Kleine Antillen, Antiqua, Guadeloupe, Martinique, St. Lucia, Barbados u. v. a.** HB Verlag, Ostfildern, April 2001. Da die Stärken des Bandes auf dem fotografischen Sektor liegen, kann man zur Einstimmung auf die Reise ruhig auf den Bildatlas zurückgreifen, der leider noch nicht in einer Neuauflage erschienen ist.

Tapper, Joan und Wheeler, Nik: **Paradies Karibik. Die Inselwelt von Antigua bis Tobago (Gebundene Ausgabe).** Verlag Knesebeck. 1. Auflage 2006. Die Fotografien von Nik Wheeler vermitteln Bilder der Inselwelt und ihrer Bewohner, wie man sie nach einem Besuch immer wieder vor seinem geistigen Auge hat. Zudem gibt es informative Texte. Schön für die Einstimmung auf die Reise in die Karibik.

Tonollo, Irmeli und Auwers, Michael: **Marco Polo Reiseführer Karibik (Kleine Antillen)**. Dumont, Köln, 7. aktualisierte Auflage 2005. Komprimierte Informationen und Inselkurzbeschreibungen – leider ohne Trinidad und Tobago. Geeignet für eine erste Orientierung.

Historisches

Gillner, Matthias: **Bartolomé de las Casas und die Eroberung des indianischen Kontinents**. Kohlhammer Verlag, Stuttgart 1997. Interessantes, 298 Seiten starkes historisches Werk über den offiziellen Chronisten der spanischen Krone, der im 16. Jahrhundert zum Ende der Indianersklaverei beitrug. Wer diesen im Originalton lesen möchte, sollte sich in Bibliotheken oder antiquarisch dessen „Kurzgefasster Bericht von der Verwüstung der westindischen Länder" besorgen, der als Nachdruck von H. M. Enzensberger im Insel-Verlag herausgegeben wurde (Frankfurt/M. 1981).

Grün, Robert: **Bordbuch von 1492 – Christoph Columbus.** Thienemann Verlag, 2000. Interessante und kurzweilige Beschreibung der „Entdeckung" Amerikas, allerdings leider ohne Quellenangaben.

Labat, Jean-Baptiste: **Sklavenberichte – Abenteuerliche Reise in der Karibik 1690-1705**. Stuttgart 1984. Schonungslose Beschreibung der Behandlung der Ureinwohner bei der Kolonisierung der Karibik aus der Feder eines Zeitzeugen.

Landeskunde

Blancke, Rolf: **Farbatlas Pflanzen der Karibik und Mittelamerikas (Gebundene Ausgabe)**. Ulmer Verlag 1999. Unverzichtbares und zeitloses Werk für botanisch Interessierte. Die wichtigsten und auffälligsten Pflanzen (Palmen, Farne, Bäume, Sträucher, Stauden, Gräser, Kakteen, Epiphyten etc.) werden in Wort und Bild vorgestellt. Zudem gibt es Hintergrundinformationen über Vegetation und Vegetationszonen sowie eine Darstellung der schönsten Botanischen Gärten der Region.

Blancke, Rolf: **Farbatlas Exotische Früchte: Obst und Gemüse der Tropen und Subtropen**. Ulmer Verlag 2000. Dieses Buch bietet zum einen Wissenswertes für die Recherche vor Ort und für die Zeit nach dem Urlaub in der heimischen Küche.

Bohlmann, Friedrich: **Karibic bar. Mixen mit CD. Cocktails, Snacks und Sound**. Gräfe & Unzer; 1. Auflage 2005. Genau richtig, um karibische Urlaubsgefühle zu verlängern. Denn hier gibt es Rezepte für die beliebten Cocktails von Mai Tai über Mojito bis zu Planter's Punch und viele ihrer Non-Alcoholic-Verwandten. Für das passende Insel-Ambiente sorgen Snack- und Deko-Tipps. Für karibische Klänge gibt es gleich noch die CD mit passender Musik dazu.

Colditz, Gabriele: **Exotisches Obst und Gemüse für die Küche**. Ulmer Verlag 2006. Zusammen mit dem Buch über exotische Früchte von R. Blancke das führende Buch zu diesem Thema.

Kuster, Reto: **Was kriecht und krabbelt in den Tropen?: Plagegeister und Gifttiere (Taschenbuch)**. Reise Know-how Verlag, Rump, 2. Auflage 2006. Der kleine Führer schafft Klarheit über tatsächliche und vermeintliche Gefahren aus dem Reich der Krabbeltiere und Insekten. Gut sind die Tipps zum Schutz vor Bissen oder Stichen und wie man sich im Notfall richtig verhält.

Lachmann, Petra und Gremblewski-Strate, Otto: **Fische der Karibik. Bestimmungsbuch für Taucher und Schnorchler**. BLV Verlagsgesellschaft mbH, August 2002. Dieses gut 200 Seiten umfassende Buch ist ein Muss für alle, die die Unterwasserwelt der Karibik auf Tauch- oder Schnorchelgängen erleben möchten. Denn hier werden nicht nur fast alle Fische des Lebensraums Karibik und deren Systematik vorgestellt, sondern auch Infos etwa zur Ökologie der Riffe oder zur Biologie geliefert. Weiter gibt es wertvolle Fotografier- bzw. Film-Tipps. Und die Nennung auch der lateinischen und englischen Namen erleichtert die Kommunikation mit anderen Tauchern.

Munzinger, Paul W.: **Tauchreiseführer Karibik. Tauchregionen, Tiere und Pflanzen, Reisetips (Broschiert)**. Naturbuch Verlag, Augsburg 1996. Neben sachkundigen Beschreibungen gibt es auch beeindruckende Bilder beispielsweise von den Virgin Islands und den ABC-Inseln.

Segeln in der Karibik, Bd.1, Martinique – Grenada. Mit Tobago. *Delius Klasing Verlag,* 5. überarb. Auflage 2007
Segeln in der Karibik, Bd.2, Anguilla – Dominica. *Delius Klasing Verlag,* 5. überarb. Auflage 2005
Segeln in der Karibik, Bd.3, Virgin Islands. *Delius Klasing Verlag,* 3. Auflage 2006: Der Autor, der während mehrmonatiger Segeltörns fast die gesamte karibische Inselwelt erkundet hat, stellt in mehreren, stets über 200 Seiten starken Bänden anhand von detaillierten Karten, Luftfotos, nautischen Daten und Hintergrundartikeln die einzelnen Segelreviere der Kleinen Antillen vor, besonders natürlich deren Marinas, Ankerplätze und Badebuchten.

Tauchführer – Karibik. Top Special 1996. Der Autor beschreibt in Wort und Bild (zahlreiche Fotos und dreidimensionale Zeichnungen) die 28 besten Tauchplätze der Karibik und die 116 häufigsten Fische der Region.

CD/DVD

Dumont on Tour - Karibik / Aruba, Bonaire, Curaçao, März 2006 und **Dumont on Tour – St. Lucia / Karibik.** Die beiden DVDs bieten bunte und stimmungsvolle Bilder. Für weitergehende Informationen sei auf die erwähnten Reiseführer verwiesen.

Wagner, Kathrin: **Golden Globe. Karibik – kleine Antillen. Inseln über dem Wind** (DVD). Juli 2007. Ausgangspunkt des Films ist Barbados. An Bord des Fünfmast-Großseglers Royal Clipper geht es von hier auf eine Reise durch die Inselwelt der Kleinen Antillen. Südlichste Insel ist Grenada. Auf St. Lucia werden die Hauptstadt Castries, die berühmte Marigo-Bay sowie der Naturhafen der Rodneys-Bay besucht. Danach folgt ein Stopp in Fort-de-France, der Hauptstadt des französischen Départements Martinique. Danach folgt Dominica, von der es nur wenige Seemeilen bis zum französischen Kleinod Iles de Saintes mit seinem trutzigen Fort sind. Über Antigua geht es zum nördlichsten Punkt der Reise: St. Kitts.

Stichwortverzeichnis

Bildnachweis:

Sofern nicht anders angegeben, stammen alle Fotografien von Frau Heidrun Brockmann mit Ausnahme von:

Tourism and Industrial Development Company of Trinidad and Tobago Limited, S. 65
Fremdenverkehrsamt der Inseln von Guadeloupe, S. 66

Danksagung

Nicht versäumen möchten wir, uns bei allen zu bedanken, die zum Gelingen dieses Buches beigetragen haben – für ihre wertvollen Hinweise und logistischen Hilfen. Besonders bei: Marvlyn Alexander, Frederic Adams, Ulrike Beinlich, Anette Brandt, Vincent Borell, Philippe Boucard, Ernestine M.Y. Cassell, Gisela Cecil, Patricia Charlery, Héléne Desportes, Dirk Kruse-Etzbach, Gisela Frankenberg, Gabriele Friedrich, Guy Claude Germain, Berthold Holly, Marjo Jofstee, Helma Hoppe, Lena Kaiser, Ulrike Kesten, Edyth Leonard, Garry Leblanc, Margit Schwarz, Edith Seale, Elena Sosson, Arlene Stevens, Gudrun Wurm, Antje van Zwienen.

IWANOWSKI'S REISEBUCHVERLAG

FÜR INDIVIDUELLE ENTDECKER

REISEHANDBUCHER

Europa
Andalusien *
Barcelona
Dänemark* **Novität**
Finnland* **Novität**
Griechenland*
Irland* **Novität**
Island*
Kreta*
Kykladen
Litauen mit Kurischer Nehrung*
Liparische Inseln, Insel- und Wanderführer *
Madrid
Mallorca, Inselführer*
Mallorca, Wanderführer*
Malta mit Gozo, Inselführer*
Moskau & Goldener Ring
Nordspanien & der Jakobsweg*
Norwegen*
Peloponnes*
Piemont & Aostatal* **Novität**
Polens Ostseeküste & Masuren*
Provence mit Camargue* **Novität**
Rhodos/Dodekanes
Rom mit Latium **Novität**
Samos/Ostägäis
Schottland* **Novität**
Schweden*
Slowakei*
Slowenien mit Istrien und Triest*
Tal der Loire mit Chartres*
Teneriffa, Inselführer*
Toskana*
Trentino und Gardasee*
Tschechien*
Zypern*

Asien
Bali*
Hong Kong
Peking **Novität**
Singapur **Novität**
Sri Lanka/Malediven*
Thailand mit Phuket*
Vereinigte Arabische Emirate mit Dubai & Abu Dhabi *
Vietnam*

Afrika
Kapstadt & Garden Route*
Kenia/Nordtanzania* **Novität**
Mauritius/Réunion*
Namibia* **Novität**
Namibia/Naturschutzgebiete*
Südafrikas Norden und Ostküste*
Südafrika*
Uganda/Ruanda*
Zambia*

Amerika
Bahamas
Chile mit Osterinsel*
Dominikanische Republik*
Florida*
Hawaii*
Kanada/Osten*
Kanada/Westen*
Karibik/Kleine Antillen*
Kuba, Inselführer*
Mexiko*
New York
USA/Große Seen **Novität**
USA/Nordosten*
USA/Nordwesten* **Novität**
USA/Ostküste*
USA/Süden*
USA/Südwesten*
USA/Westen*

Pazifik
Australien mit Outback*
Neuseeland*

Sonderband zum Verlagsjubiläum
101 Inseln - Geheimtipps für Entdecker **Novität**

REISEGAST IN...
Ägypten **Novität**
China
England
Indien
Japan
Korea
Polen **Novität**
Russland

* mit herausnehmbarer Reisekarte

Iwanowski's Reisebuchverlag GmbH • Salm-Reifferscheidt-Allee 37 • D- 41540 Dormagen
TEL: 02133/260311 • FAX: 02133/260333 • E-MAIL: INFO@IWANOWSKI.DE
www.iwanowski.de